Renato Gomes
1994

Christian Karl
Handbuch zum
Vortragswerk
Rudolf Steiners
Ergänzungsband

Christian Karl

Handbuch
zum Vortragswerk Rudolf Steiners
Ergänzungsband

Novalis Verlag

Novalis Verlag AG
CH-8200 Schaffhausen

Druck: Freiburger
Graphische Betriebe,
Freiburg i. Br.

ISBN 3-7214-0647-8

Korrekturen zum ersten Band

Nach den Referaten von **104** muß es heißen:

*Hinweise auf Vorträge aus 104 in 9***3***-08.*

Referat **134-02**, 2. Absatz, 2. Satz muß lauten:

Kristalle sind Nachbildungen geistiger Formen, die gleichsam noch durch die eigene Schwungkraft die ursprüngliche Richtung im entgegengesetzten Sinn beibehalten.

Referat **148-06**, 1. Absatz, im 2. Satz muß es heißen:

...und schließlich Ahriman mit der Aufforderung, Steine in Brot zu verwandeln.

Referat **219-03**:

durch falschen Seitenumbruch erscheinen die 5. und 6. Zeile nochmals auf der nächsten Seite.

Referat **222-01**: Kopfzeile muß heißen:

1(11.03.23) 5196 2/9ff **-01**

Referat **238-10**, 2. Absatz muß heißen::

mündliche Angabe Steiners an Dr.L.Noll (nicht Knoll).

Referat **265-10**, am Ende muß es heißen:

(Instruktionsstunde 08.02.13)

Referat **351-02**, 3. Absatz, beim Seitenumbruch ging folgende Zeile verloren:

bzw. zerstreut wird. Deshalb ist das **Nordlicht** nur in den kalten Zonen der Erde zu beobachten: "...was eigentlich

Referat **351-12**, 2. Absatz:

Datum 14. Vortrag: 15.12.23

Referat **352-06**, Satz in Klammern muß heißen:

(wird in alten Büchern als Mumie bezeichnet)

Vorwort zum Ergänzungsband

Nach der erfreulich guten Aufnahme des Handbuches wurde an mich von verschiedenen Seiten der Wunsch herangetragen, auch die übrigen, d.h. die öffentlichen und die vor Fachpublikum gehaltenen Vorträge aufzunehmen und damit das Handbuch zu komplettieren, was mit diesem Ergänzungsband geschieht. Er enthält die bis jetzt im Rahmen der Gesamtausgabe erschienenen öffentlichen Vorträge (GA 51 bis 84) und die Fachvorträge (GA 271 bis 342), von denen ein Teil der Vorträge über Kunst und die Vorträge zur Pädagogik schon im ersten Band enthalten sind, sowie ebenfalls noch einmal die sogenannten Arbeitervorträge (GA 347 bis 354), damit alle Vorträge außer den Mitgliedervorträgen geschlossen in diesem Band vorliegen. Das Register umfaßt beide Bände und ist entsprechend umfangreich ausgefallen. Anzumerken ist, daß es sich besonders bei den Fachvorträgen als notwendig erwies, etwas ausführlichere Referate zu erstellen, da ihr Inhalt teilweise detailliert und recht komplex ist.

Zum Aufbau der Referate und zur Benutzung gilt dasselbe wie für den ersten Band: Jedes Referat beginnt mit einer Kopfzeile. In dieser wird zuerst die Vortragsnummer und in Klammern das Vortragsdatum angeführt. Die Vorträge wurden konsequent durchgezählt, auch wenn in der jeweiligen GA-Nummer vom Herausgeber nicht so verfahren wurde. Darauf folgt eine meist vierstellige Zahl, die die Vortragsnummer nach Hans Schmidt "Das Vortragswerk Rudolf Steiners" darstellt (leider sind in der neuesten Auflage die Vortragsnummern nicht mehr enthalten). Als nächstes wird die Auflage (TB=Taschenbuch-, PB=Paperback-Ausgabe) und mit einem Schrägstrich getrennt die Seitenzahl, die meist mit der Auflage variiert, angegeben. Als letztes enthält die Kopfzeile die fettgedruckte Referatenummer mit vorgestelltem Bindestrich. Die dazugehörige GA-Nummer befindet sich auf jeder Seite oben und unten. Auf die Kopfzeile folgen die Stichworte, wenn sie nicht fettgedruckt im eigentlichen Referat vorkommen. Wörtliche Zitate in den Referaten sind in Anführungszeichen gesetzt und folgen dem Text der im Rudolf Steiner Verlag (Dornach) erschienenen Gesamtausgabe. Ferner bedeutet ein Hinweis wie z. B. 67/7(21.03.18), daß der (am 21.03.18 gehaltene) 7. Vortrag aus GA 67 gemeint ist.

Danken möchte ich an dieser Stelle meinen KollegInnen G. Ehrhardt, Dr. H. Ehrhardt und Dr. W. Landensperger für Ratschläge und Diskussionen, meiner Kollegin U. Söffker für die Durchsicht des Manuskriptes, Herrn W. Grimm (Winterbach i.R.) sowie allen ungenannten Lesern des ersten Bandes, die mich freundlicherweise auf Fehler aufmerksam gemacht haben. Mein Dank gilt ferner dem Rudolf Steiner Verlag (Dornach) für die Erlaubnis, ein Bildschema zu übernehmen, und besonders dem Novalis-Verlag für sein Interesse und seine Unterstützung. Ich hoffe, daß auch dieser Ergänzungsband eine brauchbare Arbeitshilfe sein wird.

Mutlangen, Pfingsten 1993 — Christian Karl

Übersicht über die ausgewerteten Bände der Gesamtausgabe

Öffentliche Vorträge

51 Über Philosophie, Geschichte und Literatur (Autoreferate und Referate von 34 Vorträgen, Berlin 1901 bis 1905).

52 Spirituelle Seelenlehre und Weltbetrachtung (18 Vorträge, Berlin 1903/04).

53 Ursprung und Ziel des Menschen. Grundbegriffe der Geisteswissenschaft (Berlin 1904/05).

54 Die Welträtsel und die Anthroposophie (22 Vorträge, Berlin 1905/06).

55 Die Erkenntnis des Übersinnlichen in unserer Zeit und deren Bedeutung für das heutige Leben (13 Vorträge, Berlin und Köln 1906/07).

56 Die Erkenntnis der Seele und des Geistes (15 Vorträge, Berlin und München 1907/08).

57 Wo und wie findet man den Geist? (18 Vorträge, Berlin und München 1908/09).

58 Metamorphosen des Seelenlebens. Pfade der Seelenerlebnisse. Band I (9 Vorträge, Berlin und München 1909/10).

59 Metamorphosen des Seelenlebens. Pfade der Seelenerlebnisse. Band II (9 Vorträge, Berlin und München 1910).

60 Antworten der Geisteswissenschaft auf die großen Fragen des Daseins (15 Vorträge, Berlin 1910/11).

61 Menschengeschichte im Lichte der Geistesforschung (16 Vorträge, Berlin 1911/12).

62 Ergebnisse der Geistesforschung (14 Vorträge, Berlin 1912/13).

63 Geisteswissenschaft als Lebensgut (12 Vorträge, Berlin 1913/14).

64 Aus schicksaltragender Zeit (14 Vorträge, Berlin, Nürnberg, München 1914/15).

65 Aus dem mitteleuropäischen Geistesleben (15 Vorträge, Berlin 1915).

66 Geist und Stoff, Leben und Tod (7 Vorträge, Berlin 1917).

67 Das Ewige in der Menschenseele. Unsterblichkeit und Freiheit (10 Vorträge, Berlin 1918).

72 Freiheit. Unsterblichkeit. Soziales Leben. Vom Zusammenhang des Seelisch-Geistigen mit dem Leiblichen des Menschen (10 Vorträge, Basel und Bern 1917/18).

73 Die Ergänzung heutiger Wissenschaften durch Anthroposophie (8 Vorträge, Zürich 1917/18).

74 Die Philosophie des Thomas von Aquino (3 Vorträge, Dornach 1920).

76 Die befruchtende Wirkung der Anthroposophie auf die Fachwissenschaften (Vorträge und Ansprachen im zweiten anthroposophischen Hochschulkurs in Dornach 1921).

78 Anthroposophie, ihre Erkenntniswurzeln und Lebensfrüchte (8 Vorträge, Stuttgart 1921).

79 Die Wirklichkeit der höheren Welten (8 Vorträge, Kristiania (Oslo) 1921).

82 Die Bedeutung der Anthroposophie im Geistesleben der Gegenwart (6 Vorträge und eine Fragenbeantwortung, Den Haag 1922).

83 Westliche und östliche Weltgegensätzlichkeit. Wege zu ihrer Verständigung durch Anthroposophie (10 Vorträge, Wien 1922).

84 Was wollte das Goetheanum und was soll die Anthroposophie? (11 Vorträge, Basel, Dornach, Prag, Wien und Paris, 1923/24).

Vorträge über Kunst

271 Kunst und Kunsterkenntnis. Grundlagen einer neuen Ästhetik (8 Vorträge, verschiedene Städte 1909-1921).

272 Geisteswissenschaftliche Erläuterungen zu Goethes Faust. Band I: Faust, der strebende Mensch (14 Vorträge und ein öffentlicher Vortrag, Berlin, Dornach und Straßburg 1910/11 und 1915/16).

273 Geisteswissenschaftliche Erläuterungen zu Goethes Faust. Band II: Das Faust-Problem. Die romantische und die klassische Walpurgisnacht (12 Vorträge, Dornach und Prag 1916-1919).

275 Kunst im Lichte der Mysterienweisheit (8 Vorträge, Dornach 1914/15).

276 Das Künstlerische in seiner Weltmission. Der Genius der Sprache. Die Welt des sich offenbarenden strahlenden Scheines. Anthroposophie und Kunst. Anthroposophie und Dichtung (8 Vorträge, Kristiania (Oslo) und Dornach 1923).

277 Eurythmie. Die Offenbarung der sprechenden Seele. Eine Fortbildung der Goetheschen Metamorphosenanschauung im Bereich der menschlichen Bewegung (Ansprachen zu Eurythmie-Aufführungen 1918-1924).

278 Eurythmie als sichtbarer Gesang. Ton-Eurythmie-Kurs (ein Aufsatz und 8 Vorträge, Dornach 1924).

279 Eurythmie als sichtbare Sprache. Laut-Eurythmie-Kurs (15 Vorträge, Dornach 1924, mit 2 vorangehenden Vorträgen, Dornach 1922 und Penmaenmawr 1923).

281 Die Kunst der Rezitation und Deklamation. Von R. Steiner und M. Steiner-v.Sievers (3 Vorträge, Dornach 1920; 4 Vortragsveranstaltungen, verschiedene Städte 1921-1923; Seminar 1928; 7 Ansprachen 1912-1915).

282 Sprachgestaltung und Dramatische Kunst. Dramatischer Kurs. Von R. Steiner und M. Steiner-v.Sievers (19 Vorträge, eine Fragenbeantwortung und 5 vorbereitende Stunden, Dornach 1921 und 1924).

283 Das Wesen des Musikalischen und das Tonerlebnis im Menschen (8 Vorträge, 3 Fragenbeantwortungen, verschiedene Städte 1906, 1920-23).

284 Bilder okkulter Siegel und Säulen. Der Münchener Kongreß Pfingsten 1907 und seine Auswirkungen.

286 Wege zu einem neuen Baustil. "Und der Bau wird Mensch" (8 Vorträge, Berlin und Dornach 1911 und 1913/14).

287 Der Dornacher Bau als Wahrzeichen geschichtlichen Werdens und künstlerischer Umwandlungsimpulse (5 Vorträge und eine Besprechung, Dornach 1914).

291 Das Wesen der Farben (3 Vorträge, Dornach 1921 und 9 Vorträge, verschiedene Städte 1914-24).

291a Farbenerkenntnis.

Vorträge über Erziehung

293 Allgemeine Menschenkunde als Grundlage der Pädagogik. Pädagogischer Grundkurs. Teil I (14 Vorträge, Stuttgart 1919).

300 a-c Konferenzen mit den Lehrern der Freien Waldorfschule 1919 bis 1924.

301 Die Erneuerung der pädagogisch-didaktischen Kunst durch Geisteswissenschaft (14 Vorträge, Basel 1920).

302a Erziehung und Unterricht aus Menschenerkenntnis (9 Vorträge, Stuttgart 1920, 1922 und 1923).

303 Die gesunde Entwickelung des Menschenwesens. Eine Einführung in die anthroposophische Pädagogik und Didaktik. Weihnachtskurs für Lehrer (16 Vorträge, Dornach 1921/22).

306 Die pädagogische Praxis vom Gesichtspunkte geisteswissenschaftlicher Menschenerkenntnis. Die Erziehung des Kindes und jüngeren Menschen (8 Vorträge, 3 Fragebeantwortungen, Dornach 1923).

Vorträge über Medizin

312 Geisteswissenschaft und Medizin (Erster Ärztekurs: 20 Vorträge, Dornach 1920).

313 Geisteswissenschaftliche Gesichtspunkte zur Therapie (Zweiter Ärztekurs: 9 Vorträge, Dornach 1921).

314 Physiologisch-Therapeutisches auf Grundlage der Geisteswissenschaft. Zur Therapie und Hygiene (Vorträge, Ansprachen und Besprechungen, Dornach und Stuttgart 1920 und 1922-1924).

315 Heileurythmie (8 Vorträge, Dornach und Stuttgart 1921/22).

316 Meditative Betrachtungen und Anleitungen zur Vertiefung der Heilkunst (Weihnachtskurs für Ärzte: 8 Vorträge, und Osterkurs für Ärzte: 5 Vorträge, ein Rundbrief und eine Abendzusammenkunft, Dornach 1924).

317 Heilpädagogischer Kurs (12 Vorträge, Dornach 1924).

318 Das Zusammenwirken von Ärzten und Seelsorgern. Pastoral-medizinischer Kurs (11 Vorträge, Dornach 1924).

319 Anthroposophische Menschenerkenntnis und Medizin (11 öffentliche Vorträge, verschiedene Städte 1923/24).

Vorträge über Naturwissenschaft

320 Geisteswissenschaftliche Impulse zur Entwicklung der Physik. Erster Naturwissenschaftlicher Kurs: Licht, Farbe, Ton - Masse, Elektrizität, Magnetismus (10 Vorträge und ein Diskussionsvotum, Dornach und Stuttgart 1919-1921).

321 Geisteswissenschaftliche Impulse zur Entwicklung der Physik. Zweiter Naturwissenschaftlicher Kurs: Die Wärme auf der Grenze positiver und negativer Materialität (14 Vorträge, Stuttgart 1920).

322 Grenzen der Naturerkenntnis (8 Vorträge, Dornach 1920).

323 Das Verhältnis der verschiedenen naturwissenschaftlichen Gebiete zur Astronomie. Dritter Naturwissenschaftlicher Kurs: Himmelskunde in Beziehung zum Menschen und zur Menschenkunde (18 Vorträge, Stuttgart 1921).

324 Naturbeobachtung, Mathematik, wissenschaftliches Experiment und Erkenntnisergebnisse vom Gesichtspunkte der Anthroposophie (8 Vorträge und ein Diskussionsvotum, Stuttgart 1921).

325 Die Naturwissenschaft und die weltgeschichtliche Entwickelung der Menschheit seit dem Altertum (6 öffentliche Vorträge, Dornach und Stuttgart 1921).

326 Der Entstehungsmoment der Naturwissenschaft in der Weltgeschichte und ihre seitherige Entwickelung (9 Vorträge, Dornach 1922/23).

327 Geisteswissenschaftliche Grundlagen zum Gedeihen der Landwirtschaft. Landwirtschaftlicher Kurs (8 Vorträge, eine Ansprache und Fragenbeantwortung, Koberwitz und ein Vortrag, Dornach 1924).

Vorträge über das soziale Leben und die Dreigliederung des sozialen Organismus

328 Die soziale Frage (6 Vorträge, Zürich, 1919).

329 Die Befreiung des Menschenwesens als Grundlage für eine soziale Neugestaltung. Altes Denken und neues soziales Wollen (9 öffentliche Vorträge mit Fragenbeantwortung und Diskussionsbeiträgen, Bern und Winterthur 1919).

330 Neugestaltung des sozialen Organismus (14 öffentliche Vorträge, Stuttgart 1919).

332a Soziale Zukunft (6 Vorträge mit Fragebeantwortungen, Zürich 1919).

333 Gedankenfreiheit und soziale Kräfte. Die sozialen Forderungen der Gegenwart und ihre praktische Verwirklichung (6 öffentliche Vorträge mit ein Schlußwort, Ulm, Berlin und Stuttgart 1919).

334 Vom Einheitsstaat zum dreigliedrigen sozialen Organismus (11 öffentliche Vorträge, verschiedene Städte 1920).

338 Wie wirkt man für den Impuls der Dreigliederung des sozialen Organismus? Zwei Schulungskurse für Redner und aktive Vertreter des Dreigliederungsgedankens (12 Vorträge und eine Fragenbeantwortung, Stuttgart 1921).

339 Anthroposophie, soziale Dreigliederung und Redekunst. Orientierungskurs für die öffentliche Wirksamkeit mit besonderem Hinblick auf die Schweiz (6 Vorträge, Dornach 1921).

340 Nationalökonomischer Kurs. Aufgaben einer neuen Wirtschaftswissenschaft. Band I (14 Vorträge, Dornach 1922).

341 Nationalökonomisches Seminar. Aufgaben einer neuen Wirtschaftswissenschaft. Band II (6 seminaristische Besprechungen, Dornach 1922).

Vorträge und Kurse über christlich-religiöses Wirken

342 Anthroposophische Grundlagen für ein erneuertes christlich-religiöses Wirken (6 Vorträge und 2 Besprechungen, Stuttgart 1921)

Vorträge für die Arbeiter am Goetheanumbau

347 Die Erkenntnis des Menschenwesens nach Leib, Seele und Geist. Über frühe Erdzustände (10 Vorträge, Dornach 1922).

348 Über Gesundheit und Krankheit. Grundlagen einer geisteswissenschaftlichen Sinneslehre (18 Vorträge, Dornach 1922/23).

349 Vom Leben des Menschen und der Erde. Über das Wesen des Christentums (13 Vorträge, Dornach 1923).

350 Rhythmen im Kosmos und im Menschenwesen. Wie kommt man zum Schauen der geistigen Welt? (16 Vorträge, Dornach 1923).

351 Mensch und Welt. Das Wirken des Geistes in der Natur. Über das Wesen der Bienen (15 Vorträge, Dornach 1923).

352 Natur und Mensch in geisteswissenschaftlicher Betrachtung (10 Vorträge, Dornach 1924).

353 Die Geschichte der Menschheit und die Weltanschauungen der Kulturvölker (17 Vorträge, Dornach 1924).

354 Die Schöpfung der Welt und des Menschen. Erdenleben und Sternenwirken (14 Vorträge, Dornach 1924).

51 Über Philosophie, Geschichte und Literatur

(--.--.01) ---- 1/17f. -01

Autoreferat als Zusammenfassung von mehreren Vorträgen: über die **griechische** Philosophie von den **Vorsokratikern** über **Sokrates**, **Plato** und **Aristoteles** bis zu den Stoikern, Epikuräern und Skeptikern.

Über die Philosophie des **Augustinus**, die **Scholastik** des **Thomas von Aquin**, die "verkappte" Scholastik von **Descartes**, Leibniz und Wolff. Die Unterscheidung von Glauben und Wissen bei **Luther** und ihre philosophische Untermauerung durch **Kant**.

In der Anschauung **Spinozas** von der göttlich-natürlichen Ordnung ist dagegen keine Trennung von Wissen und Glauben möglich. Ihr Einfluß auf **Goethe**. Über die deutschen Idealisten **Fichte**, Schelling und **Hegel**. Die Erkenntnisse der Naturwissenschaft als Basis bei den **Materialisten** (Vogt, Moleschott, Büchner, Ludwig Feuerbach, Max Stirner). Zum deutschen **Idealismus** s. auch 65/1(02.12.15).

(06.05.02) 338 1/66f. -02

Über **Shakespeare** und das Besondere seiner Charakterdramen.

(19.07.04) 876a 1/73f. -03

Die Geschichte **Roms** von den Priesterkönigen über die Republik zu den Cäsaren (**Augustus**) bis zum Untergang durch die Völkerwanderung und den Einfluß des **Christentums**. Die Wandlung der Priesterwürde des **Pontifex maximus**, die letztlich auf die Päpste übergeht. Das Weiterleben Roms vor allem in seiner juristisch-administrativen Form, die dem Christentum aufgestülpt wurde. Die Auseinandersetzung zwischen **Arianismus** und **Athanasianismus** (Konzil von Nicaea).

1(18.10.04) 909 1/96f. -04

Vortragsreihe über die Geschichte des **Mittelalters** von der **Völkerwanderung** bis zur Renaissance. Schilderung der **Germanen** bei **Tacitus**; im Vergleich mit den Griechen und Römern auf ursprünglicher Entwicklungsstufe zurückgeblieben. Der Einfluß und die Vermischung mit dem keltischen und slawischen Element. Das germanische Persönlichkeitsbewußtsein im Vergleich zum römischen Bürgerbewußtsein. In ihm liegt der Ursprung der mittelalterlichen **Stadtkultur**. Der Sinn für das Tragische bei Kelten, Germanen und Slawen.

2(25.10.04) 920 1/105f. -05

Die **Germanen** vor und nach der Völkerwanderung. Parallelen zwischen der **germanischen** und der **persischen** (Dualismus, Asen - Asuras) sowie der **griechischen Mythologie** (Irmin - Herakles) deuten auf einen gemeinsamen Ursprung (nördlich des Schwarzen Meeres). Der Einfluß des Christentums auf die weitere Entwicklung der Germanen. Das arianische Christentum bei den **Goten** (Ulfilas, Wulfila). Nach der Völkerwanderung Übergang von der blutsmäßigen Zusammengehörigkeit zur Bodenverbundenheit der Stämme.

Der **Wotans**dienst als spätere, kulturell entwickeltere Religionsform der Germanen, die auf die Verehrung des Stammvaters **Tuisto** und seiner Söhne, den Mannus (Hinweis auf die Wort- und Sinnverwandtschaft mit den Manus), folgte.

3(01.11.04) 933 1/114f. -06

Im Gegensatz zu den germanischen Stämmen, die in ein voll ausgebildetes Wirtschaftssystem eindringen und dann bald zugrundegehen (Goten, Vandalen usw.), kommen die **Franken** in Gallien in ein nur teilweise kultiviertes Land und können ihr Herrschaftssystem relativ ungehindert entwickeln. Das dadurch sich frei ausbildende Christentum in dieser Gegend, beeinflußt von den **Iroschotten**.

Eine Ursache der **Völkerwanderung** ist der Einfall der **Hunnen** unter Attila in Europa. Die Schlacht auf den katalaunischen Feldern und die Begegnung des Papstes **Leo des Großen** mit Attila, den er zur Umkehr bewegen kann.

4(08.11.04) 943 1/124f. -07

Die Entwicklung der Macht- und Rechtsverhältnisse im **Franken**reich aufgrund des Großgrundbesitzes. Die Ausbildung einer damit zusammenhängenden Beamtenschaft. Die Ablösung der Merowinger durch die **Karolinger**, die aus dieser Beamtenschaft kamen. Das ursprüngliche (demokratische) germanische Stammesrecht wurde durch dieses auf Machtverhältnissen (Vasallentum) beruhende Recht abgelöst.

Das fränkische Christentum, das dann sich stark an Rom anlehnte, als Stütze dieser Machtverhältnisse. Auf der anderen Seite der spirituelle Einfluß der **Iroschotten** (**Bonifatius**, Columban, Gallus usw.), die Rücksicht auch auf die alten germanischen Kulte und Kultstätten nahmen. Beiden Entwicklungsströmungen fehlte aber der Sinn für eine Weiterentwicklung der Wissenschaft. Dies kam mit dem Einfall der Araber bzw. des **Islam** und des **Arabismus** von Nordafrika über Spanien.

5(15.11.04) 953 1/135f. -08

Sozialleben

Die Ausdehnung des **Franken**reiches nach Süden (Langobarden, arianische Germanen) und Osten (Bayern unter Herzog Tassilo, Sachsen unter Herzog **Widukind**) im 8. und 9. Jahrhundert. Die Sicherung der Herrschaft durch Übertragung des eroberten Landes an die Kirche und durch Aufstellung von Verwaltungsbeamten (Pfalzgrafen, Landgrafen). Die Herrschaft der Kirche wurde durch das **Kloster**wesen untermauert. Die Mönche als fast einzige Intellektuelle versahen oft auch Verwaltungsaufgaben für die weltlichen Herren und waren allgemein Pfleger des geistigen Lebens in einer sonst analphabetischen Bevölkerung. Die Ausbildung des scharfsinnigen Denkens in der **Scholastik**.

Der sich ergebende soziale Gegensatz von Grundbesitzadel und Hörigen. Die Entwicklung der **Städte** wurde begünstigt durch den Zuzug solcher Unfreier ("Stadtluft macht frei!") und durch zunehmende soziale Spannungen. Das Heraufkommen von Handwerk und Handel (bis dahin meist nur Tauschhandel) in den aus meist rein materiellen Zielen gegründeten Städten ab dem 12., 13. Jahrhundert.

6(06.12.04) 975 1/145f. -09

Die Trennung des **Franken**reiches in ein West- und ein Ostreich. Beendigung der Karolingerherrschaft im Osten durch Arnulf von Kärnten.

Die relativ geringe Bildung der Geistlichkeit des Ostreiches (**Deutschland**) verglichen mit der Frankreichs. Die sieben Wissenschaften der christlichen Theologie (Grammatik, Logik, Dialektik und Geometrie, Arithmetik, Astronomie und Musik). Die Entwicklung der Kirche zur weltlichen Macht neben dem Adel und den freien Städten.

7(13.12.04) 983 1/154f. -10

Über die nachkarolingische Zeit in **Deutschland**. Die Auseinandersetzung der Könige mit den Stammesherzögen. Die Kirche als Stütze des Königtums. Die Einfälle der Ungarn (Schlacht auf dem Ried 933 und auf dem Lechfeld 955) führten zu der Notwendigkeit, ein Reiterheer aufzustellen, aus dem sich allmählich der spätere **Ritter**stand herausbildete. Die große Frömmigkeit des einfachen Volkes, die vom Klerus machtpolitisch ausgenutzt wurde und zu immer stärkerem Einfluß führt. Beispiele: Die Weltuntergangsstimmung um das **Jahr 1000** und die späteren **Kreuzzüge**. Der orientalische Einfluß bei der Ausbildung von Sagen, Legenden und **Märchen** führt ebenfalls zu einer Verfeinerung der rauhen germanischen Volksseele. Die reformatorische Bewegung von **Cluny**. Der **Zölibat** wird im 11. Jahrhundert als Mittel eingeführt, die Priester von weltlichen Zusammenhängen unabhängig zu machen, damit sie der Kirche rückhaltlos dienen. S. dazu auch nächsten Vortrag.

Im 11. Jahrhundert werden die Herzöge gegenüber dem König botmäßig. Die Auseinandersetzung zwischen König und Papst um das Recht zur Einsetzung der Bischöfe: **Investiturstreit**, der mit dem Gang **Heinrichs IV**. nach Canossa und seiner Unterwerfung unter Papst **Gregor VII.**, einem Cluniazenser, endet.

8(20.12.04) 990 1/163f. -11

Die Zeit vom 11. bis 14. Jahrhundert in **Deutschland**. Außer der religiösen Schwärmerei werden als Faktoren für die **Kreuzzüge** die zunehmende Dogmatisierung der Kirche und die Verarmung der Menschen angeführt. Die Wirkung der Kreuzzüge: Deutschland tritt in engeren Austausch mit den romanischen Völkern und kommt in Berührung mit den griechischen Klassikern über die maurische Wissenschaft. Gründung von **Universitäten** in Prag, Wien und Heidelberg, während vordem die Bildung allein durch die Klöster gepflegt wurde, die im Gegensatz zum verweltlichten und meist wie der Adel ungebildeten Klerus standen. Die **Scholastik** und ihre beiden Strömungen: **Nominalismus** und **Realismus**. Die relativ große Geistesfreiheit während dieser Zeit. Erst später ging die Kirche dazu über, Andersdenkende zu verfolgen: "...und es ist bezeichnend, daß der erste Ketzerrichter, **Konrad von Marburg**, vom Volke erschlagen wurde."

Der Niedergang des **Ritter**standes nach den Kreuzzügen und der Aufstieg des städtischen **Bürgertums**, das nun auch zum Kulturträger wird (Beispiel: italienische Städte, Dante). Die **deutsche Mystik** (Eckhart, Tauler usw.) als Strömung gegen die Verweltlichung der Kirche.

9(28.12.04) ---- 1/173f. -12

Über die Entwicklung der **Stadtkultur**. Übertragung von Rechten auf die Städte (Münzrecht, Marktrecht, Gerichtsbarkeit) durch die Könige, die sie als Machtzentren brauchen. Das städtische Patriziat, das aus dem niederen Adel hervorgegangen war, wird im 13. bis 15. Jahrhundert abgeschafft, und durch den Einbezug der **Zünfte** werden die städtischen Verfassungen demokratisiert (Beispiel Köln). Die Blüte von Handwerk und die Ausdehnung des Handels führen auch zu Städtebünden (oberitalienische Städte, **Hanse**). Die Erfindung des Schießpulvers verändert die Kriegsführung: Befestigung der Städte, Niedergang des Ritterstandes. Die **Gotik** als Baustil dieser Zeit stammte aus Südfrankreich, der Hochburg der **Katharer** (Ketzer). Zivilisatorischer Fortschritt in der Einrichtung öffentlicher Bäder, Spitäler (wichtig bei Epidemien wie Pest und Lepra), Herbergen usw. Schattenseiten: Ausschluß der "unehrlichen Leute" aus der Gesellschaft (Schauspieler, Schäfer usw.), harte Strafen der Gerichte.

Die Bewegung der Katharer, Ketzer. Um ein Ventil für diese anwachsende Bewegung zu schaffen, wurde auch der erste Kreuzzug vom Papst inauguriert. Ihr Führer, Gottfried von **Bouillon**, war Ketzer. Kaiser **Friedrich Barbarossa** und die **Kyffhäusersage**: "Hervorgegangen ist die Sage aus dem Geiste eines Menschen, der verstand die Symbole zu verwenden, die eine tiefe Bedeutung hatten, wie die Höhle im Kyffhäuser, die Raben und so weiter." Hinweis auf den **Mithras-Kult**, der in Höhlen abgehalten wurde.

Die Gründung der Orden der **Dominikaner** (Vertreter des Realismus) und der **Franziskaner** (meist zum Nominalismus neigend). Gründung des **Templer**ordens in Jerusalem während des ersten Kreuzzuges. Sein antirömisches Prinzip. "Die Tempelherren erstrebten eine Reinigung des Christentums. Unter Berufung auf Johannes den Täufer vertraten sie eine asketische Tendenz. Ihre gottesdienstähnlichen Handlungen waren aus dem Widerstande gegen die römische Verweltlichung so kirchenfeindlich, daß es heute noch nicht angeht, darüber öffentlich zu reden."

Über den **deutschen Ritterorden** und den mit ihm verbundenen Orden der Schwertbrüder, der sich der Christianisierung des Ostens (Preußen und Baltikum) annahm. "Nicht Begeisterung für das Christentum, sondern bloßer Egoismus war es, der es bewirkte, daß die Reste des Feudaladels sich zusammenzogen in diesen beiden deutschen Ritterorden."

10(29.12.04) ---- 1/185f. -13

Die vorreformatorische Zeit. Die soziale Unterdrückung durch Kirche und Landesfürsten. Johannes **Hus** und das Konzil von Konstanz. Die **Brüder vom gemeinsamen Leben** in den Rheingebieten, ihr Wirken auf das Volk durch Errichtung von Schulen und durch Verbreitung und Popularisierung von religiösen und wissenschaftlichen Schriften. Der Bedarf an billigen Schriften im ärmeren Volk war der empfangsbereite Boden für die Erfindung der Buchdruckkunst durch **Gutenberg** 1445.

Der Einfall der **Türken** in Griechenland bzw. nach Europa und die Flucht griechischer Gelehrter nach Italien, Spanien usw. bringt einen kulturellen Entwicklungsschub in Gang: **Renaissance**. Hinwendung zu den originalen Quellen der Bibel im **Humanismus** (Reuchlin, Erasmus von Rotterdam). Der Türkeneinfall versperrt auch den Handelsweg nach Indien. Die Suche nach einem Seeweg führt zu den großen Entdeckungen.

11(29.10.04) 925 1/199f. -14

Die Vorstellungen der mittelalterlichen **Mystik** (**Meister Eckhart**, Dionysius Areopagita). S. auch folgenden Vortrag (05.11.04).

12(05.11.04) 940 1/209f. -15

Die Begegnung des Johannes **Tauler** mit dem "**Gottesfreund vom Oberland**".

13(12.11.04) 950 1/210f. -16

Über den Universalgelehrten, Prediger, Kardinal und Mystiker Nicolaus **Cusanus**, hervorgegangen aus der Schule der **Brüder vom gemeinsamen Leben**. Seine Erleuchtung, die zu seinem Werk "De docta ignorantia" führte. Darin die drei Stufen der Erkenntnis: Wissen (Wahrnehmung, in der Vedantaphilosophie: **Chit**), Überwissen oder Beseligung (Vedanta: **Ananda**, pythagoräisch/gnostisch: **Pleroma**), Vergottung (Vedanta: **Sat**, pythagoräisch: Sphärenharmonie).

Über die von einem Unbekannten (dem "Frankfurter") verfaßte Schrift "**Theologia deutsch**".

14(21.01.05) 1010 1/218f. -17

Vortragsreihe über **Schiller** (1759-1805). Der Einfluß der französischen Aufklärung, der Freiheitsidee, Rousseaus und von Klopstocks "Messias" in seiner Zeit an der Stuttgarter Karlsschule. Seine Dissertationen "Welches ist der Zusammenhang zwischen Materie und Geist?" und "Über den Zusammenhang der tierischen und der geistigen Natur des Menschen".
Das Problem der **Freiheit**. Sie ist für ihn nur in der Sphäre der Kunst, bzw. der Schönheit, zu verwirklichen ("Die Schaubühne als moralische Anstalt" und die "Ästhetischen Briefe") zwischen der Notwendigkeit der Natur und der den logischen Gesetzen folgenden und damit auch der Notwendigkeit unterliegenden Geistigkeit des Menschen.

15(28.01.05) 1014 1/226f. -18

Schillers Jugenddramen. Das Problem des Dualismus zwischen Mensch und Natur. Der Einfluß Kants, dessen Überwindung und Schillers spätere Hinneigung zur monistischen Anschauung Goethes.

16(04.02.05) 1018 1/234f. -19

Die Freundschaft zwischen **Schiller** und **Goethe**.

17(11.02.05) 1021 1/240f. -20

Über **Schillers** Weltanschauung. Die "Theosophie des Julius", die "Ästhetischen Briefe" und "Wallenstein".

18(18.02.05) 1024 1/247f. -21

Über "Wallenstein" und die späteren Dramen. **Schillers** Auffassung vom Tragischen als etwas Überpersönlichem. Hinneigung zur griechischen **Tragödie**: "Braut von Messina" (Wiederverwendung des Chores als Mittel, das Überpersönliche durchscheinen zu lassen). Fortführung dieser Idee bei **Nietzsche** "Die Geburt der Tragödie aus dem Geiste der Musik".

19(25.02.05) 1027 1/254f. -22

In Fortsetzung des vorigen Vortrages über die späteren Dramen **Schillers** (Jungfrau von Orleans, Braut von Messina, Tell, Demetrius).

52 Spirituelle Seelenlehre und Weltbetrachtung

5(27.11.03) 713 tb/88f. -01

Zur Philosophie **Kants** (1724-1804): Der Einfluß der Philosophie von Christian **Wolff** (1679-1754) und besonders von David **Hume** (1711-1776) auf Kant. Urteile, die auf Erfahrungen basieren, sind unsicher (a posteriori), mathematische u.ä. Urteile sind sicher und dem menschlichen Geist immanent (a priori). Dürfen aber nur angewandt werden, wenn sie sich mit der Erfahrung decken. D. h. der menschliche Geist ist so veranlagt, daß er sich über die Erfahrungen stülpt und diese eigentlich seinen Gesetzmäßigkeiten entsprechen: Illusionismus. Über das diesen Erfahrungen zugrunde liegende "Ding an sich" kann der Mensch nichts wissen. Über die scheinbare Bestätigung der Kantschen Philosophie durch die Fortschritte der Physiologie im 19. Jahrhundert, besonders durch Johannes **Müller** (1801-1858).

Im folgenden Vortrag (04.12.03) über Kants moralischen Imperativ: der moralische Glauben soll an die Stelle des illusionären Wissens treten. Aber: "Nun kommen wir sozusagen auf den Kern der Sache. Das müssen wir uns doch vorhalten, daß alles moralische Handeln im Grunde genommen nur dann einen Sinn hat, wenn es in der Welt reale Wirklichkeit annehmen kann. Was soll alles moralische Handeln, wenn wir in einer Welt des Scheines leben?"

8(16.03.04) 798 tb/148f. -02

Zur Seelenlehre des **Aristoteles** und des **Thomas von Aquino**.

10(30.03.04) 810 tb/202f. -03

Einweihung / Erziehung

Bei der **Hypnose** wird die Seele (Lust und Schmerz), das Verbindungsglied zwischen Körper und Geist, ausgeschaltet. Der Geist des Hypnotisierten wird untätig gemacht, er wird bewußtlos, der Geist des Hypnotiseurs, seine Gedanken können direkt auf den Körper des Hypnotisierten einwirken.

Bei der okkulten Entwicklung werden Lust- und Leidgefühle bewußt eliminiert, dadurch "wirkt der Geist nur auf den leid- und lustlos gewordenen hellsehenden Menschen." "Das ist es: **Hellsehen** heißt nichts anderes, als es zu einer Entwickelungsstufe der menschlichen Wesenheit gebracht zu haben, durch welche der Mensch lust- und leidfrei die Welt um sich herum wahrzunehmen vermag." Die Gedanken müssen dann nicht mehr durch die seelischen Erlebnisse hindurchdringen, sie werden wie eine Naturkraft. "Dann tritt das auf, was als Gedankenkraft von diesem entwickelten Menschen auf seine Mitmenschen übergeht." Deshalb sind solche Menschen zugleich auch große Heiler. "Die Ausschaltung der Persönlichkeit ist das Opfer. Die Auslöschung der Persönlichkeit löst in unserer Umwelt die Stimme des Geistes aus."

Die Auslöschung der eigenen Persönlichkeit ist auch notwendig für den Erzieher, damit sich der Geist des Kindes voll entwickeln kann. " Wie wir gesehen haben, daß in der Hypnose ... der Geist unmittelbar auf den Menschen wirkt, so wirkt in einer anderen Gestalt, wenn wir das Kind vor uns haben, der sich entwickelnde Geist des Kindes unmittelbar auf uns und muß auf uns wirken. Dieser Geist wird aber nur von uns ausgebildet werden können, wenn wir uns, ebenso wie bei anderen höheren Verrichtungen, auszulöschen vermögen..."

11(01.02.04) 759 tb/218f. -04

Spiritismus als notwendige Gegenbewegung zum **Materialismus** des 19. Jahrhunderts. Beispiele für Naturwissenschaftler, die sich mit dem Spiritismus experimentell beschäftigt haben: der Chemiker William **Crookes** (1832-1919) und Alfred Russel **Wallace** (1823-1913), Mitbegründer der Deszendenztheorie. Die Begründer der Theosophischen Gesellschaft, H. P. **Blavatsky** und Henry Steel **Olcott** (1832-1907), gingen aus der spiritistischen Bewegung hervor. Spiritismus und **Theosophie** wurden aus derselben Quelle inspiriert, der Bruderschaft der Adepten. Der Spiritismus entwickelte sich aber zwischen 1840 und 1870 nicht so, wie von den Menschheitsführern beabsichtigt: "Es sollte in augenfälliger Weise darauf hingedeutet werden, daß es neben dem physischen noch ein rein geistiges Leben gibt. Was aber damals genährt wurde, das waren nur Interessen allzu menschlicher, persönlicher Natur. Der Verkehr mit den Verstorbenen war es, den man vor allen Dingen suchte."

Im Gegensatz zum Weg des Spiritismus, der unter Ausschaltung des Bewußtseins (Medien) Forschungen in der geistigen Welt anstellt, aber dabei nicht sicher sein kann, mit welchen geistigen Wesenheiten er es zu tun hat, ist es das Ideal der Theosophie (**Anthroposophie**), Aufschluß über die geistige Welt zu erhalten unter Wahrung des klaren Bewußtseins. Der Spiritismus ist ein Schritt zurück zum alten astralen Bewußtsein: "Und darauf kommt es ganz besonders an, ob es den Gesetzen der Entwickelung und den Absichten der kosmischen Mächte entspricht, wenn Schritte wieder zurück gemacht werden, welche die Natur bereits vorwärts gemacht hat."

12(07.03.04) 791 tb/242f. -05

Somnambulismus (Schlafhandeln, Schlafwachen) als gesteigerter **Traum**zustand, natürlich auftretend oder künstlich erzeugt (=**Magnetismus**). Orakelpriesterinnen (z. B. **Pythien**) des alten Griechenland waren bei ihren Wahrsagungen in diesem Bewußtseinszustand, der dann im ausgehenden Mittelalter verpönt war und verfolgt wurde (**Hexen**).

Traumzustände: regelloser Traum wird vom Ätherleib dirigiert, symbolische Träume mehr vom Astralleib. Sinneswahrnehmungen werden in Symbole umgesetzt. Auftreten eines Traum-**Ich**: " denn der Träumende kann sozusagen sich selbst sehen... Die Situationen, unter denen dieser Traum vorkommt, die sind, durch das Traumbewußtsein bestimmt, ganz hineinversetzt in die symbolisch-dramatische Handlung, die sich abspielt." Weitere Stufe ist die symbolische Traumwahrnehmung von inneren körperlichen Zuständen, dann - schon mehr bei Somnambulen - von Krankheiten. Bei echten Somnambulen werden auch die entsprechenden Heilmittel geträumt. Traumhandlungen: einfachste ist das Sprechen im Schlaf, kann sich dann steigern zu mehr automatenhaften, vernünftigen Handlungen. Erklärung: durch den Wegfall des durch die Sinne begrenzten Tagesbewußtseins ist der Somnambule direkt verbunden durch seinen Astralleib mit der ganzen Außenwelt, die er miterlebt, die sonst nicht wahrgenommen wird, weil das Tagesbewußtsein diese Wahrnehmungen überstrahlt. Ausspruch von **Jung-Stilling** (1740-1817), einem der Erforscher dieses Gebietes: "Wenn die Sonne des hellen Tagesbewußtseins untergeht, dann leuchten die Sterne im somnambulen Bewußtsein!" Hinweis auf die Rückständigkeit dieses Bewußtseinszustandes, der den gleichen Gefahren wie der Spiritismus ausgesetzt ist (s. vor. Ref.).

Zu Traum, Halluzinationen, Visionen, Somnambulismus s. auch 67/7(21.03.18).

13(30.05.04) 855 tb/282f. -06

Über Robert **Fludd** (1574-1637), Okkultist und Rosenkreuzer.

13(30.05.04) 855 tb/282f. -07

Bis ins 18. Jahrhundert wurden solche Phänomene wie die des **Spiritismus**, der Telekinese, Telepathie*), Prophetie als solche betrachtet, über die nur Menschen Aufschluß geben konnten, die im Besitz der höheren Wahrheiten waren. Durch die Ausrichtung auf das Sinnliche wurden jetzt diese Erscheinungen als sinnlich greifbare Beweise für das Übersinnliche studiert. Geburtsstunde des Spiritismus 1716 mit der Veröffentlichung eines Buches über das Zweite Gesicht in Schottland. Der eigentliche Begründer ist jedoch der Naturwissenschaftler und Visionär E. **Swedenborg** (1688-1772). "Dasjenige, was Swedenborg ... da erlebte, war eine ganz bestimmte Gruppe von Erscheinungen. Und derjenige, der auf diesem Gebiete nur einigermaßen eingeweiht ist, weiß, daß Swedenborg nur diese Gruppe von Erscheinungen erleben konnte." Ferner gilt, "daß man, sobald man in dieses Gebiet tritt, das den Swedenborgschen Anschauungen zugrunde liegt, in diesem Gebiete dasjenige sieht, was man in sich selbst ausgebildet hat." Dementsprechend sind auch die Darstellungen **Jung-Stillings** und anderer gefärbt (christgläubig und naturwissenschaftlich). Zu Justinus **Kerner** (1786-1862) und der Seherin von Prevorst. Der Durchbruch des Spiritismus in Amerika. Die Projektion der irdischen auf die überirdische Welt bei dem amerikanischen Seher Andrew Jackson **Davis** (1826-1910), über sein Buch "Die Philosophie des geistigen Verkehrs" (1848). Allan **Kardec** (=Léon Hippolyte Dénizart Rivail, 1803-1869) und der französische und europäische Spiritismus. Sein Werk "Theorie der Geisterwelt" erscheint 1858 fast gleichzeitig mit anderen epochemachenden Werken (s. Ref. 53-13). Kardec vertrat die Reinkarnationsidee.

*) Zu Telepathie, Telekinese u. a. s. auch 79/4(29.11.21).

14(06.06.04) 860 tb/305f. **-08**

Das Phänomen der **Hypnose** war in den Mysterien wohlbekannt. "Es werden ... in den Geheimschulen ganz bestimmte Methoden angegeben, durch die der Mensch eine solche Gewalt über seine Mitmenschen erhält." Die Handhabung war an die okkulte und moralische Höherentwicklung geknüpft und konnte dann nur zum Wohl der Menschen angewandt werden. Hypnose ist also vor allem vom Hypnotiseur und seinem Entwicklungsstand abhängig (von Natur oder durch Schulung). In abgeschwächter Art gilt allgemein: "Sie können nicht eine Räumlichkeit betreten, ohne daß in dieser Räumlichkeit, wenn andere Menschen darinnen sind, Wechselwirkungen stattfinden, die analog dem sind, was - aus anderen Verhältnissen heraus - in den hypnotischen Erscheinungen stattfindet."

Erstmals (als eine Art Mysterienverrat) wurde im 17. Jahrhundert Hypnose von Tieren beschrieben (von Athanasius **Kircher** (1601-1680)). Durch Franz Anton **Mesmer** (1733-1815) wurde Hypnose vor allem als Heilmethode bekannt gemacht (**Mesmerismus**, tierischer **Magnetismus**).

18(08.12.04) 977 tb/404f. **-09**

"Nun kam es durch eine notwendige, aber noch nicht leicht überschaubare Verkettung von weltgeschichtlichen geistigen Ereignissen, daß die ersten Einflüsse der **theosophischen** Bewegung vom Orient, von orientalischen Meistern ausgingen. Aber schon als Helena Petrowna **Blavatsky** ihre "Geheimlehre" verfaßte, waren es nicht mehr solche orientalischen Weisen allein... Ein ägyptischer und ein ungarischer Eingeweihter hatten bereits dasjenige, was sie beizutragen hatten, zu dem neuen großen Einschlag hinzugegeben" (vgl. 262-03).

Die **Meister** "gehörten einer Bruderschaft an, die ihre Wurzeln hatte in dem, was man den tiefen **Buddhismus** des Orients nennt" (nördlicher B. im Gegensatz zum südlichen auf Ceylon).

"Vom Mittelalter bis in die neue Zeit herein hat es auch in Europa große Weise gegeben; und auch solche Brüderschaften hat es gegeben. Die **Rosenkreuzer** muß ich da immer wieder erwähnen; aber das materialistische Jahrhundert konnte wenig mehr annehmen von dieser Rosenkreuzergesellschaft. Und so kam es, daß die letzten Rosenkreuzer sich schon im Beginne des 19. Jahrhunderts vereinigt hatten mit den orientalischen Brüdern, von denen dann die Anregungen ausgegangen sind. Es war der europäischen Kultur die spirituelle Kraft verlorengegangen..."

53 Ursprung und Ziel des Menschen

2(13.10.04) 902 tb/52f. -01

Wesensglieder

Gliederung des Menschen in Leib, **Seele** und **Geist**. Jedes Glied ist wiederum dreigliederig. Leib: physischer Leib, Ätherleib und Seelenleib. **Ätherleib** erscheint dem Hellseher in der Farbe der **Pfirsichblüte**. Seele: Empfindungsseele, Verstandesseele, Bewußtseinsseele. Der äußere Seelenleib und die in ihm steckende Empfindungsseele können vom seelischen Schauen nicht getrennt wahrgenommen werden, beide zusammen werden als Astralleib bezeichnet. Die seelische **Aura** ist dementsprechend dreigliederig ("ovale Nebelgebilde") und ist von einer den Spektralfarben entsprechenden Farbigkeit. Das Ich als blau leuchtende Stelle in dieser Aura (Vergleich mit Kerzenflamme). Geist: Manas (Geistselbst), Buddhi (Lebensgeist) und Atma (Geistesmensch). Die beiden letzteren sind nur als Anlagen vorhanden. Manas ist mit der Bewußtseinsseele (Ich) so verbunden, daß sie wiederum seherisch nicht auseinandergehalten werden können, so daß der Mensch neun- bzw. siebengliederig ist.

Farben und Formen in der Aura und ihr Zusammenhang mit seelischen Eigenschaften s. 6. Vortrag (10.11.04).

3(20.10.04) 911 tb/88 -02

"Das **Tier** als Gattung unterliegt der **Reinkarnation** nicht, ebensowenig das einzelne Tier. Die **Löwen**gattung zum Beispiel wird allmählich individualisiert und in Verbindung mit höheren Wesenheiten in der Zukunft Entwicklungsphasen durchmachen, die wir ahnen, aber nicht menschenähnlich nennen können..." (Fragenbeantwortung).

3(20.10.04) 911 tb/88 -03

Über den Wert des **Beten**s im Sinne des Urchristentums: "Vater nicht mein, sondern dein Wille geschehe". "Das Gebet gehört zu den Methoden des **Christentums**, denn es ist ein Mittel zur Vereinigung mit der göttlichen Allseele..." (Fragenbeantwortung).

3(20.10.04) 911 tb/89 -04

Kultus

Ursprung der christlichen **Taufe** in der **Wasserprobe** der **Mysterien**, eine der ersten Stufen höherer Erkenntnis. Durch das **Christentum** wurden die Mysterien als Wahrheit für die ganze Menschheit hingestellt. "Das ist eine ganz bedeutsame mystische Tatsache, daß jetzt nicht nur diejenigen selig werden können, welche in die Mysterien eingeweiht werden, sondern auch diejenigen, welche nur **glauben**." (Fragenbeantwortung).

6(10.11.04) 946 tb/131f. -05

Leben nach dem Tod

Über die verschiedenen Regionen (Bewußtseinszustände) des **Seelenland**es (**Astralplan**es), die die Seele nach dem Tod durchmacht (Kamaloka): Region der Begierden, der Reize, der Wünsche, der Daseinslust, des Seelenlichtes (Liebe zu Mensch und Natur), der Seelenkraft (Enthusiasmus, Hingabe an die Pflicht), der geistigen Liebe.

7(17.11.04) 954 tb/148f. **-06**

Leben nach dem Tod

Nach dem Kamaloka tritt der Mensch ein in das **Geister**(Geistes)**land** = **Devachan**. Auch hier durchlebt er verschiedene Bewußtseinszustände: Region der Urbilder der physischen Dinge ("Festland"), Region des all-einen Lebens ("Ozean"), Region der Urbilder von Lust und Schmerz ("Luftkreis"). Im vierten Gebiet urständen die Kräfte des **Idealismus**, der Hingabe, der Intuition, der **Genialität** und der Erfindungen. Die folgenden drei höheren Gebiete des Devachan sind "Gebiete, die sozusagen aus einer ganz anderen Welt herüberleuchten": Quelle der höheren **Moral** und **Religiosität**. Das beseeligende, freie Arbeiten des nachtodlichen Menschen in diesen Regionen ("**Himmelreich**") und die Aneignung besonderer Fähigkeiten: Entwicklung von religiöser **Frömmigkeit** in der zweiten Region, von Philanthropie in der dritten, von künstlerischen und erfinderischer Genialität in der vierten.

Dauer des Devachanlebens ist abhängig vom individuellen Entwicklungsstand, je höher, desto länger. "Erst später, wenn er in diese Zustände hineinschauen kann, werden die Aufenthalte wieder kürzer bis zu dem Punkte, wo das Wesen gleich nach dem Tode wieder zu einer neuen Verkörperung schreiten kann, weil der Mensch das, was in Devachan auszuleben ist, bereits ausgelebt hat." Die Dauer des Aufenthaltes ist auch abhängig von der Dauer des physischen Lebens (etwa zwanzig- bis vierzigfach).

7(17.11.04) 954 tb/151f. **-07**

Über den Unterschied zwischen seelischer und geistiger **Aura**.

8(01.12.04) 969 tb/166f. **-08**

Ausführungen zur Entwicklung Friedrich **Nietzsches**.

10(09.02.05) 1020 tb/214 **-09**

"**Kama** ist dasselbe wie **Buddhi**, nur ist Buddhi die Selbstlosigkeit des Kama, und Kama die Selbstigkeit, der Egoismus der Buddhi." Den "Verstand nun nennen wir, insofern er in der Seele **Manas** zum Ausdruck bringt, **Ahamkara**, das **Ich-Bewußtsein**, das Ich-Gefühl."

Zur "**Philosophie der Freiheit**": "Sie finden dort die Entwickelung des Seelischen vom Kama zum Manasleben. Ich habe dort Ahamkara das "Ich" genannt. Manas das "höhere Denken", **reines Denken**, und die Buddhi, um noch nicht auf den Ursprung hinzuweisen, die "**moralische Phantasie**"."

10(09.02.05) 1020 tb/216f. **-10**

Zur Entwicklung des Menschen in der **lemurischen** und **atlantischen Epoche**. Inkarnierung der seelisch-geistigen Wesenheit des Menschen (= **Monade** = Atma, Buddhi, Manas) in **Tierformen**, die aus dem alten Mondzustand herübergekommen waren, nachdem diese stufenweise Reinigungen ihrer wilden Astralität erfahren hatten. Der Vorgang fand statt in "**Akasha**"-Materie, die sich später verdichtete (Luft, Feuer: Menschen = **Söhne des Feuernebels** in der Mitte der lemurischen Zeit). In der folgenden Fragenbeantwortung dazu: "Der Akasha-Stoff steht zwischen der physischen und der astralischen Materie. Er ist die feinste physische Materie, die allerfeinste Materie, in welcher der Gedanke sich unmittelbar ausprägen kann."

Über die stufenweise Abscheidung der Tierarten. Beim Übergang von den Kaltblütlern (Reptilien) zu den Warmblütlern (Vögel) Auftreten der Zweigeschlechtlichkeit (Aufnahme von Buddhi als Kama)*). Zuletzt wurden die höheren Säugetiere in der atlantischen Zeit herausgesetzt: Ausbildung von Ahamkara (Ich-Bewußtsein) und Egoismus.

*) dies war auch verbunden mit der Abtrennung des Mondes von der Erde (11. Vortrag, 09.03.05)

12(16.03.05) 1042 tb/255f. **-11**

Über die Stufen der **Einweihung**. Durch geregelte **Meditation** Bearbeitung der **Aura** und der in ihr veranlagten seelischen Wahrnehmungsorgane, der **Lotusblumen** (=Chakras). Zweiblättrige Lotusblume zwischen den Augen, sechzehnblättrige in Nähe des Kehlkopfes, zwölfblättrige in der Nähe des Herzens, zehnblättrige in der Magengrube, die sechs- und vierblättrige weiter unten. Von der sechzehnblättrigen sind acht Blätter schon veranlagt, die Entwicklung der anderen acht kann z. B. durch den **achtgliedrigen Pfad** Buddhas erfolgen (rechtes Entschließen, Denken, Reden, Handeln, Leben, Gedenken und Sich-Versenken). Ähnlich bei der zwölfblättrigen, wo auch schon sechs veranlagt sind. Die anderen sechs werden entwickelt durch die sechs **Tugenden**: Kontrolle der Gedanken, Kontrolle der Handlungen, Duldsamkeit, Standhaftigkeit, Unbefangenheit und Gelassenheit (s. dazu auch **54/9(07.12.05)**). Durch diese Bearbeitung des Astralleibes wird **Manas** einverleibt. Danach beginnt die Bearbeitung des Ätherleibes durch das Selbstbewußtsein des Astralleibes: "...dann bekommt der Ätherkörper das innere Wort,... dann erklingt ihm in seinem Ätherkörper der innere Sinn der Dinge." Diese Stufe des Geheimschülers (**Chela**) wird die des heimatlosen Menschen genannt (Erlangung von **Buddhi**). Nächste Stufe Bearbeitung des physischen Leibes: "So nun, wie der Durchschnittsmensch seinem Ich allein den Namen gibt, so gibt der Chela im dritten Grade allen Dingen der Welt Namen, die er aus der **Intuition** heraus hat. Das heißt, er ist aufgegangen in das Welten-Ich." Ein Chela dieser Stufe wird **Schwan** genannt. Die darüber liegenden Grade sind die der großen Eingeweihten, die zugleich die Religionsstifter sind.

Über **Hermes**, die ägyptische Einweihung, das **Osiris-Isis**-Mysterium.

Änderung der Einweihung seit Christus: "Seit dem Erscheinen Christi war es möglich, daß man eingeweiht werden konnte als Natureingeweihter... Es gibt christliche Mystiker, welche aus Gnade die Einweihung erhalten hatten." Der erste war **Paulus** (Ereignis von Damaskus).

Die Loge der großen Eingeweihten = Heiliger **Gral**. Einer ihrer Gesandten war **Lohengrin** mit dem Schwan. **Elsa von Brabant** ist als die heraufkommende Städtekultur des Mittelalters zu deuten. S. **54/18(29.03.06)**, dort auch über den Unterschied zwischen der weltlichen Ritterschaft der **Artus-Runde** in Nachfolgeschaft der keltischen Druiden und der geistigen Ritterschaft des Heiligen Gral. Vgl. ferner **57/18(06.05.09)**.

13(23.03.05) 1053 tb/280f. **-12**

Vortrag über Henrik **Ibsen**s Geistesart.

16(16.02.05) 1023- tb/329f. **-13**

In diesem und dem folgenden Vortrag (23.02.05) Ausführungen zu **Goethes Märchen** von der grünen Schlange und der schönen Lilie. S.auch **57/2 und /3(22. und 24.10.08)**.

18(02.03.05) 1031 tb/369f. **-14**

Ausführungen zu **Goethe**s Märchen "Der neue Paris" (aus "Wahrheit und Dichtung") und "Die neue Melusine (aus "**Wilhelm Meister**s Wanderjahren").

19(04.05.05) 1088 tb/393f. -15

Über **Schiller** (Jugenddramen, Theosophie des Julius, Ästhetische Briefe, Wallenstein, Braut von Messina, Demetrius). Das **Jahr 1859** (100.Geburtstag Schillers) als Markstein der Wende vom **Idealismus** Schillers zum **Materialismus**: Darwins "Entstehung der Arten durch natürliche Zuchtwahl", Entdeckung der **Spektralanalyse** durch Kirchhoff und Bunsen, Karl **Marx** "Zur Kritik der politischen Ökonomie".

54 Die Welträtsel und die Anthroposophie

2(12.10.05) 1139 tb/35f. -01

Anthroposophie

Darwin (1809-1882) nahm als treibende Kraft für die Entwicklung der Arten den **Kampf ums Dasein** an, welchen Begriff er von dem Nationalökonomen Thomas **Malthus** (1766-1834) übernommen hatte. Karl **Keßler** (1815-1881) und später Fürst Peter **Kropotkin** (1842-1921) konnten aber zeigen, daß gegenseitige Hilfe innerhalb einer Art ebenfalls wichtig ist, und die Arten am besten überleben, bei denen die gegenseitige Hilfsbereitschaft am stärksten entwickelt ist. Beides, der Kampf ums Dasein und die Hilfsbereitschaft innerhalb einer Art, sind deutliche Manifestationen der auf der Astralebene lebenden **Gruppenseelen der Tiere**, die sich gegenseitig bekämpfen, als solche aber einheitlich sind (daher die Hilfsbereitschaft).

Der Mensch war ursprünglich gruppenseelenhaft und entwickelte sich dann zur Individualseele. Gefördert wurde dies besonders durch den Einschlag des **Christentums**, das die Idee von **Reinkarnation** und **Karma** zunächst nicht lehrte. Damit wurde das eine Leben für den Menschen sehr wichtig: "So sehen wir die Folge dieser Erziehung: das vollständige Herableben des Menschen auf den physischen Plan. Denn da nur konnte sich die individuelle Seele entwickeln, da ist sie abgesondert, eingeschlossen in diesen Leib und kann nur herausschauen als ein abgeschlossenes Sonderdasein durch seine Sinne. Damit haben wir immer mehr und mehr von menschlicher Konkurrenz..." "Aber der Mensch ist dazu berufen, in bewußter Weise das zu erreichen, was draußen auf dem physischen Plane da ist. Daher wird es ihn führen auf den Bewußtseinsstufen seines Reiches zu gegenseitiger Hilfe und Unterstützung, weil das Menschengeschlecht eine einzige Art ist." "Diese einheitliche Seele im ganzen Menschengeschlecht wahrhaft und wirklich zu entwikkeln, das ist die Aufgabe der geisteswissenschaftlichen Weltanschauung."

4(02.03.08) 1701 tb/80f. -02

Sozialleben

Das proletarische Elend im 19. Jahrhundert als Folge des **Egoismus**. "Wie ein Naturgesetz haben wir diesen Satz aufzufassen, nicht so, daß etwa bei einem einzelnen Menschen, wenn er egoistisch ist, immer Not und Leid eintreten müssen, sondern daß das Leid - vielleicht an einem ganz anderen Orte - doch mit diesem Egoismus zusammenhängt." "Der Egoismus führt im Menschenleben, in der sozialen Menschenordnung, zum **Kampf ums Dasein**." "Wir leben unter Egoismus, sobald wir dem Prinzip leben: Wir müßten persönlich ent**lohn**t werden, was ich arbeite, muß mir bezahlt werden." Sondern: "In einem sozialen Zusammenleben muß der Antrieb zur Arbeit niemals in der eigenen Persönlichkeit des

Menschen liegen, sondern einzig und allein in der Hingabe für das Ganze... Von der Anerkennung dieses Satzes, daß einer das Erträgnis seiner Arbeit nicht in Form einer persönlichen Entlohnung haben will, hängt allein der soziale Fortschritt ab." S. auch **56/11(12.03.08)**.

5(17.11.06) 1426 tb/125 **-03**

Einweihung

Zur okkulten Entwicklung: "Wenn das Ich auf Grund **religiöser** Impulse arbeitet, dann arbeitet es in den **Ätherleib** hinein. Ebenso wenn das Ich aufgeht in Betrachtung eines **Kunst**werkes und eine Ahnung erhält, daß hinter dem sinnlichen Dasein ein Ewiges ... verkörpert sein kann, dann wirkt die künstlerische Vorstellung nicht nur in den Astralleib, sondern der Mensch veredelt und läutert den Ätherleib. Könnten Sie einmal als praktischer Okkultist beobachten, wie eine **Wagner**sche Oper auf die verschiedenen Glieder der menschlichen Natur wirkt, es würde Sie überzeugen, daß besonders die **Musik** es ist, die ihre Vibrationen tief hineinsenken läßt in den Ätherleib" (vgl. 97-15).

6(09.11.05) 1170 tb/140f. **-04**

Zur Entwicklung des Menschen in der **lemurischen** und **atlantischen** Zeit. "Dieser Lemurier entwickelte sich heraus aus dem noch nicht menschlichen Genossen der Ichthyo**saurier**, Plesiosaurier und so weiter (s. 300-01). Das sind jene fabelhaften Tiere, die noch vor unseren Säugetieren da waren und die durch die großen, gewaltigen Naturrevolutionen in diesen Kontinenten zugrunde gegangen sind. Alles das, was an vulkanischen Bildungen aus dem Ozean herausragt, sind Überreste jener alten lemurischen Zeit. Und auch jene primitiven Bauten von kolossaler Größe und so merkwürdiger Form, wie sie sich auf der **Osterinsel** finden, sind Überreste der Zyklopenbauten, die hereinragen in unsere Zeit wie ein Denkmal an jene Menschen, die so ganz anders in ihrer Seele lebten als wir."

Lage von Lemurien (in Übereinstimmung mit den Annahmen Ernst Haeckels): Von Ostafrika bis Australien, südlich von Indien (Indischer Ozean). Über die zunehmende Verdichtung des Menschen, anfänglich war der Lemurier von gallertartiger Materie (vgl.300-01), davor unsichtbarer Äthermensch.

Die sieben **Rassen** der Atlantis. Die Entwicklung von **Sprache** und **Gedächtnis** in der Atlantis (ab der dritten Rasse, den Urtolteken). Aus der vierten Rasse haben sich die **Chinesen** entwickelt. **Indianer** (Zug von Atlantiern nach Amerika), **Mongolen** und **Malayen** entwickelten sich aus Überresten verschiedener atlantischer Rassen. Die noch mangelhafte Beherrschung des Astralleibes in der lemurischen Zeit: "Das sehen Sie noch nachklingen in der indianischen Bevölkerung Amerikas. Auf der einen Seite kämpfen noch die Instinkte, weil die Menschen noch nicht das Bewußtsein haben, sich von innen zu durchdringen, sie bearbeiten den Körper von außen, sie **tätowieren** ihn, weil er ihnen noch nicht fertig erscheint."

Zug der Ursemiten (fünfte atlantische Rasse) von Irland nach Asien (ein nördlicher Zug: **Kelten**- Germanen - Slawen - Perser, ein südlicher: Indoarier - Semiten- Chaldäer und Ägypter, durch Vermischung griechisch-lateinische Bevölkerung).

"Wir können uns vorstellen, daß wir eine alte keltische Bevölkerung im Westen Europas hatten, der am weitesten westlich liegende Teil des Völkerstromes, während die persische Bevölkerung den am weitesten nach Osten gegangen Teil des Völkerstromes darstellt" (nördlicher Zug).

Der Durchgang der einzelnen Seele durch Inkarnationen in verschiedenen Rassen bzw. Kulturstufen.

7(16.11.05) 1177 tb/155f. -05

Alle **Religion**en sind ausgegangen von der weißen Loge, der Loge der **Meister** der Weisheit. "Und diejenigen, welche die Religionen begründet haben, waren nichts anderes als große hervorragende Individualitäten, welche den Unterricht und die Unterweisung jener Bruderschaft in diesem großen geistigen Laboratorium genossen haben, eingeführt worden sind in das geistige Leben, das allen Erscheinungen zugrundeliegt..."

Der **Atlantier** hatte noch keine Religion (=Wiederanbindung an das Göttliche) nötig, er hatte ein Bewußtsein vom alles durchwesenden göttlichen **Tao**; Nachklang im **Taoismus** der **Chinesen**.

8(23.11.05) 1183 tb/184f. -06

Über das Bruderschaftsprinzip in der materiellen **Stadtkultur** des Mittelalters (**Gilden** usw.).

Das Wesen der **Brüderlichkeit**: "Fünf Menschen, die ... harmonisch miteinander denken und fühlen, sind ... nicht bloß die Summe aus den fünf ... sondern das Zusammenleben ... der Menschen ... bedeutet es etwas ganz Ähnliches, wie das Ineinanderleben der Zellen des menschlichen Körpers. Eine neue, höhere Wesenheit ist mitten unter den fünfen, ja schon unter zweien und dreien. "Wo zwei oder drei in meinem Namen vereinigt sind, da bin ich mitten unter ihnen." (**Matth. 20,18**) ... So sind die menschlichen Vereinigungen die geheimnisvollen Stätten, in welche sich höhere geistige Wesenheiten herniedersenken, um durch die einzelnen Menschen zu wirken..." Hinweis auf **Volksgeist**, Familiengeist als Realitäten.

9(07.12.05) 1198 tb/184f. -07

Einweihung

Im Laufe der okkulten Entwicklung muß der Schüler es dazu bringen, Rhythmus im **Astralleib** zu entwickeln. Hinweis auf den Wert des **Fastens**: "Was heißt Fasten? Es heißt, die Eßbegierde zügeln und den Astralleib in bezug auf die Eßbegierde ausschalten. Der, welcher fastet, schaltet den Astralleib aus und entwickelt keine Eßlust... Der Astralleib ist dann untätig, und die ganze Rhythmik des physischen Leibes und die ihm eingepflanzte Weisheit wirken hinauf in den Astralleib und rhythmisieren denselben."

10(14.12.05) 1205 tb/229f. -08

Weihnachten wurde zu allen Zeiten als eine Art Erinnerungsfest an die Fleischwerdung des Menschen in der lemurischen Zeit gefeiert (Sieg der Sonne über die Finsternis).

Die sieben Grade der **persischen Einweihung**, sechster Grad: der Sonnenheld oder Sonnenläufer. "Das stellte man sich vor, daß nun nicht mehr nur eine einzelne individuelle Menschenseele in ihm lebt, sondern daß in einem solchen etwas aufgegangen war von der universellen Seele, die durch das ganze Universum flutet. Diese Universalseele ... nannte man in Griechenland **Chrestós**, und sie ist bei den erhabensten Weisen im Orient als **Buddhi** bekannt."

Im 12. Vortrag (15.02.06): "Denken Sie sich dieses Element in der Menschennatur, dann haben wird das, was wir in der christlichen Mystik **Christus**, in der griechischen Mystik Chrestós, in der morgenländischen Mystik die Buddhi nennen, den **Lebensgeist** in seiner höchsten Potenz."

15(18.03.06) 1275 tb/291f. **-09**

Die Sage von der fragenden **Mittagsfrau** (nach Forschungen von Ludwig **Laistner** (1845-1896)) als Rest des alten astralen Bilderbewußtseins (vgl. 106-18). S. dazu auch **57/17(01.05.09)**.

Die **germanische Mythologie** hat ihren Ursprung in diesem astralen Bilderbewußtsein. Über die Einweihung **Wotans**. **Baldur**, der von **Hödur** auf Anstiften **Lokis** getötet wird, ist dieses Bewußtsein, das nun in die Unterwelt, **Hel** (Tochter Lokis), hinabsinkt (=Unterbewußtsein). Über Loki, den Zusammenhang zwischen dem äußeren Feuer und den Leidenschaften. Seine drei Kinder: Hel (untere menschliche Natur), **Midgardschlange** (der an die niedere Menschennatur gefesselte Ätherleib) und Fenriswolf (die niederen Leidenschaften). Vergleich mit der **indischen Mythologie**, die mehr aus dem inneren, dem Denkerischen hervorgegangen ist im Gegensatz zur Kriegsreligion (Hinweis auf die **Walküren**) der Germanen.

21(26.04.06) 1312 tb/477f. **-10**

Vortrag über **Paracelsus** (1493-1541). Seine Anschauungen über den Menschen, **Salz-Merkur- Schwefel** in der Natur und ihre Entsprechungen Leib - Seele -Geist im Menschen. Über die **Mumie**: "Das ist ein bedeutsamer Ausdruck, den man erst verstehen muß. Es ist eine gewisse Essenz, die dem Leiblichen zugrundeliegt; die Mumie ist anders beim Gesunden und anders beim Kranken, weil das Ganze und das vereinzelte verändert wird. Deshalb braucht man nur die Mumie zu erkennen, die Veränderungen im Ätherleibe, um zu erkennen, was einem Menschen fehlt" (vgl.317-17 und 352-06).

Zu Paracelsus s. auch **61/4(16.11.11)**, seine an der Natur gereiften Sehergabe und biographische Ausführungen.

22(03.05.06) 1318 tb/498f. **-11**

Vortrag über Jakob **Böhme** (1575-1624), er "war einer der größten Magier aller Zeiten, mit einer Größe, die heute noch nicht wieder erreicht worden ist."

Hinweise auf Vorträge aus 54 in 53-09

55 Die Erkenntnis des Übersinnlichen in unserer Zeit

2(25.10.06) 1408 tb/35f. **-01**

Das Auftreten des **Blut**es in der menschlichen Entwicklung. "Ein Wesen mit bloßem **sympathischen Nervensystem** spiegelt die Außenwelt, es empfindet also diese Außenwelt noch nicht als sich, noch nicht als Innenleben. Ein Wesen mit **Rückenmark** und **Gehirn** empfindet die Spiegelung als Innenleben. Ein Wesen aber mit Blut erlebt als seine eigene **Gestalt** sein Innenleben. Durch das Blut wird mit Hilfe des Sauerstoffes der Außenwelt nach den Bildern des Innenlebens der eigene Leib gestaltet. Diese Gestaltung kommt als **Ich**-Wahrnehmung zum Ausdruck." "Das Blut steht so in der Mitte zwischen der inneren Bilderwelt und der lebendigen Gestaltenwelt des Äußeren."

Bei herabgedämpftem Bewußtsein wie in der **Hypnose** oder im **Somnambulismus** (Ausschaltung des Gehirns, bei tiefem Somnambulismus auch des Rückenmarkes, dann nur sympathisches Nervensystem) Erleben des ganzen Kosmos. "In einem solchen Falle bringt das Blut nicht mehr die Bilder des Innenlebens zum Ausdruck, die durch das Gehirn vermittelt sind, sondern dasjenige, was die Außenwelt in ihn hineingebaut hat. Nun aber haben an ihm gebaut die Kräfte seiner Vorfahren... Er empfindet so bei gedämpftem Bewußtsein seine Vorfahren in sich... Er lebt dann noch das Leben seiner Vorfahren dumpf mit": **Generationengedächtnis** (s. auch 57/5(14.11.08)). Das dumpfe Hellsehen und dieses Generationengedächtnis gingen in dem Augenblick verloren, als die Nah-Ehe durch die Fernehe abgelöst wurde. Gleichzeitig war dies die Geburt des logischen Denkens, des Intellektes. Früher wurden auch die **moral**ischen Eigenschaften der Vorfahren mit dem Blut weitergegeben. "Will also eine böse Macht Einfluß gewinnen auf den Menschen, dann muß sie Herrschaft haben über sein Blut." Dies ist der Sinn des Ausspruches von Mephisto in Goethes **Faust**: Blut ist ein ganz besonderer Saft.

3(08.11.06) 1420 tb/66f. **-02**

Geisteskrankheiten

Über Form, Leben und **Bewußtsein**. Bewußtsein entsteht auf der Grundlage einer Zerstörung des Lebens, eines teilweisen Todes, verbunden mit **Schmerz**. "Tritt der Schmerz zum Leben, so gebiert er die Empfindung und das Bewußtsein. Dieses Gebären ... spiegelt sich wiederum im Bewußtsein als die **Lust**, und es gab nie eine Lust, ohne daß es vorher einen Schmerz gegeben hätte."

Bei der **Einweihung** wird der natürliche Zusammenhang zwischen **Denken, Fühlen und Wollen** zerstört. Der Eingeweihte muß diesen Zusammenhang wieder bewußt herbeiführen durch sein höheres Bewußtsein. "Träte diese Zerstörung so ein, daß nicht zugleich auch ein neues Bewußtsein entsproßte, dann würde **Wahnsinn** entstehen."

6(01.12.06) 1441 tb/118f. **-03**

Zur **Erziehung**: Bis zum Zahnwechsel (Geburt des Ätherleibes) soll in erster Linie für die Entfaltung der physischen Organe des Kindes gesorgt werden (Nachahmungsphase; diese Nachahmung bezieht sich auch auf Gedanken und Gefühle). Beispiele: Wirkung von **Farben** (Grün-Blau für passive, Rot-Gelb für aktive Kinder: Wirkung durch Bildung der Komplementärfarbe), keine fertigen Spielsachen (Weckung der Phantasie, s. dazu auch 61/14(14.03.12)). Im zweiten Jahrsiebt bis zur Geschlechtsreife sollen (natürliche) Autorität des Erziehenden, Vertrauen und Ehrfurcht Basis der Erziehung sein, dies hat Einfluß auf die **Gewissen**sbildung, den Charakter und das **Temperament** des Kindes. Training des Gedächtnisses. Erst nach der Geschlechtsreife (Geburt des Astralleibes) soll Urteilsfähigkeit herangebildet werden, am besten anhand von Grundsätzen. Die große Bedeutung von Turnen, künstlerischer Betätigung und bildhaftem Religionsunterricht.
S. auch 10. Vortrag (28.02.07), 60/8(12.01.11).

8(31.01.07) 1478 tb/140f. **-04**

Zur Entstehung der **Geisteskrankheiten**. Name ist falsch, da der Geist nicht krank werden kann, er wird in seinem Eingreifen in die unteren Glieder gestört. Kann z. B. der **Astralleib** nicht ordentlich in ein "zu schweres" Gehirn eingreifen, so wird sich der Astralleib seiner bewußt: "da sieht er sich nach außen projiziert, Hoffnungen, Wünsche, Begierden treten ihm in Gestalten von außen entgegen. **Wahnsinn**, Querulantenwahnsinn, **Hysterie** gehören hierher... Aber auch der **Ätherleib** kann an inneren Abnormitäten leiden. Er ist der Träger der bildlichen Vorstellungen. Wenn der Ätherleib seiner sich unbewußt ist, so treten die Bilder der Außenwelt ihm wahr entgegen. Spiegeln sich aber bei Störungen des Ätherleibes die Bilder nach außen, so werden es Wahnideen, **Paranoia**." Bei Bewußtwerden des physischen Leibes: **Idiotie**. **Dementia**, wenn der Astralleib den zu schweren physischen

Leib nicht beherrschen kann, im gegenteiligen Fall (zu bewegliche physische Organe) **Paralyse**. "Doch es gibt hier eine unendliche Fülle von solchen Fällen, die ganz verschiedenen Ursprung haben können, namentlich die Wahnvorstellungen. Sie können entspringen einmal aus der Projektion des Astralleibes oder aus der Erkrankung des Astralleibes. Dann werden die Affekte so stark, daß es zu **Tobsucht**sanfällen kommt. Diese drücken sich im Ätherleibe ab und daraus entstehen Wahnideen... Sie sind viel schwerer heilbar als die Tobsucht."

Heilung nicht durch logische Argumente möglich. Diese Zerrbilder des Geistes können durch bildliche, von Leidenschaften durchzogene, imaginative Vorstellungen vertrieben werden. "Gegenvorstellungen muß man geben durch die Macht und Gewalt einer anderen Persönlichkeit." Diese "muß dem Kranken beweisen, daß er zum Beispiel das, was er nicht zu können glaubt, doch kann. Das muß der Kranke sehen... Ein ausführliches Studium ist nötig, um immer die richtigen Gegenvorstellungen bereit zu haben. Diese dürfen auch nicht "normal" sein, sondern müssen nach der anderen Seite ausschlagen."

Über die heilende Wirkung des anthroposophischen Einweihungsweges auf Dispositionen zu bestimmten Geisteskrankheiten (Größenwahn, mystisches Irresein, religiöser Wahnsinn) s. 65/7(04.02.16).

10(28.02.07) 1503 tb/157f. -05

Leben nach dem Tod / menschliche Entwicklung / Erziehung

Nach dem Tod bleibt vom sich im allgemeinen Weltenäther auflösenden **Ätherleib** eine Essenz zurück, die mit dem Ich verbunden bleibt. "Neben dieser Essenz vom Ätherleib bleibt, wenn auch wenig, nur gleichsam ein Kraftpunkt, auch eine Essenz von dem **physischen Leibe** des Menschen zurück... Das ist mit dem Lebensleib ebenfalls verbunden, und das gibt dem physischen Leibe gerade die menschliche Form."

"Wir müssen uns klar machen, daß in den ersten sieben Jahren des Lebens nur jene Essenz, die wir die Essenz des physischen Leibes nannten, vollständig frei wirkt, daß sie die physische Form gibt; sie leitet die physische Struktur ein." "Und jene Grundanlagen, die der Mensch als Früchte seiner früheren Inkarnation in seinem Ätherleib mitgenommen hatte, entwickeln sich jetzt, wo nach dem siebenten Jahre der Ätherleib nach allen Seiten frei ist." Nach der Geschlechtsreife: "Da kommt im Astralen der Fond heraus, den der Mensch sich mitgebracht hat und der sich jetzt erst frei entwickeln kann. Alle hohen Ideale, alle schönen Lebenshoffnungen und Lebenserwartungen, die nichts anderes sind als das, was im Astralleib als astraler Fond mitgebracht wird, sind Kräfte, die da sein müssen."

10(28.02.07) 1503 tb/165 -06

"In der Mutter**milch** ist nicht nur das, was physisch und chemisch ist, es ist etwas, was geistig verwandt ist mit dem Kinde. Der Geisteswissenschaftler sieht da etwas, was aus dem **Ätherleib** der Mutter herausgeboren ist, und weil der Ätherleib des Kindes noch ungeboren ist, so verträgt er in der ersten Zeit insbesondere nur das, was schon durch einen anderen Ätherleib zubereitet ist."

11(14.03.07) 1512 tb/174f. -07

Über die 7 Stufen der **Rosenkreuzer-Einweihung**:

1. Studium
2. Imaginative Erkenntnis
3. Aneignung der okkulten Schrift (Symbole)
4. Rhythmisierung des Lebens (Atem), Bereitung des Steins der Weisen

5. Erkenntnis des Mikrokosmos
6. Aufgehen im Makrokosmos
7. Gottseeligkeit

56 Die Erkenntnis der Seele und des Geistes

1(10.10.07) 1588 tb/26f. **-01**

"Derjenige nun, der, ohne selbst hellsichtig zu sein, alles einsieht, was die Geheimwissenschaft zu sagen hat, ist ein **Eingeweihter**. Wer aber selbst eintreten kann in diese Welten, die wir die unsichtbaren nennen, ist ein **Hellseher**. In alten Zeiten ... bestand in den Geheimschulen eine strenge Trennung zwischen Hellsehern und Eingeweihten." "In unserer Zeit kann diese strenge Trennung ... gar nicht durchgeführt werden. Heute ist es notwendig, daß jedem, der einen bestimmten Grad der **Einweihung** erreicht hat, wenigstens auch die Möglichkeit gegeben wird, einen bestimmten Grad des Hellsehens zu erlangen. Der Grund dafür ist, daß in unserer Zeit das große restlose Vertrauen von Mensch zu Mensch nicht herzustellen ist. Heute will ein jeder selbst wissen und selbst sehen." "Derjenige nun, der sich ... auch Übung erworben hat im Handhaben der geistigen Kräfte ... ist im Gegensatz zum Hellseher ein **Adept**." Vgl. **98-01**.

12(26.03.08) 1726 tb/259f. **-02**

"Das Licht, das vom **Monde** strahlt, ist nicht nur reflektiertes Sonnenlicht, sondern es sind Kräfte der Formenbildung. Das Licht von der **Sonne** ist nicht nur Licht, sondern Kraft zum Leben, zu überstürzendem Leben, so daß der Mensch schon alt wäre gleich nach seiner Geburt. Die menschliche Form ist das Ergebnis des Mondes, sein Leben das der Sonne." Über die Einwirkung der Sternenwelt auf den **Astralleib** während des Schlafes.

Hinweise auf Vorträge aus 56 in 54-02

57 Wo und wie findet man den Geist?

6(10.12.08) 1888 tb/141f. **-01**

Über die verschiedenen Formen des **Aberglaubens** früher und heute (besonders in den Naturwissenschaften). Letztlich gilt: "Solange der Mensch nur in der Beobachtung der physischen Umwelt bleibt, solange er nicht vordringen will zur Geisteswissenschaft, zur wirklichen Erkenntnis der geistigen Urgründe der Dinge, solange lebt in ihm ein gewisser Bedarf an Aberglaube."

7(17.12.08) 1894 tb/173f. **-02**

Wesensglieder

Die Viergliedrigkeit des physischen Leibes: **Sinnesorgane** sind rein physisch, **Drüsen** sind Ausdruck des Ätherleibes, **Nervensystem** des Astralleibes und das **Blut** Ausdruck des Ich (vgl.98-11).

Über die Gegensätzlichkeit von Pflanze und Mensch. Aufbau der Pflanze durch das Sonnenlicht. Der menschliche Astralleib als Lichtleib. "Und dieses innere **Licht** hat die entgegengesetzte Aufgabe als das äußere Licht, das aus anorganischen Stoffen den pflanzlichen Leib aufbauen soll. Das innere Licht, das die partielle Zerstörung (*bei der Ernährung*) einleitet, durch die allein **Bewußtsein** möglich ist, bringt den Menschen zu einer höheren Stufe..." Die Zerstörung durch den Astralleib wird durch das Ich fortgesetzt. Das in der Pflanze gebundene Licht wird durch die **Ernährung** im Astralleib zum inneren Licht. "Das Geistige des Lichtes arbeitet in uns innerlich am Aufbau unseres Nervensystems."

Bei tierischer Ernährung wird Substanz zugeführt, die schon astralische Kräfte aufgenommen hat. Dadurch wird dem Menschen nicht Arbeit erspart. "Was da aufgenommen wird vom Menschen, wirkt fort durch das, was durch den Astralleib des Tieres daran geschehen ist, und das hat der Mensch dann erst zu überwinden. Aber weil ein Astralleib so gewirkt hat, daß in einem bewußten Wesen bereits ein Prozeß sich abgespielt hat, so bekommt der Mensch etwas in seinen Organismus hinein, was auf sein Nervensystem einwirkt." "Aber bei pflanzlicher Nahrung bleibt das Nervensystem unberührt durch etwas Äußeres... Dadurch aber durchströmen die Wirkungen seiner Nerven nicht fremde Produkte, sondern nur das, was in ihm selbst urständet." Dadurch wird er auch empfänglicher für die geistige Welt. Über die Notwendigkeit der tierischen Nahrung für die Ausbildung der auf festem Boden stehenden Persönlichkeit. Künftige Entwicklung zum **Vegetarismus**: "Wenn der Mensch sich sein Eiweiß aus der Pflanzenkost holt,... so entwickelt er Kräfte, die sein Nervensystem frischer machen."

Ähnlich wirkt auch die **Milch**, an deren Bildung in erster Linie der Ätherleib und nur marginal der Astralleib beteiligt sind. "Wenn man in höherem Alter hauptsächlich Milch, womöglich ausschließlich Milch genießt, so erzielt man damit eine ganz besondere Wirkung": Heilende Wirkung auf Mitmenschen (vgl.93-79 und 97-11).

Durch **Alkohol** wird eine Wirkung erzielt auf das Ich und das Blut, die sonst dem Astralleib zukommt. "Dadurch daß der Mensch das, was seinem Ich unterworfen sein soll, an den Alkohol abliefert, stellt sich der Mensch unter den Zwang eines Äußeren. Er verschafft sich ein materielles Ich."

8(14.01.09) 1906 tb/208f. -03

Hinweis auf die ersten Anfänge einer **Farbentherapie** auf anthroposophischer Grundlage (Arzt Dr.Peipers). Vgl. 312-18.

9(25.01.09) 1918 tb/215f. -04

Vortrag über L. **Tolstoj** (1828-1910) und Andrew **Carnegie** (1835-1919) als Repräsentanten des **Ost-West-Gegensatz**es.

12(04.03.09) 1950 tb/281f. -05

Die **Temperamente** stehen in der Mitte ausgleichend zwischen dem Geistig-Seelischen des Menschen und der **Vererbung**sströmung: "Das Temperament gleicht das Ewige mit dem Vergänglichen aus." Bei den einzelnen Grundtemperamenten überwiegt jeweils ein **Wesensglied**: Choleriker - Ich (Blutsystem), Sanguiniker - Astralleib (Nervensystem), Phlegmatiker - Ätherleib (Drüsen), Melancholiker - Physischer Leib. Über die kleinen und großen Gefahren (=**Geisteskrankheiten**) der Temperamente: Choleriker Zornwütigkeit bzw. Narrheit, Sanguiniker Flatterhaftigkeit bzw. Irrsinn, Phlegmatiker Interesselosigkeit bzw. Idiotie, Melancholiker Trübsinn bzw. Wahnsinn.

Das tatsächliche Temperament ist eine Mischung dieser Grundtemperamente, wobei meist eines vorherrscht. **Erziehung**smittel bei Kindern: bei Cholerikern muß Achtung und Schätzung für den Erzieher, bei Sanguinikern Liebe zum Erzieher geweckt werden.

Phlegmatiker müssen möglichst viele Kameraden mit vielseitigen Interessen haben. Der Melancholiker "muß fühlen, daß der Erzieher wirkliche Schmerzen durchgemacht habe... Das Mitfühlen mit dem Schicksale dessen, der um einen ist, wirkt hier erziehend."

Entsprechende Tips für die Selbsterziehung werden gegeben.

13(11.03.09) 1954 tb/297f. **-06**

Über die Entstehungsgeschichte von Goethes **Faust**; Goethes Entwicklungsphasen und die einzelnen Faust-Fassungen.

14(12.03.09) 1955 tb/330f. **-07**

Über den esoterischen Gehalt von **Faust**, 2.Teil (Gang zu den Müttern, Helena und Euphorion, Homunkulus als eine Überzeugung in der astralischen Welt, die vier grauen Weiber der "Mitternacht").

Über den Kampf Mephistos um Fausts Seele bei dessen **Tod**: "Hier würde viel zu lernen sein für die, welche aus diesen oder jenen Handbüchern lernen, wie die Seele den Leib verläßt. Goethe ist weiter. Er weiß, daß es nicht immer derselbe Ort ist, daß der Heraustritt der Seele aus dem Leibe im Tode ganz abhängig ist von dem Entwickelungszustande eines Menschen. Er weiß, daß die Seele, während sie im Leibe ist und da eine dem Leibe entsprechende Form erhält, diese Form nur haben kann durch die elastische Kraft der **Liebe**."

15(20.03.09) 1961 tb/365f. **-08**

Über **Nietzsche** und sein Werk. Als charakteristisch für ihn wird ausgeführt: "Nietzsches **Ätherleib** war von vorneherein sehr beweglich. Die mit einem beweglichen Ätherleib begabten Menschen können zwei Eigenschaften haben: Die eine ist eine geniale, leicht bewegliche Denkkraft und Phantasie, die Fähigkeit, weit auseinanderliegende Begriffe zu verbinden und weit auseinandergehende Perspektiven zusammenzuschauen. Solche Menschen werden nicht so leicht wie andere durch die Schwere des physischen Körpers in den einmal durch das Leben gegebenen Verhältnissen zurückgehalten... Aber es ist noch etwas anderes verknüpft mit einer solchen Geistesanlage ...: es ist ein Mensch, der Träger eine solchen Anlage ist, zu einer gewissen Lebenstragik verurteilt."

S. auch dazu 78/3(31.08.21).

16(29.04.09) 1992 tb/381f. **-09**

Das Bild der **Madonna** mit dem Kind in christlicher Darstellung wie bei Raffaels Sixtinischer Madonna und in anderen Religionen wie in Indien als Göttin mit dem Krishnakind und im alten Ägypten als **Isis** mit dem **Horus**knaben. Die Bedeutung der Isis-Osiris-Mythe. Die dreifache Isis und die Mütter in Goethes **Faust**: "Unsere menschliche Seele trägt in der Tat drei Naturen in sich: eine willensartige Natur, ihre in den tiefsten Gründen befindliche Wesenheit, eine gefühlsartige Natur und eine weisheitsartige Natur. Das sind die drei Seelenmütter; sie treten uns in den drei Gestalten der ägyptischen Isis entgegen." "In der Madonna tritt uns daher gleichsam wiedergeboren die Isis entgegen, in entsprechender Weise gesteigert und verklärt." "Und wiederum enthält die Madonna dasjenige, was aus der menschlichen Seele herausgeboren werden kann *(Anmerk.: wie die Isis den Horusknaben)*: den wahren, höheren Menschen, das, was in jedem Menschen schlummert, das menschlich Allerbeste und das, was als Geist die Welt durchflutet und durchwebt."

17(01.05.09) 1993 tb/401f. **-10**

Elementarwesen

Rest des alten astralen Bilderbewußtseins einerseits im Traum und in **Visionen**, **Ahnungen** und Phänomenen wie dem **Zweiten Gesicht**. Bei letzteren handelt es sich um ein Eintauchen in den Astral-, Äther- bzw. physischen Leib. Dadurch aber, daß das Gegenstandsbewußtsein mithineingenommen wird, werden Visionen (Eintauchen in den Astralleib) von ihm gefärbt und damit zu Gaukelbildern. Ahnungen: "Und in seinem Ätherleib hängt der Mensch innig zusammen mit dem Kosmos. Wenn er hinuntersteigen würde in seinen Ätherleib, ohne daß er etwas von dem hellen Tagesbewußtsein mitbrächte, dann würde er sehen, wie sich im Keime etwas anknüpft, was erst, sagen wir, in zehn Jahren sich ereignen wird." Aber durch die Färbung mit Bildern des Tagesbewußtseins haben auch Ahnungen selten objektiven Wert. Bei atavistischem Untertauchen in den physischen Leib entsteht das Zweite Gesicht wie eine Art Fata Morgana, Hinweis auf **Swedenborg**.

Der **Alpdruck** (Wort zusammehängend mit Alb, Elf, auch Orpheus) als Rest der **Atmung** des astralen Bilderbewußtseins. "So sehen wir, daß wir in ihm nichts anderes haben als ein Geistiges, welches im Atmungsprozeß so wirkt, daß das Ich nicht zur vollen Entfaltung kommen kann. Wenn der Atmungsprozeß unregelmäßig ist, dann hat das Heer niederer Geister Zutritt zum Menschen."

Über den allmählichen Übergang vom Bilderbewußtsein zum Gegenstandsbewußtsein, der sich in der Mythologie ausdrückt in Sagen wie z. b. vom **Polyphem**, Dietrich von Bern und dem Riesen Grim. Die **Lorelei** als Lockgespenst.

18(06.05.09) 1996 tb/422f. **-11**

Mythologie germanische

Über die (keltischen) **Druidenmysterien** in Mittel- und Westeuropa (Druide = Eingeweihter im dritten Grad). Die Göttin **Ceridwen** als die suchende Seele, der Gott **Hu** als der geistige Urgrund. Die nordischen (Skandinavien, Rußland) **Drottenmysterien** wurden von dem Eingeweihten Sieg, bzw. **Siegfried** oder Sigge gegründet. Charakteristisch ist für diese Mysterien, daß in ihnen zwölf Eingeweihte tätig waren, von denen jeder eine besondere Seelenkraft entwickelte: "Wenn dann diese alle zusammenwirkten ... bei ihren heiligen Versammlungen, dann waren sie sich klar, daß unter ihnen eine höhere geistige Wesenheit wohnte...": der Dreizehnte. "Oder man nahm einen Dreizehnten, der dann im Kreise der Zwölf das Anziehungsband bildete für das, was sich heruntersenken sollte." "Sie betrachteten sich als die zwölf Attribute, die zwölf Eigenschaften Gottes. Das alles bildete sich ab als die zwölf germanischen Götter in den nordischen Göttersagen."

Über die Götterdämmerung und die starke Ausbildung des Persönlichkeitsbewußtseins im alten Europa, das auch zur Dekadenz der alten Mysterien führte. Die Aufnahme des esoterischen **Christentums** des Paulus und des Dionysius Areopagita in den keltischen Mysterien: Das Geheimnis vom Heiligen **Gral**. Ursprünglich ist der Gral "jene heilige Schale, in der der Christus das Abendmahl genommen hat, in der der Josef von Arimathia aufgefangen hat das Blut des Christus, wie es geflossen ist auf Golgatha. Von einer solchen Schale umschlossen ist das Blut des Christus an einen heiligen Ort gebracht worden."

Über die Sage von **Flor und Blancheflor** (=Rose und Lilie), in Gedichtform gebracht um 1230 von Konrad Fleck. Sie waren die Bewahrer des esoterischen Christentums und sollen der Sage nach die Großeltern **Karls des Großen** gewesen sein. Karl der Große verband esoterisches mit exoterischem Christentum, Symbol dafür die Kaiserkrönung.

"Dieselbe Seele, die in Flos oder Flor war ..., ist wiederverkörpert erschienen im dreizehnten und vierzehnten Jahrhundert zur Begründung einer neuen Mysterienschule, welche in einer neuen, der Neuzeit entsprechenden Weise das Christus-Geheimnis zu pflegen hat, in dem Begründer des Rosenkreuzertums" (=Christian **Rosenkreutz**). Vgl.130-06.

18(06.05.09) 1996 tb/439 **-12**
Hinweis auf eine Beziehung zwischen **Bacon von Verulam** und seiner Schrift "Nova Atlantis" und dem Rosenkreuzertum. "Bacon hat damit mehr als eine Utopie hingestellt. Er will da auf höhere Stufen hinweisen, die die dumpfen, hellseherischen Fähigkeiten der alten Atlantis wieder aufleben lassen."

Hinweise auf Vorträge aus 57 in 53-09, 53-12, 54-08, 55-01

58 Metamorphosen des Seelenlebens. Pfade der Seelenerlebnisse

Erster Teil

1(14.10.09) 2070 1/12f. **-01**
Hinweis auf den unbekannten Denker Franziskus J. Ph. Graf von **Hoditz** und Wolframitz (17. Jahrhundert) als typischen Vertreter der Übergangszeit, in der ein Einblick in die geistige Welt nicht mehr möglich war und deshalb auf das tradierte Wissen zurückgegriffen werden mußte. Seine Schrift Libellus de hominis convenientia.

2(05.12.09) 2116 1/54f. **-02**
Die Arbeit des Ich an den niederen **Wesensglieder**, unbewußt: Astralleib - Empfindungsseele, Ätherleib - Verstandes- oder Gemütsseele, physischer Leib - Bewußtseinsseele; bewußt: Astralleib - Geistselbst (Manas), Ätherleib - Lebensgeist (Buddhi), physischer Leib - Geistesmensch (Atman).

Der (edle) **Zorn** als Erzieher der Empfindungsseele: "Dieser Zorn ist ein dumpfes Urteil, das in der Empfindungsseele gefällt wird, ehe denn wir reif sind, in lichter Klarheit das Urteil zu fällen... Und der Zorn hat die Mission, des Menschen Ich heraufzuheben in die höheren Gebiete." Die **egoistische** Form des Zornes ist die **Wut**. Die weitere Wirkung des edlen Zornes ist, "daß der Mensch da, wo er den Zorn erlebt, zu gleicher Zeit eine Herabdämpfung seines Ich-Gefühles hat. Es ist etwas wie eine Seelenohnmacht, was durch den Zorn in uns erwacht, wenn wir ihm nicht hingegeben sind in Wut." Die Wandlung später zu Milde und **Liebe**.

Die **Prometheus**-Sage als Bild dieser seelischen Tatsachen: Der Zorn des Zeus und das zu starke (und verfrühte) Ichgefühl, das durch Prometheus den Menschen gegeben wurde.

3(22.10.09) 2073 1/77f. **-03**
Die Ausbildung des **Wahrheit**ssinnes bzw. das Streben nach Wahrheit als Erziehungsmittel der **Verstandes**- und Gemüts**seele**. Wichtig dabei ist, bei der Wahrheit nicht stehen zu bleiben, sondern sie von sich, dem Persönlichen und damit **Egoistischen**, zu trennen. "Aber das ist das Auszeichnende der Wahrheit, daß sie im strengsten Sinne fordert, daß man von sich ganz absieht und alles vergißt, wenn man durch sie weiterrücken will... **Liebe**

darf die einzige Leidenschaft sein, die beim Aufsuchen der Wahrheit nicht abgestreift werden muß."

Über die zwei Arten von Wahrheit: die nachdenkende, die sich aus der Beobachtung der Außenwelt ergibt, und die vordenkende (Erfindungen, geisteswissenschaftliche Wahrheiten). Die erstere ist rückwärtsgewandt, hat Spiegelbild-Charakter und führt zur Abstraktion und egoistischer Abkapselung. Die zweite ist zukunftsorientiert und schöpferisch.

Über das Fragment "Pandora" von **Goethe** mit den Gestalten des vorausdenkenden **Prometheus** und des nachdenkenden **Epimetheus**.

4(28.10.09) 2084 1/117f. -04

Die Entwicklung der **Bewußtseinsseele** durch das **Denken**, dem **Fühlen** und **Wollen** zum Führer werden. "**Logisches** Denken kann zunächst nicht bewiesen werden durch logisches Denken, sondern lediglich durch das Gefühl; und alles, was Logik ist, wird zunächst bewiesen durch das Gefühl, durch das untrügliche, in der menschlichen Seele befindliche Wahrheitsgefühl." Das Gefühl muß werden zur Liebe zum Unbekannten (dem "Ewig-Weiblichen" in **Goethes Faust** und in der **Mystik**) und der Wille zur Ergebenheit in das Unbekannte. Beide durchdringen sich zur **Andacht**. Die Gefahr bei der Ergebung des Willens ist die, das Ich nach außen zu verlieren (seelische Ohnmacht), die Liebe ohne Aufrechterhaltung des Ich wird zur **Schwärmerei** (seelisches Schlafwandeln) und führt zu **Aberglauben**. "In der Bewußtseinsseele ist zunächst wie eine natürliche Gabe das Denken ausgebildet. Das Denken ist es, was einzig und allein das Ich vor einem Sich-Verlieren behüten kann, wenn es durch Ergebenheit hinausgeht in die Welt."

"Wenn Liebe und Ergebenheit durchströmt und durchglüht sind von dem richtigen Selbstgefühl, so werden sie zu Stufen, die uns immer höher und höher leiten und immer höher aufwärts führen. Die richtige Andacht, in welcher Form sie auch immer die Seele durchsetzt und durchglüht - sei es in der **Gebet**s- oder in anderer Form -, kann nie in die Irre gehen..." Wichtig für die Selbsterziehung und die **Erziehung**. Die Wandlung der **Ehrfurcht** bzw. Andacht im späteren Leben zur Kraft, im Leben zu wirken. Die Gesten der Andacht (gesenktes Haupt, gefaltete Hände und gebeugte Knie). Ihre Rolle bei der Umwandlung der noch dunklen **Sym- und Antipathie**kräfte in **Urteil**, ästhetisches und moralisches Gefühlsurteil, **moralische** Ideale. Der Chorus mysticus der letzten Szene in Faust II und die **Unio mystica**. Die Andacht als das "Ewig-Männliche".

5(14.03.10) 2193 1/143f. -05

Über die Dreigliederung der Seele in **Empfindungs**-, **Verstandes**- und **Bewußtseinsseele**: "Und jene Harmonie oder Disharmonie, welche das Ich hervorbringt aus dem Zusammenspiel der drei Seelenglieder, ist das, was dem menschlichen **Charakter** zugrunde liegt."

Die Bedeutung des **Schlaf**es für die Seele bzw. Ausbildung des Charakters: Die Tageserlebnisse,... die rinnen zusammen während des Schlafes und gießen sich um in dasjenige, was wir geronnene Erlebnisse, menschliche Fähigkeiten nennen." Aber: "Man kann gewisse Fähigkeiten im Menschen entwickeln, aber alles das nicht, was nur dadurch vorwärts schreiten könnte, daß wir das Organ des physischen und des Ätherleibes umgestalteten." Dies wird erst ermöglicht durch das nachtodliche Leben. "Da, in dieser geistigen Welt, wo wir jetzt nicht mehr einen physischen und einen Ätherleib als Hindernis vorfinden, da können wir innerhalb der geistigen Substantialitäten alles dasjenige ausbilden, was wir erleben konnten zwischen Geburt und Tod, dem gegenüber wir aber resignieren mußten, weil wir an Grenzen stießen." Vgl. 59/14(03.03.10).

Dies tritt dann als noch unbestimmter, angeborener Charakter ins nächste Leben, der dann mehr und mehr ausgebildet wird nach außen und innen. Die **Laokoon**gruppe als Darstellung des Augenblickes, "wo der Mensch desjenigen verlustig wird, was seinem Charakter zugrunde liegt, was dem ganzen Menschenwesen angehört" (Ich).

Die Wichtigkeit des **Siebenjahresrhythmus** in der menschlichen Entwicklung für die **Erziehung** (Ausgestaltung des physischen [bis Zahnwechsel], des Äther- [bis Geschlechtsreife], des Astralleibes [14.-21. Jahr], der Empfindungs- [21.-28. Jahr], der Verstandes- [28.-35. Jahr] und der Bewußtseinsseele [35.-42. Jahr]). Zusammenhang zwischen dem ersten Lebensjahrsiebt und der Lebensmitte (Bewußtseinsseele): "Und so viel Freude und Liebe wir dem Kinde in dieser ersten Lebensepoche zuführen, um so weniger Hindernisse und Hemmnisse hat der Mensch dann später, wenn er aus seiner Bewußtseinsseele heraus, durch die Arbeit des Ich ... einen offenen, einen freien, mit der Welt in Wechselwirkung tretenden Charakter bilden soll." Im zweiten Lebensjahrsiebt, das mit der Ausbildung der Verstandesseele zwischen 28. und 35. Lebensjahr (Mut und Initiative) zusammenhängt, ist die Anlehnung an persönliche Autoritäten für das Kind wichtig. **Idealistische** Gesinnung in der Erziehung nach der Geschlechtsreife (Astralleib) wirkt fördernd für die daran anschließende Ausbildung der Empfindungsseele.

"Wenn das Nötige nicht geschehen ist, dann wird es schwierig, am Charakter zu arbeiten; da sind dann die stärksten Mittel notwendig. Dann wird es notwendig, daß der Mensch sich ganz bewußt hingibt einer tief innerlichen **meditativen** Betrachtung gewisser Eigenschaften und Gefühle, die er bewußt einprägt in das Seelenerleben. Solch ein Mensch muß versuchen, die Kulturströmungen, die als Bekenntnisse zum Beispiel **religiöser** Art nicht nur wie Theorien sprechen wollen, inhaltlich zu erleben."

Bis zu einem gewissen Grad kann der Mensch auch an der äußeren Leiblichkeit arbeiten. Dies äußert sich in der **Mimik** und **Gestik**, der **Physiognomie** und der Schädelformung. Letztere ist aber ein Ergebnis des vorigen Lebens und damit individuell, weshalb es keine allgemein gültige **Phrenologie** geben kann. Der verschiedenartige Ausdruck der Seelenglieder in Gestik und Physiognomie. Die besondere Ausbildung der mittleren Gesichtspartie bei den **Griechen** (die klassische griechische **Nase**).

6(11.11.09) 2096 1/179f. **-06**

Askese als im ursprünglichen Wortsinn Übung und zwar zur Erlangung innerer, seelischer Fähigkeiten. Beispiel: die **Meditation** von **Symbolen** (hier: des Rosenkreuzes) und Vorstellungen, die nicht in der Außenwelt vorkommen. Dagegen: "Das **Spiel** ist eine Betätigung von Kräften an der Außenwelt in unmittelbarer Befriedigung." Askese ist charakterisiert auch durch die Entsagung: "Die Entsagung bezieht sich also darauf, daß wir eine innere Arbeit entfalten mit dem Bewußtsein, uns zunächst nicht anregen zu lassen durch die Außenwelt..."

Über falsche Askese: entweder Ablehnung von geisteswissenschaftlichen Ideen, da die Seele zu schwach ist und nicht weiterentwickelt werden will (Selbsterhaltungstrieb), oder Hingabe und Glauben, ohne Vernunft und Urteil zu entwickeln, was dann zur Neigung zu Lüge und Irrtum führt.

Die bequemere Art der (oft im Mittelalter durch Fasten, Kasteiung usw. gepflegten) Askese: Schwächung des physischen Leibes, wodurch die nicht entwickelte Seele die Oberhand gewinnt. Die Gefahr des Egoismus und die letztlich krankmachende Wirkung solcher Askese.

7(25.11.09) 2109 1/216f. **-07**

Die Berechtigung des **Egoismus** für die menschliche Entwicklung und die Gefahren (menschliche Freiheit) eines übersteigerten Egoismus. Über Goethes Entwicklungsroman "**Wilhelm Meister**", der sich mit dem Problem des Egoismus in vielfacher Weise auseinandersetzt. Die Gestalt der (unegoistischen) Mignon, die "Bekenntnisse einer schönen Seele" (Susanne von Klettenberg), die "pädagogische Provinz" und die Gestalt der Makarie. Die "Gesellschaft des Turmes" als die schicksalführenden geistigen Mächte.

8(02.12.09) 2114 1/256f. **-08**

Gegenüberstellung der Weltreligionen **Buddhismus** und **Christentum**. Charakterisierung des Buddhismus anhand der legendenhaften Gespräche zwischen dem König **Milinda** und dem Weisen **Nagasena** und dessen Gleichnisse: Die äußere Welt ist Illusion und was vom Menschen von einer Inkarnation in die nächste übergeht, sind nur die Früchte nicht das Ich. "Wenn wir den Geist solcher Gleichnisse auf uns wirken lassen, dann sehen wir anschaulich genug, daß der Buddhist seine Bekenner ablenken will von dem, was als einzelnes Ich, als eine bestimmte Persönlichkeit hier als Mensch vor uns steht; und hinweisen will er vor allem darauf, daß dasjenige, was in einer neuen Verkörperung erscheint, zwar die Wirkung dieser Persönlichkeit ist, daß man aber kein Recht habe, von einem einheitlichen Ich im wahren Sinne des Wortes zu sprechen, das sich hinübererstreckt von einem Erdenleben in das andere."

Die christliche Auffassung sieht hinter der äußeren Welt die geistigen Realitäten und ebenso hinter der Persönlichkeit den sich durch die Inkarnationen wieder verkörpernden geistigen Wesenskern. Für **Buddha** ist Leben gleich Leiden und die Ursache dafür der Durst nach Dasein. Der Weg, diesen Durst zu löschen und damit die Wiederverkörperung zu beenden, ist der von ihm gelehrte **achtgliedrige Pfad**, der zur Erkenntnis der "vier heiligen Wahrheiten" und Erlösung vom Zwang zur Wiederverkörperung führen soll (**Predigt von Benares** nach seiner Erleuchtung unter dem Bodhibaum: Erkenntnis des Leidens, Erkenntnis der Ursachen des Leidens, Erkenntnis der Notwendigkeit der Aufhebung des Leidens und Erkenntnis der Mittel zur Aufhebung des Leidens). Buddhismus ist damit Erlösungsreligion, das (geisteswissenschaftlich verstandene) Christentum ist Wiederverkörperungs- bzw. **Auferstehung**sreligion. Das Leiden ist im christlichen Sinne durch die Erbsünde, das unrichtige Verhältnis des Menschen zur Außenwelt, in die Entwicklung gekommen und kann durch die Hilfe des Christus im Laufe der Inkarnationen überwunden werden. Die damit geschichtliche Auffassung des Christentums im Gegensatz zur ungeschichtlichen des Buddhismus.

Über den Unterschied der "Seligpreisungen" in der Predigt von Benares und in der **Bergpredigt** im Matthäus-Evangelium.

9(09.12.09) 2119 1/289f. **-09**

Über die noch bis ins 19. Jahrhundert vorhanden Anschauungen über die Wirkung des **Mond**es auf die **Erde** (**Ebbe und Flut**, **Wetter**) und den Menschen am Beispiel von Gustav Theodor **Fechner** (1801-1887). **Goethe**s Wetterforschung, bei der er von der Erde als belebtem Organismus ausging, einer Anschauung, die auch von anderen wie **Leonardo da Vinci** und **Kepler** vertreten wurde.

Die Wirkung der **Sonne** auf die Ausbildung der drei Seelenglieder. Träger und Werkzeug der **Empfindungsseele** ist der **Astralleib**, für die **Verstandesseele** der **Ätherleib** und für die **Bewußtseinsseele** der **physische Leib**. Der Astralleib hängt ab von der Erdregion (Einfallswinkel der Sonne). "So kann man es verfolgen, daß ganz gewisse **Instinkte**,... die dann zu Kulturelementen wurden, auch davon abhingen, wo diese betreffenden Menschen auf der Erde wohnten." Beispiel: Gebrauch des **Eisens** und **Melken** von Tieren nur in der Alten Welt. Der Ätherleib ist abhängig vom Wechsel der **Jahreszeiten**. Nur dort, wo ein deutlicher Wechsel ist, kann sich die Verstandesseele voll entwickeln. Sodann: "Die regelmäßige Abwechselung von Schlaf und Wachen, die im Menschen selber dem entspricht, was draußen als **Wechsel von Tag und Nacht** vorhanden ist, das ist dasjenige, was unsern physischen Leib so aufbaut, daß er ein Werkzeug sein kann für die Bewußtseinsseele."

Über den Wechsel von Schlafen und Wachen und die Rolle der **Ermüdung** dabei s. 67/5(07.03.18).

Rhythmus ähnlich dem Mondumlauf beim Menschen: 14tägige Phase des produktiven Schaffens, der Ideen, der künstlerischen **Phantasie**, darauf 14 Tage, in der diese Ideen ausgearbeitet werden können. Noch viel deutlicher ist ein solcher Rhythmus bei der **Geistesforschung** vorhanden.

Der Mond als Relikt des alten **Mondenzustandes** der Erde. Kein direkter Einfluß des Mondes auf die Erde (Ebbe und Flut), sie gehen lediglich parallel, "weil Ebbe und Flut und der Mondenumlauf von tieferen geistigen Kräften in der lebendigen Erde bewirkt werden." Auch der Mensch hat sich vom Mondeneinfluß befreit und nur den Rhythmus (Beispiel: Dauer des Embryonallebens 10 Mondmonate) beibehalten.

59 Metamorphosen des Seelenlebens. Pfade der Seelenerlebnisse

Zweiter Teil

10(20.01.10) 2147 1/18f. **-01**

Die Arbeit der Gruppenseele an den drei **Wesensgliedern**, bevor der Mensch ein Ich hatte. "Und die letzte Tätigkeit, die dem menschlichen Wesen zugrunde liegt, bevor es mit einem Ich begabt worden ist,... sie sind heute in dem niedergelegt, was wir die menschliche **Sprache** nennen." Die geistigen Wesenheiten bzw. der Sprachgeist wirkten über die Luft wie heute das Ich über die (Blut-)Wärme und formten die menschliche Gestalt, in erster Linie den **Kehlkopf**. "Und alle übrige menschliche **Gestalt** - bis ins Kleinste hinein - ist so geformt und plastisch gestaltet worden, daß der Mensch auf der gegenwärtigen Stufe eine weitere Ausführung seiner Sprachwerkzeuge ist." Sie "sind etwas, was zunächst für die Form des Menschen das eigentlich maßgebende sind." Die geistigen Wesenheiten arbeiteten im physischen Leib **nachahmend** die äußeren Tatsachen, im Ätherleib symbolisierend die äußeren Reize und im Astralleib im Entsprechen von Begierde und Genuß: "Diese ... Wesenheiten arbeiteten am Menschen so, daß sie durch die Luft an dem Menschen in der Weise formten und gliederten, daß nach dieser dreifachen Richtung hin die Luft im Menschen zum Ausdruck kommen konnte." "So sehen wir in der Tat, wie die menschliche Sprache auf diesem dreifachen Entsprechen ... beruhen muß." Und demnach muß die Sprache auch künstlerisch aufgefaßt werden, da sie nicht nur Ausdruck der Ich-Tätigkeit ist.

Über die Sprachbildung in der **chinesischen** Sprache ("atomistisch" aus einzelnen Lautbildern), in den **semitischen** (nachahmend-symbolisierend) und in den **indogermanischen** Sprachen (innere Äußerungen des Astralleibes).

11(03.02.10) 2159 1/42f. -02

Das Bestreben des **Ich**, sich mit der Außenwelt in Einklang zu bringen. **Lachen** und Lächeln: das Ich versucht nicht, verstehend in das Wesen der Person oder des Gegenstandes unterzutauchen, sondern erhebt sich darüber. Dadurch dehnt sich der **Astralleib** aus, der wiederum entspannend auf den physischen Leib wirkt. **Weinen**: Das Ich zieht sich in der Trauer zusammen, um den Verlust zu kompensieren, ihm folgt der Astralleib, und der physischer Leib entläßt die Tränen. Die Unfähigkeit des neugeborenen Kindes, zu lachen oder zu weinen. Das **Tier** bringt es allenfalls zum Grinsen oder Heulen. Die Modifikation der **Atmung** bei Lachen und Weinen. Lachen und Weinen als Erziehungsmittel des Ich: **Tragödie** und **Komödie**.

12(10.02.10) 2163 1/71f. -03

Über das Wesen der mittelalterlichen **Mystik** von **Meister Eckhart** bis **Angelus Silesius** als Weg nach innen unter möglichster Ausschaltung der äußeren Welt und der an ihr gebildeten Vorstellungen und Begriffe. Dies führt letztlich zum als Einheit erlebten geistig-seelischen Urgrund (geistiger **Monismus**). Diese mittelalterlichen Mystiker glaubten, "wenn sie zu dem Quell des Seelendaseins gelangen, dann würden sie als inneres Erlebnis dasjenige durchmachen, was in der äußeren Geschichte dargestellt wird als das Ereignis des Christus-Lebens und Christus-Sterbens." Trotz allem sind aber in der Regel die mystischen Erlebnisse persönlich tingiert, wenn sie auch alle auf ein Einheitliches hinweisen. Gegensatz zur Mystik: der Versuch, die Außenwelt zu durchdringen und auf die geistigen Hintergründe zu kommen, die nicht zu einer Einheit (bedingt durch das zusammenfassende Ich) sondern zu einer geistigen Vielheit führen: die **Monadologie** von **Leibniz** u. a. Beide Wege sind aber dadurch charakterisiert, daß der Mensch bei seinen (gewöhnlichen) Erkenntniskräften stehen bleibt. Über die Gefahr eines raffinierten **Egoismus** bei der Mystik.

Demgegenüber der geisteswissenschaftliche Weg der **Imagination**, **Inspiration** und **Intuition**: "Im ersten, in der imaginativen Erkenntnis, macht der Mensch etwas, was sowohl Mystik ist wie Monadologie *(Versenkung in Symbole, deren Attribute der Außenwelt entnommen sind, Beispiel Rosenkreuz s. Ref. -06)*, was ihn erhebt über die Mystik wie über die Monadologie. In der inspirierten Erkenntnis tut er einen Schritt auf einer höheren Stufe, den der Mystiker, der sich als Mensch läßt, so wie er ist, unten macht. In der intuitiven Erkenntnis tut der Geistesschüler einen Schritt, der ihn auf einer richtigen Stufe, nicht unmittelbar so wie er ist, in die Außenwelt hinausführt."

13(17.02.10) 2171 1/103f. -04

Beten als Vorstufe der mystischen Versenkung. Die beiden Gebetsstimmungen, erstens die der erwärmenden Andacht und Gottinnigkeit, hervorgegangen aus dem Gefühl der Unzulänglichkeit gegenüber der Vergangenheit, und zweitens die erleuchtende der Ergebenheit in das Zukünftige, hervorgegangen aus einer Überwindung von Furcht und Angst. Über das **Vaterunser**. "Das ist aber gerade das Geheimnis eines wahren Gebetes, daß es hervorgeholt sein muß aus der Weltenweisheit. Und weil es daraus hervorgeholt ist, deshalb wirkt es, trotzdem wir es noch nicht verstehen." "Aber man ist nie fertig mit einem Gebet, wie hoch man auch steht; denn es kann immer noch die Seele um eine Stufe höher bringen, als sie schon ist."

"Denn zum Begreifen dessen, daß ein Gemeindegebet ... erhöhte Geisteskraft und damit erhöhte Kraft der Wirklichkeit hat, um das zu begreifen, sind die Elemente in unserem Zeitverständnis noch nicht herbeigetragen."

14(03.03.10) 2184 1/135f. -05

Gesundheit-Krankheit

Krankheiten, die mit **Heilung** enden, bedeuten: "Was uns aber die Geisteswissenschaft zeigt, ist dies, daß wir einer jeglichen Heilung dankbar sein müssen, denn eine jede Heilung bedeutet eine Erhöhung des inneren Menschen (Astralleib und Ich), die wir nur mit den Kräften erreichen, die im Innern aufgenommen werden." Krankheiten, die mit dem **Tod** enden: "Was wir als Frucht in uns aufgenommen haben, daß uns ein geschädigter Körper nicht wieder aufnimmt, das wird eine Bereicherung desjenigen Lebens, das zwischen dem Tode und einer neuen Geburt verläuft." Aber: "Wir haben die Pflicht, mit allen Mitteln, die uns zu Gebote stehen, für die Heilung zu sorgen. Innerhalb des menschlichen Bewußtseins liegt die Aufgabe zu heilen, so viel man kann. Denn der Standpunkt, daß wir auch dem Tode dankbar sein können,... ist ein solcher,... der nur gewonnen werden kann, wenn man über das gewöhnliche Menschheitsbewußtsein sich erhebt. ... Zwischen diesen beiden Gesichtspunkten gibt es zunächst keine Vereinigung; sie müssen nebeneinander hergehen."

15(10.03.10) 2190 1/184f. -06

Massensuggestion

"In der Gemeinschaft gibt es aber immer eine Art "Massenseele"; da fließen die Triebe, die Urteile und so weiter zusammen... Dieses Suggestive in der Massenstimmung spielt eine ungeheure Rolle im Leben... Darauf beruht auch das Gefahrvolle aller **Sekten**bildung."

Über die gegenseitige Beeinflussung von Menschen: "Daher können wir es begreifen, wie im Leben feinere Naturen mit einer fein ausgearbeiteten Vernunft ausgeliefert sind Leuten mit einem robusten Vorstellungsvermögen, die alles aus ihren Trieben und Neigungen heraus behaupten."

16(28.04.10) 2219 1/203f. -07

Störungen im Zusammenwirken von **Empfindungsseele** und **Empfindungsleib** (nicht gleich Astralleib) führen zu **Zwangsvorstellungen**, solche im Zusammenwirken von **Verstandesseele** und **Ätherleib** zu **Irrtum**, solche zwischen **Bewußtseinsseele** und physischem Leib zu Irresein, Größen- und **Verfolgungswahn**. Stärkung des Seelenlebens als Heilmittel und Schutz.

Über das **Turnen**: "Man sollte beim Turnen überhaupt nicht solche Übungen machen, die unter dem Gesichtspunkte geprägt sind, daß dieser oder jener Muskel besonders gekräftigt wird; sondern es sollte dafür gesorgt werden, daß wir bei jeder Übung eine innere Freude haben, aus einem inneren Wohlbehagen den Impuls zu einer jeden Übung holen."

Die Nichtbeachtung geisteswissenschaftlicher Gesichtspunkte bei der **Erziehung** können in den folgenden Lebensperioden zu **Geisteskrankheiten** führen. Beispiel der **Dementia praecox** und der **Altersparalyse**.

18(12.05.10) 2226 1/269f. -08

Die Aufgabe der europäischen **Kunst**, für die Zeit der Nicht-Offenbarung mit Hilfe der Phantasie herüberzuführen von der alten zur künftigen hellsichtigen Geistigkeit, dargestellt an der Entwicklung der Dichtkunst von **Homer** über **Aeschylos**, **Dante**, **Shakespeare** bis zu Goethes Faust.

Hinweise auf Vorträge aus 59 in 58-05

60 Antworten der Geisteswissenschaft auf die großen Fragen des Daseins

8(12.01.11) 2354 tb/231f. -01

Geschlechter

Zur **Vererbung** von **Charakter**eigenschaften: Die Eigenschaften, die mit Willensimpulsen zusammenhängen (Interesse an der Außenwelt, Wünsche, Begierden, Tapferkeit, Kleinmut usw.), werden vom väterlichen Erbgut übernommen, von der Mutter die Beweglichkeit der Intelligenz, die Phantasie. Hinweis auf den entsprechenden Vierzeiler Goethes: "Vom Vater hab ich die Statur..." Es besteht aber ein Unterschied, ob diese Eigenschaften auf eine Tochter oder auf einen Sohn vererbt werden. Die väterlichen Eigenschaften werden bei einer Tochter heraufgehoben in das Seelische, die mütterlichen Eigenschaften gehen bei einem Sohn herunter vom mehr Seelischen in die Organfähigkeiten. Beispiele solcher Vererbung: bei Goethe und seiner Schwester Cornelia; die Mutter der Makkabäer (2. Makk. 7,22-23); die Mutter der Gracchen.

9(19.01.11) 2356 tb/252f. -02

Mythologie persische

Zarathustra "steht jedenfalls mindestens achttausend Jahre vor unserem jetzigen Zeitpunkt in der Menschheitsentwickelung..."

Über die beiden **Einweihung**swege früherer Zeiten, die getrennt auf verschiedene Völker verteilt waren. Der Weg der inneren Versenkung (Mystik) bei den alten Indern, der Weg der Durchdringung des Sinnlichen z. b. bei den alten Persern (Zarathustra). Die Vereinigung beider Wege im **Griechen**tum in den dionysischen und den apollinischen **Mysterien**. "Heute werden die beiden Wege nicht mehr streng voneinander geschieden, denn es liegt im Sinne der Menschheitsentwickelung, daß ... diese beiden Ströme zusammenfließen."

Zur Lehre Zarathustras: Die Polarität von **Ahura Mazdao** (Ormuzd), der großen Sonnenaura, und **Ahriman** (Angro-Mainyush), hervorgehend aus dem Unendlichen, **Zeruana akarana**, symbolisiert als Schlange, die sich in den Schwanz beißt, manifestiert im **Tierkreis** (Zodiakus). Die 12 Richtungskräfte des Tierkreises, die **Amshaspands** (Amesha-Spentas), sieben davon sind gute Kräfte (Widder bis Skorpion), fünf böse (vgl.102-02). Diesen untergeordnet sind die 24 bis 28 bzw. 31 **Izarats** (Yazatas, Izeds), sowie die **Frava(r)shis**. Die Fortsetzung der Amshaspand-Kraftströme im Menschen in den 12 Hauptesnerven, der Izarats in den Rückenmarksnerven. "Und in dem, was nicht mehr Nerv ist, was uns zur Persönlichkeit abrundet, haben wir das, was nun nicht mehr in einer äußeren Strömung ... sich auslebt: was die Fravashis sind, das sind in uns die Gedanken, die sich über das bloße Gedanken- und Gehirnleben erheben." Vgl.101-02, 113-11.

10(26.01.11) 2361 tb/284f. -03

Astrologie

Über die Naturbetrachtungsweise **Galileis** und Giordano **Brunos**

12(16.02.11) 2379 tb/345f. -04

Über **Hermes** Trismegistos (**Toth**), den Begründer der **ägyptischen** Kultur. Zu den Stufen der **Isis**-Mysterien und über die höherstehenden **Osiris**-Mysterien. Die Abbildung der göttlichen Kräfte in den Stern**konstellationen** und die Einrichtung der Kultur nach diesen Konstellationen (**Schrift** [**Konsonanten** Nachbildungen des Tierkreises, **Vokale** solche der Planeten], Landvermessung, Ackerbau usw.). Das Jahr der Ägypter zu 365 Tagen und die Periode von 365 x 4 = 1460 Jahren, nach der das Jahresende mit dem Sonnenjahr wieder übereinstimmte. Das Wirken des Hermes wurde von den Ägyptern etwa drei solche Perioden vor das **Jahr 1322** (Auszug Israels aus Ägypten) datiert.

13(02.03.11) 2390 tb/376f. -05
Zur Lehre des Gautama **Buddha**. Besondere Betonung des Unterschiedes zwischen **Christentum** und **Buddhismus**.

14(09.03.11) 2397 tb/410f. -06
Exodus 2,16-21
Moses als Überwinder der dekadenten ägyptischen Kultur und Verkünder des **Ich-Bewußtseins** und der damit verbundenen **Intellektualität**. Die **Bibel** und andere alte Schriften schildern oft anscheinend unvermittelt äußere Begebenheiten und seelische Erlebnisse, die wie äußere Begebenheiten dargestellt sind. Beispiel: die Begegnung mit dem Priester **Jethro** (Reguel) und seinen sieben Töchtern (den sieben Seelenkräften = Platons **Tugenden**), von denen er eine heiratet (=Ich-Bewußtsein). Das Zusammentreffen mit dem Pharao, der ihn aus seiner alten Kultur heraus nicht mehr verstehen kann. Der **Durchgang durch das Rote Meer** als weiteres Beispiel des Bewußtseinsunterschiedes zwischen Hebräern und Ägyptern. Moses besitzt noch das alte Hellsehen, das durch das neue Ich-Bewußtsein abgelöst werden soll, und kann deshalb sein Volk selbst nicht mehr in das Gelobte Land führen, sondern muß dies anderen überlassen.

Hinweise auf Vorträge aus 60 in 55-03, 312-02

61 Menschengeschichte im Lichte der Geistesforschung

3(09.11.11) 2469 tb/62f. -01
Über das **Propheten**tum in der Antike, besonders bei den Hebräern. Das **astrologische** Prophetentum bei **Nostradamus** (1503-1566), bei Tycho de **Brahe** (1546-1601) und die auf reinen Berechnungen beruhenden astrologischen Voraussagen **Keplers** (1571-1630).

7(14.12.11) 2498 tb/194f. -02
1.Könige 17-21: Die Weiterentwicklung der Jahve-Religion durch **Elias**, der als Eingeweihter dem Volk unbekannt blieb. Das Wirken des Elias-Geistes in **Naboth**, Deutung seiner Visionen. Seine Beziehung zu König Ahab und Königin Jesabel (**Isibel**) von Samaria, seine Ermordung auf Anstiften der (hellseherischen) Königin, die ihn als Träger des Elias erkannte, und das Weiterwirken des Elias in **Elisa** (Elisäus) (**2. Könige 2**). Die Bedeutung der in der Bibel an dieser Stelle genannten Ortsnamen als Stationen der Seelenentwicklung des Elisa. Beispiel, wie die Bibel ohne geisteswissenschaftliche Interpretation nicht verstanden werden kann. Vgl.139-04.

11(01.02.12) 2533 tb/335f. **-03**

Mythologie griechische

Zur **Perseus**-Sage: Beim Übergang vom alten Bilderbewußtsein zum Ich-Bewußtsein blieben noch von der geistigen Welt eine Zeitlang wahrnehmbar "die schlechtesten Kräfte, geistiger, spiritueller Wesenheiten, die draußen wirken. Die kamen einem Menschen, der sich das neue in der Art des Alten vorgestellt hat, zum Bewußtsein als die **Gorgonen**, in denen die Menschen in ihrem Schauen nur mehr die schlimmsten Wesen schauten und daher auch so abbildeten als das, was ihnen in ihrem Bewußtsein auch nur als die schlimmsten Wesen aufstieg. Da erhebt sich der neue Mensch, Perseus, verstümmelt die Gorgonen, die **Medusa**, das heißt, dasjenige Bewußtsein, das wie ein letzter Rest ... noch vorhanden war."

13(29.02.12) 2555 tb/379f. **-04**

Über den Unterschied des **Tod**es bei Pflanze, Tier und Mensch.

Hinweise auf Vorträge aus 61 in 54-09, 55-03

62 Ergebnisse der Geistesforschung

7(09.01.13) 2680 tb/220f. **-01**

Vortrag über die imaginativen Anschauungen Jakob **Böhmes** (1575-1624). Zu Böhme s. auch 65/1(02.12.15).

8(16.01.13) 2684 tb/249f. **-02**

Zur Geistesart und Geschichtsbetrachtung Herman **Grimms** (1828-1901). Über seine Novelle "Die Sängerin" und den Roman "Unüberwindliche Mächte" (s. auch 64/7(25.02.15) und 161-05).

9(30.01.13) 2694 tb/286f. **-03**

Über das Zusammenwirken von verinnerlichtem Christentum und wiedererstandenem äußerem Griechentum in der Seele und den Werken **Raffaels** (1483-1520). Zur Sixtinischen Madonna.

10(06.02.13) 2705 tb/321f. **-04**

Märchen als Nahrung für einen in der Seele durch tief unbewußt bleibende (dramatische) Erlebnisse hervorgerufenen "Hunger". Begegnung mit den riesenhaft empfundenen Naturkräften beim Aufwachen und entsprechende Märchen mit Bären oder **Riesen** (Märchen "Hundert auf einen Streich"). Das Kind mit der Unke, **Rumpelstilzchen**.

11(13.02.13) 2713 tb/353f. **-05**

Zu Persönlichkeit und Werk (längere Ausführungen zu seinem "Abendmahl") **Lionardo da Vincis** (1452-1519).

12(06.03.13) 2730 tb/382f. **-06**

Über Irrtümer der **Geistesforschung**. Die Steigerung von Eigenliebe (**Egoismus**) und **Furcht** im Laufe des **Einweihung**sweges, die durch eine sachgemäße geisteswissenschaftliche Schulung überwunden werden: Die Begegnung mit dem **Hüter der Schwelle***).

Über die unbewußt bleibenden Seelenstimmungen des Unterbewußtseins: "Daher ist es durchaus richtig, daß für eine besondere Erscheinung des **Hass**es von einer Person zur anderen, der im Bewußtsein spielt, schuld sein kann eine in den Tiefen der Seele eigentlich wurzelnde **Liebe**. Es kann eine **Sympathie** ... in den tiefen Untergründen der Seele bei einer Person für eine andere vorhanden sein. Aber weil diese Person zugleich Gründe hat, über die sie vielleicht auch nichts weiß, deshalb betäubt sie sich über diese Liebe ... und täuscht sich Haß und **Antipathie** vor."

Die unbewußte Furcht vor der geistigen Welt als Grund für den **Materialismus** (s. auch 63/2(06.11.13)). Furcht und besonders die damit zusammenhängende Bequemlichkeit als tieferer Grund für den Hang zum **Phänomenalismus** gegenüber der geistigen Welt, zum **Spiritismus**. "Sie wollen nicht geistige Tatsachen ... sondern etwas Ähnliches wie ein Wesen, welches das Sinnesauge schauen kann, kurz, sie wollen statt Geister Gespenster schauen." "Wer ein wirklicher Geistesforscher ist, der kennt auch diese Gebiete der geistigen Welt, die sich bis zum Gespensterhaften verdichten, aber er weiß, daß alles das, was bis zu einer solchen Verdichtung kommt, lediglich das Absterbende ... in der geistigen Welt ist." "Der Geistesforscher weiß allerdings, daß er es (hierbei) nicht mit Unrealitäten zu tun hat."

Das andere Extrem der Irrtumsmöglichkeit (Egoismus) ist die **Ekstase**, wie sie bei vielen **Mystik**ern zu finden ist. "Das ist die Herbeiführung eines Zustandes, wobei der Mensch in einer gewissen Beziehung sich sagen kann, er sei von sich losgekommen. Aber er ist nur so von sich losgekommen, daß er in dem Außersichsein eigentlich so recht das Wohlsein seines Selbstes fühlt." Mystiker als Gourmets der geistigen Welt, "und die übrige geistige Welt, die ihnen nicht schmeckt, ist nicht für sie da."

*) Zur Begegnung mit dem Hüter der Schwelle beim Einweihungsweg und der notwendigen vorherigen Ausbildung der **Moral** (**Imagination** - Tatsachensinn, Wahrhaftigkeit, **Inspiration** - moralischer Mut, Standhaftigkeit, Starkmut, **Intuition** - Mitgefühl, Mitleid) s. auch 13. Vortrag (03.04.13).

63 Geisteswissenschaft als Lebensgut

3(20.11.13) 2841 tb/98f. -01

Kunst

"Unser **Ätherleib** vermittelt uns die **ästhetischen** Anschauungen; unser **astralischer Leib**, wenn er sich nicht dem ungesunden Glauben hingibt, daß aus dem Nichts heraus in ihm selber sein Inhalt quillt, sondern wenn er weiß, daß aus der geistigen Welt, wenn er darinnen lebt, die Gefühle und so weiter entstehen-, unser astralischer Leib erlebt sich religiös. Er ist naturgemäß der Teil unserer Natur, der sich religiös erleben muß."

"Wenn wir so die religiösen Bekenntnisse ansehen als nuanciert durch die menschliche Natur aber wurzelnd in der gleichen Geisteswelt, in der alle Menschen mit ihrem Astralleibe wurzeln, so haben wir nicht das Recht, nur einer **Religion** die "Wahrheit" zuzuschreiben, sondern wir müssen sagen: Diese verschiedenen Religionen sind das, was wie aus unbekannten Untergründen in der Menschenseele aufsteigen kann, als herrührend von einer besonderen Kundgebung der geistigen Welt durch den menschlichen Astralleib."

5(04.12.13) 2848 tb/171f. **-02**

Vorzeitiger **Tod durch einen Unglücksfall** führt im nächsten Leben zu einer Verstärkung intellektueller Fähigkeiten, zu Erfindungsgabe. **Frühzeitiger Tod** durch Krankheit führt im nächsten Leben zu einer Verstärkung des Willenslebens.

"Nur würde man ... den Geistesforscher schlecht verstehen, wenn man auch nur im allerentferntesten den Gedanken hegen würde: also wäre es sehr leicht, sich für sein nächstes Erdenleben intellektueller zu machen, wenn man sich jetzt von einer Maschine überfahren ließe. So ist es nicht. Sondern es zeigt sich, daß über dasjenige, was im menschlichen Schicksale über den Tod hinaus notwendig ist, nicht entscheiden kann das Bewußtsein, welches wir zwischen Geburt und Tod haben, sondern jenes höhere Bewußtsein, das da eintritt vor der Geburt und nach dem Tode des Menschen, in der rein geistigen Welt. Mit dem Bewußtsein, welches wir im physischen Leibe entwickeln können, können wir niemals überschauen, ob ein Unglücksfall in dieser oder jener Weise auf uns wirken würde." Entsprechendes gilt für den Tod durch Krankheit.

6(08.01.14) 2867 tb/183f. **-03**

Plastik

Zum bildhauerischen Werk (Moses, David, **Pietà**) **Michelangelos** (1475-1564); seine Stellung im Vergleich zur griechischen Bildhauerkunst. Seine Gemälde in der **Sixtinischen Kapelle** (Schöpfung, **Propheten** und **Sibyllen**, Jüngstes Gericht). Die **Mediceergräber** in Florenz und die geistgerechte Darstellung der 4 Skulpturen "Tag", "Nacht", "Morgenröte" und "Abenddämmerung" (vgl. 141-02). Die Kuppel des St.Peterdomes in Rom.

8(12.02.14) 2893 tb/261f. **-04**

Moral

Sittliche Impulse urständen in der imaginativen Welt, sittliche Handlungen in der physischen Welt werden zu Realitäten in jener Welt. Der Ursprung des **Gewissens** in der Welt der Inspiration. Die Wandlung von sittlichen Handlungen/Impulsen im Laufe der Zeiten zu **Naturkräften**, d. h. sie werden schöpferisch.

9(26.02.14) 2894 tb/292f. **-05**

Zu Persönlichkeit und Charakter **Voltaires** (=François Marie Arouet) (1694-1778).

10(19.03.14) 2903 tb/327f. **-06**

Schilderung des **Lebens nach dem Tod** bzw. zwischen Tod und Wiedergeburt "mehr von einem innerlich erfahrenen ... Zustand aus. In meiner "Theosophie" oder in meiner "Geheimwissenschaft" habe ich diese Welt mehr für die geisteswissenschaftliche Anschauung von außen geschildert."

Eine zu frühe Reinkarnation als mögliche Ursache der Neigung, das Leben (oft unbewußt) nicht ernst zu nehmen, und damit Neigung zum **Verbrecher**tum.

11(26.03.14) 2904 tb/361f. **-07**

Alchemie

Die Gestalt des **Homunkulus** als das materialistische abstrakte Ideal eines nur aus den Naturkräften und -stoffen aufgebauten und erklärten Menschen. In Wirklichkeit sind es die geistigen Kräfte, die den geistigen Wesenskern des Menschen mit dem Physischen bei der Reinkarnation verbinden und dann in ihm aufgehen. Die Anregung zu seinem Homunkulus als dem Vermittler der Inkarnation der Helena im **Faust** erhielt Goethe aus seinen frühen Studien des **Paracelsus** u. a.: "Wenn man darauf eingeht, wie die Menschen zu Paracelsus' Zeit in dieser Beziehung dachten, so kam es nicht so sehr darauf an, wie die Stoffe sich mischten, wie sie sich zersetzten und neue Verbindungen eingingen, sondern darauf kam es an, daß der Mensch davor stand und die Sache auf seine Seele wirken ließ. Und die Wirkung dieser Vorgänge rief etwas hervor in der menschlichen Seele, das bewirkte nun ein heute durch andere Mittel herzustellendes **Hellsehen**."

Über das Gedicht "Homunkulus" von Robert **Hamerling** (1830-1889).

12(23.04.14) 2923 tb/408f. **-08**

Anthroposophie / Gesundheit-Krankheit

"Man kann deshalb sagen: der Schlaf ist ein Heilmittel insofern, als er verbrauchte, abgearbeitete Kräfte ausgleichen kann. Die Geisteswissenschaft führt entweder durch das, was sie selber ist, oder was sie zu geben vermag, dem Menschen Kräfte zu, die er nicht schon in sich hat, die nicht schon in seinen Anlagen sind; sie eröffnet dem Menschen einen höheren Quell der Gesundung, als ihm das gewöhnliche, normale Leben auch mit dem besten Schlafe verschaffen kann... Auch die gewöhnliche ärztliche Kunst vermag im Grunde genommen nur diejenigen Heilkräfte zur Gesundung des Menschen aufzurufen, die schon im Menschen sind, die nur unterdrückt sind durch entgegengesetzte Kräfte."

Hinweise auf Vorträge aus 63 in 62-06

64 Aus schicksaltragender Zeit

5(14.01.15) 3006 1/153f. **-01**

"Die einzelnen **germanischen** Völker verloren in einem gewissen Zeitpunkt - und dieser fällt ziemlich genau zusammen mit dem Heranstürmen an das römische Reich - nicht nur die Fähigkeit, in dem ursprünglichen traumhaften Hellsehen in die geistige Welt hineinzuschauen, sondern sie verloren auch nach und nach während der **Völkerwanderung** ... das Verständnis für das, was die Seele haben kann von einem solchen Wissen aus dem alten Hellsehertum heraus." Dafür Ausbildung von Persönlichkeitsbewußtsein und Gemüthaftigkeit zusammen mit einer großen tragische Sehnsucht nach den göttlich-geistigen Welten (Götterdämmerung). Hellseherische Reste im **Nibelungenlied**: "aber dieses Hereinragen dient der Art und Weise, wie sich der Mensch in das Leben des physischen Welt hineinstellt."

Die daraus resultierende anders geartete Aufnahme des **Christentums** durch die germanischen Völker verglichen mit den südlichen Völkern. Das Hervorgehen der romanischen Kultur aus der Verschmelzung des germanisch Seelenhaften dieser Völker mit dem römischen Element, das es überlagert.

Die allmähliche Steigerung des germanisch Seelenhaftigen zum Geist: beginnend bei der Dichtung **Heliand** über die deutschen **Mystik**er bis zur deutschen Klassik. In der Philosophie **Fichte**s und **Hegel**s sind die Keime der Geisteswissenschaft (**Anthroposophie**) angelegt, "die nicht getötet werden dürfen, sondern die sich entwickeln müssen, weil sie zu seinem Wesen (des **deutschen Volksgeist**es) gehören... Denn wenn ein Volk, bevor es seine Mission erfüllt hat, hingemordet würde oder in seiner Existenz beeinträchtigt würde, dann tritt nicht eine andere Volksindividualität an seine Stelle. Völker müssen sich ausleben!" Das deutsche Wesen muß in der Weltenentwicklung seine Mission erfüllen, "weil nichts da sein würde, was die rein äußere **materialistische** Weltanschauung erheben würde zu jener spirituellen Höhe, deren Intention im deutschen Wesen liegt."

6(15.01.15) 3007 1/195f. -02

Tod frühzeitiger

Durch Geisteswissenschaft (**Anthroposophie**) wird ins Bewußtsein gebracht, was im Unterbewußten einer jeden Seele schlummert, das aber "dort nicht bleiben darf. Und je mehr wir uns anstrengen, Erkenntnisse über die geistige Welt in uns zu haben, desto mehr werden wir finden, daß ... aus unserem Inneren etwas anderes wird." "Und was kann dann in die *(auf diese Weise leer gemachte)* Seele hinein? Diejenigen Kräfte ..., mit denen diese Seele ihrem eigentlichen Charakter nach verbunden ist" und "...die aus den göttlich-geistigen Impulsen hervorquellen und uns Sicherheit im Leben geben..."

Über die unverbrauchten Kräfte der im Krieg Gefallenen: "Seelen, die sich durch Geist-Erkenntnis leer gemacht haben, sie werden auch leer sein für das Einfließen dessen, was von den durch die Todespforte gegangenen Geistern - der Gefallenen - in diese Menschenseelen und Menschenherzen hineinströmen kann."

9(04.03.15) 3032 1/307f. -03

Über den **russischen** Volksgeist, W. **Solowjew** (1853-1900) und den **Panslawismus** (Slawophilentum).

Hinweise auf Vorträge aus 64 in 62-02

65 Aus dem mitteleuropäischen Geistesleben

5(16.12.15) 3166 1/186f. -01

Biographischer Vortrag über J. G. **Fichte** (1769-1813).

6(03.02.16) 3190 1/232f. -02

Vortrag über **Goethes Faust** (s. auch 1. Vortrag (02.12.15)). Über die **Magie** als alter Methode, um hinter die Geheimnisse der Natur zu kommen (Beispiel **Agrippa von Nettesheim** (1487-1535), s. zu ihm auch 233a/4(11.01.24)), den Erdgeist, Wagner und den **Homunculus**. Weitere alte Methode: Herabstimmung des gesunden Seelenlebens: Somnambulismus, Mediumismus (bei dem historischen Faust und den auf ihn zurückgehenden Faust-Gestalten). Mephisto als der Führer zu diesen Kräften (Hexenküche, Walpurgisnacht). Das damit verbundene Heraufkommen der Triebnatur und das Tragische (Gretchen). Faust II: Der Gang zu den Müttern. Mephisto und die **Phorkyaden**.

10(25.02.16) 3202 1/407f. -03

Das Weiterwirken des von Fichte, Schelling und Hegel begründeten **Idealismus** in "kleineren" Philosophen: Gotthilf Heinrich **Schubert** (1780-1860), Immanuel Hermann **Fichte** (1796-1879), dem Sohne von J. G. Fichte, Ignaz Paul Vital **Troxler** (1780-1866), der schon eine "Anthroposophie" anstrebte, Carl Christian **Planck** (1819-1880) und Wilhelm Heinrich **Preuß** (1843-1909). Der Einfluß von Schelling und Schopenhauer auf Henri **Berg-**

son. Die Mißverständnisse der russischen **Panslawisten** (Slawophilen) bei der Rezeption des deutschen Idealismus (Herder, Schelling).

12(23.03.16) 3216 1/497f. **-04**

Die materialistische Philosophie der zweiten Hälfte des 19. Jahrhunderts (Beispiel L. **Feuerbach** (1804-72)) als Pendelausschlag gegenüber dem deutschen Idealismus der ersten Jahrhunderthälfte. Die Überwindung der rein sinnlichen Anschauung im Element des **Musik**alischen, in dem gleichzeitig Geistiges lebt: Richard **Wagner**. Die der **germanischen Mythologie** zugrundeliegende musikalische Naturauffassung, die der Wagners entgegenkommt, und die mehr plastische der **griechischen Mythologie**. Der Einfluß Feuerbachs und Schopenhauers auf Wagner. Die gelebten und durchlittenen Weltanschauungsphasen bei **Nietzsche**.

13(24.03.16) 3217 1/572f. **-05**

Einweihung / Erkenntnisgrenzen

"Wenn man beginnt, die Seele innerlich so zu erkraften,... da merkt man etwas ganz Bestimmtes. Da merkt man, wie es ungeheuer gut ist, daß für das äußere Erkennen solche Grenzen da sind. Denn wenn einen diejenigen Kräfte, die man zum äußeren Erkennen hat, dazu bringen würden, durch sich selber alle Natur zu durchschauen, so würden einen diese Kräfte verhindern, zu einer geistigen Erkenntnis zu kommen. Nur dadurch, daß man nicht alles, was in der Seele ist, verwenden kann zur äußeren Erkenntnis, bleibt einem etwas aufgespart, das man in der Weise, wie ich es auseinandergesetzt habe, entwickeln kann."

14(13.04.16) 3221 1/591f. **-06**

menschliche Entwicklung / Deutschland

Über die unterschiedliche Entwicklung in den **Sieben-Jahres-Rhythmen** bei den **Geschlecht**ern. Die Wirkung des **Volksgeist**es bei einzelnen europäischen Völkern auf die individuelle seelische Entwicklung. Die relative lange, dafür aber schwächere Wirkung des **deutschen Volksgeist**es auf die Einzelseele. Sein Verhältnis zu den anderen wichtigen europäischen Volksseelen.

"Diese deutsche Volksseele wirkt wie ein mächtiger Alchemist, bewirkend dasjenige, was unter Deutschen sich abspielt in der Mitte **Europa**s von alten Zeiten, in vorchristliche Jahrhunderte weit zurückgehend. Sie wirkt da schon so, daß das frühere Wirken mit dem späteren einen fortgehenden Zusammenhang hat, als noch nicht die Rede davon sein konnte, daß die Konfiguration des französischen, spanischen, italienischen Wesens, ebenso des britischen Wesens, in seiner jetzigen Form vorhanden gewesen wäre. Sie wirkte durch die Jahrhunderte fort und wirkt heute. Wie wir oftmals in diesen Vorträgen gesagt haben: Sie trägt die Keime zu noch langem Wirken in sich."

Die peripheren Völker sind durch die "Alchemie" verschiedener Strömungen entstanden. "Aber in der Mitte Europas ist dasjenige geblieben, was eine fortdauernde Entwickelung durchgemacht hat, was immer in der Linie und Strömung mit diesem weiten Charakter geblieben ist, den ich dargestellt habe."

14(13.04.16) 3221 1/615f. **-07**

Das Wirken des Sprachgenius in den Worten "**Vaterland**" und "**Muttersprache**": "Und das drückt für den Geisteswissenschaftler in vollster Beziehung aus die ganze Art und Weise, wie die heimatliche Landschaft durch die väterliche **Vererbung**svermittlung auf den Menschen übergeht und wiederum in sein Unbewußtes hineinwirkt; und wie dasjenige, was in der **Sprache** lebt, von der mütterlichen Seite aus durch die Vererbungskräfte auf den Menschen überströmt."

Hinweise auf Vorträge aus 65 in 51-01, 55-04, 62-01, 66-03, 238-09, 281-04

66 Geist und Stoff, Leben und Tod

3(01.03.17) 3347 tb/94f. **-01**

Ich höheres

"Wir erinnern uns im späteren Leben bis zu einem gewissen Punkte zurück, der einige Jahre nach unserer Geburt liegt. Bis zu diesem Punkte geht allein in unserer Entwickelung das Ich oder Seelenwesen mit. Dann bleibt es ... in der Zeit stehen,... und der Lebenslauf nimmt das Ich nicht mit... Der Lebenslauf strahlt dasjenige, was in ihm verfließt, zurück auf die ruhend gebliebene Seele." Vgl. 165-01.

4(15.03.17) 3350 tb/113f. **-02**

Über den Zusammenhang zwischen Seelenleben (**Denken** bzw. Vorstellen, **Fühlen** und **Wollen**) und dem physischen Leib. Vorstellen ist verbunden mit dem Nervenleben, Fühlen mit dem Atmungsleben, Wollen mit dem Stoffwechsel.

5(17.03.17) 3351 tb/150f. **-03**

Medien

Über den **Äther**begriff der Naturwissenschaft zur Zeit Steiners und die Annahme eines unsichtbaren ätherischen Leibes in den philosophischen Anschauungen einiger Idealisten des 19. Jahrhunderts (Immanuel Hermann **Fichte** (1796-1879), Johann Heinrich **Deinhardt** (1805-1867), Ignaz Paul Vital **Troxler** (1780-1866)).

"So wie wir gewissermaßen mit dem Stoffwechsel im Flüssigen leben, leben wir mit der Atmung in der Luft, leben wir mit der Wahrnehmung im Äther. Und innere Ätherprozesse,... die sich in dem unsichtbaren Leibe ... abspielen, berühren sich mit äußeren ätherischen Vorgängen in der **sinnlichen Wahrnehmung**."

"Dann wird dadurch, daß der äußere Äther eindringt in unsere **Sinnesorgane**, dieser äußere Äther abgetötet. Und indem der äußere Äther abgetötet in unsere Sinnesorgane hereinkommt, wird er, indem der innere Äther vom **ätherischen Leibe** ihm entgegenwirkt, wieder belebt. Darin haben wir das Wesen der Sinnesempfindung." Zum Äther s. auch 7. Vortrag (31.03.17) und 65/15(15.04.16).

"...beim **Willen**simpuls (ist) es so, daß, wenn er aus dem Seelisch-Geistigen heraus entspringt, dann immer durch den Stoffwechsel und alles das, was damit zusammenhängt, der Ätherleib herausgelockert, herausgetrieben wird aus dem physischen Leib für diejenigen Gebiete, in denen sich der Stoffwechsel abspielt. Wir haben hier also das Umgekehrte: der Ätherleib zieht sich gewissermaßen zurück von den physischen Vorgängen."

Halluzination als Gegenbild der **Imagination**, beide löschen sich gegenseitig aus: "Das, was eigentlich nur innerlich erlebt werden soll als Vorstellung, das tritt auf als Vorgang im physischen Leibe." Entgegengesetzt kommt die **Zwangshandlung** zustande, die ein Gegenbild der **Intuition** ist. Beispiel: der **Derwischtanz**. Er "entsteht dadurch, daß sich das Physisch-Leibliche hineinschiebt in das Ätherische, so daß nicht das Ätherische vom

Geistig-Seelischen aus das Wirksame wird, sondern im Grunde genommen nur reguläre Zwangshandlungen auftreten." "Und ... nur etwas umfangreicher ist dasjenige ... was zum Beispiel automatisches Schreiben, **mediales Schreiben** ist. Das besteht auch in nichts anderem, als daß man erst das Geistig-Seelische ganz heraustreibt, und den in den Ätherleib hineingeschobenen physischen Leib sich entfalten läßt, wenn er, der gleichsam leer geworden ist von innerem Äther, nun in die Gewalt des äußeren Äthers kommt." Es handle sich bei beiden Phänomenen um eine Art toter Nachbildung des Geistigen. *)

"Wenn das Seelisch-Geistige den Ätherleib so durchwebt, daß sich das, was es im Ätherleibe ausprägt, nicht sofort bricht an dem physischen Leibe, sondern sich im Ätherischen so erhält, daß es gleichsam an die Grenzen des physischen Leibes kommt, aber im Ätherischen noch bemerkt wird, dann entsteht der **Traum**." Traum als abgeschwächte sinnliche Erkenntnis. Schicksal (**Karma**) als verstärkte Wirkung des Seelisch-Geistigen, der Willensimpulse.

"...wie im gewöhnlichen Leben die Seele durch die Vorstellungen sich das Geistige verdeckt, (so verdeckt) sie im Schicksal sich das Geistige ... durch den Affekt, durch **Sympathie und Antipathie**, mit denen sie die Ereignisse, die als Lebensereignisse an sie herankommen, aufnimmt."

Über das Feld der **Psychoanalyse** und ihre teilweise Berechtigung, aber: "Denn ... zwischen dem, was man nur beobachten kann im Seelischen, wie es die Psychologen tun, die bloß auf das Bewußtsein gehen, und dem, was der Psychoanalytiker unten in dem animalischen Grundschlamm der Seele findet, da liegt das Gebiet, das dem Geistig-Seelisch-Ewigen angehört, das durch Geburten und Tode geht."

*) S. auch im folgenden Vortrag (22.03.17) die Ausführungen zu den spiritistischen Forschungen von Sir Oliver **Lodge** (1857-1940) und vgl. dazu 175-01 und 79/3(28.11.21)

67 Das Ewige in der Menschenseele. Unsterblichkeit und Freiheit

1(24.01.18) 3472 1/33ff. **-01**

Anthroposophie

"Mir schwebt vor ... eine Gestalt der Geistesforschung, die es in der Zukunft geben kann, eine Gestalt, die einfach, die populär ist, so daß sie jedes einfache Gemüt in sich aufnehmen kann. Das muß ja auch so sein... Heute muß sie auftreten mit schwereren Begriffen, damit sie gewappnet ist gegenüber dem, was die offizielle Wissenschaft zwar in leichter Weise, aber dennoch ihr entgegensetzen kann. Damit muß man sich abfinden."

2(07.02.18) 3475 1/37ff. **-02**

Über das Zwanghafte der an der Außenwelt gewonnen **Vorstellungen**. Dies dauert etwa zwei bis drei Tage. Auch das Heraufkommen der unwillkürlichen **Träume** geht zurück auf Eindrücke, die in den letzten zwei, drei Tagen erlebt wurden: "Aber mißverstehen Sie mich nicht! Selbstverständlich kommen im Traum längst verflossene Ereignisse als Reminiszenzen herauf. Aber etwas anderes ist es, was diese längst verflossenen Ereignisse heraufruft."

Die Wichtigkeit der Beschäftigung mit Erkenntnisrätseln, **Erkenntnisgrenzen**: "...dann entwickelt sich so etwas wie ein seelisches Tasten aus dem Anstoßen *(an die Erkenntnisgrenzen)*, dann geht daraus etwas hervor wie eine Differenzierung des **Seelenlebens**."

Durch ein im Sinne Steiners verstärktes Seelenleben wird dann folgendes bemerkt: "Denn dann lernt man erkennen, daß in der Tat der Mensch den Vorstellungen gegenüber, die subjektiv, wie von innen heraussprudelnd und ihn tyrannisch bestimmend, zwei bis drei Tage hindurch walten, nach dieser Zeit innerlich so frei wird, wie er sonst frei ist von seinem gewöhnlichen Leib." Erkenntnis des Bildekräfteleibes (**Ätherleib**es).

6(14.03.18) 3496 1/186f. **-03**

Charakterisierung des **Amerika**nertums am Beispiel Woodrow **Wilsons**.

"Der große Traum des Werdeganges der Menschheit, das ist **Geschichte**, und niemals tritt Geschichte in das gewöhnliche Bewußtsein ein... Es wird einmal für die Geschichtsbetrachtung eines der bedeutendsten Ergebnisse sein, wenn man darauf kommen wird, daß man erst den Gegenstand der Geschichtsbetrachtung finden muß, finden muß, daß der Strom des geschichtlichen Werdens gar nicht so da ist wie die Natur, nämlich die Tatsachen, die in den Archiven verzeichnet sind, die in den Dokumenten stehen, die man gewöhnlich schon als Geschichte bezeichnet, noch gar nicht Geschichte sind, daß die Geschichte in Wirklichkeit erst dahinter liegt, daß diese Tatsachen nur herausragen aus dem geschichtlichen Werden..."

Mit dem gewöhnlichen Verstand können allenfalls die Niedergangskräfte in der Geschichte erfaßt werden. Notwendigkeit des imaginativen Bewußtseins, um auch die aufsteigenden Tendenzen der Geschichte zu erfassen. Symptomatische Geschichtsbetrachtung: "Große Männer der Geschichte ... sie werden nicht um ihrer selbst willen betrachtet,... sondern nur als Symptome. Man ist sich bewußt: Wenn man das richtige Symptom in imaginativen Zusammenhang bringen kann mit dem, was darunter liegt als geistiger Werdestrom, dann schildert man richtig Geschichte." "Symptomatische Geschichtsforschung wird genötigt sein, Ereignisse, die für den äußeren Verstand die Situation weithin beherrschen, als unbedeutend anzusehen für das wahre Geschehen und kleine, scheinbar unbedeutende Ereignisse als tief einschneidende Ereignisse anzusehen."

S. auch 73/2(07.11.17) und /8(17.10.18)

8(15.04.18) 3505 1/255f. **-04**

Ich-Bewußtsein des Tieres

Über den Unterschied zwischen Mensch und **Tier**. Das unterschiedliche Gleichgewichtsverhältnis, das beim Menschen im Organismus selbst zustandekommt, beim Tier sich im Verhältnis zur Welt bildet. "Mit diesem andern Gleichgewichtsverhältnis ist nun etwas Bestimmtes verbunden. Der Mensch hat nämlich ... ein dumpfes, traumähnliches, in das gewöhnliche Tagesbewußtsein nur dumpf heraufleuchtendes Gefühl von diesem Drinnenstehen in der Gleichgewichtslage... Und als was lebt diese Empfindung ... im gewöhnlichen Bewußtsein? Diese Empfindung ist identisch mit der Ich-Empfindung, mit dem **Ich-Gefühl**."

Der Mensch entfaltet nicht wie die Tiere die Form, die **Gestalt**, voll aus, sondern nimmt sie wieder zurück (**Devolution**): "Der Mensch lebt die Form zurück und kann übersinnlich die Form im **Denken** ausleben, wie sie das Tier im äußeren Sinnlichen auslebt." Die Augenblicke der **Empfängnis** und des **Tod**es sind beim Tier getrennt, beim Menschen spielen Empfängnis und Tod durch das ganze Leben. **Sinneswahrnehmung** und Denken als Empfängnis. "Dadurch, daß dies unten in den Tiefen der Menschenseelen lebt,... daß sich der Mensch dumpf dessen bewußt ist, daß er in sich und nicht außer sich Konzeption und Tod trägt, dadurch hat er das Gefühl: Sein Wesen ist über Tod und Geburt hinaus

lebend:.. Dadurch trägt er die Empfindung, den Gedanken der **Unsterblichkeit** wirklich in sich."

Über den Tod bei Tieren: "Der Moment der höchsten Aufhellung, des intensivsten Bewußtseins - und als Geistesforscher darf ich sagen: ein Moment, wo das tierische Element nahe herankommt an das menschliche ...-, das ist der Moment, wo das Tier stirbt." Vgl.181-12.

10(20.04.18) 3508 1/344f. **-05**

Denken als Abbauprozeß. In diesem Zusammenhang über Askese und **Fasten**: "Diesem Instinkt, durch **Hunger**erlebnisse Geisterlebnisse zu haben, dem liegt durch Übertreibung der wahren Grundtatsachen zugrunde, daß eigentlich das normale Bewußtseinsleben im Vorstellen und Denken auf einem Hungergefühl, auf einem Hungervorgang des Kopfes beruht." S. dazu auch 73/5(08.10.18).

Denken als unbewußte **Inspiration**.

Während die Kopforganisation rückentwickelt ist, sind die Extremitäten (**Hände**, **Füße**) überentwickelt. In dieser Überentwicklung wirken unbewußte **Imagination**en. "Da liegt der geistige Teil unserer Zukunft. Dieser Keim ist die Brutstätte desjenigen, was wir nach dem Tode brauchen." **Logik** als Erbe des vorgeburtlichen Lebens. Das **Ich-Bewußtsein** als unbewußte **Intuition**, das gewonnen wird, indem das wahre Ich in den physischen Leib untertaucht... Daraus ergibt sich: "In Wahrheit ist der Mensch nicht das einfache monadenhafte Wesen,... sondern in Wahrheit wirken drei Iche im Menschen zusammen: Das inspirierende, das im Denken lebt, das herübergetragen ist aus der geistigen Welt und aus dem vorhergehenden Erdenleben; das intuitive, das in der gegenwärtigen Leiblichkeit lebt; und das imaginative, das hinübergetragen wird, wie ein Wagen den Insassen trägt, in die geistige Welt, in die eingetreten wird mit dem Durchgehen durch die Pforte des Todes."

Hinweise auf Vorträge aus 67 in 52-06, 58-09

72 Freiheit. Unsterblichkeit. Soziales Leben

2(19.10.17) 3413 1/64f. **-01**

Das Verhältnis zwischen **Anthroposophie** und **Religion**.

5(28.11.17) 3440 1/213 **-02**

Leben nach dem Tod / Zerstörungskräfte

Menschen, die während des Lebens nur in rein sinnlichen Vorstellungen befangen sind, werden nach dem Tod in die irdisch-sinnliche Sphäre gebannt, "bis sie sich nach dem Tode, wo es viel schwieriger ist, freigemacht haben von dem Glauben, daß es keinen Geist gibt... Eine geistige Umwelt anderer Art zu haben, als es die irdisch-materielle ist, kann nur erworben werden dadurch, daß wir durch den Tod gehen mit Vorstellungen, die sich bewußt sind, daß es eine geistige Welt gibt. Daher werden Seelen, welche sich dieses Bewußtsein nicht erwerben, nach dem Tode in der Erdensphäre festgehalten werden. Sie können da gefunden werden von denjenigen, die sich durch Geistesforschung den Weg dazu gebahnt haben." Diese Seelen wirken als zerstörerische Kräfte in das Erdenleben hinein.

6(30.11.17) 3442 1/245 -03

Der Wechsel zwischen Wachen und **Schlaf**en als notwendige Voraussetzung für das **Ich-Bewußtsein** (s. 191-06, 202-15). "Dadurch, daß man schlafen kann, daß man dieses Bewußtsein, das in der äußeren Sinneswelt und mit dem Verstande, der sich in der Sinnenwelt betätigt, lebt, daß man dieses vertauschen kann mit einem Bewußtsein zwischen Einschlafen und Aufwachen, das nichts unterscheidet, weil es dumpf ist, dadurch hat man sein Ich-Bewußtsein."

Hinweise auf Vorträge aus 72 in 73-03, 73-04

73 Die Ergänzung heutiger Wissenschaften durch Anthroposophie

1(05.11.17) 3425 1/54f. -01

Über den **Glauben** als seelischer Kraft, mit der der Mensch an der Wirklichkeit arbeitet (Fragenbeantwortung).

4(14.11.17) 3432 1/181f. -02

Zur **Psychoanalyse**, über das Wesen der **Erinnerung** und des **Traum**es. Die psychoanalytische Deutung der Traumsymbolik wird verworfen, da die dahinterliegenden Erlebnisse in der geistigen Welt ganz verschieden "verkleidet" werden können. Dafür wird die sorgfältige Betrachtung der Traumdramatik gefordert. Hinweis auf die nach Steiners Ansicht unzureichenden Anschauungen C. G. **Jungs** (1875-1961) von einem überindividuellen Unbewußten.

5(08.10.18) 3571 1/215f. -03

Grund für die **Erkenntnisgrenze** gegenüber der Natur ist die **Liebe**fähigkeit, gegenüber dem seelischen Inneren (**Mystik**) die **Erinnerungs**fähigkeit. Über die Steigerung des **Denkens** in der **Meditation** und die Betrachtung des **Traum**eslebens in der **Kontemplation**. Über die unbewußte **Furcht** vor der **Anthroposophie** bei ihren Gegnern. S. auch 72/8(31.10.18) und 72/9(09.12.18): über die Notwendigkeit, ein Vorstellungsleben, das nicht auf Erinnerung basiert, und eine gesteigerte Liebefähigkeit (Wollen) im inneren Leben auszubilden für den Weg ins Übersinnliche.

6(10.10.18) 3573 1/253f. -04

Denken-Fühlen-Wollen / Schlaf

Über die Begründung einer Seelenkunde auf anthroposophischer Grundlage. Denken, Vorstellen als ähnlich dem Aufwachen, beides wiederum "eine zum Bild abgeschwächte Wiederholung desjenigen..., was man nennen kann: den Eintritt in das Erdenleben durch Empfängnis und Geburt." So gelangt man zu dem Geistigen, das schon im Vorgeburtlichen waltet. Das Gefühlsleben als Zusammenbinden von vergangenem und künftigem Verlauf des Erdenlebens. Die Verwandtschaft von Einschlafen und Willensakt, im Willen ist embryonal, was im Sterben vollendet ist. "Nur ist das Vorstellen bildhaft, das Wollen embryonal. Das Wollen ist eine Wirklichkeit... Aber es ist ein noch unvollendeter Akt."
Vgl. 72/7(30.10.18).

"Es wird nicht phantasiert über irgendeine **Unsterblichkeit**, es wird untersucht die Natur des Vorstellens, die führt zur Unsterblichkeit nach der einen Seite, zu dem Leben vor der Geburt. Es wird untersucht der Wille. Er führt zu der Unsterblichkeit nach der Geburt. Aus diesem Zusammen erfließt dann die volle Unsterblichkeit, die Ewigkeit der Menschennatur, die in der übersinnlichen Welt wurzelt."

6(10.10.18) 3573 1/289f. **-05**

Zum **musik**alischen Eindruck, der mehr mit dem Rhythmischen System als dem Nervensystem des Menschen zusammenhängt: "...bei unserem Einatmen entstehen immer ganz bestimmte Bewegungen des Zwerchfells; dadurch entsteht ein fortwährendes Aufundabschwingen der Gehirnflüssigkeit. Das ist ein rhythmisches, inneres Entsprechen dem, was seelisch das musikalische Erlebnis ist. Dadurch, daß dieses Rhythmische ... anstößt an dasjenige, was der Sinneseindruck ist, dadurch entsteht das musikalische Erlebnis im Zusammenklang des menschlichen körperlichen Rhythmus mit dem Gehöreindruck."

Hinweise auf Vorträge aus 73 in 67-03, 67-05, 319-07

74 Die Philosophie des Thomas von Aquino

1(22.05.20) 4130 tb/7ff. **-01**

Über den Vorgänger des **Thomas von Aquin** (ca. 1225-1274) bzw. des Thomismus: **Augustinus** (354-430). Der Wandel seiner Anschauungen vom **Manichäismus**, der charakterisiert wird als eine Anschauung, die nicht zwischen Sinnlichem und Geistigem trennt, zum (griechischen) Skeptizismus, schließlich über den **Neuplatonismus** zum Christentum. Zum Neuplatonismus des **Plotin** (204-269): Für ihn sind **Begriffe** nicht durch seelische Abstraktion aus Sinneswahrnehmungen gebildet, sondern sie stellen, als Ideenwelt im Sinne Platons, die untere Grenze der geistigen Welt dar, die für ihn das Reale ist und die durch die Begriffe in den Menschen hineinragt. "Für Plotin war diese ganze Welt der Sinneswahrnehmungen im Grunde genommen zunächst kaum vorhanden." "Erst dann aber,... wenn man weiterentwickelte die Seele, ergab sich das, was nun der gewöhnliche Mensch nicht wissen konnte... Er erlebte dann dasjenige, was noch über der Ideenwelt war, das Eine,... was für Plotin dasjenige war, das für keine Begriffe zu erreichen war..."

Zu dieser rein geistigen Anschauung kann Augustinus sich nicht hindurchringen, deshalb wendet er sich dem Christentum zu, wo das Eine in Christus leibhaftig erschienen ist, und setzt deshalb besonders auf die Tradition der Kirche, die ihm das garantiert. Er verwendet aber den Neuplatonismus zum Verständnis des Christentums. Das Rätsel des **Bösen**, das er durch seine **Prädestinationslehre** für die Menschheit als Ganzes zu lösen sucht.

Die Möglichkeit, das Christentum mit Hilfe des Neuplatonismus zu verstehen, wurde durch das Verbot der Philosophenschule in Athen durch Justinian beendet.

Die Begründer der **Scholastik**, **Albertus Magnus** und Thomas von Aquin, mußten im Gegensatz zu Augustinus entwicklungsbedingt vom menschlichen Individuum (und nicht von der Menschheit als ganzer) ausgehen bei folgenden Fragen: "Uns wird gesprochen von einer geistigen Welt in der Tradition...; wir erleben aus der Individualität heraus übersinnliche Begriffe, vom Sinnlichen abgezogene Begriffe. Wie stehen wir mit diesen Begriffen zum Sein? ... zur Wesenheit der Welt? Lebt dasjenige, was wir uns als Begriffe bilden, nur als etwas Willkürliches in uns (Anm.: **Nominalismus**) oder hat es etwas zu tun mit der äußeren Welt (Anm.: **Realismus**)?"

2(23.05.20) 4132 tb/38f. -02

Realismus / Glauben - Wissen

Die Auseinandersetzung der Hoch**scholastik** (**Thomas von Aquin** und **Albertus Magnus**) mit den Ansichten des **Augustinus**. Der von der Kirche vollzogene teilweise Kompromiß bei der **Prädestinationslehre** des Augustinus mit dem **Pelagianismus** (Pelagius, um 400) als versuchter Ausgleich zwischen dem menschheitlichen und dem individuellen Aspekt. Der Einfluß der Lehre des **Dionysios Areopagita**, die eine Art Neuplatonismus im christlichen Gewand darstellt. Zwei Wege des Menschen zum Göttlichen: Suche nach dem Vollkommensten in den Dingen als den Repräsentanten des Gottes oder der innere mystische Weg der Suche nach dem (namenlosen) Gott. "Für ihn war die Gottheit ein Wesen, dem man sich nähern mußte auf rationellem Wege durch Namengebung und Namenfindung. Aber geht man nur diesen einen Weg, dann verliert man den Pfad, dann verliert man sich in dasjenige, was ... der gottentleerte Weltenraum ist. Dann gelangt man nicht zu Gott. Aber man muß ihn gehen,... denn ohne ihn ... kommt man auch nicht zu dem Gotte. Aber man muß noch einen anderen Weg gehen. Das ist eben der, der das Namenlose anstrebt." "Beide gegangen führen, wenn die Menschenseele sich im Kreuzungspunkte *(dieser Wege)* findet, zu dem, was angestrebt wird." Über **Scotus Erigena** (ca. 810- ca. 877) gewinnen diese u. a. Ideen Einfluß auf die Scholastiker.

Die Anschauung **Plotins** über die zwei Aspekte der menschlichen Seele: sie arbeitet zunächst am Aufbau des Leibes, danach wandeln sich diese Kräfte zu geistig-seelischen. Bei **Aristoteles** werden beide Kräftearten mehr abstrakt als schaffender Geist, **Nous poetikos**, und als betrachtender Geist, **Nous pathetikos**, bezeichnet (bei den Scholastikern: **intellectus possibilis**).

Ähnlich wie Aristoteles nehmen die Hochscholastiker keine **Präexistenz** an, sondern sind der Ansicht, daß der tätige Intellekt sich nach der Geburt eingliedert und das animalisch Seelische umwandelt, um dann unsterblich zu werden (Postexistenz) (s. auch nächsten Vortrag).

Das Hauptproblem der Hochscholastik: Wie verhalten sich die durch den Intellekt gewonnenen allgemeinen Begriffe (**universalia**) zu den einzelnen Dingen? Unterscheidung zwischen den nach der Sinneswahrnehmung wie Erinnerungen gebildeten **Begriff**en, den universalia post res, den in den Dingen vorhandenen, nicht voll in die Sinnesentitäten eingehenden universalia in rebus (Universalien in den Dingen). Beide Universalia sind der Form nach verschieden, innerlich aber gleich. "Dann aber kommt noch dazu, daß nun das, was in den Dingen ... individualisiert lebt, wiederum hinweist auf dasjenige, was ich gestern als im Plotinismus liegend, als die eigentlich intelligible Welt charakterisierte. Das sind wiederum dieselben Inhalte ... in anderer Form enthalten ...: das sind die universalia ante res, vor den Dingen. Das sind die Universalien, wie sie in dem göttlichen Verstande und in dem Verstande der Diener des Göttlichen, der englischen Wesenheiten, enthalten sind."

"So wird dasjenige, was für die Alten Schauung war, für die Scholastik etwas, worüber zu entscheiden hat eben all jener Scharfsinn..." Die Ergänzung von Vernunft und Glauben für die kirchliche Dogmatik. Mit der Vernunft kommt man nur bis zu einer gewissen Grenze, aber auch der Glaubensinhalt darf der Vernunft bis dahin nicht widersprechen. Der **Gottesbeweis** des Thomas von Aquin: alles Bewegte geht letztlich zurück auf einen unbewegten Beweger: Gott (im Sinne des Jahwe). Die **Trinität** kann so nicht bewiesen werden, sondern nur, daß sie nicht widersinnig ist. Sie muß deshalb im Glauben hingenommen werden. D. h. der **Christus** ist dem Intellekt nicht zugänglich.

Die frühere Ansicht von den zwei Wahrheiten des Geoffenbarten und des durch die Vernunft Erreichbaren geht zurück auf die Anschauung, daß die Vernunft schon durch die **Erbsünde** belastet ist, was von den Hochscholastikern zunächst nicht akzeptiert wird. Aber: "Und was nicht gelöst werden konnte für die Hochscholastik, das war die Frage: Wie tritt der Christus in das menschliche **Denken** ein? ... Wie führt der Christus das eigene menschliche Denken hinauf in die Sphäre, wo es zusammenwachsen kann mit dem, was nur der geistige Glaubensinhalt ist?"

3(24.05.20) 4134 tb/73f. **-03**

Über das Weiterwirken der **Scholastik** bzw. des Thomismus in der abendländischen Philosophie. Rückfall der Scholastik zunächst in den **Nominalismus** bei **Duns Scotus** (1266-1308) und Wilhelm von **Ockham** (ca. 1300-1349), der schon vor Thomas von Aquin von **Roscellin** (ca. 1050-1120) vertreten wurde. Aus diesem Nominalismus steigt die Frage nach der Gewißheit der Erkenntnis auf z. b. bei **Descartes** (1596-1650). Für **Baco von Verulam** (1561-1626) liefert nur die sinnliche Erkenntnis Realitäten, und für **Locke** (1632-1704) führen auch die Sinneswahrnehmungen nicht mehr zu einer wirklichen Erkenntnis, sondern sind subjektiv.

Spinoza (1632-1677) versucht als einer der wenigen in seiner "Ethik" das Denken so zu entwickeln, daß der Geist als Intuition es wieder erfüllen kann. "Und es ist merkwürdig, daß herausleuchtet aus den Schriften des Juden Spinoza folgender Satz: Die höchste Offenbarung der göttlichen Substanz ist in Christus gegeben. - In Christus ist die Intuition zur Theophanie geworden, zur Menschwerdung Gottes..." Über Spinozas Einfluß auf Goethe, Herder u. a.

Im 19. Jahrhundert wird von der **Naturwissenschaft** eine Grenze der Erkenntnis gegenüber der materiellen Welt postuliert (Beispiel **Du Bois-Reymond** [1818-1896] und seine Ignorabimus-Rede) wie von der Scholastik gegenüber der spirituellen Welt und den Glaubensinhalten.

Die Philosophie **Kants** (1724-1804) als alleräußerster Nominalismus, sein Streben nach Erkenntnissicherheit. "Kant sucht ein Prinzip der Gewißheit dadurch, daß er überhaupt leugnet, wir nehmen den Inhalt unserer Erkenntnis aus den Dingen, und behauptet, wir nehmen ihn aus uns selber und legen ihn in die Dinge hinein. Das heißt mit anderen Worten, und das ist eben die Paradoxie: Wir haben Wahrheit, weil wir sie selber machen... Wir tragen die Wahrheit erst in die Dinge hinein." Er schafft nicht wie die Scholastik Platz für die überlieferten Glaubensinhalte, sondern bringt es lediglich noch zu abstrakten Glaubenspostulaten (Freiheit, Unsterblichkeit, Gott).

Steiners **Dreigliederung** des Menschen als Fortführung und Steigerung des Thomismus gegenüber dem Gebiet der Naturwissenschaften: "Da wird überall der Versuch gemacht, das Geistig-Seelische in seinem Schaffen im Physischen wieder zu finden. Das heißt, die Frontänderung nach der Naturwissenschaft hin wird ernsthaft gemacht. Es wird versucht, so einzudringen in das Gebiet des natürlichen Daseins nach dem Zeitalter der Naturwissenschaft, wie vor dem Zeitalter der Scholastik, der Thomistik - wir haben es bei dem Areopagiten und bei Plotin gesehen -, von der menschlichen Erkenntnis aus in das spirituelle Gebiet eingedrungen worden ist. Es wird mit dem Christus-Prinzip Ernst gemacht." Durch die Umwandlung des **Denkens** "dringt man über die Grenze der Erkenntnis hinaus, die ein Dualismus glaubte aufrichten zu müssen, so wie die Scholastiker die Grenze auf der anderen Seite aufgerichtet haben. Man dringt ein in diese materielle Welt und entdeckt, daß diese eigentlich die geistige ist..."

Die Überwindung des Kantianismus in Steiners "Wahrheit und Wissenschaft" und in seiner "**Philosophie der Freiheit**": Der Dualismus von Wahrnehmungswelt und Ideenwelt entsteht mit der Geburt. Die Wahrnehmungswelt ist damit etwas Unvollständiges. "Dadurch, daß ich geboren bin, erzeugt sich der Schein... Dadurch, daß ich lebe, daß ich werde..., bringe ich die beiden Strömungen der Wirklichkeit zusammen... Ich würde niemals zu einem Bewußtsein gekommen sein, wenn ich mir nicht abgespalten hätte durch mein Hereingehen in die Welt die Ideenwelt von der äußerlichen Wahrnehmungswelt. Aber ich würde niemals die Brücke zur Welt finden, wenn ich dasjenige, was ich mir abgespalten habe, die Ideenwelt, nicht wieder in Vereinigung brächte mit dem, was ohne diese Ideenwelt eben keine Wirklichkeit ist." Für Kant erschöpfte sich die Wirklichkeit in der Außenwelt, der er dann die Begriffe "überstülpte". S. dazu auch 78/2(30.08.21).

"Indem das Erkennen nicht bloß ein formaler Akt ist, indem das Erkennen selber ein Wirklichkeitsprozeß ist, stellt sich das ... **moral**ische Handeln als ein Ausfluß dessen dar, was in diesem Werden das Individuum erlebt durch die moralische **Phantasie** als **Intuition**. Die Umwandlung des gewöhnlichen Denkens in das reine **Denken**. "Und indem die sittlichen Ideale aus der geistigen Welt durch die moralische Phantasie entlehnt werden, äußern sie sich in ihrer Kraft, werden die Kraft der geistigen Liebe." Dies im Gegensatz zu Kants Pflichtbegriff.

Erkenntnis des Äußeren als Nebeneffekt der Arbeit des Geistig-Seelischen am Menschen und nicht als eigentliches Kardinalproblem. **Anthroposophie** als Wiederaufkeimen des Thomismus in der Gestalt, die das 20. Jahrhundert braucht.

76 Die befruchtende Wirkung der Anthroposophie auf die Fachwissenschaften

1(04.04.21) 4439 2/47f. -01

Sinnesorgane / objektiv-subjektiv

Aus dem Schlußwort zum Vortrag: Über das Problem der Subjektivität oder Objektivität von **Sinneswahrnehmungen** am Beispiel der Farben und der partiellen **Farbenblindheit**. "Für das imaginativen Bewußtsein ist ein sogenanntes normales **Auge** ein durchsichtiges Organ. Ein Auge, das partiell farbenblind ist, das erweist sich für das imaginative Bewußtsein als in einer gewissen Weise vergleichbar mit einer farbigen Brille, als etwas, das allerdings eine Veränderung vornimmt in dem "Subjekt". So kommt man ... gerade darauf, die Sinnesapparate im weitesten Umfange als dasjenige anzusehen, was sich vergleichen läßt mit dem Durchsichtigen, was gerade so eingerichtet ist, daß es die eigene Produktion der Sinnesqualitäten in sich aufhebt. Man lernt als eine reine Phantasterei die Vorstellung erkennen, als ob in diesem ideell Durchsichtigen ... irgend etwas auftreten könnte, was Sinnesqualitäten erst hervorriefe, was zu etwas anderem da wäre als den Sinnesqualitäten den Durchgang zu lassen."

Hinweis darauf, daß in den **Kategorien** *(zumindest bei Aristoteles und Kant)* die Begriffe Objekt und Subjekt nicht vorkommen: "Wenn man die Kategorien in der Weise nimmt, wie sie nun nicht aus irgendeinem Beweis hervorgehen, sondern einfach ... aus der Logik herausgelöst werden, so müssen sie ... anwendbar sein auf dasjenige, was über "subjektiv" und "objektiv" erhaben ist."

2(05.04.21) 4441 2/60f. **-02**

Experiment

Über **Mathematik** und ihre Anwendung auf die anorganischen **Naturwissenschaften**. Das von Anfang bis Ende Durchschaubare des Mathemathisierens, das die innere Sicherheit gibt. "Und wir fühlen die Befriedigung in der Anwendung des Mathematischen auf die Naturerkenntnis gerade dadurch, daß wir das frei in Bildlichkeit Erfaßte im Reich des Seins wieder erkennen können." Allerdings wird dadurch nur das Quantitative, die quantitativen Beziehungen erfaßt und das Qualitative außer acht gelassen. **Goethes** Opposition gegen diese Haltung, beispielhaft in seiner **Farbenlehre**. Steiner fordert deshalb, daß besondere Versuchsanordnungen gefunden werden, die aus dem Quantitativen in das Qualitative hineinführen.

Es werden Beispiele aus der **projektive**n (synthetischen) **Geometrie** entwickelt, die folgendes zeigen: "Die projektive Geometrie bleibt nicht außerhalb der Kurve und des Gebildes stehen (wie die analytische), sondern sie dringt in die innere Differenzierung des Gebildes, bis zum Punkte, bei dem man unterscheiden muß ein Vorne und Hinten - bis zur Geraden, bei der man ebenfalls unterscheiden muß ein Vorne und Hinten... ich könnte noch andere Eigenschaften angeben, zum Beispiel ein gewisses Krümmungsverhältnis, das der nach den drei Raumdimensionen ausgedehnte Punkt in sich hat und so weiter."

Der Übergang von der analytischen zur synthetischen Geometrie als ähnlich dem inneren Erlebnis beim Übergang von der gewöhnlichen Logik zum Imaginativen. Der entgegengesetzte Weg der Geisteswissenschaft vom Realen der **Intuition** über die **Inspiration**. "Und wenn wir bis zur **Imagination** herunterkommen, haben wir nur noch das Bild des innerlich Realen."

4(07.04.21) 4445 2/118f. **-03**

"Was mit der Geschlechtsreife auftritt, indem es den ganzen Menschen ergreift, indem es gewissermaßen ein Verhältnis herausbildet des ganzen Menschen zu seiner Umgebung, das wird ... in einer Metamorphose vorausgenommen in dem Augenblicke, wo sich die **Sprache** in dem Kinde entwickelt." Diese Metamorphose findet nicht zwischen ganzem Menschen und Umwelt statt sondern zwischen dem Rhythmischen System, dem Gliedmaßen-Stoffwechsel-System und dem Nerven-Sinnes-System. "Dieses innere Erleben ... desjenigen, was äußerlich vorhanden ist, führt dazu, daß das, was äußerlich stumm in den Dingen als deren eigene Sprache bleibt, anfängt zu klingen als die Menschensprache im Inneren." Dies solle als "regulatives Prinzip" im allgemeinen aufgefaßt werden.

Über die Wechselwirkung zwischen physischem Leib und Ätherleib beim Zahnwechsel, die zwischen Astralleib und Ätherleib bei der Sprache und die zwischen präexistentem (höherem) Ich und physischem Leib bei der Inkarnation. Über den Grund für die Leugnung der **Präexistenz** bei **Aristoteles**.

4(07.04.21) 4445 2/141f. **-04**

Geometrie / Mathematik

Aus der Fragenbeantwortung: Über den aus der euklidischen Geometrie abgeleiteten abstrakten **Raum**begriff mit den drei gleichwertigen **Dimensionen**. Das Raumerlebnis des Menschen, dritte Dimension (vorn-hinten) im Vorstellen, die zweite (links-rechts) in der Imagination und die erste (oben-unten) in der Inspiration. Die verschiedenen Ausdehnungsintensitäten dieser Dimensionen. Die Größenverhältnisse der menschlichen **Gestalt** als Ergebnis dieser Ausdehnungsintensitäten (Y-Achse bzw. oben-unten größer als die beiden anderen). "Wenn wir nach einem formelhaften Ausdruck für diesen realen Raum suchen,... bekämen wir dann ein dreiachsiges **Ellipsoid**." Dies würde dann auch für den Weltraum zutreffen. "Und dafür spricht durchaus die Anordnung gewisser Sterne. Man nennt gewöhnlich unser **Milchstraße**nsystem eine Linse und so weiter."

Über die im Laufe der kindlichen Entwicklung entstehende Raumvorstellung, die nicht, wie Kant es annimmt, a priori ist. S. **82/2(08.04.22)**. Ebendort über die Dimensionen: Das Weitergehen von der dritten zu höheren Dimensionen ist nicht geradlinig sondern "pendelnd". Die vierte Dimension ist in Wirklichkeit die negative dritte Dimension, die wieder in den Raum zurückführt. "Aber indem wir jetzt zurückkehren, sind wir keineswegs in derselben Lage, in der wir waren, als wir in die dritte Dimension hinausgekommen sind mit dem Visieren *(durch die die Raumvorstellung unbewußt entsteht)*, sondern indem wir zurückkehren, sind wir geistbeladen." Der Raum wird geisterfüllt, während er vorher materieerfüllt war. "Und mit immer höheren Geistgebilden finden wir den Raum erfüllt, wenn wir entlang der negativen dritten und zweiten und ersten Dimension gehen bis zu dem Punkt, wo wir keine Raumesausdehnung mehr haben, aber vollständig im Ausdehnungslosen, im Geistigen dann drinnenstehen." S. dazu und zu Einsteins **Relativitätstheorie** auch **82/6** (Fragenbeantwortung) **(12.04.22)**.

4(07.04.21) 4445 2/158f. **-05**

Über Gesichtspunkte einer geisteswissenschaftlichen Mineralogie bzw. Kristallogie. Ausgangspunkt: die polyedrischen **Kristall**formen als Ergebnis kosmischer Kräfte verschiedener Richtung.

78 Anthroposophie, ihre Erkenntniswurzeln und Lebensfrüchte

1(29.08.21) 4584 tb/7ff. **-01**

Autoritätsglaube

Der Abirrungen in **Denken-Fühlen-Wollen** unter dem Einfluß des modernen **Agnostizismus**. Das Denken wird kraftlos. Fühlen wird unwahrhaftig und einerseits zu **Sentimentalität**, andererseits geht es in das Instinktleben über. Zeigt sich in der **Kunst** in süßlicher Sentimentalität oder im Naturalismus. Stil kann sich nur aus innerer Wahrheit entwickeln. Einfluß auf das Wollen führt zu innerer Leere. Es kommt zu keinen neuen moralischen Imperativen mehr, wenn die Tradition aufgehört hat. Schließlich wird entweder eine Anlehnung an Autoritäten (Katholizismus, orientalische Lehren, politische Parteien) gesucht oder zugegeben, das der Mensch sich nur in seinen physischen Instinkten ausleben könne.

Zu Agnostizismus und **Phänomenalismus** s. auch 82/6(12.04.22).

5(02.09.21) 4589 tb/104f. **-02**

Über den Einfluß **Swedenborgs** auf **Goethe**.

Hinweise auf Vorträge aus 78 in 57-08, 74-03

79 Die Wirklichkeit der höheren Welten

Hinweise auf Vorträge aus 79 in 52-07, 66-03, 313-10

82 Die Bedeutung der Anthroposophie im Geistesleben der Gegenwart

3(09.04.22) 4808 1/49f. **-01**

Über den euklidischen **Raum** und den Raum in der **plastischen Kunst**. Plastische Kunst als älteste Kunst bringt eigentlich den **Ätherleib** zur Darstellung. Über die einzelnen Partien der menschlichen **Gestalt**. Über die Unmöglichkeit, Pflanzen bildhauerisch darzustellen. Die Polarität zwischen Bildhauerkunst und **Eurythmie** (=bewegte Plastik): "Die menschliche Gestalt in der Plastik ist die Antwort auf die große Frage, die uns das Weltenall aufgibt. Und wenn des Menschen Bewegungskunst kosmisch wird, wie es bei der Eurythmie der Fall ist, dann wird aus dem Menschen heraus eine Art Weltenall, wenigstens zunächst bildhaft, geboren."

5(11.04.22) 4811 1/107f. **-02**

Nerven-Sinnes-System

"Da stellt sich nämlich heraus, daß in unserem Nervensinneswesen ... fortwährend aus dem Geiste heraus, der ja herüberkommt auch beim Aufwachen morgens, indem die Seele in den physischen Leib hineingeht, zwischen den Partien, die sich nur auf **Stoff**liches beziehen, materiell-stoffliche Partien eingelagert werden, die direkt aus dem Geist selber abgesetzt, erzeugt werden. Man wird Zeuge der Entstehung des Stoffes, sogar der plastischen Bildung des Stoffes am menschlichen Sinnesapparat. Da entsteht der Stoff aus dem Geist heraus." Im **Gliedmaßen-Stoffwechsel-System** wird dagegen Materie durch den **Willen** zerstört, so daß nach außen hin das Gesetz von der Erhaltung des Stoffes und der Energie gewahrt bleibt. S. auch 202-18.

5(11.04.22) 4811 1/114f. **-03**

Das aufsteigende Leben in den **Organen** als Wirkung des geistigen **Sonne**nhaften, das absteigende als Wirkung des **Mond**enhaften.

Erkältung als krankhafte Metamorphose der **Atmung**sorgane, die Sinnesorgane werden wollen. "Das kommt daher, daß dasjenige, was sonst in den Sinnesorganen besonders stark wirken kann, das Mondenhafte, überwiegt über das Sonnenhafte. Daß also aus dem Kosmos heraus, was sich dann überträgt auf die Luft, auf andere klimatische Zustände, daß also aus der Umgebung des Menschen heraus solche krankhaften Metamorphosen entstehen."

Fliederblüten (**Syringa vulgaris**) enthalten das Sonnen- und Mondenhafte im entgegengesetzten Sinne wie sie bei der Erkältung vorhanden sind. Hingewiesen wird besonders auf die schwefelartige Kraft des ätherischen Öles.

6(12.04.22) 4812 1/127f. **-04**

In Ergänzung zum vorigen Vortrag (Ref. -02): Beim Aufwachen ergreift das Gedankliche vom physischen Leib nur das Luftartige. "...und indem dieses Luftförmige in bestimmte Vorgänge kommt, werden die **Gedanken** übertragen auf das wäßrige **Element**; und von da prägen sie sich ein dem festen, dem salzartigen Element."

"...wenn der Gedanke zu einem **Wille**nsimpuls in uns rege wird..., dann überträgt er sich wiederum auf das feste und das flüssige Element, und es geschieht durch den Willensimpuls, daß **Materie** gewissermaßen verbrannt wird. In dem flüssigen Teil des menschlichen physischen Organismus wird Materie in dem Sinne, wie ich es gestern geschildert habe, in das Nichts zurückgeführt. Dadurch aber ... entstehen gewissermaßen Leerräume in unserem physischen Leibe. Diese Leerräume rufen hervor eine ganz andere Dynamik... Dieses Miterleben einer anderen Gleichgewichtslage, das führt dazu, daß wirklich auch der physische Leib in seinen **Bewegung**en folgt diesem Hervorrufen einer anderen Gleichgewichtslage, daß es zur Handlung dann kommt, zu derjenigen Handlung, die sich zunächst unmittelbar an den physischen Leib des Menschen bindet."

Hinweise auf Vorträge aus 82 in 76-04, 78-01

83 Westliche und östliche Weltgegensätzlichkeit

1(01.06.22) 4851 tb/24f. **-01**

Über die alten Erkenntniswege des **Joga** und der **Askese**. Joga: Zusammenkopplung von Atmungsrhythmus mit dem Denken. Dadurch erlangte der Jogi ein (den damaligen Menschen sonst nicht erreichbares) Ichgefühl, das aber im Gegensatz zum heutigen Selbstbewußtsein zugleich das Universum miterlebte. Durch Askese wurde das Leibliche soweit ausgeschaltet, daß das Seelische rein und als in der geistigen Welt drinnenstehend erlebt wurde. Der heutigen Konfiguration des Menschen entsprechend wird beim **anthroposophischen** Erkenntnisweg durch Meditation und Konzentrationsübungen das leibfreie Denken entwickelt, das im Rhythmus nicht des Atems sondern der Außenwelt lebt, und durch Willensübungen wird angestrebt, das Seelenleben so zu entwickeln, daß es zu einem "Geist- bzw. Seelenorgan" wird. Weitere Ausführungen dazu im 2. Vortrag (02.06.22).

Zu Joga s. auch 84/3(15.04.23)

9(10.06.22) 4862 tb/271f. **-02**

"Aber wenn wir noch weiter nach Westen gehen, nach **Amerika**, dann finden wir, wie sich aus den geistig-geographischen Verhältnissen eine bestimmte Form einer primitiven ... Weltanschauung herausentwickelt, die aber merkwürdige Keime für die Zukunft in sich trägt." Die Betonung des Willens. "Und in der Tat finden wir, daß manches, was der Amerikaner entwickelt hat, die primitiven Anfänge von solchen Übungen sogar sind, durch die man zu einer geistigen Schau hinkommt." Über die sich daraus ergebende künftige Verständnismöglichkeit zwischen Amerika und **Europa**. S. dazu auch 349-03.

84 Was wollte das Goetheanum und was soll die Anthroposophie?

3(15.04.23) 5238 tb/79f. -01

Über den Unterschied zwischen **Erinnerung** und **Sinneswahrnehmung** am Beispiel des **Auges**: "Wenn Sie mit dem Bildekräfteleib (=**Ätherleib**), der im wesentlichen den äußeren physischen **Nerven**vorgängen folgt, so weit gehen, daß Sie herankommen an diejenigen Vorgänge, wo sich durch das Auge die Außenwelt spiegelt, dann haben Sie Wahrnehmung der äußeren Welt. Und was dann im Nerv sich festlegt ... das, was sich durch den Nerv festlegt im Bildekräfteleib, das kann dann immer wiederum zur Tätigkeit angeregt werden. Da kommt man mit der Tätigkeit des Bildekräfteleibes, des Nervensystems, bis dahin, wo die Nerven endigen. Man durchstößt gewissermaßen nicht den Nerv bis hinein zu den Vorgängen, die die äußere Welt spiegeln, man gibt nur dem, was in ihnen lebt im Bildekräfteleib, einen Anstoß, stößt diesen Bildekräfteleib bis dahin, wo die Nervenstümpfe auslaufen, dann bekommt man den Erinnerungseindruck."

4(20.04.23) 5250 tb/95f. -02

Ätherleib

Zur **Ernährung** und Überwindung der Eigenstofflichkeit der Nahrung: "Es zeigt sich das Vorhandensein dieses Kampfes in dem, was der Mensch absondert, und in demjenigen, was als Bildekräfte, als übersinnliche Menschheitsorganisation, nach dem Kopfe hin wandert. Genau ebensoviel, wie wir absondern durch die verschiedenen **Absonderungs**organe, verwandelt sich nach der anderen Seite in negative **Materie**, in negativen Stoff, der als saugendes Prinzip in unserem **Nervensystem**, insbesondere in unserem **Gehirn** lebt" (s. vor. Ref.).

4(20.04.23) 5250 tb/98f. -03

Über das Erleben des **Ätherleib**es und des Welten**äther**s auf der Stufe der **Imagination**: "...die Füße, die Beine bemerkt man kaum. Man erlebt nun das Äthergeschehen so, daß man gewissermaßen an einem Punkte aus diesem Äthergeschehen herauswächst. Man erlebt das Äthergeschehen bis zu seinen **Nerven**endigungen hin. Das geht durch den Rücken durch und geht bis zu den Nervenendigungen des Vorderleibes, und man ist so der letzte Ausläufer der Ätherwelt."

4(20.04.23) 5250 tb/104f. -04

Zur Gültigkeit der **Naturgesetze**: Sie nehmen (Vergleich mit dem **Licht**) mit zunehmender Entfernung ab. Licht breitet sich aus bis zu einer Kugelsphäre und kommt als Geistiges zurück. Dies gilt auch für die Naturgesetze. "Aber das geht nur bis zu einer gewissen Kugelschale; dann kommt alles wieder zurück. Dann aber kommen die Naturgesetze als sinnvolle Gedanken zurück. Und das ist der Welten**äther**... Wenn aber die Gedanken zurückkommen, wenn man es erlebt, wie die Gedanken im Weltenäther leben, da sind sie nicht solche logischen Gedanken und nicht solche Gedanken mit scharfen Konturen, da sind sie Bildgedanken, Bilder, **Imagination**en."

6(22.04.23) 5257 tb/134f. -05

Ich höheres / Astralwelt

"Es ist so, wenn man gewissermaßen durchbricht in diejenige Weltsphäre (**Ätherwelt**), in der der **Ätherleib** oder Bildekräfteleib für uns ansichtig wird, dann innerhalb der flutenden Bilderwelt, in die man eintritt, die Offenbarungen jener Wesenheiten erscheinen, die der dritten **Hierarchie** angehören: Angeloi, Archangeloi, Archai."

"Die Dinge fallen nicht genau zusammen mit dem, was ich in meiner "Theosophie" beschrieben habe; da ist die Sache von einem anderen Gesichtspunkte aus charakterisiert. Aber ebenso, wie wir die dritte Hierarchie treffen, wenn wir uns zu unserem Bildekräfteleib hinauf organisieren, ebenso treffen wir in dieser *(astralischen)* Welt, in der für uns ansichtig wird unser eigener **astralischer Leib**, die zweite Hierarchie: Exusiai, Kyriotetes, Dynamis. Und diese zweite Hierarchie erscheint uns jetzt für den wirklichen Anblick nicht in flutenden Farben, in flutenden Tönen *(wie die dritte)*, sondern sie erscheint uns so, daß sie uns einzelne Bedeutungen innerhalb des die Welt durchwellenden **Logos** verkündet und offenbart. Sie spricht zu uns."

"Und in demselben Augenblicke, in dem man eintritt in dieses Ansichtigwerden des eigenen wahren **Ichs**, wird man zugleich ansichtig dessen, was nunmehr in einer weiteren Welt lebt, der eigentlichen **Geistwelt**. Man trifft zusammen mit den Wesen der ersten Hierarchie: Seraphim, Cherubim, Throne. Und geradeso, wie man da sein Ich wiederfindet, von dem man eigentlich nur einen Abglanz hier im irdischen Leben hat, so findet man für die ganze Welt der irdischen Umgebung deren wahre Geistgestalt."

Hinweise auf Vorträge aus 84 in 83-01

271 Kunst und Kunsterkenntnis

1(28.10.09) 2083 TB/63ff. **-01**

Imaginative Schilderung des Zusammenhanges zwischen bestimmten **Sinnen**, **Künsten** und **Hierarchien**:

Gleichgewichtssinn - **Tanzkunst** - Dynameis
Eigenbewegungssinn - **Mimik** - Archangeloi
Lebenssinn - **Plastik** - Archai,

sowie zwischen den Exusiai und der **Architektur**.

Ferner der Zusammenhang zwischen Hierarchien, Künsten und **Imagination-Inspiration-Intuition**:

Intuition - **Malerei** - Seraphim
Inspiration - **Musik** - Cherubim
Imagination - **Poesie** - Throne.

2(15.02.18) 3480 TB/86ff. **-02**

Die reine Nachahmung des Sinnlichen und die Darstellung des Übersinnlichen sind die beiden Erbsünden der **Kunst**. Echte Kunst geht einmal daraus hervor, daß in jeder Seele **Visionen** aufsteigen wollen. Diese Visionen können in gesunder Weise im Unterbewußten gehalten werden, wenn der Mensch sie künstlerisch umformt, wie es in den verschiedenen Richtungen des **Expressionismus** versucht wurde, oder solche Kunstwerke genießt. Die zweite Quelle der Kunst ist das Streben, das in der Natur verzauberte Leben, das durch ein höheres Leben ständig getötet wird, zu erlösen: "und wir entzaubern das in dem Sinnlichen verborgene, durch ein höheres Leben ertötete Übersinnliche." Es handelt sich dabei um ein Auflösen in die sinnlich-übersinnlichen Bestandteile, die dann wieder so zusammengefügt werden müssen, daß sie ein neues übersinnliches Leben erhalten. Ansätze waren dazu im **Impressionismus** vorhanden. Das Beispiel der menschlichen **Gestalt** und die plastische Gruppe am **Goetheanum**. Zur **Plastik**: "Wir müssen das eigene Leben der Fläche suchen, wenn wir zuerst geistig das Leben oder die Seele herausgeholt haben, die in der menschlichen Gestalt ist, wir müssen die Seele der Form selber suchen. Und wir merken, wie wir diese finden, wenn wir die Fläche nicht einmal gebogen sein lassen, sondern die einmalige Biegung noch einmal biegen... Wir merken, wie wir da die Form zum Sprechen bringen können..."

Ähnlich 3. Vortrag (17.2.18).

4(05.05.18) 3519 TB/125f. **-03**

Über die Beziehungen zwischen der aus dem Unbewußten aufsteigenden künstlerischen **Phantasie** und der übersinnlichen Erkenntnis. In **Architektur** und **plastischer Kunst** leben unbewußt Formen, die bei einem übersinnlichen, gegenständlichen Denken als dessen Inhalt auftreten, "in denen der in der Welt fließende Wille zum Ausdruck kommt." ... "Der Architekt und der Bildhauer sind Durchgangselement für das, was der Seher als Vorstellen und Wahrnehmen in der Geisteswelt erlebt." Das vom Seher gewandelte Fühlen hat innere Verwandtschaft zum **Musik**-Erleben, sein gewandeltes Wollen zur wahren **Poesie**. Seherische **Imaginationen** und **Malerei** begegnen sich von zwei Seiten: "Nur sind die **Farben**, die der Seher erlebt, andere Farben als die des Malers und doch dieselben.

Sie stören sich nicht." ... "Man soll nicht glauben, der Seher spreche beim Schildern der farbigen **Aura** so, wie der Maler von den Farben spricht. Er erlebt das Gefühl, das man sonst an Gelb oder Rot erlebt, aber es ist geistig erlebt, ist nicht zu verwechseln mit physischen Visionen."

Das **Inkarnat** vibriert übersinnlich betrachtet um eine Mittellage zwischen "Erröten" und "Erblassen". Im Falle des Inkarnats ist jeder Mensch Hellseher und nimmt dadurch das andere **Ich** wahr.

Ähnlich wie in der Malerei stoßen auch in der Sprache, in der Poesie, die Quellen der künstlerischen Phantasie und der übersinnlichen Erkenntnis zusammen.

Innerliche unbewußte Musik lebt in dem Prozeß der **Atmung**, dem Pulsieren des **Gehirnwassers** in Gehirn und Rückenmarkskanal: "Und das Schöpferische in der Musik ist: heraufzuheben in die äußere bewußte Gestaltung, was sich der Musiker da angewöhnt, als Musik seines Seelenlebens zu erleben." Wenn diese pulsierende "Nervenwelle" an die äußeren Sinne im Wachzustand anschlägt (noch nicht Sinneswahrnehmung), "da lebt unbewußt und wird von der Wahrnehmung übertönt: Dichtung!" Ähnliche unbewußt bleibende Prozesse bilden die Grundlage für die plastische Kunst und die Architektur.

Ähnlich 5. und 6. Vortrag (6.5.18, 1.6.18).

7(12.09.20) 4210 TB/193 **-04**

Leben nach dem Tod

"...die Art und Weise, wie man lebt zwischen dem Tode und einer neuen Geburt im Zusammenhange mit dem ganzen Weltenall, indem man fühlt, man bewegt sich als seelischer Geist oder geistige Seele in Richtungen, man kreuzt sich mit Wesenheiten, man ist gegenüber anderen Wesenheiten im Gleichgewichte, ... das wird zunächst unbewußt erinnert, und das wird in der Tat nachgebildet in der **architektonischen Kunst** und in der **Plastik**."

Ebenso hängt die **Poesie** zusammen mit den Kräften, "die schon jetzt in uns sind für das Leben nach dem Tode."

"Und es ist der **astralische Leib** , der schon jetzt hier in der Tonwelt lebt, der die Tonwelt in Melodie und Harmonie formt, die wir im Leben draußen in der physischen Welt nicht finden, weil das schon in unserem astralischen Leib ist, was er nach dem Tod erlebt." Wenn der Astralleib nach dem Tod abgelegt wird, dann wird auch alles Musikalische des Erdenlebens abgelegt. "Aber in diesem Weltenmomente verwandelt sich das **Musik**alische in die **Sphärenmusik**." S. dazu auch **302a/2(16.09.20).**

Malerei ist verwandt mit der geistigen (astralischen) Welt, in der der Mensch im Schlafe weilt. Beim Malen soll aus der Farbe, nicht aus der Linie heraus gemalt werden, denn: "Die Linie ist immer etwas von der Erinnerung an das vorgeburtliche Leben."

In der **Eurythmie** knüpft der Mensch in direkter Weise an die übersinnliche Welt an, indem er die Bewegungen ausführt.

Hinweise auf Vorträge aus 271 in 116-09, 211-05.

272 Geisteswissenschaftliche Erläuterungen zu Goethes "Faust"

Band I: Faust, der strebende Mensch

1(23.01.10) 2149 PB/32ff. **-01**

Faust II: Die Gestalt der **Helena** ist der unsterbliche Geist, der von Verkörperung zu Verkörperung geht. **Homunkulus** ist das Urbild der Seele, sie ist der Vermittler zwischen Geist und Leib: "...sie muß die Elemente des Leibes aus allen Reichen der Natur heranziehen, um sich mit ihnen in Verbindung zu bringen. Erst dann kann sie mit dem unsterblichen Geist vereinigt werden. Daher sehen wir, wie Faust von diesem Homunkulus geführt wird in die klassische Walpurgisnacht bis zu den Naturphilosophen Anaxagoras und Thales, die nachgedacht haben, wie die Natur und das Lebendige entstehen." Homunkulus muß deshalb durch die Naturreiche gehen. In dem Augenblick, wo Eros an ihn herantritt, verbindet er sich mit dem Geist (Helena). Deshalb tritt im 3. Akt 2. Szene Helena dann leibhaftig auf, nachdem ihr Geist Faust früher zurückgestoßen hatte, als sich in ihm sinnliche Leidenschaft regte. Goethe hat in dieser künstlerischen Form in der ihm damals möglichen Weise auf die Idee der wiederholten Erdenleben hingewiesen.

Euphorion entsteht aus der Verbindung Fausts mit der geistigen Welt. Das wahre mystische Erlebnis, das dem Entschwinden des Euphorion zugrundeliegt: "Das ist das Erlebnis des Geistesforschers, ... wenn unsere Seele die Stunde hat, wo sie so recht empfindet ihr Verhältnis zur geistigen Welt, und wo die Erkenntnis erscheint wie ein Kind einer Ehe mit der geistigen Welt. Dann erlebt sie es tief, wenn sie in die Alltäglichkeit hinuntersinkt, und es ist, wie wenn es das Beste, was wir haben, mitnimmt."

Über das Abbrennen der Hütte von **Philemon und Baucis** aus noch nicht überwundenem Egoismus. Es zeigt sich "die **Sorge**, die an jeden herantritt, der noch eigennützige Bestrebungen in sich trägt, und die ihn nicht hinaufsteigen läßt in die geistige Welt." Es muß gelernt werden, sie in weiser Selbsterkenntnis zu ertragen. Das Erreichen diesen Entwicklungsgrades wird bei Faust angedeutet dadurch, daß er im hohen Alter erblindet, während das geistige Auge geöffnet ist. S. auch 15. Vortrag (11.09.16).

2(17.12.11) 2503 PB/46ff. **-02**

Über den engen Zusammenhang zwischen **Goethe**s innerer Entwicklung und der Ausgestaltung des **Faust** (Urfaust, Fragment, Faust I und II).

Für Goethe war im 4. nachatlantischen Zeitalter in der Kunst das Übersinnliche im Sinnlichen wahr in Erscheinung gebracht worden. Dies kann so im 5. Zeitalter nicht mehr geschehen. Faust ist die Gestalt, die die Sehnsucht verkörpert, das Geistige aus den seelischen Tiefen hervorzuholen. Dieses Streben ist mit der Gefahr verbunden, das niedere Leidenschaftsleben am Hüter der Schwelle vorbei in die geistige Welt zu bringen, die dann zunächst als vielgestaltige, majahafte "**Hexenküche**" erscheint. In dieser Welt erscheint alles, wie auf den Kopf gestellt, so ist auch auf das Zahlensystem kein Verlaß, was Goethe mit dem sinnlosen **Hexeneinmaleins** darstellt.

In dieser Hexenküche erscheint als höhere Wahrheit **Helena**. "Das höhere Selbst ist ja für den Mann weiblich." Es ist der **Ätherleib**, "den man nur von einer gewissen Entfernung schauen kann."

Zur Zeit des Überganges vom 4. zum 5. nachatlantischen Zeitalter konnte der Mensch sein Ich nur auf der "Unterlage" des **Astralleib**es fassen. Wird der Intellekt auf diesen angewandt, dann kommt das heraus, was als **Homunkulus** bezeichnet wird. Er entsteht als eine **Überzeugung** im Sinne eines Übermenschen. Erst als seelisches Material im Homunkulus zur Verfügung steht, kann sich die geistige Welt (Helena) damit ummanteln und sich schließlich auch mit den äußeren Hüllen umgeben. "Im Homunkulus haben wir die Kräfte des Astralleibes eines ins Dasein tretenden Menschen."

3(04.04.15) 3049 PB/---- -03

Zur Gestaltung der Osterszene im **Faust** war Goethe erst in den neunziger Jahren des 18. Jahrhunderts imstande, nachdem er eine seelische Vertiefung durch die Arbeit an dem "Märchen von der grünen Schlange und der schönen Lilie" erfahren hatte.

Faust schaudert vor dem zweiten absteigenden Teil des Lebens zurück. Die Kraft, die den Menschen in der zweiten Lebenshälfte gespendet werden muß, floß als Christuskraft durch das Mysterium von Golgatha in die Erdenaura ein, "damit sie alle Menschen durch die Erdenentwickelung in sich finden können."

Im Faust des Volksbuches sind in die Gestalt des Dr. Faust auch die ahrimanischen Züge des Manichäerbischofs **Faustus** eingeflossen, wie sie von dessen Gegner Augustinus geschildert werden. Ebenso weist sie luziferische Züge des **Faustus Andrelinos** (s. 145-14) auf, wie sie durch Erasmus von Rotterdam überliefert sind. Im **Mephistopheles** ist Ahrimanisches und Luziferisches von Goethe noch vermengt und konnte von ihm noch nicht sachgemäß geschildert werden.

4(11.04.15) 3052 PB/73ff. -04

Faust I, 1. Szene: Erscheinen des **Erdgeist**es. Faust versucht durch das Studium okkult-mystischer Literatur (Nostradamus) in die geistige Welt einzudringen. Über das Erleben der elementarischen und der höheren geistigen Welt. Faust ist nicht in der Lage, sich in die geistige Welt zu erheben, aber auch die elementarische Welt kann er nicht fassen, er wird vom Erdgeist zurückgewiesen. Er hat zuerst Selbsterkenntnis zu üben, und so wird ihm vom Erdgeist zuerst Wagner und dann der hier luziferisch tingierte Mephisto zugeschickt, die Teile seines Wesens sind.

4(11.04.15) 3052 PB/91ff. -05

Islam

Das von **Mohammed** seinen Gläubigen nach dem Tod versprochene **Paradies** ist in Wirklichkeit die luziferische Welt. Anerkennend wird das beispielhafte eifrige Studium des Korans hervorgehoben, wodurch in den muslimischen Seelen Mohammeds Worte lebendig werden.

5(22.05.15) 3069 PB/104ff. -06

Faust II, 1. Akt, 1. Szene: Der Faust in dieser Szene verkörpert das höhere Ich des Faust, während das, was Faust im ersten Teil an Schuld auf sich geladen hat, zu warten hat - geisteswissenschaftlich ausgedrückt - bis zur nächsten Inkarnation.

Dieses höhere Ich kommt nun mit der Erdenaura, mit der elementarischen Welt (Ariel, Führer der Luftgeister), in Beziehung, denn es kann nicht von Ahriman-Luzifer ergriffen werden. Die Geschehnisse in der Zeit zwischen Einschlafen und Aufwachen ("vier Pausen") "sind wirkliche, reale Vorgänge, gleichartig einer Initiation."

6(30.05.15) 3073 PB/119ff. **-07**

Tod / Reinkarnation / Zerstörungskräfte / Aufbau-Abbau

Der Mensch verkörpert sich wieder, wenn die irdischen Verhältnisse seiner vorigen Inkarnation völlig verändert, zerstört sind, weshalb relativ große Abstände zwischen den Inkarnationen liegen. Ausnahme: **verbrecher**ische Menschen verkörpern sich relativ rasch wieder. Weitere Ausnahme: auch solche Menschen verkörpern sich bald wieder, die etwas Neues unter Widerständen der äußeren Verhältnisse wie z. B. die **Anthroposophie** in die Kulturentwicklung hineinbringen. Sie werden wiedergeboren, wenn diese Impulse zur herrschenden Anschauung geworden sind. "So hängt diese Idee des Zerstörtwerdens zusammen mit der aufeinanderfolgenden Wiederkehr unserer Inkarnationen auf Erden. Und dasjenige, was unser **Bewußtsein** schafft im Momente des Todes, wo wir den Körper abfallen sehen von unserem Geistig-Seelischen, stärkt sich an diesem Moment des Todes, an diesem Anschauen des Zerstörtwerdens für das Anschauen des Vernichtungsprozesses, der da verlaufen muß in den Erdverhältnissen zwischen unserem Tod und einer neuen Geburt."

Um sich aus der Abhängigkeit von der Generationenströmung, den Zeitverhältnissen, Werturteilen usw. zu befreien, kann man sich in einen Zeitpunkt zurückversetzen, der in etwa mit der früheren Inkarnation zusammenhängt, in der andere Verhältnisse herrschten, die jetzt zerstört sind. Deshalb läßt Goethe **Faust** den Weg zurück in die klassisch-griechische Welt machen, in die **klassische Walpurgisnacht** (Faust II, 3. Akt), die nicht real, sondern eine "Klassische Phantasmagorie" ist, wodurch er aber zu einer Unabhängigkeit des **Urteilens** kommen.

Ausführungen zu Goethes Exposé (11.4.1800) für den Faust. Mit dessen letztem Punkt "Epilog im Chaos auf dem Weg zur Hölle" ist der Gang des Mephisto gemeint, nachdem ihm Faust entronnen ist (s. 157-18).

7(14.08.15) 3093 PB/142ff. **-08**

Sinneswahrnehmung

Faust II, Fausts Himmelfahrt: Über die Schwierigkeiten, die Goethe bei der Darstellung rein geistiger Vorgänge besonders bei der Himmelfahrt Fausts auf der Bühne hatte. Er läßt das Geistige hier durch Menschen darstellen, in deren Bewußtsein das Geistige lebt (Anachoreten, in den Abstufungen des Pater ecstaticus, Pater profundus und Pater Seraphicus). Die geistig sachgemäße Darstellung der seligen Knaben, der **Mitternachtsgeborenen**, die unmittelbar nach der Geburt verstorben sind. Sie können durch den Pater Seraphicus, der sie in sich aufnimmt, die physische Welt erblicken und erhalten dann von ihm die Kraft für den Aufstieg in die geistige Welt. "Durch unsere Augen und Ohren können geistige Wesenheiten überhaupt nur das Physische des physischen Planes sehen, sonst sehen sie das Geistige."

Zu den jüngeren Engeln:

Böse wichen, als wir streuten,
Teufel flohen, als wir trafen.
Statt gewohnter Höllenstrafen
Fühlten Liebesqual die Geister

"Es ist ein okkulter Satz: dem Mephisto-**Ahriman** ist die **Liebe** ein verzehrendes Feuer und eine furchtbare Gabe der Finsternis." S. auch 15. Vortrag (11.09.16).

Ausführungen über den "Erdenrest" in den Versen der vollendeteren Engel:

Uns bleibt ein Erdenrest

Zu tragen peinlich,
Und wär er von Asbest
Er ist nicht reinlich.

Der Doctor marianus ist gleichzeitig auch Faust.

8(15.08.15) 3094 PB/162ff. **-09**

Faust II, 3. Akt, letzte Szene: Nach dem Tod des Euphorion verschwindet Helena und mit ihr der Chor, der eigentlich aus 4 mal 3 elementarischen Wesenheiten besteht. Sie gehen in die Natur über und treten im 5. Akt in der letzten Szene wiederum hervor da, "wo der Christus-Impuls sich mit der Erde lebendig verbunden hat." Dies auch als Beispiel für die tief künstlerisch-wahre Darstellung geistiger Tatsachen durch Goethe.

8(15.08.15) 3094 PB/162ff. **-10**

Geschlechter

Wie sich der vom Christus ausgehende Liebesimpuls ausdehnt, wird von Goethe in der letzten Szene von **Faust** II in den Gestalten der drei Büßerinnen veranschaulicht: Maria Magdalena, die Samariterin und die ägyptische Maria.

Im Anschluß daran wird folgendes ausgeführt: "Was der physische Leib durch die drei Stadien (**Saturn-**, **Sonnen-**, **Mondenentwicklung**) durchgemacht hat - und dadurch berühren wir den Saum eines bedeutsamen Mysteriums - , insofern es der physische Leib durchgemacht hat, das ist auf der Erde als deutlichste Wirkung in der Konstitution der inneren weiblichen Organe zum Ausdruck gekommen. Das Innere der weiblichen Organisation, sowohl des Physisch-Leiblichen, wie alles desjenigen, was in Verbindung mit dem physischen Leib auch als Seele zum Ausdruck kommt, das trägt die Wirkungen von Saturn, Sonne und Mond im eminentesten Sinne an sich." Diesem Makrokosmischen wird durch die Elohim das Männliche hinzugefügt. Der Mann trägt das Makrokosmische der eben vorhergehenden Erdentwicklung in sich. "In einer ganz besonderen Weise tragen das Weibliche und das Männliche in sich den ganzen Kosmos. Und wenn ich oftmals hier ausgesprochen habe, daß der Mensch überhaupt den ganzen Makrokosmos in sich trägt, so trägt ihn die weibliche und die männliche Organisation in einer verschiedenen Weise in sich."

9(16.08.15) 3095 PB/176ff. **-11**

Aus den drei **Mütter**n, die das Geistige, das noch astralische Denken-Fühlen-Wollen darstellen, wird nach dem Einzug des Christus-Impulses in die Menschheit und der Durchdringung mit dem Ich die eine Mutter, Mater gloriosa. Auch dies wieder als Beispiel einer sachgerechten Darstellung geistiger Tatsachen in Goethes **Faust**.

9(16.08.15) 3095 PB/179ff. **-12**

Geschlechter

Ahriman und Luzifer griffen in die Entwicklung des Menschen ein, als er sich aus dem **Äther**ischen ins Physische verdichtete (lemurische, atlantische Epoche, s. auch 15. Vortrag [11.09.16]). "Denn Luzifer und Ahriman greifen schon vorher, wenn sich auch ihr Einfluß während der Erdenentwickelung wiederholt, während der **Mondenentwickelung** und schon während der Entwickelung hin zum Mond in die ganze Entwickelung der Menschheit ein."

Angriffspunkt Luzifers im Ätherischen war der **Lichtäther** und besonders der **Wärmeäther**, der Ahrimans der **Tonäther** und besonders der **Lebensäther**. Durch diese Einwirkung wurde die ursprünglich einheitlich veranlagte Menschen**gestalt** differenziert in weiblich-männlich.

In traumhaften, tranceartigen Zuständen sind weibliche **Medien** von einer Aura umgeben, welche luziferische Kräfte in sich hat. Sie sehen ihr eigenes Luziferisches als **Visionen**, während sie von einem anderen Betrachter nur als **Aura** gesehen wird. Männliche Medien nehmen das Ahrimanische, das besonders in ihrem Lebensäther wirkt, in ihrer Aura hörend wahr. Auf diese Tatsache, daß der Mann diesen tönenden Lebensäther in sich trägt, weist Goethe in seinem **Faust** (II) hin mit den Versen der **Mitternachtsgeborenen**:

Wir wurden früh entfernt
Von Lebechören.
Doch dieser hat gelernt,
Er wird uns lehren.

D. h. durch ihren frühen Tod waren sie nicht den Wirkungen des ahrimanisch durchsetzten Lebensäthers ausgesetzt, von Faust können sie lernen.

Die luziferische Aura der Frau schiebt den Lebensäther zurück, wodurch sich um den weiblichen Organismus eine Art ahrimanischer Aura bildet. Wird auf die zuerst auftretenden luziferischen Imaginationen der Wille stark angewendet, um sie zu durchdringen, so kann man es dahin bringen, daß die ahrimanische Aura das zurückspiegelt, was in der eigenen Aura ist. Dadurch wird das Luziferische neutralisiert und damit allgemein-menschlich. Entsprechendes gilt für die männlichen Intuitionen.

Nicht nur beim Hellsehen muß diese Neutralisation erreicht werden, sondern auch nach dem Tod strebt die Seele danach. So die weibliche zu einem Ausgleich durch das Christus-Männliche, wie die drei Büßerinnen im Faust, bzw. die männliche durch das Christus-Weibliche, die Mater gloriosa im Faust.

10(19.08.16) 3246 PB/194ff. **-13**

Während sonst den Seelentätigkeiten Denken-Fühlen-Wollen die Begriffe **Weisheit-Schönheit-**Güte (**Stärke**) zugeordnet werden, vertrat der Psychologe und Philosoph Franz von **Brentano** (1838-1917) die Auffassung, daß der Begriff der Schönheit dem Vorstellen, die Weisheit der Urteilskraft (Fühlen) und die Güte (Stärke) nicht dem Willen sondern den Willensimpulsen von **Sympathie und Antipathie** zugeordnet werden müßte. Dies geht auf alte scholastische Anschauungen zurück, denen er noch verbunden war.

Die auf Aristoteles basierende **Scholastik** hatte in ihren Begriffen noch etwas, wenn auch unzureichend, was wie die Sprache der höheren Wesenheiten war. Bei diesen entspricht dem abstrakten physischen Begriff Weisheit Wesensoffenbarung. Die Wesen zeigen in ihrer Offenbarung, ob eine Vorstellung gültig ist oder nicht (von Brentano als Urteilskraft bezeichnet). Die Vorstellungen der höheren Wesen sind nach dem Ideal der Schönheit gebildet. Die Kräfte der Sympathie und Antipathie als die Kräfte der Seelenwelt, wie sie von Steiner in der "Theosophie" geschildert werden.

Der Triade Weisheit-Schönheit-Stärke entsprechen in der geistigen Welt die Wesenheiten **Michael** ("Gottschauer"), **Gabriel** ("Gottverkünder") und **Raphael** ("Gottwoller"). Diese Tatsache liegt dem "**Prolog im Himmel**" im **Faust** zugrunde.

10(19.08.16) 3246 PB/207 **-14**

Wetter / Ebbe und Flut

Regelmäßige atmosphärische Erscheinungen gehen parallel zu Mondphasen, "da die alten **Mond**engesetze den Mond noch heute beherrschen, und die atmosphärischen Erscheinungen auch von den alten Mondengesetzen noch zurückgeblieben sind. ... Was so in der

Atmosphäre vor sich geht, hat deshalb nicht nur eine Bedeutung für dasjenige, was auf Menschen wirkt im Sinnesumkreis, sondern es hat auch eine Bedeutung für dasjenige, was draußen im Weltenall geschieht."

11(20.08.16) 3247 PB/215ff. **-15**

Astrologie

Künftig werden die Lebenserscheinungen und Kristallformen der Erde nicht aus den Kräften der Erde erklärt werden, wie es heute durch die ahrimanische Versuchung geschieht, sondern durch die Beobachtung der Himmelsbewegungen. "Man wird erforschen die Gesetze der Stellungen und Bewegungen der Himmelskörper. Aber dann wird man sich anregen lassen meditativ durch das, was man da erforscht, um gewissermaßen mit den Wesen, die in den Sternen leben, in eine Beziehung zu treten."

"Was aber draußen im Himmelsraum eigentlich vorgeht, das lernt man kennen durch die Beobachtung der **Embryologie** und so weiter." Während im Mittelalter in der Zeit, als sich Korpernikanismus, Darwinismus usw. vorbereiteten, mehr der **luzifer**ische Einfluß herrschte, überwiegt seitdem der Einfluß **Ahrimans**. Beide Verführungen, die schon in der lemurischen bzw. atlantischen Zeit begonnen hatten, werden erst mit dem heraufkommenden Ich-Impuls bewußt. So ist die Verführung der Eva und dann Adams durch Luzifer vor allem ein Symbol für das 4. nachatlantische Zeitalter und die Verführung **Faust**s und dann Gretchens durch Ahriman-Mephisto ein Symbol für das 5. Zeitalter.

12(04.09.16) 3254 PB/233ff. **-16**

Leichnam / Tod

Faust II, Grablegung: Die drei Wesenheiten **Lemuren**, Dick- und Dürrteufel, die **Ahriman**-Mephisto dienen sollen, die Seele Fausts zu fangen. Da Ahriman eine auf der **Mondenentwickelung** stehen gebliebene Wesenheit ist, ist ihm nur die Dreigliedrigkeit des Menschen bekannt. Lemuren: Sie sind das am physischen Leib, bzw. seiner Geistigkeit, was durch die Erde hinzugekommen ist. Es "sind geheime spirituelle Kräfte im ganzen physischen Leib, die der Erde verbleiben. ... Begraben Sie den Menschen und lassen ihn verwesen ... in dem Erdenkörper selbst bleibt, trotz Verwesung oder Verbrennung, immer für alle Zukunft das vorhanden, was als Kräfte in **Knochen**, **Sehnen** und **Bändern** wirkt!" Die **Muskeln** stammen dagegen aus der Mondenentwickelung.

Gingen diese Kräfte der Erde verloren, würden die Menschen **rachitis**ch zur Welt kommen.

Die Dickteufel sollen den **Ätherleib** fangen. Diese "Seele" ist im **Nabel** "gern zu Haus": "Das ist ja die Region, wo der Ätherleib zunächst verlassen muß den Menschen".

Die Dürrteufel schließlich sollen den Astralleib zurückhalten.

Das Vorhaben des Mephisto mißlingt, weil er nicht weiß, daß durch die Ich-Entwicklung, auch wenn die einzelnen Körper sich vom Ich nach dem Tode trennen, diese durch den früheren Zusammenhalt durch das Ich füreinander bestimmt bleiben.

13(09.09.15) 3255 PB/254ff. **-17**

Faust II, Szenen "Mitternacht" und "Grablegung". Die Mitternachtsszene ist so zu verstehen, daß Faust in einem Zwischenzustand wie ein Sterbender ist. Er erliegt am Schluß einer luziferischen Versuchung, von der er früher gesagt hat, daß dann Mephisto ihn haben kann:

Zum Augenblicke dürft ich sagen:
Verweile doch, du bist so schön!

Es kann die Spur von meinen Erdentagen
Nicht in Äonen untergehn

Die Engel, die ihn vor Mephisto-Ahriman retten, sind deshalb "hoffärtig" dargestellt, sie sind luziferisch. Daher muß auf diese "Rettung" die endgültige Erlösung in der letzten Szene (Himmelfahrt) erfolgen.

14(10.09.16) 3256 PB/254ff. **-18**

Ahriman-Mephisto ist ein Mondwesen, das schon auf dem alten Mond die Erdentwicklung durchgemacht, sich dann aber der Entwicklung auf der Erde nicht angeschlossen hat, sondern geistig geblieben ist (s. -15). Er ist als Wesen fortentwickelt, in der allgemeinen Entwicklung aber stehen geblieben. Deshalb ist er dem Menschen überlegen, hat aber keine Moralimpulse, da diese erst auf der Erde entwickelt werden. Die dem Mephisto übergeordneten ahrimanischen Wesen sind in ihrer hierarchischen Stellung höher als z. B. der Erzengel Michael (s. 203-10).

Sein Ziel ist es, die **Fortpflanzung** durch die **Geschlechter**liebe, die im Sinne einer fortschreitenden Entwicklung ist, zu unterbinden und an ihre Stelle eine Fortpflanzung durch Kräfte aus der Natur zu setzen (Helena, Homunkulus, Euphorion) (s. -08). **Luzifer** will ähnliches durch Askese, sexuelle Enthaltsamkeit erreichen, deshalb der Ausspruch Mephistos gegenüber den (luziferischen) Engeln, daß es verkappte Teufel seien.

Die Rettung **Fausts** durch die luziferischen Engel würde ein Aufgehen im All sein, ein Übergehen in die achte Sphäre. Die jüngeren (nicht luziferischen) Engel können die Entelechie Fausts herüberbringen, aber nur dadurch, daß die menschliche Liebe mitgewirkt hat (die Büßerinnen).

Über die seit dem Beginn des 5. nachatlantischen Zeitalters auseinanderklaffende Entwicklung, die exemplarisch in den beiden Antipoden Bacon (**Baco von Verulam**, s. 170-19, 238-05) und **Berkeley** und ihrer Grundanschauungen zum Ausdruck kommt, daß alles sinnlich erfaßbar bzw. letztlich rein geistig sei.

273 Geisteswissenschaftliche Erläuterungen zu Goethes "Faust" Band II: Das Faust-Problem. Die romantische und die klassische Walpurgisnacht

1(30.09.16) 3266 PB/25ff. **-01**

Metalltherapie

Im Zusammenhang mit Ausführungen zu **Faust** I, Osterspaziergang und Studierzimmer, über **Alchemie** und das alte Wissen von den Zusammenhängen zwischen **Planeten**kräften und **Metallen**, ihre Anwendung zu Heilzwecken. Außerdem: "Also die Möglichkeit war vorhanden, daß ein Mensch einfach dadurch, daß er sich gewisse Substanzen herstellte und diese in entsprechender Menge zu sich nahm, Fähigkeiten sich aneignete, von denen wir heute mit Recht annehmen, daß der Mensch sie nur als angeborene Fähigkeiten haben kann, als **Genie**, als Talent und so weiter." Dieses Wissen mußte den Menschen entzogen werden, damit sich die **Freiheit** entwickeln konnte. S. 243-02.

Das Heraufkommen der technischen Anwendung der **Elektrizität**, ohne ihr Wesen zu erkennen und die zugleich zu geistiger Vertiefung auffordert. "So geheim verborgen (wie die von Volta und Galvani gefundene Elektrizität) ruht auch dasjenige, was in den menschlichen Seelen sitzt, und was die Geisteswissenschaft erforscht. Beide müssen zueinander kommen wie Nord- und Südpol." Die Bedeutung der **Anthroposophie** für die moralische Welt und die künftige Gestaltung der sozialen Ordnung.

2(10.12.16) 3310 PB/38ff. **-02**

Faust I, **Walpurgisnacht** (Nacht vom 30. April auf 1. Mai): Es handelt sich um Erlebnisse in der niederen spirituellen Welt. "In den Zeiten, in denen man solche Dinge besonders intensiv getrieben hat, haben sich diejenigen, die diese Brockenwanderung machen wollten, gesalbt mit einer gewissen Salbe, wodurch die vollständigere Trennung, die von astralischem Leib und Ich, hergestellt werden konnte, als sie sonst im Schlafe vorhanden ist. ... Nur darf niemand glauben, daß er irgendwo auf leichte Art Auskunft über die Zusammensetzung der **Hexensalbe** erlangen kann ... genausowenig, als Sie Auskunft erlangen werden auf leichte Weise, wie man es so wie van **Helmont** macht, um mit bestimmten Chemikalien, die man einreibt an einer bestimmten Körperstelle, aus seinem Leib bewußt herauszurücken." Es bleibt ein gewisser Zusammenhang mit dem physischen Leib bestehen, wodurch das Physische, sofern es nicht fest ist, weiter wahrgenommen wird, wie Goethe es in dieser Szene deutlich schildert. Ahriman-Mephisto, der kein Verständnis für die gegenwärtige Erde hat, hält sich an das alte Mondenhafte (Feurige), das das Irrlicht (Elementarwesen) repräsentiert. In diesem Zusammenhang ordnet Steiner die Verse für Faust, Mephisto und das **Irrlicht** in dieser Szene anders zu, als es in den meisten Ausgaben gemacht wird.

Faust will aus der Sphäre der niederen Hexenwelt zu dem eigentlich **Bösen** vordringen, wovon ihn Mephisto ablenken will. Denn dann würde er "den Ursprung für so manches, was auf der Erde ist, da im Bösen entdecken. Daher war es auch für manche Leute besser, die **Hexen** zu verbrennen. ... es könnte dadurch, daß Hexen auftreten und gewissermaßen durch ihre **medialen** Eigenschaften von gewissen Menschen, die hinter mache Geheimnisse kommen wollen, benützt werden könnten, so könnte, wenn die Medialität weit genug ginge, der Ursprung von manchem, was in der Welt ist, dadurch ans Tageslicht kommen."

Da bei Faust ein Teil des Ätherleibes mithinausgegangen ist, sieht er ihn als weibliche Gestalt (Ätherleib des Mannes ist weiblich), **Lilith**, die nach der Sage Adams erste Frau und Luzifers Mutter ist.

Mit dem Proktophantasmisten (Steißgeisterseher) verspottet Goethe seinen Gegner, den Aufklärer F. **Nicolai** (1733-1811), der gegen solche Visionen wetterte, obwohl er selbst welche hatte und sie sich durch Ansetzen von Blutegeln an dieser Gegend vom Halse schaffte.

2(10.12.16) 3310 PB/50 **-03**

Faust I, **Walpurgisnacht**: Der Hinweis des Mephisto auf die **Schnecke**: "Mit ihrem tastenden Gesicht hat sie mir schon was abgerochen". "In dieser Welt, in die Mephistopheles da den Faust eingeführt hat, da riecht's sich viel mehr, als daß sich's schaut ... weil es so ist, wie wenn man aus den Augen etwas herausstrecken könnte, um mit feinen Augenstrahlen die Dinge zu betasten. Daß so etwas in den niederen **Tieren** lebt, das ist wahr, denn die Schnecke hat nicht bloß Fühler, sondern diese Fühler verlängern sich in außerordentlich lange Ätherstangen, und mit denen kann wirklich solch ein Tier dasjenige, was weich ist, betasten, aber nur ätherisch betasten."

3(27.01.17) 3337 PB/75 -04

Über das Wohlbehagen der **Tiere**, besonders der **Kuh**, bei der **Verdauung**stätigkeit, die als ein Kosmos erlebt wird. Der Astralleib ist dabei ganz mit dem Ätherleib verbunden (s. 204-15 und 230-01). Beim Menschen beschränkt dagegen das Ich die Impulse des Ätherleibes, so daß sie nur im Bereich der **Sinnesorgane** vom Astralleib erfaßt werden können: "Dadurch aber wird für den Menschen der Sinnesprozeß so groß, wie für gewisse Augenblicke der tierische Prozeß für das Tier wird."

4(02.11.17) 3422 PB/81ff. -05

Nachatlantische Zeit

Faust II, Herabstieg zu den **Müttern**. Über **Plutarchs** Anschauung über die dreieckige Form der Welt und die 183 Welten. Diese Zählung stimmt mit der geisteswissenschaftlichen Erkenntnis überein (gerechnet ab der Saturnentwicklung).

Die Mütter der **griechischen Mysterien** (**Rhea**, **Demeter**, **Proserpina**) sind die kosmischen Kräfte, die den Menschenkeim vorbereiten. Sie sind die aus der **Monden-, Sonnen- und Saturnentwicklung** in der Erde nachwirkenden Kräfte. Der zurückgebliebene Mondenimpuls ist die in der Erde waltende **Elektrizität** (vgl. 224-04). Das muß Goethe gewußt oder geahnt haben, denn er läßt Faust sagen: "Den Müttern! Trifft's mich immer wie ein Schlag!" Diese Kraft ist wiederum verwandt mit den Kräften der **Fortpflanzung**.

"Darinnen wird die Dekadenz liegen der Erdenzukunft ..., daß diese Kräfte nicht mehr heilig, nicht mehr mysterienhaft gehalten werden, sondern herauskommen. Eine ist während der fünften nachatlantischen Zeit herausgekommen: die Elektrizität. Die andern werden im sechsten und siebten Zeitraum herauskommen bei der Dekadenz."

5(03.11.17) 3423 PB/94ff. -06

Nachatlantische Zeit

Die fünfte nachatlantische Epoche hat sich mit dem Problem des **Bösen** auseinanderzusetzen und zwar ähnlich intensiv, wie sich die atlantische Epoche mit dem Problem von Geburt und Tod zu befassen hatte, was dann im 4. nachatlantischen Zeitraum nur noch einmal weniger intensiv wiederholt wurde (s. 171-04).

Faust als Repräsentant des 5. Zeitraumes, dem das Böse, Mephisto, beigesellt ist. Goethe versucht darzustellen, daß für diese Auseinandersetzung auch ein gewisses Bewußtsein über die vorhergehende Epoche notwendig ist: die dreifache Begegnung Fausts mit **Helena**. Zuerst in der Hexenküche als Spiegelbild, dies ist die dem Vorstellen zugrundeliegende Imagination, zweitens in der Beschwörungszene am Kaiserhof. Hier ist es imaginativ gewordenes Fühlen und schließlich in der Klassisch-romantischen Phantasmagorie als imaginativ gewordenes Wollen.

Der Zusammenhang der Erkenntnis des Bösen mit der Frauenerkenntnis. Hinweis auf Ricarda **Huchs** Buch "Luthers Glaube" (s. 176/16(18.09.17) und 177/4(06.10.17). Über die exoterische Helena-Sage, wie sie **Homer** überliefert, und die esoterische, die später teilweise von den griechischen Dramatikern bekannt gemacht wurde. Nach dieser raubte Paris Helena gegen ihren Willen, wird nach Ägypten verschlagen, wo sie ihm von König Proteus weggenommen wird. Paris kehrt lediglich mit dem Idol der Helena nach Troja zurück, um das die Trojanern sich dann mit den Griechen streiten. Dies war auch Goethe bekannt, deshalb läßt er Phorkyas-Mephisto über Helena sagen:

> "Doch sagt man, du erschienst ein doppelt Gebild,
> In Ilios gesehen und in Ägypten auch."

Weiter: "Die Christen der verflossenen Jahrhunderte kennen die Helena auch, aber in der Form der Hölle. Das Wort **Hölle** ist nicht ganz ohne etymologische Verwandtschaft mit Helena - die Dinge haben etwas miteinander zu tun -, wenn es auch entfernte Verwandtschaft ist. Das Helena-Problem ist kompliziert..."

Der 5. nachatlantische Zeitraum muß in vieler Hinsicht aus der Illusion schaffen, wie schon die gewöhnlichen Gedanken majahafte Spiegelbilder sind. Dies wird beispielhaft von Goethe vorgeführt in der Schaffung des Papiergeldes durch Faust.

6(04.11.17) 3424 PB/108f. -07

Im Anschluß an vorigen Vortrag zum Problem des **Bösen**: Es wird durch die Anwendung der **Elektrizität** schon während des 5. nachatlantischen Zeitraumes Böses über die Erde gebracht, aber auch schon direkt aus der Kraft der Elektrizität hervorgehen.

Mit dem Problem des Bösen ist eng verbunden der Sturz der Geister der Finsternis (s. 177-08 bis -12), der ahrimanischen Engel, die mit dem Menschen intimer verbunden sind als die Erzengelwesen, die im 4. nachatlantischen Zeitraum die gegnerischen Wesen waren. Sie opponierten gegen die Blutsbande, während heute die Blutsbanden, Nationalismus u.ä. von den ahrimanischen Engeln gegen die fortschreitende Entwicklung eingesetzt werden. Solche "Rebellen" gegen die Blutsbanden im vierten Zeitalter waren die griechischen **Heroen** wie **Ödipus**, **Theseus** (der die zehnjährige **Helena** raubt) und **Paris**, was auch angedeutet wird, daß diese Heroen in der Kindheit ausgesetzt (von den Blutsbanden getrennt) und nachher wieder in Zusammenhang kommen mit den Blutsbanden, was aber zu Katastrophen führt. Auch **Judas Ischarioth** soll in der Kindheit ausgesetzt worden sein. Letztlich erfüllten diese Rebellen doch eine Aufgabe der weisen Weltenlenkung.

Das Problem der **Freiheit**: Existiert sie, wenn Götterbeschlüsse vorliegen? Der Götterbeschluß wird zur Realisierung auf die Erde gebracht. Wer ihn jedoch realisiert, ist nicht unbedingt bestimmt, sondern dies liegt in der Freiheit des Einzelnen. Zusammenhang mit dem **Geheimnis der Zahl**: "Nehmen Sie an, da unten (*auf der Erde*) seien hundert. Neunundneunzig tun die Sache nicht, der Hundertste tut sie!" Oder wenn sie keiner tut, dann einer in einer späteren Zeit.

7(27.09.18) 3565 PB/123f. -08

Der **Mensch** gelangt durch den **luziferischen** Einfluß früher zu **Selbsterkenntnis** als dies von den "normalen" Hierarchien für die zweite Lebenshälfte veranlagt war (s. 121-05). In der ersten Lebenshälfte wäre das **Bewußtsein** dämmerhafter, in der zweiten heller und seine Selbsterkenntnis "glanzvoller" gewesen. Letzteres wird durch den **ahriman**ischen Einfluß auf seine **Entwicklung** verhindert.

7(27.09.18) 3565 PB/129f. -09

Faust II, **Klassische Walpurgisnacht**. **Homunkulus** repräsentiert die heutige Menschenerkenntnis. Diese will Goethe zur vollmenschlichen Erkenntnis machen, indem er ihn in Verbindung bringt mit der Welt, in der der Mensch im Schlaf sich aufhält. Dabei bedient er sich der griechischen Mythologie und Vorstellungen, da diese noch eher in einem Zusammenhang mit dieser Welt stehen als die heutigen. In dieser Welt existieren die irdischen Elemente nicht, sondern es gibt eine "**Wasserluft**" (**Ruach**) und eine "**Feuererde**". Zur Wasserluft gehören die **Sirenen** als Elementarwesen, zur Feuererde das Elementarwesen **Seismos**. Die **Sphinx** ist das Symbol für das Feste, das den Menschen später in seiner Entwicklung ergriffen hat.

Die **Ameisen** sind zurückgebliebene (wenn auch sehr hochstehende) Tiere, die mit den anderen heutigen Tierformen nicht viel gemein haben, zu ihnen gehören als geistige Genossen die Daktyle (Elementarwesen).

Homunkulus will sich mit dieser Welt aber nicht verbinden. Die Auseinandersetzung zwischen den Philosophen (Tagesbewußtsein) **Anaxagoras**, dem Vertreter des Feuers (Feuererde), und **Thales** (Wasserluft) entspricht dem Kampf im Unbewußten zwischen den Pygmäen und den Kranichen des Ibikus. Ein solcher Kampf findet auch beim Übergang vom Tiefschlafzustand in den leichten Schlaf statt. Über die Begegnung des Mephisto mit den **Lamien** (Welt des Unbewußten), mit **Oreas** (des Bewußten) und den **Phorkyaden** (des Überbewußten).

8(28.09.18) 3566 PB/147f. -10

Das **Traum**leben als Relikt der früheren Entwicklung des Menschen. Träume sind chaotisch, da das Tagesbewußtseins seine Kräfte wie Schatten darüberwirft. Während des Schlafes ist der Mensch innig verbunden mit anderen Menschen, was durch den **Hüter der Schwelle** aber nicht bewußt wird. Bei der Beschäftigung mit Anthroposophie kann sich das Traumleben ändern, weniger in seinem Bildcharakter als im Ablauf der Bilder, der sinnvoller wird.

Weitere Ausführungen zur **Klassischen Walpurgisnacht** (**Faust** II) im Anschluß an vorigen Vortrag. Die dreifachen **Mond**kräfte **Diana**, **Luna**, **Hekate**, die Anaxagoras beschwört: Luna sind die von außen auf die Erde wirkenden, Diana, die im menschlichen nicht ganz Bewußten und in der Erde wirkenden, und Hekate, die im Unbewußten und im Erdinnern wirkenden Kräfte. Entspricht der Gliederung des Menschen in Hauptes-, Brust- und Gliedmaßenmenschen.

8(28.09.18) 3566 PB/163f. -11

Während der kosmischen Entwicklung vom Saturnzustand bis zur Erde haben die höheren Hierarchien das Gute der menschlichen Natur eingeimpft, solange der Mensch noch nicht zum vollen Bewußtsein gekommen war. "Für die folgende Zeit, für die Jupiter-, Venus-, Vulkanzeit und auch für die jetzige Erdenzeit schon - es beginnt schon -, für die halbe Erdenzeit noch muß der Mensch bewahren das Gute, wenn er zum Guten gelangen will, muß die Impulse diese Guten aus seiner Natur heraus entwickeln, denn es offenbaren sich aus dem Umkreise, aus dem, was neu heraustritt, die Kräfte des **Bösen**."

Daraus ergibt sich auch die Notwendigkeit, mit Hilfe der **Anthroposophie** Licht über die Vergangenheit zu erhalten, "damit der Mensch gewachsen ist dem notwendigen Entgegenkommen des Bösen. ... Welches Unheil angerichtet würde, wenn geisteswissenschaftliche Wahrheiten der Welt vorenthalten würden, das können Sie daraus ersehen, denn dem Bösen wird der Mensch schon ausgesetzt. Geschützt wird er vor dem Bösen nur dadurch, daß er sich in das spirituelle Leben des Guten vertieft." Die entgegengesetzten Aspirationen leitender Kreise der **katholischen Kirche** (**Jesuiten**) und der **okkulten Brüderschaften** (**Freimaurer**). Goethe deutet dieses Böse in Faust II, klassische Walpurgisnacht, als Häßliches nur an: die **Phorkyaden** neben Mephisto.

9(29.09.18) 3567 PB/171f. -12

Ausführungen zu **Goethe**s Naturanschauung: Er versuchte im Unorganischen durch die Phänomene zu den "**Urphänomen**" zu gelangen, wobei er im Sinnlich-Wahrnehmbaren blieb und keine Hypothesen oder Theorien verwendete. Er versuchte die Phänomene so zu ordnen, daß die Natur sich selbst erklärte. Das Beispiel seiner **Farbenlehre**. In seiner

Pflanzenlehre verwandte er entsprechend den Gedanken der **Metamorphose**. Goethe verwendet das Denken hierbei nur dazu, um die Phänomene in der richtigen Weise zusammenzustellen, so daß sie sich selbst aussprechen.

Aus seiner besonderen seelischen Konstitution heraus war es Goethe gar nicht möglich, die übliche naturwissenschaftliche Betrachtungsweise anzuwenden: "Alle diese Theorien und Hypothesen machen erst den menschlichen **Ätherleib** zur Karikatur, ja, dadurch auch den **astralischen Leib** zur Karikatur und stören dadurch im übersinnlichen Gebiet das Menschenleben." Dies empfand Goethe mehr oder weniger bewußt. Die Goethesche Anschauungsweise der reinen Naturbetrachtung führt dann auch dazu, "daß er (der Mensch) auf den Geist auch in einer wirklichen Weise hinschauen kann." D. h. es führt zu einer Geistanschauung, "wo wiederum das Denken nur verwendet wird, um die geistige Anschauung herbeizuführen, die uns dann wirklich hineinführt in das Gebiet, in dem wir zu suchen haben den Menschen, wenn er auf der anderen Seite seines Lebens ist zwischen dem Tod und einer neuen Geburt."

Durch den **ahrima**nischen Einfluß seit dem 16. Jahrhundert und die Ausbildung der **Naturwissenschaft** herrscht im menschlichen Unterbewußtsein **Furcht** vor dem Geistigen, die sich im Bewußtsein als logische Gründe (gegen die Geisteswissenschaft) tarnt, und Interesselosigkeit gegenüber dem Spirituellen, die bewußt als Glauben an **Erkenntnisgrenzen** zum Vorschein kommt.

10(17.01.19) 3636 PB/196f. **-13**

Elementarreiche

Faust II, **Klassische Walpurgisnacht** (2. Akt, letzte Szene). **Kabiren**: Sie sind die Kräfte des Werdens und Entstehens (auch des Menschen), die exoterisch als **Demeter** (Ceres) bezeichnet wurden. Es sind nach der alten Anschauung eigentlich drei: **Axieros**, **Axiokersa** und **Axiokersos**, ein vierter wird als **Kadmilos** bezeichnet (s. 188-07, 205-02). Heute fortentwickelt entsprächen ihnen der Menschheitsrepräsentant (Axieros), umkreist von Axiokersa (Luzifer), während Axiokersos (Ahriman) mit dem Irdischen zusammenhängt.

Über die groteske Darstellung der **Götterbilder**: Man muß sich eine Vorstellung von den Wesenheiten machen, "die der dritten elementarischen Welt angehören, aus der erst unsere Welt hervorquillt in ihren mineralischen Produkten auf der einen Seite, und auf der andern Seite in ihren organischen Produkten."

Nereus: Ist ein Bewohner der geistigen Welt, die der physischen am nächsten ist.

Galatee und die Doriden: Imagination und Personifikation der geistigen Kraft des Menschenwerdens. Das Zerschellen des Homunkulus am Wagen der Galatee. S. dazu weitere Ausführungen in den nächsten Vorträgen (18., 19.01.19).

Proteus: Goethe will zeigen, daß auch mit seiner im Übersinnlichen konzipierten Metamorphosenlehre Homunkulus nicht zum Homo werden kann.

Telchinen von Rhodos: Auch das echte künstlerische Schaffen, das aus denselben Kräften heraus schafft wie die Natur, kann Homunkulus ebenfalls nicht zum Homo machen, da das innere Wissen fehlt.

S. auch die beiden Leseproben vom 20.08.18 und 23.08.18 in GA 277 (S. 508 und 531, 1./2. Aufl.).

Hinweise auf Vorträge aus 273 in 171-08.

275 Kunst im Lichte der Mysterienweisheit

1(28.12.14) 2994 3/17ff. **-01**

Über die mit dem Aufkommen der modernen Naturwissenschaft und **Technik** verbundenen Stufen der **Umweltzerstörung**: Gewinnung der Rohstoffe aus der Natur und Zusammenfügen dieser Stoffe nach den gefundenen Naturgesetzen in der Technik. "Indem wir die Natur zermürben, pressen wir in das Reich des Geistigen hinaus die Naturgeister ..., die wir gewissermaßen aus ihrer ihnen von den, ich möchte sagen, **Jahve**göttern angewiesenen Sphäre hinausjagen in das Reich, wo sie frei flattern können und nicht mehr gebunden sind an den ihnen angewiesenen Wohnplatz." Bei dem Zusammenfügen zu Maschinen usw. werden andererseits **ahrimanische Elementarwesen** in diese Gebilde "hineinversetzt" (s. 186-01, 200-02, 243-07).

Auch in der **Sprache** ist eine Ahrimanisierung eingetreten, die die ursprüngliche elementarische Geistigkeit ausgetrieben hat.

Diese ahrimanischen Wesenheiten wirken auf den Menschen besonders im **Schlaf**zustand. Er wird mit diesen ahrimanischen Geistern "ausgestopft". Es wäre geistige Feigheit und dem Weltenkarma entgegengesetzt, ihnen ausweichen zu wollen. Ein Gegengewicht kann in der **Kunst** gefunden werden, die aber anders geartet sein muß als in früheren, mehr luziferischen Zeiten. Das Beispiel des ersten **Goetheanum**: Nicht die äußeren Formen sind das Kunstwerk, sondern was sie in der Seele hervorrufen und dieser zu größerer Aktivität verhilft. "Das **plastische**, das bildhafte Element wird, indem es weitergeführt wird um eine Etappe, hineingeführt in ein gewisses **musik**alisches Erleben. Es gibt auch den umgekehrten Weg, aus dem Musikalischen zurück in das Plastisch-Bildhafte."

2(29.12.14) 2995 3/39ff. **-02**

Über den Zusammenhang zwischen den verschiedenen **Künste**n und den menschlichen **Wesensglieder**n:

Baukunst, **Architektur**: die nach außen projizierten inneren Gesetzmäßigkeiten des physischen Leibes, die ihm vom Ätherleib aufgeprägt werden.

Plastik: die inneren Gesetzmäßigkeiten des Ätherleibes, die um eine Stufe herabgeschoben werden in die (menschliche) Gestalt.

Malerei: enthält die Gesetzmäßigkeit des Astralleibes (hinuntergeschoben in den Ätherleib, deshalb zweidimensional).

Musik: Das Ich taucht in den Astralleib hinein, sie enthält die Gesetze des Ichs, hinuntergedrückt ins Unterbewußte.

Dichtung, Poesie: Gesetzmäßigkeiten des Geistselbst in das Ich hineingesenkt.

Eurythmie: erste Anfänge eines Hineinsenkens des Lebensgeistes in das Geistesselbst.

Jedes Wesensglied selbst ist wiederum sieben- bzw. neungliederig. Beispiel **Astralleib**. Er geht durch alle anderen Wesensglieder hindurch und ist dementsprechend verschieden gestaltet. Das musikalische Erleben entspricht dem inneren Erleben des entsprechenden Gliedes des Astralleibes:

Prim: Erleben des Teiles des Astralleibes, der dem physischen Leib entspricht

Sekund: Erleben des dem Ätherleib entsprechenden Teiles des Astralleibes

Terz: Erleben des dem Astralleib und der Empfindungsseele (kleine und große Terz) entsprechenden Astralleib-Teiles
Quart: Erleben des der Verstandesseele entsprechenden Astralleib-Teiles
Quint: Erleben des der Bewußtseinsseele entsprechenden Astralleib-Teiles usw.

3(30.12.14) 2996 3/55ff. **-03**

Im Schaffen oder Genießen künstlerischer **Architektur** lebt der Mensch in den **Saturn**gesetzen seines physischen Leibes, in der **plastischen** Kunst lebt er in den Gesetzmäßigkeiten der alten **Sonne**, die in seinem Ätherleibe wirken. "Dadurch entstanden die **griechischen** Skulpturen, ..die als Kunstwerke wirklich so vor uns stehen, wie der Sonnenmensch geistig vor uns stehen muß, wenn wir ihn begreifen als nur enthaltend die physische Menschengestalt und das ätherisch Lebendige darinnen und noch nicht enthaltend das Astralische." Daher das Keusche solcher Kunstwerke wie der **Venus von Milo**.

Das **Malerische** als die äußere Projektion unserer astralischen Innerlichkeit, die vom alten **Mond** stammt.

Wie in der **Einweihung** bewußt das Ich untertaucht in den Astralleib, so geschieht dies heute noch unbewußt in der **Musik**. "Der Mensch entäußert sich, indem er der musikalischen Schöpfung schaffend oder genießend sich hingibt, seines Ichs. Er drängt dieses Ich zurück, aber er übergibt es zugleich all den göttlich-geistigen Mächten, die an seinem astralischen Leib arbeiten werden, wenn er aufsteigen wird zum **Jupiterdasein**." Die seelischen Prüfungen der modernen Einweihung werden die Grundlage bilden für das musikalische und auch poetische Schaffen und Erleben der Zukunft.

3(30.12.14) 2996 3/67ff. **-04**

Ahriman-Luzifer sind am schädlichsten, wenn sie unsichtbar bleiben. "Gegen dasjenige, wodurch man astralisch gequält wird, ist das beste Mittel, daß man es physisch vor sich hinstellt. ... Man darf aber dabei nicht nervös werden, man darf nicht so werden, daß, wenn man an der Ahrimanfigur vorbeigeht und unbewußt darauf schaut, man ein **Nachbild** in sich trägt. Denn das hat man dann unsichtbar in sich, so daß man nervös oder aufgeregt wird."

Beispiel der Ausgliederung des Heizungsbaues des ersten **Goetheanum** und seine architektonische Gestaltung (s. 157-09).

4(31.12.14) 2998 3/72ff. **-05**

Ausführungen zum Traumlied von **Olaf Åsteson**.
Freiheit-Gleichheit-Brüderlichkeit als zunächst unverstandene Richtungsworte, die der Menschheit von ihrer höheren Führung gegeben werden und in die Zukunft wirken. Sie dürfen nicht auf die gleiche Lebensebene angewendet werden: Brüderlichkeit gilt für das Leibesleben, Freiheit für das Seelenleben und Gleichheit für das geistige Leben des Menschen.

5(01.01.15) 2999 3/97ff. **-06**

Künftig werden die Menschen ihr moralisch-spirituelles Wesen verbinden mit den **Sinneswahrnehmungen**, speziell den **Farben** und **Tönen** (auch Formen).
Erleben der **rot**en Farbe wird zum Erleben des göttlichen Zornes und zur Erfahrung des **Beten**lernens. Die formende Kraft des Roten und das Erleben der göttlichen Barmherzigkeit im Rosavioletten (Welt der Elohim, der Geister der Form). **Orange**: Sehnsucht nach der Erkenntnis des inneren Wesens der Dinge. **Gelb**: Zusammenleben mit den Kräften, die

am Anfang standen bei der ersten Inkarnation. **Grün**: inneres Gesundwerden, aber auch inneres Egoistischwerden. **Blau**: Aufgehen im Makrokosmos und Entgegenkommen der göttlichen Barmherzigkeit (vgl. **291-06**).

Auch die Töne werden als Fenster zur geistigen Welt erlebt werden. **Prim**: Gefühl des Aufgesogenwerdens durch die geistige Welt. **Sekund**: "In eine Welt, in der, wenn man so hinhört, leise verschieden hohe Töne erklingen, die einen trösten wollen über die Schwachheit, kommt man, wenn man durch die Sekund eindringt." **Terz**: Gefühl der noch größeren Schwäche gegenüber der geistigen Welt, aber eine große Mannigfaltigkeit der Tonwelt, aus der die Komponisten schöpfen können. **Quart**: Keine neuen Töne, dafür die Fähigkeit zu Ton-Erinnerungen, die die verschiedensten Färbungen annehmen können. **Quint**: "...wird mehr subjektive Erfahrungen und Erlebnisse ergeben..Sie wird gleichsam wie ein Zauberstab wirken, der die Geheimnisse der Tonwelt drüben aus unergründlichen Tiefen hervorzaubert."

Aber auch die spirituelle Welt kann "Fenster" in die physische Welt des Menschen öffnen, durch die sie in diese hineinwirken kann. Solche Fenster sind z. B. **Ohnmacht**en und andere Zustände der Bewußtlosigkeit. "Diese unbewußten Augenblicke brauchen manchmal nicht lang zu sein, es können kurze, ohnmachtähnliche Zustände sein. Dennoch kann ungeheuer vieles in solchen Momenten an spirituell-vitalen Kräften in die menschliche Natur hineinstrahlen, sowohl an guten, als auch an bösen Kräften, die zu dem oder jenem fähig sind" (s. z. B. **237-08**).

6(02.01.15) 3000 3/118f. **-07**

Architektur / Plastik / Malerei

Das Durchdringen der bildenden Künste mit musikalischen Stimmungen als Kunstideal der Zukunft, wie es schon von R. Wagner angestrebt wurde. Beispiel des ersten **Goetheanum**: Die Säulen und Architrave als das Leibliche, die ausgemalten Kuppeln als das Seelische und die Fenster mit den Glasradierungen als das Geistige dieses Bauwerkes.

6(02.01.15) 3000 3/122f. **-08**

In der **Erziehung** kann vom Erziehenden nur auf das gewirkt werden, was sich im Kind aus den vorhergehenden Inkarnationen entfaltet. Der Erzieher wirkt durch Eigenschaften, die im ersten Jahrsiebt nachgeahmt werden können, im zweiten mehr durch die Autorität. Dies sind aber keimhafte Eigenschaften, die erst seine nächste Inkarnation gestalten werden. D. h.: "Unsere eigene nächste Inkarnation als Erzieher redet mit den früheren Inkarnationen des Zöglings. ... Musikalisch ist erst in uns das, was erzieherisch wirken kann. Plastisch in dem Kinde sich ausgestaltend ist dasjenige, worauf wir wirken sollen." Will der Erzieher seine eigenen Vorstellungen auf das Kind übertragen, wirkt er egoistisch-luziferisch: "Das ist das Eigentümliche, daß der Erzieher nur dadurch seinen Erziehungsegoismus abstreifen kann, wenn er den Wunsch überwindet, daß das, was er als gut und recht ansieht, und namentlich, was er selber gerne denkt, in dem Zögling ein Abklatsch werde. Wenn wir als Erzieher die Gelassenheit erreichen, daß der Zögling uns so unähnlich als möglich werden kann, dann haben wir das Schönste erreicht."

7(03.01.15) 3001 3/134f. **-09**

Im wäßrig-luftigen Hauch des **Atems** kann der Hellseher das **moral**ische Verhalten des betreffenden Menschen erkennen. In diesem Hauch ist der physische Leib, Ätherleib und Astralleib eines geistigen Wesens vorbereitet, das auf dem **Jupiter** die **Menschheitsstufe** erreichen wird, jedoch nur, wenn moralische Taten mit dem Hauch verbunden sind (s.

auch **194-09, 216-04**). Bei unmoralischen Taten bilden sich **Dämonen** der **luziferischen** Art, die nicht zur Menschheitsstufe gelangen werden und schon jetzt ein parasitäres Dasein führen, indem sie den Menschen während der Embryonalzeit und/oder den ersten Lebensjahren vor dem Auftreten des Ich-Bewußtseins (alte Mondenkräfte) **besessen** machen können. Dadurch wird u. a. die Generationenfolge verschlechtert und dekadent.

8(04.01.15) 3002 3/148f. **-10**

Das Prinzip der **Metamorphose** des **Knochens** (Rückenwirbel, Schädel-, Röhrenknochen) ist verbunden mit **Umstülpung** (s. 293-09): "Es gibt nichts, das Lebensmöglichkeit haben sollte, was nicht auf diese Weise entstehen würde, daß es Umwandlungsform einer Grundform wäre. Bei diesem Umwandeln entsteht dann auch noch etwas anderes. Gewisse Teile der Grundform werden auf Kosten anderer größer, andere werden kleiner, es vergrößern sich einzelne Glieder, und nicht in demselben Maße vergrößern sich wieder andere Glieder. Dadurch entstehen Unähnlichkeiten, die aber doch nur Umformungen einer Grundform sind."

Der Heizungsbau des ersten **Goetheanum** als Metamorphose der Doppelkuppel (Gebäude) und der Architrave (Schornstein) des Hauptgebäudes in ahrimanischer Vereinseitigung.

8(04.01.15) 3002 3/148f. **-11**

Wäre der Wille des Menschen tags nicht schlafend, so könnte er die innere **Blut**- und **Nerven**tätigkeit genießen: Selbstgenuß = Essen vom **Baum des Lebens**. Dieser Selbstgenuß kann sich in Imaginationen (Blut) und Inspirationen (Nerven) äußern, als atavistisches, "pythisches" **Hellsehen**. Es ist ein Rückfall in die alte Mondenentwicklung. Dieses Hellsehen bezieht sich also nur auf die eigene, gewordene Leiblichkeit. Eine andere Art des alten atavistischen Hellsehens ist das der alten (**hebräischen** aber auch anderer) **Propheten**: Bei ihnen war die Gier nach dem physischen Leib, die mit dem Einschlafen auftritt, so groß, daß von außen her ein Ergreifen der äußersten Enden der Blut- und der (Sinnes-) Nervenbahnen eintrat, wodurch die prophetischen Gaben auftraten. Das moderne Hellsehen darf weder auf diesem Selbstgenuß noch dieser Selbstliebe basieren. Der Mensch muß dabei mit seinem Leib über das Knochensystem, nicht aber über Blut und Nerven, verbunden bleiben, wodurch er mit den göttlichen Kräften des Kosmos eins wird, indem er sich von ihnen wahrnehmen, vorstellen läßt.

276 Das Künstlerische in seiner Weltmission

1(27.05.23) 5294 2/9ff. **-01**

Über die Seelenverfassung der verschiedenen Epochen der **nachatlantischen Zeit**.

Urindische Epoche: Kosmische Empfindung des Ich, begründet im Fixsternhimmel, in seinen Bewegungen offenbar in den Planetenbewegungen und in seinen Gedanken erregt oder beruhigt durch Sonne bzw. Mond. Ausgesprochenes **Generationengedächtnis**.

Urpersisches Epoche: Lebhaftes Mitfühlen des **Jahreslaufes** der Erde (Astralleib), Festlegung von **Jahresfesten**. Aufkommen des Volksgefühles anstelle des Generationengedächtnisses.

Ägyptisch-chaldäische Epoche: Bewußtsein, daß die Welt von Gedanken regiert wird. Die menschlichen Gedanken sind nur aus dem Meer der Gedanken geschöpft (Ätherleib).

Verbindung mit dem Kosmos nur noch schwach: Astrologie. Der Volksgedanke ist dagegen voll ausgebildet.

Griechisch-römische Epoche: Ergreifen des physischen Leibes, beim griechischen Volk mit jugendlichem Schwung, beim Römertum in gesetzter Weise (Leib als "Staatskleid").

2(01.06.23) 5296 2/27ff. **-02**

Architektonische Formen sind in den früheren Zeiten entstanden zum großen Teil aus dem **Totenkultus**. Sie sollten es der Seele ermöglichen, aus dem Raum heraus zu kommen in die geistige Welt. Oder es wurden solche Formen gewählt wie beim griechischen Tempel, die es den Gottheiten ermöglichte, sich darin niederzulassen (s. 98-27). Die **Kleidung** dagegen war in früheren Zeiten ein Ausdruck dafür, daß die aus der raumlosen aber tönenden und farbigen geistigen Welt sich inkarnierende Seele einen Nachklang in farbigen Gewändern brauchte. S. auch 7. Vortrag (18.05.23).

Über die dreigliedrige Gestalt des **Kopf**es, hervorgegangen aus dem Kräftezusammenhang des übrigen Leibes der vorigen Inkarnation (s. 170-07, 170-16).

8(20.05.23) 5287 2/142f. **-03**

Die im Kind im ersten Lebensjahrsiebt tätigen plastischen Wachstums- und Bildekräfte werden z.T. im zweiten Jahrsiebt frei und werden zu **Phantasie**kräften. Später erst tritt der Verstand auf, der "durchsiebte" Phantasie ist.

Hinweise auf Vorträge aus 276 in 202-26, 203-07, 205-05, 222-04, 291-01, 291-02, 291-08, 291-09.

277 Eurythmie. Die Offenbarung der sprechenden Seele

(28.06.18) 3534a 2/28 **-01**

"Der **Ätherleib** des Menschen hat seine bestimmte Gliederung, und eine Teilgliederung entspricht dem **Kehlkopf**. ... In ganz bestimmte, gesetzmäßige Bewegungen kommt der Ätherleib des Kehlkopfes und was dazugehört, Zunge, Gaumen und so weiter, beim **Sprechen**. ... Nun kann alles, was an einem Teil zum Ausdruck kommt, auch durch den ganzen Menschen ausgedrückt werden. Das andere kann zurückgehalten werden, und die Gesamtkraft, welche der Mensch beim Sprechen aufbringt, kann besonders zum Ausdruck gebracht werden. In Bewegungen des ganzen Menschen kann man jene Bewegungen ausdrücken, die diesem Gliede des Ätherleibes zugrunde liegen. Das wurde bei der **Eurythmie** getan.

Was der Eurythmist dann, wenn er in Ruhe ist, mit seinem Körper und seinen Händen tut, das ist nichts anderes, als wenn statt des Kehlkopfes und der Anhangsorgane das zum Ausdruck gebracht wird, was außer den unmittelbaren Sprechwerkzeugen an der Sprache mitbeteiligt ist. Was partiell im Kehlkopf zum Ausdruck kommt, wird durch den ganzen Menschen in den einzelnen Bewegungen dargestellt. ... Dazu kommt aber noch, ... was Wirkungen in der Lunge und in den anderen Organen sind. Das wirkt fein mit, gibt Timbre, Grundton, Gefühlsinhalt der Sprache. Das sind zurückgehaltene Bewegungen. Das geschieht durch das ganze Bewegen des Eurythmisten, eines einzelnen oder auch einer Gruppe" (s. auch 279/2 und /3(26.08.23, 24.06.24).

(19.11.20) 4291 2/207 -02

Eurythmie neben Turnen als **Erziehung**smittel, als seelisches Turnen. Gleichzeitig erzieht sie zur Wahrhaftigkeit: "Wenn das Kind zurückgeführt wird in den ursprünglichen, elementaren Ausdruck des seelischen Erlebens, in die Bewegungen der eigenen Glieder, kann es dabei nicht lügen und in die Phrase verfallen" .

Ähnlich in den Ansprachen vom 28.12.21 (S. 267): Hier wird darauf hingewiesen, daß mit Eurythmie die Entwicklung des Willens unterstützt werden kann und die Initiative des Seelischen fördert (s. auch 279/2(26.08.23). S. auch Ansprache vom 19.08.22 (S. 292): Als Hilfe beim Sprachunterricht.

(15.05.21) 4490 2/224 -03

Ausführungen zu den **Mysteriendramen** Rudolf Steiners anläßlich einer Aufführung des zweiten Bildes von "Der Seele Erwachen" mit Eurythmie. S. auch Ansprachen vom 30.10.21 (S. 254) (viertes Bild von "Der Seele Erwachen") und vom 01.01.22 (S. 269) (zweites Bild von "Der Seele Erwachen").

(08.07.23) 5343 2/368 -04

Angeloi / Archangeloi

"Während also die **Sprache**, die Lautsprache, durch das Sich-Hereinstellen des Menschen in die Schwere zum abstrakten Ausdrucksmittel wird, wird dasjenige, was auf diese Weise versucht wird, wo in lebendiger Geste die **Schwerkraft** durch **Arme** und **Hände** überwunden wird, zu einer Sprache, bei welcher der Mensch das Entgegengesetzte erreicht wie bei der Lautsprache."

"Bei der gewöhnlichen **Gebärde**, wo der Mensch in dezenter Weise neben der Lautsprache das ausdrückt, was er sagen will, helfen dem Menschen engelartige Naturen, um seine Erdensprache zu unterstützen. Wird aber dasjenige, was alltägliche Gebärde ist, in die artikulierte Gebärde der **Eurythmie** umgesetzt, dann ist dasjenige, was man sieht, wenn es umgesetzt gedacht wird in die Sprache, die von Wesen zu Wesen fließt, eigentlich das, was die Erzengel miteinander sprechen."

(22.07.23) 5363 2/392 -05

Die **Sprachorgane** des Menschen werden nicht nur von innen heraus gebildet, sondern diese Organe werden auch so geformt, daß die Dinge der Außenwelt in diesen Gestaltungen leben. Dadurch ist in den **Sprache**n "das vorhanden, was in den Geheimnissen der irdischen Dinge um uns lebt, und das wir dadurch gewahr werden, daß eben unser Ich und astralischer Leib abgetrennt ist vom physischen und Ätherleib" und im Schlaf mit dem inneren Wesen der Außendinge verbunden sind, was dann wie eine Erinnerung nachtönt.

278 Eurythmie als sichtbarer Gesang

1(19.02.24) 5611 2/16ff. -01

Über das Laut-Erlebnis bei den **Vokalen**: a (sich wundernd gegenüberstellen der Welt)) und e (sich selbst empfindend gegenüber der Welt) bzw. o (etwas umschließend und darin aufgehend) und u (verbunden sein mit etwas und hinausgehend). "Die **Sprache** ist immer ein Verhältnis des Menschen zur Welt. **Musik** ist ein Verhältnis des Menschen als seelisch-geistiger Mensch zu sich selbst."

Bei o und u geht der **Astralleib** teilweise aus dem physischen Leib/Ätherleib (wachendes Einschlafen). Beim Musikalischen ist dieses Herausgehen des Seelischen ein Hineingehen in das eigene Geistige und entspricht dem **Dur**-Erlebnis. Beim Erleben von a und e ergreift der Astralleib den physischen Leib, musikalisch entspricht diesem Erleben das **Moll**-Erlebnis. Eurythmische Darstellung des Dur- und Moll-Dreiklanges. Das i als (neutraler) Übergang zwischen diesen beiden Vokal- bzw. Dur-Moll-Erlebnissen.

2(20.02.24) 5613 2/31ff. **-02**

Musik

Über das partielle Hinausgehen von **Astralleib** und **Ich** beim Sprechen und Singen: der Astralleib lebt dann im Luftigen, das Ich in der begleitenden **Wärme**. Die Umsetzung der beim Sprechen und Singen unbewußt bleibenden Erlebnisse in Ohr und Kehlkopf in die **eurythmische** Gebärde des ganzen Menschen.

Der Zusammenhang des **Ton**es mit dem Gefühl letztendlich entweder der **Lust** (Herausgehen aus sich selbst) oder des **Schmerz**es (zu starkes Hineingehen in sich). Bei der Lust wird durch den Ton verhindert, daß sich der Mensch verliert, umgekehrt beim Schmerz,daß er zu stark in sich hineingeht. Dieser Grundton bringt dann das seelische Erlebnis zu einer Beruhigung.

Akkorderlebnisse:

Oktav: Beruhigung der **Prim** durch die Oktav, die von außen entgegenkommt.

Quinte: Der Mensch erlebt sich als fertiger, in seiner Haut abgeschlossener Mensch.

Septime: Der Mensch kommt aus sich heraus (wurde deshalb in der atlantischen Zeit geliebt, s. 222-04).

Terz: Der Mensch bleibt in sich.

Oktav: "Das innerlich Befriedigende der Oktav beruht darauf, daß..man der Gefahr entkommt, die in der Septime liegt ... und findet sich wiederum draußen."

Quart: Der Mensch erlebt sich innerlich, aber nicht so stark wie in der Terz, bleibt aber unter der Oberfläche im Gegensatz zur Quint, er macht sich kleiner, so daß die Außenwelt an ihm nicht mitwirkt, er sich in sich schafft.

Über die eurythmischen Gebärden dieser Akkorderlebnisse, die beim Eurythmisten viel bewußter sein müssen als beim Sänger, wo der Körper zu Hilfe kommt.

Über die Darstellung **konsonanter** und **dissonanter** Dreiklänge, über Vierklänge, die im Grunde immer dissonant sind.

3(21.02.24) 5614 2/45ff. **-03**

Prim

Bewegung Grundton-**Septime**: Bild des Belebens. Hat auch **heileurythmisch** Bedeutung: "Wenn Sie zum Beispiel in der **Lunge** oder in einem sonstigen, namentlich Brustorgan dasjenige konstatieren müssen, was Verhärtungen sind..."

Bewegung Grundton-**Sext**: Bild des Empfindungserregens.

Der fertige **Ton** und besonders die Akkorde als erstorbene **Musik**. Die **Eurythmie** will diese Akkorde ständig in Bewegung, in die zeitliche Folge, also Melodie, überführen. Im einzelnen Ton lebt in den Nebentönen Vergangenes (Erinnerung) und Künftiges (Erwartung), während der gehörte Ton die Gegenwart ist. Die Töne sind das Physische, Tote der Musik: "Wir müssen natürlich die Töne haben, aber die Musik liegt zwischen den Tönen. ... Aber ein solches Zwischenliegen ist nur möglich im Melodiösen. Es hat gar keinen Sinn bei den Harmonien. Es hat gar keinen Sinn beim Akkord." Die Musik als das Nichthörbare, das Geistige, das die Eurythmie in der (ständig entstehenden, nicht in der abgeschlossenen) Bewegung sichtbar macht.

Über den Zusammenhang der Bewegungen des Menschen in den drei **Raum**esrichtungen mit dem Musikalischen: oben-unten: Tonhöhe (**Melodie**), rechts-links: **Takt**, vorn-hinten: **Rhythmus**.

Verwandtschaft des Musikalischen mit den Haupt**vokalen**; es entspricht etwa dem

c	u
d	o
e	a
f	ö
g	e
a	ü
h	i

Diese Verwandtschaft kommt auch in den ähnlichen Bewegungen für den Dreiklang und für u (Grundton), a (**Terz**) und e (**Quint**) zum Ausdruck.

4(22.02.24) 5615 2/59ff. **-04**

Gesundheit-Krankheit / Sprachgestaltung / Heileurythmie / Musiktherapie

Über die eurythmische Darstellung des **Takt**es und des Überganges von einem Motiv zum anderen. Beim ersteren durch ein Betonen des Körperlichen, beim zweiten durch die Bewegung: im Takt offenbart sich das Physische, im **Rhythmus** das Ätherische und in der **Melodie** das Astralische des Menschen. Wo das Musikalische ins Sprachliche (Gesang) übergeht, erscheint das Ich. Über die Vergewaltigung des aus dem menschlichen Inneren kommenden Musikalischen durch die **Sprache**, was dadurch bedingt ist, daß die Sprache vor allem in den **Konsonanten** die Außenwelt, die Natur, nachbildet (s. auch 279/2-(26.08.23)). Deshalb müssen Rezitation und Deklamation versuchen, das Musikalische in der Sprache herauszuholen. Auf der anderen Seite ist es unsinnig, in der **Musik** Naturerscheinungen nachzuahmen oder zu illustrieren. Eine solche unmusikalische Musik ist von vornherein auch ungeeignet für die Ton**eurythmie**.

Als Beispiel für das Musikalische in der Sprache wird Goethes Gedicht "Über allen Wipfeln ist Ruh'" dargestellt. Es wendet sich durch seine Musikalität mehr an das Astralisch-Unbewußte des Menschen.

Die **Diphtonge** wie ei oder au sind Intervallen, nicht einzelnen Tönen, vergleichbar (s. Skala im vorigen Referat).

Die Musik als Selbstschöpferisches im Menschen, daher auch das Heilende der Musik und der Toneurythmie: "Im Grunde genommen beruht eine große Zahl von Erkrankungen des Menschen darauf, daß er irgendwie innerlich zur Natur wird, statt daß er Mensch bleibt. Wir werden immer ein Stück Natur, wenn wir krank werden. Nicht wahr, das eigentlich Menschliche besteht darinnen, daß wir keine Naturprozesse dulden, so wie sie sind, sondern jeden Naturprozeß gleich innerlich umändern, gleich innerlich menschlich machen."

5(23.02.24) 5618 2/73ff. **-05**

Sprache / China

Hinweis auf Josef **Hauer** (geb. 1883 Wien, Komponist, Vertreter einer **atonalen** bzw. **Zwölftonmusik**).

Die **Konsonanten** bewahren den Menschen davor, in den **Vokalen** mit seinem Inneren nur der Welt hingegeben zu sein. Je unmusikalischer ein Gedicht ist, desto mehr muß die Artikulierung der Konsonanten beachtet werden.

Übergang von Solo- zu Chor**eurythmie**: Darstellung von Motivfolgen durch mehrere Eurythmisten, wodurch das Vorangegangene im Raum sichtbar bleibt: "Und denken Sie nur, wie oft ich genötigt bin, zu sagen: daß in der geistigen Welt das Vergangene da ist. Hier in der Entwicklung der Motive durch den Chor bleibt das Vergangene da, schreibt sich nur ein, indem es sich ... verhärtet und der betreffende Motivträger stehend die Sache macht." Weitere Variation dadurch, daß in der Motivfolge wiederum durch mehrere Personen die Akkorde dargestellt werden: In diesem Übergeben des Motives von Gruppe zu Gruppe" schreitet etwas Unsichtbares durch den Chorreigen, und dann sind Sie sogar dem Musikalischwerden dieses Unsichtbaren sehr nahe gekommen, gerade der atonalen Musik sehr nahe gekommen... Sie machen dadurch etwas, das im Musikalischen unmusikalischer wird, so, daß Sie es wiederum ins Musikalische in der Eurythmie zurück-tragen, indem Sie an das Unsichtbare appellieren können gerade durch die Bewegung."

Eurythmische **Meditation**: Absteigende Tonfolge *h*, *a*, *e* und *d*. Das dazu passende gesungene Wort **Tao**. Wird dies richtig eurythmisch zum Ausdruck gebracht, wäre in diesem Tao ein "wunderbares" Mittel, die innere Leiblichkeit geschmeidig, innerlich biegsam, künstlerisch gestaltbar für die Eurythmie zu machen...Sie werden sehen, wenn Sie das ausführen, daß das Ihnen eine innere Kraft gibt, die Sie auf alles Eurythmisieren übertragen können. Es ist dieses ein esoterisches Mittel." ... "Und man muß schon zurückgehen sehr weit, bis zum alten Chinesischen, wenn man in das eurythmisierende Meditieren hineinkommen will."

6(25.02.24) 5621 2/88ff. **-06**

Ton**eurythmie**-Gebärden dürfen in die Lautgebärden von a, o und u übergeführt werden, wenn sie besonders innig gemacht werden sollen, zur Verdeutlichung der Stimmung, nicht aber in die von e und i, die zum Unmusikalischen führen. Über das Unmusikalischwerden der **deutschen Sprache** durch Umwandlung bzw. Abschleifung vieler a und o in e und i.

Was drückt die **Musik** aus? "Die Frage wird nicht leicht jemand beantworten, der nicht träumen kann. Denn ... im Grunde muß der Dichter, der Künstler träumen, das ist - meditieren können; entweder in Reminiszenzen die **Traum**bilder haben können, oder aber in Realitäten der geistigen Welt die Traumbilder haben können." Dabei kommt es weniger auf den Inhalt als auf die darin enthaltenen Stimmungen an (s. **227-01**). "Daraus folgt, daß das Musikalische einen Inhalt hat, nicht den thematischen Inhalt, der aus der Sinnenwelt genommen ist, sondern denjenigen Inhalt, der eigentlich überall dann zutage tritt, wenn sich im Sinnlichen etwas ausdrückt, aber so, daß man das Sinnliche weglassen kann und dann das eigentliche Wesen der Sache hat."

Über die toneurythmische Ausführung der beharrenden Note (Orgelpunkt) und der **Pause**, in der das wesentlich Musikalische zum Ausdruck gebracht werden kann. Über den Übergang von **Dissonanzen** zu **Konsonanzen** und umgekehrt, dargestellt durch eine in sich zurücklaufende Bewegung: "Beachten Sie, ich lösche ein Stückchen aus. Das ist, wo man zurückgeht. Dieses Gefühl werden Sie haben: Sie haben ein Stückchen ausgelöscht. Das ist das Hineingehen in das Geistige ... da annullieren Sie allen Ton in der Bewegung, und Sie deuten an: Jetzt ist etwas da, was man nicht mehr in der Sinnenwelt zum Ausdruck bringen kann, sondern jetzt gebe ich dir nur die Grenze an von demjenigen, was du eigentlich vorstellen sollst." Dies geht beim Zuschauer dann unbewußt.

Das Wesentliche der Pause auch in den Lauteurythmie bzw. in Deklamation und Rezitation (**Sprachgestaltung**).

Die **Sekund** als das Tor, der Beginn des Musikalischen und ihre eurythmische Gebärde.

7(26.02.24) 5622 2/102f. -07

Im **Schlüsselbein** muß der Ansatz zum musikalischen Eurythmisieren gefühlt werden (**Prim**), weiter in der Gelenkpfanne des Oberarmes die **Sekund**. Beim Weiterfluten des Gefühls über die Elle: große **Terz**. Über die Speiche entgegengesetzt von der Hand her: kleine Terz (**Dur und Moll**). **Quart**: Ansatzstelle der Hand, **Quint**: in der Hand, **Sext**: in den Oberfingern, **Septim**: in den Unterfingern.

Entsprechendes kann auch mit den Beinen und **Füßen** gefühlt und ausgeführt werden.

Singen heißt dieselben Bewegungen ätherisch ausführen, die der Eurythmist bei der Toneurythmie durchführt. Beides kann demnach nicht gleichzeitig gemacht werden.

Eurythmische Bewegung zu einer Dur-Kadenz: nach rechts, nach links bei einer Moll-Kadenz.

8(27.02.24) 5624 2/118f. -08

In der **Ton**höhe, den höheren Tönen gehen Astralleib/Ich aus dem physischen Leib. Dieses Hinaufgehen bedeutet Ethos: "Ethos des Menschen ist ja: die Seele vereinigen mit dem geistigen Weben und Wesen." Mit den absteigenden Tönen bzw. Tonhöhen gehen sie in den physischen Leib wieder herein. "Hinuntergehen mit der Tonhöhe bedeutet, sich mehr vereinigen mit dem Physischen, als das im Normalen, in der normalen Haltung des Menschen der Fall ist. Das ist Pathos."

In der Tondauer kommt das eigentliche Fühlen, das dem **Musik**alischen zugrunde liegt, zum Ausdruck, während in der Tonhöhe das Fühlen zum Intellektuellen und in der Tonstärke zum Willen tendiert.

Über die begleitenden **eurythmischen** Gebärden bei Tondauer und stärke und die Darstellung fortlaufender Motive.

279 Eurythmie als sichtbare Sprache

3(24.06.24) 5784 3/42ff. -01

Joh.1,1-5

Würden alle Laute des **Alphabets** hintereinander gesprochen als Luftformen bestehen bleiben, so ergäben die einzelnen Formen zusammen die Form des menschlichen **Ätherleib**es. Einzelne Worte sind dann jeweils Teilformen des Ätherleibes. Da der Mensch alle Dinge mit Namen belegt, so werden damit Teile des Universums ausgesprochen. Hinweis auf die Einleitungsworte des Johannes-Evangeliums. Der physisch-ätherische **Kehlkopf** ist eine Metamorphose des **Uterus**: Das Sprechen als ätherische Menschenschöpfung. "Jedesmal, wenn der Mensch spricht, stellt er einen Teil desjenigen hin, was in Urzeiten einmal Menschenschöpfung war, wo der Mensch als solcher aus den Weltentiefen, aus dem Ätherischen heraus als Luftform gebildet wurde, bevor er Flüssigkeitsform oder später feste Formen wurde."

Die menschliche **Gestalt** als Ergebnis von Götterbewegungen: die Götter eurythmisieren die menschliche Gestalt.

4(25.06.24) 5787 3/59ff. **-02**

Alphabet

Die ursprünglichen Buchstabenformen wie die der **hebräischen Sprache** (nur Konsonanten) ahmen die Luftformen der Sprache nach (s. vor. Ref.)

Würden die Menschen richtig die einzelnen Laute durchfühlen, so sprächen sie auch in einer Sprache. Daß es einst eine **Ursprache** gegeben hat, ist keine Mythe.

Über den Empfindungsgehalt der einzelnen Laute (teilweise aus dem folgenden Vortrag vom 26.06.24):

a: Verwunderung, Erstaunen.

b: Einhüllen (Haus, s. 209-02).

c: Leichtsein, Erleichterung fühlen. Ähnlich ist das Niesen eine Erleichterung. "Und die alten Okkultisten haben gesagt: Das *c*, das ist in dem Urworte der Regent für die Gesundheit."

d: Hindeuten, Hinstrahlen.

e: Sich nicht anfechten lassen.

ei: liebevolles Anschmiegen.

f: Im f wurde früher z. B. in den vorderasiatischen und ägyptischen Mysterien und auch in der alten Jogaphilosophie die Fülle der göttlichen Weisheit (**Isis**) empfunden. Empfindungsgehalt etwa: wisse, daß ich weiß. Hinweis auf die Redensart, etwas aus dem ff zu kennen.

h: das Heranwehende. Steht zwischen Konsonanten und Vokalen und im Zusammenhang mit dem Atem, der früher empfunden wurde als zum Teil innerlich, zum anderen Teil aber schon nach außen gehend.

i: Selbstbehauptung.

k: die Materie beherrschen vom Geist aus (Vortrag vom 27.06.24).

l: das Schöpferische, Gestaltende.

m: im Einklang stehen.

n: ironisch rasch über etwas hinweggehen, das man als selbstverständlich versteht.

o: liebend umfassen.

r: das Drehende.

s: Empfindung; hing früher zusammen mit dem **Schlange**nsymbol bzw. mit dem **Symbol** des **Merkurstabes**. Beruhigung des Bewegten.

sch: das Wegblasende.

t: Wie in **Tao** (das Schöpferische), das von oben nach unten bedeutsam strahlt.

u: Erkältendes, Versteifendes.

z: ähnlich dem *c* aber mit heiterer Stimmung verbunden.

17. Vortrag (12.07.24):

g: sich befestigen, das Innere zusammenhalten.

w: sich bewegen, wandeln. Dieser Laut neigt am stärksten zur Alliteration (**Stabreim**).

5(26.06.24) 5789 3/74ff. **-03**

Die **eurythmischen** Gebärden für *a*, *e*, *o*, *i*, *u*, *b*, *d*, *f*, *l*, *m*, *n*, *r*.

Im folgenden Vortrag (27.06.24) für *s*, *sch* und *z*.

6(27.06.24) 5791 3/92ff. **-04**

Charakterisierung der **deutschen Sprache** als einer sehr plastischen, weshalb die **Eurythmie** als bewegte plastische Kunst zuerst im deutschen Sprachraum entstehen konnte. Die romanischen Sprachen als mehr "advokatenhaft" (dargestellt am Beispiel Kopf-testa), die **ungarische** als "jägerhaft" und sehr musikalisch. Der **englischen** Sprache sieht (in der Eurythmie) man an, daß das Beherrschen der Wogen in ihrem Charakter liegt. Die **russische** Sprache ist bloß andeutend, erreicht noch nicht das Wesen der Sache (vgl. 173-07), ihr Gegenpol in der **französischen** Sprache.

Über die eurythmische Bewegung zu einer Abstraktion und zu etwas Konkretem, zu etwas Bejahendem und zu etwas Verneinendem als Übergang vom einzelnen Wort zur inneren Logik der Sprache.

7(30.06.24) 5799 3/104f. **-05**

Über die **eurythmische** Gebärde für besondere Betonungen eine Textes, die geschrieben in Form von Ausrufe- oder Fragezeichen dargestellt werden. Über die Gebärden der Heiterkeit, der großen Gescheitheit, der **Erkenntnis**, der starken Selbstbehauptung bzw. des Größenwahnsinns, der Unersättlichkeit (Unbefriedigtheit), Innigkeit, Liebenswürdigkeit, Mitteilung (Mitteilsamkeit), Traurigkeit, Verzweiflung. Im folgenden Vortrag (01.07.24) die Gebärde der **Andacht**, der Feierlichkeit (Gebärde symmetrisch zu der der Erkenntnis).

8(01.07.24) 5801 3/116f. **-06**

Dichtung

Eurythmische Bewegungen, die den Charakter eines Gedichtes sichtbar machen können, je nachdem es mehr zu Denken, Fühlen oder Wollen tendiert (gerade, krumme oder kombinierte Linien bzw. Figuren). Diese Tendenz kann sich auch dadurch kundgeben, wie stark der Dichter bestimmte Laute verwendet (viele e- und i-Laute: mehr gedanklich (episch), a-, o- und u-Laute mehr auf der Gefühlsseite, viele Konsonanten und wenig Vokale: Willensseite).

Über die die Vokale begleitenden **Farben** bzw. Farbkombinationen (a Blau-Violett, e Blaßgelb mit Grün), die auch auf ganze Gedichte als Farb-Vokal-Stimmung passen können, die in den Gewändern zum Ausdruck kommen.

9(02.07.24) 5804 3/130f. **-07**

Einteilung der **Konsonanten** in Blaselaute (*h ch j sch s f w* und *v*), Stoßlaute (*d t b p g k m n*), den Zitterlaut *r* und den Wellenlaut *l*. Über die plastische **eurythmische** Darstellung bei den verschiedenen Konsonantengruppen: Blaselaute deuten ein Mitgehen mit der Außenwelt (eurythmisch: Mitbewegen des Körpers bei der Lautgebärde), Stoßlaute ein Geltendmachen gegenüber der Außenwelt an (eurythmisch: Aufhalten, Fixieren des Lautes mit dem Körper).

Diphthonge wie *au*, *eu* und *ei* werden aus den beiden ineinander übergehenden, nicht ganz zur vollen Ausbildung gebrachten Vokalen eurythmisch dargestellt. Diphthonge und die Umlaute (*ä ö ü*) zeigen in der Sprache an, daß etwas undeutlich ist oder wird für die Anschauung, z. B. Bruder - Brüder, oder vieles zusammengehalten werden muß wie z. B. in Baum, Raum, Zaun.

10(03.07.24) 5807 3/142f. **-08**

Das in den **Diphthongen** und Umlauten angedeutete Undeutlichwerden ist zugleich ein Ideell-Werden und damit ein Geistig-Werden (Vergleich mit dem Geistig-Werden mit steigender Tonhöhe; s. 278-07). Das eigentlich Geistige der **Sprache** (und damit auch der Laut-**Eurythmie**) liegt da, wo die Laute ineinander übergehen, ähnlich wie das Geistige der Musik zwischen den Tönen zu suchen ist.

Ein Wort ist aber nicht nur ein Lautzusammenhang, mit dem etwas nachgeahmt wird, sondern drückt einen Weltzusammenhang aus. Als Beispiel werden die persönlichen Fürwörter herangezogen, die außer den Lautgebärden noch bestimmte Bewegungen erfordern. Anwendung dieser verschiedenen Bewegungen auf Gedichte, um ihren Grundcharakter herauszuholen.

11(04.07.24) 5809 3/157f. **-09**

Heben, Tragen und Stellen des Fußes beim **eurythmischen** Schreiten: Im Heben kommt der Willensimpuls, im Tragen der mit diesem Willensimpuls verbundene Gedanke und im Stellen das Ergebnis als Tat zum Ausdruck.

Die **Sprache** ist zwischen Gedanke und Gefühl gestellt; neigt sie mehr zu ersterem, dann ist sie Prosasprache, zu letzterem ist sie künstlerisch. Um den Gefühlscharakter der Sprache aufzufinden, muß ein Gefühl für die verschiedenen **Versmaße** entwickelt werden, die im eurythmischen Schreiten zum Ausdruck kommen können. **Jambus** (wenig betont-betont): Charakter des Erreichenwollens. **Trochäus** (betont-unbetont): bestimmtes Vorstellen, das sich im Tun ausdrückt (Denken). **Anapäst** (unbetont, unbetont, betont): Zurückbleiben der Sehnsucht hinter dem Wollen, zugleich eine Verinnerlichung der Sprache. **Daktylus** (betont, unbetont, unbetont): Charakter des Sagens, Behauptens.

"Und so ist eigentlich aller Lautgebrauch im Grunde genommen darauf gebaut, daß der Laut ein Bild ist für dasjenige, was er eigentlich bezeichnen will. Gewöhnt man sich also an, Bilder in den Lauten zu sehen, dann wird man sich auch nach und nach angewöhnen, die Empfindungen zu haben für den Gebrauch von Bildern, und wird wissen lernen, daß die poetische Sprache, die künstlerische Sprache als gestaltete Sprache Bilder haben muß. Solche Bilder können Metaphern sein: ein oder mehrere gemeinsame Merkmale werden benützt, um eine Verwandtschaft auszudrücken. Oder ein Teil wird bildhaft zur Bezeichnung des Ganzen benützt (Beispiel "musikalischer Kopf" statt musikalischer Mensch) oder umgekehrt, daß ein Umfassenderes einen Teil beschreibt (Synekdoche). Eurythmische Bewegung bei Metaphern durch Seitwärtsschreiten, bei Synekdoche durch Rückwärtsschreiten, das Umgekehrte durch Vorwärtsschreiten. Dementsprechend auch bei Gebetsartigem: Rückwärtsschreiten, bei Gedanklichem: Vorwärtsschreiten, bei Konversation: Seitwärtsschreiten.

12(07.07.24) 5817 3/171f. **-10**

Es wird nicht von den Lauten für die **eurythmischen** Formen ausgegangen sondern von den Formen, die sich aus der Wesenheit des Menschen ergeben: 12 ruhende und 7 bewegte Gebärden.

Folgende Gebärden sind die ruhenden:

1. der Begeisterung (Löwe)
2. der Ernüchterung (Jungfrau)
3. der Abwägung der Voraussetzung des Gedankens (Waage)
4. des Verstehens, des Verstandes (Adler, spätere Bezeichnung Skorpion)
5. des Entschlusses (Schütze)
6. der Auseinandersetzung des Gedankens mit der Welt (Steinbock)
7. des im Gleichgewicht befindlichen Menschen (Wassermann = Äthermensch)
8. das Ereignis ist zum Schicksal geworden (Fische)

9. des Ereignisses (durch die Tat) (Widder)
10. des Willens, der Tat (Stier)
11. der Fähigkeit zur Tat (Zwillinge)
12. des Antriebes zur Tat (Krebs)

Folgende sind die bewegten Gebärden:

1. des ganzen Menschen (Sonne)
2. der liebenden, hingebenden Wesenheit (Venus)
3. der egoistischen Wesenheit (Merkur)
4. der schaffenden Fähigkeit (Mond)
5. der aggressiven Fähigkeit (Mars)
6. der weisheitswirkenden Fähigkeit (Jupiter)
7. des Tiefsinns (Saturn)

Dies ist der in die verschiedenen Fähigkeiten, Wesensglieder und Kräfte aufgeteilte Mensch, die einmal im Tierreich einzeln ausgebreitet sind und mit den alten **Tierkreis**bezeichnungen belegt werden (die ruhenden Gebärden: alle Tiere als Mensch), zum anderen mit den **Planeten**kräften zusammenhängen (bewegte Gebärden, "Zusammenfassung des Tierischen ins Menschliche durch die Siebenheit").

Im Tierkreis liegt das Konsonantische, im Planetensystem das Vokalische (*a e i o u ei au*) (vgl. 156-04, 208-08): "Und in den Konstellationen, die durch die Planeten entstehen, spricht der Himmel ... und dasjenige, was da gesprochen wird, ist eigentlich Wesenheit des Menschen. Daher ist es kein Wunder, daß durch menschliche Gesten und Bewegungsmöglichkeiten gerade ein Kosmisches ausgedrückt wird.

Damit haben wir die Möglichkeit, uns vorzustellen, daß wir in der Eurythmie dasjenige erneuern, was in den uralten Mysterien **Tempeltanz** war: die Nachahmung des Sternenreigens, die Nachahmung desjenigen, was durch Götter vom Himmel herunter zum Menschen gesprochen wurde."

13(08.07.24) 5818 3/191f. **-11**

Eurythmie

Zuordnung der einzelnen Konsonanten und Vokale zu den Tierkreis- und Planetengebärden:

Widder	*w* (Halbvokal, ähnlich dem *u*)
Stier	*r* (Halbvokal, ähnlich dem *a*)
Zwillinge	*h*
Krebs	*v* und *f*
Löwe	*t* (Tao)
Jungfrau	*b*
Waage	*c*
Skorpion	*z*
Schütze	*g*
Steinbock	*l*
Wassermann	*m*
Fische	*n*
Sonne	*au*
Venus	*a*
Merkur	*i*

Mond	*ei*
Mars	*e*
Jupiter	*o*
Saturn	*u*

Wird zu einer Lautgebärde eurythmisch die entsprechende Tierkreis- bzw. Planetengebärde vorher und nachher gemacht, so erhält man die Übergangsgebärde von einem Laut zum anderen (in der das eigentlich Geistige lebt, s. Ref. -08).

14(09.07.24) 5821 3/202f. -12

Temperamente / Heileurythmie

Über die **heilpädagogische** Wirksamkeit von **eurythmischen** Formen und Bewegungen. Eine "Ich-und-du, Du-und-ich sind wir"-Übung, die bei **neid**ischen und zu ehrgeizigen Kindern angewendet werden kann. Aber es muß darauf geachtet werden, daß nichts angewendet wird in der **Erziehung**, das magisch und damit suggestiv wirkt. Das darf allenfalls bei Kindern mit herabgedämpftem (dagegen nicht mit erregtem) Bewußtsein gemacht werden, wo es von großem Nutzen ist. Weiter ein "Friedenstanz" für cholerische, ein "Energietanz" für phlegmatische Kinder, eine sich nach außen öffnende Spirale für "vollblütige", **egoistische** Kinder, die umgekehrte Bewegung für blutarme, ich-schwache Kinder. Weitere Angaben diesbezüglich im nächsten Vortrag (10.07.24).

15(10.07.24) 5822 3/215f. -13

Ähnlich wie sonst die Geste aus dem Laut herausgeholt wird, können **eurythmische** Formen aus Seelenstimmungen herausgearbeitet werden, z. B. das Hervorrufen einer feierlichen Stimmung beim Hallelujah durch die Bewegung einer Gruppe im Pentagramm, das Evoe als weiteres Beispiel usw.

16(11.07.24) 5823 3/225f. -14

Die **eurythmische** Behandlung der Worte, insofern sie Haupt-, Eigenschafts-, Zeitwörter usw. sind (Grammatik). Eigenschaftswort: Gebärde in Ruhe, Zeitwort: in Bewegung, Unterschiede zwischen aktiven, passiven und Dauer ausdrückenden Zeitwörtern. Auch bei Hauptwörtern verschiedene Bewegungen, je nachdem sie sinnlich Wahrnehmbares, Geistiges (Abstraktes), Zustände (wie Schönheit, Größe) oder Seelenzustände (Mitleid, Trauer) bezeichnen.

Interjektionen als besondere Gelegenheiten, Schönheit und Grazie in die Eurythmie hineinzubringen, wie auch sonst auf Grazie besonderer Wert bei allen Formen der Eurythmie gelegt werden sollte.

Pronomina werden behandelt wie die Eigenschaftswörter. Weiter Gesten für Präpositionen und Konjunktionen (und, aber, oder).

Beispiel, wie Gedichte ihrer eigenen Form gemäß eurythmisiert werden können.

Es wird eine **Meditation** gegeben, mit der der Eurythmist in das Eurythmische hineinkommen kann, wenn er die entsprechende Stimmung in sich erweckt.

17(12.07.24) 5826 3/244f. -15

Über die Bedeutung von Stehen (Bild von etwas sein) und Gehen (Lebendiges ausdrükken) in der **Eurythmie**. Die **Füße** des Menschen bedeuten die Erde: "Wo also irgendwo Erdenschwere in Betracht kommt..., da wird es sich darum handeln, in der Grazie der Füße und Beine die Eurythmie besonders zu entwickeln." **Hände** und **Arme** bedeuten das Seelische und damit das Hauptsächlichste, "was durch die Eurythmie zum Vorschein kommt." Über verschiedene Stellungen des **Kopf**es (Geist) für Wollen, Nicht-Wollen, Fühlen, Nicht-Fühlen, Verstehen. Nicht-Verstehen.

281 Die Kunst der Rezitation und Deklamation

1(29.09.20) 4230 2/9ff. -01

Sprachgestaltung

Die Notwendigkeit einer plastisch-musikalischen Sprechweise für **Dichtung**en, die übersinnliche Tatsachen darstellen, wie Steiners **Mysteriendramen** (hier "Die Pforte der Einweihung", 7. Bild, s. auch 5. und 6. Vortrag (30.07.21, 07.06.22), sowie 282/2(06.09.24)). Dabei darf in der künstlerischen Behandlung der Sprache nicht vom Gedanklichen ausgegangen werden, sondern: "Man hat nichts zu tun bei einer solchen Darstellung, als lediglich dasjenige, was so innerlich im Schauen auftritt, äußerlich abzuschreiben."

Über die weimarsche, "gotisch-deutsche" und die spätere "römische" Fassung von **Goethe**s Iphigenie, die bei gleichem Inhalt zwei völlig verschiedene Dramen sind. Die erste Fassung neigt mehr zur Deklamation, die "das Tonhafte von innen heraus in die Worte, in die Sätze legen muß"; die zweite Fassung ist mehr Rezitation, "die das Metrum in seinem Eben- und Gleichmaß zum Abfluten bringen muß." S. auch 5. und 6. Vortrag (30.07.21, 07.06.22).

2(06.10.20) 4244 2/24ff. -02

Sprachgestaltung

In **Dichtung**en älterer Zeiten wurde noch gefühlt, daß etwas aus der geistigen Welt durch den Menschen sprach. Beispiele: Der Anfang der **Homer**ischen Ilias ("Singe, o Muse, vom Zorn mir des Peleiden Achilleus..") und des **Nibelungenlied**es ("Uns ist in alten Mären Wunders viel geseit, von Heleden lobebären, von großer Arebeit.."), bei ersterem mehr musikalisch, bei letzterem mehr bildhaft-imaginativ ("alte Mären"). Das Hervorgehen der alten **Versmaße**, besonders des **Hexameters**, aus dem Zusammenklingen von **Herz**- und **Atem**rhythmus (vgl. 205-05 und 7. Vortrag (29.03.23)). Während dies bei den Griechen mehr musikalisch im Rhythmus lang, kurz, kurz (oder umgekehrt) zum Ausdruck kam, verwendete der nordische Mensch mehr den Wechsel von Hochton und Tiefton, wobei er das bildhafte Element empfand.

Zu Homer und den Gestalten des Agamemnon und Odysseus s. 287/1(10.10.14).

3(13.10.20) 4259 2/40ff. -03

Atem / Sprachgestaltung

Deklamation - Rezitation stehen zwischen Sprechen und Singen. Die Rezitation lebt mehr im Einatmungsprozeß, der nicht ganz bis zum Vorstellen (Prosa) kommt. Daher ist die Rezitation auch vor allem die Darstellungskunst für das **Epische**. Deklamation ist an das Willensmäßige und den Ausatmungsprozeß gebunden: Darstellungskunst für das **Dramatische**. Das Epische kann aber auch aufgrund z. B. des Volkscharakters in das Dramatische, die Rezitation in die Deklamation übergehen. Beispiel dafür: **Kalewala**. Auf einem ("genießenden") Anhalten des Einatmungsprozesses auf dem Wege zur Prosavorstellung beruht auch die Assonanz und der **Endreim**, während im **Stabreim** (Alliteration) das mehr Willensmäßige lebt (Beispiel für ersteres: "Chor der Urtriebe" von **Fercher von Steinwand**

(1828-1902), für letzteres: "Nibelunge" von W.**Jordan** (1819-1904)). S. dazu auch 5. Vortrag (30.07.21)).

Über die künstlerische Behandlung des Atmungsprozesses als Voraussetzung für Deklamation-Rezitation.

4(06.04.21) 4444 2/67ff. **-04**

Schauspielkunst / Naturalismus / Sprachgestaltung

Aus innerlichen Erleben des **Vokal**ischen kann sich ein Verständnis entwicklen für das **Lyrische**. Das lyrische Erleben geht zurück auf das musikalische Erleben. Beim Rezitieren von Lyrik muß vom Vokalerlebnis ausgegangen werden. Das **Epische** wird verstanden durch das **konsonant**ische Erleben. Beispiele für Lyrik im 6. Vortrag (07.06.22) mit besonderer Betonung des Deutsch-Österreichischen: Robert Hamerling (1830-1889), Joseph Misson und Anastasius Grün (1806-1876). Zu Robert Hamerling und Joseph Misson s. auch 65/3(09.12.15) und 65/8(10.02.16)

Der Inhalt des **Dramatischen** ist das Seelische, das im Zusammenspiel der einzelnen Personen entsteht. "Auf der Bühne muß bildhaft dargestellt werden, und hier ist das Gesprochene auch bildhafte Darstellung desjenigen, was in des Dichters Seele lebt. Und das, was auf der Bühne dargestellt wird, wirkt nicht durch seine Wirklichkeit, sondern durch das, was aus dem schönen Scheine ist. Es ist trotz seiner Wirklichkeit ein Imaginatives. Und ein Imaginatives ist es auch, allerdings von besonderer Art, wenn wir in der eigenen **Phantasie** dramatisch Gestaltetes uns vor die Seele hinstellen. Nur ist dieses Imaginative nicht in seinem Sein erlebt, sondern es ist in seiner Projektion in unsere Seele herein als Phantasiegestaltung erlebt." Daher sollte Dramatisches nicht naturalistisch dargestellt werden, da ihm dieses Imaginative zugrundeliegt.

Möglichkeiten der künstlerischen Sprachbehandlung für Deklamation und Rezitation besonders des Dramatischen: Tempovariation (schneller: Herausgehen des Ich, langsamer: zur Besinnung kommen), Hebung und Senkung des Tones (Vergeistigung, Hinaufsteigen des Ich wie im Enthusiasmus bzw. Hinuntersinken unter sich wie in der Trauer), ferner Takt und Rhythmus. Die Darstellung der **französischen** Klassiker in der hergebrachten Weise als gutes Studienobjekt.

"Noch um einen guten Grad seelischer muß die wirklich künstlerische rezitatorische Darstellung der **Prosadichtung** werden. Und dieses Durchseeltwerden muß die Veranlassung sein, daß wir überall über das verstandesmäßige Ergreifen der in den Worten liegenden Vorstellungen hinauszugehen haben zu dem Bildhaften." Dazu muß aber noch "leise das Musikalische hindurchklingen". Beispiel: Das Märchen von Hyacinth und Rosenblüte aus "Die Lehrlinge zu Sais" von **Novalis**.

7(29.03.23) 5213 2/138 **-05**

Dichtung

"Der Dichter muß sich der Worte bedienen, weil Worte einmal die Werkzeuge der menschlichen Sprache sind, aber indem er sich der Worte bedient, muß er notwendig aus seinem eigentlich künstlerischen Element herausgehen. Das kann er nur dadurch, daß er das Wort wieder zurückführt zur der Gestaltung des Silbenhaften. In Maß, Zahl und Gewicht des Silbenhaften, also in einer Region, wo das Wort noch nicht Wort geworden ist, wo das Wort sich noch dem Musikalisch-Imaginativ-Plastischen des Überwörtlichen, des Geistigen fügt, da waltet der Dichter." Er fühlt deshalb, daß er die Worte in dieses Gebiet zurückführen muß. Ein Mittel dazu ist die **Reim**- und Strophengestaltung.

S. 157ff.: Der **Endreim** als eine Art "Buße" des Dichters für das Prosaische des Wortes, das er verwenden muß und das auf den Sündenfall zurückgeht. Die Alliteration, der **Stabreim**, dagegen geht auf die Sehnsucht zurück, mit der Sprache in der Silbe stehen zu bleiben, in den paradiesischen Unschuldszustand zurückzukehren.

8(01.12.12) 2657 2/185 **-06**
Kurze Charakterisierung Ludwig **Uhlands** (1787-1862). Über den Sagenkreis um **Karl den Großen** und Roland (Ansprache).

9(09.02.13) 2711 2/193 **-07**
Über die Entstehung des **Volkslied**es. Die Verdienste Goethes und besonders Johann Gottfried **Herders** ("Stimmen der Völker"), später auch Achim von **Arnims** und **Uhlands**, für eine neue Wertschätzung des Volksliedes (Ansprache).

10(16.02.15) 3022 2/215 **-08**
Über das dichterische Schaffen von Friedrich **Lienhard** (1865-1929) in dieser und den nächsten Ansprachen(03.10.15, 26.11.15).

282 Sprachgestaltung und dramatische Kunst

1(05.09.24) 5895 4/59ff. **-01**
Der Impuls des **Sprechens** geht von dem Teil des **Astralleib**es aus, der vom **Ich** modifiziert wird. Beim normalen Sprechen bleibt der Laut unbewußt, bei der künstlerischen **Sprachgestaltung** muß er "in gewisser Weise ins Bewußtsein heraufgehoben werden." Dies soll nicht durch Sprachtechniken erreicht werden, die vom Anatomischen, den Sprechwerkzeugen, ausgehen, sondern vom Sprachorganismus.

Vokale entstehen dadurch, daß der Impuls des Sprechens vom Astralleib übergeht an den **Ätherleib**, der Astralleib an diesen anstößt, während die **Konsonanten** durch das Anstoßen des Astralleibes an das Ich entstehen, so daß im Konsonantisieren etwas Bewußtsein hineinkommt.

Die **Ursprache** war eins mit dem Gefühls- und Gedankenartigem. Der Gedanke ist später "mehr in das Ich hinaufgerutscht, die Sprache im astralischen Leib verblieben, und das Gefühl in den Ätherleib hinuntergerutscht."

Die Urpoesie war eine Einheit, drückte Gefühl und Gedanken aus. Am ähnlichsten blieb ihr "die **Epik**, die unmittelbar aus dem astralischen Leibe kommt.", die **Lyrik** kommt aus dem Gefühl (Ätherleib) und beim **Drama**tischen wird die Sprache nach außen, zum Ich hin getrieben. Die Lyrik ist Ausdruck des menschlichen Inneren, neigt zum Vokalischen bzw. Vokalisieren der Konsonanten, Sprachgestaltung: vorwiegend Deklamation. Der Epiker hat es mit dem menschlichen Inneren und dem (gedachten) Äußeren zu tun, Sprachgestaltung: vorwiegend Rezitation. Der Dramatiker steht dem wirklichen Äußeren gegenüber, Sprachgestaltung: vorwiegend **Konversation**.

1(05.09.24) 5895 4/68ff. **-02**
Das *a* als Laut des Erstaunens, des Sich-Öffnens: der Astralleib tritt heraus (unbewußter werden= Einschlafen), sein Gegenpol ist das *u*: Sich-Schließen, aber auch Wachwerden. *a* tendiert zum Konsonantischen (*r*), *u* ist am meisten vokalisch, *o* liegt in der Mitte. Silbe *om*

in den orientalischen Mysterien als Anweisung an den Schüler, an die Grenze zwischen Wachen und Schlafen zu gehen und damit zu erfahren, was weder im Schlafen noch im Wachen erfahren werden kann. Die Silbe **Aoum** ist dann die höhere Stufe, wo der Schüler den Übergang Aufwachen - Schlafen selber bilden kann.

1(05.09.24) 5895 4/72ff. **-03**

Die **griechische Gymnastik** als "Totalsprache", als Anpassung an die Verhältnisse des Kosmos:

Laufen: Kraftverhältnis von Gliedmaßen (Wille) zur Erde: Mensch und Erde.

Springen: innere Dynamik wird hinzugefügt zu der Mechanik, die ein Gleichgewicht bildet zwischen dem Menschen und der Erdanziehungskraft beim Laufen: modifizierter Mensch und Erde.

Ringen: Eine Mechanik wird hinzugefügt, die ein Gleichgewicht im Horizontalen zusätzlich zu der von Erde gegebenen vertikalen braucht: Mensch und anderes Objekt.

Diskuswerfen: Das andere Objekt kommt noch mehr an den Menschen heran, die Dynamik geht ihren bestimmten Weg.

Speerwerfen: Zur Dynamik des schweren Körpers kommt die der Richtung.

2(06.09.24) 5898 4/72ff. **-04**

Die wesentlichen mimischen Gebärden sind "Abschattungen" der fünf **griechischen gymnastischen** Übungen. Gebärde und **Sprachgestaltung** als Pole der künstlerischen Sprachgestaltung, wobei die Gebärde zuerst kommt, und das Wort aus der Gebärde geholt wird. Die sechs Offenbarungen der Sprache: wirksam, bedächtig, vorwärtstastend (fragen, wünschen), Antipathie abfertigend, Sympathie bekräftigend, Rückzug des Menschen auf sich selbst.

"Ist man sich ... klar, daß der Sprachgenius durch diese sechs Tätigkeiten wirkt, und studiert diesen Sprachgenius an der Gebärde, dann kann man von der Gebärde in eindeutiger Weise zum Worte zurückgehen."

Die zugehörigen Gebärden:

Sprache	Gebärde	Intonation
1. wirksam	deutend	schneidend
2. bedächtig	an sich haltend	voll
Modifikation:		
Entschluß-Unfähigkeit	Stillhalten der Glieder	langsam gezogen
3. vorwärtstastend	Arme und Beine nach vorwärts in rollender Bewegung	zitternd
4. Antipathie	von sich Glieder abschleudern	hart
5. Sympathie	Glieder ausholen zum Berühren des Objektes	sanft
6. Zurückziehen	Abstoßen der Glieder vom eigenen Körper	kurz abgesetzt

Dazu kommt dann die im Schema aufgeführte Intonation

Wird auf diese Weise die Gebärde in das (augenblickliche) Intonieren der Worte verfolgt, so wird es auch leichter, die Gebärde im Intonieren der Laute zu verfolgen, was habituell werden soll. Das völlige Verschwinden der Gebärde in die Blaselauten *h, ch, j, sch, s, f, w*. Die Gebärde ist im Hören der Töne wahrnehmbar. Das "Sehen" einer Gebärde in der Phantasie bei den Stoßlauten *d, t, b, p, g, k, m* und *n*, das Fühlen in Armen und Händen beim Zitterlaut *r* und das Fühlen in Beinen und Füßen beim Wellenlaut *l*. In die Sprache hinein verschwindet die Gebärde mehr oder weniger. "In der Gebärde lebt der Mensch. Der Mensch selber ist da in der Gebärde. Wird das Wort intoniert, dann erscheint der Mensch wiederum; der gebärdenbildende Mensch erscheint im Worte wieder." "Im Sprechen ist die Auferstehung des in der Gebärde verschwundenen Menschen" als Mysterienvermächtnis und Meditationsinhalt.

Bei der **Schauspielkunst**, "die sich der Gebärde bedient", verschwindet der Mensch nicht aus der Gebärde, "sie läßt auch den Menschen im Worte nicht völlig entstehen. Darauf beruht das Anziehende der dramatischen Darstellung, weil dadurch, daß der Mensch in der Gebärde nicht völlig verschwindet, auf der Bühne noch der Darsteller als Mensch steht in der Gebärde, und dadurch, daß der Mensch nicht völlig noch ersteht in dem Worte, das Miterleben des Zuschauers möglich wird, indem er das hinzuzufügen hat in seiner **Phantasie**, in seinem **Drama** genießend, was noch nicht in dem Worte auf der Bühne vollständig ersteht."

3(07.09.24) 5901 4/93ff. -05

Sprachgestaltung / Versmaß

Die heutige **Prosa** als Mitteilung von (Kopf-)Gedanken ist ohne künstlerischen Stil, allenfalls pointiert. Damit die Mitteilung künstlerisch wird, muß sie "das Bestreben haben, mit dem vom Kopf Aufgefaßten gewissermaßen die Arme und namentlich die Beine abzufangen." Dies geschieht beim **Hexameter** (Versmaß **Daktylus**). Heute nicht mehr ganz zeitgemäß: **Goethe**s nur teilweise gelungener Versuch, den Hexameter in dem "Philisterepos" "Hermann und Dorothea" anzuwenden, besser vom Stoff her war die "Achilleis" (Fragment) geeignet.

In der Umkehrung des Daktylus, im **Anapäst**, kommt das Unklare des Gefühls und das Hinaufführen des Gefühls zur Besonnenheit zum Ausdruck. Entsprechend wurde er in der griechischen Kunst in der **Lyrik** vorwiegend eingesetzt.

Das Sprechen in Hexametern als Schulung für das **Konsonanten**sprechen (richtige Behandlung von Zunge, Gaumen, Lippen, Zähnen), das Sprechen in Anapästen als Schulung für das **Vokal**isieren (Kehlkopf, Lunge, Zwerchfell). Ähnlich wirkt der **Trochäus** bzw. der **Jambus**, sie stellen eine Mittelstufe dar. Das Stil**drama**, das mehr verinnerlicht, hat den Jambus, das Prosa(Konversations)drama den Trochäus als Stilmittel.

Als Vorbereitung zum **Märchen**lesen wird das Trochäenlesen empfohlen, da beim Märchen das Konsonantisieren ausgebildet sein soll: "Denn wenn die Vokalintonierung herausfällt aus einem Zusammenhang, ... so hebt sich das Ganze von der Wirklichkeit ab, ... und man bekommt den Eindruck des leise Gespenstischen. Dadurch allein wird aber das Märchen, das ja die sinnliche Substanz so behandelt, wie wenn sie übernatürliche Substanz wäre, ausgesöhnt mit der menschlichen Empfindung."

In der **griechischen Schauspielkunst** war noch ein Gefühl dafür vorhanden, daß die Mimik des Gesichtes nichts oder nicht viel bedeutet, die Gestikulierung des übrigen Menschen das Wesentliche ist: Tragen von **Maske**n.

4(08.09.24) 5905 4/109f. -06

Versmaß

Der **Alexandriner** (6 Jamben) als Kompromiß zwischen Prosa und poetischer Gestaltung. Wie das Hexametersprechen zum guten Prosasprechen überleitet, so bereitet der Alexandriner das eigentliche poetische Sprechen vor. Der Alexandriner findet in der **französi-**

schen Sprache eine bessere Voraussetzung als in der deutschen (Hinweis auf die mehr äußerlich poetische Anwendung in Goethes **Faust**).

Für das **Drama**tische muß der Weg vom Erzählenden, Epischen, wo das Objekt zunächst gedacht ist, zu einem Erzählenden führen, das das Dramatische enthält, wobei der Schauspieler sich in das Objekt versetzt. Übungsbeispiel Herders Cid. Weiter soll dann bis zum Dramatischen gegangen werden, in das das Epische fast schon verschwunden ist. Beispiel: Faust-Fragment von **Lessing**. Dieses Fragment als einer der Höhepunkte in dessen künstlerischem Schaffen, es wird auf eine Szene hingewiesen, die auf eine Wachvision des sonst so nüchternen Lessing zurückgeht.

In den alten Mysterien konnte im Verkehr mit den Göttern nicht ohne **Sprachgestaltung** gesprochen werden, auch das **Vaterunser** in lateinischer Sprache gab Empfindung für Sprachgestaltung.

5(09.09.24) 5909 4/126f. **-07**

Die beiden Fassungen von **Goethe**s Iphigenie (s. 281-02) als Beispiel für die "Vernichtung des Stoffes durch die Form" im Sinne von Schillers Ästhetischen Briefen. Die ursprünglich aus dem Gefühl gesprochene Prosa wird in eine solche Form (Verse) gebracht, daß das Gefühl, der Stoff "gar nicht mehr wirken, in der aber durch die Formung, durch die Gestaltung, durch das Bild, durch den Rhythmus dasselbe bewirkt wird wie ursprünglich durch den Stoff."

Wenn ein solch sprachgestaltetes Werk wie die zweite Fassung von Goethes Iphigenie vorliegt, soll zuerst versucht werden, es in die "ursprüngliche Prosafassung" zurückzuführen.

Es werden Übungen, ausgehend von den **Vokalen** bzw. **Konsonanten**, für die **Sprachgestaltung** angegeben, die auf die Sprachorgane (**Kehlkopf** usw.), **Lunge**, **Zwerchfell** gestaltend rückwirken.

6(10.09.24) 5912 4/139f. **-08**

Schauspielkunst

Über die künstlerische Gestaltung des Dialogs im **Drama**. Als Beispiel wird eine Szene aus dem Misanthrop von **Molière** vorgetragen, da es in der deutschen Literatur nicht so schnell Vergleichbares gäbe. Es soll von einem Sinn- und Ideenverständnis im Hören zu einem Hören im Verstehen, zu einer Laut- und Wortempfindung kommen. Dies muß im Dialog bei dem zuhörenden Schauspieler entwickelt werden, so daß dann seine Antwort ein bestimmtes, für den Zuhörer unbewußtes, Kolorit erhält.

Im nächsten Vortrag (11.09.24) wird als Beispiel eine Szene aus "Danton und Robespierre" von Robert **Hamerling** (1830-1889) vorgetragen.

8(12.09.24) 5920 4/179f. **-09**

Schauspielkunst

Für eine Schauspielschule sollte eine im griechischen Geist gehaltene **Gymnastik**vorschule in moderner Gestalt eingerichtet werden, in der der Schüler **Sprachgestaltung** und **Gebärde** so aufnimmt, daß es instinktiv wird. An den gymnastischen Disziplinen soll er folgendes lernen:

Am Laufen: so zu gehen, daß das Wort artikuliert wird.

Am Springen: das Gehen so zu modifizieren, daß es sich an den Charakter der Worte anpaßt.

Am Ringen: die richtigen Hand- und Armbewegungen während des Sprechens.

Am Diskuswerfen o.ä.: das Mienenspiel.
Am Speer(Stock-)werfen: so sprechen lernen, daß die Sprache nicht Ausdruck des Gedankens ist, sondern als Sprache wirkt. Im nächsten Vortrag (13.09.24) weitere Ausführungen dazu und über die Verbindung dieser Übungen mit dem Rezitatorischen, der Sprache.

Hinweise für die Bühnendarstellung: Wenn ein Spieler spricht, sollen die anderen nicht nur dastehen, sondern mitmachen. Wird etwas Intimes gesagt, sollte von hinten nach vorne gegangen werden. Wird innerhalb einer Gruppe etwas mitgeteilt, soll der Mitteilende leicht nach rückwärts gehen, wenn die Gruppe es versteht. Versteht sie es nicht, soll er durch die Gruppe nach vorn in Richtung der Zuschauer gehen.

Wichtig: Das rechte **Auge** ist mehr auf Verstehen, das linke mehr auf Interessehaben eingestellt. Dementsprechend wird sich der Spieler von rechts nach links bewegen, wenn er Interesse, von links nach rechts (vom Zuschauer aus gesehen), wenn er reines Verständnis wecken will.

9(13.09.24) 5925 4/201f. -10

Goethe erreichte in der "Iphigenie" und vor allem im "Tasso" einen Höhepunkt in seinem dramatischen Schaffen in bezug auf die Sprachgestaltung. Es gelang ihm aber nicht, auch das Mimische, die Gebärden, das Bühnenbildnerische voll zu gestalten. Aus diesem Grund war es ihm nicht möglich, spätere Dramen wie "Die natürliche Tochter" und "Pandora" zu vollenden. Auch seinen "**Faust**" konnte er nur durch einen Rückgriff auf die katholische Tradition vollenden.

9(13.09.24) 5925 4/211f. -11

Schauspielkunst

Hinweise für die **bühnenbild**nerische Gestaltung und damit Stilbildung: der Schauspieler soll grundsätzlich nicht mit dem Rücken zum Zuschauer agieren. Über die entsprechenden Gebärden beim Zuhören, die den Gebärden des Sprechenden (s. -04) korrespondieren sollen. Darstellung der überzeugenden, überredenden, tröstenden Rede. Zeigt der Schauspieler dem Zuschauer das Profil mit leicht zurückgeneigtem Kopf, so drückt Überlegenheit gegenüber den anderen Mitspielern aus. Teilweises Profil mit etwas geneigtem Kopf: intellektuelle Teilnahme. En face: wenn in einer Szene auf das Gemüt des zuhörenden Schauspielers gewirkt werden soll.

Über die Notwendigkeit, als Schauspieler **Temperament** und **Humor** zu entwickeln.

10(14.09.24) 5929 4/223f. -12

Über die **Geschmack**sempfindungen: das Bittere wird mehr im hinteren Teil der Zunge und des Gaumens, das Saure mehr mit dem Zungenrand und das Süße mit der Zungenspitze empfunden. Übertragung dieser Ausdrücke auf moralische Empfindungen: z. B. ein saures Gesicht sehen heißt dieselben Organe bzw. -teile zu aktivieren, aber in mehr geistiger Art. "Das Moralische erregt die Sprache auf demselben Wege, auf dem das Physische die Empfindung erregt." Das Empfinden von Bitterem beim Sprechen oder Hören eines Vorwurfs, von Süßem bei Schmeicheleien.

Über die historische Entwicklung der **Schauspielkunst** aus den **Mysterienspielen**, deren Nachklänge vor allem in den nicht erhaltenen Werken des **Äschylos** zu finden wären. Es sollte in diesen Spielen das Gefühl vermittelt werden, daß die Götter selbst auf die Bühne herabgestiegen seien. Dies wurde durch **Sprachgestaltung** mittels eines **Chores** (singend-sprechend) mit Instrumentenbegleitung erreicht. Im Zuschauer sollte das

Ehrfurchtsgefühl vor dem Göttlichen erregt werden und zweitens sollte er das Gefühl erhalten, mit der Götterwelt verbunden zu sein. Später kamen erst ein dann mehrere Schauspieler dazu, die die Götter selbst darstellten (mit Tier**maske**n, s. Darstellung der ägyptischen Götter mit Tierköpfen). Noch im Mittelalter waren die Bühnenspiele (z. B. **Weihnachtsspiele**) mit dem Kultus verbunden, wenn auch schon ausgegliedert. Schließlich wurde aus der Gottdarstellung die Darstellung des Menschen auf der Bühne: "Und die notwendige Folge ist, daß der Mensch lernen muß, seine Prosa zu stilisieren, seine inneren Erlebnisse in die Außenwelt und ihre Offenbarung hineinzutragen." Wozu eine naturalistische Nachahmung nicht ausreicht.

Über die künstlerische Darstellung eines Blödlings, eines Weisen, einer Kaffeeklatsch-Tante.

11(15.09.24) 5933 4/239f. **-13**

Schauspielkunst / Wesensglieder

Weitere Hinweise für die Entwicklung der **Gebärde** aus der Lautempfindung heraus: Zorn (*i e*-Empfindung), Sorge (*ö*, Sprechen mit gepreßten Lippen). Gebärden der verschiedenen **Temperamente**. **Weinen** (*ä*): Ätherleib erfaßt den physischen Leib zu stark. "Man will die Kraft, die nach unten, nach dem physischen Leib geht, heraufholen nach dem Astralleib, ergießt in den Astralleib die Gegenkraft; der Ätherleib ist aber verbunden im Menschen mit dem flüssigen Elemente, und Sie haben ganz handgreiflich dasjenige, was geschieht: der Ätherleib stößt nach dem Astralleib, und die physische Projektion davon ist das Ausstoßen der Tränen..."

Lachen (*o e*): "Es verirrt sich etwas, was wir mit dem Ich auffassen sollen, in den astralischen Leib hinein, weil wir nicht ganz mächtig sind des Eindrucks ... Es ist ein entgegengesetzter Gang (wie beim Weinen). Das, was im astralischen Leib ist, will der Ätherleib in den physischen Leib hineinbringen: es ist das Lachen."

Weiter: Aufmerksamkeit mimisch darstellen (Lautempfindung *a*), Überraschung (*i*), Erschrecken (*u*), Verachtung (*n*), Niedergeschlagenheit (*w*), Entzücken (*ho ... h*), Nachdenken (*a u*).

Über die Verbindung des Mimischen mit der **Eurythmie**: Die eurythmischen Lautgebärden sollen nach dem Innern fortgesetzt werden, der Spieler soll "sich ausfüllen mit dem Gespenst der eurythmischen Gestaltung nach innen, mit diesem Spiegelbild, mit diesem Gegenbild, und dabei intonieren, dann werden Sie Ihre Vokale und Ihre Konsonanten rein haben, so wie Sie sie brauchen."

Die Schulung soll zu einer religiösen Auffassung der Sprechens und des Mimischen führen. Die Stellung der menschlichen **Sprache** im Vergleich zur "konsonantischen" Sprache niederer **Tiere** (Zikaden, Grillen), der "vokalischen" Sprache höherer Tiere und der "musikalischen" Sprache der **Vögel**.

12(16.09.24) 5937 4/253f. **-14**

Schauspielkunst / Farben

Unterscheidung zwischen Stoffdramen wie z. B. **Goethe**s Dramen bis zum "Götz von Berlichingen" oder "Urfaust" und **Schillers** "Räuber" bis "Don Carlos" und Stildramen (Goethes "Iphigenie", "Tasso"). Schillers Stildramen: "Maria Stuart" als Stimmungsdrama, "Jungfrau von Orleans" als stilisiertes Ereignisdrama, "Wilhelm Tell" stilisierte Seelenmalerei (später wird darauf verwiesen, daß Schiller bei der Stilisierung teilweise gescheitert ist), "Braut von

Messina" Stilisierung ähnlich Goethe, "Demetrius" Stilisierung der Totalität des Menschlichen.

Im Anschluß an die Lesung des 3. Aufzuges, 1. bis 4. Szene, von "Maria Stuart" wird besprochen, wie der Schauspieler an die Stoff- und Stildramen herangehen soll: das Gebärdenhafte und das Sprechen, das zunächst getrennt geübt wird (s. vorige Ref.), wird bei den Stoffdramen möglichst bald, bei den Stildramen erst spät miteinander verbunden. Über das **Bühnenbild** und die variierende **Bühnenbeleuchtung**, durch die bei dem vorliegenden Drama Stimmungen hereingebracht werden sollen. Ebenso ist auf die farbliche Abstimmung der **Kostüme** (Maria Stuart violett, Elisabeth gelb-rötlich) zu achten (Schwarz sei zu meiden, allenfalls für Teufel geeignet).

13(17.09.24) 5941 4/275f. **-15**

Schauspielkunst

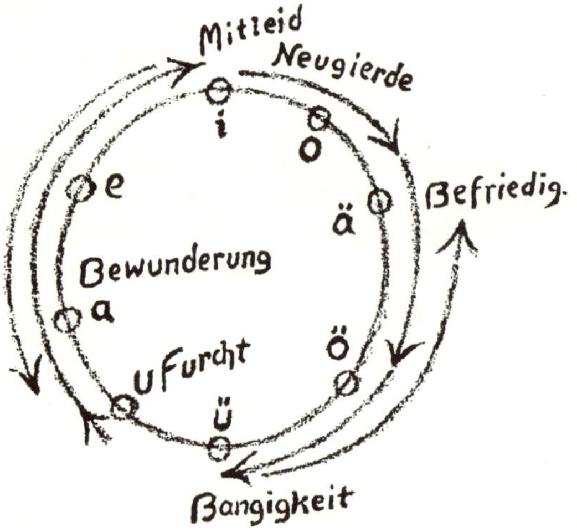

Das vom Dichter verfaßte Drama ist für den Schauspieler/Regisseur zunächst wie eine Partitur. Das Herausarbeiten der Charakteristik der einzelnen Personen mithilfe der in den vorigen Referaten behandelten Elemente (Lautempfindungsgebärden), verdeutlicht an **Hamerlings** "Danton und Robespierre". Neben dieser Charakteristik ist wichtig die "Kolorierung" des Stückes, so "daß es auch im Fortgang der Handlung den Grundton (*Vokalempfindung*) beibehalten kann." Im allgemeinen ist der Gang bei einer **Tragödie** Furcht (*u*) - Mitleid (*i*) - Bewunderung (*a*), bei einer **Komödie** Neugierde (*i*) - Bangigkeit (*ü*) - Befriedigung (*ä*) (Hinweis auf **Aristoteles**, seine Lehre über die Katharsis durch die Tragödie und die mangelhaft überlieferten Schriften zur Poetik s. nächster Vortrag (18.09.24)). Anordnung in einem Schema.

14(18.09.24) 5946 4/290f. **-16**

Aura

Auch im Dekorativen muß die **Schauspielkunst** zur Stilbildung kommen, hauptsächlich durch **Farben**- und Lichtgebung. "In der Farbe lebt die ganze menschliche Seele. Und wenn man geistig anschauen kann, so findet man die menschliche Seele als ein Wesen, das innerlich in Farben lebt." Eine in Freude lebende Seele lebt z. B. in "schreiendem" Rot, eine sich befriedigt fühlende Seele in ruhigem Rot, in **Gebet** versunkene im Violett, in Liebe "sprudelnde" in Zinnoberrot, in **Egoismus** lebende gelblich-grün gesprenkelt. Diese seelischen Farben der Personen sollen in den Farben der **Kostüme** zum Ausdruck kommen. Für das **Bühnenbild** soll das der äußeren Welt Entnommene nicht stilisiert, sondern eher naturalistisch dargestellt werden und der Übergang zwischen den "inneren" Farben der Personen und dem Bühnenbild durch die **Bühnenbeleuchtung** hergestellt werden.

Bei Freilichtaufführungen kann man die Beleuchtung als Stilmittel nicht einsetzen, die Schauspieler müßten dann **Masken** wie in früheren Zeiten verwenden: "Denn mit der

Maske allein verbindet sich der Naturhintergrund, weil die Maske den Menschen eben nicht gibt, wie er ist, sondern ihn in der Gestalt gibt, wie wenn er ein Elementarwesen wäre. Das ist in der Natur vorhanden."

Hinweis auf das karge Bühnenbild bei **Shakespeare**s Aufführungen, bei denen an die Phantasie des Zuschauers appelliert wurde, was heute nicht mehr möglich ist. Damals wurde die Sprache noch mehr stilisiert, auch dies ist heute nicht mehr möglich, vor allem nicht in der **englischen Sprache**, die sich seit Shakespeare sehr rasch entwickelt hat.

14(18.09.24) 5946 4/295 -17

Das Schwanzwedeln des **Hund**es (s. auch 348-06) als Zeichen der Freude zeigt sich aurisch so, daß "er nach rückwärts hinaus die wunderbarsten hellrötlichen, schreiend rötlichen Garben schickt, so daß man wirklich das Lachen des Hundes - das ja nicht mit der Physiognomie gemacht werden kann, oder wenigstens dann nicht sehr schön herauskommt - sieht in dem aurischen Umnebeltsein seines Schwanzes..."

14(18.09.24) 5946 4/295 -18

Neben dem Üben der gymnastischen Disziplinen sollten die Schauspielschüler auch die seelische Hingabe an die **Farben** des **Regenbogen**s erlernen: "das entwickelt ungemein den Blick und das innere Können für die Szenengestaltung." Gebetsstimmung im Violett, Blau = ruhige Seelenstimmung, Grün = Seele ist ausgegossen über alles Wachsende, Sprossende, öffnet die Tore zum Bewundern, zu Sym- und Antipathie. "Haben Sie das Grün des Regenbogens eingesogen, so lernen Sie alle Wesen der Welt bis zu einem gewissen Grade verstehen." Gelb: Gefühl des Inneren-Gefestigtseins, Orange: Gefühl der eigenen Wärme, der Vorzüge und Mängel des eigenen Charakters. Rot: Gefühl der Freude und der begeisterten Hingebung, der Liebe zu den Wesen.

15(19.09.24) 5950 4/307f. -19

Schauspielkunst

Wichtig für den Schauspieler ist, Instrument zu sein, sich so weit wie möglich objektiv gegenüberzustehen, aber andererseits auch fühlender, empfindender Mensch zu sein. Es besteht für ihn die Gefahr, die Welt der Bühne für das richtige Leben zu nehmen. Dem kann entgegengewirkt werden einmal dadurch, daß er die **Sprachgestaltung** seiner Rolle so übt, daß sie wie von selbst abläuft. Dadurch kann er sich dann mit seinem freigewordenen Seelenleben dem hingeben, "was man im Flusse (*der Sprachgestaltung*) geschaffen hat." "Und das, was er sich nun selbst zurückerobert hat, womit er teilnehmen kann, während er produziert, das wird ihn aufsuchen lassen mit einer großen Begehrlichkeit dasjenige, was draußen im Leben ist." So käme der Schauspieler in seine Esoterik hinein. Zum anderen gehört dazu das im vorigen Referat geschilderte Erleben des Regenbogens, aber auch, daß ein feines Gefühl für die erlebten Träume und den Unterschied zwischen seelischen Aufgeriebensein im äußeren Leben und der starken Intimität der Träume entwickelt wird: "diesen Weg gewissermaßen durch esoterische Übungen zu gehen: das bedeutet Vorbereitung für eine lebensvolle Auffassung der bühnenmäßigen Darstellung." Wenn dies beides vorhanden ist, kann auch das Ganze tableauartig überschaut und die Szene richtig gestaltet werden. "Denn je mehr auf der Bühne das Gesamtbild den Eindruck der halbgeträumten Phantasie macht, desto besser ist es für die abendbühnenmäßige Darstellung."

Dagegen soll beim Freilichttheater, wo andere Bedingungen herrschen, versucht werden, so weit zu kommen, daß der Regisseur/Schauspieler vor den Naturhintergrund wie einen Nebel das aus dem Traum gehobene Bild des Stückes schieben kann. Dadurch wird gerade die Natur stark inspirierend wirken auf die Gestaltung der geschminkten oder tatsächlichen **Masken**. Sprachgestaltung und Charaktere müssen stärker koloriert werden als in einem Abendtheater. Nochmaliger Hinweis auf **Shakespeare** und seine Bühne, seine Einbeziehung des Publikums, die laute, schreiende Sprechweise seiner Schauspieler.

Über die große Bedeutung der unbewußten Wahrnehmung während des Spielens, die bei einem guten Schauspieler nach dem Spiel traumartig (alptraumartig) wieder aufsteigt.

16(20.09.24) 5954 4/325f. **-20**

Schauspielkunst

Historisch entwickelte sich das Drama aus den Mysterienspielen und war zuallererst Schicksalsdrama, **Tragödie**, in der das Individuum ganz zurücktrat. Darstellung der individuellen Geschlechterliebe und auch des Humors (im Altertum Vorläufer das Satyrspiel, Satyre, erst bei den Römern in einer Art Vorwegnahme) kam mit dem Übergang zum Bewußtseinsseelenzeitalter auf. Da waren es die volkstümlichen Schaustücke, wo statt der alten Masken Charaktertypen auftreten (genannt werden vor allem die italienischen Typen Pantalone (venezianisch), der Advokat (bolognesisch), Brighella, der Schlaukopf, und Harlekin, der Dummkopf, die Zofen (römisch) usw.). Anklänge davon noch bei **Shakespeare**. Es wird empfohlen, solche Stücke auch in den Schauspielschulen zu üben. Schließlich entwickelte sich daraus das moderne Schauspiel, bei dem sich aus Schicksal und individuellem Charakter die Handlung ergibt.

Die Schwierigkeiten **Schillers**, Schicksal und Charakter in seinem "Wallenstein" oder der "Braut von Messina" organisch zur Handlung zu verbinden, was ihm erst im "Demetrius" gelang.

Regie-Hinweise für die Tragödie: Am Anfang (Exposition) langsames Tempo durch Einlegen von Pausen beim Sprechen und zwischen den Szenen, in der Mitte, der Kulmination, langsames Sprechen (ohne Pausen), zum Ende hin beschleunigtes Tempo. Bei der **Komödie** ist der Charakter der einzelnen Personen das Wichtige: am Anfang wird dieser betont, in der Mitte die Handlung und am Schluß das Schicksal (die Befriedigung, wenn es gut ausgeht, s. Schema des vor. Ref.).

Es wird je eine **Meditation** als "Regieunterlage" gegeben für das Tragische und das Lustige.

17(21.09.24) 5957 4/340f. **-21**

Versmaß / Plastik

Lautübungen zur **Sprachgestaltung** für Schauspieler, um das "eindringlich Überzeugende, das sich nach außen Offenbarende, den schönen Fluß und den inneren Gefühlston der Sprache" zu erlernen.

Hinweis auf **Pythagoras** und seine Schule, wo durch Vers-Rhythmen auf die instinktive Entwicklung des Menschen erzieherisch eingewirkt wurde. Z. B. durch **Hexameter**, **Trochäen** wurde Leidenschaftliches beruhigt, durch **Jamben** eher erregt. "Diese Dinge hat man eben durchaus gewußt, wie man gewußt hat, daß das **Musik**alische zurückführt zu den Göttern der Vorzeit, das Bildnerische zu den Göttern der Zukunft führt, und die **Schauspielkunst** steht mitten darinnen als dasjenige, was die Geister der Gegenwart bannte."

18(22.09.24) 5960 4/355f. -22

Schauspielkunst

Einteilung der Laute (**Konsonanten**) nach ihrer Gestaltung:

1. beide Lippen beteiligt: *m b p*
2. Unterlippe und obere Zahnreihe: *f v w*
3. beide Zahnreihen: *s c z*
4. Zunge wirkt hinter den oberen Zähnen: *l n d t*
5. Zungenwurzel: *g k r j q*

Überschreitet die Zunge bei der 3.Gruppe die Grenze der Zähne: **Lispeln**. "Daher muß man Lispler dadurch kurieren, daß man sie daran gewöhnt, in möglichst früher Jugend *n l d* so aussprechen zu lassen *n n n, l l l, d d d*, daß sie die Zunge bewußt andrücken an die obere Zahnreihe."

"Denn eigentlich liegt dem **Stottern** das zugrunde, daß nicht in der ordentlichen Weise instinktiv der Mensch fühlt, wie er *g k* sagen soll. Und da wird man sehen..., wie es notwendig ist, sobald man Stottern bekämpft, dem Menschen zu Hilfe zu kommen dadurch, daß man ihn dazu bringt, tadellos *g k r* zu sprechen." *r* könne so geübt werden, daß man das Kind mit Zuckerwasser gurgeln lasse.

Die große Bedeutung der richtigen **Atem**technik für den Schauspieler. "Und in diesem Üben, dessen Gipfelung darinnen besteht, die Atemluft völlig zu verbrauchen, bevor man neu einatmet, liegt auch die einzige, wirklich ganz gesunde Heilmethode für das Stottern. Daher ist es für das Stottern so außerordentlich gesund, wenn man den betreffenden gewisse rhythmische Übungen machen läßt, weil ihn ein guter Rhythmus von vornherein es eingibt, richtig zu atmen (Beispiel aus dem Zauberlehrling von Goethe). Ursache des Stotterns ist das Hineinatmen in das Sprechen, bevor die Atemluft verbraucht ist, was letztlich auf Angst begründet ist. Im akuten Fall kann auch Singen statt Reden helfen.

Die Notwendigkeit, daß der Schauspieler eine religiöse Stimmung mit auf die Bühne bringt, damit der Kontrast zwischen der trivialen Wirklichkeit auf und hinter der Bühne und der Stimmung im Zuschauerraum nicht "moralisch korrumpierend" wirkt. Duch eine solche Haltung sollen die Zuschauer auch unbewußt gefördert werden.

19(23.09.24) 5962 4/369f. -23

Schauspielkunst

Zusammenhang zwischen der Bildung der **Konsonanten** und der menschlichen **Gestalt**: Gaumenlaute hängen mit dem ganzen menschlichen Organismus zusammen, Zungenlaute mit dem Kopf bis zur Oberlippe und dem Rückgrat (Rücken), Lippen- Zahnlaute mit der Brust und dem vorderen Menschen. "So daß eigentlich der ganze Mensch in der Sprache darinnenliegt. Man kann ganz gut die **Sprache** die Schöpferin der menschlichen Gestalt nennen nach diesen drei Richtungen hin."

Das **Gehen** auf der Bühne muß, damit es dem gewöhnlichen Gehen ähnlich ist, anders als dieses gestaltet werden. "Das aber eignet man sich wiederum gerade durch die Sprache am besten an. Nur ist es nicht möglich, darüber alle Regeln zu geben, sondern das ist etwas, was eigentlich im Üben selber ausgearbeitet werden muß."

Wichtig für den Schauspieler ist, sich nicht wie der normale Mensch sich der Sprachwerkzeuge zu bedienen, sondern sich darüberhinaus ein "Gehör oder unhörendes Gehör für stumme Sprache zu erwerben. Er muß vor sich haben können in der Seele, im Geiste das Wort und die Lautfolge, ganze Passagen, ganze Monologe, ganze Dialoge und so weiter; das heißt, er muß die Sprache so weit objektiv kriegen, daß er aus dem seelisch Gehörten heraus spricht."

Als Beispiel, wie der Charakter eine Rolle verschieden aufgefaßt werden kann, wird der berühmte Monolog des Hamlet (**Shakespeare**) angeführt, der nicht philosophisch-melancholisch aufgefaßt wird, sondern so, daß er weniger tiefsinnig ist und die Unordnung seiner Gedanken dargestellt wird.

19(23.09.24) 5962 4/374f. -24

Schrift

Das Schreiben soll nicht so gelehrt werden, daß es aus dem Mechanismus von Arm- bzw. Handbewegungen erlernt wird. "Schreiben sollte man eigentlich durch die Augen lernen, indem man einen Sinn entwickelt für die Formen der Buchstaben; die Buchstaben, indem man sie förmlich im Geiste schaut, nachzeichnet, nicht sie aus dem Mechanismus der Hand heraus macht..."

Wenn man lernt , mit den **Füßen** zu schreiben, würde man "ungeheuer viel für die seelenvolle Erfüllung seines ganzen Organismus" lernen.

283 Das Wesen des Musikalischen und das Tonerlebnis im Menschen

1(03.12.06) 1443 1/11ff. -01

"Der schaffende Tonkünstler nun setzt den Rhythmus, die Harmonien und Melodien, die sich während der Nacht seinem Ätherkörper einprägen, um in einen physischen Ton. Unbewußt hat der Musiker das Vorbild der geistigen Welt, das er umsetzt in die physischen Klänge. Das ist der geheimnisvolle Zusammenhang zwischen der **Musik**, die hier im Physischen erklingt, und dem Hören der geistigen Musik in der Nacht."

"Wenn er (der Mensch) Musik hört, ist der Eindruck zuerst im **Astralleib**. Dann schickt er die Töne bewußt in den **Ätherleib** und überwindet die Töne, die im Ätherleib schon sind. Das ist das Wohlgefühl des musikalischen Zuhörens und auch des musikalischen Schaffens." Bei **Dur-Tonart** überwinden die musikalischen Töne die des Ätherleibes, umgekehrt ist es bei der **Moll-Tonart**.

2(12.11.06) 1423 1/26 -02

So wie die **Musik** ein Nachklang der devachanischen Welt ist, so ist die **Malerei** ein Abglanz der Farbigkeit der astralen Welt.

0(30.09.20) 4232 1/71 -03

Musik / Temperamente

Es werden Menschen unterschieden, die unterbewußt ein Verlangen nach Sauerstoff haben, und andere, die im Ausatmen unterbewußt etwas Befreiendes erleben. "Und letzten Endes kann man sagen: Mit dem **astralischen Leib** atmen wir ein, mit dem **Ätherleib** schaffen wir die Ausatmungsluft wieder heraus, so daß also in Wahrheit eine rhythmische Wechselwirkung stattfindet zwischen astralischem Leib und Ätherleib.." Melancholiker gehören mehr zu dem ersteren, Sanguiniker zu dem letzteren Menschentyp.

Mit diesem Gegensatz hängt auch die Entstehung der **Dur- und Moll-Tonleitern** zusammen. Bei Dur-Tonart wird das Wohltuende empfunden, wenn der Astralleib an dem

Ätherleib anschlägt wie bei der Sauerstoffaufnahme, bei den Moll-Tonarten das Zurückschlagen des Ätherleibes nach dem Astralleib als Erleichterung. (Fragenbeantwortung).

0(20.12.20) 4321 1/90ff. **-04**

Musik

Über die Eignung verschiedener Holzarten für **Musikinstrumente**. Das Ungeeignete der Luft als Medium für den **Ton**, der eigentlich in seinem Medium, dem **Tonäther**, wahrgenommen werden müßte. "Unter den irdischen Elementen müßte man sich aber eigentlich gewöhnen, den Ton, um ihn in seiner eigenen Wesenheit wahrzunehmen, möglichst in Wasser oder in flüssiger, feuchter Luft wahrzunehmen; denn da ist er eigentlich in Wirklichkeit drinnen."

5(07.03.23) 5193 1/105 **-05**

Musik / Tonäther

Das eigentliche **Ton**erlebnis hat nichts mit der Luft, dem Tonträger zu tun: Das **Ohr** ist dasjenige Organ, "welches erst vor einem Tonerlebnis das Luftartige vom Ton absondert, so daß wir den Ton ... eigentlich empfangen als Resonanz... Das Ohr ist eigentlich dasjenige Organ, das uns den in der Luft lebenden Ton ins Innere unseres Menschen zurückwirft, aber so, daß das Luftelement abgesondert ist, und dann der Ton, indem wir ihn hören, im Ätherelemente lebt."

5(07.03.23) 5193 1/106ff. **-06**

Musik

Die Entwicklung des **Ton**erlebnisses: In der atlantischen Zeit Septimen-Erlebnis: Der Mensch fühlte sich in der geistigen Welt (Ausatmen). In der nachatlantischen Zeit Quinten-Erleben, es wurde noch die Verbindung mit der geistigen Welt gefühlt (Ein- und Ausatmen). Erst im vierten nachatlantischen Zeitalter erfolgt der Übergang zum Terz-Erleben: Der Mensch fühlt sich mit der Musik als irdischer Mensch. Damit auch erst Ausbildung von **Dur- und Moll-Tonarten** (Subjektiv-Seelisches).

Musik-Erleben als Erlebnis des ganzen Menschen: in den Tönen *c* bis *dis* physischer Leib (Gliedmaßen-Stoffwechsel-System), vom *e* bis etwa *g* vibriert der Ätherleib mit, in den höheren Tönen der Astralleib bis zur Septime. Beim Übergang zur Oktave wird der Schritt vom Innen-Ich zum "Finden des eigenen Selbstes auf einer höheren Stufe" vollzogen. Dies ist das künftige Oktav-Erlebnis des geistigen Außen-Ich.

Vgl. 170-10, 222-04 (dieser Vortrag ist auch als letzter in GA 283 enthalten).

5(07.03.23) 5193 1/114 **-07**

Musik / Erziehung

Im schulpflichtigen Alter lebt das Kind noch in Quinten-Stimmungen. Erst gegen das neunte Lebensjahr erwacht das Verständnis für die Terz und damit für Dur und Moll. Um das zwölfte Lebensjahr sollte ein Verständnis für das Oktaven-Erleben geweckt werden, so weit das heute schon möglich ist.

6(08.03.23) 5195 1/117ff. **-08**

Musik / Ton

Das Erleben der Quart als in der Mitte stehend zwischen dem Entrücktwerden beim früheren Erleben der Quint und dem In-sich-Leben bei der Terz. "Die Quart war noch viel später so, daß der Mensch glaubte, wenn er das Quarterlebnis hatte, er lebe und webe in etwas Ätherischem."

6(08.03.23) 5195 1/117ff. -09

Das Zentrale der **Musik** ist die **Harmonie**, die unmittelbar im **Fühlen** erlebt wird. Tendiert das Musikalische mehr zum Kopf, zum **Vorstellen** hin, ohne Vorstellung zu werden, wird es zur **Melodie**. Neigt es mehr zum **Wollen**, ohne ganz Wille zu werden, wird es zum **Rhythmus** (Gliedmaßen-Stoffwechsel-System). Das heißt, im musikalischen Erlebnis spiegelt sich der ganze ätherische Mensch. "Und im Quartenerlebnis (s. vor.Ref.) erlebt der Mensch sich selber als Ätherleib, richtig als Ätherleib, nur daß sich ihm eine Art Summierung bildet. Im Quartenerlebnis ist eine angeschlagene Melodie, eine angeschlagene Harmonie, ein angeschlagener Rhythmus, alles aber so ineinander verwoben, daß man es nicht mehr unterscheiden kann."

Das Erlebnis der Quinte als **Imagination**serlebnis, das der Sext als **Inspiration**serlebnis und "wer Septimen erlebt - wenn er es überlebt -, weiß, was **Intuition** ist." Als das Imaginationserlebnis der Quint verloren ging, wurden die physischen **Musikinstrumente** aufgrund dieser Imaginationen als Hilfsmittel entwickelt. Die Blasinstrumente als Melodie-(Kopf-)-Instrumente, die Streichinstrumente als Harmonieinstrumente und das Schlagzeug als Rhythmus-(Gliedmaßen-)Instrumente. "Und ein Orchester ist ein Mensch. Bloß darf kein **Klavier** im Orchester stehen." Dieses ist nur aus der physischen Welt geschöpft, "wo die Töne rein abstrakt aneinandergesetzt sind... Das Klavier ist das Philisterinstrument."

Hinweise auf Vorträge aus 283 in 97-15 (Teilref.), 100-03 (Teilref.).

284 Bilder okkulter Siegel und Säulen

0(00.00.00) 0 2/79ff. -01

Chaos als fortwirkende ursprüngliche geistige Welt, aus der die Zukunftsimpulse kommen. Die Bezeichnung und der Begriff "Gas" wurde von **J. B. van Helmont** (1577-1644) in Anlehnung an den Begriff des Chaos kreiert. Van Helmont war wie sein Zeitgenosse **Amos Comenius** Rosenkreuzer.

Chaos = **Ginnungagap** (germanisch) = **Tohuwabohu** (Genesis).

Der **Dünger** als niederes Beispiel für die Durchdringung der Welt mit Chaos: "Die unbrauchbaren Stoffe werden ausgeschieden ... Der Dünger vermischt sich mit dem Acker: es ist eine Rückkehr der Wesen zu dem Chaos. Das Chaos wirkt in dem Dünger, in allem Ausgeworfenen, und ohne daß Sie das Chaos hineinmischen in den Kosmos zu irgendeiner Zeit, ist niemals eine Fortentwicklung möglich."

0(00.00.00) 0 2/166ff. -02

Apokalypse / Goetheanum

Gedächtnisnotiz von K.Stockmeyer von einem Vortrag (7.3.1914 in Stuttgart): Die Bedeutung der **Jahrtausendwenden**. Zu diesen Zeitpunkten haben die ahrimanischen und luziferischen Geister besondere Macht. Dies hängt mit dem Zahlensystem zusammen: "In dem Zehnersystem wirken nun sehr stark die ahrimanischen Impulse. "So wurde um **1000 n.Chr.** der Weltuntergang erwartet; "...im **Jahre 2000** erwartet man genau das Gegenteil, im **Jahre 3000** wird man wiederum das Ende der Welt erwarten, aber die Welt wird dann so geworden sein, daß ganze Völkerschaften dieses Ende der Welt herbeisehnen werden. Man kann es ohne Sentimentalität sagen: die europäische Menschheit geht furchtbaren Zeiten entgegen."

In vorchristlicher Zeit wurde die Wirkung der Gegenmächte durch die guten Mächte paralysiert: 3000 v.Chr. Bau der Pyramiden, 2000 v.Chr. Zeitalter Abrahams, 1000 v.Chr. Zeitalter Davids, Jahr 1 Christus.

Es wird eine Christenverfolgung gegen das Jahr 2000 geben: "Verwirrung und Verwüstung wird herrschen, wenn das Jahr 2000 herannaht. Und dann wird auch von unserem Dornacher Bau kein Holzstück mehr auf dem anderen liegen. Alles wird zerstört und verwüstet werden. Darauf werden wir von der geistigen Welt aus herabschauen. Aber wenn das **Jahr 2086** kommt, wird man überall in **Europa** aufsteigen sehen Bauten, die geistigen Zielen gewidmet sind und die Abbilder sein werden von unserem Dornacher Bau mit seinen zwei Kuppeln. Das wird die goldene Zeit sein für solche Bauten, in denen das geistige Leben blühen wird."

Hinweise auf Vorträge aus 284 in 93-10, 99-02, 101-18, 104-13, 291-24.

286 Wege zu einem neuen Baustil

1(12.12.11) 2494 3/19ff. **-01**

Goetheanum / Architektur

An den **Tempel**n der urpersischen Epoche, wovon sich Anklänge in den vorderasiatischen Tempeln späterer Zeit allenfalls noch finden lassen, war die Fassade wichtig, während in den ägyptischen **Pyramiden** (Sphinxen, Obelisken) das Wesentliche die Abschließung des Göttlichen und auch des für den Menschen heiligsten Geheimnisses, die Initiation, das Wesentliche ist, und diese Tempel wie Rätsel erscheinen läßt. Der **griechische Tempel** als Weiterentwicklung ist die vollkommene Wohnung des Gottes, die des Menschen nicht bedarf. Ganz anders dann die christlichen "Tempel", die romanischen und gotischen Dome, die ohne Gemeinde nicht vollständig sind (s. 98-27).

Das Vorbild des vorderasiatischen Tempels ist der liegende, sich aufrichtende Mensch, der sich mit den von oben hereinströmenden göttlichen Kräften verbindet. Okkult gesehen besteht "dasselbe Verhältnis zwischen dem menschlichen Antlitz und dem Innern (des Menschen) wie zwischen der Fassade des vorderasiatischen Tempels und dem, was in seinem Innern war."

Vergleich des ägyptischen Tempels mit der menschlichen Seele, die wie ein Geheimnis oder Rätsel vom äußeren Leib umschlossen ist. "Der Mensch, der auf dem Erdboden steht, eine Welt in sich rätselvoll verschlossen hält, aber diese Welt einströmen lassen kann in voller Ruhe in sein Wesen und ruhig den Blick horizontal nach vorne richtet, abgeschlossen nach oben und nach unten: das ist der griechische Tempel. Und wiederum sprechen die Annalen der Weltgeschichte: der Tempel - das ist der Mensch!"

Über den **salomonischen Tempel**, der die ganze Menschheitsentwicklung zum Ausdruck bringen sollte: "an die Menschen der physischen Erde stellt man aber ...die ganz vergebliche Frage: wer hat jenen salomonischen Tempel, von dem wir als einer grandiosen Wahrheit sprechen ..., wer hat ihn mit physischen Augen gesehen?" Es wird darauf hingewiesen, daß **Herodot** (ca. 484-430 v.Chr.), der nur wenige Meilen entfernt vorbeigekommen ist, nichts über ihn berichtet. "Das Rätselvolle ist nun, daß ich über etwas sprechen muß, was doch da war und was die Leute nicht gesehen haben." Vergleich mit den Pflanzensamen, wo man die künftigen Pflanzen auch nicht sieht. "Was will der salomonische Tempel? Er will dasselbe, was der Tempel der Zukunft wollen soll und allein wollen kann."

Dieser künftige Tempel, "das ist der Mensch, der Mensch, der in seiner Seele den Geist empfängt!" Diese Geistempfängnis muß auch sinnlich werden durch die Kunst. Es muß ein Innenraum geschaffen werden, "der in seinen Farben- und Formwirkungen und in anderem, was er an künstlerischen Darbietungen in sich enthält, zugleich abgeschlossen und zugleich in jeder Einzelheit so ist, daß die Abgeschlossenheit keine Abgeschlossenheit ist, daß sie uns überall, wo wir hinblicken, auffordert, die Wände mit dem Auge, mit dem ganzen Gefühl und Empfinden zu durchdringen, so daß wir ... in Verbindung sind mit der Allheit des webenden Weltgöttlichen."

Die äußere Gestaltung sei nicht so wichtig: "Da könnte er von allen Seiten mit Stroh umhüllt sein - das ist ganz gleichgültig."

1(12.12.11) 2494 3/28ff. -02

Exodus 2,16-21

"Ich habe selbst einmal darauf aufmerksam gemacht, daß wir es bei den sieben Töchtern des nidianitischen Priesters **Jethro**, welche **Moses** am Brunnen seines Schwiegervaters trifft (s. 139-12), aber auch bei den **sieben freien Künste**n im Mittelalter im wesentlichen mit demselben zu tun haben." Diese Äußerung im Zusammenhang mit der Legende von den sieben weisen Meistern, die etwas ausführlicher dargestellt wird.

2(05.02.13) 2701 3/30ff. -03

Die **Architektur**formen in Parallele zur seelischen Entwicklung in der **nachatlantischen Zeit** (s. 103-12). Erstes Auftreten solcher Formen in der **Höhlenarchitektur** beim Übergang der besonderen Ausbildung des **Astralleib**es zu der der **Empfindungsseele**. Die **Pyramiden** als vollkommener Ausdruck der Wahrnehmung kosmischer Verhältnisse entsprechend der Empfindungsseele, die sich in ein Wechselverhältnis zu der umgebenden Welt setzt. Die **Verstandes- und Gemütsseele** als solche, die am meisten innerlich in sich arbeitet, ein Seelenleben ausbildet, das sich trägt. Ihm entspricht der griechisch-römische Baustil, besonders der **griechische Tempel**, dessen in sich ruhende Statik zwischen aufstrebenden Säulen und ruhendem, lastendem Architrav. Der **gotische Baustil** als Ausdruck der **Bewußtseinsseele**. Wie in den Spitzbögen und in den Türmen drängt sich die menschliche Seelenkraft in der Bewußtseinsseele in sich zusammen. Wichtig ist auch das Öffnen des Kirchenraumes gegen das Licht in den farbigen Kirchenfenstern. Heute muß sich der Mensch aus dem Seelischen ins Geistige (Geistselbst) hin entwickeln. Für diesen Übergang muß ein Komplementäres zur alten Höhlenarchitektur gefunden werden. Die materiellen Wände sollen nicht mehr abgeschlossen erscheinen (s. vor. Referat), auch die einzelne Säule ist dann nicht eine Wiederholung, sondern ergibt durch Abwandlung z. B. der Kapitellform erst mit allen zusammen ein "Wort". Auch eine Kuppel soll durch entsprechende Malerei nicht das Gefühl des Abgeschlossenseins, sondern der Öffnung nach dem Unendlichen vermitteln.

Zu griechischem Tempel, romanischen und gotischen Kirchenbauten s. auch 5. Vortrag (17.06.14).

4(07.06.14) 2935 3/47ff. **-04**

Architektur / Tod

Die Entwicklung des **Akanthus**-Ornamentes der korinthischen **Säulen** geht nicht auf eine naturalistische Nachahmung dieses Blattes zurück, wie es die materialistische Anschauung annimmt. Ausgangspunkt sind kultische Tanzformen, mit denen die Erd- und die Sonnenkräfte dargestellt wurden. Später wurden dabei entsprechende Pflanzenformen mitgeführt: geschlossene Knospen für die Erd-, offene Palmwedel für die Sonnenkräfte. Daraus hat sich dann das Ornament der **Palmette**n entwickelt, wie sie u.a. bei einigen vorderasiatischen und dorischen Säulen unterhalb des Säulenwulstes (Echinus) aufgemalt wurden. Das Kapitell der ionischen Säulen wurde zur Volute weiterentwickelt: "Den Menschen, indem er sein Ich verstärkt, den sehen wir ausgedrückt in der Volute."

Das korinthische Kapitell als Zusammenfluß dieser Volute, die in kleinerem Maßstab auch wiederholt wird, und der plastisch gewordenen Palmette. Erst die Ähnlichkeit dieser Form mit dem Akanthusblatt führte später zu dieser Zuordnung. Hinweis darauf, daß die von **Vitruv** erzählte Anekdote, wie der korinthische Baumeister **Kallimachos** zur Idee für diese Form kam, ein hellseherischer Akt war bei dem Begräbnis einer **Jungfrau**: "Wenn man hellseherisch über dem Grabe einer jungfräulich Verstorbenen sieht, was im Ätherischen wirklich vorhanden ist, kann man verstehen, daß von der Palmette das Akanthusblatt geworden ist, ringsherumwachsend um den sonnenmäßig sich erhebenden Ätherleib des jungfräulichen Mädchens."

4(07.06.14) 2935 3/50 **-05**

"Wenn auch die **ägyptische** Kultur dem dritten nachatlantischen Zeitraume angehört, so ist doch das, was zur **Kunst** hintendiert in der ägyptischen Kultur, dem vierten nachatlantischen Zeitraume angehörig. Im vierten nachatlantischen Zeitraume hat sich dieses Bewußtsein so geltend gemacht, daß inneres Gefühl, innere Empfindung des Menschen Platz gegriffen hat, ... daß man fühlte, wie die Bewegung des Menschen, wie Haltung und Geste die menschliche Form und die menschliche Figur herausentwickeln aus dem Ätherischen ins Physische."

4(07.06.14) 2935 3/57ff. **-06**

Die Form des (damals geplanten bzw. im Bau befindlichen) **Goetheanum** soll wie eine Hohlform sein, in der "lebend und webend" drinnen sein soll das lebendige Wort der Geisteswissenschaft in der ihr möglichen Form. "Das, was hier umschlossen ist in den Raumformen, was darin gesprochen und getrieben wird, soll sich so anpassen, wie sich der Napfkuchenteig anpaßt der Negativform des Napfkuchentopfes. Fühlen soll man in dem, was an den Wänden ist, das lebendige Negativ dessen, was da gesprochen und getan werden soll." Das geisteswissenschaftliche Wort solle aushöhlend auf die Wände wirken und so die dem Wort entsprechende Form entstehen. Wenn dabei Formen entstünden, die solchen aus der Natur ähnlich sind, so sind sie nicht in Nachahmung entstanden, sondern es beruht darauf, "daß die höheren Geister, die in der Natur formen, nach diesen Kräften schaffen, so daß die Natur dasselbe ausdrückt, was wir ausdrücken hier an diesem Bau."

5(17.06.14) 2936 3/68ff. **-07**

Die Wände des **Goetheanum** sollen so reliefartig gestaltet werden, daß sie lebendig werden und Sprachorgane der Götter sein können, wie früher die Erde mit ihrem Pflanzenrelief zu den über ihr schwebenden Menschen der Paradiesmythe in Göttersprache gesprochen hat. Wo diese Wände durchbrochen werden, sucht der Mensch von sich aus die Verbindung mit dem Göttlichen. Die Glasfenster sollen deshalb Bilder des Weges zu den Göttern (Einweihung) zeigen.

6(28.06.14) 2937 3/75ff. -08

Über die Entwicklung von Formgefühl. Der **Kreis** bzw. die Kugel läßt in der Seele das **Ich**-Gefühl erstehen. Wird die Kreislinie mehr wellenartig, so drückt das die Auseinandersetzung mit der Außenwelt aus, so daß das Innere überwiegt, umgekehrt bei einer sägezahnartigen Kreislinie. Sind diese Ausbuchtungen nach einer Richtung geneigt, wird das Gefühl der Bewegung erlebt. Hat der Kreis Beziehung zu einem Punkt, so die **Ellipse** zu zwei Punkten. Sie ist die Linie der Punkte, deren Summe der Abstände zu diesen zwei Brennpunkten konstant ist (Addition). Bei konstanter Differenz ergibt sich die Hyperbel, die aus zwei getrennten Hyperbelästen besteht. Bei konstantem Produkt der Abstände entstehen die **Cassini-Kurven**: eine ellipsenähnliche, die **Lemniskate** und die aus zwei getrennten Ästen bestehende, wo die Verbindung, die bei der Lemniskate noch vorhanden ist, in die vierte Dimension verschwindet (s. **323-09**).

Diese geometrischen Operationen führt der **Astralleib** mitfühlend durch, wenn solche Formen wahrgenommen werden. Die **Geometrie** ist nur ein Bewußtmachen der sonst unbewußt bleibenden Operationen

Auf diese Weise kann auch der Kreis als Division der Abstände von zwei Punkten erhalten werden. Der Kreis als Triviales: das niedere Ich, als Ergebnis einer okkulten Division: das **höhere Ich**. Hinweis auf die Doppelkuppel des ersten **Goetheanum**.

Über die Bildung von (in Richtung der Erden-Willenskräfte stehenden) Ätherbeinen, die die Ätherschädeldecke tragen, die von den Umkreiskräften verdichtet wird. Die Bildung neuer Ätherbein-Paare im **Sieben-Jahres-Rhythmus** bis zum 7. Jahrsiebt. Die sieben **Säulen**paare des großen Rundbaues des ersten Goetheanum: "Sie haben den lebendigen Menschen in die Formen gegossen, aber so, wie er ist, wie er lebt in seinem **Ätherleibe**."

7(05.07.14) 2938 3/87ff. -09

Über die den **ästhetischen** Formgesetzen zugrundeliegenden kosmischen Gesetzmäßigkeiten. Über die für den Hellseher wahrnehmbaren Strömungen von Wesenheiten, die von der in vier "Kammern" eingeteilten **Sonne** zu **Mond** und **Erde** gehen und die im Mikrokosmos Mensch ihr Abbild finden im **Herz** mit seinen vier Kammern (=Sonne), in der **Lunge** (=Erde) und im **Gehirn** (=Mond) und in den diese **Organe** verbindenden **Blut**kreisläufen. Durch **Ahriman-Luzifer** sind allerdings dabei Unregelmäßigkeiten hineingekommen.

"Wenn nun jemand das, was ich hier gezeichnet habe, zur Figur machte, das heißt aus dem Kosmos abzeichnete, und das in irgendeinem Motiv erblicken würde, so würde er einfach in diesem Formenzusammenhang ein tiefes Weltengeheimnis empfinden." "Der Grund, warum er dies als Wärme durch seine Seele ... ziehen fühlt, ... ist der, daß in diesem Augenblick, wenn er im Astralleibe so bewußt wäre wie im Ich, er eine tiefe Erkenntnis durchschauen würde im bezug auf den Kosmos."

Der folgende Vortrag vom 26.07.14 ist in GA 291 enthalten, s. 291-05.

287 Der Dornacher Bau...

2(18.10.14) 2963 2/20ff. **-01**

Europa / Deutschland

Über die **Säulen**- und Architravmotive des ersten **Goetheanum** und die Entwicklung der einzelnen europäischen Volkskulturen (**Spanien-Italien**, **Frankreich**, **England** und ihr Einfluß auf Mitteleuropa) in der fünften nachatlantischen Epoche.

Fortgesetzt im nächsten Vortrag (19.10.14): Mitteleuropa: verschiedene nationale Elemente umfassend im Gegensatz zu den süd- und westeuropäischen Kulturen, Nationalcharakter nicht fertig, sondern ständig im Werden. **Merkurstab** als Zeichen (Hinweis auf die als "Kulturbotschafter" wirkenden Zipser-, Siebenbürgen-, Banater-Deutschen, deren Deutschtum weitgehend aufgesogen wurde.). Für die mitteleuropäische Kultur ist das Streben nach Individualität charakteristischer als das nach Nationalität. Dies trifft besonders auch zu für die Slawen Mitteleuropas: **Tschechen, Slowaken**, **Ungarn** und "dem anderen Pole des Deutschtums", die **Polen**. Über die **russische** Kultur als einer künftigen Kultur des Geistselbstes, Hinweis auf den Philosophen Solowjew.

Im vierten Vortrag (24.10.14) wird gesagt, daß diese europäischen Kulturen okkultistisch gesehen die "einfachen" seien, die **dänische**, **schwedische** oder **norwegische** sei z. B. komplizierter.

4(24.10.14) 2966 2/50ff. **-02**

Über die Doppelkuppel des ersten **Goetheanum**, die im Gegensatz zur einfachen Kuppel nur eine Symmetrieachse hat. "So drückt unser Bau aus, wenn ich das Wort "ausdrücken" gebrauchen darf: **Wollen**, **Fühlen** und **Denken**, aber in ihrer Evolution, in dem, was sie werden sollen in der Menschenwesenheit, die nach einer gewissen Entwickelung ihrer selbst strebt."

"Gehe ich von Westen nach Osten in diesem Bau, dann bewege ich mich so, wie sich die Willenssphäre der Menschen bewegt; richte ich den Blick von unten nach oben und beobachte die Formen der Säulen und Architrave, dann vertiefe ich mich in die Geheimnisse der Gefühlssphäre der Menschennatur. Studiere ich dasjenige, was sich wölbt in der Malerei der Kuppel über dem, was wir erleben innerhalb des Baues, dann studieren wir die Geheimnisse der menschlichen Denksphäre.

Man sieht, daß bei einem solchen Werke ... alles einer gewissen inneren Notwendigkeit entspricht, daß alles so entsteht, wie es entstehen muß."

Hinweise zu Vorträgen aus 287 in 156-03, 157-03, 281-02

291 Das Wesen der Farben

1(06.05.21) 4485 3/23ff. **-01**

Über das objektive Wesen der **Farben**. Die vier **Bildfarben Schwarz** (Finsternis) - **Grün** - **Pfirsichblüt** - **Weiß** (Licht). Schwarz als geistiges Bild des Toten, Grün als totes Bild des Lebendigen, Pfirsichblüt als lebendiges Bild des Seelischen und Weiß (Licht) als seelisches Bild des Geistigen. S. auch **276/7(18.05.23)**.

2(07.05.21) 4486 3/39ff. **-02**

Nochmalige Charakterisierung der **Bildfarben** als eigentliche Schattenfarben, hervorgehend aus einem Schattenwerfenden und einem Leuchtenden:

Farbe	**Schattenwerfer**	**Leuchtendes**
Schwarz	Geist	Totes
Grün	Totes	Lebendiges
Pfirsichblüt	Lebendiges	Seelisches
Weiß	Seelisches	Geist

Grün kann vorgestellt werden als hervorgehend aus **Blau** und **Gelb** auf ruhigem Weiß. Es verträgt Begrenzung. Die Inkarnatfarbe geht hervor aus ineinander webendem Schwarz und Weiß, das von Rot durchschienen wird. Es hat die Tendenz sich zu verflüchtigen.

Die **Glanzfarben** Gelb, Blau und **Rot**: Gelb neigt zum Strahlen, nach außen schwächer werdend, umgekehrt neigt das Blau, sich in sich zu verschließen, zu inkrustieren. Rot steht dazwischen als gleichmäßig zur Ruhe gekommene Bewegung, gleichmäßige Fläche. Gelb ist der Glanz des Geistes, Blau der Glanz des Seelischen und Rot der Glanz des Lebendigen. S. auch **276/8(20.05.23)**.

Die Anordnung der Farben zwischen Weiß und Schwarz als Polaritäten: Glanzfarben Rot - Orange - Gelb - Bildfarbe Grün, dahinter Weiß - Glanzfarbe Blau - Violett - Bildfarbe Pfirsichblüt (wo man aus dem Physischen heraus muß), dahinter Schwarz. In der Pfirsichblüt-Farbe (Inkarnat) setzen sich Schwarz und Weiß auseinander, vom Rot durchglänzt. Sie schließt das physische Farbenband zum Kreis.

2(07.05.21) 4486 3/53 **-03**

Malerei

Um der Glanzfarbe **Gelb** das Strahlende zu nehmen, muß ihr Schwere gegeben werden: Goldfarbe. So kann dann der Glanz des Geistes als gleichmäßige Farbe, wie bei **Cimabue**, als **Goldgrund** verwendet werden (s. 101-03 und 291a, S. 217 (1. Aufl.)).

3(08.05.21) 4488 3/55ff. **-04**

Über das Problem der Körperfarben, wie sie in der **Malerei** angewendet werden sollen. Das Grün der **Pflanzen** (**Bildfarbe**), das zugleich den Urcharakter der fixierten Farbe darstellt. Die übrigen Pflanzenfarben, die **Glanzfarben**, werden durch die Sonne hervorgerufen, das Pflanzengrün dagegen durch die Mondkräfte (Gegensatz Sonnenschein - Mondlicht = Bild des Sonnenlichtes).

Bei der malerischen Darstellung des Pflanzlichen muß der Bildcharakter zum Glanzbild erhoben werden, damit das Pflanzliche wesenhaft erscheint. Dies wird erreicht, indem dunkler gemalt und darüber ein (gelblicher) Glanz gelegt wird.

Die Farben der **Mineralien** hängen mit den Planeten zusammen, sie sind innerlich erstrahlend in Glanzfarben darzustellen. Das **Tierische** muß in etwas helleren Farben dargestellt werden (nicht ganz Bild) und durch einen bläulichen Schimmer wieder abgetrübt werden. Menschliche Darstellungen sollen ganz Bild sein, auch die Glanzfarben sollen Bildcharakter annehmen.

Demnach gibt es folgende Stufen der malerischen Darstellung:

Unlebendiges	Glanz
Pflanzliches	Glanzbild
Tierisches	Bildglanz
Mensch	Bild.

Es wird empfohlen, nicht mit pastösen Farben, sondern mit in Wasser gelösten zu malen, aus der Farbe heraus.

4(26.07.14) 2945 3/83 **-05**

Mimikry

Für die höheren **Tiere** (Beispiel Pferd) erscheint der Mensch nicht als physisches sondern als geistiges Wesen, als eine Art Gespenst. Die **Farbe** der Tiere ist darauf zurückzuführen, daß sie das in ihrer Umgebung flutende Farbenmeer schöpferisch in sich hineinnehmen (Beispiel weiße Farbe des Eisbären): "Das Tier betrachtet die Gegenstände mit seinem Astralleib, wie wir mit dem Ich sie betrachten, und es fließt ein in diesen Astralleib das, was an Kräften in den Gruppenseelen der Tiere vorhanden ist."

Vortrag auch enthalten in GA 286.

5(01.01.15) 2999 3/96ff. **-06**

Über das moralische Erleben der **Farben**. Rot als Erstrahlen des göttlichen Zornes, das den Menschen das Beten lehrt. Orange: stärkt die inneren Kräfte, weckt die Sehnsucht nach Erkenntnis. Gelb: Leben in den Kräften, aus denen der Mensch geschaffen wurde. Grün: innerliches (egoistisches) Gesunden. Blau: Entwicklung von Hingabe.

5(01.01.15) 2999 3/103ff. **-07**

Musik

Das künftige moralische Erleben des einzelnen **Tones**: "In der Zukunft wird der Mensch mit seinem Erleben hinter den Ton gehen können. Er wird gleichsam den Ton wie ein Fenster betrachten, durch das er in die geistige Welt hineintritt.. ." Schilderung der einzelnen Erlebnisse der Prim, Sekund, Terz, Quart und Quint.

9(02.06.23) 5298 3/168ff. **-08**

Farbenperspektive / Sinneswahrnehmung

Die Wahrnehmung der **Farben** von **Mineralien**, **Edelsteinen**: Der Edelstein "appelliert an die in Ihrem Auge konzentrierte Phantasie, denn dieses Auge ... ist mit seinen Blut- und Nervensträngen ... das Ergebnis wirksamer Phantasie ... In demselben Momente, wo der grüne Edelstein Ihnen entgegentritt, versetzen sie Ihr Auge zurück in weit zurückliegende Zeiten ("vor Lemurien"), und das Grüne erscheint Ihnen deshalb, weil damals göttlich-geistige Wesenheiten diese Substanz durch die Grünfarbe im Geistigen aus der geistigen Welt heraus erschaffen haben." "Wir sehen nämlich gar nicht, wenn wir Farben sehen, bloß das Gleichzeitige, wir sehen, wenn wir Farben sehen, in weite Zeitperspektiven zurück." Das **Pflanzen**grün versetzt uns zurück in das Sonnendasein. Vortrag auch als 3. Vortrag in GA 276.

9(02.06.23) 5298 3/171ff. -09

Es wird empfohlen, statt der räumlichen Perspektive die **Farbenperspektive** in der **Malerei** zu verwenden. Das Bestreben, eine vierte **Dimension** einzuführen: "Aber so ist die vierte Dimension gar nicht vorhanden, sondern sie ist so vorhanden, daß sie die dritte vernichtet ...und nur zwei übrigbleiben als reale, und alles ist, wenn wir uns von den drei Dimensionen des Physischen zum **Ätherischen** bewegen, nach den zwei Dimensionen orientiert." Eine dritte Dimension ist für das Ätherische ohne Bedeutung wie auch für die Malerei. Auch das Gefühl des Menschen steht in Beziehung zu den zwei Dimensionen. Das **Musik**alische dagegen ist eindimensional, hier wird das Geistig-Seelische erlebt.

S. 227-07 und 276/5(08.06.23) mit dem Beispiel von **Raffaels** Sixtinischer Madonna.

Hinweise auf Vorträge aus 291 in 203-07 (Teilref.).

291a Farbenerkenntnis

(18.12.20) 1/70 -10

Lebensäther

18.12.20: R. Steiner gegenüber W. Zeylmans van Emmichoven: "Das Spektrum mit den sieben **Farben** ist nur ein Teil des ganzen, nur das, was im Sonnenspektrum sichtbar wird. Um das ganze Spektrum zu verstehen, muß man einen Kreis ziehen und dann sind hier (im unteren Teil) die sieben Farben vom Sonnenspektrum und auf der anderen Seite die fünf Purpurfarben ... Diese sieben Farben, die sieht man, weil da der **Astralleib** sozusagen in den Farben schwimmt. Das **Purpur** aber ist so zart, daß es draußen in der Natur kaum in Erscheinung tritt; aber da lebt das **Ich** im Ätherischen. Purpur ist nämlich die Farbe des Ätherischen."

S. -02 und 202-09, sowie GA 320 und 321.

20.4.1920: Angaben Steiners gegenüber R. E. Maier. Mit einer Äskulinlösung wird der im Ultravioletten des Spektrums wirkende **Chemische Äther**, durch eine Jodlösung in Schwefelkohlenstoff der im sichtbaren Bereich des Spektrums wirkende **Lichtäther** und durch eine **Alaun**lösung der **Wärmeäther** (im Infrarot-Bereich) ausgeblendet. Durch Zusammenbiegen des Spektrums mittels magnetischer Kraft sollten das blaue und das rote Ende des Spektrums zueinanderkommen, so daß die verschiedenen Purpurfarben entstünden.

12.4.23: Gespräch mit F. Kauffungen: "... Es muß dann dort eine ganz eigentümliche Farbe entstehen, die stark vitalisierend wirkt. Das müßte an Bakterien ausprobiert werden."

S. 74-99: Ausführliche Berichte über die von R. E. Maier und H. Buchheim daraufhin in Stuttgart und Einsingen (bei Ulm) durchgeführten Experimente.

Anmerkung: S. dazu auch W.Landensperger Elemente der Naturwissenschaft Nr. 52, S. 51 (1990) und Nr. 55, S. 55 (1991)

(06.11.13) 1/105 -11

Aus einer Fragenbeantwortung im Zusammenhang mit der Goetheschen Anschauung des Zusammenwirkens von **Licht** und **Finsternis** bei der Farbenentstehung. "Was Licht und Finsternis betrifft: Das Licht braucht ein Zentrum, aber wenn man schon von einem Ausbreiten der Finsternis sprechen will - was anfechtbar ist -, als ob man von einem "Zentrum des Nichts" spreche, dann muß man sagen: Ein Zentrum gibt es eigentlich nicht, es gibt eine mittelpunktslose Expansion; daher wird die Finsternis von dem Lichte überall angetroffen."

(17./18.7.17) 1/133 -12

Farben / Nachbild

Aus Gesprächen von W. J. Stein mit Steiner: "Die **Wahrnehmung** kommt nun so zustande, daß der lebendige Vorgang (der physisch-ätherische Vorgang) z. B. aufs Auge stößt. Im Auge wird das Ätherische abgestreift, es bleibt ein rein physischer Vorgang, der des Ätherischen entkleidet ist. In diesen ergießt sich der menschliche **Äther- und Astralleib**. Was wir wahrnehmen, ist dieses Eigene. Rot z. B. strömt ein als physisch-ätherischer Vorgang. Das Auge aber ergießt Grün in den Hohlraum, d.h. in den des Ätherischen entkleideten physischen Vorgang. Blickt das Auge gegen eine weiße Wand, so kommt zum Bewußtsein, was immer da ist, das subjektive Grün. Rot wahrnehmen heißt Grün ergießen.

Beim Hören ist es so, daß die ganze Subjektivität beteiligt ist ... Wir hören mit der ganzen Seele; wenn der **Ton** *g* ertönt, so ist *g* ausgeschaltet, und wir sind es, die nun alle Töne der Tonleiter erzeugen, aber in dem, was wir erzeugen, fehlt gerade der Ton *g*, und dadurch kommt *g* zur Wahrnehmung.

Beim Sehen mit zwei Augen tastet das linke das rechte und umgekehrt. Das ergibt dann die **Ich**wahrnehmung ... Die Tiere haben eine andere Art des Sehens..Die wahre Funktion der Augendoppelbilder beim Menschen ist, daß durch das Übereinanderfallen derselben die Ichwahrnehmung entsteht. Das ist die psychologische Ergänzung zu Goethes Farbenlehre, die er noch nicht berücksichtigt hat ... Das Ich ist nicht im Denken, sondern im Erwachen zum Denken; im Übergang vom Nicht-Denken zum Denken ist es garantiert. In der Ichwahrnehmung wird das Ich ausgelöscht wie der blinde Fleck im Auge...

Beim Tasten ist alles noch primitiver. Sehen Sie, wenn ich mit meinem Finger den Tisch berühre, da schiebt sich meine Fingerspitze nach rückwärts, durch den Druck; sie wird da abgeplattet, da fehlt mir gewissermaßen ein Stück Finger. Dieses Negative ... das ist es, was getastet wird, nicht der Tisch. Das Negative ist es, was wahrgenommen wird. Immer das Negative bei aller Wahrnehmung. Das objektiv Ätherische wird ausgelöscht."

1/135 -13

Aus diesen Gesprächen: "Das **Licht** hat keine Geschwindigkeit, es ist als geistiger Vorgang überall gleichzeitig. Aber wir beobachten in der Sinneswelt niemals das Licht selbst, wir beobachten das Licht in irgendeinem Medium, und das Licht im Medium hat eine Geschwindigkeit."

"Die **Relativitätstheorie** begeht den Fehler, daß sie Erscheinungen betrachtet, die nur unter gewissen Bedingungen gelten, dann aber glaubt, die Erscheinungen dauern auch dann fort, wenn die Bedingungen nicht mehr fortdauern. Wer sich mit **Lichtgeschwindigkeit** bewegt, ist Licht geworden, wird zum Lichterreger."

1/135 -14

Aus diesen Gesprächen: **Wahrnehmung** und **Nachahmung**. "Warum ahmt der **Affe** nach? Nun sehen Sie, das ist so: Außer dem Affen ist irgendeine Figur. In dem Affen entsteht nun, wenn er diese Figur wahrnimmt - und zwar entsteht er im Ätherischen - ein Hohlraum. In diesen Hohlraum ergießt der Affe seine Astralität, und das ist es, was seinen Willen anregt. Dadurch kommt er zur Nachahmung. Alles nachahmen ist nämlich eigentlich ein Saugeprozeß. Die Astralität wird in den ätherischen Hohlraum hineingesogen, und daraus entsteht die Willensaktion."

1/141 -15

Farben / Nachbild

Der in -12 dargestellte **Wahrnehmungs**prozeß wird von Steiner in einer schriftlichen Antwort an W. J. Stein (20.9.17) noch weiter detailiert:

"Was geschieht, wenn ich "gelb" sehe?

1. Im Auge selbst ist vom Objektiven her: belebtes Gelb.
2. In dieses belebte Gelb dringt von innen vor der **Ätherleib**...; dadurch wird das ... belebte Gelb: totes Gelb. Es ist also im Auge totes Gelb, weil dessen Leben vom inneren Leben (Ätherleib) verdrängt ist. Dadurch hat das Erkenntnis-Subjekt ... das von innen belebte Bild des Gelb, aber dieses Bild mit dem Einschlag des Leichnams des Gelb. Soweit ist dieser Vorgang **objektiv-subjektiv**. Es wäre damit aber nur ein innerlich belebtes Gelb erzeugt, von dem das Erkenntnis-Subjekt nicht wissen könnte. Es könnte sein eigenes subjektiv-objektives nur erleben, nicht bewußt erleben.
3. In das subjektiv-objektive neu belebte Gelb dringt der **Astralleib** des Erkenntnis-Subjektes ein. Dieser erzeugt an dem belebten Gelb das belebte "Blau"; dieses Blau wird tatsächlich innerhalb des Organismus geschaffen, geht aber nicht über den Organismus räumlich hinaus.

Es ist also vorhanden:

1. das astralisch erzeugte Bild "blau",
2. die Wirkung dieses astralischen Bildes auf den Ätherleib - als subjektiver Lebensvorgang,
3. physiologisch der physische Vorgang im Auge - der nach innen, nicht nach außen blau wirkt.

Alles dieses wird aber nicht Gegenstand des **Ichbewußtseins**, das Ich weiß erst, wenn innerlich das erst im Auge belebte "Gelb" abgedämpft (abgelähmt) wird - dann ist vorhanden:

1. Abdämpfung des Lebens im Gelb durch das Ich,
2. bewußtes Auftreten des nicht mehr lebendigen Gelb im Astralleib,
3. das vom toten Gelb überleuchtete, daher unbewußt bleibende astralisch erzeugte Bild "blau",
4. dessen Wirkung im eigenen Ätherleib,
5. der physiologische Vorgang im Auge.

   Wird nun das Objekt, von dem das Gelb kommt, weggenommen, so hört die Auslöschung des vom Astralischen erzeugten Bildes "blau" auf - und dieses klingt ab, bis der innere - geistig-physische Organismus sich wieder hergestellt hat..."

(19.01.04) **1/185ff.** -16

In der **Aura** des Menschen kann der Hellseher alles außer dem **Ich** beobachten. Dieses Ich war bei den **Lemuriern** ein dunkler Punkt, bei den **Atlantiern** ein Kreis oder eine Eiform innerhalb der Aura. Beim heutigen Menschen deckt sich diese Form mit der Grenze der Aura, beim **Adepten** geht diese mentale Aura über die astrale und wird glänzend blau bis violett. "Das Rosenrot ist das eigentlich Schöpferische, das, wo das Ego an den schöpferischen Kräften der Welt auf geistige Weise mitzuarbeiten beginnt, und wo der Adept ein wirklicher Planetengeist zu werden beginnt."

"Wenn ein Geist so groß ist, daß er ein Sonnensystem baut, dann ist sein Ego nicht in der Sonne, sondern am äußersten Rand des Systems zu suchen. Das **Sonnensystem** ist dadurch scheinbar ein unlebendiges, weil es das Ich schon hinausgestellt hat. Wenn wir an die Grenze des Sonnensystems kommen könnten, würden wir das Ego dort auffinden. Das ist der esoterische Grund der **Himmelsbläue**. Der Weltenraum erscheint deshalb blau, weil er nichts anderes darstellt als die schwarze Hülle draußen, durch die ... der Geist hindurchscheint..."

"Das Blau des Himmels ist wirklich anzusprechen als das "Feste", wie die **Genesis** sagt (1. Mose **1,6-8**). Es ist dies möglichst wörtlich zu verstehen, genauso, wie außerhalb des Ich der allgemeine Geist ist. Nichts in der Welt ist ohne Geist. Der allgemeine Geist ist der, der noch nicht zum Ich geworden ist, und innerhalb ist der Geist, mit dem das Ich sich bereits erfüllt hat.

Das Ich ist die Grenze zwischen dem Geist von außen und dem Geist, der im Menschen lebt. Die "Feste" der Genesis ist das Ich des betreffenden Sonnensystems."

(06.08.05) **1/188ff.** -17

Notizen aus einem Privatvortrag für Marie von Sievers: Die **Farben** der **astralischen Welt** sind Ausdruck eines Wesens, an dem sie sich befinden, sind Innenfarben. In den höheren Welten werden die Farben schöpferisch, strahlend (**Devachan**, Arupa). "Eine solche Welt, wo alle Wesen in strahlenden Farben leben, nennt man das erste **Elementarreich**. Wenn die Materie dieser Wesen etwas dichter wird, ins Rupische hinuntersteigt, fangen sie an, durch Töne sich bemerkbar zu machen: Das ist das zweite Elementarreich. Die Wesen, die darin leben, sind sehr beweglich. Im dritten Elementarreich kommt zu dem übrigen die Gestalt hinzu. Die Innenfarbe ist gestaltet. Leidenschaft zeigt sich in Blitzform, erhabene Gedanken in Pflanzenform. ... Die physische Welt enthält alle drei Elementarreiche wie geronnen in sich." Über die Entstehung der Oberflächenfarben im Mineralreich.

(09.10.05) **1/190** -18

Aura von Städten

Fragenbeantwortung: Manche Sensitive können **Töne** als **Farben** und nicht nur Farben als Töne wahrnehmen. In diesem Zusammenhang: "Der Anfang der neunten Symphonie von **Beethoven** ist schon in Farben umkomponiert." Auch Städte hätten ihre bestimmte Farbe (Berlin sei grau, Wien rot. S. auch 279/8(01.07.24)). "Die **gotische** Kirche ist ein Musikstück, mental ein Tongebilde."

(28.06.06) **1/190** -19

Bestimmte **Farben** ziehen bestimmte Wesenheiten an (Fragenbeantwortung).

(01.11.07) 1/191 -20
Über die übersinnlichen Farben von **Sonne** (blau bis rotviolett) und **Mond** (orange, rot bis braun) (aus einer esoterischen Stunde).

(15.01.12) 1/191 -21
Fragenbeantwortung: Der **Hellseher** sieht nicht die Komplementärfarben, aber ähnliche. Die ätherischen **Farben** sind in der physischen Welt nicht vorhanden.

(26.08.21) 1/350 -22
Aus einer Fragenbeantwortung: Menschlich-moralisch Gedachtes in der **Malerei** auszudrücken ist unkünstlerisch, führt zu Symbolisieren und Allegorisieren.

(13. u. 15.10.22) 1/353ff. -23
Notizen aus 2 Vorträgen zur **Malerei**. Zum **Inkarnat**: Es gibt nichts in der Natur, das dem menschlichen Inkarnat ähnlich wäre, es ist das allermenschlichste. Das Inkarnat, als äußere Offenbarung des Inneren, ist ganz Schöpfung des Menschen selbst, aber eigentlich nur im Antlitz. - Das Antlitz ist das Ich.

(08.10.20) 1/443ff. -24
Beeinflussung des kindlichen **Temperamentes** durch **Farben** (Fragenbeantwortung). Choleriker wird z. B. durch die rote Farbe gedämpft, da er sich anstrengen muß, innerlich die blaugrüne Gegenfarbe zu bilden. Ein Melancholiker wird durch eine blaugrüne Umgebung aktiviert, da er die rote Farbe hervorbringen muß.

GA **284/285(21.5.07)**: "Unser Inneres muß so ätherrein werden wie der Weltenäther droben, der uns in Blau entgegentritt. Die Erziehung dazu drückt sich in der roten Farbe unserer Umgebung aus *(Kongreßsaal München 1907)*. Umgibt uns äußerlich das Rot, so lebt in unserem Inneren die Konträrfarbe. Daraus erklärt sich das Rot in allen Kultstätten der Esoteriker, während exoterische Stätten, in denen äußerlich und in Symbolen von den Geheimlehren gesprochen wird, die blaue Farbe tragen." S. auch die darauf folgenden Ausführungen vor dem Vortrag vom 12.6.07.

Hinweise auf 291a in 291-02, 349-02.

292 Kunstgeschichte als Abbild innerer geistiger Impulse

1(08.10.16) 3272 2/19ff. -01
Über die Entwicklung der **italienischen Malerei** von **Cimabue** (ca. 1240-1302) bis zur Renaissance. Cimabue gestaltete seine Bilder noch aus einer visionären Anschauung der übersinnlichen Welt. Mit **Giotto** (1266 oder 1276-1337) beginnt eine neue Weltauffassung, ein Mitfühlen mit dem Natürlichen der Erde, in enger Seelenverwandtschaft zu **Franz von Assisi** (daher seine Bilder in der Oberen Kirche von Assisi).

Zu Franz von Assisi: "Wenn wir uns fragen: Wer war denn eigentlich der erste richtige Materialist, der dem **Materialismus** den allerersten Anstoß gegeben hat, dann bekommen wir, wenn wir die Geschichte von einem etwas höheren Gesichtspunkte aus betrachten, eine Antwort, die ganz gewiß dem heutigen Menschen selbstverständlich paradox klingen wird, aber ... voll berechtigt ist; wir bekommen die Antwort, daß der erste, der seelisch das materielle Fühlen einleitete, der Heilige Franz von Assisi ist."

Von Giotto gehen zwei Strömungen aus: die eine sucht das Geistige (**Masaccio** (1401-1428), **Ghirlandajo** (1449-1494), **Mantegna** (1432-1506)), die andere das Seelische realistisch-naturalistisch darzustellen (**Fra Angelico** (1387-1455), **Botticelli** (1444-1510)). Reste des früheren Spirituellen in der Allegorie (**Camposanto** in Pisa, **Traini**). Das Streben, durch Zusammenstellen von Einzelheiten, durch die Komposition, geistig zu wirken (Beispiel **Perugino** (eigentlich Vannucci, ca. 1450-1523), Lehrer **Raffaels**). Das Zusammenfließen dieser Tendenzen und Bestrebungen in den großen Malern der Renaissance, wie **Leonardo da Vinci** (Abendmahl) und Raffael (Die heilige Cäcilie: Überwindung des Allegorischen). Verbunden ist diese ganze Entwicklung mit dem Übergang von der Malerei christlicher Inhalte zu einer solchen, wo diese nur noch den Anlaß geben, das individuell Menschliche darzustellen.

2(01.11.16) 3288 2/53ff. -02

Über die drei großen Maler der **italienischen Renaissance**: **Leonardo da Vinci** (1452-1519), **Michelangelo** (1475-1564) und **Raffael** (1483-1520) als Zusammenfassung der vorangehenden Entwicklung und Ausgangspunkt einer neuen **Malerei**.

Das Streben Leonardos nach Naturverständnis (im Gegensatz zum Naturfühlen des Franz von Assisi), seine vielfältigen Ambitionen auf verschiedenen künstlerischen und technischen Gebieten.

Im Gegensatz zu Leonardo steht Michelangelo voll im politischen Leben seiner Zeit, sein Schaffen ist davon betroffen: **Pietà** nach dem Wegzug aus Florenz nach Rom, David nach der Rückkehr nach Florenz, Ausmalung der **Sixtinischen Kapelle** unter dem Papst **Julius II.** (1443-1513, Papst seit 1503) und seinem Nachfolger Leo X. (1475-1521); zurück in Florenz: **Mediceergräber**, nach Vertreibung wieder in Rom: "Jüngstes Gericht" in der Sixtinischen Kapelle. Das freie Künstlertum dieser Zeit "konnte sich nur entwickeln, indem herausgehoben wurden aus dem moralischen Element die Vorstellungen des Christentums..." "Diese Vorstellungen hatten ... einen freien imaginativen Charakter bekommen, mit dem man wie mit einem Weltlichen arbeitete... Man hatte es objektiv gemacht, losgelöst vom Moralischen. Dadurch gerade gleitet das ... christliche Vorstellen zum rein Künstlerischen hinüber." Der Protest **Savonarolas** (1452-1498) und später der Lutherischen Reformation gegen dieses Abstreifen des Moralischen.

Dazu interessant die Charakterisierung des Papstes Julius II.: Er strebte nach dem Papsttum, "um durch das geistige Leben das Papsttum groß zu machen, obwohl er ja natürlich ein Kriegsmann war. Aber in seinem Innersten dachte er sich als Krieger doch nur im Dienste des geistigen Rom." Er sei ein ernst zu nehmender Geistesmensch gewesen, der selbstlos die Künste förderte. "Es klingt ja sonderbar, wenn man dies sagt bei einem Menschen, der sich zur Durchführung seiner Pläne des Giftmordes und so weiter bediente; aber das gehörte zu der Sitte seiner Zeit in den Kreisen, mit denen er seine Pläne verwirklichte."

Ausführungen zu Leonardos Abendmahl u.a., zu Michelangelos Moses als Teil des Grabmales für Julius II., der Pietà im Dom zu Florenz, zu Raffaels Madonnenbildern, der **Disputà**, der "Dreifaltigkeit", "Die **Schule von Athen**" (die beiden Mittelfiguren seien keinesfalls Plato und Aristoteles, es sollen vielmehr durch die verschiedenen Figuren, die keine speziellen Philosophen vorstellen, die verschiedenen Arten ausgedrückt werden, wie sich der Mensch erkenntnissuchend mit seiner Vernunft verhalten kann.); zu weiteren Gemälden in der Camera della Segnatura (Vatikan, Stanzen), Befreiung des Petrus aus dem Gefängnis, unterschiedliche Auffassung der Sibyllen bei Michelangelo und Raffael, Bekehrung des Paulus, **Sixtinische Madonna** u.a.

Zu Raffaels Malerei s. auch 8. Vortrag (17.01.17).

3(08.11.16) 3292 2/91ff. -03

Plastik / Architektur

Die Entwicklung der mittelalterlichen Kunst im westlichen **Mitteleuropa**, hervorgehend aus einer Überlagerung verschiedener Phantasieimpulse. Der südliche Impuls (Italien), der das Individuelle zum Allgemeinen emporzuheben sucht und verbunden ist mit einem Ruhen im Kompositionellen (Höhepunkt Raffael). Der mitteleuropäisch-nördliche ist ein Willensimpuls, der sich in der Bewegung, in der Geste (nicht nur des Gesichtes sondern vor allem auch der Hände) seelisch ausdrückt.

Die mittelalterliche **Buchkunst** (Evangeliare) und Miniaturmalerei, besonders der ottonischen Zeit, ist aus dieser Empfindung des inneren Zusammenhanges zwischen Zeichen, die Ausdruck menschlichen Willens und Seelenlebens sind, und bildhafter Darstellung hervorgegangen, wenn auch diese etwas unbeholfen wirken.

Romanik als Ausdruck des südlichen Formenimpulses, der sich mit dem nördlichen verbindet bis zum 12. Jahrhundert. Wird dann durchdrungen durch die von Westen kommende **Gotik**, die wiederum ein Zusammenfluß des **normannischen** (Realismus) und eines vor allem süd**französischen** Elementes (Mystik) ist (Beispiel: Figuren des **Naumburger Dom**es und des **Straßburger Münster**s).

Das Revoltierende des nördlichen Impulses, das sich z. B. auch in der Behandlung von Licht und Schatten und demnach auch der Farbe ausdrückt, die mit dem Willenselement verbunden ist. "Dadurch aber kommt der Mensch auch mit den elementarischen Wesen ... in einen Zusammenhang." Hinweis auf **Faust**, der sich der Magie ergibt. Beispiele aus der Kunstgeschichte: Stephan **Lochner** (gest. 1451), Martin **Schongauer** (1450-1491), Matthias **Grünewald** (Isenheimer Altar).

Ausführlich zu Albrecht **Dürer** (1471-1528) und seinen Werken: Selbstbildnisse, Heilige Dreifaltigkeit, Kreuztragung, die vier Apostel (Paumgartnerscher Altar), Anbetung der Heiligen Drei Könige, Ritter,Tod und Teufel, Hieronymus im Gehäuse (Parallelen zu Faust Studierzimmer), Melancholie (Behandlung des Lichtes im Raum, symbolische Ausdeutung wird abgelehnt).

Hans **Holbein** d.J. (1497-1543) ist derjenige, der dann "in einer ... fast zum Äußerlichsten gehenden Weise im Äußerlichen das zum Ausdruck bringt, was er aus der Seele herausholen will..." (Porträts, Madonna des Bürgermeisters Meyer, Totentanz-Holzschnitte).

Zu Dürer und Holbein (besonders zum Motiv des Todes in der spätmittelalterlichen Malerei) s. auch 8. Vortrag (17.01.17).

4(15.11.16) 3297 2/119f. -04

Plastik

Die gemüthafte Aufnahme des christlichen Impulses in der nachkarolingischen Zeit zeigt sich auch in der Kunst **Mitteleuropa**s mit einem Höhepunkt im 12., 13. Jahrhundert. Diese tiefe seelische Anteilnahme spiegelt sich in vielen Darstellungen der Passionsgeschichte, der Jesus-Christus-Gestalt (unterschiedliche Auffassung gegenüber der südlichen Strömung, s. vor. Ref.). Beispiele: Chor mit Kreuzigungsgruppe im Dom von **Halberstadt**, Kreuzigungsgruppe in der Schloßkirche von Wechsellburg (Sachsen), **Dürer** "Der Schmerzensmann", Figuren aus dem Dom von **Freiberg** (Sachsen), aus dem **Bamberger Dom**.

Besonders stark das Seelische charakterisierend sind die Plastiken an der Kartause von Dijon (erbaut 1383-1388) von Claus **Sluter**. Weiter werden Werke von Hans **Multscher** (ca. 1400-1467), Tilman **Riemenschneider** (ca. 1460-1531) und Veit **Stoß** (gest.1533), auf dem Gebiet der Malerei solche von Hans **Baldung Grien** (1476-1545, Schüler Dürers) kommentiert.

5(28.11.16) 3304 2/140f. **-05**

Malerei

Rembrandt (1606-1669) als Maler, der nicht von der südlichen Strömung beeinflußt ist, und erster Repräsentant des Bewußtseinsseelen-Zeitalters auf seinem Gebiet. "Und Rembrandt ist als Künstler derjenige, der aus aller Ursprünglichkeit dieses (niederländischen) Volkstums heraus dasjenige geltend macht, ... was im eminentesten Sinne enthält das Geltendmachen menschlicher Individualität und menschlicher Freiheit.

Es ist merkwürdig, wie sich in Rembrandt fortsetzt, was ich Ihnen schon ausgeführt habe bei Dürer: das Weben im elementarischen Hell-Dunkel, ... auf dessen Wogen der Ursprung der Farben zu suchen ist."

"Und so sehen wir, wie ... Rembrandt ... plastisch malt, aber malt mit Licht und Finsternis. Dadurch hebt er, trotzdem er den Blick nur auf das Wirkliche richtet, nicht auf die erhöhte Wahrheit, wie die südeuropäischen Maler, ... erhebt er dennoch seine Gestalten in eine geistige, in eine spirituelle Höhe; denn es lebt und webt in ihnen dasjenige, was als Licht durch den Raum flutet."

6(13.12.16) 3312 2/161f. **-06**

Die Verwendung der **Perspektive** in der **Malerei** tritt mit dem Beginn des Bewußtseinsseelen-Zeitalters auf (**Brunelleschi** (Brunellesco, 1377-1446)) und zwar in der südlichen europäischen Kunst, die das Kompositionelle betont (Gruppenhaftigkeit). Dagegen: "Wenn man Verständnis hat für das Individuelle, dann will man das Individuelle von innen heraus gestalten; man sieht nicht den Geist wie Fangarme ausstreckend und eine Gruppe zusammenhaltend, sondern man sieht den Geist in jedem einzelnen; man stellt die einzelnen individuellen Dinge zusammen ... das heißt: man will dasjenige, was im Inneren, im Seelenhaften ist, an die Oberfläche des Körperlichen bringen: Das geschieht nun nicht durch Perspektive, sondern das geschieht durch die lichtdurchflossene Farbengebung." Damit hängt zusammen das Aufkommen der **Ölmalerei** (Brüder van Eyck). Besonders charakteristisch ist dafür die niederländische Malerei des 15. und 16. Jahrhunderts. Die realistische Darstellung biblischer Inhalte verlangt auch eine andere Behandlung des Raumes: "Der Raum hat aufgehört, selber in der Komposition des Bildes zu leben (**Goldgrund-Malerei**); dafür muß er auf das Bild versetzt werden, muß im Bilde selber auftreten... Das heißt, daß man einen Innenraum, ein Zimmer oder irgendetwas nimmt und die Gestalten hineinstellt; oder aber, indem man den Raum gestaltet so, wie er sich naturalistisch um den Menschen herum gestaltet als Landschaft." Das erste Auftreten eigentlicher **Landschaftsmalerei** in der niederländischen Kunst.

Es werden Beispiele demonstriert von Hubert und Jan **van Eyck** (gest. 1426 bzw. 1441) (**Genter Altar**), Ausführungen zu dem Ideengehalt der "Anbetung des Lammes" (im Unterschied zum Mithras-Opfer), weitere Bilder von Jan van Eyck, Rogier **van der Weyden** (1399-1464, teilweise französisch beeinflußt), Petrus Christus, Dierick **Bouts** d.J., Hugo **van der Goes** (ca. 1440-1483), Hans **Memling** (ca. 1433-1494, zwar Deutscher, aber aus der Schule van der Weydens), Gerard **David** (gest. 1523), Hieronymus **Bosch** (ca. 1450-

1516), Quentin **Massys** (1465-1530), Joachim **de Patinir** (ca. 1485-1524), Pieter **Brueghel** d.Ä. (ca. 1520-1569).

8(17.01.17) 3332 2/210f. -07

Die Entwicklung der süddeutschen **Malerei** im 15. Jahrhundert am Beispiel der Maler Lukas **Moser** (erste Hälfte d. 15. Jahrh.) und Hans **Multscher**. Was ihrer Malerei in perspektivischer Hinsicht abgeht, erreichen sie durch eine innere Gliederung des Raumes durch Lichtwirkungen. Höhepunkt dann bei Dürer und Holbein. Später wird der südliche Impuls beherrschend. Erst durch Geisteswissenschaft wird es wieder möglich, "die geistigen Geheimnisse zu malen aus dem Innerlichen der Farbengebung und aus dem Innerlichen des Hell-Dunkels heraus. Das kann dann natürlich auch auf andere Künste ausgedehnt werden." Hinweis auf das erste **Goetheanum**.

Über den inneren Zusammenhang der schwäbisch-süddeutschen spätmittelalterlichen Kunst mit der Kunst **Hölderlins** (1770-1843) und den schwäbischen Philosophen **Hegel** (1770-1831) und **Schelling** (1775-1854).

Zu Lukas Moser und Hans Multscher s. auch 11. Vortrag (15.10.17).

9(24.01.17) 3336 2/223f. -08

Der **griechischen Plastik** liegt ein Empfinden zugrunde, "wie in den Formen des physischen Leibes sich der Ätherleib ... offenbart, wie in den Bewegungen des physischen Leibes das, was im Ätherleib kraftet, sich zum Ausdruck bringt. Später wurden in Italien diese Formen übernommen, aber sie wurden nicht mehr innerlich gefühlt, sondern von außen betrachtet. Es werden Beispiele aus der Entwicklung der griechischen Plastik vom archaischen Stil bis ins 1.vorchristliche Jahrhundert vorgeführt. Längere Ausführungen zur **Laokoon**-Gruppe: "Gerade an diesem Spätprodukt der griechischen Kunst kann man sehen, wie der Grieche sich bewußt war des Ätherleibes,...wie er gleichsam diese Wirkung des Sich-Zurückziehens des Ätherleibes von dem physischen Leib, ... dieses Auseinanderfallen des physischen Leibes und des Ätherleibes zum Ausdruck bringt" (vgl. 211-05).

Beispiele für die Entwicklung der **italienischen** Plastik: Niccolò, Giovanni und Andrea **Pisano** (um 1300), **Ghiberti** (1378-1455, Bronzetüren am Baptisterium in Florenz), Luca (1399-1482) und Andrea **della Robbia** (1435-1525), **Donatello** (ca. 1386-1466, mit stark naturalistischem Einschlag), **Verrocchio** (1436-1489, Reiterstatue Bartolomeo Colleoni in Venedig).

10(05.10.17) 3404 2/247f. -09

Über die imaginative Vorstellungswelt, die sich seit dem 9.Jahrhundert im westlichen und südlichen **Europa** herausgebildet hatte und aus der heraus **Raffael** unter dem Einfluß von Papst **Julius II.** und **Bramante** (1444-1514) Werke wie die **Disputà** und die **Schule von Athen** malte.

Bis zum 9.Jahrhundert waren mehr spirituelle Vorstellungen und Impulse vorhanden, die dann aber nach dem Osten (**Rußland**) abgedrängt wurden, wo sie "gewissermaßen aufbewahrt werden, um in späteren Zeiten eine Entwicklung durchzumachen" (vgl. 216-09). Hinweis auf die Russische Revolution.

Luther als der Antipode Raffaels. Wie im 9. Jahrhundert die spirituelle Welt des Ostens zurückgeschoben wird, schiebt Luther für seine nordische Welt zurück, was als Testament geblieben war vom vierten nachatlantischen Zeitalter im Süden Europas... Und wir haben in der Zukunft die dreigeteilte Welt vor uns: im Osten wartet die Spiritualität zurückgestaut; im Süden gliedert sich etwas an, was wie das Testament des vierten nachatlantischen Zeitalters ist und wird wiederum zurückgestaut und abgelehnt. Das Musikalische des Nordens setzt sich an die Stelle des farben- und formenreichen Testamentes des Südens." Luther als Nachzügler des vierten Zeitalters, der ins fünfte versetzt ist, seine Betonung des Glaubens.

"Wie damals zurückgestaut worden ist die spirituelle Welt nach Osten, so muß sie jetzt wiederum dem physischen Plan einverleibt werden. Stimmungen des 9. Jahrhunderts, sie kehren in der jetzigen Zeit zurück im europäischen Westen, in der europäischen Mitte, im europäischen Norden. Im europäischen Osten wird sich aus dem Chaos heraus, aus dem furchtbaren Chaos und Brei heraus entwickeln etwas wie Stimmungen, die in einer geheimnisvollen Weise anklingen werden an das 16. Jahrhundert. Und erst aus diesem Zusammenklingen der Stimmungen des 9. und des 16. Jahrhunderts wird das Mysterium entstehen, das einigermaßen hineinleuchten kann in dasjenige, in das die heutige Menschheit, wenn sie sich zu einem Verständnis der Entwickelung erheben will, hineingeleuchtet haben muß."

Die Gestalt des **Paulus** als Suchender bei Raffael und die nicht geglückte Reformation des Christentums zu einem paulinischen von Süden her. An Stelle einer solchen Reformation trat der **Jesuitismus** auf.

Über die tieferen Gründe für das Zurückstauen des Ostens (Vorbereitung des fünften nachatlantischen Zeitalters, Bündnis Papsttum-Kaisertum, Stadtkultur und Kunstentwicklung) s. im nächsten Vortrag (15.10.17).

12(22.10.17) 3417 2/294f. **-10**

Christentum

Die griechische Kunst ging auf in der Darstellung des Blühenden, Wachsenden, Lebenden. Dies war aber nicht mehr hinreichend für die frühchristliche Kunst, die nicht (nur) Naturalistisches sondern Übersinnliches (und damit auch den Tod) darstellen wollte. Die Darstellung war deshalb oft etwas unbeholfen und naiv im Figürlichen. Um das Spirituelle auszudrücken wurde auf das Zeichenhafte (wie in der dritten nachatlantischen Epoche: ägyptische Zeichenschrift, **Runen** = Zauber des Übersinnlichen) zurückgegriffen, so im Christus-Monogramm der frühchristlichen **Sarkophage**. "Das Zeichen muß wiedererscheinen als das, was in die Sinneswelt hereinwirkt aus dem Übersinnlichen, als der Christus-Impuls kommt."

Neben dem Zauber des Zeichens des Übersinnlichen gab es auch Mysterien des "Unternaturalistischen", des **Gold**es und des **Edelsteins**. Während ersteres von der christlichen Priesterschaft aufgenommen wurde, gab sich "die profane Menschheit" dem Zauber der beiden letzteren hin. Die **Stadtkultur** hat u.a. auch ihre Wurzeln in diesen Geheimnissen, daher die Blüte der **Goldschmiedekunst** in den freien Städten des Hochmittelalters (**Hildesheim**: **Bernwardkreuz** und **Bernwardleuchter**, Florenz).

Das Gold-Mysterium liegt auch dem **Nibelungenlied** und der Tragik des **Siegfried** zugrunde. "Was sagt das Nibelungenlied? Was enthält es für eine große Lehre? - Opfert das Gold den Toten! Laßt es im übersinnlichen Bereich; denn im sinnlichen Reiche stiftet es Unheil." Über das Prophetische des Nibelungenliedes: "Wer die Nibelungensage in ihren Tiefen versteht, fühlt in ihr vorbereitet alles, was an furchtbaren Ereignissen die Gegenwart durchzuckt... Daß Hagen den Nibelungenschatz, ... das Gold in den **Rhein** versenken läßt, das ist eine prophetische Vorstellung und wurde in der Zeit, als die Nibelungensage ausgebildet wurde, nie anders empfunden als tief tragisch mit dem Hinblick auf die Zukunft, auf all das, was der Rhein sein wird an Anlaß zu antagonistischen Impulsen gegen die Zukunft hin." Über die Legende von der Heiligen **Odilie**.

Von Rom wurde ab dem 9. Jahrhundert systematisch angestrebt, den alten, heidnischen Zauber des Goldes und des Edelsteins mit dem Zeichen (des Kreuzes) zu durchdringen und zu verbinden, es dem Übersinnlichen zu weihen.

12(22.10.17) 3417 2/307 **-11**

"...denn es war ja immer eine Verbindung zwischen Skandinavien und **Amerika**, die nur ein paar Jahrhunderte, bevor Amerika dann **entdeckt** worden ist..., verloren gegangen ist; von Skandinavien fuhr man immer nach Amerika hinüber früher; erst im 13. Jahrhundert ist die Verbindung verloren gegangen für kurze Zeit, bis sie dann von Kolumbus wiederum gefunden worden ist..." (vgl. 178-04).

13(29.10.17) 3421 2/316f. **-12**

Über die Wandlungen der **Christus**-Darstellung von der Antike bis zur Plastischen Holzgruppe mit dem Menschheitsrepräsentanten des **Goetheanum**. Die traditionelle griechische Auffassung, die das Kosmische betonte und zur Darstellung des Individuell-Menschlichen noch nicht gekommen war, bzw. es nicht für schön genug fand, es darzustellen, allenfalls als **Faun** oder **Satyr**.

"Es wird immer zu den außerordentlich interessanten Tatsachen gehören, daß derjenige Mann in Griechenland, der so tief in das griechische Leben eingegriffen hat, daß sich in seinem eigenen Schicksal gewissermaßen das Erlöser-Schicksal wie vorbereitete, - daß **Sokrates** traditionell nicht einen Ideal-Typus des Griechentums darstellt, sondern eher etwas von Satyr oder Faun."

Mit der Christus-Darstellung wird dann erstmals versucht, das Menschlich-Individuelle zum Kosmischen zu erheben. Diese beiden Tendenzen sind im Widerstreit, bis etwa ab **Giotto**, **Fra Angelico** u.a. das Individuelle die Oberhand gewinnt (s. Ref. -01).

293 Allgemeine Menschenkunde als Grundlage der Pädagogik

2(22.08.19) 3804 TB/30ff. -01

Denken-Fühlen-Wollen

Das vorgeburtliche Leben spiegelt sich im Vorstellen (Denken), in Bildern. Der Wille ist der Keim des Geistig-Seelischen nach dem Tod. Das Spiegeln des Vorgeburtlichen wird durch unbewußte **Antipathie** vollbracht, während sich der Mensch mit dem, was als Willensrealität nach dem Tod hinausstrahlt, mit **Sympathie** verbindet. So findet im Gefühlsleben ein ständiges Wechselspiel zwischen Antipathie und Sympathie statt.

Wird dem vorgeburtlichen Strom verstärkt Antipathie entgegengesetzt, so entsteht das **Erinnerungs**bild, das Gedächtnis und schließlich der **Begriff**.

Wird auf der anderen Seite die Sympathie verstärkt, so entsteht die **Phantasie**. "Und bekommen Sie die Phantasie genügend stark, was beim gewöhnlichen Leben nur unbewußt geschieht, wird sie so stark, daß sie wieder Ihren ganzen Menschen durchdringt bis in die Sinne, dann bekommen Sie die gewöhnlichen Imaginationen, durch die Sie die äußeren Dinge vorstellen."

Ausdruck im physischen Leib für diese Polarität sind die **Nerven** und das **Blut**; erstere sind im Absterben, sind ausgeschiedene Materie, während das Blut die Tendenz hat, sich zu vergeistigen. Überall, wo Nervenbahnen unterbrochen sind, wie im Gehirn, im Rückenmark, in den **Ganglien**, "sind wir eingeschaltet mit unserer Sympathie und Antipathie in das Leibliche".

Die Bildung des **Kopf**es verdankt der Mensch der Antipathie des Kosmos, sie ist ein Abbild des Kosmos. Dagegen verbindet sich der Kosmos in Sympathie mit dem Stoffwechsel-Gliedmaßen-System.

Über die Wirkung einer rationalistischen und einer bildhaften Erziehung.

3(23.08.19) 3807 TB/46ff. -02

Erdbewegung

Die Weiterentwicklung der **Erde** und die Erhaltung und das Weiterleben der **Naturreiche** (Minerale, Pflanzen und niedere Tiere) werden durch die Kräfte (und durch von diesen Kräften gewandelte Stoffe) bewirkt, die mit den menschlichen **Leichnamen** in die Erde übergehen. Es sind die während des Lebens metamorphosierten Kräfte, die der Mensch aus der geistigen Welt mitbringt, so daß es sich um eine Befruchtung der Erde mit diesen übersinnlichen Kräften handelt (s. **184-10, 191-03**).

Die todbringenden Kräfte der Natur wirken im Menschen im **Knochen**system und auch (geringer) im Nervensystem, die lebengebenden Kräfte im Muskel- und Blutsystem. Bei der **Rachitis** wird das Knochensystem durch das Muskel-Blutsystem gehindert, richtig abzusterben.

Die **geometrischen** Vorstellungen gehen zurück auf unbewußt bleibende **Bewegungen** des übersinnlichen Menschen. Auch "die Erde hat nicht nur die Bewegung, welche sie nach der Kopernikanischen Weltansicht macht: sie hat noch ganz andere, künstlerische Bewegungen..." Diese Bewegungen werden vom Knochensystem erkannt, "aber Sie reichen nicht mit Ihrem Bewußtsein bis zum Knochensystem hinunter."

4(25.08.19) 3811 TB/65 -03

In der Anschauung, daß nach dem Tod vom Menschen die **Manen** übrigbleiben, hatte früher das Volk eine Ahnung vom Geistselbst = Manas.

4(25.08.19) 3811 TB/66ff. -04

Wesensglieder / Leben nach dem Tod

Der **Wille** wirkt im physischen Leib als **Instinkt**, wie er bildhaft in den verschiedenen Tierformen sichtbar wird. Im Ätherleib wird er mehr innerlich zum **Trieb**, in der Empfindungsseele zur Begierde. Im Ich des Menschen (Empfindungs-, Verstandes- und Bewußtseinsseele) wird die Begierde zum Motiv. Neben diesem Motiv klingt aber meist unbewußt ein Wunsch mit, eine Handlung z. B. beim nächsten Mal besser zu machen. Dieser leise Wunsch gehört dem Geistselbst an. Er ist das erste Element von dem, was nach dem Tod davon übrigbleibt. Dieser unbewußte Wunsch kann sich weiter steigern zum Vorsatz (Lebensgeist) und wird schließlich nach dem Tode zum Entschluß (Geistesmensch). Während des Lebens werden Wunsch, Vorsatz und Entschluß nur als Bild, als Vorstellung erlebt.

Das Einwirken auf die Willensnatur des Kindes bei der **Erziehung** durch Wiederholung und bewußte Wiederholung auch unter Zuhilfenahme des künstlerischen Elementes.

6(27.08.19) 3817 TB/95ff. -05

Imagination-Inspiration-Intuition

Der Mensch ist voll wachend nur im **Denken**, träumend im **Fühlen** und schlafend im **Wollen**. Im Fühlen bzw. Wollen fühlt oder will ein Teil des Seelenlebens, während im **Traum** und im Tief**schlaf** die ganze Seele träumt bzw. schläft. Das voll wachende **Ich** lebt in den vom physischen Leib hervorgebrachten Bildern der Welt, lebt nicht in der wirklichen Welt, da es den Weltenkräften erst in Zukunft wird standhalten können. Beim Fühlen dringt das Ich in den Leib, wird aber zum träumenden Bewußtsein herabgedämpft, da die Seele bei vollem Bewußtsein gleichsam verbrennen bzw. ersticken (Alpdruck) würde. Würde das Wollen vollbewußt, würde der Mensch von den entsetzlichsten Schmerzen ergriffen. Dem Fühlen liegen unbewußte Inspirationen, dem Wollen unbewußte Intuitionen zugrunde. Diese können z. B. als Einfälle, künstlerische Inspirationen, als (gewöhnliche) Intuitionen ins Bewußtsein treten.

7(28.08.19) 3820 TB/119ff. -06

Die **Empfindung** ist verwandt dem fühlenden Wollen bzw. wollenden Fühlen. Dies trifft vor allem im Kindesalter zu, während im Greisenalter die Empfindung einen mehr erkennenden, denkenden Charakter annimmt. In der Sinnessphäre, der Oberfläche, schläft bzw. träumt der Mensch, ebenso im Blut, in seinen inneren Organen. Nur in der Zwischenzone, in den **Nerven**, ist der Mensch wach. Dieses Nervensystem ist im ständigen Absterben und hat keine unmittelbare Beziehung zum Geistig-Seelischen, es bietet dem Denken keinen Widerstand: "Für das Geistig-Seelische sind einfach dort, wo Nerven sind, Hohlräume. Daher kann das Geistig-Seelische dort hinein..."

Bei der **Sinneswahrnehmung** erfolgen physisch-chemische Vorgänge im Sinnesorgan z. B. dem Auge, die sich im Inneren des Menschen fortsetzen. "Dazwischen bleibt eine leere Zone. In dieser leeren Zone, die durch das nervöse Organ leer gelassen wird, entwickeln sich keine solchen Vorgänge wie im Auge oder im Innern des Menschen, die selbständige Vorgänge sind, sondern dahinein setzt sich fort, was draußen ist: die Natur des Lichtes, die Natur der **Farben** und so weiter ... da leben Sie Licht und Farbe mit."

8(29.08.19) 3823 TB/129ff. -07

Sinneswahrnehmung

Über die 12 **Sinne**. Ich-Sinn (Wahrnehmung des anderen Ich): Es findet ein vibrierender Wechsel von Wahrnehmung des anderen Menschen und Sich-dagegen-Wehren (Sympathie-Antipathie) statt, das durch den Ich-Sinn vermittelt wird. Es ist gleichzeitig ein ständiger Wechsel zwischen Schlaf- und Wachbewußtsein. "Dieses Organ des Ich-Sinnes ist also so organisiert, daß es nicht in seinem wachenden, sondern in seinem schlafenden Willen das Ich des anderen erkundet - und dann rasch diese Erkundung, die schlafend vollzogen wird, in die Erkenntnis hinüberleitet, das heißt, in das Nervensystem hinüberleitet." "...so daß ich nennen kann die Wahrnehmung des anderen wirklich einen Erkenntnisvorgang, aber wissen muß, daß dieser Erkenntnisvorgang nur eine Metamorphose eines schlafenden Willensvorganges ist."

Gedankensinn (Wahrnehmung der Gedanken anderer) gehört nicht zusammen mit dem Sprachsinn. Gedanken können auch durch Raumesgebärden vermittelt werden, Beispiel Eurythmie.

Tast-, Lebens-, Bewegungs- und Gleichgewichtssinn "sind hauptsächlich durchdrungen von Willenstätigkeit." Geruchs-, Geschmacks-, Seh- und Wärmesinn sind Gefühlssinne. Ich-, Gedanken-, Hör- und Sprachsinn sind mehr Erkenntnissinne.

Über das Wahrnehmen farbiger Figuren z. B. eines Kreises: Durch das Auge wird die Farbe wahrgenommen, dazu kommt als zweites, daß die Kreisform im Unterbewußten mit dem Bewegungssinn wahrgenommen wird, indem mit dem Äther- und Astralleib eine Kreisbewegung durchgeführt wird. "Und indem der Kreis, den Sie durch Ihren Bewegungssinn aufgenommen haben, in die Erkenntnis heraufkommt, verbindet sich der erkannte Kreis mit der wahrgenommenen Farbe. Sie holen also die Form aus Ihrem ganzen Leib heraus, indem Sie appellieren an den über den ganzen Leib ausgebreiteten Bewegungssinn." Es werden zwei verschiedene Sinnestätigkeiten zusammengefügt: "Und jetzt begreifen Sie das **Urteilen** als einen lebendigen Vorgang in Ihrem eigenen Leibe, der dadurch zustande kommt, daß die Sinne Ihnen die Welt analysiert in Gliedern entgegenbringen ... und in Ihren Urteilen fügen Sie die Dinge zusammen, weil das einzelne nicht bestehen will als Einzelnes... Wir bekommen dadurch eine große Anzahl von Permutationen für die Zusammenhänge der Sinne."

S. auch **115-01**, **115-02**, **169-05**, **170-09**, **170-18**, **206-01**.

9(30.08.19) 3826 TB/140ff. -08

Logik / Nachahmung kindliche /Wahrheit-Schönheit-Güte

Die drei Glieder im denkenden Erkennen: **Schlüsse**, **Urteile** und **Begriffe**. Schlüsse sind nur gesund, wenn sie im Vollbewußten verlaufen. Kinder soll man nicht mit fertigen Schlüssen konfrontieren, die sie dann im Gedächtnis bewahren sollen. Das Urteil entwickelt sich auch im Vollbewußten, kann aber in die träumende Seele hinuntersteigen, es wird zu einer Art Gewohnheit. "Der Begriff steigt hinunter bis in die schlafende Seele, und dies ist die Seele, die fortwährend am Leibe arbeitet." Die in der Kindheit aufgenommenen Begriffe wirken bis in die **Physiognomie** hinein.

Als Erbgut aus der geistigen Welt bringt das Kind unbewußt die Annahme mit, daß die Welt moralisch sei. Daher die Bereitwilligkeit, alles nachzuahmen. Nach dem Zahnwechsel soll in der **Erziehung** Rechnung getragen werden der unbewußten Haltung des Kindes, daß die Welt schön sei. Nach der Geschlechtsreife darf der Unterricht einen wissenschaftlichen Charakter annehmen, da der Mensch erst dann einen richtigen inneren Begriff von der Wahrheit bekommt. S. dazu auch **302/8(19.6.21)**.

10(01.09.19) 3830 TB/152ff. -09

Punkt-Umkreis / Sinneswahrnehmung / Musik / Plastik

Über die verschiedenen Formen der menschlichen **Gestalt**. Der Kopf als Kugel, die Brust als teilweise sichtbare Kugel (hinterer Teil), als Mond, dessen unsichtbarer Teil im Seelischen ist, und die Gliedmaßen, die von außen angesetzt sind. Der Kopf hat seinen Mittelpunkt in sich, die Brust weit außerhalb und das Gliedmaßensystem überall im Umkreis (Kugelfläche). Mit dieser Tatsache hängt die Metamorphose der **Knochen** (Kopf-, Wirbel-, Röhrenknochen) zusammen. So entsteht aus einem Kopfknochen erst durch **Umstülpung** ein Röhrenknochen bzw. umgekehrt.

Der Mensch ahmt in seinen Gliedmaßen-**Bewegungen** die Bewegungen der Welt nach. Der Kopf und damit die Seele machen diese Bewegungen nicht mit, bringen sie zur Ruhe und "strahlen sie in die Brust zurück und machen sie zum Ton, zur anderen Sinnesempfindung. Da liegt der Ursprung der **Empfindungen**. Da liegt aber auch der Zusammenhang der Künste ... die musikalischen Künste entstehen aus den plastischen und architektonischen Künsten, indem das, was plastische und architektonische Künste nach außen sind, die musikalischen Künste nach innen sind."

Nur in Bezug auf den Kopf stammt der Mensch von der **Tierwelt** ab: "Wir kommen zur niederen Tierwelt zurück, wenn wir die Ahnen unseres Kopfes suchen wollen." Brust und Gliedmaßensystem sind erst später hinzugebildet.

303/10(1.1.22): Gliederung des Tierreiches in bezug auf die menschliche Organisation: niedere Tiere (z. B. Schalentiere) - Kopforganisation (**Nerven-Sinnes-System**), mittlere Tiere (Fische) - **rhythmisches System**, höhere Tiere (Säugetiere) - **Stoffwechsel-Gliedmaßen-System**.

11(02.09.19) 3834 TB/166ff. -10

Der Mensch hat nach der Geburt einen Kopf mit gutausgebildeter Leiblichkeit, die mit dem Zahnwechsel voll ausgebildet ist, mit einer träumenden Seele und einem schlafenden Geist. Der Brustmensch ist leiblich-seelisch mit träumendem Geist, beim Gliedmaßensystem ist das Kind am allerfrühesten wach. Aufgabe der **Erziehung** ist es, einen Teil des Brustmenschen und den Gliedmaßenmenschen zu entwickeln, die dann den Kopfmenschen aufwecken. In den ersten Lebensmonaten wird die Erziehung von der Natur übernommen: Sie "läßt aus der Gliedmaßenentwicklung heraus eine Substanz entstehen, welche, weil sie auch mit dem Gliedmaßenmenschen in ihrer Entwicklung verbunden ist, etwas von diesem Gliedmaßenmensch in sich hat - das ist die **Milch**... Die milcherzeugenden Organe sind gleichsam dasjenige, was sich nach innen von den Gliedmaßen aus fortsetzt. Die Milch ist im Tier- und Menschenreich die einzige Substanz, welche innere Verwandtschaft hat mit der Gliedmaßenwesenheit, ...welche daher auch die Kraft der Gliedmaßenwesenheit in sich noch enthält. ... Und indem wir dem Kinde Milch geben, wirkt die Milch als einzige Substanz, wenigstens im wesentlichen, weckend auf den schlafenden Geist (*des Kopfes*)."

Im zweiten Jahrsiebt wirken in gewissen Grenzen zuviel **Phantasie** und **Gedächtnisbildung** hemmend bzw. fördernd auf das **Wachstum**, was bei der Erziehung zu beachten ist.

303/5(27.12.21): Überfütterung mit Gedächtnisstoff in diesem Alter kann zu Angstzuständen und in einer weiteren Phase zu Wachstumshemmung führen.

12(03.09.19) 3837 TB/179ff. **-11**

physischer Leib / Naturreiche / Krankheiten innere

Der Kopf hat die Tendenz, (übersinnliche) Tierformen zu bilden. Dem widersetzen sich Rumpf- und Gliedmaßensystem und lösen sie auf. Die Gedanken sind das übersinnliche Korrelat dieses Vorganges, der sinnlich nicht zum Ausdruck kommt. Ist die Neigung zum Tierischen im Kopf zu groß, "dann muß der Kopf zur **Migräne** greifen, um es wiederum auszurotten, und zu ähnlichen Dingen, die sich im Kopfe abspielen."

Das Rumpfsystem hat die Neigung, den **Atmungs**prozeß fortzuführen, den Kohlenstoff aus dem Kohlendioxid aufzunehmen und eine innere Pflanzenwelt aufzubauen. Kopf- und Gliedmaßensystem verhindern das. Können sie es nicht, wird der Mensch krank. "In einem gewissen Sinne haben wir in der pflanzlichen Umwelt auch die Bilder unserer sämtlichen Krankheiten." ... "Die Medizin wird dann einmal eine Wissenschaft sein, wenn sie jede einzelne Krankheit in Parallele bringen wird zu irgendeiner Form der Pflanzenwelt."

In der **Ernährung** werden die aufgenommenen und verwandelten Stoffe mit dem Sauerstoff der Atmung verbunden. Es ist dies kein reiner Verbrennungsprozeß, sondern nur der mittlere Teil davon. "Da, sehen Sie, hängen zusammen **Seele** und Leib. Da ist der geheimnisvolle Zusammenhang zwischen Seele und Leib. Indem sich dasjenige, was sich durch den Atmungsprozeß abspielt, verbindet mit den übrigen Naturprozessen, deren Ausführung nur in ihrem Mittelteil erfolgt, da verbindet sich das Seelische, das der Antipflanzenprozeß ist, mit dem menschlich gewordenen Leiblichen, das immer das Mittelstück ist der Naturprozesse."

Das **Ich** lebt in den Kräften, durch die der physische Leib seine Bewegungen (Gliedmaßensystem) ausführt. Dieser Kraftleib hat die Aufgabe, den aufgenommenen mineralischen Stoffen die Tendenz zur Kristallbildung zu nehmen. Krankhaft kommt diese Tendenz zur Kristallbildung in zerstörerischen Krankheiten wie **Gicht** und **Diabetes** zum Vorschein.

300a Konferenzen mit den Lehrern der Freien Waldorfschule in Stuttgart
Erster Band

(25.09.19) 4/87 **-01**

Kohle

Über den Zusammenhang der **geologischen** Zeitalter mit den Angaben der Geisteswissenschaft (korrigiert vom Herausgeber): "Sie haben in der **Tertiär**zeit die erste und zweite Säugetierfauna, und Sie brauchen bloß das zu ergänzen, was über den Menschen gilt ... Die Tertiärzeit können Sie gut mit der **Atlantis** parallelisieren, und die Sekundärzeit können Sie parallelisieren im wesentlichen, nicht pedantisch, mit dem, was ich schildere als **lemurische** Zeit. ... Da haben Sie die älteren Amphibien und Reptilien. Da ist auch der **Mensch** noch in der äußeren Gestalt nur quallig da in der Substanz; er ist nur amphibienhaft gestaltet."

Anschließende Frage nach der Feueratmung: "Aber diese Biester, die atmen ja auch Feuer, der **Archäopterix** zum Beispiel."..."Ja, alle die zu den **Sauriern** gehören, die gehören in das Ende der Sekundärzeit. Die im **Jura** gefundenen, das sind schon die Nachkommen. Ich meine die Saurier, die im Anfang der Sekundärzeit da waren. Die Juraformation erstreckt sich weiter fort. Es schiebt sich da alles ineinander. Nichts ist pedantisch zu behandeln."

26.09.19: "Ja, wenn Sie zu der Primitivform, zum Urgebirge, gehen, haben Sie die **polarische** Zeit. Die **paläozoische** entspricht der **hyperboräischen** Epoche, auch da dürfen Sie nicht pedantisch die einzelnen Tierformen nehmen. Dann haben Sie das **mesozoische** Zeitalter dem lemurischen im wesentlichen entsprechend. Dann die erste und die zweite Säugetierfauna oder das känozoische Zeitalter, das ist das atlantische Zeitalter. Das atlantische ist nicht älter als neuntausend Jahre."

Die Abzweigung der **Fische** geschah im Devon.

"Im primitiven Zeitalter ist er (der Mensch) fast ganz noch ätherischer Substantialität. ...Er hat noch keine Dichte. Er wird dichter im hyperboräischen Zeitalter. Nur diese **Tier**formen, die eigentlich der Niederschlag sind, die leben. Der Mensch lebt auch, nicht in geringer Kraft, er hat eine ungeheure Kraft. Aber er hat nichts an sich von einer Substanz, die zurückbleiben könnte... Er ... bekommt erst etwa im känozoischen Zeitalter äußere Dichte. ... Aber wollen Sie das berücksichtigen, daß eigentlich hier durch alle fünf Zeitalter *(primitiv, paläo-, meso-, käno-, anthropozoisch)* überall schon Mensch ist: Mensch ist überall. Dann hier im ersten Zeitalter (Primitivform) ist außer dem Menschen eigentlich noch nichts anderes vorhanden; das sind nur geringfügige Überreste. Da ist Eozoon canadense eigentlich mehr Formation, etwas, was sich als Figur bildet; das ist nicht ein wirkliches Tier. Dann hier in der hyperboräisch-paläozoischen Zeit tritt das Tierische schon auf, aber in Formen, die später nicht mehr erhalten sind. Hier in der lemurisch-mesozoischen Zeit tritt das **Pflanzen**reich auf, und hier tritt in der Atlantis, in der känozoischen Zeit, das **Mineral**reich auf; eigentlich schon in der letzten Zeit hier" (in den letzten zwei lemurischen Unterrassen).

Frage, wie es um die Pflanzenreste aus dem **Karbon** stehe: "Das sind keine Pflanzenreste..das ist dadurch entstanden, daß zum Beispiel der Wind weht und ganz bestimmte Hemmungen findet ... und bringt so etwas wie Pflanzenformen hervor. ... Es ist eine Einkristallisierung mit Pflanzenformen." Die Bäume des Karbon existierten als Pflanzenformen. "Die ganze Flora der Karbonzeit ist nicht physisch vorhanden. Denken Sie sich einen Wald, der eigentlich in seiner Ätherform vorhanden ist, und der daher in bestimmter Weise den Wind aufhält. Dadurch bilden sich da in der Form fast Stalaktiten. ... Man kann nicht sagen, daß das so ist wie in der Atlantis. Da haben sich dann die Sachen erhalten, und in der letzten lemurischen Zeit auch, aber in der Karbonzeit ist keine Rede davon, daß Pflanzenüberreste da sind. Nur tierische Überreste. Aber da handelt es sich auch in der Mehrzahl um solche Tiere, die nur zu parallelisieren sind mit unserer **Kopf**form."

Der Zeitpunkt des aufrechten Ganges des Menschen läßt sich nicht "festnageln". Er ist bei den Rassen verschieden.

Ähnlich auch in **300c (12.07.23)**, S. 77 (4. Aufl.)

(25.09.19) **4/89** **-02**

Atlantis

Zur Bewegung der **Sonne** und der **Planeten** Ausführungen ähnlich wie in 201-08 und -15. Über die Änderung der **Ekliptik**: "Es ist das so, daß Sie nehmen können etwa 7000 Jahre vor 1413. Da bekommen Sie heraus ein Zusammenfallen der Erdachse, also den kleinsten Winkel. Dann wird er größer, und dann jetzt wiederum kleiner zunächst; ... Also zeitweilig ist der Erdwinkel null. Also dann war die atlantische Katastrophe. Da waren nicht diese **Jahreszeiten**unterschiede. Da war immer Tag- und Nachtgleiche." Über die scheinbare lemniskatenförmige Bewegung des Himmelspoles, die durch die Bewegung der Erdachse in Form eines Doppelkegels aufgehoben wird.

(23.12.19) 4/115 -03

"Die **Etrusker** sind ein südliches keltisches Element, ein nach Süden verpflanzter Zweig der **Kelten**."

(09.06.20) 4/130 -04

Islam

Frage nach dem Wesen Allahs: "Es ist schwer, die übersinnlichen Wesen zu charakterisieren, indem man sie einregistriert.
Der Mohammedanismus ist die erste **ahrimanische** Manifestation, die erste ahrimanische Offenbarung nach dem Mysterium von Golgatha. Der Gott Mohammeds, Allah, Eloha, ist ein ahrimanischer Abklatsch oder Abglanz der elohistischen Wesenheiten, der Elohim, aber monotheistisch erfaßt. Er bezeichnet sie immer in einer Einheit. Die mohammedanische Kultur ist ahrimanisch, aber die Gemütsverfassung der Islamiten ist luziferisch."

(09.06.20) 4/130 -05

Templer

"**Bafomet**, das ist ein Wesen der ahrimanischen Welt, welches den Leuten erschien, wenn sie gefoltert wurden. Das ist raffiniert gemacht worden. Dann haben sie eine Menge von Visionärem mitgenommen, als sie ins Bewußtsein zurückgekommen sind."

300b Konferenzen mit den Lehrern der Freien Waldorfschule in Stuttgart Zweiter Band

(28.04.22) 4/85 -06

Dramatik

Die Gestalten der **Shakespeare**schen Dramen "tun in der höheren Welt nicht das, was sie am physischen Plan tun, aber sie leben doch; sie agieren dort. Es wird ein anderes Drama daraus. Wenn Sie ein **Hauptmann**sches Drama nach der geistigen Welt nehmen, so sterben die Gestalten ab. Die werden Puppen aus Holz. Auch **Ibsen**sche Gestalten. Sogar Iphigenie von **Goethe** lebt nicht vollständig auf dem **Astralplan**. ... Es war für mich auch überraschend. Ich habe nur aus meiner jetzigen Beschäftigung Versuche angestellt. Man kann es bei **Euripides** machen. Iphigenie lebt nicht vollständig auf dem Astralplan. Es kommt auf etwas anderes an. Das müßte man ausführlich entwickeln. **Sophokles**-, **Äschylos**-Gestalten, wie Prometheus, die leben auf dem Astralplan. Ebenso die Gestalten des **Homer**, die Figur des Odysseus. Die römischen Dichter leben nicht. Die französischen Dichter, P. **Corneille** und J. B. **Racine**, die schmelzen ab wie Tau... Die Iphigenie von Goethe wird ein Problem, keine lebende Figur. Auch der Tasso nicht. Die **Schiller**schen Gestalten, Thekla und Wallenstein, die sind auf dem Astralplan betrachtet aus Werg, ausgestopfte Strohsäcke. Etwas lebend ist erst Demetrius. Wenn Schiller die Malteser vollendet hätte, so wäre das ein lebendiges Drama geworden. Scheußlichkeiten sind auf dem Astralplan Gestalten wie die Jungfrau von Orleans und Maria Stuart. Damit ist nichts gesagt gegen die Wirkung dieser Dinge auf dem physischen Plan. Dagegen Shakespeares nebensächlichste Figuren leben alle noch, weil sie aus dem Theaterbedürfnis entstanden sind. Was Wirkliches imitiert, lebt nicht auf dem Astralplan. Es lebt das, was aus den Emotionen kommt, nicht aus dem Intellektuellen. Auch die derbkomischen Sachen leben auf dem Astralplan sofort."

(06.12.22) 4/201 -07

"Die Gehörknöchelchen, Hammer, Amboß, Steigbügel und ovales Fenster, sind als Glied aufzufassen, als Arm oder Bein, das das Trommelfell abtastet. Ein Abtastesinn zum Verstehen des Tones. Die Schnecke, die mit Flüssigkeit gefüllt ist, ist ein höheres, metamorphosiertes Gedärm des **Ohr**es; in ihr lebt das Gefühl des Tones. Die eustachische Trompete, darin wirkt das, was man selber im Sprachverständnis in sich trägt, was als Wille dem Verstehen entgegenkommt. In den drei Bogen, den drei halbzirkelförmigen Kanälen, wird der Ton im wesentlichen behalten; das ist das Gedächtnis für den Ton. Jeder **Sinn** ist eigentlich ein ganzer Mensch." S. 218-13, 348-03.

(06.02.23) 4/257ff. -08

Gesundheit-Krankheit

Zahlreiche therapeutisch-hygienische Hinweise für Kinder im Schulalter (bis 17., 18. Lebensjahr).

(14.02.23) 4/276ff. -09

Frankreich

Die Besetzung des Ruhrgebietes 1923 sei etwas wie "das letzte Toben eines untergehenden, eines aus der Erdentwicklung verschwindenden Volkes. Diese Anschauungen, die gehen natürlich aus einer spirituellen Betrachtung der europäischen Geschichte klar hervor. Man hat es zu tun bei dem französischen Wesen mit dem ersten Vortrupp des untergehenden Römertums, der untergehenden romanischen Völker Europas. Natürlich ist das spanische und italienische Element etwas lebensfähiger als das französische." Über die französische Sprache, die an der äußersten Oberfläche des Menschen bleibt und in das Phrasenhafte gekommen ist. "Es ist auch ganz selbstverständlich, daß er (der Französischunterricht) in der Zukunft wirklich aus dem Unterricht verschwindet."

300c Konferenzen mit den Lehrern der Freien Waldorfschule in Stuttgart Dritter Band

(24.04.23) 4/33 -10

Ohr / Sinne

Homöopathische Zubereitung aus dem **Edelweiß** als Heilmittel, das die Verbindung von Gehörnerv und Gehörzentrum vermitteln hilft. "Es wirkt stark, wirkt selbst da noch, wo die Gehörorgane sklerös sind. Es hängt beim Edelweiß damit zusammen, das saugt sich ein, die Blüten. Dann werden Sie finden, daß bei der Blüte die ganze Gesetzmäßigkeit, die also zwischen diesem eigentümlichen, nicht Mineralisieren, aber Mineral-Stofflichen liegt, daß das eine außerordentliche Ähnlichkeit hat mit den Prozessen, welche das Gehörorgan konstituieren."

(25.04.23) **4/43** **-11**

Die Kontinente der **Erde** schwimmen, sitzen nicht auf, sie werden festgehalten von außen durch Fixsternkonstellationen. Wenn diese sich ändern, ändern sich auch die der Kontinente.

(25.05.23) **4/57** **-12**

Linkshändigkeit bei Kindern soll im allgemeinen abgewöhnt werden. Wenn beide Hände gleichmäßig geübt werden, kann es später zu Schwachsinnigkeit führen. "Das Phänomen der Linkshändigkeit ist ein ausgesprochen karmisches Phänomen, und es ist in bezug auf das **Karma** ein Phänomen der karmischen Schwäche." Beispiel: "Ein Mensch, der im vorhergehenden Leben sich überarbeitet hat, so daß er sich übernommen hat, nicht nur physisch oder intellektuell, sondern überhaupt geistig oder seelisch oder im Gemüt, und der dann dadurch in einem darauffolgenden Leben mit einer starken Schwäche kommt, der ist nicht imstande - der Teil des Menschen im neuen Leben, der aus dem Leben zwischen Tod und neuer Geburt stammt, ist besonders im unteren Menschen konzentriert; der aus dem vorigen Leben stammende mehr im Kopfteil - , diese karmische Schwäche, die jetzt im unteren Menschen ist, zu überwinden. Dadurch wird das, was sich sonst stark ausbildet, das wird schwach, und dafür werden als Ersatz das linke Bein und die linke Hand besonders engagiert und zur Hilfe genommen... Gibt man dem zu sehr nach, so bleibt diese Schwäche vielleicht auch für das später folgende, also dritte Erdenleben zurück."

"Der **Ätherleib** ist ohnehin links stärker als rechts, der **Astralleib** ist rechts stärker entwickelt als links."

Zur Linkshändigkeit s. auch S. 109 und 301-01.

(05.07.23) **4/70** **-13**

"Das sind diese Fälle, die immer häufiger vorkommen, daß Kinder geboren werden und Menschenformen da sind, die eigentlich in bezug auf das höchste Ich keine Menschen sind, sondern die ausgefüllt sind mit nicht der Menschenklasse angehörigen Wesenheiten. Seit den neunziger Jahren schon kommen sehr viele ichlose Menschen vor, wo keine **Reinkarnation** vorliegt, sondern wo die Menschenform ausgefüllt wird von einer Art Natur**dämon**." Auf die Frage, wie das möglich sei: "An sich ist nicht ausgeschlossen, daß im Kosmos ein Rechenfehler geschieht. Es sind doch lange füreinander determiniert die hinuntersteigenden Individualitäten. Es geschehen auch Generationen, für die keine Individualität Lust hat hinunterzukommen und sich mit der Leiblichkeit zu verbinden, oder die sie auch gleich am Anfang verlassen. Da treten dann andere Individuen ein, die nicht recht passen... Sie unterscheiden sich auch sehr wesentlich von den Menschen in bezug auf alles Geistige. Sie können es zum Beispiel nie zu einem Gedächtnis bringen in Dingen, die Sätze sind. Sie haben eigentlich nur Wortgedächtnis, kein Satzgedächtnis... Wenn eine solche Wesenheit durch den Tod geht, dann geht sie zurück in die Natur, woher sie gekommen ist."

(12.07.23) **4/77ff.** **-14**

Einteilung der **Tiere**:

1.Hauptgruppe
  1. Protisten, ganz undifferenzierte Infusorien, Protozoen
  2. Schwämme, Korallen, Anemonen
  3. Echinodermen, von den Haarsternen bis zu den Seeigeln
  4. Manteltiere (Tunikaten)

2. Hauptgruppe

5. Weichtiere
6. Würmer
7. Gliedertiere
8. Fische

3. Hauptgruppe
9. Amphibien
10. Reptilien
11. Vögel
12. Säuger.

Tierkreiszuteilung: Säuger - Löwe; Vögel - Jungfrau, Reptilien - Waage, Amphibien - Skorpion, Fische - Schütze, Gliedertiere - Steinbock, Würmer - Wassermann. Auf der anderen Seite: Protisten - Krebs, Korallen - Zwillinge, Echinodermen - Stier, Manteltiere - Widder, Weichtiere - Fische. Die Tiere der ersten Hauptgruppe sind die Kopftiere, die der zweiten sind die rhythmischen, die der dritten die Gliedmaßentiere entsprechend der Dreigliederung des Menschen.

Hinweise auf 300a-c in 349-01, 352-08.

301 Die Erneuerung der pädagogisch-didaktischen Kunst durch Geisteswissenschaft

12(07.05.20) 4115 2/199ff. **-01**

Über **Links**- und Rechts- bzw. Beid**händigkeit**: Es sei in gewisser Weise berechtigt, bei Rechtshändigkeit auch die linke Hand geschickt zu machen. Jedoch: "Die linke Hand ist gut dann, wenn der Mensch einen gewissen Grad in der Unabhängigkeit des Geistig-Seelischen von dem Leiblichen erreicht hat; aber so in der Abhängigkeit, wie der heutige Mensch ist von dem Leiblichen, da entsteht eine ungeheure Revolution in dem Leiblichen selbst, wenn man die linke Hand in derselben Weise zum Beispiel zum Schreiben wie die rechte Hand verwendet. Es wird dadurch vor allen Dingen die rechte Körperseite, die rechte Kopfseite in einer solchen Weise belastet, wie es der heutige Mensch eben durchaus nicht gewöhnt ist." S. auch 300-12.

13(10.05.20) 4120 2/203ff. **-02**

menschliche Entwicklung

Neben den seelischen Kräften, die bis zum Zahnwechsel an der Leiblichkeit des Kindes tätig sind und dann als Kraft zur Bildung von Begriffen zum Vorschein kommen, gibt es noch eine weitere geistig-seelische Betätigung, "die gewissermaßen noch leicht ätherisch über das Kind hinschwebt, die sich im **Spiel** so betätigt, wie sich im ganzen Leben die Träume betätigen. Aber diese Tätigkeit wird beim Kinde eben nicht bloß im Traum, sie wird am Spiel, also doch an einer äußeren Realität, entwickelt." Dieses kindliche Spielen kommt nach dem 20. Lebensjahr im individuellen **Urteilen** gewandelt wieder zu Tage. Während im ersten Jahrsiebt das Spiel mehr einsiedlerischen Charakter trägt, nimmt es im zweiten eine mehr gesellige Form an. Darin bereitet sich das selbständige Urteilen des folgenden Jahrsiebtes vor.

14(11.05.20) 4121 2/222 **-03**

Daß die **Weisheitszähne** erst viel später als die übrigen zweiten **Zähne** erscheinen, hängt damit zusammen, daß noch etwas von der Kraft, die nach dem Zahnwechsel für das Vorstellen frei wird, im Organismus zurückbleibt und eine Brücke bildet zum Organismus,

(20.04.20) 2/232ff. **-04**

Fragenbeantwortung: Über einseitig mathematisch-naturwissenschaftliche Begabungen. Sie hängen zusammen mit dem feinen Bau des inneren **Ohr**es (s. 100-03, 206-01).

Hinweise auf Vorträge aus GA 301 in 159-07, 191-06, 201-10.

302a Erziehung und Unterricht aus Menschenerkenntnis

3(21.09.20) 4218 1/41ff **-01**

Sinneswahrnehmung / Erinnerung-Gedächtnis

Über die Unterschiede im Wahrnehmen, Verstehen und Erinnern von Gesehenem und Gehörtem (besonders dem **Musik**alischen): "In denselben Bezirken, wo das Wahrnehmen für die Gesichtsvorstellungen zustande kommt, da kommt das musikalische Erinnern, überhaupt das Erinnern des Hörbaren zustande. In denselben Bezirken, in denen wir das Sichtbare wahrnehmen, erinnern wir uns des Hörbaren. In denselben Bezirken, in denen wir uns des Sichtbaren erinnern, nehmen wir das Hörbare wahr. Und die beiden überkreuzen sich wie eine Lemniskate im **rhythmischen System**, wo sie ineinander-, übereinandergreifen." Man könnte finden, daß das musikalische Gedächtnis auf "einer bestimmten feinen Organisation des Kopfstoffwechsels beruht, zwar dem allgemeinen Charakter nach auch mit dem Willen verwandt ist und dadurch mit dem Stoffwechsel, wie es aber in einem ganz anderen Bezirk des Leibes lokalisiert ist als das Erinnern der Gesichtsvorstellungen, das wieder mit dem Willen zusammenhängt."

Über den offenbaren Schau-Charakter der wahrgenommenen **Farben** und ihrem intimen Ton-Charakter und umgekehrt über den offenbaren Ton-Charakter der **Sprache** und ihrem verborgenen farbig Astralen.

Über die farbigen Vibrationen des Astralleibes beim Sprechen, die an den Ätherleib weitergegeben werden, sichtbar gemacht in den Bewegungen der **Eurythmie**. Deren Wirkung auf den Eurythmisten und die Zuschauer.

Hinweise aus GA 302a in 164-01, 213-08, 271-04, 351-01.

303 Die gesunde Entwickelung des Menschenwesens

4(26.12.21) 4697 TB/60ff. **-01**

Wird der Mensch innerlich zu früh greisenhaft, so tritt ein instinktives Erleben der Umwelt auf, das sich in Formen des niederen **Hellsehens** (Telepathie, Telekinesie, Teleplastie) äußern kann. Dieser Prozeß bedeutet, daß etwas in die physische Organisation aufgenommen wird, wodurch Eigenschaften herauskommen, die mehr dem Animalischen ähnlich sind. Beim **Tier** ist der Vergreisungsprozeß ab dem fortpflanzungsfähigen Alter normal. Bei ihm sind deshalb oft solche Erscheinungen zu beobachten, daß z. B. Naturkatastrophen (Erdbeben u.ä.) prophetisch wahrgenommen werden.

Der umgekehrte Prozeß des Kindhaftbleibens im späteren Alter bedeutet, daß das Seelische noch stark mit den Sinneswahrnehmungen und äußeren Erlebnissen verbunden bleibt und entsprechende Verluste zu seelischen Störungen führen können, die aber eine organische Grundlage haben. Solche Störungen werden zu Recht von der **Psychoanalyse** untersucht.

7(29.12.21) 4706 TB/126 **-02**

Kinderkrankheiten / menschliche Entwicklung

Das Freiwerden des **Ätherleib**es, das mit dem Zahnwechsel abgeschlossen ist, geht etappenweise vor sich: nach etwa zweieinhalb Jahren wird der Ätherleib für den Kopf frei, gegen das fünfte Lebensjahr für die Brust, für den Stoffwechsel-Gliedmaßen-Menschen bis zum Zahnwechsel.

Wenn die ätherischen Kopfkräfte in den ersten Lebensjahren zu stark in die Atmung und in den Stoffwechsel hineinwirken, "wenn sie also zu stark hinunterrumoren in den kindlichen Organismus, dann gibt es schon im kindlichen Alter gern **Scharlach** und ähnliche Krankheiten."

9(31.12.21) 4711 TB/159f. **-03**

menschliche Entwicklung

Ähnlich wie der Ätherleib im ersten Lebensjahrsiebt etappenweise frei wird, so sind auch im zweiten Lebensjahrsiebt Wendepunkte vorhanden (Freiwerden des **Astralleib**es): der erste etwa um das neunte, der zweite gegen das zwölfte und der dritte vom dreizehnten Lebensjahr bis zur Geschlechtsreife. Diese Wendepunkte sind verbunden mit Änderungen in der seelischen Organisation des Kindes.

9(31.12.21) 4711 TB/168 **-04**

Gesundheit-Krankheit

Wie sich dem Hellseher das Schreiben mit einer **Schreibmaschine** darstellt: "jeder Druck auf eine Taste wird zu einem Blitzschlag... Und dasjenige, was hingestellt ist als das menschliche **Herz**, das wird fortwährend von diesen Blitzschlägen durchstoßen." Dazu kommt noch, daß die Anordnung der Tasten eine Unordnung hineinbringt: "Kurz es ist ein fürchterliches Gewitter, in dem sich ein Schreibmaschinenschreiben objektiviert." ... "Und man wird schon sehen, wenn die Schreibmaschinenschreiberei zunimmt, wie immer mehr und mehr die Herzschwächen und Herzkrankheiten sich vermehren werden."

10(01.01.22) 4715 TB/193f. **-05**

Gesundheit-Krankheit / Entzündung

Wird im schulpflichtigen Alter das **Gedächtnis** überlastet, so wird es schwächer und der Mensch später u. U. "steif" und vorurteilsvoll. Wird das Gedächtnis nicht trainiert, "wird man die Neigung zu allerlei entzündlichen Zuständen im späteren Jünglings- und Jungfrauenalter heranerziehen."

11(02.01.22) 4720 TB/197ff. **-06**

menschliche Entwicklung

Über den Zusammenhang der Seelenkräfte mit dem Organismus im zweiten Lebensjahrsiebt (s. -03): bis zum 9., 10. Lebensjahr arbeitet mit dem Seelischen das **Muskel-**

system mit, das ein intimes Verhältnis zum **Atmungs**- und Zirkulationssystem hat. Dies ändert sich zum 12. Lebensjahr dahin, daß nun das Verhältnis des Muskelsystems zum **Knochensystem** ein enges wird.

"Wer einen wirklichen Blick dafür hat, was da zwischen dem elften und zwölften Jahre mit dem Kinde vor sich geht, ... der hat einen tiefen Einblick getan in die ganze Entwickelung der menschlichen Natur."

So gehen also die plastizierenden Kopfkräfte vom Kopf in das Muskelsystem, dann in das Knochensystem, "und wenn er (der Mensch) geschlechtsreif geworden ist, setzt er sich in die ganze Welt hinein. Da steht er erst in der Welt in Wirklichkeit drinnen."

Mit den sogenannten **motorischen Nerven** nimmt der Mensch vor dem 12. Jahr mehr dasjenige wahr, was in den Muskeln liegt, danach, was in den Muskeln und Knochen vorgeht.

Der Mensch entwickelt die Gedanken über die äußere unbelebte Natur unmittelbar mit dem Knochensystem, nicht mit dem Gehirn. Dieses ist nur Werkzeug für die passiven Bilder, die sich beim **Denken** abspielen. "Daß das Denken zum Bewußtsein kommt, das ist von diesen Bildern abhängig; aber in diesen Bildern liegt nicht die innere Kraft, die im Denken wirkt, liegt nicht das **Willen**sgemäße des Denkens."

15(06.01.22) 4731 TB/277ff. **-07**

Ernährung

Milch und Milchprodukte wirken gleichmäßig auf den ganzen Menschen. Andere Nahrungsmittel beeinflussen überwiegend ein Organsystem, so z. B. **Zucker** die **Leber**.
Bei übertrieben melancholischen Schulkindern kann eine Wirkung auf das **Temperament** durch die eine stark gesüßte Ernährung erreicht werden. Dadurch wird die Leber in ihrer inneren Tätigkeit etwas herabgesetzt, indem sie den Zucker zur äußeren Betätigung erhält, und das melancholische Temperament gemildert, das unter Umständen auf der Lebertätigkeit beruht. Umgekehrt bei zu starkem sanguinischen Temperament: wenig Zucker in der Nahrung regt die innere Tätigkeit der Leber an, "und ich sporne dadurch das Kind an, das Ich stärker anzuregen, also dasjenige zu überwinden, was in dem physischen Gefolge des sanguinischen Temperamentes auftritt."

S. auch **305/8(24.8.22)**.

Über die Temperamente des Kindes und ihre erzieherische Beeinflussung s. **305/6(22.8.22)**. Über den Einfluß des Temperamentes des Erwachsenen auf das Kind s. **308/1(8.4.24)**.

(05.01.22) TB/340ff. **-08**

Über sensitive und **motorische Nerven**. Es besteht prinzipiell kein Unterschied. Die Unterbrechung im Gehirn und im Rückenmark "bewirkt die Möglichkeit, daß die **Seele** den ganzen Vorgang bewußt erlebt. Würde der einheitliche Nervenstrom ohne Unterbrechung gehen, so würde er einfach durchgehen durch den Menschen, und die Seele würde das nicht miterleben können." (Fragenbeantwortung)

S. auch 293-01.

Hinweise auf Vorträge aus GA 303 in 130-25, 293-09, 293-10.

306 Die pädagogische Praxis vom Gesichtspunkte geisteswissenschaftlicher Menschenerkenntnis

2(16.04.23) 5239 3/37ff. **-01**

Von der Bildung des **Kehlkopf**es und seiner Nachbarorgane (Brustbereich) hängt bei den **Tier**en die Bildung der ganzen Form ab. "Von diesen Organen strahlt die tierische Form aus."

Hinweise auf weitere pädagogische Vorträge:

aus GA 295 in 147-03, 180-11, 202-10;
aus GA 296 in 191-04;
aus GA 302 in 115-13, 194-13, 205-06, 205-13;
aus GA 305 in 107-05, 202-13;
aus GA 307 in 351-04;
aus GA 308 in 235-03.

312 Geisteswissenschaft und Medizin

1(21.03.20) 4036 tb/13f. -01

Über den Begriff **Krankheit** und **Gesundheit**: Krankheit wird negativ definiert als Abweichung von normalen Lebensprozessen. Betrachtung älterer medizinischer Anschauungen: Die Lehre des **Hippokrates** (460-377 v.Chr.) von der richtigen oder falschen Mischung (Krasis, Dyskrasis) der Körpersäfte des menschlichen Flüssigkeitsorganismus, in dem die vier Elemente der Außenwelt spezialisiert als schwarze und gelbe Galle, als Schleim und Blut angesehen wurden. Diese Anschauung ist der Schlußpunkt einer auf altes atavistisches Hellsehen gestützten **Medizin** und eigentlich nicht als der Ursprung der modernen Medizin zu betrachten. Abgesehen von der schwarzen Galle wurden die übrigen Säfte als durchwirkt von außerirdischen Kräften vorgestellt. Diese Anschauung war schon mehr traditionell bei **Galen** (131-ca. 200 n.Chr.) und wirkte nach als **Humoralpathologie** bis in die erste Hälfte des 19. Jahrhunderts. Ausnahmen: **Paracelsus** (1493-1541) und J. B. van **Helmont** (1577-1644), die noch hellsichtig waren. Von Paracelsus wurde der im Menschen wirkende Teil der außerirdischen Kräfte als **Archäus** (=Ätherleib) bezeichnet. Über die Lehre von G. E. **Stahl** (1660-1734) von (hypothetischen) Lebenskräften (**Vitalismus**). Umschwung zum atomistisch-materialistischen Denken wird markiert durch das Werk "De sedibus et causis morborum per anatomen indagatis" von G. B. **Morgagni** (1682-1771). Es wird der Leichenbefund wichtig, Beginn der pathologischen **Anatomie**. Letzte Nachwirkungen der alten Säftelehre in der "Pathologischen Anatomie" (1842) von K. v. **Rokitansky** (1804-1878) und bei Th. **Schwann** (1810-1882), der die **Zelle** noch aus sich differenzierendem Flüssigen hervorgehend ansah. Endgültige Durchsetzung der atomistischen Betrachtungsweise in der 1858 von R. **Virchow** (1821-1902) veröffentlichten "**Zellular-pathologie**".

Der Mangel an einer durchgreifenden Anschauung über das Wesen des Menschen läßt zu keiner brauchbaren Erkenntnis der Krankheitsprozesse kommen. Diese sind Naturprozesse, von bestimmten Ursachen hervorgerufen, wie die gesunden Prozesse auch.

Über den Unterschied zwischen dem **Knochensystem** höherer **Affen** (Gorilla) mit lastender Schwere und dem menschlichen Skelett, das aus dem Zusammenwirken von irdischen lastenden und außerirdischen aufrichtenden Kräften hervorgeht. Letztere werden als **Bildekräfte** bezeichnet, da sie Formumwandlung bewirken (Kräfteparallelogramm). Über den ruhenden und den tätigen **Muskel**: "Es treten im Muskel eben Veränderungen ein, die man zuletzt mit nichts anderem vergleichen kann gegenüber den gewöhnlichen stoffwechselgemäßen Veränderungen als mit den Kräften, die die Bildung des Knochensystems beim Menschen bewirken." Wie Nichtirdisches in Mechanik und Dynamik des Skeletts hineinwirken, wirkt auch eine nicht-irdische **Chemie** in die irdische Stoffwechsel-Chemie.

Zu **Tierversuchen**: "Man kann ... ganz gewiß einiges erreichen für menschliche Heilung aus dem Tierversuch, aber nur dann, wenn man sich gründlich klar darüber ist, welch ein durchgreifender Unterschied bis in die einzelnsten Details hinein doch zwischen der tierischen und der menschlichen Organisation ist."

Über die Notwendigkeit, eine intuitive **Form**enbeobachtung in der Medizin zu entwickeln.

2(22.03.20) 4039 tb/35f. -02

Die **Herz**tätigkeit nicht als Ursache sondern als Folge einer sich stauenden Wechselwirkung zwischen oberem (**Atmung, Nerven-Sinnes-System**) und unterem Menschen (**Stoffwechsel-System**). Der Auffassung vom Herzen als Pumpe wird das Modell des **hydraulischen Widder**s (erstmals von K.**Schmid** 1892, s. auch Hinweis in **60/4(17.11.10)**) gegenübergestellt, was aber allenfalls das Mechanische des Vorganges erfaßt. Das Herz als Sinnesorgan für die oberen und unteren Tätigkeiten.

Die Spiegelung von Vorgängen des oberen Menschen im unteren Menschen. Das Gegenbild zu **Husten**(reiz) in der **Diarrhöe**. Das innige Zusammenwirken des Oberen und des Unteren im gesunden Organismus geht in Unregelmäßiges und dann Krankhaftes über, wenn z. B das Obere sich zu stark vom Unteren isoliert, ein Eigenleben führt oder das Obere zu schwach ist, das Untere zu bezwingen. Das gesunde Verhältnis zwischen Oben und Unten ist für jeden Menschen verschieden. Störungen dieses Verhältnisses können sich zunächst im Funktionellen (**Ätherleib**) zeigen: Kann das Stoffwechselgeschehen vom Oberen nicht bezwungen werden, so daß die äußere Stofflichkeit nicht voll überwunden wird, kommt es zu den Unregelmäßigkeiten der **Hysterie** im weiten Sinne. Wenn der obere Prozeß zu stark wird und den oberen Menschen zu stark in Anspruch nimmt, kommt es zu den Erscheinungen der **Neurasthenie**. Organisch gewordene Hysterie: Unterleibserkrankungen, unregelmäßige Verdauung; organisch gewordene Neurasthenie: Hals-, Kopfkrankheiten. Diese Unregelmäßigkeiten wirken auch wiederum auf den ganzen Organismus zurück.

Kommt die Hysterie nicht im Funktionellen zum Ausdruck, kann die Unregelmäßigkeit vom Ätherleib direkt in den physischen Leib hineingedrückt werden, und es kommt zu Erscheinungen, die auf dem Gebiet der Neurasthenie liegen: Anlage zur **Tuberkulose**. Erst wenn diese vorhanden ist, können als Folge **Bakterien** Platz greifen. Über das Wesen der **Ansteckung**, die bei der Tuberkulose besonders beachtet werden muß. Symptome im Vorstadium der Tuberkulose: Husten, Gliederschmerzen, Ermüdung, Abmagerung, **Nachtschweiß**. Dies sind zugleich Anzeichen des Abwehrkampfes, wobei der Organismus versucht, die Prozesse zu eliminieren, die er nicht beherrschen kann. Nachtschweiß ist eine während des Schlafes vollzogene Tätigkeit, die sonst im Wachen als geistig-physische Tätigkeit ablaufen sollte. "Während der Organismus entlastet ist von seiner geistigen Tätigkeit, schafft er sich die Tätigkeit, die in dem Nachtschweiß zum Ausdruck kommt." Ausscheidungsvorgänge stehen immer im Zusammenhang mit seelisch-geistigen Tätigkeiten. Ein erster Heilungsschritt kann darin bestehen, solche Ausscheidungsvorgänge hervorzurufen und dann in einem zweiten Schritt die Heilung zu vollenden: z. B. bei der Tb künstlich provozierten Husten mit einer Art Diarrhöe nachfolgend zu überwinden, durch Diät o.ä. hervorgerufene Ermüdung durch bessere Verdauung wieder aufzuheben, oder Nachtschweiße durch intensive geistige Tätigkeit in eine gesunde **Schweiß**bildung überzuführen.

Über das **homöopathische** Verdünnen (**Potenzieren**): Die Vorstellung, daß die Verdünnung immer weiter gehe ins Unendliche, sei nicht zutreffend. "Nirgends verschwindet eine solche Tätigkeit in der Unendlichkeit, sondern sie geht nur bis zu einer begrenzten Sphäre, und dann schlägt sie wie elastisch zurück, wenn auch die Qualität, das Quale, oftmals verschieden ist von dem, was das Quale vom Hingange ist. Es gibt in der Natur nur rhythmische Verläufe..." Dies trifft auf quantitative und qualitative Ausbreitungen zu. Bei letzteren werden die entgegengesetzten Eigenschaften zurückgeworfen. "Und auf diesem inneren Rhythmus beruht auch dasjenige, was der Gegensatz ist zwischen unterer Organisation und oberer Organisation. Unsere obere Organisation ist etwas Homöopathisierendes", ist ein Negativ der gewöhnlichen Verdauungsprozesse. Beim Potenzieren werden die Eigenschaften der Stoffe, die sich auf den unteren Menschen zunächst beziehen, in solche übergeführt, die zur oberen Organisation eine Beziehung haben.

3(23.03.20) 4040 tb/54f. -03

Denken-Fühlen-Wollen

Es wird die Forderung aufgestellt, daß Therapie und Pathologie nicht nebeneinander stehen, sondern daß aus einer Erkenntnis der Krankheit, der Diagnose, schon eine Anschauung über den notwendigen **Heilungs**prozeß gebildet wird. Es wird der Frage nachgegangen, ob in der Natur normale Prozesse vorhanden sind, an denen eine Anschauung über das Heilverfahren gewonnen werden kann.

Nur die eigentlichen Vorstellungsprozesse hängen mit dem **Nervensystem**, das Fühlen direkt mit dem **Rhythmischen**, das Wollen mit dem **Stoffwechsel-System** zusammen. Die **motorischen Nerven** sind eigentlich auch sensitive Nerven, die "die Bewegungen unserer Glieder wahrnehmen, also dasjenige, was im Stoffwechsel unserer Glieder vor sich geht, wenn wir wollen." **Hysterie** ist (s. vor. Ref.) von Stoffwechselvorgängen abhängig, die von den Nerven wahrgenommen werden, und nicht von einer Erschütterung des Nervensystems.

Über die falsche Deutung eines Falles von Todesahnung als Suggestion durch den Arzt C. L. **Schleich** (1859-1922).

Frage nach dem Zusammenhang zwischen dem Menschen und der außermenschlichen Natur, aus der die **Heilmittel** bei einer Krankheit genommen werden. **Wachstums**-, bzw. **Regenerations**- und **Anpassungs**kräfte bei Pflanzen (**Falsche Akazie**, **Robinia pseudacacia**), bei **Embryo**nen und niederen Tieren (**Regenwürmer**). Beim Menschen sind diese Kräfte nicht mehr in den **Organe**n vorhanden sondern aus ihnen herausgehoben, mit ihnen denkt, fühlt und will er: "Es besteht ein vollständiger Parallelismus zwischen dem, was wir innerlich-seelisch erleben, und dem, was in der äußeren Welt gestaltende Naturkräfte, gestaltende Naturprinzipien sind." Diese **Bildungskräfte** sind aus den verschiedenen Organen verschieden stark herausgenommen, am stärksten aus den Nervenzellen, die in einem frühen Entwicklungsstadium zurückgeblieben, bzw. abgelähmt sind. Was den Organen entzogen wurde, kann durch ein Heilmittel aus der Natur wieder zugeführt werden. Daraus ergibt sich die Frage: "Welche Kräfte in der außermenschlichen Natur sind den Kräften ähnlich, die den menschlichen Organen zugrunde liegen, die aber zur geistig-seelischen Tätigkeit herausgezogen sind?"

Über die irrige Anschauung einer Höher**entwicklung** vom Mineralreich über das Pflanzen-, Tierreich zum Menschen. Der Ausgangspunkt der Entwicklung muß im Organischen genommen werden, von dort aufsteigend zum Menschen, auf der anderen Seite absteigend zum Mineral, zu den **Metallen**. Den Gestaltungskräften im Organischen entsprechen die (andersartigen) Kräfte der **Kristallisation** im Mineralischen.

Über **Blut**- und **Milch**bildung beim Menschen als polarische Prozesse: Blut enthält noch die Bildungskräfte, sein Hauptbestandteil, die roten Blutkörperchen (**Erythrozyten**), sind jedoch nicht vermehrungsfähig (ähnlich den Nervenzellen). Auch hat die Milch (Bildung mehr nach außen am Menschen im Gegensatz zur nach innen gerichteten Blutbildung) noch Bildungskräfte, die sie zum gesunden Nahrungsmittel für den Säugling machen. Im Gegensatz zur Milch "braucht" das Blut **Eisen**, weil es "diejenige Substanz im menschlichen Organismus ist, die einfach durch ihre eigene Wesenheit krank ist und fortwährend durch das Eisen geheilt werden muß." D. h. es ist ein dauernder Heilungsprozeß im Menschen: "Wir haben in der Tat da einen Prozeß, der ein normaler ist und der zur gleichen Zeit ein solcher ist, der nachgebildet werden muß, wenn wir überhaupt an Heilungsprozesse denken wollen."

4(24.03.20) 4041 tb/76f. **-04**

Über die Erfolge der Therapie nach Marie **Ritter**, die wesentlich zurückgehen würden, wenn diese Therapie allgemein anerkannt würde (s. Problem des **Placebo**), da ein einzelner, in Opposition zur Lehrmeinung stehender Arzt sich viel stärker engagiert. Zu den Ritter-Heilmitteln s. auch 11. Vortrag (31.03.20) und 327-04.

Prozeß des Pflanzenwerdens mit Kohlenstoff-Ansammlung im unteren Menschen muß überwunden werden durch die obere Organisation, indem dem Kohlenstoff Sauerstoff entgegengesetzt wird. Auf solche Gegenprozesse im Menschen müsse geachtet werden. Weiteres Beispiel für Auftriebskräfte: das im Gehirnwasser schwimmenden Gehirn. Unterschied zwischen äußerer Flora und **Darmflora**, der die Bildungskräfte entzogen sind. Ihre verschiedene Ausgestaltung bei den Tieren und dem Menschen. Gering entwickelter Dickdarm und Blase bei den **Vögeln**. Die im Menschen bei bestimmten Krankheiten auftretenden **Bakterien** sind nur als Indikatoren, nicht als Verursacher der Krankheiten anzusehen. Zu einer solchen Häufung kann es kommen, wenn durch zu geringe Gegenwirkung des oberen Menschen im unteren Menschen "Kräfte tätig sein können, welche nicht aufhalten können den ... Prozeß des Pflanzenwerdens." Dabei können die Tätigkeiten, die sich im unteren Menschen abspielen sollen, zurückgestaut werden in den oberen Menschen (z. B. Ausscheidungen der Lunge, des Rippfells).

Das Auftreten von organgebundenen **Gedanken** und **Drüsen**absonderungen (Schleim, Speichel, Milch, Harn, Samen). "Wenn Sie also einen Gedanken haben und irgendeine parallelgehende Drüsenabsonderung, so haben Sie die Tätigkeit, die dem Gedanken zugrundeliegt ... herausgeholt aus der Drüse. ... Sie haben also hier ... handgreiflich das Heraustreten der Bildetätigkeit aus dem Organ in den Gedanken hinein." Die Bildungskräfte, die der Darmflora entzogen werden, werden Kräfte der Gedankenentwicklung. Wichtig für die Anwendung pflanzlicher **Heilmittel**. Ähnlicher Zusammenhang von Darmfauna und äußerer Fauna und Anwendung tierischer Heil**sera**.

Über die Lichtempfindlichkeit von **Tuberkel**bazillen. Licht wird an der Grenze beim Übergang in den Menschen metamorphosiert. Dieses umgewandelte **Licht** ist das Lebenselement des Bazillus. Grund für ein Überhandnehmen ist, daß der Mensch nicht genügend Sonnenlicht aufnimmt oder aufnehmen kann, so daß er seinen Vorrat an metamorphosiertem Licht angreifen muß.

Vergleich der **Verdauungs**organe der Vögel und des Menschen im Bezug auf die Umwandlung des Lichtätherischen. "Wir haben einen physischen **Dickdarm** und eine physische Blase, aber wir sind Vögel in bezug auf unseren **Ätherleib**, was diese Organe anbetrifft. Die sind tatsächlich im Kosmos dynamisch nicht vorhanden. Da sind wir darauf angewiesen, daß wir unmittelbar, indem wir das Licht empfangen, es auch verarbeiten und die Ausscheidungsprodukte wiederum abgeben. Und tritt da eine Störung ein, so ist sie eine Störung, der gar kein Organ entspricht, die wir also ohne Schädigung der Gesundheit nicht ohne weiteres ertragen können."

Im oberen Menschen muß ständig die Tendenz zum **Sklerotisieren** bekämpft werden (**Salzprozeß** nach Paracelsus im Gegensatz zum vorigen **Sulfurprozeß**). Hier ist dann der Übergang zur Mineral- bzw. **Metalltherapie**, aber in **homöopathisch potenzierter** Form: "...was darauf hinweist, daß gerade aus dem Mineralreich diejenigen Kräfte bloßgelegt werden müssen, welche der Wirksamkeit des äußeren Mineralreiches entgegengesetzt sind." Ähnlich heilwirkend sind deshalb **Mineralquellen**.

Dickdarm und **Blinddarm** bzw. die ganze Darmbildung als parallele Bildung zum Gehirn. Über das Spannungsverhältnis zwischen diesen Organen. "Diese Spannung drückt sich auch aus ... in den Kräften, die auf zwei Organe konzentriert sind, in der Zirbeldrüse (**Epiphyse**) und in der sogenannten Schleimdrüse (**Hypophyse**). In der Zirbeldrüse drükken sich alle diejenigen Kräfte aus, die die oberen Kräfte sind, und stehen gespannt gegenüber den Kräften der Schleimdrüse..., die die unteren Kräfte sind."

5(25.03.20) 4043 tb/96f. **-05**

Salz-Merkur-Schwefel / Potenzieren

Für eine erfolgreiche Therapie ist eine möglichst umfassende Kenntnis des Patienten nötig:

Alter,

Wachstum (Ätherleib),

Traumleben (Verhältnis Astralleib zu Ätherleib/physischem Leib),

Neigung zu **Fleiß** oder **Trägheit**. Bei Trägheit starke innerer Beweglichkeit, die aber unbewußt bleibt und deshalb nicht auf den physischen Leib übertragen wird. "Der Träge ist eigentlich, geisteswissenschaftlich genommen, ein schlafender Mensch."

Kurzsichtigkeit: Gewisse Zurückhaltung des Ichs und des Astralleibes gegenüber dem physischen Leib.

Status der **Zähne**: Neigung zu **Karies**, Erhalt der Zähne im späteren Alter.

Physische **Sympathien** und **Antipathien**: Beispiel Gier nach **Salz** = zu starke Verbindung von Ich/Astralleib mit physischem Leib/Ätherleib, äußert sich auch in **Schwindel**anfällen bei mechanischer Drehung.

Störungen der **Drüsen**tätigkeiten deuten auf Störungen im Zusammenhalt von Ich/Astralleib und physischem Leib/Ätherleib.

Über den Unterschied zwischen **Homöopathie** und Allopathie. Auch ein allopathisches **Heilmittel** macht im Organismus einen Homöopathisierungsprozeß durch. Dies bedeutet jedoch für den Körper eine zusätzliche Belastung.

"Da ist zunächst daran festzuhalten, daß man mit der **chemischen** Untersuchung der Substanzen, also mit einer Art Eingehen in dasjenige, was die einzelnen Substanzen im Laboratorium offenbaren, nicht sehr viel ausrichten kann. Ich habe schon angedeutet, daß man eigentlich dieses **Mikroskop**ieren - das ist ja eine Art Mikroskopieren - ersetzen sollte durch die makroskopische Beobachtung, durch dasjenige, was sich aus der Beobachtung des Kosmos selber ergibt."

Der Organismus hat das Bedürfnis, Prozesse der Außenwelt (Mineral- und Pflanzenreich) in sich rückgängig zu machen, dagegen anzukämpfen. Beispiel der Salzgier, Rückgängigmachen des Salzbildungsprozesses und damit ein Freimachen des unteren Menschen von zu stark wirkendem Geistig-Seelischen, das in den oberen Menschen getrieben wird.

Die **Auster** (**Conchae**) und ihre von innen nach außen getriebene **Kalk**schale. Sie ist zwar ein niederes Tier, nehme aber eine hohe Stellung im ganzen Kosmos ein. "Sie nimmt dadurch eine solche Stelle ein, daß dasjenige, was der Mensch in sich als sein **Denken** trägt, von ihr abgesondert wird.... Und Sie können förmlich ... sehen an diesem Entstehen der Austernschale die Arbeit des kohlensauren Kalkes..., die aus dem Organismus heraus die zu starke geistig-seelische Tätigkeit leitet." Daher ein Heilmittel bei Krankheiten mit überschüssiger geistig-seelischer Tätigkeit im Unterleib.

Polarisch dem Salzartigen, dem Kalkigen entgegengesetzt ist der **Phosphor**. Während das Salzartige entblößt ist von der inneren Wirkung von Imponderabilien und des Lichtes, enthält Phosphor (auch Schwefel und Phosphorartiges) das Imponderable, das Licht. Ist daher geeignet, Astralleib und Ich an den Menschen wieder heranzubringen. Z. B. bei zu heftigem Traumleben, bei Neigung zu **Entzündungen**.

Ausgleichend und die Waage haltend zwischen dem Salzartigen und dem Phosphorigen ist das Merkuriale, das zur Tropfenform tendiert.

Parallel zum Mineralischen kann auch das Pflanzliche dreigegliedert werden in Wurzel, Blattregion und Blüten-Samenregion. Der Mensch als umgekehrte **Pflanze**. Die Pflanzen bilden mit der Erde eine Einheit und sind nur dadurch differenziert, daß die Erde mit dem Kosmos in verschiedenen Wechselwirkungen steht. Unterschied zwischen **Pilzen**, krautigen Pflanzen und **Bäumen**. Der Stamm der Bäume als Ausstülpung der Erde. Dadurch stärkere Emanzipation der Blüten-Blattregion von der Erde als bei den krautartigen. Noch stärker ist dies bei den **Pflanzenparasiten** wie der **Mistel** (**Viscum** album). Die Tendenz vieler Pflanzen, ein Hauptorgan besonders auszubilden (Beispiel Ananas, **Schachtelhalm** (**Equisetum**)). Blüten-Samen-Region neigt zur Verinnerlichung der Imponderabilien ähnlich dem Phosphorigen des Mineralreiches, damit auch starke Verwandtschaft zu den Organen des Unterleibes. Das Blatt-Krautartige der Pflanzen entspricht dem Merkurialen, ist von Bedeutung bei Störungen der Zirkulation, des Rhythmischen Systems. Die Wurzel entspricht dem Salzartigen des Mineralreiches.

Während der Mensch die Tendenz hat, das Pflanzliche und das Mineralische der Außenwelt in sich aufzuheben, besteht ein anderes Verhältnis zum Tier: "Denn das Tier hat schon auf halbem Wege diesen Prozeß durchgemacht. Der Mensch ... steht gewissermaßen zum Tier im rechten Winkel, während er zur Pflanze im Winkel von 180 Grad steht. Und das ist etwas, was im höchstem Maß in Betracht kommt, wenn die Frage entsteht nach der Anwendung solcher tierischen Mittel, wie es **Serum** oder dergleichen ist."

5(25.03.20) 4043 tb/113 **-06**

"Die graue Hirnsubstanz ist im wesentlichen zur Ernährung des **Gehirn**es da und ist eigentlich eine Kolonie der Verdauungswerkzeuge zur Ernährung des Gehirnes, während gerade dasjenige, was weiße Hirnsubstanz ist, von einer großen Bedeutung als **Denk**substanz ist." S. auch **319/9(24.07.24)**.

6(26.03.20) 4045 tb/117 **-07**

Zwei Tendenzen im **Pflanze**nbildeprozeß: eine zur Erde hin (Wurzel), mit dem anderen von der Erde wegstrebend (Blatt, Blüte). Die spiralige Anordnung der Blätter und Blüten als Resultierende der Einwirkung von **Sonne** und (obersonnigen) **Planeten**: "Denn was die Sterne tun, das bildet die Pflanze getreulich nach." **Uranus** und **Neptun** gehören nicht zu den obersonnigen Planeten, sie seien nur hinzugekommene Gäste des Planetensystems. Die rückstauende Kraft der Planeten bewirkt die Blüten- und Samenbildung. Die untersonnigen Planeten und der **Mond** sind für die Tendenz der Pflanze zur Erde hin verantwortlich (Wurzel). Der größere **Asche**anteil bei Pflanzen mit starker Wurzelbildung: "Da finden Sie in der Asche Eisen, Mangan, Kiesel, also Bestandteile, welche direkte **Heilmittel** darstellen, und die dann als Heilmittel auch auftreten, wenn man irgendetwas aus der Pflanze verwendet."

Bei den (einjährigen) Pflanzen gelangt zum Vegetationsende das, was vom Außerirdischen gebildet wurde, wieder in die Erde zurück. Das Außerirdische überwindet nicht nur das Mechanische der Gestalt, sondern auch den Erdenchemismus. Der irdische Chemismus zeigt sich im Aschenhaften, in der **Schwere**, während das **Licht** als polarer Gegensatz die Schwere fortwährend überwindet. Beim Menschen, der funktionell eine umgekehrte Pflanze ist, wirken diese beiden Polaritäten ständig ineinander. "Und in diesem Wechselspiel (von oben nach unten und von unten nach oben) besteht eigentlich das menschliche gesunde und kranke Leben." Daraus folgt auch, daß der menschliche Organismus anders behandelt werden muß, wenn es sich um eine scheinbar gleichartige Störung im oberen oder unteren Menschen handelt: Beispiel **Rachitis** und **Kraniotabes**, im ersteren Fall **Phosphor**, im zweiten eher **Kalk** als Heilmittel.

Salz-Merkur-Schwefel (Phosphor): Die Salzprozesse sind diejenigen, die in die Schwere führen, Sulfur-Phosphorprozesse sind Lichtprozesse. In diesen Gegensatz ist die **Herz**tätigkeit hineingestellt: "Und dasjenige, was sich in der Pflanze abspielt, das Zusammenwirken des Obersonnigen und des Untersonnigen, das spielt sich im Menschen ab und findet seinen Ausdruck in den Herzbewegungen."

Die irdischen (mineralischen, metallischen) Substanzen sind nicht zu erklären aus atomaren oder molekularen Kräften sondern aus der Einwirkung von kosmischen Kräften (bei den Metallen der Planeten). (Ungestörte) Einwirkung des **Saturn**: **Blei**, des **Jupiter**: **Zinn**, des **Mars**: **Eisen**, der **Venus**: **Kupfer**, des **Merkurs**: **Quecksilber** und des Mondes: **Silber**. Neben diesen Haupt**metalle**n entstanden die anderen durch gemischte Planetenwirkungen. Damit auch ein Zusammenhang mit der Pflanzenbildung: "Denn nehmen Sie dasjenige, was in den Agentien von Blei, Zinn und Eisen liegt, so haben Sie ungefähr alles dasjenige zusammen, was nun auch liegen muß in alledem, was zusammenhängt mit der Blüten- und Samenbildung der Pflanzen...; mit alledem, was kupferig, merkurial, silberhaft ist, muß zusammenhängen alles dasjenige, was mit der Wurzelbildung der Pflanze zusammenhängt."

Neben der Polarität von Irdischem und Kosmischen gibt es noch die zwischen Geistigem und Materiellem (ob ponderabel oder imponderabel), wobei die Sonne den Gleichgewichtszustand hält. Ihr Zusammenhang mit dem **Gold** (durch das "das Geistige gewissermaßen rein in die äußere Welt hereinschaut").

In der Natur sind die verschiedenen Prinzipien nicht getrennt sondern ineinandergefügt. In der **Alchemie** wurde versucht, die drei Prinzipien Salz-Merkur-Schwefel aus einer Substanz herauszutrennen und dies dann als Heilmittel zu verwenden. Am schwierigsten ist dies beim Gold, wo die drei Prinzipien am festesten miteinander verbunden gedacht wurden. Dieser Weg der Alchemie sei aber heute "versandet", wenn es auch möglich sei, durch eine Verbrennung z. B. das Phosphorartige abzuscheiden und nach Abtrennung des Merkurialen salzartige Heilmittel zu gewinnen. Ein anderer Weg ist der des **Homöopathisierens** (Potenzierens) nach **Hahnemann**, der "eine Art Neuaufstieg darstellt aus dem gesamten menschlichen medizinischen Streben heraus..." In gewisser Weise gilt das auch für die physikalische **Heilweise**, "die eben, weil sie den Weg nicht mehr hat, den Lichtträger in der richtigen Weise zu verwenden, Phosphor, oder den Luftträger in der richtigen Weise zu verwenden, Merkur, Licht und Luft direkt verwendet. Das ist selbstverständlich auch eine dritte Möglichkeit."

Bei der **Tierwelt** kommt man aus dem Planetensystem heraus in den **Tierkreis**. Die Alten "haben den Tierkreis gezogen, damit man nicht jenseits dessen, was im Pflanzlichen oder Mineralischen liegt, die Heilmittel sucht oder wenigstens aufmerksam ist, daß da in ein bedenkliches Gebiet eingetreten wird."

7(27.03.20) 4047 tb/138f. -08

Neben den mehr räumlichen tellurischen und kosmischen Einflüssen muß auch das **Zeit**liche, die verschiedenen Menschen**alter**, beim Studium der Krankheiten beachtet werden. Es kann z. B. im zweiten Lebensjahrsiebt (besondere Einarbeitung des **Ätherleibe**s) die Elastizität des physischen nicht mit der des Ätherleibes zusammenfallen, über deren Ausgleich sonst der Astralleib zu wachen hat. Vermag er dies nicht, so kann es zu einem Symptomenkomplex wie dem der **Chorea** (minor) kommen. Ähnliche Erscheinungen auch in der **Schwangerschaft** (Ch. gravidarum), da dort auch der Zusammenhang der Elastizität von physischem Leib und Ätherleib gestört sein kann.

Erst ab dem dritten Jahrsiebt kann die Ursache von Poly**arthitis** u.ä. zu finden sein, wenn der Astralleib sich ins richtige Verhältnis zu physischem und Ätherleib setzen muß.

Über das Simileprinzip (**Homöopathie**): Es muß auch beachtet werden, daß der hauptsächliche Symptomenkomplex (Simile) in einem anderen Lebensalter liegen kann.

In der Jugend ist der Mensch mehr ausgesetzt den obersonnigen, im Alter mehr den untersonnigen **Planeten**. Der Prozeß der Ossifikation und der **Sklerose** als ein Gegenprozeß zu einem Zerstäubungsprozeß vor der Empfängnis. Schwingt ein solcher Gegenprozeß über seine Mitte und gerät er ins Organische, so kann es zur Disposition für bzw. direkt zu **Karzinom**bildung kommen.

Ähnliches Pendeln im Kindesalter zwischen **Hydrokephalie** und seinem Gegenteil. Wird diese Tendenz zur Hydrokephalie zu früh unterbunden (Erziehung, Diät usw.), kann damit eine Disposition zu **Syphilis** gelegt werden.

"Man kann sagen, daß sich der ganze organische Prozeß verschiebt, sowohl der Prozeß im oberen Menschen gegen das Herz wie der Prozeß im unteren Menschen von ganz unten wiederum durch den Unterleib gegen das Herz zu. Zum Herzen als dem eigentlichen Stauungsorgan drängt sich die ganze menschliche Bildung von der einen und von der anderen Seite hin. Nun geschieht aber dieses Vorschieben in den verschiedenen Lebensaltern."

Wird die Hydrokephalie tiefer in die untere menschliche Organisation geschoben, so bildet sich die Disposition zur **Pneumonie** oder **Pleuritis** in der Jugend aus. Wird diese wiederum zu rasch unterdrückt, so kann es später zu **Endokarditis**, anderen **Herz**krankheiten und Polyarthitis kommen. Es wird deshalb für die jugendliche Pneumonie/Pleuritis nur eine Art physikalischer Begleit-Therapie empfohlen.

Die **Fieber**kurve als Abdruck des Kampfes des **Ich** mit den drei andern Leibern, charakteristischer Verlauf bei Pneumonie (kritischer und lytischer Verlauf) und **Typhus abdominalis**.

Im Menschenbildeprozeß sind (s. vor. Referat) außertellurische (ober- und untersonnige Planeten) und tellurische Kräfte wirksam. Letztere sind die von **Venus**, **Merkur** und **Mond**, die von unten über die Erde wirken (Mond: Ebbe und Flut, weiblicher Zyklus, während die direkte Wirkung der untersonnigen Planeten sich äußert im Geistig-Seelischen, z. B. die des Mondes im **Phantasie**schaffen).

Polarität zwischen der menschlichen Gesamtorganisation, die durch diese Kräfte bewirkt wird, und den **Zellen** mit Tendenz zu eigensinnigem Wachstum. Kampf gegen dieses störende Eigenleben der Zelle. Ihre Tropfenform als Resultat dieser Auseinandersetzung, der das Leben genommen ist (besonders durch die Merkurwirkungen). Die Tropfenform als Typ des Merkurialen im alten alchemistischen Sinne. **Organe** als zwischen den Polaritäten von Menschenbildeprozeß und Zellenprozeß liegend. Die Organe zwischen Herz und Sexualtrakt haben am meisten Ähnlichkeit mit dem Zellenleben.

Über die Verwandtschaft der **Blei**wirkungen und **Arteriosklerose**, der **Zinn**wirkungen und Hydrokephalie; **Eisen** und Pneumonie. **Kupfer** (Eisen), **Quecksilber** (Zinn) und **Silber** (Blei) als polarisch entgegengesetzt wirksame Metalle.

8(28.03.20) 4050 tb/157f. **-09**

Salz-Merkur-Schwefel / Sinneswahrnehmung / Punkt-Umkreis

Über die Doppelverwandtschaft des Ätherischen mit dem Physischen und dem Astralischen ausgehend von der **Pflanze**, die in der Bildung des Blüten**duft**es (zurückgehaltener Verbrennungs(=Sulfur)prozeß) in das Astralische (nach außen) und in der Bildung der festen Substanz in das Physische (nach innen, zurückgehaltener Salzprozeß) hineingeht. Mit dem **Riechen** nimmt der Mensch teil an dem von der Pflanze ausgebreiteten Astralischen, mit dem **Schmecken** an ihrem mehr innerlichen Substantiellen: Riechen und Schmecken als "Offenbarung des Ätherischen in seinen Beziehungen zum Astralischen und zum Physischen."

Das Sehen als nach dem oberen Menschen hin metamorphosiertes Schmecken, die **Verdauung** als nach unten hin umgewandeltes Schmecken. Fähigkeit der guten Verdauung beruht darauf, mit dem ganzen Verdauungstrakt zu schmecken. Verdauung und **Ausscheidung** durch Darm und **Nieren** als polare Prozesse zum Schmecken und Riechen. **Denken** und Vorstellen als gewandeltes Sehen. "Aber das Zusammenfassen des Gesehenen, das Assoziieren der Vorstellungen, ist eigentlich, innerlich organisch angesehen, sehr ähnlich dem Riechen." Die Ausscheidungsprozesse sind Gegenbilder des Vorstellens (s. Ref.-04 über Zusammenhang von Darmflora und Denken). Die Vorgänge im oberen Menschen haben Verwandtschaft zum Salz-, die im unteren zum Feuer(Sulfur-)prozeß. Daraus folgt die Anwendung von Pflanzen in der Therapie: solche mit ausgeprägtem Sulfur-**Aromatisierung**sprozeß wie **Linde** (**Tilia**) und **Rose** haben Verwandtschaft zum Unterleib, solche wie **Melisse** und **Gundelrebe** (**Glechoma hederacea**), die ihr Aromatisches mehr erst beim Schmecken erschließen lassen, zum Brustsystem.

Über den **Atmung**sprozeß und den zu ihm polaren **Lymph**- und **Blut**bildungsprozeß und den entsprechenden Organen. Beide Prozesse begegnen sich im **Herz**en. Das analytische Zerstreutsein der Außenwelt und die innere synthetische Geschlossenheit des Herzens: "Was ist da in diesem Umkreis, was wirkt aus diesem Umkreis herein? Wo finde ich etwas in mir, das damit verwandt und gleicher Art ist? - Wenn ich in mein eigenes Herz hineinschaue!"

9(29.03.20) 4053 tb/174f. **-10**

Während die außertellurischen Einflüsse dem Menschen tief verborgen in seinen inneren Organen unbewußt bleiben, gibt es Organe, die den Organismus wieder nach außen aufschließen und mit dem "Meteorologischen" (Elementaren der Erde) zusammenhängen: **Leber**, **Harnblase**, **Lunge** und **Herz**.

Herz: Schädigung des Herzens durch passive **Bewegung** (Eisenbahn, Auto): "Dieses passive Hingeben des Menschen an die Bewegung ist dasjenige, was alle Prozesse, die sich im Herzen stauen, gewissermaßen deformiert." Deshalb ist es nötig, durch Eigenbewegung **Wärme** zu entwickeln, da eine Verwandtschaft zwischen Herztätigkeit und Wärmeimpuls besteht. Empfohlen wird **Eurythmie**.

Harnblase: Sie ist ein "Zugmittel" im Organismus. Tätigkeit wird gestört, wenn der Mensch seine Innenbewegungen nicht richtig vollzieht (z. B. beim ganzen **Verdauungs**vorgang, angefangen mit hastigem Essen). Gegenmittel, wenn die Gewohnheit nicht beeinflußt werden kann: Aufenthalt in sauerstoffreicherer **Luft**, wodurch auf den Atmungsprozeß unbewußt schon größere Sorgfalt angewendet werden muß.

Leber: Befindlichkeit abhängig von der **Wasser**beschaffenheit des Ortes (negativ, wenn sehr **kalk**haltig). Leberentartung bei starkem ins Innere fortgesetztem Genießen.

Lunge: abhängig von der Bodenbeschaffenheit (Kalk-Kiesel), bezieht sich auf den inneren Bau der Lunge, nicht zunächst auf die Atmung. Auch abhängig von körperlicher Arbeit.

Demnach sind angezeigt physikalische Wege zur Heilung (z. B.Wohnortwechsel, Lebensweise u.a).

Der (außertellurische, "astronomische") **Kieselsäure**prozeß in Quarz, Silikaten und im Wurzelhaften, in der **Asche** der Pflanzen hat seinen Gegenprozeß im menschlichen Inneren in den Organen (Bildungstätigkeit) zwischen Herz/Lunge und Kopf. Außer z. B. bei **Meningitis** (**Gehirnhautentzündung**) und Pseudomeningitis auch bei (entzündlichen) Erkrankungen (Herz, Verdauungstrakt, Gehirn), die in der Lunge ihren Ausgangspunkt haben, ist Kieselsäure in homöopathisierter (potenzierter) Form angezeigt. Bei den durch Wechselwirkungen entstandenen Schädigungen im Herzen und den unteren Körperpartien können Pflanzen mit starkem Kieselgehalt benützt werden (direkt oder nach Umformung).

Bei der Verdauung ist der zum Kieselsäureprozeß konträre **Kohlensäure**prozeß wichtig. Bei Krankheiten im Verdauungssystem sind deshalb entweder mineralische oder aus Pflanzen gewonnene Karbonate als Heilmittel geeignet. Nachbildung des Kieselsäure-prozesses im **Ausscheidungs**prozeß durch den Darm, eine Nachbildung des Kohlensäureprozesses in der **Harn**bildung.

Das Zusammenwirken des Kieselprozesses und der **Blei**-, **Zinn**- und **Eisen**kräfte (s. Ref. -08) im oberen Menschen und des Kohlensäureprozesses mit den **Kupfer**-, **Quecksilber**- und **Silber**kräften.

Empfehlungen für das homöopathische **Potenzieren**: Stoffe, die riechen oder schmekken, sind als solche u.U. schon Heilmittel. Über die Notwendigkeit, Empfindungsfähigkeiten auszubilden für diejenigen Substanzen, die ihr Wesen nicht so offen zeigen (Beispiel Kiesel-Silikate). Die Siebengliedrigkeit des **Geruch**es und **Geschmack**es.

10(30.03.20) 4055 tb/190f. **-11**

Über **pflanzliche Heilmittel**:

Anisum vulgare (**Anis**): absonderungsfördernd (Milch, Harn, Schweiß) durch seinen **Eisen**gehalt. Das was sonst durch das Eisen im **Blut** bewirkt wird, wird "eine Weile auf die Provinz unterhalb des Blutes gedrängt".

Cichorium intybus (**Wegwarte**): wirksam gegen Verdauungsschwäche (**Bitterstoffe**), verhindert Störungen im Blut (durch seine alkalischen Salze) und ist drittens peripherisch wirksam im Bereich der Hals-, Brust-, Lungenorgane durch die in ihr enthaltene **Kieselsäure**.

Equisetum arvense (**Schachtelhalm**): bei Verdauungsschwäche (Extraktivstoffe), wiederum stark peripherische Wirkungen durch den hohen Kieselgehalt.

Fragaria vesca (Wald**erdbeere**): Normalisierung der Blutbildung (am besten wirksam bei Menschen, die sich nicht durch Erdbeergenuß immun gemacht haben). Auch kieselsäurehaltig. Wirken die peripheren Kieselsäurekräfte, so müssen ihnen in die Peripherie Nährstoffe nachgeschickt werden durch das Blut. Fragaria als ein "prächtiges Exemplar", das beide Prozesse besorgt.

Lavandula officinalis (**Lavendel**): indiziert bei "negativer" Seelenschwäche (Ohnmachten, Lähmungen).

Melissa officinalis (**Melisse**): wirksam in der gleichen Richtung wie Lavendel, aber auch bei schwacher **Periode**.

Pflanzliche Heilmittel allein reichen nicht aus, mineralische sind ebenso nötig. Die pflanzlichen wirken teilweise über ihr Mineralisches, das von der Pflanze schon verarbeitet worden ist. Das rein Mineralische wirkt stärker, da der menschliche Organismus sich energischer anstrengen muß, es zu assimilieren.

Damit hängt die **vegetarische Ernährung**sweise zusammen. Bei der normalen gemischten Kost nimmt das Tier dem Menschen einen Teil der Pflanzenumwandlungsarbeit ab. Die vom Fleischesser nicht verwendeten eigenen Umwandlungskräfte wirken auf ihn ermüdend und störend.

Das **Kochen** der Nahrung als Unterstützungsprozeß. Verzehr von **Rohkost** (auch **Obst**) fördert die Wirkung der peripheren Kräfte. Deshalb günstig bei gleichzeitiger Therapie mit Kiesel.

Nochmals zum Dualismus im Menschen. Das Außertellurische hängt mit der Absonderung nach der Verdauung und mit der Absonderung im Gehirn zusammen. Diese peripheren Kräfte sind auch die **gestalt**gebenden bis in die von **Haare**n (Kieselsäure) bedeckte **Haut**. Die Ausscheidungsprozesse des Flüssigen und Luftförmigen (Harn, Schweiß) sind Äußerungen des dazu polaren irdischen Menschen, sie sind verwandt dem Kohlensäureprozeß und wirken gestaltauflösend.

Über die notwendige Verbindung von Pathologie und Therapie am Beispiel der **Syphilis**, wo aus der Tatsache der Ansteckung noch keine Therapie folgt. Die Bildung der weiblichen **Geschlechtsorgane** aus einer "Nebenstauung" der peripheren Kräfte vor dem Herzen und die Bildung der männlichen Sexualorgane aus einer "Nebenverdauung" der irdischen Kräfte von unten. Die Tendenz der kosmischen Gestaltungskräfte im weiblichen Keim zur Kugelform und die organdifferenzierenden (auflösenden) Kräfte des männlichen Samens.

11(31.03.20) 4057 tb/211f. -12

Homöopathische Heilmittel: Das Wichtige liegt nicht in der Substanz (außer niederen Potenzen) sondern in der Art der Zubereitung. Beim fortwährenden Verdünnen (mit Milchzucker, Alkohol) kommen die stofflichen Eigenschaften an einen Nullpunkt, nach dem etwas "Entgegengesetztes" auftritt, das in das Medium ausstrahlt und ihm eine andere Konfiguration gibt. Wird weiter verdünnt (potenziert), gelangt man an einen zweiten Nullpunkt. "Dann können Sie, indem Sie über diesen Punkt hinausgehen, zu noch höheren Wirkungen kommen, die zwar in ihrer Richtung wiederum in der ersten Linie liegen, die aber ganz anders geartet sind." Darstellung dieser Wirkungen in **Potenzkurven**.

11(31.03.20) 4057 tb/214f. -13

Kohle der **Erde** als Regulator für den **Sauerstoff**gehalt der Luft. Dem Zusammenspiel von Verkohlungs- und Atmungsprozeß der Erde liegt die Tendenz zum **Tier**werden zugrunde: es werden ätherische Wesenheiten gebildet, "die aber in Umkehrung gegenüber der Tierheit sich fortwährend von der Erde entfernen... Man versteht die Tierheit erst, wenn man sie auffaßt als dasjenige, was von der Erde zusammengefaßt wird im Gegenprozeß zu dieser Enttierung der Erde und was im tierischen Prozeß eben dann zum Vorschein kommt."

Über **Carbo vegetabilis** (Carbo Betulae) als **Heilmittel**. In allopathischer Dosierung als Mittel bei Blähungen, fauligem Durchfall u.ä. als Aufforderung an den Organismus, sich gegen den Tierwerdeprozeß zu wenden.

Dadurch daß der Mensch die Tierheit aus sich herausgesetzt hat, kann er (im oberen Menschen) originär **Licht** entwickeln. Im unteren Menschen hat er "die nötigen Abwehrorgane für das vollständige Tierwerden".

Die Fragwürdigkeit des **Energie-Erhaltungssatzes**: Vom Menschen aufgenommener Kohlenstoff wird vom unteren Menschen völlig vernichtet (aus dem Raum geschafft) und dann in der Gegenwirkung originär erzeugt. Diese Wiederbelebung des Kohlenstoffes hängt zusammen mit der inneren Lichtbildung. Äußeres und inneres Licht begegnen sich im **Auge**, in der **Haut**region, müssen aber geschieden bleiben. Das äußere Licht ist nur Anreger für die Entstehung des inneren Lichtes.

Abbau des Kohlenstofflichen durch die **Nieren**. Carbo vegetabilis in homöopathischer Verdünnung fördert den Nierenprozeß und kann indirekt auch den Verdauungsprozeß heilen.

Über die die Erde umgebenden Zonen:

Erde(Erdbildung, Festwerden)
Flüssigkeitszone
Luftzone
Wärmezone
Licht (Gegenpol der Luftzone)
Chemische Kräfte
Lebenskräfte

Irdisches Licht kommt nicht von der Sonne, sondern schießt in dieser Lichtzone auf. Der Mensch hat mit seinem inneren originären Licht Anteil an dieser außerirdischen Lichtquelle.

Der Flüssigkeitszone polarisch entgegengesetzt ist die Zone der chemischen Kräfte (**chemischer Äther**). An ihr hat der Mensch in seinem Inneren durch seinen "Chemikator", die **Leber**, Anteil. Über die Wirkung von Alkalien wie **Kalium carbonicum** auf die Leberprozesse. Die Tendenz des Laugenhaften zum Pflanzenwerden des Menschen und seinem Heraussetzen des Pflanzenreiches.

Gegenbild zur Zone des Erdigen in der Zone der Lebenskräfte (**Lebensäther**), der wiederum (**Todes**-)Kräfte vom **Merkur** entgegenwirken. Der auf früherer Stufe stehengebliebene Prozeß der Erdbildung in der Schalenbildung (**Calcium carbonicum**, **Conchae**) der **Auster**, in der auch starke Phosphorkräfte mitwirken. Die **Regenwürmer** als Träger der inneren Gestaltungskräfte der Erde: "Die ganze Regenwurmwelt bildet gewissermaßen zusammen etwas, was über die Austernschalenbildung hinausgeht, was ebenso Beziehung hat zur ganzen Erde wie die Austernschale."

Das Organ, das mit der Zone der Lebenskräfte zusammenhängt, ist die **Lunge** neben ihrer Funktion als Atmungsorgan.

Atemnot hängt zusammen mit Störungen im Nierensystem, **Durst** mit der Leber, **Hunger** mit (dem Innenstoffwechsel) der Lunge.

Lichtbedürfnis kann durch **Lichtbäder** zur Anregung des originären Lichtes gestillt werden, wobei aber zu beachten ist, daß neben dem äußeren Licht auch chemische und Lebenskräfte in diesem mitwirken.

12(01.04.20) 4059 tb/228f. -14

Roncegno- und **Levico**-Mineralwasser als schon für die menschliche Organisation ideale Kombinationen austarierter **Eisen**-, **Kupfer**- und **Arsen**wirkungen.

Über das Verhältnis von **Sauerstoff** und **Stickstoff** in der Atem**luft**. Kann wichtig sein bei **Schlaf**störungen. Ihr zahlenmäßiges Verhältnis spiegelt das Verbundensein von **Astralleib** (wiederum verbunden mit dem Ich) und **Ätherleib** (verbunden mit physischem Leib) wider. Beide Stoffe sind die einzigen, die keine Verbindung im Körper mit anderen eingehen, bleiben in ihrer Wirksamkeit unmodifiziert, während sonst die Stoffe im Menschen eine besondere Affinität zueinander bekommen.

Während der äußeren chemischen Struktur nach pflanzliches und tierisches/ menschliches **Eiweiß** ähnlich zu sein scheinen, ist es tatsächlich so, daß pflanzliches Eiweiß das tierische "neutralisiert", seine Wirkungen auslöscht. Die dem Meteorologischen unterworfenen Organsysteme (s. Ref. -10) **Nieren** mit **Harnblase**, **Leber**, **Lunge** und **Herz** als die Schöpfer der Struktur des menschlichen Eiweißes. In der äußeren Natur sind es die entsprechenden Bildekräfte des Sauerstoffs (Nieren), des **Kohlenstoff**es (Lunge), des Stickstoffs (Leber) und des **Wasserstoff**es (Herz), die die Bildung des pflanzlichen Eiweißes beeinflussen (unter Vermittlung des **Schwefels**). Die Rolle des Wasserstoffes im Menschen bei der Umwandlung des Tierischen in das eigentliche Menschliche (Denken, Vorstellen) und damit Berührung mit den Metallkräften der obersonnigen Planeten (Blei, Zinn, Eisen). Hinweis auf das Auftreten des **Bleis** als Endprodukt beim radioaktiven Zerfall von **Uran**.

Um ein Empfinden für die Wirkungen von Außermenschlichem im Menschen zu erlangen, wird der Weg der **Meditation** empfohlen. Ein solches Empfindungsvermögen könnte auch durch Einnahme von gewissen Substanzen ohne Anstrengung erreicht werden (es wird auf J.B.van **Helmont** verwiesen, s. Ref. -01), aber: "Es richtet sich der Mensch dadurch ... in einer gewissen Weise moralisch zugrunde" (s. 243-02). Als erstes könnte eine Sensivität für die **Eisenstrahlung** im Menschen erreicht werden (eisernes **Phantom**), der eine stauende Eiweißkraft entgegenwirkt (aus den vier Organsystemen). Weiteres Beispiel für eine solche Polarität: Die im ersten Lebensjahrsiebt (Ausbildung der festen **Gestalt**) besonders vorhandene Wechselwirkung von strahlenden **Magnesium**kräften und plastizierenden, abrundenden **Fluor**kräften (**Zahn**bildung). Störungen bei der ersten Zahnbildung können durch entsprechende Magnesium- oder Fluorgaben ausgeglichen werden.

Sind im dritten Lebensjahrsiebt die Wirksamkeiten der Eisenstrahlung und der Eiweißkräfte nicht austariert, kann es zu **Bleichsucht** u.ä. kommen.

Es wird betont, daß auch beachtet werden muß, welche Richtung bestimmte Kräfte den organischen Prozessen geben. Beispiel: **Basische** Stoffe unterstützen die Prozesse, die von vorn nach hinten verlaufen (Verdauung), **Säuren** solche, die von hinten nach vorn, **Salze** solche, die senkrecht zu diesen Richtungen verlaufen. Bezogen auf die Erde: Tendenz des Salzigen zur Erde, die von Säuren und Basen die Erde umkreisend.

Deshalb kann bzw. sollte auch therapeutisch in solche Funktionsrichtungen mit Hilfe von (Metall-)**Salben**, **Einreibungen**, **Pflastern** usw. eingegriffen werden.

13(02.04.20) 4061 tb/246f. **-15**

Auf drei Gebieten könnte eine anthroposophische Medizin am ehesten allgemeinere Anerkennung finden:

Krebs-Therapie
Therapie von **Geisteskrankheiten**
Therapie mit **Salben**, **Bäder**n u. a. äußeren Mitteln

Zur Krebs-Therapie: **Entzündung**en und **Geschwulst**bildungen als Gegensätze. Bei Entzündung wirkt noch der **Ätherleib** als ganzer, ist nur teilweise träge geworden, während beim Geschwulst sich der **physische Leib** gegen den Ätherleib auflehnt, sich damit auch mehr der äußeren Natur anpaßt und somit äußeren Einflüssen zugänglich ist. Gegenbild in der **Mistel**bildung (**Viscum album**): als schmarotzende Pflanze ist sie gezwungen, ihren Vegetationsrhythmus zu verschieben, sie blüht vor der Laubbildung des Wirtsbaumes. Hat dadurch Kräfte, die der geradlinigen Entwicklung entgegenwirken. Deshalb wirksam, wo "eine Stelle ist im physischen menschlichen Leibe, die sich durch ihre Kräfte auflehnt gegen das ganze Hereinwirken der Ätherkräfte, so daß die Ätherkräfte sich gewissermaßen stauen und haltmachen und dadurch das, was wie eine Neubildung aussieht, eben entsteht, so ist es die Mistel, welche dieser Einsackung ... entgegenwirkt." Weitere Merkmale für ihr Wirken gegen die normale Entwicklung: Verzögerung der Nachgeburt, Krampfanfälle, Neigung zu epileptiformen Zuständen. Auch die Art ihrer Befruchtung und Verbreitung durch den Magen der Vögel.

Heilmittel: Aus der Frucht (spezialisiert für die einzelnen Organe nach Wirtsbäumen) soll die leimartige Substanz in "den richtigen Zusammenhang" gebracht werden mit einem Verreibungsmittel und allmählich sehr hoch (!) potenziert werden. Wichtig sei der Zusatz von **Metallen** (auch aus Pflanzen gewonnen). Beispiel: Mistel des Apfelbaumes (Viscum mali) und Silbersalze als heilsam bei Unterleibskrebs.

Pflanzen, die sich ähnlich "irrsinnig" wie die Mistel verhalten, könnten ähnlich wirken, so die ebenfalls im Winter blühende **Christrose** (**Helleborus niger**), die aber nicht schmarotzt und auf der Erde wächst, "daher mehr mit dem männlichen Kräftesystem verwandt ist" und entsprechend eingesetzt werden könnte.

Carbo vegetabilis, die mit **Sumpfgas** (**Methan**) gesättigt (**Carbo Betulae cum Methano** Weleda) und mit Talkum verrieben würde, sei als Salbe ein Heilmittel für gewisse "neuartige Krankheiten".

Geisteskrankheiten: nicht Geist/Seele sind krank, sondern sie können sich nicht äußern, da sie vom physischen Leib gestört werden, und zwar sind es Störungen des unteren Menschen in den vier Organsystemen (s. vor. Vortrag): religiöser **Wahnsinn**, Wahnvorstellungen, innerliches Brüten, Desinteresse an äußerem Geschehen u.ä. können in Abnormitäten des **Lungen**stoffwechsels (nicht der Atmung), **Eigensinn**, Dickköpfigkeit, **Rechthaberei** in solchen des **Leber**systems ihre primäre Ursache haben. Allgemein sind Geisteskrankheiten mit Heilmitteln zu therapieren, allenfalls organische Krankheiten können durch geistige Behandlung kuriert werden.

Über **Schwachsinn** und Genialität. Neigung zu Gedankenwiederholung bei Störungen im Lungensystem, Neigung Gedanken auszulassen bei Störungen im Lebersystem. Die entsprechenden Wirkungen von **Kaffee** und **Tee** (s. 96-11, 145-05). Über hohen **Zucker**konsum und starkes **Ich-Gefühl**.

14(03.04.20) 4063 tb/263f. -16

Das **Ich** arbeitet vorwiegend am **physischen Leib**, den **Ätherleib** beherrscht es mehr unbewußt im ersten Lebensjahrsiebt, später hat es geringeren Einfluß (Ausnahme: Menschen mit starker **Phantasie**). Der Mensch trägt ein vom Ich eingeprägtes Gerüst, ein **Phantom**, in seinem physischen Leib, "welches allerdings aus den Kräften des Ätherleibes heraus dem physischen Leib einorganisiert ist." Dieses wirkt z.T. wie ein Fremdkörper und hat die Tendenz, wenn es nicht richtig vom Ich erfaßt wird, zu zerfallen: Ursache von **Entzündungen**. Ein weiteres Gerüst wird durch das Sehen erzeugt, das im Gegensatz zum tiefer liegenden ersten, das fast physisch ist, ätherisch ist. Bei **Kurzsichtigkeit** rücken diese beiden Phantome aneinander, bei **Weitsichtigkeit** rückt das zweite mehr nach außen. Damit besteht neben dem meditativen Weg eine Möglichkeit, durch intimeres äußeres Beobachten der **Augen**organisation den Ätherleib zu studieren.

Durch äußerliche Anwendung (**Bäder**) von stark verdünnter (natürlicher) **Ameisensäure** könne das erste Phantom konsolidiert und damit Entzündungen geheilt werden, besonders bei Menschen mit Neigung zur **Fettleibigkeit** (**Adipositas**).

Die Augenbildung als ein im Normalen verbleibender Entzündungsprozeß. Wesentlicher Unterschied zwischen menschlichen und tierischen **Organe**n ist, daß in sie beim Menschen das Ich eingegliedert ist und sie damit nicht ohne weiteres vergleichbar sind (vgl. 203-06).

Ein weiteres weniger differenziertes zweites Phantom ist dem Menschen mehr nach innen liegend vom Ich einorganisiert, zu dem noch ein weiteres Gerüst kommt, das von den Kräften der **Ohr**bildung und dem Hörvorgang stammt. Bei **Magerkeit** ist dieses Gerüst durch das Ich zu stark, es wuchert. Zieht sich das Ich zurück, daß es nicht wuchert, und ist es noch stark genug, im Organismus sich zu halten, kann die seelische Folge **Hypochondrie**, die leibliche **Verstopfung** (**Obstipation**) sein. Zerbricht jedoch gleichsam das Ich, so setzen sich Trümmer von ihm im Organismus fest (Schlafstörungen), was die zur Neigung zu **Geschwulst**bildungen zur Folge haben kann.

Diese Neigung zur Geschwulstbildung bei Mageren kann durch innerliche Gabe von verdünnter Ameisensäure vertrieben werden.

Die ohrbildenden Kräfte sind dieselben wie die geschwulstbildenden, sie werden jedoch "an der rechten Stelle aufgehalten".

An der **Haut** mit ihren Einstülpungen und Fortsetzungen nach innen, besonders aber in der **Embryologie**, "wo auch alles auf Einsackungen und **Umstülpung**en eigentlich beruht", könne studiert werden, wie die menschliche Organisation daraus hervorgeht, daß in der Außenwelt verstreute Prozesse zentral verinnerlicht werden.

Durch die genaue Beobachtung der Ohr-Organisation erzieht man sich zur Beurteilungsfähigkeit des Astralleibes als "eine Art Stellvertreter für das Hellsehen des astralischen Leibes".

Über das Karma **taub**geborener Menschen, die sonst in der Kindheit "zu den fürchterlichsten Geschwulstbildungen neigen würden."

Sehr fein verdünnter Saft der **Rosmarin**blätter kann dazu dienen, das Ich näher an sein Gerüst heranzubringen und so die Neigung zu Entzündungen beheben. Umschläge mit **Arnika** bei Verstauchungen, Blutergüssen usw. bewirken, daß der Astralleib (zweites Phantom) dem Ich zur Hilfe kommt, wenn dessen Ineinanderwirken mit dem physischen Leib durchbrochen wurde.

15(04.04.20) 4065 tb/280f. **-17**

Beispiel für den Heil**instinkt** von **Vögel**n: nach Verzehr einer **Kreuzspinne** (**Aranea diadema**), die "viel planetarisches Leben in sich hat"*), wird instinktiv eine **Giftpflanze**, **Bilsenkraut** (**Hyoscyamus** niger), aufgesucht. Pflanzengift als etwas dem Planetarischen Entgegengesetztes. Das Wirken der äußeren Vernunft in diesen Instinkten bei den Vögeln aus dem Lungensystem heraus, was beim Menschen im Kopfsystem lokalisiert und aus dem Rhythmischen System herausgerissen ist. Der Verlust der alten (Heil)Instinkte und das Aufkommen raffinierter Intellektualität und Sexualität.

***) 93a/3(28.09.05)**: "Zum Beispiel haben auch die **Spinnen** ein astrales Bewußtsein; die feinen Spinnennetze werden eigentlich vom Astralplan herein gesponnen. Die Spinnen sind bloß die Werkzeuge für die astrale Tätigkeit."

Zuckerkrankheit (**Diabetes**) ist begründet in einem schwachen **Ich**. Ein solches ist auch mehr dazu disponiert, unter der **erblichen** Belastung zu leiden. Daneben können auch psychische Ursachen vorhanden sein. Das schwache Ich kann nicht das pflanzliche in tierisch-menschliches Eiweiß umarbeiten, überläßt diesen Bereich dem Astralleib, verliert die Herrschaft über gewisse Bereiche der Gefühlsbildung (zusammenhängend mit Absonderungsprozessen), die dann auf das Organische zurückwirken, und entwickelt außerdem noch im peripheren Bereich starken Intellektualismus.

Bildung von **ätherischen Öle**n ähnlich dem Prozeß, durch den das Ich durch das Außertellurische zur Arbeit an der Innenorganisation veranlaßt wird. Als Heilmittel bei Diabetes fein zerstäubtes Öl im **Bad**.

Vgl. dazu **314/4(09.10.20)**: Diabetes als Folge einer übertriebenen Ich-Tätigkeit im Organischen. "Da haben wir es mit einem zu tiefen Sichhineinversenken des Ich in das Organische zu tun, so daß durch dieses tiefe Einsenken eben dasjenige herausgetrieben wird, was gerade bei dem Diabetiker erscheint."

Die **Pflanze** wächst in ihrem Bildungsprozeß einem Kosmisch-Astralischen entgegen, einem Tierbildungsprozeß, ohne ihn zu erreichen. Dieser Prozeß, der die ganze Erde kreisartig umgibt (vgl. 98-07, 177-09), ist beim **Tier** ins Innere verlegt. Beim Menschen ist er im Bereich von Verdauung, Blutbildung und Atmung. Er nimmt aber auch im mehr peripheren Menschen teil an dem Wechselprozeß zwischen Mineral und Überastralem durch einen "Entsalzungsprozeß", worauf das eigentliche Menschsein, das Denken beruht. Deshalb auch die Berechtigung, mineralische Heilmittel einzusetzen wie z. B. **Kiesel**, wodurch an die (kiesel)zerspaltende Kraft im Menschen appelliert wird, mit seinem Ich am Außerirdischen teilzunehmen. Dieses Zersplittern findet sich auch bei **mathematischen** Menschen.

Birke (**Betula** alba) als Heilmittel: widerstrebt dem normalen Pflanzenbildungsprozeß, indem der Eiweißbildungsprozeß mehr in die (jungen) Blätter und der Salzprozeß der Wurzel in die Rinde (Kalisalze) verlegt ist. Dadurch ist die Rinde ein Heilmittel bei Hautausschlägen (Anregung zu Entsalzung), die Blätter bei Gicht und Rheuma.*) "Und wollen Sie den Prozeß noch steigern, so gehen Sie in das Mineralische der Birkenbildung hinein, nehmen Sie Birkenholz und bereiten Sie daraus eine vegetabilische Kohle" (**Carbo Betulae**): Heilmittel für den Darmbereich.

*) ähnlich in 314/3(09.10.20)

Hirtentäschel, **Capsella bursa-pastoris**, als Beispiel einer Pflanze mit starker Wurzelkraft (Ablagerung von Kali- und Natriumsalzen) bis ins Kraut. Heilmittel bei inneren Blutungen, Harngrießbildung.

Löffelkraut (**Cochlearia officinalis**) bildet schwefelhaltiges Öl. Hat einen zu trägen Eiweißprozeß in sich, der dadurch wieder beschleunigt wird. Dieses Zusammenspielen von Trägheits- und Beschleunigungsprinzip macht es geeignet für Krankheiten wie Skorbut, wo sich ein ähnlicher Prozeß abspielen soll.

Milz (s. 128-04): ist im besonderen Maße unter den Organen ein unterbewußtes Sinnesorgan für den Rhythmus der **Nahrung**saufnahme, vermittelt zwischen diesem Rhythmus und dem Atmungsrhythmus. Hinweis ergibt sich schon aus den anatomischen Gegebenheiten.

16(05.04.20) 4068 tb/296f. -18

Weiter zur **Milz**: regelt das unterbewußte Seelenleben. Ihre Funktion kann leicht von der ätherischen Milz übernommen werden (s. 128-04). Leichte **Massage** der Milzgegend wirkt ausgleichend, zu starke auslöschend auf die **Instinkt**tätigkeit. Durch die Massage wird das Bewußtsein auf das Organ hingelenkt. Bewußtseinsvorgänge sind aber Giftwirkungen für den Organismus. Diese Vergiftungen werden durch unbewußte Willensvorgänge ausgeglichen, deren Zentrum die Milz ist. "Innerliche" Milzmassage durch Essen in kürzeren Abständen.

Massage wirkt heilend durch Regulierung der rhythmischen Tätigkeit des Menschen, wobei Wechselbeziehungen beachtet werden sollen: Massage der **Arme**, die mit dem **Astralleib** relativ locker verbunden und mehr von außen umhüllt sind, wirkt regulierend auf den inneren Stoffwechsel, besonders auf die **Blut**bildung. Massage der **Beine** und **Füße**, die mit dem Astralleib eng verbunden sind, wirkt regulierend auf die **Ausscheidungs**prozesse. Massage des Unterleibes fördert die **Atmungs**tätigkeit. Beziehungen der unteren Teile des Unterleibes zu den Halsorganen bzw. zu den oberen Teilen des oberen Menschen.

314/4(09.10.20): Durch Massage wird künstlich eine Art Bewußtsein erzeugt. Durch Massage von **Händen** und Armen Förderung des Geistig-Seelischen im Stoffwechsel-System, angezeigt bei Verdauungsschwäche.

Migräne als eine in den Kopf verlegte Verdauungstätigkeit. Bestes Heilmittel: In Ruhe ausschlafen.

Farben- und Lichttherapie: Bei Bestrahlung mit farbigem Licht wird eine Organwirkung erzeugt. Wirkung von farbigen Räumen: mehr auf die Bewußtseinsorgane. Mit dieser subjektiven Farbentherapie wird auf das Ich, mit der objektiven auf den physischen Leib gewirkt. Hat auch Bedeutung für **blinde** Menschen: "Da treten die ... unter der Oberfläche des Sinnlichen gelegenen Wirkungen des Sinnlichen eben sehr stark auf." Die Wirkung der blauen und roten Farbe im Wechsel in bezug auf Kopf und übrigen Organismus.

Bäder, **Umschläge**: wichtig ist die kalte oder warme Anwendung. Bei der kalten (kalt empfundenen) wirkt die gelöste Substanz, bei der warmen in erster Linie die Wärme, nicht die Substanz, abgesehen von sulfurisch-phosphorigen (**Schwefel**, ätherische Öle z. B.).

In der alten Medizin wurde weniger theoretisch gelehrt als mit einer Art von **Urphänomen** Richtungen angegeben (**Honig** und **Wein** innerlich zur Stärkung der Ich-Kräfte, **Öle** äußerlich gegen die schädigende Wirkung der Erdenkräfte). Beispiel: **Fußbäder** zur Förderung der Kräfte der Blutbereitung, **Kopfwäsche**, um abführende Kräfte zu mobilisieren.

Neben der räumlichen ist auch die zeitliche Wechselwirkung zu beachten: Manche Kräfte werden in Kindheit/Jugend nicht benützt und für das Alter aufbewahrt als Reserve. Geschieht dies nicht (z. B. durch falsche Erziehung), so kann es später zum Ausbruch von **Dementia praecox** kommen. Die heilende Wirkung richtiger **Erziehung** (Waldorfschul-Pädagogik, Prinzip der Nachahmung im ersten, der Autorität im zweiten Lebensjahrsiebt).

Psychoanalyse als weiteres Beispiel der zeitlichen Wechselwirkung: Es werden bei der heutigen Lebensweise viele kindlichen Eindrücke nicht verarbeitet (können sich nicht gleich in organische Eindrücke umsetzen), nehmen daher im späteren Leben die Organe in Anspruch, die eigentlich für das Alter da sind. Psychoanalyse ist dabei als Diagnosemittel nicht aber als Therapie berechtigt (vgl. 303-01).

Doppelnatur der **Zähne**: außer Kauwerkzeugen sind sie Saugorgane für **Fluor**. Dieser verhindert, daß der Mensch zu gescheit wird. **Karies** als Abwehr gegen zu große Dummheit.

17(06.04.20) 4071 tb/312f. **-19**

Ernährung / Geschicklichkeit

Verzögerung des **Zahn**abbaus (**Karies**)durch richtige **Erziehung** im Schul- bzw. Vorschulalter: Geschicktmachen der Hände und Beine durch **Häkeln/Stricken** bzw. kunstvolles Laufen. "Und treibt man in die Finger Seele hinein, so fördert man vor allen Dingen

..., was mit dem Zahnbildeprozeß zusammenhängt." Aufnahme von **Fluor** über die Nahrungspflanzen, die den fluorbildenden Prozeß enthalten, auch wenn Fluor nicht nachweisbar ist.

Im Gebiet des **Kiefers** ist der **Ätherleib** frei im Gegensatz zum Gebiet des unteren Menschen. Wird er dort z. B. durch **Schwangerschaft** oder **Hämorrhoidal**leiden gelockert, so ruft dies Gegenreaktionen (Bindung des Ätherleibes) im Zahnbereich hervor in Form vermehrten Abbaues.

Mittel zur prophylaktischen Zahnkonservierung: wäßriger **Roßkastanie**nauszug (**Aesculus hippocastanum**) bzw. **Äsculin**lösung. Äsculin löscht den Chemismus aus (s. 321-12), dieser Vorgang ist verwandt mit dem Zahnbildeprozeß. "Nur ist dasjenige, was sonst beim Auslöschen des Chemismus bloß äußerlich geschieht, noch durchzogen von den organisierenden Kräften, die eben im menschlichen Organismus sind."

Ähnliche Wirkung durch eine äußerliche Anwendung von **Chlorophyll** im Bereich des Unterleibes. In ihm wie in Äsculin sind Kräfte enthalten, die in Richtung "ganz feiner" Wachstumsprozesse enthalten, die in Richtung Mineralisierung gehen. Die phylogenetische Rückbildung der Zähne im Vergleich zu den Tieren im Zusammenhang mit der höheren Entwicklung des Geistes.

Über **Diät**: hat neben medizinischer auch soziale Bedeutung, indem der Mensch dadurch sich zu einem unsozialen Wesen macht. Hinweis auf das **Abendmahl**. Es ist wichtig, bestimmte Antipathien beim Essen zu überwinden: "In der Überwindung von etwas, das man nicht erträgt, und in dem Überwundenhaben liegt geradezu ... die Aufrichtung eines entweder zerstörten, oder, wenn wir auf das Ätherische hinschauen, sogar neuen **Organes**." Allgemein wird die Organaufbau der **Antipathie-**Überwindung, das Organ-Wachstum **Sympathie**kräften verdankt. Die Organgestaltung geht aus diesem Wechselspiel hervor.

Ähnliches Verhältnis von niederigen und hohen (gegenteilig wirkenden) homöopathischen **Potenzen**. Später wird betont, daß es ein großes Verdienst der **Homöopathie** gewesen sei, die Ansicht von den geistigen Eigenschaften der Materie im materialistischen 19. Jahrhundert aufrechterhalten zu haben. Der **Materialismus** als Folge der katholischen **Askese** im Mittelalter.

Wie Geisteskrankheiten am besten mit Heilmitteln zu therapieren seien, so müsse bei den organischen Krankheiten die seelisch-geistige Komponente beachtet werden, besonders die **Temperament**-Anlage. Z. B. bei phlegmatischen Kindern würde die **Dementia praecox** leicht auftreten (s. vor. Ref.) (Phlegma sollte erst in späterem Lebensalter ausgebildet werden). Wichtig die Anregung der inneren Aktivität, negativ: Einwirkung durch **Suggestion** und **Hypnose**, positiv **Eurythmie**: es wird ein stärkeres Aufwachen bewirkt. "Es werden die Hypertrophien des Vorstellens, wie sie im **Traume** vorliegen, weggenommen und dafür eine gesunde Ausbildung des Willens in die Glieder getrieben."

18(07.04.20) 4073 tb/328f. -20

Bei **Infektionskrankheiten** sind die sogenannten Erreger, **Bakterien** u. a., nicht die primäre Ursache, sondern die Folge z. B. einer Verschiebung von Kräften im Menschen (s. -02).

Die **Pflanze** wächst einerseits entgegen einem Tierwerde-Prozeß unter dem Einfluß kosmischer Kräfte, auf der anderen Seite wirken die irdischen Kräfte auf sie mineralisierend. Der Mensch ist in seinem Organismus durch das **Lungen**system eine Art kleiner Erde, sie wirkt in ihrem inneren Stoffwechsel entsprechend nach unten wie die Erde nach oben in den Pflanzen, während **Atmung** und **Herz**tätigkeit ihm von unten entgegenkommen ähnlich wie das äußere Kosmische. Diese beiden Polaritäten dürfen sich nur bis zu einer Scheidewand begegnen, die der äußere Atmungsrhythmus ist.

Wird der mineralisierende Prozeß zu stark, kann es z. B. zu Verhärtungen in der Lunge kommen. Wird der Tierwerde-Prozeß zu stark, so wird in den oberen Organen eine abgesonderte Äthersphäre geschaffen, die das Leben von Bakterien u.ä. begünstigt Auch auf Mensch und Tier wirken von außen kosmische Kräfte (Organe des Unterleibs) und solche aus dem Inneren der Erde, die in Organen des oberen Menschen lokalisiert sind. Eine Scheidewand zwischen diesen polaren Kräfte bildet die **Milz**tätigkeit, deren Rhythmus sich im Rhythmus von Wachen und Schlafen äußert. Wird diese Scheidewand von oben nach unten ätherisch durchbrochen, bildet sich im unteren Menschen eine Sondersphäre, die wie eine Vergiftung des Unterleibes ist und eine Atmosphäre für Mikroorganismen bildet. Beispiel **Typhus abdominalis** (verbunden oft mit katarrhalischen Erscheinungen der Lunge und Bewußtseinsstörungen, da Kräfte dem oberen Menschen entzogen werden).

Unbewußte Äußerung des Gesundheitszustandes des Unterleibes in der Bevorzugung von bestimmten Farben in der (naiven) **Malerei**: rot und gelb (Unterleib), blauviolett (Lunge). Hinweis auf den **Expressionismus**.

Auch bestimmte Planeten**konstellationen** haben einen Einfluß auf die oben aufgeführten Rhythmen und damit auf epidemisch auftretende Krankheiten wie **Grippe** und **Meningitis cerebrospinalis epidemica**, wo zugleich noch das (meist kindliche) **Lebensalter** und das damit im Vergleich zum Erwachsenen etwas andere Zusammenwirken der oberen und unteren Kräfte eine Rolle spielt.

Im Falle der **Diphtherie** liegt ein Durchbruch der unteren Kräfte nach oben vor (umgekehrt wie beim Typhus).

Frage nach **Pyrrhoea alveolaris** (Eiterung der Alveolarrandes der Zähne): ist wichtig als ein Hinweis, daß ein Prozeß im oberen Menschen stattfindet, der in den polaren Prozeß im unteren Menschen übergehen kann: **Diabetes**.

Charakterisierung der verschiedenen Lebensalter in bezug auf die Wirksamkeit der Wachstumskräfte (Ätherleib) als ein Durchgang durch das Spektrum: im vorgeburtlichen Leben und in den ersten beiden Lebensjahrsiebten sind die mehr chemischen Kräfte/Tätigkeiten wirksam, wichtig die **Drüsen** wie Schilddrüse, Thymusdrüse, Nebennieren (Inkarnat, **Addisonsche Krankheit**). Ab dem 14. Lebensjahr werden dann die Licht-, in späterem Alter die Wärmewirkungen wichtig. In der Kindheit ist überwiegend ein **Salz**-, in der Jugend ein **Merkur**-, im Alter ein **Sulfur**-Prozeß zu sehen bzw. darauf zu achten.

19(08.04.20) 4075 tb/346f. **-21**

Geschlechter

Über die **Vererbung**. Sie ist gesetzmäßig aber schwer regulierbar durch den Einfluß des Männlichen und des Weiblichen. Bekämpfung der negativen Folgen der Vererbung am besten durch Förderung der Gesundheit der Frauen durch die Gesellschaft. Über die **Bluterkrankheit (Hämpohilie)**, die durch die Frauen übertragen wird. Blutverflüssigung hängt zusammen mit den Willenskräften der Ich-Bildung (Hinweis auf den willensstarken Entschluß der Engadiner Jungfrauen, die auf Nachkommen verzichteten).

Vgl. dazu **314/4(09.10.20)**.

Charakterisierung des **Antimons (Stibium)**: Neigung zu Verbindung mit Schwefel, linearspießige Kristallisation (Antimonit) zeigt schon äußerlich das Hereinkommen von außerirdischen Kräften; Bildung der Antimonblumen, die sich beim Verbrennen von Antimon niederschlagen (Antimonoxid); starke Abwehrkraft gegen die untersinnlichen Kräfte Elektrizität und Magnetismus. Die im Antimon wirksamen Kräfte sind allgemein als antimonisierende Kräfte vorhanden, die der Mensch normalerweise vom Außerirdischen bezieht. Könnte in seiner Wirkung am Menschen studiert werden in der Wirkung von sich neutralisierenden **Konstellationen** von **Mond**, **Venus** und **Merkur**.

Es wird darauf hingewiesen, daß ein Stück Metall wie Antimon nur ein Teil des betreffenden Gesamtantimonleibes der **Erde** sei.

Die Antimonkräfte bedingen die **Gerinnung** des **Blut**es, ihnen entgegen wirken die **eiweiß**bildenden Kräfte, erstere sind organbildend-plastisch, letztere substanzbildend. Bei innerlicher Anwendung in hoher **homöopathischer** Verdünnung oder als Einreibung, **Salbe** in niedrigerer Verdünnung wirkt Antimon auf gestörte Organbildungen (Beispiel **Typhus**). Innerlich empfohlen bei willensstarken, äußerlich bei mehr willensschwachen Menschen. Es wird im Menschen ein starkes Antimon-**Phantom** erzeugt. Die schädliche Wirkung könne durch **Kaffee**genuß gemildert werden. Dieser erleichtert allgemein ("wenn der Mensch seelisch nicht stark genug ist") die Rhythmisierung zwischen der inneren Organisation "und zwischen dem, was ... in der Nachbarschaft der Organe geschieht mit den aufgenommenen Nahrungsmitteln."

Die Bildung der Schale bei den **Vogel-Eiern** aber besonders bei der **Auster** geht darauf zurück, daß die Auster sich ihre Lebenstätigkeit durch diese Absonderung erhält. Ißt man Austern, so nimmt man direkt einen albuminisierenden Prozeß auf. "Damit fördert man all das im Menschen, was zu typhösen Erscheinungen führt." Kann bekämpft werden durch Antimon äußerlich und innerlich.

Die **Tollkirsche** (Atropa **belladonna**) neigt dazu, über das Pflanzliche hinauszugehen (besonders in den Früchten): Begierde zum Wahrnehmen. In homöopathischer Dosierung versetzt sie den Menschen in einen mit Träumen durchsetzten Aufwachprozeß. Damit wird er von eventuell zu stark wirkenden Eiweißbildungsprozessen entlastet (Ableitung des Körperlichen ins Seelische).

Homunkulus: Wurde von den alten teilweise noch hellsichtigen Ärzten gesehen als das in ihnen wirksame Phantom des Antimons als Projektion eines äußerlichen **alchemistischen** Prozesses.

20(09.04.20) 4076 tb/364f. -22

Über die Wirkung von oral gegebenen **Ammoniumsalzen** als fortgesetzte Geschmackswirkung nach innen, die eine reflektorische Tätigkeit im Astralleib auslöst: **Schweiß**-, **Harn**absonderung. Beim Übergang in das Blut alkalisieren diese Salze*) und wirken nun vom unteren in den oberen Menschen, wo eine Reaktionswirkung in der Sekretion der **Lunge** stattfindet (expektorierende Wirkung).

**) Anmerkung: Ammoniumsalze werden in Leber und Nieren zur Harnstoffbildung verwendet, was mit einer Verschiebung des pH-Wertes in Blut und Harn in den sauren Bereich verbunden ist.*

Der im ersten Lebensjahrsiebt dominierende nach außen gerichtete Mineralisierungsprozeß (**Zahn**bildung) wird im zweiten Jahrsiebt von dem nach innen gerichteten **Sexualisierungsprozeß** abgelöst. Ein anderer dem Zahnbildungsprozeß richtungsmäßig entgegengesetzter Prozeß ist der der Darmbewegung (**Peristaltik**), hängt innig zusammen mit der **Fluor**verwertung: zu starke Peristaltik und schlechter Gebißzustand. Regulierung der Peristaltik durch Eigenbewegung (**Eurythmie**, **Häkeln**, **Stricken**). Diese darf aber wiederum nicht übertrieben werden. Bei zu träger **Verdauung** (**Obstipation**) soll man einen Menschen daran gewöhnen, "turnerisch viel rückwärts zu gehen."

Über die Wirkung von **Nux vomica** (**Brechnuß**) und die gegensätzliche von **Thuja** (occidentalis).

Der Mensch als siebengliedriges Metall, von denen nur Eisen substanziell in ihm ist, die anderen sind prozessual:
die Stärkung des oberen Menschen durch potenziertes **Eisen**;
die Unterstützung der blut- und lymphbildenden Tätigkeit durch niedrig potenziertes **Kupfer**;
die Förderung des richtigen Überganges vom blutbildenden Prozeß in die Lebertätigkeit durch **Quecksilber**:
die regulierende Wirkung des **Silber**s;
die Förderung der Verdauungstätigkeit im Gehirn durch die **Zinn**kräfte;
die Wirkung auf den Menschen in Fortsetzung der Sinne in die Nerven durch die **Blei**kräfte, "und das ist dasjenige, was wiederum entspricht all dem, was schweiß- oder harnartige Absonderung ist."

Der Übergang von einer **akuten Krankheit** (Schmerzempfindung: Astralleib und Ich ziehen sich zurück, was vom Ich bewußt wahrgenommen wird) zu einer **chronischen** und schließlich zu einer **Geisteskrankheit**: Bei der chronischen Krankheit zieht sich der Vorgang aus dem Ich zurück und beschränkt sich auf den Astralleib. "Ist der Kranke so konstituiert, daß er ertragen kann ein unordentliches Hereinwirken des astralischen Leibes auf dem Umweg durch den Ätherleib in sein Organ (z. B. Leber) ... daß er den abnormen Zusammenhang seines astralischen Leibes mit seiner **Leber** über einen gewissen kritischen Punkt hinwegbringt, so daß gewissermaßen die Leber nicht merkt, daß der astralische Leib nicht ordentlich in sie hineinwirkt, erholt sich die Leber, aber sie gewöhnt sich an das unordentliche Hereinwirken... Das braucht dann nur lange genug fortzuschreiten und es macht den umgekehrten Weg in das Seelische hinein. Das, was die Leber aufnehmen sollte ins Physische, schiebt sich in das Seelische hinein, und wir haben die **Depression**."

313 Geisteswissenschaftliche Gesichtspunkte zur Medizin

1(11.04.21) 4456 4/9ff. -01

Es wird die Wichtigkeit der Tatsache betont, daß ein **Stoff** ein zur Ruhe gekommener **Prozeß** ist, daß das Prozessuale für die Menschen in seiner Beziehung zur Umwelt, für **Gesundheit-Krankheit** usw. im Vordergrund steht.

Über die vier **Wesensglieder** im dreigliedrigen Menschen. **Nerven-Sinnes-System** (**Kopf**): primär wirksam ist in ihm der physische Leib, in dem ein Zusammenwirken von zwei Prozessen besteht, die polarisch entgegengesetzt sind, dem **Kiesel**erde-Prozeß (entvegetabilisierend) und dem **Kalk**prozeß (entanimalisierend). Die übrigen Wesensglieder sind nur als "Abdruck" in diesem System (der Abdruck des Ich äußert sich in den **Wärme**verhältnissen des Kopfes). Im **Rhythmischen System** ist ein Zusammenwirken von physischem Leib und Ätherleib vorhanden, Ich und Astralleib sind als Abdruck vorhanden (gilt für Atmungs-Rhythmus, Zirkulationsrhythmus ist schon mehr dem Stoffwechsel verwandt). **Gliedmaßen-Stoffwechsel-System**: Ineinanderwirken von physischem Leib, Ätherleib und Astralleib, Ich als Abdruck.

Kieselerde wirkt im Kopf am meisten als Stoff, am schwächsten (feinsten) als Kraft, umgekehrt im Stoffwechsel. Wie der Kieselprozeß verwandt ist dem entsprechenden Prozeß im Kopf, so ist verwandt der bei einer Pflanzenver**asch**ung ablaufende Prozeß dem **Atmung**sprozeß. "Aber wir müssen die Pflanzenascheprozesse zur Wirksamkeit bringen auf dem Umwege durch den Stoffwechsel in dem anderen Pol, im Zirkulationsrhythmusorganismus. Wir müssen diese Pflanzenasche, das heißt die Kräfte, dem Zirkulationsrhythmus einverleiben, damit sie dann ihre polarische Gegenwirkung im Atmungsprozeß hervorrufen."

Das **Ich** wirkt durch die Kieselerde (Kräfte) auf das Stoffwechselsystem (Ursprung des **Egoismus** im **Sexualsystem**) zusammenfassend, vereinheitlichend, auf das Nerven-Sinnes-System organdifferenzierend.

Es muß ein Unterschied gemacht werden, wenn ein Stoff an verschiedenen Stellen des Körpers gefunden wird. Beispiel: Kiesel in den **Haare**n. Dieser ist von dort aus tätig: "Wir haben die Haare nämlich nicht umsonst, sondern von den Haaren gehen ... wiederum feinste Kräfte ... zurück in den Organismus." Im Harn dagegen ist Kieselsäure überschüssig und ohne Bedeutung. Ähnlich **Magnesium**: wichtig in den Zähnen beim Bildungsprozeß, ohne Bedeutung ist sein Vorkommen in der **Milch**. **Fluor** wichtig für die Zahnschmelz-Bildung, im Harn nur abgeschiedenes Produkt.

2(12.04.21) 4457 4/26f. **-02**

Chemie

Menschlicher **Ätherleib** ist eine "Aussonderung" des allgemeinen **Äther**s, bestehend aus **Wärme-, Licht-, chemischem und Lebensäther**. Lichtäther hängt noch mit anderen Wirkungen als Licht zusammen, die deshalb auch von **Blinde**n erfahren werden. Kräfte des chemischen Äthers sind entgegengesetzt den in den physischen Stoffen wirksamen. So sind bei einer Synthese analysierende, bei einer Analyse synthetisierende wirksam: "da bleibt uns der Ätherkörper zurück, geradeso wie, wenn der Mensch stirbt, das Seelisch-Geistige zurückbleibt", es erscheine ein "Gespenst des chemischen Stoffes".

Das Ätherische schafft sich im wäßrigen Teil der Kopforganisation einen Abdruck. Solche Abdrücke sind für das verursachende Prinzip durchlässig (ähnlich wie das am Licht geschaffene Auge für das Licht). Allerdings ist es nur für Wärmeäther (Klimazonen) und Lichtäther voll durchlässig, für die anderen beiden nur im geringen Maße. Deren Wirkung "strahlt durch das **Gliedmaßen-Stoffwechselsystem** herauf und dem einstrahlenden Wärme- und Lichtäther entgegen. Mit seinem Stoffwechsel saugt der Mensch diese Kräfte aus dem Elemente der Erde". Beide Ätherströmungen begegnen sich im Menschen und müssen von seiner Organisation geordnet auseinandergehalten werden.

Beispiel **Unterernährung**: Stoffwechselorganisation bindet Lebensäther und chemischen Äther, dadurch drücken Licht- und Wärmeäther von oben und machen die übrigen Organismus kopfähnlich. Bei **Überernährung** wird zuviel von unten (Verdauung) an Kräften nach oben gegeben: **Gehirnerweichung**. Die giftende, ätherisch erstarrende Wirkung des von außen wirkenden Äthers und die erweichende Wirkung von Lebensäther und chemischem Äther, wenn sie an falscher Stelle wirken. Krankwerden durch Überschießen beider Richtungen. Beim Heilprozeß muß aber auch beachtet werden, daß er nicht zu intensiv eingeleitet wird: "man vertreibt die Krankheit, und da, wo sie an ihrem Nullpunkt angekommen ist, springt sie nach der andern Richtung hinüber."

Ein rein physischer Prozeß im Kopf ist Grundlage des **Ich-Bewußtseins**. Wird er durch den von unten kommenden Vitalprozeß überlagert, führt das zu **Schwachsinn**. Dieser rein physische Prozeß ergießt sich im Moment des **Tod**es über den ganzen Organismus.

Theoretische **Unsterblichkeit** wäre nur ohne Ich-Bewußtsein möglich, daraus das Fragliche von **Verjüngungskuren**.

Wie das Ich mit dem Tod, so hängt die Möglichkeit zur **Krankheit** am **Astralleib**. "Und dasjenige, was der astralische Leib verübt, das drückt sich ja wiederum hinein in den Ätherleib." Vom Ätherleib selbst gehen die polarischen gesundenden Kräfte aus. "Man muß schon vom Ätherleib aus wirken, um die Kräfte des astralischen Leibes zu paralysieren, die eben Krankmachungsprozesse sind."

Alterstod tritt ein, wenn kein **Ernährung**sprozeß mehr möglich ist. Diese Ernährung ist zugeordnet dem **physischen Leib**. Sie kann auch wieder auf den Ätherleib und damit gesundend wirken.

Im **Schlaf** gehen Ich und Astralleib im wesentlichen nur aus der Kopfregion, mit dem Stoffwechsel verbinden sie sich stärker. Ergreifen beide die Kopforganisation zu stark, kann mit **Schwefel** (Astralleib) oder **Phosphor** (Ich) entgegengewirkt werden. Mittel z. B. bei Schlafsucht, Dämmerzuständen. Ergreifen beide Wesensglieder die untere Organisation zu schwach, kann mit **Arsen** geholfen werden. Um einen Angelpunkt zu haben, beide polarischen Wirkungen zum Ausgleich zu bringen, wird **Antimon** eingesetzt.

3(13.04.21) 4459 4/47f. -03

Über die Krankheiten im **Rhythmischen System** (Brustkorb-Bereich), wo sich die Einwirkungen des Astralleibes am besten offenbaren, die Heilerkenntnis aber am schwierigsten sei. In diesem Bereich hängen physischer Leib und Ätherleib eng zusammen (Pflanzenwerden). Die krankheitsverursachenden Kräfte liegen außerhalb des Rhythmischen System im Nerven-Sinnes-System oder im unteren Menschen, es sind nur Wirkungen da.

Atmungsprozeß als ein Ineinanderspielen von Astralischem und Ätherischem in dem Wechselspiel von Kohlenstoff und Sauerstoff. Während des **Schlaf**es spielt das Astralische nicht vom Kopf, sondern vom Stoffwechsel herein. Über Einschlafen und Aufwachen. Nachwirkungen von **Sorgen** und **Kummer**, aber auch hastigem Denken, die später zu Anomalien im rhythmischen organischen Wirken führen und damit auch wieder den Stoffwechsel beeinflussen. Von der anderen Seite her können habituell gewordener **Hunger** und **Durst** (Unordnung im Stoffwechsel) das Rhythmische System unregelmäßig machen.

Einwirkungen aus der Umwelt: **Erde** saugt in den **tropischen** Gebieten Außerirdisches ein, das in die Vegetation eingeht. An den **Polen** wirft sie es zurück. **Licht-** und **Höhenkuren** nützen dieses überschüssige Außerirdische und erhöhen die **Widerstandsfähigkeit** gegen Infektionskrankheiten (Tuberkulose).

Prozeß des **Kochen**s oder der Pflanzenver**asch**ung ist eine Fortsetzung des vegetabilischen Prozesses über sich hinaus. "Wir setzen ihn fort durch ein Außerirdisches, nämlich durch das Verbrennen."

Zu diesem Außerirdischen gehören auch **Magnetismus** und **Elektrizität**, die sich die Erde aneignet. In der **Technik** entzieht der Mensch der Erde diese Kräfte, die sie an sich reißen möchte. "Aber wir lassen es nicht dazu kommen, daß es von innen heraus wirkt, wir behalten es zurück. Und deshalb müssen wir in elektrischen und magnetischen Feldern ganz besondere Bekämpfer unrhythmischer menschlicher Vorgänge suchen..." Hinweis auf M.**Benedikt** und seine Versuche an **Rutengängern** in bezug auf ihre niedere (physische) **aurische** Strahlung. Ihre Beeinflußbarkeit durch solche Felder. Verwendung bei beginnender **Tuberkulose**. Beeinflussung des Stoffwechsels und über ihn des rhythmischen Systems durch angelegte elektrische Ströme.

4(14.04.21) 4461 4/64f. -04

Elektrizität

Mangelhaftes Ein**schlaf**en durch Haften des **Astralleib**es an den (besonders den ätherischen) Organen. Äußert sich in **Nervosität (Zappeln)**, unwillkürlicher Ausführung sonst willkürlicher Bewegungen. Muß mit Heilmitteln therapiert werden. Liegen Krankheiten im **Brust**bereich vor: **Wurzel**abkochungen, Pflanzen**asche**n. Mangelhaftes Aufwachen: Astralleib ergreift zu schwach die Organe. Therapie bei Allgemeinerkrankungen mit **Arsen**, wenn der vom Ich durchsetzte Astralleib behandelt werden soll. Wenn Astralleib allein die Ursache ist, dann wird Therapie mit elektrischen bzw. magnetischen Feldern empfohlen (s. vor. Ref.). Zur Frage der unterschiedlichen Wirkung von Wechsel- und Gleichstrom: nicht groß, Wechselstrom, wenn Störungen im unteren Teil des **Rhythmischen Systems**, Gleichstrom, wenn Störungen vom oberen Menschen ausgehen.

Ausschließliche **Rohkost** (besonders aus Wurzeln, weniger aus Früchten) wirkt der Gesundheit des **Atmung**ssystems entgegen.

Wie der Astralleib im **Sprechen**lernen im Menschen "geboren" wird, so wird das **Ich** in der Mitte des zweiten Lebensjahrsiebts "nach innen hinein geboren" (exoterisch erst um das 20. Lebensjahr). Das Ich ist dasjenige, das die Veränderung der äußeren Stoffe im Menschen bewirkt. Beim Kind geht dieses Eingreifen bis zu dem erwähnten Zeitpunkt vom Kopfe aus, danach muß das Ich von unten her eingreifen. Wichtig ist das richtige Begegnen des Oberen des Ich mit dem Unteren des Ich. Symptome für Störungen: kindlicher Kopfschmerz, Stoffwechselstörungen. Therapie besteht in **Diät** (kleine, verteilte Mahlzeiten), geringerer Belastung mit **Schulaufgaben**. Sonst bleiben Krankheitsdispositionen für das spätere Leben (Beispiel **Bleichsucht**).

Erstes Erfassen der äußeren Stoffe durch das Ich im **Schmecken**, fortgesetztes Schmekken in der Verdauung bis zur Aufnahme durch das Blut. Im Kopforganismus wird dieses Schmecken dann abgelähmt. "Er wendet sich gegen das Schmecken. Dieser Prozeß muß ordentlich sein. Dann natürlich ergreift, in die Stoffe weiter hineingehend, das Ich diese Stoffe stärker, als es bloß äußerlich subjektiv im Schmecken der Fall ist."

Heilmittel ist, was der gesunde Organismus nicht verdauen kann, "was also erst verdaut werden muß im anormalen menschlichen Organismus.".

Heilmittel bei **Chlorose** (Bleichsucht) kohlensaures **Eisen** (in Form des Minerals **Siderit**), unterstützt das Ich bei der Aufnahme der äußeren Stoffe. Bei mangelhaftem Eingreifen des Ich im Zirkulationsorganismus wirkt Ferrum muriaticum (Eisenchlorid), beim Atmungsorganismus Pflanzensäuren, beim Kopfsystem reine **Metalle** aber in höherer **homöopathischer** Verdünnung (potenziert). "Je tiefer das Zentrum des Mangels liegt, je weniger nahe es der Kopforganisation liegt, desto niedrigere **Potenzierung**en."

Durch**wärm**ung des Organismus wird von der Geburt ab vom Kopf her besorgt, nimmt ab und wird ersetzt bzw. ergänzt durch die Wärme, die durch das Eingreifen des Ich von unten her entwickelt wird. Symptome der kalten Hände und Zehen im Kindesalter: "Es ist im tiefsten Sinne darauf hinweisend, daß dieses Ich nicht ordentlich im späteren Lebensalter eingreift, wenn der Mensch fröstelnde Hände und Füße hat." Ähnlich geht auch die ursprüngliche Aufrichtekraft bis zum Zahnwechsel zur Neige, danach muß dann eine innere Aufrichtekraft im Ausgleich zwischen oberen und unteren Kräften gewonnen werden.

5(15.04.21) 4463 4/81f. **-05**

Das Ergreifen der Organe durch den **Astralleib** als "**Arsen**isieren" (Astralisieren) erhöht den Mineralisierungsprozeß (extrem als Mumifizierung bei arsenvergifteten Leichen). Dieser Prozeß ist besonders stark im Moment des **Aufwachens**. Diesem Arsenisieren kann durch **Magnesium** entgegengewirkt werden.

Bei zu geringer Astralisierung überwiegen Vitalprozesse in den inneren Organen: **Diarrhöe**, **Ruhr**. Heilmittel Arsen in mittlerer Potenzierung.

Das **Fels**igwerden der **Erde** als Arsenprozeß. Geht die äußere Astralität bis in das Grundwasser, bekommt die Erde "Ruhr", Hinweis auf die Wirkung des Wassers bei Ruhrkranken.

Sprechenlernen als Astralisierungsprozeß von unten nach oben. Breitet sich dieser Prozeß zu stark nach oben aus: Disposition zu **Diphtherie**.

Pilzbildung an der Erdoberfläche durch die ruhrähnliche Astralisierung der Erde (s. oben), Neigung zur Pilzbildung bei der Diphtherie. Über die große **Infektions**gefahr bei dieser Krankheit, die in einer Art kindlicher **Nachahmung** begründet ist, auch wo sie in späterem Alter auftritt. Heilmittel: **Zinnober** in mittlerer Potenzierung. Deutet schon in seiner **roten** Farbe die Gegenwirkung gegen das Pilzwerden an (Hinweis auf die alte **Signaturenlehre**). Überall, wo Rötung in der Natur auftritt, wehrt sich das Betreffende gegen das Astralisieren (Beispiel **Rose**).

Ich als **Phospho**rträger, der den Phosphor bis in die äußere Peripherie des Organismus trägt, gebunden an andere Stoffe, verhindert das Freiwerden des Phosphors. Durch dieses Phosphorisieren bringt das Ich die dynamischen Systeme im Organismus ins Gleichgewicht. Die Auseinandersetzung zwischen Phosphorprozeß und gestaltendem **Blut**prozeß in den Blutkörperchen. "An diese Blutkörperchen muß aufschlagen dasjenige, was das Ich tut, indem es in die Beweglichkeit, auch zum Beispiel in innere Wärmebeweglichkeit hineinspielt." Wird hier der Phosphor frei, "dann werden die Blutkörperchen durch das Phosphorisieren zerstört." Das Bild der Phosphorvergiftung.

Zu schwaches Eingreifen des Ich: **Schlaflosigkeit**, Kopfschmerzen. "Und dasjenige, was nun in der Mitte drinnen steht, was also beim Phosphorisieren dann auftritt, wenn ... dieses Angreifen der Blutkörperchen vom Ich aus stattfindet, wiederum zurückgeschlagen wird, wenn so ein Pendeln auftritt, so äußert sich das in **gelbsucht**artigen Erscheinungen, wie man überhaupt in dem, was gelbsuchtartige Erscheinungen sind, durchaus ein Ineinanderspielen von Psychischen und Physischem zu sehen hat."

6(16.04.21) 4466 4/98f. **-06**

Lunge als (auf früherer Stufe zurückgebliebene) Metamorphose der Kopfbildung (Tendenz, Kopf zu werden, bei der **Tuberkulose**), bzw. der Kopf als ein über die Lunge hinausgegangenes Atmungsorgan. Er nimmt statt der Luft durch die Sinnesorgane ätherische Kräfte auf: "Das **Sinneswahrnehmen** ist nichts anderes als ein verfeinerter, das heißt ins Ätherische hinein getriebener **Atmungs**prozeß" (s. 128-06, 265-11). Die **Leber** als nicht zu Ende gekommene Lungenbildung. Diese **Organe** sind Atmungsorgane, sondern Kohlendioxid nach außen ab: Tätigkeit des **Astralleib**es, Pendeln zwischen **Sympathie** (Einatmen) und **Antipathie** (Ausatmen).

Sie entwickeln nach innen geist- und seelenbefreiende Tätigkeit, "und es ist im wesentlichen die Eigenschaft des menschlichen **Eiweiß**es vorzugsweise, daß es diese Tätigkeit nach innen entwickelt. Im Kopfe wird dasjenige, was da als innere Tätigkeit funktioniert, von außen durch die Sinne hineingeleitet. Daher sind die Kopforgane die wenigst geistenthaltenden Organe... Und die geistigsten Organe sind diejenigen, die zum Lebersystem gehören." Diese Tätigkeit ist an den **Stickstoff** gebunden. "Und der Stickstoff wird, wenn er verbraucht ist, eben zur Vergeistigung ausgeschieden." In diesem Vergeistigungsprozeß sind die plastischen, gestaltenden Kräfte.

Ernährung als eine Wechselwirkung zwischen dem Wäßrigem (Ätherleib) und dem eigentlichen, relative stabilen Eiweißorganismus (labil nur in der Wachstumsphase, Abbau im Alter). "In der Gewebeflüssigkeit findet ein fortwährendes Aufnehmen und Zerstören des in der Nahrung befindlichen Eiweißes statt. Und in dieser Tätigkeit liegen die Attacken, welche ausgeführt werden auf dasjenige, was stabil in der Eiweißbildung bleiben will: Die menschlichen inneren Eiweißorgane."

Ernährung als Anregung (s. 188-08) dieses "Anpralles" auf die stabilen Kräfte des Eiweißes.

Das **Herz** als Indikator für die Tätigkeit in der Gewebeflüssigkeit, ist nicht Ursache für die Blutzirkulation (Pumpe), sondern wird durch sie bewegt. In der Herztätigkeit ist der Gegenpol zu Atmung/Geistbefreiung (polarische Metamorphose). Weiblicher **Uterus** ist eine Umgestaltung des Herzens (männlicher Uterus im wesentlichen nur als Ätherleib vorhanden). Für die Tätigkeit dieser Organe sind **Fette** und **Kohlenhydrate** wichtig.

Tuberkulose: erschlaffter Astralleib, zu starke Ich-Tätigkeit (Sinnesaufnahme, Salzablagerung nach innen). Heilmittel: **Salz**einreibungen und -**bäder***), unterstützt von innen durch mittlere Potenzen von **Quecksilber**. Bei Leberentartung und Degeneration des **Gehirn**es (gesteigerte Tuberkulose-Metamorphose) Quecksilber in niedrigerer Potenzierung, äußerlich Kalksalzbäder.

*) S. dazu auch 314/4(09.10.20)

Ursachen von **Geisteskrankheiten** sind in Deformationen von Organen, bzw. in nicht richtig funktionierenden Organen zu suchen (s. 348-08). Wichtig für ihre Erkenntnis ist die Untersuchung der **Absonderung**en. "Auf der einen Seite ist das Organ schadhaft und es entsteht dadurch die Sucht nach der Ausbildung der **Imagination**, und auf der anderen Seite bleibt die Imagination ungedeckt durch das Organ und tritt als **Halluzination** und so weiter auf."

7(17.04.21) 4469 4/115f. -07

Wärmebehandlung

Über die Beziehungen der dreigegliederten **Pflanze** zum Menschen als Grundlage für die Findung von **Heilmitteln**:

1. **Wurzel**

   Beispiel: **Enzian** (**Gentiana lutea**), stark entwickelt Blüte und Blatt, Wurzelkräfte schwächer. Deshalb wirksam weniger auf die Kopfkräfte direkt, als auf die atmungsfördernden Kräfte des Kopfes (besonders im Bereich von Magen-Darm). Damit sie voll wirksam wird, ist die pflanzliche Substanz entsprechend zuzubereiten: Ab**koch**ung (**Decoct**). **Bitter**er Geschmack und starker Geruch als Indikatoren einer Wirkung auf das Astralische. Vorkommen von **Zucker**: Anregung der Ich-Tätigkeit. **Fette** Öle, stark wirkend auf die untere **Atmung**, fördern innere Beweglichkeit. Daraus ergibt sich die Anwendung bei Appetitlosigkeit, Dyspepsie, auch Unterleibsstockungen.

   Beispiel: **Nelkenwurz** (**Geum urbanum**), Wurzeldecoct. Gehalt an ätherischen Ölen, Stärke, Gerbstoffen. Anregung mehr auf Seite der Ich-Tätigkeit als Astralleib, Anregung

des Nerven-Sinnes-Systems in der Darmregion. Heilmittel bei Durchfällen, daneben fieberfeindlich.
Beispiel: **Schwertlilie** (**Iris germanica**), Wurzeldecoct. Enthält Gerbstoff, Stärke, Harze. Stark treibende Ich-Tätigkeit (erhöhte Harnabsonderung, purgierend). Indikation Wassersucht.

2. Kraut
   Beispiel: **Majoran** (Majorana hortensis bzw. Origanum majorana). Durch den Naturprozeß sind die Pflanzenstoffe schon mehr aufgeschlossen, deshalb nur ein Aufguß (**Infus**) notwendig. Enthält ätherisches Öl, Salze. Regt die Atmungstätigkeit der inneren Organe an (schweißtreibend). Indikation katarrhalische Erkältungen, Uterusschwäche.
3. **Blüte**
   Beispiel: **Holunder** (**Sambucus nigra**) als Infus. Enthält ätherisches Öl und Schwefel. Anregend auf die Atmungsorganisation, die Äthertätigkeit, damit auch auf die des Astralleibes. Reaktion: Schweißabsonderung, abführend. Durch Anregung der Atmungstätigkeit auch Anregung der Blutzirkulation. Indikation: Katarrhe, zurückgehaltene Schweißbildung, Husten, rheumatische Erscheinungen.
4. **Samen**
   Beispiel: **Kümmel** (**Carum carvi**) als möglichst konzentriertes Decoct. Enthält ätherisches Öl, Harze, Wachse, Schleimzucker. Stärkung der Ich-Tätigkeit, der in den Verdauungsorganen wirkenden Sinnes-Nerventätigkeit und der "lethargischen" Gewebeflüssigkeit (s. vor. Ref.): "...dadurch also, daß man eine Art sinnesnerven-stärkenden Prozeß hervorruft, wird das Wahrnehmen stark in das Innere des Menschen verlegt." Anwendung bei Blähungen, Magenkrämpfen, Koliken.
   Milchbildung bei der Frau als Metamorphose eines Sinnesprozesses im Inneren des Menschen. Bei mangelhafter Milchbildung wird durch ein Kümmeldecoct "ein in die Gewebeflüssigkeit hinein verdichteter Sinnesprozeß" ausgeführt.

Metalltherapie mit Pflanzen, die mit **Metalldünger** gedüngt wurden. Diese Pflanzen können nach Kompostierung dann selbst noch ein- oder mehrmals als Dünger verwendet werden. "Man wird da etwas bekommen, was die gewöhnliche physische Verreibung (**Potenzierung**) in einem wesentlichen Grade wirksamer macht..." Metalle stark anregend auf die Ich-Tätigkeit in der Peripherie, z. B. Anwendung als Salbe äußerlich, ruft Reaktion im Innern hervor. Die so hervorgerufenen Kräfte wirken dann z. B. einem Hautausschlag entgegen.

Blei regt Nerven-Sinnestätigkeit und damit innere Atmungstätigkeit an. Innerlich ruft es über das Verdauungssystem eine Reaktion im oberen Menschen hervor, als Salbe wirkt es direkt auf diesen. Polarisch entgegengesetzt wirkt **Silber** unmittelbar auf die Nerven-Sinnestätigkeit des Gliedmaßen-Stoffwechsel-Systems und damit anregend auf die Atmung der metamorphosierten Herzorgane (**Uterus** usw., s. vor. Vortrag). Blei wirkt dagegen auf die Atmungstätigkeit der anderen Metamorphosierung (Kopf, Lunge, Leber).

8(18.04.21) 4472 4/134f. **-08**

Metallstrahlung

Weiter über die Wirkung von **Blei**: wirkt stark auf die vom Ich ausgehenden Bildeprozesse im Menschen. Neben diesen bekannten Wirkungen hat Blei noch polarisch entgegengesetzte Wirkungen, die im Gegensatz zu den ersten vom Kosmos zur Erde strahlen. Diese Umkreiskräfte sind bei der Bildung des Geistig-Seelischen beteiligt vor der **Reinkarnation**.

Ihre Wirkung wird dann bei der Wiederverkörperung beendet durch die irdischen Bleiwirkungen.

Umformulierung der Simile-Regel der **Homöopathie**: "Dasjenige, was in großen Mengen im unteren Menschen krankmachend wirkt, das wirkt in kleinen Mengen, wenn man es zur Wirkung bringt vom oberen Menschen aus, gesundmachend und umgekehrt."

Blei in starker Verdünnung und **Honig** als Mittel gegen die die menschliche Gestalt zerstörenden Kräfte. Die ergänzende Wirkung des Honigs (Plumbum mellitum bzw. Scleron® Weleda). Ausführlich auch in **319/6(16.11.23)**: dort über die plastizierenden Kräfte des Honigs im Alter im Gegensatz zu denen der **Milch** in der Kindheit.

Die Bedeutung von **Salzen**, **Säuren** und **Basen** für die **Erde**.

Metalle tendieren zum Entwerden, Zersplittern, haben ausstrahlende Wirkung. Diese **Metallität** existiert in drei Formen:

1. Strahlung (Beispiel Blei, **Magnesium**). Solche Strahlungen sind als Reste des Vorgeburtlichen in den **Sinnesorganen**; sind vorhanden in der Sinnes-Nerven-Tätigkeit.
2. metamorphosierte Strahlung: nur noch Pendeln um die Richtung. Solche Strahlungen sind im **Rhythmischen System**. Entsprechende Metallität im **Zinn** (hochpotenziert).
3. weitere Metamorphose, Richtung und Pendeln nur noch latent, Kugelbildung. Solche Strahlung im **Stoffwechsel**. Entsprechende Metallität im **Eisen**.

Wirkung der ersten Strahlung geht auf das **Ich**, das der zweiten auf den **Astralleib**, der dritten auf den **Ätherleib**. Letzterer kommt ein physisches Einhüllendes entgegen. Ausgleich in der **Herz**stauung. Bei gestörtem Gleichgewicht: **Gold** als Heilmittel. Liegt die Ursache der Störung auf der Grenze zwischen unterem und oberem Menschen: **Kupfer** (Zirkulationsstörungen bei **Unterernährung**).

Bei der **Sexualität** werden Strahlungen der zweiten Art nach außen gesandt (ähnlich dem **Merkurstab**). Heilmittel **Quecksilber** (Merkur).

Strahlungen der ersten Art gehen von der **Haut** nach außen, aber auch bei Abscheidungen (**Harn**) nach innen. Heilmittel **Silber** als Salbe bei Hautkrankheiten, parenteral, wenn in Richtung auf die Entleerungen gewirkt werden soll. Zu Silber und **Ausscheidung**skräften: **319/6(16.11.23)**.

8(18.04.21) 4472 4/146f. **-09**

Fragenbeantwortungen: Negative Wirkung von Frauen mit **Periode** auf blühende **Pflanzen**? Wird bejaht. Dem von unten nach oben Streben des Blühens entspricht, was beim Menschen polarisch entgegengesetzt von oben nach unten kosmisch strahlt. Dieses Gleichgewicht ist in der Periode von der Seite der kosmischen Kräfte her verschoben.

Asthma: Sinnes-Nervenprozeß ist in den Atmungsprozeß "hinuntergerutscht". Polarisch entgegengewirkt wird durch Säure- bzw. Kohlensäure-**Bäder**.

Milchinjektion bei **Blenorrhoe** als Heilmittel: S. Ref. -07. In der Milch sind die entsprechenden Kräfte als "Richtekräfte" noch enthalten. "Wenn Sie nun injizieren, so können Sie einem auf ziemlich ähnlichen Dingen beruhenden Prozeß selbstverständlich entgegenwirken.

Erkältungen: Auch hier ist Sinnestätigkeit in den Atmungsorganismus hineingeschoben. Absonderungen sind nur Gegenreaktionen. Es werden Einpackungen empfohlen. "Alles Einpacken..ist ein Hereinschieben einer Nerven-Sinnestätigkeit in den Organismus, die eine halb bewußte ist, die aber sonst nicht vorhanden ist."

Verhältnis **Muskeln** - **Knochen**: Knochen sind ideell (nicht genetisch) umgewandelte Muskeln.

Es wird abgeraten, in Analogie zum Farbenspektrum ein Spektrum der **Geschmacks**empfindungen oder der **Gerüche** aufzustellen. Während man es beim Sehen mit demjenigen zu tun hat, "was sich ganz aus dem Ätherischen heraus offenbart", sind jene Sinneswahrnehmungen stark mit Stoffen, bzw. mit Stoffwechselwirkungen verbunden.

Substanzen mit Heilwirkungen können vom Menschen nicht gebildet werden, aber die entsprechenden Prozesse können z. B. durch **Homöopathisieren** hervorgerufen werden. Ausführungen zu der Wirkung von **Magnesium** und **Magnesiumsulfat**.

Basedowsche Krankheit: **Schilddrüse** als ein nicht zu Ende gekommenes Gehirn. Dem zu starken Kopfwerden kann entgegengewirkt werden durch "sinnvolle konsonantierende Bewegung" (**Eurythmie**).

9(18.04.21) 4473 4/155f. -10

Heileurythmie

Schema: Dem absteigenden Gang der **Organ**bildung von den kosmischen Bildungskräften (Kräfte, die "die Organe aus der geistig-ätherischen Welt in die physische Welt hereinschieben") über Aussonderungsprozesse (Beispiel Kohlenstoff - Kohlendioxid, Atmung), Befestigungsprozesse (Stoffwechsel) bis zu den Sinnesorganen bzw. -wahrnehmungen entsprechen aufsteigend: **Imagination**en den Wachstumskräften (Befestigen), **Inspirationen** den Kräften bei der Atmung, **Intuition**en den plastischen Bildungskräften.

Konsonantisierende **Eurythmie** durchströmt den Organismus mit unbewußten Imaginationskräften und führt mangelnde plastische Kräfte in die richtige Plastik über. Beispiel **Gelenkdeformationen**. Dazu als Ausblick für die Zukunft: "Der Mensch wird frei; er wird sogar frei werden nach und nach in bezug auf die Bildung seiner eigenen **Gestalt**, aber er muß dann mit der Freiheit etwas anfangen können. Er muß also übergehen zu dem Erzeugen von Imaginationen, die dem Deformieren immer entgegenwirken."

Diese Eurythmie wirkt anregend auf die innere **Atmung** von **Lunge**, **Leber**, **Nieren** usw. Es wird in diesen Organen ein "Leuchteprozeß" hervorgerufen, der in die unbewußten Imaginationen hinüberwirkt. Dieser Prozeß ist identisch mit dem durch **Kupfer** hervorgerufenen.

Über die **Mystik** der **Mechthild von Magdeburg** und der **Heiligen Theresa** als Imaginationen aus Stoffwechselprozessen ("abgestaute Harnabsonderung und verhaltene Geschlechtssehnsuchten, s. dazu auch 79/3(28.11.21)). Über die besonders in der Jugend gesundende (der Mystik entgegengesetzte) Wirkung von Eurythmie-begleiteten Gedichten auf das, "was der Materialismus **Vererbung** nennt, wovon aber ein großer Teil eben aus dem präexistenten geistig-seelischen Leben mitgebracht ist, wenn man also wirken will auf dasjenige, was man angeborene Fehler, Defekte und so weiter nennen kann".

Vokalisierende Eurythmie wirksam bei "Deformierungen" des **Rhythmischen Systems**. Dadurch auch Änderung des Atmungs-Rhythmus, was fortgesetzt werden kann, aber nicht im Sinne des alten **Joga**, sondern individuell. "Denn wir sind nicht mehr Menschen..., die den umgekehrten Weg gehen können, durch vorgeschriebenes Atmen den ganzen Menschen wiederum zu beeinflussen. Das ist etwas, was unter allen Umständen ... zu inneren Schocks führt..."

Anmerkung: Dieser Vortrag ist in GA 315 als 1. Vortrag enthalten

314 Physiologisch-Therapeutisches auf Grundlage der Geisteswissenschaft Zur Therapie und Hygiene

1(07.10.20) 4245 1/14f. **-01**

Zum Thema **hypothesen**freie (**Natur-)Wissenschaft**: Hypothesen sind legitim, wenn sie lediglich durch das Denken die Erfahrung fortsetzen, aber nicht wenn Vorstellungen zu Hilfe genommen werden müssen, die nie sinnlich wahrnehmbar werden (**Atome**, Moleküle usw.).

1(07.10.20) 4245 1/16f. **-02**

Gesundheit-Krankheit

Krebskrankheit als Extrem der körperlichen Krankheiten und die **Manie** als das polarische Extrem der **Geisteskrankheiten** mit den verschiedenen Zwischenstufen (**Hysterie**, **Illusionen**).

Damit zusammenhängend entwickelt an einem Satz von F. W. J. **Schelling** (1775-1854): Über das menschliche Unvermögen, die Schaffenskräfte in der Natur ins Bewußtsein zu bringen (Schelling: "Die Natur erkennen heißt die Natur schaffen") bzw. den Geist zu zerstören (Den Geist erkennen heißt den Geist zerstören). Weitere Ausführungen dazu im 2. Vortrag (08.10.20)

2(08.10.20) 4247 1/26f. **-03**

Genie beruht auf Kindheitskräften, die ins spätere Alter hineingetragen werden.

Wenn die im Kindheitsalter organisierenden Aufbaukräfte nicht in richtiger Weise später in Gedächtnis- und Denkkräfte übergehen sondern in der physischen Organisation bleiben ("rumoren"), so können sie die Ursache von **karzinom**atösen Neubildungen sein. Bei **Kinderkrankheiten** wie **Scharlach**, **Masern** usw. liegt auch ein Überschuß von organisierenden Kräften vor, der aber aus dem geistig-seelischen Leben vor der Empfängnis stammt.

Die späteren Bewußtseinskräfte als Abbaukräfte, die schließlich zum Tod führen.

Zur Entstehung der **Geisteskrankheiten**: der Mensch läßt seinen Organismus nicht durchdrungen sein von der (aufbauenden) organisierenden Kraft, sondern drängt sie aus sich heraus. "Wir können aber nicht mit unserem Ich mit, weil dieses an den Organismus gebunden ist. Wir haben die andere Seite, ...wo der Mensch zwar anfängt, Geistiges zu entwickeln, im Geistigen namentlich Willenstätigkeit zu entwickeln. In der Durchdringung mit Willenstätigkeit, die unbewußt bleibt ... beruht das, daß wir eigentlich ohne Bewußtsein ein Geistig-Seelisches herausbringen aus unserer Organisation." Bei den physischen Krankheiten ist demnach ein Geistig-Seelisches, das nicht in den Organismus gehört, während bei den Geisteskrankheiten ein Seelisches aus dem Physisch-Ätherischen herausgetrieben wird, das hineingehört. Es wird nochmals betont, daß die Ursachen der Geisteskrankheiten letztlich im Materiellen zu suchen sind.

3(09.10.20) 4252 1/38f. **-04**

Die Verbindung des dreigliedrigen Seelenlebens mit dem dreigliedrigen Menschen: Vorstellen-**Denken** hat seine Grundlage im **Nerven-Sinnessystem**, das **Fühlen** im **Rhythmischen System** und das **Wollen** im **Gliedmaßen-Stoffwechsel-System**. Wenn Gefühle zu Vorstellungen erhoben werden, geschieht dies indirekt "auf dem Umwege durch den

Rhythmus des **Gehirnwassers**, der heranschlägt an das Nerven-Sinnessystem..." Ebenso werden Vorstellungen von Willensimpulsen erhalten, indem das Stoffwechsel-System (im Gehirn) an das Nerven-Sinnessystem heranschlägt.

334/2(06.01.20): "Dieser Rhythmus des auf- und absteigenden Gehirnwassers ist der äußere Träger des Gefühlslebens im Menschen. Und durch die Wechselwirkung desjenigen, was die Gehirnnerven erleben, mit dem, was als solcher Rhythmus erfolgt durch das Gehirnwasser, entsteht das, was Austausch zwischen den Gefühlen und den Gedanken ist."

Über die Polarität von Nerven-Sinnessystem und Gliedmaßen-Stoffwechsel-System: im ersteren **Abbau**- und Ausscheidungsprozesse, im letzteren **Aufbau**prozesse, die jeweils auch in das andere System hineinreichen und giftend und damit a priori krankmachend wirken. Das dynamische Gleichgewicht zwischen Giften und Entgiften besorgt das Rhythmische System.

Über den Pflanzenbildeprozeß am Beispiel der **Birke** (**Betula**) ähnliche Ausführungen wie in 312-17.

4(09.10.20) 4252 1/53f. **-05**

Der physische Träger der **Ich**-Tätigkeit ist das **Blut**. Durch hohe Gaben von **Phosphor** kann das Geistig-Seelische der Ich-Tätigkeit von dem Gerüst der physischen Wirkungskräfte getrennt werden, das dann wie ein Abbild physisch weiterwirkt. "Man gliedert sich dann in gewisser Weise eine Art **Doppelgänger** ein (vgl. 107-11), der tief im Unterbewußten drunten wirkt, der aber ähnlich wirkt, nur eben im Raume, das heißt nur physisch, wie er sonst wirkt, wenn er lediglich hingebungsvoll das Werkzeug für die Ich-Tätigkeit ist."

Phosphor in hoher Dosierung fördert die Bluttätigkeit besonders in den Knochen und wirkt dem Verkalkungsprozeß dann entgegen. Entsprechende "Phosphor"-Prozesse im Menschen bewirken vor allem im Kindheitsstadium die **Rachitis**.

Im **Gehirn** ist ständig eine Art Rachitisentstehung, nachdem die Knochenbildung des Schädels abgeschlossen ist. Phosphor erleidet im Organismus Veränderungen, indem er verarbeitet wird bis zum Kopf, er gliedert sich in die Wachstumsrichtung ein. "Und dieses Eingliedern reduziert ... seine Wirksamkeit auf ein Minimum ... und in dieser Verdünnung wirkt er so, daß eben die aufgehaltene Rachitis des Kopfes Träger sein kann gerade derjenigen seelisch-geistigen Prozesse, die durch die Vermittlung des menschlichen Hauptes ausgeführt werden müssen." Phosphor in sehr kleinen (homöopathischen) Dosen hält den kindlichen Rachitisprozeß auf. S. dazu auch **319/11(29.08.24)**.

6(27.10.22) 5062 1/107f. **-06**

Durch das **Herz**-**Lunge**nsystem wird die aufgenommene und bis zum fast anorganischen Zustand verdaute **Nahrung** in das Lebendige, in die ätherische Organisation (**Ätherleib**) aufgenommen. Dieses eigentlich ätherische System wird in das Physische eingegliedert durch den **Sauerstoff**. "Der projiziert das Ganze - aber real projiziert er es - in die physische Welt herein, und das Ganze vollzieht sich als physisches System; nämlich als Herz-Lungensystem vollzieht sich das, was sonst nur rein übersinnlicher Natur sein könnte."

Die astralische Organisation steht in Verbindung mit der gasigen Organisation (der Organe): "Von dieser gasigen Organisation strahlt nun aus die astralisch-organische Kräfteentfaltung im menschlichen Organismus. Und das physische Organ ist selbst erst durch die eigene Ausstrahlung auf dem Rückmarsch gebildet; es strahlt zunächst die gasige Organisation aus, macht den Menschen zu einem beseelten Organismus, durchseelt alle Organe, und strahlt dann erst auf einem Umwege wieder zurück, so daß dann auch ein physisches Organ wird... Das ist das **Nieren**system." Dieses ist außer einem physischen Absonderungsorgan in seiner gasigen Grundlage ein Ausstrahlungsorgan für den astralischen Organismus (**Astralleib**). Hinweis auf die Änderung der **Harn**abscheidung während des **Denkens** in kaltem oder warmem Zimmer. Zusammenhang mit dem **Stickstoff** ähnlich dem zwischen Sauerstoff und Ätherleib. Steiner regt an, den Metabolismus von **Harnsäure** und **Harnstoff** zu untersuchen.

Das entsprechende physische System zur Aufnahme der **Ich**-Organisation ist das **Leber**-Gallesystem. Diese Ich-Organisation hängt mit dem **Wasserstoff** zusammen. "Sie werden die ganzen Wärmedifferenzierungen eingliedern können ... in dasjenige, was der Wasserstoff als seine besondere Funktion, natürlich immer in Verbindung mit anderen Substanzen, im menschliche Organismus ausübt."

Über die Wärme- und Lichtverhältnisse des Vorjahres, die in der (einjährigen) **Pflanze** nachwirken von der Wurzel bis zum Fruchtknoten, während in der Laubblattregion und in der Blüte die Dynamik des jetzigen Jahres wirken. Hinweis auf die Engerlinge (Maikäfer). Daraus folgt, daß **Heilmittel** (Teezubereitungen) aus den verschiedenen Teilen einer Pflanze von daher schon verschiedene Wirkungen zeigen.

7(27.10.22) 5063 1/119f. -07

Gesundheit-Krankheit / Gliedmaßen-Stoffwechselsystem

Organbildung und **Wachstum** des Menschen werden durch zwei Kraftströmungen bedingt: vom **Nerven-Sinnessystem** plastische, vom **Leber-Nieren**system radiale Kräfte. Bis zum **Zahnwechsel** dominieren die plastischen, in bzw. nach der Geschlechtsreife die Stoffwechselkräfte. Aus diesem jeweiligen Überwiegen ergibt sich auch die größere Möglichkeit, in diesen Altersstufen zu erkranken. Beide Kraftströmungen haben verschiedenen Rhythmus, der sich etwa wie 1:4 verhält (Blut-Atemfrequenz). Daher ist der Mensch "erst im achtundzwanzigsten Jahre seines Lebens mit Bezug auf die Kopforganisation so weit, wie er mit sieben Jahren in bezug auf seine Stoffwechselorganisation ist."

Im ersten Lebensjahrsiebt geht das, was mit **Ich**- und astralischer Organisation (**Astralleib**) zu tun hat, von der Kopforganisation aus (scheinbarer Widerspruch zum vorigen Ref.): "Und wir haben die ganze kindliche Organisation eigentlich so, daß wir uns vorzustellen haben: das Astralische strahlt aus von dem Nierensystem, die Ich-Organisation strahlt aus vom Lebersystem, aber diese Ausstrahlungen haben keine Bedeutung, sondern das Lebersystem wird gewissermaßen reflektiert vom Kopfsystem, das Nierensystem wird reflektiert vom Kopfsystem, und erst die Reflexion in den Organismus hinein erscheint als das wirksame Prinzip." Über die zwei Gruppen von **Kinderkrankheiten**: Stoffwechselkrankheiten und krampfartige Krankheiten.

Im zweiten Lebensjahrsiebt ist das **Rhythmische System,** das ausstrahlt, wobei astralische und ätherische Organisation hauptsächlich tätig sind. In diesem Alter ist die Gesundheit am größten und durch äußere (Hygiene-)Maßnahmen zu beeinflussen: richtige Atmung, Bewegung, künstlerische Erziehung. Im dritten Lebensjahrsiebt herrschen physische und ätherische Organisation, bzw. der Stoffwechsel vor.

Gliederung der **Pflanze** im Sinne von **Sulfur** (Blüte ohne Fruchtknoten, diesjähriges Wachstumsprinzip)), **Merkur** (Laubblatt, Ineinanderwirken von dies- und letztjährigem) und **Salz** (Wurzeln und Samen). Entsprechende Heilmittel: bei Kinderkrankheiten Auszug von Wurzeln, um eine Wirkung auf die Kopforganisation zu erzielen. Blattauszüge bei "akquirierten" Krankheiten, wie sie im zweiten Lebensjahrsiebt vor allem vorkommen. Blütenauszüge bei Krankheiten mit Sitz im Stoffwechsel (drittes Jahrsiebt).

7(27.10.22) 5063 1/137f. -08

Krebs

Zur Geschwulstbildung: falsches Verhältnis von physisch-ätherischem Organismus (ausstrahlende Stoffwechselorganisation) und Ich / Astralleib (**Wärme**- und Luftorganismus). Gegenmittel: Umhüllung der Geschwulst mit Wärme wie z. B. durch Injektion von **Viscum** (**Mistel**), auf die eine entsprechende Temperaturerhöhung folgen muß.

8(28.10.22) 5065 1/141f. -09

Denken-Fühlen-Wollen

Die **Pflanze** durchläuft einen Entvitalisierungsprozeß von der Wurzel zur Blüte hin, bei der menschlichen **Ernährung** findet ein umgekehrter Prozeß statt. Menschliche Nahrung als latente Vergiftung, die durch die Verdauung und **Nieren**tätigkeit wieder aufgehoben wird. "Es ist dies die leiseste Metamorphose desjenigen, was dann gesteigert ist, wenn wir **Heilmittel** in den Organismus einführen, und daher ist es natürlich absolut unsinnig, von einer "giftfreien Medizin" zu schwärmen."

Der **Eisen**gehalt des **Blut**es als Regulierungsmittel für das Gleichgewicht zwischen Vitalisieren durch Herz- und Lungentätigkeit (Ätherleib) und Astralisieren durch die Nierentätigkeit.

Über **Blähungen** (Meteorismus) als Symptom einer zu starken astralischen Organisationstätigkeit. Später Ausführungen zu **Krämpfen** als einem weiteren damit verbundenen Symptomenkomplex.

Das **Nerven-Sinnessystem** ist in erster Linie das plastisch organbildende System und hat zunächst nichts mit dem Seelischen zu tun. "Und schon in frühen Stadien der menschlichen individuellen Entwickelung sondert sich gewissermaßen ein besonderer Teil der Nerventätigkeit ab, den der Organismus nicht für sich verwendet zur Gestaltung, und an den paßt sich das Seelische an - das ist sekundär - und paßt sich immer mehr und mehr an."

Über die Heilwirkung der **Kamille**nwurzel (Chamomilla), enthaltend Kieselsäure, Zucker und alkalische Salze, die auch durch ein entsprechendes "synthetisches" Präparat ersetzt werden könnte (Solutio Sacchari comp. Weleda). Dazu: "Für die übersinnliche Anschauung bildet in der richtigen Vermengung, intuitiv angeschaut, Kieselsäure, alkalische Salze und Zucker eine Art menschlichen **Phantoms**... Denn sie sind vorzugsweise Plastiker, diese Stoffe..."

Hämorrhoiden, zu starke **Periode**, okkultes **Fieber** als Anzeichen für eine zu schwache Nierenstrahlung, so daß sie der vom oberen Menschen wirkenden gestaltenden Kraft nicht genügend Substrat für die Organbildung liefert. Therapie mit reinen Metallen: Eisen bei zu geringer Formbildung, eventuell Kupfer, Gold u. a., bei schon eingetretener Organdeformation (besonders im unteren Menschen) **Quecksilber.**

Die **Brennessel** (**Urtica dioica**) mit Schwefel, Eisen und alkalischen Salzen als Heilmittel. Auch hier wird das entsprechende synthetische Präparat empfohlen (Solutio Ferri comp. Weleda).

Über **Stoffwechselkrankheiten**, die aus dem nicht richtigen Zusammenarbeiten von Verdauung und Herz-Lungen-Tätigkeit hervorgehen. "Und da müssen wir uns klar sein, daß auch dann die Nierentätigkeit nicht in Ordnung ist, aber deshalb, weil sie für ihre Ausstrahlung nichts kriegt." Therapie mit Schwefel bzw. Schwefligem wie Blüten (besonders mit ätherischen Ölen).

Der kranke Organismus will eigentlich zur **Heilung** nur angeregt werden. "Denn eine Heilung, die scheinbar glatt verläuft, führt leichter zu Rückfällen, als eine Krankheit, die angeregt ist zur Heilung."

Die **Herbstzeitlose** (**Colchicum autumnale**) als Heilmittel bei **Schilddrüse**nvergrößerung.

9(31.12.23) 5550 1/165f. **-10**

Syphilis, **Lues**, beruht darauf, daß die **Ich**-Organisation durch das Stoffwechselsystem zu stark in Anspruch genommen und "atomisiert" wird. Über die Wirksamkeit von **Quecksilber** (als Schmierkur) und seine therapeutischen Nachteile. Quecksilber ahmt im menschlichen Organismus am stärksten die äußere Form des Kosmos nach. Gelangt es ins Blut, "entsteht die Tendenz, ans Quecksilber abzugeben ... diese kleine atomistische Organisation und die Ich-Organisation wird wiederum frei..." Es entsteht ein **Phantom** der Ich-Organisation. Als Mittel, das nicht die Nachteile des Quecksilbers aufweist, wird eine Zubereitung aus den Samen, dem Blüten- und Blattsaft von **Astragalus exscapus** (Erdtragant, Bocksdorn) empfohlen zusammen mit stark erhitzenden Bädern. **Schweiß**absonderung bei Syphilis wichtig, kann bei dicken Menschen auch durch ein Präparat aus **Galläpfeln** und **Wespen**gift hervorgerufen werden. "In den Galläpfeln haben Sie schon aufgerufen die ätherische Rundung, der Gallapfel zeigt Ihnen schon die Quecksilberigkeit im vegetabilischen Reiche."

Unterstützung der Therapie durch mathematisch-geometrische **Meditation**.

Glaukom als "entgegengesetzte Erscheinung von allen möglichen **Ohrenentzündungen**". Im Verhältnis zur physischen Organisation ist der Ätherleib in diesem Fall zu schwach. Es muß die Aus**atmung**stätigkeit verstärkt werden, was durch kohlensauren **Kalk** erreicht werden kann, der mit einem Auszug aus **Luftwurzeln** versetzt wurde (Cissus-Ossa Weleda).

Während der **Ätherleib** eine eiförmige Gestalt hat, besteht der **Astralleib** aus einem oberen und einem unteren Teil, die polarisch zueinander sind. Das Wesentliche des vor allem unter dem Einfluß des Astralleibes stehenden Stoffwechsels ist **Aufbau** und **Abbau** von Stoffen. "Die **Nahrung** als solche, substantiell, interessiert im Grunde den Stoffwechsel gar nicht, sondern die Überwindung der äußeren substantiellen Form der Nahrungsmittel und die Metamorphose, nicht das, was der Organismus braucht. Da beginnt aber schon im Stoffwechsel selber gleich die Ausscheidung. Nur einiges wird abgesondert. Und das dringt bis in das **Nerven-Sinnessystem**. Die Nerven-Sinnesorganisation ist substantiell außerordentlich wichtig, denn die Nervensubstanz ist die bis zum Ende getriebene Stoffwechselsubstanz." "Durch die Tätigkeit des Nerven-Sinnessystems, im Zusammenhang mit der Atmung, werden dann aus der kosmischen Umgebung die Stoffe aufgenommen in außerordentlich fein verteiltem Zustand, die von der Nerven-Sinnesorganisation in den Organismus eingegliedert werden und substantiell ersetzen dasjenige, was alles abgeht. Denn die Abgänge sind viel langsamer als man denkt. Also der menschliche Körper wird niemals aus der Nahrung aufgebaut. Die Nahrung unterhält nur die Tätigkeit, die da sein muß, um das Nervensystem zu organisieren." Über den Aufbau durch die Atmung und die **Sinne**; besonders die **Ohren** sind wichtige Aufnahmeorgane, auch der über den Körper ausgebreitete Empfindungssinn.

10(01.01.24) 5556 1/184f. **-11**

Therapie von **Syphilis** mit **Salvarsan®** *(damals übliches Arzneimittel, eine organische Arsenverbindung)*: Dies sei ein Mittel, das die menschlichen Leiber auseinanderreiße.

Antimon nicht wirksam bei Syphilis, da sich seine Wirkung zwischen Atmungs- und Sexualtrakt erstreckt, nur sekundär dann auf die Gesamtorganisation ausstrahlt.

Wirkung des **Arsens** (z. B. in Form von **Roncegno**- oder **Levico**wasser): Anregung des Astralleibes. Kann deshalb bei Syphilis unterstützend wirken.

Zur kongenitalen Lues bei Kindern: die gewöhnliche Syphilis beim Erwachsenen hat im wesentlichen Auswirkungen auf den Ätherleib. Therapie mit Arsen in stärkerer Verdünnung unter eventuellem Zusatz von **Milchsäure**, um es "weit genug im Körper vorwirken zu lassen." "Das Hereditäre (*Vererbte*) geht nur in den physischen Leib über und ist dann nicht im ätherischen Leib. Und Sie können daher, wenn Sie den astralischen Leib stark anregen durch Arsen, das überführen auf den ätherischen Leib, und dann bekämpfen Sie es wirklich ganz rationell im physischen Leib."

10(01.01.24) 5556 1/190 -12

Die Polarität zwischen den **Augen**, hervorgegangen aus einem "Entzündungsprozeß", und **Glaukom**, einem Geschwulstprozeß, sowie zwischen den **Ohren**, hervorgegangen aus einem Geschwulstprozeß, und **Mittelohrentzündung** (**Otitis media**) Überhandnehmen des Ätherleibes, damit verbunden Verstärkung der Ich-Organisation in diesem Bereich. Dem wird entgegengewirkt durch Verstärkung der Ausatmung (nach außen) durch innerliche Anwendung von **Levisticum** (**Liebstöckel**) oder durch **Heileurythmie** (Kon-sonanten L, M, S) (bei Sklerose vokalische **Eurythmie**).

Arthritis deformans: Ursache oft in negativen psychischen Vorgängen, vor allem wenn konstitutionelle Schwäche des Ätherleibes vorliegt. Therapie abhängig vom Zeitpunkt: bei frisch ausgebrochener Arthritis **Phosphor**öl und Stannum (**Zinn**), bei länger zurück-liegender Ursache Schwefelwasserstoffbäder und **Arnika** oder **Equisetum** (**Schach-telhalm**) innerlich in potenzierter Form.

10(01.01.24) 5556 1/195 -13

Psychosomatische Erkrankungen des **Magen-Darm**-Traktes: "Für diesen Trakt ist der **Ätherleib** das Maßgebende. Der **astralische Leib** nimmt in seinen Bewegungen, in seinen Formen das an, was der Ätherleib tut. Das ist ganz anders im **Sexualtrakt**. Im Sexualtrakt ist der Astralleib für sich sehr stark tätig, unterdrückt in einer gewissen Beziehung die Tätigkeit des Ätherleibes." Bei einem Schock u.ä. drängt diese Tätigkeit des Astralleibes in den Bereich des Magen-Darm-Traktes. Durch Einreibungen mit **Oxalsäure** (aus **Oxalis**, **Sauerklee**) wird der Ätherleib im Verdauungstrakt energisiert und durch **Silber** peroral oder parenteral in potenzierter Form (D 5 oder D 6) wird der Astralleib zurückgedrängt. "Silber hat, sowohl in das Zirkulations- wie in das Verdauungssystem gebracht, immer die Tendenz, Deformationen der höheren Organisationsglieder wieder herzustellen."

10(01.01.24) 5556 1/198 -14

Bettnässen bei Kindern: Schwäche des Astralleibes. Anwendung von **Arsen** in Form von **Roncegno**- oder **Levico**wasser, dazu Auszug aus **Johanniskraut**, **Hypericum perforatum**. "Es liegt im wesentlichen an diesem bitteren Extraktivstoff, der in dieser Pflanze enthalten ist, auch ein Stoff, der sehr stark und dauernd (*im Gegensatz zum Levicowasser*) auf die innere Beweglichkeit des astralischen Leibes wirkt und diesen stark macht. Und dadurch unter Umständen wird es zur Heilung kommen." Daneben muß auch moralisch auf das Kind eingewirkt werden. "Denn wenn Sie eine solche Sache bei dem Kinde kurieren, ...so schwächen Sie den Willen des Kindes."

11(02.01.24) 5560 1/200 -15

Fortpflanzung

Über die Giftwirkung der männlichen und weiblichen Keimzellen: "...die Wirkung ist eine eminent giftige, aber sie wird (bei der Vereinigung) isoliert und in der Isolierung exponiert den Kräften des Kosmos", nämlich denen der Sonne und des Mondes. Das männliche Gift ist metamorphosiert **Gonorrhoe**-Gift, das weibliche **Tripper**gift. Dadurch unterscheiden sich beide Krankheiten wesentlich von der Syphilis. Heilmittel: Alkalicarbonat und ölige Eucalyptusumschläge. Durch Alkalicarbonate wird aus dem Gesamtätherleib ein Spezialätherleib gebildet und durch die Eucalyptusumschläge wird dieser "Ätherextrakt" astralisch durchströmt. "So daß man tatsächlich um den Genitaltrakt herum eine Atmosphäre herstellt, die die gifterzeugenden Kräfte absorbiert."

Asthma bronchiale: Der ausströmende Atmungsstrom findet Widerstand in astralischen "Haken". Ist stark psychosomatisch und kann in seiner Ursache bis ins Embryonalleben zurückgehen (z. B. Schock der Mutter). Bei dieser Krankheit ist der "innere" Appetit ausgeschaltet, d. h. die rechte Verbindung zwischen Ätherleib und Astralleib ist unterbrochen. Heilmittel: **Gerbsäure** z. B. aus **Salbei, Nußbaum**blättern, **Eiche**nrinde oder **Weide**nrinde. Dadurch wird der Astralleib angeregt, seine Tätigkeit auch auf den Ätherleib auszudehnen. Der Ätherleib wird nun durch einen Auszug aus **Veronica officinalis** (**Ehrenpreis**) angeregt. Wird dazu die Atmung meditativ begleitet, so kann Asthma eventuell auch in spätem Stadium geheilt werden.

11(02.01.24) 5560 1/209 -16

Bienen(und auch **Wespen**-)gift: ihm liegt ein Kraftsystem zugrunde, "das zu gleicher Zeit der ganzen Gestalt des menschlichen Organismus zugrunde liegt." Regt den Ätherleib an, astralische Kräfte "nach dem ganzen menschlichen Organismus hin" aufzunehmen.

11(02.01.24) 5560 1/211 -17

Nerven tendieren zum "Zerbröckeln". Je nachdem die Ich-Organisation oder der Astralleib nicht stark genug sind, das Zerbröckeln zu hindern, entstehen Nervenkrankheiten (Beispiel **Tabes** dorsalis) oder **Neuralgien**. Durch **Kieselsäure** kann man im Nervensystem ein **Phantom** des Astralleibes und der Ich-Organisation erzeugen, was auch in Form hochpotenzierter **Arnika** (als Injektion) geschehen kann. Über die weiteren Inhaltsstoffe der Arnika. Weiteres Heilmittel alternierend: hochprozentige **Ameisensäure** (Injektion). Eventuell Zusatz von einem tierischen Organpräparat, das dem betroffenen Teil des Nervensystems entspricht. Bei Nervenerkrankungen im Verdauungstrakt kann auch **Chamomilla** (**Kamille**) als Injektion verwendet werden, die keine Kieselsäure enthält. "Dagegen ist Schwefel drinnen, der im wesentlichen gerade segensreich ist, wenn es sich um die Anregung des Ätherleibes im Verdauungssystem handelt."

Beeinflussung von **Kurz**- oder **Weitsichtigkeit** durch Heilmittel ist nur möglich, wenn mit der Therapie angefangen wird, bevor das Kind vollständig gehen und sprechen gelernt hat. Heilmittel: hochpotenzierte **Belladonna** (**Tollkirsche**).

--(21.04.24) 5692 1/271 -18

Gesundheit-Krankheit / Prozeß

(Ansprache vor Ärzten). Im **Nerven-Sinnessystem** sind Ich und Astralleib frei, während sie im **Gliedmaßen-Stoffwechsel-System** tätig sind. Ziehen sich Ich/Astralleib aus einem Stoffwechselorgan zurück oder engagieren sie sich im Nerven-Sinnessystem (verbunden mit Bewußtseinstrübung), so treten krankhafte Zustände auf. Der Stoffwechsel wird direkt durch die kosmischen Kräfte, der Kopf durch die tellurischen, bzw. von der Erde konservierten kosmischen Kräften beeinflußt.

Das bezieht sich auch auf die als **Heilmittel** verwendeten Stoffe: **Blei** wirkt als kosmische Substanz durch das Gliedmaßen-Stoffwechsel-System bis hinauf in den Kopf. Wird es vorher einem (irdischen) Schmelzprozeß unterworfen, so wirkt es direkt auf den Kopf (Scleron® Weleda). Weitere: **Antimon** (als Antimonit = Grauspießglanz in seinen spießigen Kristallen schon das Kosmische zeigend) wirkt auf den Stoffwechsel. Wird es einem irdischen Prozeß (Antimonspiegel) unterworfen, so wirkt es auf den Kopf. "Die Behandlungsart der Stoffe, das ist im Grunde das Wesentliche. Und die Denkungsweise müßte aufhören, im Stoffe als solchem das Heilmittel zu suchen."

Bei willkürlichen Betätigungen entsteht kurzfristig ein krankhafter Zustand, der aber gleich wieder ausgeglichen wird. Beim **Denken** strahlt der Mensch Ich und Astralleib in den Kopf, bei der **Bewegung** der Gliedmaßen zieht er sie zurück. Bei gespannter Aufmerksamkeit zieht sich z. B. der Astralleib von der Leber zurück.

S. 280: **Kieselsäure** in **Equisetum** (**Schachtelhalm**) setzt Überreizbarkeit der **Nieren** herab. Zur Wirkung des funktionellen Zusammenhanges von Kieselsäure und Schwefel (schwefelsauren Salzen) in Equisetum bzw. eines entsprechenden synthetischen Präparates (Solutio Siliceae comp. Weleda) bei Nierenerkrankungen. S. **319/5(15.11.23)**.

--(22.04.24) 5697 1/285 -19

(Besprechung mit Ärzten). **Mistel** (**Viscum**): ist als Injektion das Spezifikum gegen **Krebs**. Unterschiede zwischen Misteln von verschiedenen Wirtsbäumen. "Das Wesentliche ist ja auch dieses, daß wir sie noch eigentlich steigern müssen in ihrer Wirkung." Dazu wird ein Apparat benötigt: "Erst bringen wir die Mistelsäfte in eine vertikale Bewegung und diese lassen wir durchsetzen von einer horizontal rotierenden Bewegung. Es handelt sich darum, daß man erreicht, daß der Mistelsaft tropft und im Tropfen durchkreist wird, sich verbindet in Horizontalkreisen wieder mit Mistelsaft, so daß bis in die kleinsten Kreise eine besondere Struktur hervorgerufen wird. Das ist eigentlich das Heilende des Viscum, was da entsteht."

--(23.04.24) 5701 1/290 -20

(Besprechung mit Ärzten anhand von Fallstudien aus dem Buch "Grundlegendes für eine Erweiterung der Heilkunst"). **Krämpfe**: unregelmäßiger Zusammenhang zwischen Astralleib, Ätherleib und physischem Leib. "Man hat sich dieses so vorzustellen, daß der Astralleib nur mit Hilfe des Ätherleibs auf den physischen Leib einwirkt. Sind solche atrophischen Stellen (im Ätherleib, wie im besprochenen Fall) da, dann greift der Astralleib mit Ausschluß des Ätherleibes auf den physischen Leib. Überall tritt Krampf auf, wo das der Fall ist."

"Der Gelenk**rheumatismus** (im vorliegenden Fall) hängt als solcher auch damit zusammen, daß der Astralleib an den Gelenken unmittelbar in den physischen Leib eingreift. Durch dieses Eingreifen entstehen dort, wo sie entstehen können auch **Entzündungs**zustände. Also entweder hat man es mit Krampf- oder Entzündungszuständen zu tun."

--(23.04.24) 5701 1/294 -21

(Besprechung mit Ärzten anhand von Fallstudien aus dem Buch "Grundlegendes für eine Erweiterung der Heilkunst"). **Embryonalhüllen** sind die physischen Korrelate der höheren **Wesensglieder**: Amnion - Ätherleib, Allantois - Astralleib, Chorion - Ich.

--(23.04.24) 5701 1/300 -22

(Besprechung mit Ärzten anhand von Fallstudien aus dem Buch "Grundlegendes für eine Erweiterung der Heilkunst"). Schlechte Verwertung von **Nahrung**smitteln: **Fette** und zu schwache **Ich**-Organisation, **Kohlenhydrate** und zu schwacher **Astralleib**, **Eiweiß** und zu schwacher **Ätherleib**.

--(23.04.24) 5701 1/302 -23

Krebs (Karzinom): Entstehung eines **Sinnesorgans** an der falschen Stelle. Physischer Leib/Ätherleib und Astralleib/Ich fallen auseinander. **Brustkarzinom** und äußerer Stoß oder Druck (oder Verbrennung) als Ursprung. "Nun tritt in diesem Falle das ein, was sehr stark an der Stelle den Astralleib erscheinen läßt, der sonst absorbiert ist vom Ätherleib. Wenn der Astralleib plötzlich an der Stelle erscheint, dann zeigt er sich ... in Glimmerlicht; er tritt auf, wie wenn er brennen würde. Wird er so bemerkbar, dann hat man an der Stelle die Tendenz zur Bildung einer Sinneswirkung, da entsteht ein Karzinom."

Lokales Karzinom wird mit der Zeit zu einer Art Ventil für die karzinomatöse Entwicklung des ganzen Organismus. "Schneiden Sie das Karzinom heraus, so ist plötzlich das Ventil weg." Dadurch kann es bei älteren Menschen zu einer Erkrankung der **Lunge** kommen, die das Organ ist, die das anorganisch Außermenschliche am meisten aufnimmt. "Daher werden Sie besonders bei im Alter vorhandenem Karzinom den Prozeß auflösen in Lungenentzündung." Anderes Organ für die Aufnahme des Außermenschlichen, das dabei nicht geschädigt wird: **Leber**.

Hinweise auf Vorträge aus 314 in 312-17, 312-18, 312-21, 313-06

315 Heileurythmie

1(12.04.21) 4458 3/10f. -01

Zur Unterscheidung von normaler künstlerischer **Eurythmie** und **Heileurythmie**.

Der **Kehlkopf** als metamorphosiertes umgedrehtes Hinterhaupt mit angesetztem Brustkorb. Die benachbarte **Schilddrüse** als eine Art dekadentes Vorderhirn. Bei der modifizierten Atmung während des Sprechens oder Singens vollführt der Kehlkopf Eurythmie. "Unser Kehlkopf eurythmisiert, und wir haben dann die Aufgabe, dasjenige, was sinnlich-übersinnlich durch diese Reflexion des Kehlkopfes zustande kommt, wieder umzudrehen und zu übertragen nun ins Sichtbare, so daß durch unsere Arme dasjenige zum Ausdruck kommt, was wiederum das Zurückübertragene ist. Wir haben es also da tatsächlich mit etwas zu tun, was aus der menschlichen Organisation hervorgeholt ist."

Das **Kopfsystem** bringt das Rhythmische zur Ruhe, besonders bei chaotischem, schlampigem aber auch logischem **Denken**. Dadurch geht das Rhythmische in Arhythmisches und Antirhythmisches über. Deshalb die Tendenz im Seelenleben, Prosa zur rhythmischen Prosa und zur Poesie zu wandeln.

Übung für Kinder (**Jambische** Bewegung mit zusammengefügtem Laut A) mit vorherrschendem **Rhythmischen System** (**Zappeligkeit**) und für mehr phlegmatische (**Trochäus** und A). Für das richtige "Ineinanderschnappen" der drei Glieder eine Übung mit I, A und O.

2(13.04.21) 4460 3/21f. -02

Vokale sind verinnerlicht, sind Offenbarung für das Innere der Gefühle, **Konsonanten** bilden mehr das Äußere ab. Beim Vokal kommt es **eurythmisch** sehr auf die Bewegung an, wenn es um die Wirkung auf den ganzen Menschen geht, speziell bei der **Heileurythmie**. Wichtig ist, daß die ausgeführte Bewegung gefühlt wird.

Modifizierte I-Bewegungen sind angezeigt, wenn richtiges Gehen gelernt werden soll.*) Entsprechende U-Übung, wenn Kind oder Erwachsener nicht richtig stehen kann oder beim Gehen leicht ermüdet. O-Übung: wirkt als Gegenpol "zu denjenigen dynamischen Tendenzen, welche im Dicklichwerden der Menschen wirken." E-Übung: bei schwächlichen Naturen, wo die Schwächlichkeit organisch bedingt ist, eine weitere E-Übung bei seelisch bedingter Schwächlichkeit (8. Vortrag (28.10.22): die sich in Durchfällen äußern kann). A-Übung gegen animalische Tendenzen.

"Sie werden noch etwas davon haben, wenn Sie sich etwa folgendes zurechtlegen: Das I offenbart den Menschen als Person, das U offenbart den Menschen als Mensch, das O offenbart den Menschen als Seele, das E fixiert das **Ich** im **Ätherleib**, es prägt sehr stark das Ich in den Ätherleib hinein. Und das A wirkt der tierischen Natur im Menschen entgegen."

Diese Übungen insgesamt günstig bei unregelmäßiger **Atmung**, schlechtem Aussprechen der Konsonanten, bei chronischen **Kopfschmerzen** und **Migräne**, **Verschlafenheit**, träger **Verdauung**.

Über die Ausführung derselben Übungen mit den Füßen bzw. Beinen.

Beim Eurythmisieren der Konsonanten ist wichtig das Vorstellen der dargestellten Form. S als **ahrimanischer**, H als **luziferischer** Laut, M als beide abstumpfend.

*)8. Vortrag (28.10.22): I-Übung (mit dem Zeigefinger, dem kleinen oder großen Zehen) bei Asymmetrien, beim **Schielen** im heranwachsenden Alter.

Dort ebenfalls: A-Übung zur Förderung der plastischen Kräfte beim **Zahnwechsel** (obere **Zahn**reihe), bzw. O-Übung (untere Zahnreihe).

3(14.04.21) 4462 3/35f. -03

Einteilung der **Konsonanten** nach drei Gesichtspunkten:

1. vokalisierend (teilweise oder völlige Hingabe an die Außenwelt). Beispiel F und H, angedeutet im nach- oder vorangestellten Vokal: H-a und e-F, dagegen z. B. bei den alten Griechen F = F-i).
2. nach der Bewegung (die eurythmische ist dann in gewisser Weise dazu polarisch). Unterscheidung von Blaselauten (H, W, F, Sch, Ch), Stoßlauten (B, P, M, D, T, G und K), Zitterlaut R und Wellenlaut L.
3. nach dem Ort der Bildung. Lippenlaute (W, B, P, F, M), Zahnlaute (D, T, S, Sch, L, N) und Gaumenlaute G, K, Ch, Ng. R gehört zu allen drei Lauten, je nachdem, wo es gebildet wird.

Weitere Ausführungen zu den **Vokalen** A, U, O, E im Anschluß an das im vorigen Vortrag Ausgeführte. Unter anderem: "Wenn man nun O ausspricht, da versucht man dasjenige, was sich in der Kugelform des Kopfes zum Ausdrucke bringt, im ganzen Ätherkopfe zum Ausdruck zu bringen. Und da hat man das Bestreben, sich einen zweiten Kopf zu formen." Dieses "Aufblasen" liegt dem Dicklichwerden (s. vor. Ref.) zugrunde. Die umfassende Bewegung wie beim E-Laut ist auch vorhanden, wo **motorischer** und sensitiver **Nerv** zusammenkommt, in diesem E-Bilden liegt "auch das Zustandekommen des Sich-innerlich-Fühlens des Menschen."

Über die auseinanderklaffenden Entwicklungsgeschwindigkeiten von **Intellekt** und **Willen**. "Und Eurythmisieren ist zunächst auch, abgesehen von allem übrigen, ein Versuch, den Willen wiederum hineinzubringen in die ganze **Menschheitsentwicklung**." Durch die Zeichenhaftigkeit der heutigen modernen **Sprachen** ist latent stets als organische Begleiterscheinung ein Unrhythmischwerden des **Rhythmischen Systems** verbunden und damit eine Tendenz zum Krankwerden gegeben. "Es ist durchaus verloren worden das Bildhafte, das in der Sprache liegt; und wenn man will dieses Bildhafte wieder hineinbringen in die Sprache, dann muß man eben zur **Eurythmie** greifen."

4(15.04.21) 4464 3/50f. -04

Es wird die **heileurythmische** Ausführung der **Konsonanten** (Arm- und Beinbewegung) und ihre therapeutische Wirkung auf den **Stoffwechsel** (**Verdauung**) besprochen:

B und P: reguliert **Nieren**tätigkeit, **Harn**entleerung (B schwächer, P stärker).

D und T: stärkt Darmtätigkeit, besonders bei Neigung zu **Obstipation**.

G, K und Q: fördert Bewegung des Darmes, bzw. der Speisen im Darm.

S: bei mangelhafter Verdauung, besonders bei Kindern, oft verbunden mit Kopfschmerzen, bei nicht richtiger Gasentwicklung.

F: anregend auf Harnentleerung.

R: wirkt direkt auf den Entleerungsrhythmus des Darmes.

L: reguliert die Darmbewegung (**Peristaltik**)

H: fördert den Übergang der Speisen vom Magen in den Darm.

M: wirkt regulierend auf das ganze **Gliedmaßen-Stoffwechsel-System**, besonders im pubertären Alter (gegen das "Vordringliche" des Sexuallebens).

N: bei Neigung zu Durchfall (**Diarrhöe**).

Sch: bei schwacher Verdauung.

"Es ist ja ganz besonders interessant, wenn man sieht, wie die Bewegung, die als Darmbewegung vorschreitet von vorne nach rückwärts auslöst eine Bewegung, ein im **Ätherleib** Vorschreiten von rückwärts nach vorne, die sich dann an der Bauchwand bricht - nicht eigentlich bricht, sondern verschwindet." Diese Tätigkeit wird besonders durch die R-Übung angeregt.

5(16.04.21) 4467 3/61f. -05

Weitere **heileurythmische** Bewegungen:

Bewegung der Bejahung und der Verneinung (mehrfach ausgeführt) wirken auf das **Atmungs**system aufweckend, indiziert bei **Kurzatmigkeit**.

Bewegung der Willenszustimmung, der Sympathie und der Antipathie: Anregung der gesamten Verdauung und der Zirkulation, bei der Neigung zum **Aufstoßen**.

Bewegung des Gefühls der Liebe kombiniert mit E-Bewegung: wärmend auf die Zirkulation (Wirkung vom Ätherischen auf das Astralische).

Bewegung der Hoffnung kombiniert mit U-Bewegung: wärmende Wirkung auf das Atmungssystem (Wirkung des Astralischen auf das Ätherische im Menschen).

Alle Übungen wirken über den **Ätherleib**, deshalb sind ihre Wirkungen erst nach zwei bis drei Tagen zu bemerken. Für einen therapeutischen Erfolg müssen sie aber etwa sieben Wochen lang durchgeführt werden.

Beugen der Beine und B-Bewegung für Menschen mit **Kopfschmerzen** und **Migräne** (sollte aber nur in der schmerzfreien Zeit geübt werden).

Kopf schütteln rechts und links zusammen mit M-Bewegung bei schmerzhaften Unregelmäßigkeiten im Unterleib (ebenfalls nur in der schmerzfreien Zeit).

Mit dem Fuß an das Knie schlagen und E-Bewegung: gegen Un**geschicklichkeit** bei Kindern.
Von zwei Personen E-Bewegung und E-Form (überkreuzend) gelaufen: Stärkung des **Herz**ens.
Von zwei Personen O-Bewegung und O-Form gelaufen (zusammengesetzt aus zwei Halbkreisen): Stärkung des **Zwerchfells** und der ganzen Atmung.
H-Bewegung nur mit den Schultern und A-Bewegung = eurythmisches **Lachen**, wirkt entsprechend gesundend. Diese H-Bewegung mit der A-Bewegung kombiniert durch die Arme ausgeführt: Gefühl der **Verehrung**, erhöht die **Widerstandsfähigkeit**.

6(17.04.21) 4470 3/72f. **-06**

Sinneswahrnehmung

Es wird ein Gedicht **vokalisch** und **konsonantisch** eurythmisiert. Allgemein findet beim Zuhören eine Art Einschlafen statt: **Ich** und **Astralleib** treten "leise" heraus, bleiben aber bewußt. Der **Ätherleib** führt dabei in stärkerem Grade die Bewegungen aus, die er auch im **Schlaf** ausführt. "Diese Bewegungen studiert man, und man läßt sie nun vom physischen Leibe ausführen, das heißt ... daß man also in der **Eurythmie** dasjenige ausführt, was der Mensch beim Zuhören mit seinem Ätherleibe fortwährend ausführt."

Dadurch wird über den Umweg des physischen Leibes ins Bewußtsein gebracht, was sonst unbewußt bleibt. Ich und Astralleib werden gestärkt und wirken beim Kind im Sinne von Wachstumskräften. Deshalb angezeigt bei **Wachstumsstörungen**. Beim Erwachsenen werden die plastischen Kräfte der inneren **Organe** angeregt.

Wird nur vokalisch eurythmisiert: Beim Zuhören von Vokalen werden vor allem die Bewegungen des Ätherleibes hervorgerufen, die das **Rhythmische System** betreffen. Durch entsprechende **(Heil)eurythmie** werden vor allem die Organe dieses Systems angeregt.

Nur konsonantisch eurythmisiert: Beim Zuhören von Konsonanten werden diejenigen Bewegungen des Ätherleibes hervorgerufen, "die bei den physischen Bewegungen sonst eigentlich ausgeführt werden." Dadurch entsteht ein gestautes Wollen. Hinweis auf die **tschechische Sprache** mit ihrem Konsonantenreichtum. Beim Konsonantenhören erweitert sich die **Aura** in die Umgebung, beim Vokalhören zieht sie sich zusammen. Wirkt auf das Kopfsystem als Verstärkung des Eigenwillens. Durch die entsprechende Eurythmie kann deshalb anregend auf die Kopforganisation (z. B. bei Schwachsinn), aber auch gegen das Eigensinnigwerden des Menschen und seiner Organe gewirkt werden.

"**Egoisten** sind eigentlich immer Menschen, deren Magen und Leber und Lungenflügel drohen, richtige Keilform anzunehmen, ...während bei Menschen, die krankhaft selbstlos sind, diese Organe ausfließen." Geistige Tätigkeit verstärkt die egoistischen Tendenzen ("kristallisierenden" Kräfte). "Sie wirkt deshalb bei ich-schwachen Menschen auf die Verstärkung des Ego, sie macht sie egoistischer. Aber wir haben ja nötig bei solchen Menschen, die organisch ausfließen ... diese Egoismuskräfte anzuregen, nicht für die Seele, aber für den Organismus." Dies könnte (außer durch vokalische Eurythmie) auch mit **zukker**haltiger Nahrung als äußerem Mittel geschehen.

Anmerkung: 7. Vortrag (18.04.21) in GA 314 enthalten.

316 Meditative Betrachtungen und Anleitungen zur Vertiefung der Heilkunst

1(02.01.24) 5561 2/15f. -01

Unterscheidung des festen, flüssigen, luftförmigen und Wärmemenschen, in den unmittelbar physischer Leib, bzw. Ätherleib, Astralleib und Ich-Organisation jeweils eingreifen. Wirkung der höheren Glieder auf die anderen Organisationen erfolgt indirekt (Ich wirkt auf den Wärmemenschen, dieser auf den luftförmigen usw.). Die Möglichkeit zur Krankheit liegt im nicht richtigen Zusammenwirken dieser Glieder. Heilung durch Mittel aus der Natur, die Vorgänge im Menschen übernehmen können und so den Wesensgliedern die Möglichkeit geben, wieder an der richtigen Stelle oder im richtigen Maß zu wirken.

Über die belebende Wirkung der feinverteilten **Ameisensäure** auf die abgebauten Stoffe in der Natur. Die Notwendigkeit der Ameisensäure für den menschlichen Organismus. Ihre Anwendung als Heilmittel (in manchen Fällen Einsatz von **Oxalsäure** anstelle von Ameisensäure). Über die Honigbereitung und die Caprification von **Feigen** (vgl. 351-11 bis -14). Über die im **Bienen**stock waltende Weisheit: "es ist nicht nur dieses Häuflein einzelner Bienen, sondern der Bienenstock hat wirklich eine konkrete eigene Seele."

Über die Notwendigkeit beim **Mikroskop**ieren die Größenverhältnisse wieder innerlich zurückzuführen: "Das tut man gewöhnlich nicht. Zumeist hat man keine Ahnung, daß die Größenverhältnisse der Naturobjekte durchaus nicht relativ sind."

2(03.01.24) 5562 2/28f. -02

Wesensglieder

Über die Polaritäten physischer Leib (**Ernährung**) und Ich-Organisation (**Tod**), Ätherleib (Leben, **Gesundheit**) und Astralleib (Leben ablähmend, Bewußtsein, **Krankheit**). Das **Fühlen** basiert auf dem Hin- und Herpendeln zwischen Ätherischem und Astralischem. Das Überwiegen des Astralischen führt zu **Entzündung**en, zu Deformation von Organen. Das Überwiegen des Ätherischen zu Wucherungen (z. B. **Krebs**). Krankheit als abnormes Gefühlsleben. Deshalb wichtig für die ärztliche Diagnose, ein Gespür für das menschliche **Seelenleben** zu entwickeln.

Deformation eines Organes ist mit **Schmerz** (gesteigertem Gefühl) verbunden. Ausnahme: **Leber**. Sie ist wie ein Stück Außenwelt im Menschen. Ist "Sinnesorgan" für die in den Verdauungsprozeß aufgenommenen äußeren Stoffe (s. 347-01). Das **Herz** ist Sinnesorgan für das menschliche Innere (s. 312-02).

Über das Ätherische der **Milch** und die **Vitamine**. **Kartoffel**genuß und Ernährungsprozesse im **Gehirn** (vgl. 350-09).

3(04.01.24) 5563 2/43f. -03

Über die verschiedenen Gleichgewichte zwischen irdischen Stoffkräften und peripherischen Umkreiskräften in den einzelnen **Organen**. Über den Auftrieb, den das Gehirn im Gehirnwasser erfährt, aber auch das Ruhen des menschlichen **Kopf**es gegenüber der Bewegung des Menschen und der Erde. Kopf als Nachbildung des Kosmos, **Rückgrat** und **Rippen** als halb kosmische, halb irdische Bildungen, Röhren**knochen** der Beine und der Arme als irdische.

Modifikation der peripherischen Kräfte durch die **Planeten**. Phosphorsaurer **Kalk** bildet Angriffspunkt für die kosmischen Kräfte zum Aufbau des Schädels, kohlensaurer Kalk entsprechend für die irdischen Kräfte zum Aufbau der Röhrenknochen. Kohlensaurer Kalk im Schädel, bzw. phosphorsaurer Kalk im Röhrenknochen sind Abscheidungsprodukte.

Metalle, die der Mensch nicht substantiell in sich hat, wurden von ihm im Laufe der Entwicklung (ab Saturnzustand) überwunden z. B. die **Blei**kräfte. "Und wenn man studiert den menschlichen **Ätherleib** , so hat er in sich ein Zentrum für bleiabweisende Kräfte. Dieses Zentrum ist ungefähr dort, wo die Haare ihren Wirbel bilden... Da strahlen die bleiabweisenden Kräfte aus." Haben auch "psychisch-moralische" Bedeutung: Sind diese Kräfte zu schwach, so besteht krankhafte Neigung zu äußeren Unreinigkeiten.

Magnesium (Magnesiumkraft), das sich substantiell im Körper findet, hat bis zum Zahnwechsel Bedeutung als konsolidierende Kraft, danach werden dieses Kräfte überwunden. Magnesium ist dann Absonderungsprodukt wie z. B. in der **Milch**. "Nachher kommt ein Rückschlag bis zum zwanzigsten Jahre. Dann findet die Magnesiumkraft eine Verwendung zur feineren Konsolidierung der **Muskeln**."

Es wird auf die alte **Signaturenlehre** für Pflanzen und Minerale verwiesen. Die Formen des **Antimons** bzw. Antimonspiegels und des Grauspießglanzes (ähnlich den Formen des Ätherleibes einfacher Pflanzen). Antimon empfänglich für ätherische Kräfte. Anderes Beispiel Stein**kohle** (Erde) - **Graphit** (Mondenzustand) - **Diamant** (Sonnenzustand).

3(04.01.24) 5563 2/45 **-04**

Anmerkung anläßlich eines **Staudamm**bruches, daß technisch das **Archimedische Prinzip** nicht beachtet worden sei.

4(05.01.24) 5565 2/58f. **-05**

Bei dem **Reinkarnation**svorgang gliedert sich der geistig-seelische Kern dem aus dem Kosmos gebildeten **Ätherleib** an. Der Ätherleib hat die Kräfte (z. B. Bleikräfte, Zinnkräfte usw., s. -03), die er als Substanzen in seiner physischen Organisation, mit der er sich bei der Befruchtung verbindet, nicht hat. "Die Substanzen, die der Mensch im physischen Leib nicht hat, die sind die allerwichtigsten für die Konstitution des Ätherleibes, so daß im Ätherleib vorgehen, ehe er sich vereinigt mit dem physischen Leib, in der Tat Bleiprozesse, Zinnprozesse, Merkurprozesse und so weiter." Von der Befruchtung an, mehr noch mit der Geburt "gehen alle Kräfte, die der Ätherleib von den nicht im physischen Leib verankerten Stoffen hatte, über auf den **astralischen Leib** und der Ätherleib nimmt diejenigen Kraftformen an, die der physische Leib in sich verarbeitet."

Damit gibt der Ätherleib seine Verwandtschaft mit der Umgebung des Menschen ab an den Astralleib. Und weiter: "Der Astralleib ist innig verwandt mit dem, was der Mensch wissen kann. Und in dem Augenblick, ...wo Sie anfangen, nicht bloß theoretisches, sondern wirkliches, innerlich verarbeitetes Ärztewissen aufzunehmen, in dem Augenblicke beleben Sie in sich diejenigen Inhalte, die der astralische Leib schon hat, die nur unbewußt bleiben, und die die Beziehungen darstellen zu der Umgebung."

Beispiele für solche Beziehungen: **Gneis**-**Glimmer**-Boden wirkt auf die physische Lokalkonstitution der dort geborenen Menschen. Rhododendren (z. B. **Rhododendron** ferrugineum, **Alpenrose**), die auf solchem Boden wachsen, sind in ihrer Substanz innig verwandt dem Ätherleib, bevor er in den physischen Leib einzieht in solchen Gegenden. Daher kann daraus ein Heilmittel gewonnen werden. "Davon hängt ab, daß in vielen Dingen, aber nicht in allen, sich das **Heilmittel** in den Gegenden, in welcher spezifische Krankheiten auftreten, als spezifisches Heilmittel befindet." Ähnlicher Zusammenhang zwischen **Rotliegendem** im Boden und **Goldregen** (**Cytisus laburnum**).

5(06.01.24) 5568 2/72f. -06

Anleitungen zur **Meditation** über die Beziehung des menschlichen **Kopfes** (Wärmeorganisation, **Saturnzustand**) zur **Pflanzen**wurzel, des **Herzens** (**Sonnenzustand**) zu Stengel und Blattregion, des **Gliedmaßen-Stoffwechselsystems** zu Blüte und Samen. Das Miterleben der Bewegung der Pflanzenwurzel = Bewegung des **Planetensystems**, der Bewegung der Stengel-Blattregion = **Bewegung der Erde**, der Bewegung der Blütenregion = Bewegung des **Mondes**.

Das innere Erleben der **Elemente**: Feuer - wirkender Wille, Luft - Mut, Wasser - Empfindung, Erde - Gedanken.

6(07.01.24) 5572 2/89f. -07

Nur das **Knochen**system ist der Sinneswahrnehmung und dem Gedanken voll zugänglich, für die Erkenntnis des **Muskel**systems (Flüssigkeitsmensch) ist **Imagination**, für das der inneren **Organe Inspiration** nötig. Diese sind direkt - wie die **Lunge** - oder indirekt - wie die anderen Organe - aus dem Luftförmigen gestaltet. Die Gestaltungskräfte des Luftförmigen sind in der **Embryonalentwicklung** aktiv, später sind sie Wachstumskräfte (Vergleich mit **Chladnischen Klangfiguren**).

Nur das Knochensystem wird von **Elementarwesen**, Muskelsystem und Organe von höheren **Hierarchien** aufgebaut.

Die Tätigkeit der inneren Organe kann nur mit Hilfe der **Intuition** begriffen werden.

Die physischen Organisationen sind im Menschen verbunden mit den entsprechenden Ätherarten bzw. Ätherleib: Wärme - Wärmeäther, Luft(organismus) - **Lichtäther**, Flüssigkeitsorganismus - **chemischer Äther** (Tonäther), erdiger Organismus - **Lebensäther**. D. h. daß die höchste Ätherart mit der "niedersten" physischen Organisation verbunden ist und umgekehrt: Umkehr der Qualitäten im Menschen.

Arztwissen war früher Mysterienwissen, das geheimgehalten wurde. "Es ist nicht zu leugnen, daß das Wissen um **Heilmittel** den Heilmitteln in einem gewissen Sinne ihre Kraft nimmt, und daß es notwendig ist für den ernst zu nehmenden Arzt, eigentlich für sich selber auf diejenigen therapeutischen Mittel, die er bei seinen Patienten anwendet, in ihrer Wirksamkeit mehr oder weniger zu verzichten, und für sich selber andere Arten der Heilung zu beobachten."

7(08.01.24) 5573 2/103f. -08

Embryonalentwicklung

Beim instinktiven Heil**magnetismus** wirkt der Magnetiseur durch den Astralleib auf seinen Ätherleib und dieser auf den Ätherleib des Patienten z. B. durch **Handauflegen**. Geeignet bei mehr funktionellen Störungen. Besser Appell an den eigenen Selbstheilungswillen. Sollte nicht als Beruf ausgeübt werden (meist nachlassende Heilkraft und dann Scharlatanerie).

Beziehung zwischen **Herz** und **Uterus** wie zwischen Sonne und Mond: "Wenn ein Mensch da ist, braucht er Herzkraft, wenn er entsteht, braucht er reflektierte Herzkraft, die kommt vom weiblichen Uterus."

Zur Frage der Wirkung von Perlen und **Edelsteinen**. Wirkung sei da (z. B. die des Saphirs bei cholerischem Temperament), aber ganz individuell.

Die Verwesung des **Leichnams** und auch die **Sektion** seien ohne wesentliche Bedeutung für den Verstorbenen.

Über die Fähigkeit, aus den **Haaren**, der Iris (**Irisdiagnose**), Schrift (**Graphologie**) oder Handlinien (**Chiromantie**) Erkenntnis über den Menschen zu gewinnen. Über **Haarfarben** (schwarz - Eisenprozeß, blond - Schwefelprozeß, der bei Rothaarigen noch gesteigert ist). Diese Dinge werden meist dilettantisch betrieben, stehen aber eigentlich erst am Ende der wahren Erkenntnis. Für die Graphologie ist Inspiration nötig. "Nun ist ... das Eigentümliche, daß man aus der Handschrift eines Menschen der Gegenwart seinen Zustand bekommt, wie er vor sieben Jahren ungefähr war." Auch für die Chiromantie ist Inspiration erforderlich: aus der linken Hand kann das Karma ersehen werden, aus der rechten die Tüchtigkeit des Menschen (führt in die Zukunft).

Imaginative bzw. inspirative Erkenntnis von **Krankheit** kann für den Heilenden stärker als z. B. eine Impfung (**Pocken**krankheit) wirken. Dies als Ausgleich für die Nichtwirksamkeit von Heilmitteln bei Therapeuten (s. vor. Ref.). Diese Prophylaxe muß verbunden sein mit liebevollem Heilermut. Über das Geistige der Krankheit, das am falschen Ort, im physischen Organismus zum Ausdruck kommt. Die Schlangen-Imagination des **Tierkreis**es.

8(09.01.24) 5574 2/121f. -09

Polarität von zerstäubenden, abbauenden **Saturn**bewegungskräften (Schädeldecke) und aufbauenden plastischen **Mond**kräften (Röhrenknochen). Über das **Gold** und seine Verwandtschaft zu Sonne und Ätherleib.

9(21.04.24) 5691 2/142f. -10

Für die Wirkung eines **Mantrams** muß die Stern**konstellation** nicht unbedingt berücksichtigt werden. Der westliche **Einweihungs**weg hat sich vom Kosmischen emanzipiert, wie die Menses oder Ebbe und Flut sich vom Mond emanzipiert, nur den Rhythmus beibehalten haben. Im östlichen Einweihungsweg wird der Weg zurück gegangen in den Kosmos, Beispiel **Buddha-Stellung**, durch die "das ganze Verhältnis zur Erde lahmgelegt wird." **Meditation**: ausschalten des intellektuellen Strebens "und den Meditationsinhalt zunächst so nehmen, wie er gegeben ist, rein ... zunächst dem Wortlaute nach."

Über **Scharlach** und **Masern** als Auseinandersetzung mit dem Vererbungskräften.

Die **Verdauung** beim Kind (besonders bis zum Zahnwechsel) im Gegensatz zum Erwachsenen.

Das **Chaos** bei der Samenbildung der Pflanzen, damit die Ätherkräfte des Kosmos einwirken können. "Sobald es ins Lebendige hineingeht, muß immer wieder durch das Chaos hindurchgegangen werden."

11(23.04.24) 5700 2/173f. -11

Ausführungen zu einer **Meditation**. **Gestalt**ung des Menschen durch die Kräfte des **Mondes**, die durch seine Konstellation im bezug auf den **Tierkreis** modifiziert werden. "Es würden, wenn nur das der Fall wäre, gewiß sehr gut ausgestaltete wunderschöne Wesen entstehen, aber sie wären eigentlich alle Quallen, so wie der Mensch sogar in verflossenen Erdperioden war. In der **atlantischen Zeit** war er eine Art Qualle." Dazukommen muß noch der Einfluß der **Planeten**, insbesondere der Merkur- und Venuskonstellationen. "Wenn diese nicht mit zusammenwirken würden mit den Mondenkonstellationen, würden wir alle als Hydrozephalen geboren werden. Dadurch wird uns die organische **Metallität** einverleibt..." Durch den Einfluß der obersonnigen Planeten wird verhindert, daß die Gestalt rachitisch wird.

Die Beseelung des Menschen durch die kosmischen Kräfte der **Sonne**, modifiziert durch den Tierkreis.

Saturn wirkt weniger durch seine Konstellation als dadurch, daß sich seine Kräfte "furchtbar stark in die Erde hineinsaugen." Dies sind Abbaukräfte, die für das Geistige Platz schaffen. Daß der Mensch nicht schon mit 30 Jahren vergreist (Umlaufzeit des Saturn), wird durch die modifizierenden Kräfte von Jupiter und Mars erreicht.

Über die zugeflogenen Planeten **Neptun** und **Uranus**, die eigentlich nicht zu unserem Planetensystem gehören: "Die **Astrologen** haben noch ein Bewußtsein davon, indem sie den Uranus und Neptun eigentlich nur für jene menschlichen Eigenschaften heranziehen, welche über das Persönliche hinausgehen, wo der Mensch **genial** wird, oder über das Einzelpersönliche hinausstrebt..."

12(24.04.24) 5703 2/190f. -12

Meditation für die gefühlsmäßige Erkenntnis der Saturn-, Sonnen- und Mondenkräfte im **Maß** des **Fiebers**, in der **Zahl** des **Puls**es und im **Gewicht** des Stoffes (des im Krankheitsfalle nicht eingegliederten Stoffes wie z. B. bei Diabetes, Migräne usw.).

Die ursprünglich vier **Fakultäten** einer Universität (Theologie, Medizin, Jurisprudenz, Philosophie) gehen zurück auf die vier **Evangelien**: "daß durch Christus zunächst ausgesandt worden sind zunächst vier, um das Christentum der Welt zu verkünden: Der Theologe Matthäus, der Jurist Markus, der Arzt Lukas und der Philosoph Johannes."

Die notwendige Durchchristung der Medizin im Sinne des Lukas-Evangeliums wurde bis heute verhindert durch den von **Harun-al-Raschid** (später wiederverkörpert als **Baco von Verulam**) und seinem Ratgeber (später verkörpert als **Amos Comenius**) begründeten **Arabismus**, der die letzten Reste des Mysterienwissens pflegte (Hippokrates). Die **Trinität** von Saturn, Sonne und Mond wurde kaschiert als Trinität von Vater, Sohn und Heiligem Geist. Die Ablehnung der Trinität in Arabismus und **Islam**: "...ich meine den Vordersatz, den **Mohammed** nicht ausgesprochen hat, den aber durchaus der Engel ausgesprochen hat, von dem er inspiriert wurde, der nicht gerade ein vorzüglicher Engel war, trotzdem er sehr weise war: Ach was, alle Trinität! - Es ist nur ein Gott, den Mohammed verkünden sollte."

Über die Handhabung des **Merkurstab**es, **Raphael** als christlicher **Merkur**.

12(24.04.24) 5703 2/204 -13

Über die freie Arztwahl: "Aber in dem rein **Ahriman**ischen der Einrichtung der **Krankenkassen**ärzte wird das Karma vollständig beseitigt..." "Sie (die Krankenkassen) haben ja auch ihr Gutes, wie das, was in der Welt auftritt und die Menschen versucht und irreführen will, gleißend auftritt... Der Teufel nimmt immer Engelsgestalt an, wenn er erscheint. Derjenige, der den Teufel in Teufelsgestalt sieht in der **Vision**, kann überzeugt sein, daß es nicht der Teufel ist..."

13(25.04.24) 5705 2/206f. -14

Über die zwei Möglichkeiten des Erkrankens:
Astralleib/Ich verbinden sich zu stark mit Ätherleib/physischem Leib (zu starkes Geistigwerden dieser Glieder): physische **Krankheit**en.
Astralleib/Ich nehmen zu stark physische Struktur an: **Geisteskrankheiten**.

"Ein kranker Mensch ... zeigt sich für den okkulten Blick durchsichtig,... aber eindringend in die Durchsichtigkeit hat man das Geistig-Seelische. Bei einem Menschen, bei dem ... die geistig-seelische Organisation annimmt die Struktur des Physisch-Ätherischen, bemerkt man das an der Art und Weise, wenn der Mensch schläft, seinem Geistig-Seelischen nach: da wird er ein Gespenst...Er bleibt ähnlich seinem physischen Körper. Er wird tatsächlich ein **Spektrum** seines physischen Körpers."

Die Tendenzen des melancholischen und phlegmatischen **Temperament**es, Astralleib/Ich mit der physisch-ätherischen Struktur zu verbinden, des cholerischen und sanguinischen Temperamentes, dem Physisch/Ätherischen die Struktur des Geistig-Seelischen aufzudrücken. **Erziehung** als Heilprozeß.

--(11.03.24) ---- 2/227f. **-15**

1. Rundbrief, Fragenbeantwortungen:
Höhlen des **Kopf**es, wo das Ätherische überwiegt: "Sie sind die eigentlichen **Gedanken**träger, während die physisch voll ausgefüllten Stellen die Träger des Lebens im Kopfe und die Unterdrücker des Gedankenlebens sind."

Über **Medien**: bei ihnen sind Astralleib/Ich nicht voll in das Gliedmaßen-Stoffwechselsystem des Ätherleibes/physischen Leibes eingeschaltet. Dadurch wird es zum Sinnesorgan geistiger Wahrnehmungen, bei denen wie bei normalen Sinneswahrnehmungen moralische Impulse ausgeschaltet sind. Über die mögliche Heilung solcher Anlagen. S. dazu auch **334/2(06.01.20)**.

Schwangerschaftsunterbrechung: Das Karma von Mutter und Kind wird nur für kurze Zeit in andere **Karma**bahnen gelenkt. "Dagegen findet ein starker Eingriff in das Karma des Operierenden statt. Und dieser hat sich zu fragen, ob er vollbewußt auf sich nehmen will, was ihn in karmische Verbindungen bringt, die ohne den Eingriff nicht dagewesen wären. Fragen dieser Art sind aber nicht generell zu beantworten..."

Bei Gefahr von **Wundstarrkrampf** Injektionen mit **Belladonna** D 30 zusammen mit **Hyoscyamus** D 15.

Zur Behandlung von **Ohrensausen**: es "beruht auf einem Schwachwerden des Astralleibes gegenüber dem Ätherleibe im Blasengebiet." Therapie mit **Mohn**saft D 6 empfohlen.

317 Heilpädagogischer Kursus

1(25.06.24) 5786 3/9f. **-01**

menschliche Entwicklung / Reinkarnation

Das gewöhnliche Seelenleben (**Denken-Fühlen-Wollen**) ist nur ein Spiegelbild. "Das eigentlich dauernde Seelenleben ist dahinter, steigt herunter, das geht durch die wiederholten Erdenleben und sitzt in der Organisation des Leibes darinnen."

Das **Nerven-Sinnes-System** ist ein synthetisches, indem es alle Tätigkeiten des Organismus zusammenfaßt. Dieses Synthetisieren ist ein Abbauprozeß, umgekehrt ist im übrigen Organismus, besonders im **Gliedmaßen-Stoffwechsel-System**, ein analytischer Prozeß, die verschiedenen Tätigkeiten sind aufgeteilt.

Der Körper des ersten Lebensjahrsiebts bis zum **Zahnwechsel** ist ein Modell, das von den Eltern vererbt wird. Im zweiten Jahrsiebt hat der Mensch einen aus dem heruntergestiegenen Geistig-Seelischen allein aufgebauten Körper. Streng genommen gilt **Vererbung** deshalb nur bis zum Zahnwechsel, die Individualität eignet es sich dann an und bildet den zweiten Körper. Entfaltung der Individualkräfte im zweiten Jahrsiebt mit der Tendenz, gegen die Außenwelt abzustumpfen. Dies wird überwunden mit der **Geschlechtsreife**, die besser wegen des erwachenden Allgemeininteresses als Erdenreife bezeichnet wird. Nach dem dritten Jahrsiebt wirken organische Abnormitäten nicht mehr so stark auf das seelische Verhalten wie im Kindesalter, können deshalb als Organerkrankung behandelt werden.

Bei der **Erziehung** hat man es bei Defekten im Denken meist mit **Wille**nsdefekten zu tun (abgesehen von Sinnestäuschungen, Zwangsvorstellungen). "Wir wählen den Körper, der nach der Generationenfolge defekt ist, aus unserer Unkenntnis heraus allerdings in der geistigen Welt. Wo also defekte Vererbungskräfte vorliegen, da lag vor der Konzeption eine Unkenntnis der menschlichen Organisation vor." Diese ist **karmisch** bedingt und weist auf ein voriges Leben mit wenig Interesse für die Außenwelt.

Die schädliche Wirkung des **Zivilisation**slebens: "Diejenigen Menschen, die heute abgeschlossen leben von der Welt, die werden alle einstmals herunterkommen mit Unkenntnis des menschlichen Organismus, und sie werden sich wählen die Vorfahren, die sonst unfruchtbar bleiben würden. Gerade die Menschen, die sonst schlechte Körper liefern würden, werden dann gewählt, während diejenigen, die gute Körper liefern würden, steril bleiben."

Unvollständig nachgebaute **Leber** als Ursache für Willensdefekte. "Sie ist im eminentesten Sinne dasjenige Organ, das dem Menschen die Courage gibt, eine ausgedachte Tat in eine wirklich ausgeführte umzusetzen."

2(26.06.24) 5788 3/22f. -02

Gedanken werden vom Menschen nicht hervorgebracht, vielmehr ist der allgemeine **Weltenäther** Träger der (lebendigen) Gedanken. Aus ihm wird bei der **Reinkarnation** der **Ätherleib** gebildet: "alles, was der Mensch an lebendigem Gedankenvorrat in sich enthält, empfängt er dann in dem Augenblick, wo er aus der geistigen Welt heruntersteigt, also sein lebendiges Gedankenelement verläßt..."

Dieses lebendige **Denken** in Menschen stoppt die Naturprozesse und fällt Materie absondernd aus: **Nerven**. "Und diese Nerven bekommen dadurch, daß sie in dieser Weise vom lebendigen Denken bearbeitet werden,... daß sie fortwährend ertötet werden, eine Fähigkeit, die der Spiegelungsfähigkeit ähnlich ist. Dadurch bekommen sie die Fähigkeit, daß sich durch sie die Gedanken des umliegenden Äthers spiegeln, und dadurch entsteht das subjektive Denken,... das wir in uns tragen zwischen Geburt und Tod."

Unlogische, verzerrte Gedanken entstehen dadurch, daß der Spiegelungsapparat nicht in Ordnung ist, was auf einen nicht richtig geformten Ätherleib zurückzuführen ist.

Für die **Erziehung** von (nicht nur entsprechend gestörten) Kindern gilt, daß auf den Ätherleib das nächsthöhere Wesensglied des Erziehers wirken muß (also Astralleib). Sinngemäß gilt dies für alle Wesensglieder, also auch Wirkung auf das Ich des Kindes durch das (nicht entwickelte) **Geistselbst** des Erziehers, das diesem gar nicht zum Bewußtsein kommt: "Das Erziehungswesen ist in der Tat in eine Reihe von Mysterien gehüllt."

Der Astralleib des Erziehers "muß so beschaffen sein, daß er ein instinktives Verständnis hat für die Verkümmerungen im Ätherleibe des Kindes." Dies kann erreicht werden, indem er sich der Sympathie und der Antipathie enthält und Interesse und Mitleid entfaltet. Bewußtsein entwickeln dafür, daß in **Karma** eingegriffen wird, denn ein Ausgleich würde sonst erst nach dem Durchgang durch den Tod und im nächsten Leben "naturgemäß" stattfinden. Dazu gehört innerer Mut: "Das ist die allererste Bedingung, wenn man auf einem solchen Felde etwas tun will. Und der erwacht nur, wenn man sich die Größe der Dinge immer vor Augen hält: du tust etwas, was die Götter sonst tun im Leben zwischen Tod und nächster Geburt."

3(27.06.24) 5790 3/40f. **-03**

Schlaf / Reinkarnation

Während bei Erwachsenen **Geisteskrankheiten** nicht oder nur sehr schwer heilbar seien, könnten sie (Beispiel **Epilepsie**) durch Heilpädagogik im Kindesalter gebessert oder geheilt werden.

Vorgang des Aufwachens: Astralleib und Ich ergreifen nicht nur den physischen Leib/Ätherleib. Das Ich tritt unmittelbar (nicht über den physischen Leib) mit den tellurischen Kräften (**Schwerkraft**, Elektrizität, Magnetismus) in Beziehung, ebenso mit den Kräften der Leichte (des Auftriebs) nicht über den Ätherleib, sondern direkt, ebenso mit dem Luftförmigen und einem Teil der **Wärme**. Auch der Astralleib steht nicht nur über den Ätherleib sondern unmittelbar mit dem Teil der Wärme in Beziehung, der auf den Ätherleib wirkt, sodann zu dem Licht (**Lichtäther**), das allen **Sinneswahrnehmungen** zugrunde liegt, ferner den chemischen Kräften (**Chemischer Äther**) und dem **Lebensäther**. Dieses Ergreifen der Welt, nachdem der Mensch in seinen Organismus untergetaucht ist, wird bei Geisteskranken dadurch verhindert, daß ein Organ so gebildet ist, daß er keinen Anschluß an die Außenwelt durch dieses Organ hindurch herstellen kann. Der Mensch wacht auf, bekommt aber kein **Bewußtsein**: Zustand der Epilepsie. Es tritt eine Stauung der Ich-Organisation und des Astralleibes an der Oberfläche der Organe ein: **Krämpfe** (besonders Stauungen im Gehirn, die aber Projektionen von Stauungen in anderen Organen sein können).

Heilpädagogische Maßnahmen: müssen aus dem Instinkt heraus probiert werden. Bei Schwindel als Begleiterscheinung Übungen, um äußere Gleichgewichtslage zu beherrschen. Übelkeitsempfindungen als Indikator dafür, daß das Kind sich nicht in das wäßrige Element einfügen kann: Schwimmen als Heilmittel. Bei Bewußtseinstrübungen Atemübungen (Verbindung mit der Luft) und etwas zu warme Kleidung.

Anzeichen dafür, daß bei einem epileptischen Kind der Astralleib nicht richtig eingreift, ist die Unempfindlichkeit für **Moral**isches (Gewalttätigkeit u. a.). Hier Übergang von Heilpädagogik zur Therapie mit Heilmitteln wie **Belladonna** (**Tollkirsche**) und **Schwefel**.

Während der Mensch aus dem vorirdischen Dasein mit richtigem Gedankensystem herunterkommt, ist sein **Wille**nssystem "unter allen Umständen" unrichtig. "Und das bewirkt, daß wir niemals in die Welt, indem wir physische Menschen werden, mit Moralität heruntersteigen." Die Moralität der vorigen Inkarnation wurde im Leben nach dem Tod aufgebraucht: "...die Moral müssen wir uns immer in jedem einzelnen Erdenleben neu erwerben." Moralische Impulse gehen in das Kind beim **Sprechen**lernen, beim **Nachahmen** über. Dieses Aufnehmen kann gestört werden, wenn die geistig-seelische Organisation sich in der physischen staut: moralische Defekte.

Dies ist **karmisch** bedingt. Drückt sich auch in der Organbildung aus, z. B. durch ein zu schmales Gehirn. Dadurch werden die Strahlungen, die im zweiten Lebensjahrsiebt vom Gehirn ausgehen, gestaut. Es entsteht keine innere Sympathie für das Moralische (Moralblindheit). "Und man wird immer gar vieles finden, was gegen diese scharlatanenhafte Betätigung aller **Phrenologie** eingewendet wird, aber zur Beurteilung von moralischen Defekten sollte eigentlich von jedem eine echte Phrenologie schon studiert werden."

Das Vorstellungsleben (Nerven-Sinnessystem) ist "diebisch" angelegt, es will sich alles aneignen (Hinweis auf die **Tiere**, die mehr im Vorstellungsleben leben als der Mensch), dagegen sind die beiden anderen Systeme, bzw. die Willensorganisation mehr empfänglich. Wenn die Tendenz des Vorstellungslebens in die Willensorganisation hinunterrutscht:

harmlose Sammelleidenschaft, gesteigert als "karmisch-moralischer Defekt" in der **Kleptomanie**. Zur Kleptomanie s. auch 8. und 9. Vortrag (03., 04.07.24).

4(28.06.24) 5793 3/59f. **-04**

Zum Problem **Karma** und Eingriff durch **Erziehung** oder **Heilung**: "Wir dürfen uns niemals trösten damit: das Karma ist so, und daher nehmen die Dinge so diesen Verlauf. Das sagen wir bei äußeren Schicksalsereignissen und können es auch tun; können es aber niemals tun bei demjenigen, was die freiströmenden Gedanken-, Gefühls-, Tatenrichtung ist im Menschen selbst. Denn da kann das Karma verschiedene Wege gehen. Und es kann ein Abbiegen des Karmas stattfinden, so daß nicht etwa die Dinge nicht erfüllt werden, die zu erfüllen sind, aber sie können auf verschiedene Weise erfüllt werden."

Zur **vorgeburtlichen Erziehung**: "Solange das Kind nicht atmet, handelt es sich um Erziehung und das Verhalten der Mutter."

4(28.06.24) 5793 3/62f. **-05**

Geisteskrankheiten / Heilpädagogik

Über den der Epilepsie entgegengesetzten Symptomenkomplex des (im weiteren Sinne) "hysterischen" Irreseins bis zur Pubertät (danach kann er mehr geschlechtsspezifisch in **Hysterie** übergehen). Ist zurückzuführen auf ein Ausfließen von **Ich** und **Astralleib** aus den Organen. Gekennzeichnet durch ein seelisches Ausfließen in die Umgebung und ein inneres Wundsein: führt zu Angst und **Depressionen** (wechselnd mit manischen Zuständen). Äußert sich physisch in den Sekretionen (**Schweiß**bildung, **Bettnässen**) "Man hat es bei alledem, was bei der Vergrößerung des Astralleibes und der Ich-Organisation eintritt, mit demjenigen zu tun, was bei der normal eintretenden Vergrößerung des Astralleibes und der Ich-Organisation im **Tode** eintritt." "Und das ist schon zu dem esoterischen Teil dieser Dinge gehörig, daß man sich eine Geruchsempfindung dafür aneignet, daß das **Aurische** anders sich anriecht von solchen Kindern als von normalen Kindern. Und tatsächlich: etwas leise Leichenartiges haben solche Kinder in ihren aurischen Ausschwitzungen." Konsolidierung von Astralleib und Ich kann durch den Erzieher bewirkt werden, der nicht zu "**Zappeligkeit**" neigen darf (davon gehen Schockwirkungen aus), sondern der durch bewußt herbeigeführte Änderungen im Unterricht heilsame Schockwirkungen hervorruft. Wichtig ist in depressiven Phasen tröstender Zuspruch und beobachtende Hilfe.

5(30.06.24) 5798 3/74f. **-06**

Über die verschiedene "Anordnung" der **Wesensglieder** im **Nerven-Sinnessystem** und im **Gliedmaßen-Stoffwechsel-System**: "...in Wirklichkeit ist es so, daß wir in der Kopforganisation des Menschen dasjenige haben, wo das Ich sich im Innern verbirgt, der Astralleib auch noch verhältnismäßig sich im Innern verbirgt, und nach außen konfiguriert der physische Leib und der Ätherleib auftreten und die Form geben des Antlitzes. Dagegen im Stoffwechsel-Gliedmaßen-System haben Sie die Sache so, daß eigentlich überall außen in Wärme- und Drucksinnlichkeit des Organismus, überall außen vibriert das Ich, und vom Ich ausgehend vibriert nach innen der Astralleib, dann weiter drinnen wird es ätherisch, und in den Röhrenknochen wird es physisch nach innen."

Eindrücke der Ich- und astralischen Organisation vibrieren im Stoffwechselsystem nach. "Wenn das nicht wäre,... hätten wir kein **Gedächtnis**, denn alle Eindrücke, die wir von der Außenwelt bekommen, haben ihre Spiegelbilder in der Gliedmaßen-Stoffwechselorganisation."

Ist das untere System zu schwach, können die Eindrücke nicht tief genug eingeprägt werden, kann dies der Grund sein für das Auftreten von **Zwangsvorstellungen** im Kindesalter (später **Paranoia**). Diese Schwäche ist stofflich darin begründet, daß nicht genügend **Schwefel** im **Eiweiß** enthalten ist. Umgekehrt bei zu reichlich Schwefel werden die Eindrücke zu stark eingesogen und sind dann nicht verfügbar. **Haarfarbe** als Anzeichen für Schwefelreichtum (blond, rot). Psychische Erscheinungen sind innere Aufgeregtheit und äußere intellektuelle Apathie. Über entsprechende **heilpädagogische** Maßnahmen bei beiden Kategorien. Diese können unterstützt werden durch **Diät**: salzreiche Wurzelkost bei schwefelreichen, Obstnahrung bzw. aromatische Früchte bei schwefelarmen, in pathologischen Fällen Schwefel als Heilmittel.

Außer dem Nichtzusammenpassen von oberer und unterer Organisation können die Wesensglieder im ganzen nicht richtig zusammengefügt sein: Indiz dafür ist, daß bestimmte Bewegungen mit den Beinen nicht ausgeführt werden können (depressiv-melancholische Stimmung, Anlage zum **Schwachsinn**) oder die Gliedmaßen und Finger ständig in Bewegung sind (Anlage zur **Tobsucht**). Neben Heilpädagogik wird in diesen Fällen **Heileurythmie** empfohlen.

6(01.07.24) 5800 3/91 **-07**

Der vordere Teil des **Gehirn**es bzw. der **Kopf**organisation ist derjenige, der seine Substanzen "aus dem übrigen Organismus heraufgeliefert bekommt. Hier lagert sich dasjenige ab, was der Substanz nach, nicht den Kräften nach, ganz und gar aus der äußeren **Nahrung** stammt." Der Hinterkopf konstituiert sich dagegen aus dem, was durch die **Atmung** und durch die **Sinne** aufgenommen wird, ist in der Substanz kosmischen Ursprungs.

6(01.07.24) 5800 3/95 **-08**

Mangelnde **Geschicklichkeit** ist darauf zurückzuführen, daß durch nicht richtiges Einpassen von Ich/Astralleib in den physischen Leib nur das Knochensystem, nicht aber die **Muskeln** richtig ergriffen werden können (heute bedingt durch den Intellektualismus). "Nun ist aber die Unterkriechfähigkeit des astralischen Leibes und der Ich-Organisation ins Muskelsystem denkbar gering. Das hängt davon ab, daß das Zeitalter als solches nicht den tief-**religiösen**, den ehrlich-religiösen Charakter hat... Die Ausbildung von Muskeln an den Knochen hängt davon ab, daß große Vorbilder in der Welt vorhanden sind. Selbst wenn der Mensch nur dem Gedanken nach auf Vorbilder hinschauen kann, entwickelt sich ein Ineinandergreifen des Muskel- und Knochensystems."

6(01.07.24) 5800 3/99 **-09**

Allgemeine Wirkung von **Heilmitteln** ist abhängig von der Verabreichung: oral: Wirkung auf das **Gliedmaßen-Stoffwechselsystem**, parenteral (durch Injektion): Wirkung auf das **Rhythmische System**, und äußerlich durch Einreibungen, Bäder (im vorliegenden Fall mit **Levico**wasser) Wirkung auf das **Nerven-Sinnessystem**.

6(01.07.24) 5800 3/100 **-10**

Extrakt aus der **Hypophyse** unterstützt besonders im Kindesalter die vom Kopf strömenden Kräfte und wirkt harmonisierend auf das Gliedmaßensystem. Als Injektion zusammen mit **Honig**: s. 9. Vortrag (04.07.24), S. 132 (3. Aufl.).

7(02.07.24) 5803 3/102 **-11**

Anläßlich der Darstellung eines entwicklungsgestörten neunjährigen Jungen, der sich mit seinem Zeigefinger als einem realen Wesen unterhielt und sich ab und zu vorstellte, ein

Löwe zu sein: Der **Astralleib** taucht nicht ganz in den physischen Leib unter und es bleiben Reste übrig, "wobei natürlich solche Dinge so sein können, daß, wenn irgendein Lappen astralischer Leib heraushängt, daß der beseelt wird von einem objektiven **Elementarwesen**." Ferner: "Wenn Sie Ihren Astralleib herausziehen würden aus dem physischen Leib, wenn er nicht vollständig im physischen Leib pulsiert, so wäre das schon so, daß er in allen möglichen Verwandlungsarten, in tierformähnlichen Gestalten sich zeigen würde. Denn die **Tierform** ist dasjenige, was der Astralleib dann zeigt, wenn er zwar in der Nähe, oder halb oder dreiviertel verbunden ist mit dem physischen oder Ätherleib, aber doch unabhängig ist in einer gewissen Weise."

9(04.07.24) 5808 3/132f. -12

Hydrokephalie als Weiterwirken des embryonalen Zustandes im postembryonalen. Es werden verschiedene therapeutische Maßnahmen im Falle eines einjährigen Kindes erläutert. In diesem Zusammenhang über die verschiedene Wirkungsweise von Quarz und Gneis: "Beim **Quarz** wirken die Kräfte sehr strahlig und spießig, während, wenn sich die Quarzkräfte im **Gneis** verteilen, wirken sie mild und breiten sich aus im Organismus und kommen leichter an die Peripherie." Ferner: Bäder mit Wiesen**mohn** (**Klatschmohn**, **Papaver rhoeas**) zur Beruhigung des Nerven-Sinnessystems in der Willensregion. Ernährung mit Blüten**nektar**. Injektionen mit **Blei** zur Förderung der Abbaukräfte.

9(04.07.24) 5808 3/140f. -13

Heilpädagogik / Angeloi

"Also wir haben es in dem Augenblick, wo überhaupt von **Erziehung** gesprochen wird, zu tun mit einem Heranrufen der Geister, die das **Geistselbst** entwickelt haben. Und in alledem, was wir in der **Sprache** erläutern, beschreiben wir das Geistselbst. Daher ist es schon gut, wenn diejenigen, die abnorme Kinder erziehen wollen, dasjenige meditieren, was in den Büchern gesagt ist über das Geistselbst... Das ist ein Gebet an diejenigen Wesenheiten, die von der Art des Sprachgenius sind. Aber solche geistigen Wesenheiten sind da."

10(05.07.24) 5811 3/148 -14

Therapievorschlag bei einem fünfzehnjährigen **epileptischen** Jungen: Belladonna und Algen. **Algen** (und **Pilze**) haben besondere Beziehung zum wäßrigen und luftförmigen Element der Erde. Diese Pflanzen haben eine große Anziehungskraft auf den Schwefel, der in diesen Elementen enthalten ist. "Dadurch eignen sich diese Pflanzen, wenn man sie in die rhythmische Organismus (durch Injektion) hineinbringt, besonders gut, die Harmonie herzustellen zwischen dem astralischen Leib und dem Ätherleib." Wenn die Ich-Organisation den Astralleib zu stark ergreift und nicht in den Ätherleib läßt, werden die Pilze empfohlen. Wenn physischer Leib und Ätherleib den Astralleib nicht hereinlassen, sind Algen angezeigt.

10(05.07.24) 5811 3/155 -15

Über die "antideformierende" Wirkung des Saftes der **Tabak**pflanze (**Nicotiana tabacum**) innerlich bzw. als Injektion in homöopathischer Verdünnung (D 6 bis D 15).

10(05.07.24) 5811 3/156f. -16

Wesensglieder

Über das Auftreten von **Albinismus** (zu viel Schwefel und zu wenig Eisen in der Peripherie), abhängig vom Territorium und selten von **Konstellation**en der äußeren Planeten (Saturn, Uranus) bei der Konzeption bzw. der Geburt (**Horoskop**).

Dazu weitere Ausführungen im nächsten Vortrag (06.07.24), Therapievorschlag: Umhüllung des Leibes mit feinverteiltem, auf dünnes Papier aufgebrachtem **Pyrit** (Eisenstrahlung).

Dort auch über die Beziehungen zwischen den stärksten **Planeten**kräften und dem neungliedrigen Menschen:

Physischer Leib - Sonne
Ätherleib - Mond
Empfindungsleib - Merkur
Empfindungsseele - Venus
Verstandesseele - Mars
Bewußtseinsseele - Jupiter
Geistselbst - Saturn
Lebensgeist - Uranus
Geistesmensch - Neptun

11(06.07.24) 5813 3/173f. -17

Ernst **Häckel**, der reinkarnierte Mönch **Hildebrand** (=Papst **Gregor VII**.), und die Beziehung beider zu **Jena**.

12(07.07.24) 5816 3/173f. -18

Ein **Stoff** (**Heilmittel**) wirkt beim Kind wesentlich geistiger als beim Erwachsenen. "Und die Wirkung der Mutter**milch** besteht darin, daß in der Muttermilch durchaus dasjenige lebt, was in älteren Betrachtungsweisen genannt worden ist die gute **Mumie** im Gegensatz zur schlechten Mumie, die in andern Abscheidungsprodukten lebt. Die ganze Mutter lebt in der Muttermilch." Die darin enthaltene Astralität ist verwandt mit der kosmischen Astralität, die die **Pflanze** in der Blütenregion umhüllt.

318 Pastoral-Medizinischer Kurs

2(09.09.24) 5908 2/21f. -01

Geisteskrankheiten / Heilige

Es werden verschiedene Stadien des nicht richtigen Ineinandergreifens der **Wesensglieder** und die daraus folgenden seelisch-geistigen Symptome geschildert:

1. Ich-Organisation sitzt nicht richtig im Astralleib: Sinnesempfindungen verblassen und die Gedanken werden intensiver und farbiger, haben fast den Charakter schwacher Sinnesempfindungen. Nachwirkungen auch im Schlaf.
2. Ich und Astralleib sind nicht ganz im physischen Leib/Ätherleib: Verblassende Sinnesempfindungen und eine Art "Taumel-Traumzustand". Es treten moralische Impulse (z. B. Nächstenliebe, verstärktes Sündengefühl), oft konfus, aber in großer Stärke auf. Medizi-

nisch liegen Abnormitäten in den Drüsen bzw. in der Hormonbildung vor (Epiphyse, Hypophyse, Nebennieren usw.).

3. Ätherleib geht dauernd oder zeitweise nicht in den physischen Leib, ist mit den anderen Gliedern verbunden. Äußerlich betrachtet ist ein solcher Mensch **schwachsinni**g oder verfällt unter "normalen" Bedingungen dem Wahnsinn, hat aber oft überraschende religiöse Erkenntnisse. Phase wird dann z. B. bezeichnet als "**Ruhe in Gott**".

Manche Menschen durchlaufen im Leben aufgrund ihres **Karmas** diese verschiedenen Stadien. Das erste ist ein solches des Suchens nach Selbsterkenntnis, des aktiven meditativen Lebens: "**tätiges Gebet**", bzw. die erste **Wohnung Gottes** (Anwesenheit geistiger Wesen wird erlebt). Das zweite Stadium = zweite Wohnung Gottes. Drittes Stadium mit grandioser Innenschau (dritte Wohnung Gottes), viertes Stadium passive Meditation, "**Ruhegebet**" (vierte Wohnung Gottes).

Entsprechend veranlagte Menschen wurden von der **katholischen Kirche** bzw. ihren Priestern geführt und oft in den Nonnen- bzw. Mönchsstand übergeleitet. Beispiel: Heilige **Theresia von Jesus** (Avila) (1515-1582). Viele so gewonnenen spirituellen Erfahrungen sind in die katholische Theologie eingeflossen. Ähnliches gilt für das Verhältnis der **Pythien** der Orakel von **Delphi** zu ihren Priestern.

3(10.09.24) 5911 2/34f. **-02**

Weitere Ausführungen zu der **Heiligen Theresia von Jesus** als einer karmisch bedingten, individuellen Entwicklung zwischen pathologischen Zuständen und einer naturgemäßen **Einweihung** liegend. Anthroposophische Deutung ihrer Erlebnisse, **Visionen** und Gesichte. Über die in einem bestimmten Stadium von ihr erlebten **Schmerz**- und Wonnegefühle: "Auf der Seite der gewöhnlichen Sinneswahrnehmung, des gewöhnlichen Denkens liegt das Ergreifen der physischen Welt. Die geistige Welt wird in der entgegengesetzten Weise ergriffen. Der Weg zu ihr führt durch den Schmerz. Aber in dem Augenblick, wo der physische Leib Widerstand leistet, ist allerdings der intensive Schmerz da, aber in dem Augenblick, wo der Schmerz ergriffen wird von der geistigen Welt ... da verwandelt sich der Schmerz bis zu dem Wonnegefühl." Wird als Gegenwart Gottes erlebt. Nur möglich bei Menschen mit starkem Ätherleib.

4(11.09.24) 5915 2/49f. **-03**

menschliche Entwicklung / Aufbau-Abbau

Zur Frage der **Verantwortung** des Menschen für seine Handlungen als wichtiger Frage für den Arzt und den Priester. **Vererbung** ist nur wirksam im ersten Lebensjahrsiebt bis zum **Zahnwechsel**. Der vererbte Körper ist nur Modell, er wird materiell ausgewechselt. Spätere Auswechslungen im selben zeitlichen Rhythmus sind nicht mehr so vollständig.

Über die **Sinneswahrnehmung** des Kindes: es nimmt durch sie das Geistige der Welt auf (geistige Wesenheiten mit Ich-Natur = Hierarchien, aber auch Gruppenseelen der Tiere und der Elementarwesen). "...und aus diesen geistigen Kräften ... formt es sich aus dem Modell seinen zweiten Leib" bis zum Zahnwechsel. Tätig ist dabei vor allem der **Ätherleib**. Nach dem Zahnwechsel wird dieser entlastet und ein Teil wird frei für die seelische Entwicklung. Die Kräfte, mit denen der Ätherleib in dieser Zeit arbeitet, sind **Sonnen**kräfte. Im zweiten Lebensjahrsiebt bis zur **Geschlechtsreife** wirken die **Mond**enkräfte, "die sind identisch mit den Kräften seines **astralischen Leibes**." Nach der Geschlechtsreife werden diese Kräfte frei für die seelische Entwicklung. Im dritten Jahrsiebt werden die "viel feineren Kräfte" der **Planeten** aufgenommen und im vierten wirken dann noch die Kräfte des **Fixsternhimmels**: "Dann stößt man als Mensch an den **Kristallhimmel**; der ist hart." Der Mensch wird jetzt von diesem Nullpunkt an nicht mehr von der Welt erhalten, sondern muß sich aus den Kräften seines Leibes selbst entwickeln. "Liegt dieser Punkt zu stark nach der Jugend zurück, das heißt, hört die Welt zu früh auf, auf den Menschen zu wirken, dann muß dieser Mensch geprüft werden daraufhin, ob er nicht leicht, wenn auch im leisen Grade, unter **Zwangsideen** leidet, ob er nicht leicht seelisch determiniert sein kann, so daß man ihm nicht die volle Verantwortlichkeit zuschreiben kann für seine Taten. Liegt dieser Punkt zu spät, wird man sich fragen müssen, ob der Mensch nicht durch seine innere Natur gehindert ist daran, die volle Freiheit der Seele zu entwickeln, ob er nicht physisch zu stark determiniert ist, und man ihm deshalb wieder nicht die volle Verantwortlichkeit zuschreiben kann."

5(12.09.24) 5919 2/65f. -04

Geisteskrankheiten / Reinkarnation

Über die psychischen, pathologischen Stadien, die denen der sogenannten **Heiligen** entgegengesetzt sind (s. Ref. -01 und -02).

Stadium 1: Astralleib zieht schwaches Ich herein: Abdämpfung des Tagesbewußtseins. Symptome: automatenhaftes Sprechen mit genauer Wiedergabe von Details aber ohne gedankliche Durchdringung. Unfähigkeit sein Gliedmaßen-Willenssystem mit den äußeren Verhältnissen in Einklang zu bringen, der Mensch will nur den eigenen Willensimpulsen folgen. Therapie: eine augenblickliche ist nicht möglich. Es muß im Alter zwischen Zahnwechsel und Geschlechtsreife darauf geachtet werden, ob das Kind altklug ist (Astralleib zieht das Ich zu früh herein), und dann entsprechende **Erziehungs**maßnahmen getroffen werden.

Stadium 2: Ätherleib zieht Astralleib/Ich zu stark herein. Dadurch ist zu viel Astralisches in den Organen (entspricht dem visionären Zustand der Heiligen): **Krämpfe**, **Epilepsie**, Auslöschen der Erinnerung, Bewußtseinsspaltung und **Schwachsinn**.

Stadium 3: auch der physische Leib wird wie die anderen Wesensglieder schwach (karmisch bedingt). Mensch wird unempfindlich für den physischen Leib, wird zu einem Teil der Außenwelt, ("Ruhen in der Natur", entspricht bei den Heiligen dem Stadium des Ruhens in Gott). Formen des **Blödsinns**, der **Paranoia**.

Stadium 2 kann sich bei Kindern ankündigen vor dem Zahnwechsel durch übergroße Klugheit und Lernbegierde. Stadium 3 meist angeborener oder besser karmisch bedingter Blödsinn: "...eine Inkarnation, die in einer solchen geistigen Umnachtung zugebracht wird, (kann) unter Umständen sogar günstig in das **Karma** des Menschen sich hineinstellen, wenn es auch ein Elend darstellt in der einen Inkarnation." Stadium 3 kann sich aber auch aus Stadium 2 entwickeln, wenn bei einem Kind im ersten Lebensjahrsiebt schon das dritte "hereinleuchtet" (Ich-Organisation entwickelt sich zu früh und überwältigt den physischen Leib). Auch hier muß die Erziehung einsetzen. Kritik der **Fröbel**schen **Kindergarten**-Pädagogik, die nicht auf Nachahmung begründet ist, sondern Dinge vorwegnimmt, die im zweiten Lebensjahrsiebt richtig sind. Hinweis auf die **Wandervogel-Bewegung** als Resultat einer solchen Erziehung.

6(13.09.24) 5924 2/80f. -05

Gesundheit-Krankheit / Leben nach dem Tod

Alte Auffassung des Wesens der Krankheit: Ursache ist geistige Verfehlung (**Sünde**), der Mensch wird krank = wird von einem Elementarwesen besessen. Umgekehrte Anschauung heute (Hinweis auf die Psychoanalyse): Sünde kommt von der Krankheit, die auf einem stofflichen Prozeß basiert.

Über die Notwendigkeit, auch zurückliegende Inkarnationen in die Betrachtung einzubeziehen. Das Schicksal Ferdinand **Raimunds** (1790-1836), das Zusammenspielen von visionärer Genialität und Pathologischem (also beiden Aspekten, die in den vorigen Referaten geschildert wurden), begründet in einer Inkarnation im südlichen Asien, gekennzeichnet durch spirituelles Interesse und **Tierquälerei**. Genialität als Herüberwirken des vorigen Lebens in das Nerven-Sinnessystem, seine pathologische Angst begründet im Nachwirken des reuevollen Lebens zwischen Tod und neuer Geburt im Rhythmischen System, in **Atmung**sunregelmäßigkeiten, die **Elementarwesen** der **Angst** anziehen. Sein Selbstmord war nicht ein Selbstmord im üblichen Sinn, sondern Abschluß eines **Karma**s.

Über die Notwendigkeit für gewisse Menschen, den physischen **Heilung**sprozeß mit dem **Abendmahl** zu ergänzen, "damit das, was im Karma in Unordnung gebracht ist, in Ordnung gebracht werde." Auf der anderen Seite hat sich der Arzt mit der Anschauung zu durchdringen, daß in der Krankheit Karma wirken kann. "Dann wird seine Heilmission die andere Seite des Gottesdienstes, einen religiösen Zug bekommen, und er wird sich auffassen lernen als der Genosse des Priesters."

7(14.09.24) 5928 2/97f. -06

Ein**atmung**sprozeß als Erzeuger der menschlichen Wesenheit, er enthält Gestaltungskräfte, "die seinem eigenen Wesen entsprechen. Wenn wir **Atemnot** haben, so sitzt wirklich in den Atmungswegen eine fremde **elementarische Wesenheit** drinnen." Dieser Prozeß steht unter der Aktivität des **Astralleib**es. Im Ausatmungsprozeß ist die Aktivität des **Ätherleib**es enthalten.

Während des **Schlaf**es wird die Tätigkeit des Einatmens geregelt durch die kosmische **Astralität**. "Der Kosmos hat die Merkwürdigkeit, daß er mit Bezug auf irdische Verhältnisse, so wie wir über die Erde eine Strecke weit hinauskommen, gesund ist. In der Nähe der Erde sind allerlei sich durch Klimatisches und sonstiges ausdrückende Prozesse, die die Astralität des Kosmos abnorm machen können. Ebenso kann durch andere Prozesse ... die innere Astralität des Menschen abnorm sein."

Der Mensch nimmt durch das Nerven-Sinnessystem **Wärme** zusammen mit **Licht**-, **chemischem** und **Lebensäther** auf, atmet ein (**Sinneswahrnehmungen**). Die Ausatmung erfolgt nach innen und wird auf den (normalen) Einatmungsprozeß übertragen.

"Da wird man begreifen, daß da einmal im Erdenleben das **Joga** hat entstehen können, wenn man das Sinnesleben, das an der Peripherie abläuft, ein wenig außer acht läßt. In die Jogapraxis geht man da, wo der ganze Prozeß übergeht in den Prozeß der Einatmung, und projiziert das, was dahinterliegt, in der Sinneswahrnehmung, und kommt in die Jogapraxis hinein."

Der Ausatmungsprozeß verbindet sich mit der **Verdauung**, indem das, was an Aktivität von der Ausatmung übrigbleibt, die Kräfte des Stoffwechsels bildet.

Das mit der Wärme aufgenommene Licht geht bis dahin, wo der Einatmungsprozeß anfängt, und wird zur **Denk**tätigkeit. Der chemische Äther geht bis zur Grenze zwischen Einatmungs- und Ausatmungsprozeß (Grundlage des **Fühlens**). Wo die Ausatmung die Verdauung zurückläßt, ist die Grenze des Lebensäthers (Grundlage des **Wollens**). Physische Korrelate: Nerven - arterielle Blutzirkulation - venöse Zirkulation - **Lymph**wege. In den hereinkommenden Entitäten strahlt das gewordene **Karma** herein, von unten (Lymphe) bildet sich das werdende Karma. "Zwischen vergangenem Karma und werdendem Karma mittendrinnen steht das menschliche Erdenleben, das eine Stauung zwischen beiden darstellt..."

8(15.09.24) 5932 2/108f. **-07**

Planeten

Über die in der **Pflanze** wirkenden **Sonnen**- (Stengel), Venus-(Blüte), Merkurkräfte (Blatt) und die ihnen polarisch entgegenwirkenden Kräfte von Mond, Saturn, Jupiter und Mars.

Sonnenkräfte treten mit der feinen Atmung, mit den **Sinneswahrnehmungen** in den Menschen ein: einströmendes **Karma**. In der **Lymphe** sind die Mondenkräfte wirksam: hinausziehendes Karma. Charakterisierung der Sonnen- und Mondenkräfte: Sonne in Liebe gebend, Mond will Menschenbild aus dem Menschen herausziehen. "Wenn von der anderen Seite die Sonnenkräfte so tief gebracht werden, daß das Bild drinnenbleibt im Menschen,... dann entsteht ein embryonales Leben. Die **Befruchtung** besteht in nichts anderem, als daß die Sonnenkräfte durch die Befruchtung so weit hinuntergezogen werden, da wo die Mondenkräfte in die Lymphe eingreifen und dadurch das Bild, das sonst hinausgeht, ergreift die physische Materie im menschlichen Leibe": physische Geburt (**Fortpflanzung**).

Mars, Jupiter und Saturn als Hilfen für die Sonnenkräfte. Sie stoppen die verschiedenen Ätherkräfte im Menschen (s. vor. Ref.). Die Mondenkräfte werden durch die Venuskräfte zu seelischen Liebeskräften gewandelt. Die Merkurkräfte führen die Mondenkräfte in die oberen Sonnenkräfte: geistige Geburt (**Taufe**).

Sakramente. **Abendmahl**: der Mensch nimmt teil an der geistig-seelischen Sonnenwirkung. **Letzte Ölung**: Hinzufügen der helfenden Planetenkräfte zu den Sonnenkräften. **Firmung**, **Konfirmation**: Makrokosmos wird als Bild in den Menschen eingepflanzt. Die heilende Wirkung der Sakramente gegen das Versinken im Physischen, **Heilmittel** als anderer Pol gegen das zu starke Freiwerden im Geistigen (Krankheit).

9(16.09.24) 5936 2/120f. **-08**

Geisteskrankheiten / Aufbau-Abbau / Gesundheit-Krankheit

Im **Schlaf** gehen die Prozesse im physischen Leib (ohne den Einfluß von Ich/Astralleib) weiter wie solche im Mineralreich, entsprechend die im Ätherleib wie solche im Pflanzenreich. Sie sind damit dem Menschen nicht angepaßt, sind Abbauprozesse, die die Voraussetzung für die geistig-seelische Existenz des Menschen im Wachzustand sind. Im Übermaß sind sie krankmachend. Das Eintauchen von Geisteskranken in Krankheitsprozesse, da sich bei ihnen Astralleib und Ich während des Wachens nicht genügend mit den anderen Gliedern verbinden. Über mineralische und pflanzliche **Heilmittel**.

Über **Somnambulismus**, das Träumen der Krankheit und des Heilmittels. In früheren Zeiten (**Tempelschlaf**) wurde dies systematisch betrieben.

Über **Materialismus** und **Spiritismus** als Krankheiten. **Sünde** bedingt Krankheit in unserer Zeit nicht in einem (wie früher), sondern in wiederholten Leben.

10(17.09.24) 5940 2/134f. **-09**

Der Rhythmus des **Platonischen Jahres** (ca. 25 920 Jahre) und der **Atem**rhythmus (= kleines Atmen, ca. 25 920 Atemzüge pro Tag), der Tag-Nacht-Rhythmus (=größeres Atmen, 25 920 Tage im durchschnittlichen Leben von 72 Jahren). Setzt man einen Weltentag gleich mit 72 Jahren (Leben-Tod = größtes Atmen), so ergibt sich wiederum das Weltenjahr (ca. 360 Weltentage) mit 25 920 Jahren.

Das schöpferische Wirken von makrokosmischer **Kälte** im **Nerven-Sinnessystem** und von **Wärme** im **Gliedmaßen-Stoffwechsel-System**. Folgerungen daraus für die **Heilmittel**-Findung.

Welt und Mensch sind nach **Maß, Zahl und Gewicht** angeordnet, aber nur bis zu einer gewissen Grenze, wo das Irrationale wie z. B. die **Meteorologie**, in der Astronomie das **Kometen**artige eingreift (**Chaos**).

11(18.09.24) 5948 2/151f. **-10**

Trinität

Zur Erneuerung der alten Mysterienmedizin. Der Gang der alten Einweihung durch die Elemente zu den **oberen und unteren Göttern**. Untere Götter = Hineingehen in den Physischen Leib (entspricht pathologisch den physischen Krankheiten), obere Götter = Hineingehen in das Geistige (entspricht dem visionären Weg der Heiligen, bzw. pathologisch den Geisteskrankheiten, s. vor. Ref.). Untere Götter = Unternatur = **Vatergott**, obere Götter = Übernatur = **Heiliger Geist**. **Christus** als Vermittler zwischen beiden Welten seit Golgatha. Heilungsprozeß bei physischer Krankheit: der Kranke wird von der Unternatur zur Natur (Christus) geführt durch den Arzt: Weg des Christus nach Golgatha (**Heilung** der ganzen Menschheit). Der Priester hat den Menschen zu führen vom Tod in die geistige Welt hinein: Gang des Christus seit Golgatha (Vermittlung zwischen Christus und dem Heiligen Geist).

319 Anthroposophische Menschenerkenntnis und Medizin

1(28.08.23) 5412 1/17ff. **-01**

Über **Antimon** und Antimonspiegel (Antimonblüte), seine Wirksamkeit bei der **Blutgerinnung**, beim abdominalen **Typhus** (Wiederherstellung des Rhythmus zwischen Äther- und Astralleib). Über Antimonkräfte im Organismus und die polarischen albuminisierenden Kräfte.

Quarz bzw,. **Kieselsäure** als **Heilmittel**, wenn das Nerven-Sinnessystem zu schwach ist, so daß z. B. die Verdauungstätigkeit nach dem Kopf durchbricht wie bei der **Migräne**. Allgemein stellt Kiesel das richtige Verhältnis zwischen Ich und Astralleib her.

Phosphor hemmt die Intensität der inneren, organischen Verbrennungsprozesse, wie z. B. bei der **Tuberkulose**. Bei Knochentuberkulose zusätzlich Calcium(salz), bei Dünndarmtuberkulose Kupferverbindungen, bei Lungentuberkulose Eisen.

Kalk (am besten als Absonderung von Tieren, wie **Austernschalen**) ordnet das Verhältnis zwischen Ätherleib und physischem Leib.

Die Bedeutung der einzelnen **Pflanzen**teile als Heilmittel im Hinblick auf den dreigliedrigen Menschen.

Die verschiedenen Anwendungsmöglichkeiten der Heilmittel je nach System: Gliedmaßen-Stoffwechsel-System innerlich, Rhythmisches System: parenteral, Nerven-Sinnessystem: äußerlich (Salbe, Bad).

2(02.09.23) 5419 1/39ff. **-02**

Heilmittel: bei solchen für das **Nerven-Sinnessystem** ist das Substantielle das Wesentliche, bei solchen für das **Gliedmaßen-Stoffwechsel-System** ist der Natur- oder **Laborprozeß** wichtig, dem die Substanz unterworfen war.

Zum **Heufieber**: das Präponderieren des Nerven-Sinnessystems im Kindesalter, das sich in **exsudativer Diathese** äußert, später in Heufieber übergehen kann. Gräserpollen sind nicht Ursache sondern eine parallele Erscheinung in der Natur: Das Heufieber "entsteht dann dadurch, daß der Mensch denjenigen Naturprozessen, denen die Gramineen beim Blühen ausgesetzt sein müssen, nun auch ausgesetzt ist und für diese Naturprozesse besonders empfindlich ist." Diesem ins Peripherische gewendeten Fruktifikationsprozeß der Gramineen ist der nach innen gewendete Fruchtprozeß bei lederhäutigen Früchten (**Zitrone**, **Quitte**) entgegengesetzt. Wird dieser Prozeß im Labor fortgesetzt, erhält man das entsprechende (parenteral zu verabreichende) Heilmittel: Gencydo® (Weleda). S. auch 5. Vortrag (15.11.23).

Fall eines gleichgerichteten Prozesses: Wurzel der **Wegwarte** (**Cichorium intybus**) enthält Kieselsäure und alkalische Salze. Ihr Bildungsprozeß ist eine Imitation des **Galle**bildungsprozesses im Menschen. Zwar wirkt das pflanzliche Heilmittel auch schon, aber Heilungen "werden ... sehr selten dauernde sein, da ja der Prozeß, der sich in Cichorium intybus vollzieht, gebunden ist an die Labilität der Pflanze selber und, indem er in den menschlichen Organismus hereingeführt wird, einer solchen Veränderung unterliegt, daß er nicht mehr derselbe bleibt." Deshalb wird ein Laborpräparat aus Kieselsäure, alkalischen Salzen und einem harzigen Bindemittel empfohlen: "...dann .. führen wir nun tatsächlich nicht dieselben Substanzen, aber denselben Prozeß in den menschlichen Organismus ein, der sich beim Galleabsondern vollzieht..." S. auch 5. Vortrag (15.11.23).

Zum **Migräne**-Heilmittel Biodoron® (Kephalodoron®): Bildung von Kieselsäure und schwefelsauren Salzen als Prozeß im **Schachtelhalm** (**Equisetum arvense**), der dem Prozeß der Migräneentstehung (s. Ref. -01) entgegengesetzt ist. Dieser Prozeß wird aber nicht direkt verwendet, sondern vorher "animalisiert": Es wird Kieselsäure und Schwefel mit dem Eisen zusammengebracht. "Jetzt hat man den ganzen Prozeß von Equisetum arvense animalisiert, und man bekommt ein Präparat, bei dem es wesentlich darauf ankommt, wie man es herstellt." S. auch 6. Vortrag (16.11.23).

3(03.09.23) 5420 1/70ff. **-03**

Über **Antimon** und Antimonspiegel als Heilmittel bei **Typhus** abdominalis (s. auch 6. Vortrag, 16.11.23). **Krebs**bildung: Sinnesorganbildung am unrechten Platz (s. auch 6. Vortrag, 16.11.23). Prozeß der Bildung der **Sinnesorgane** als der evolutiv späteste.

Zur Datierung geologischer Zeitalter: "Ebenso sind die Berechnungen der **Geologie** tadellos, vollständig logisch, nur sind sie nicht wirklichkeitsgemäß, denn vor diesen Millionen (*vorher werden dreihundert angesetzt*) von Jahren war eben die Erde ebensowenig da, wie wenn ich meine eigene Gestaltung berechne als physischer Mensch vor dreihundert Jahren."

Über die **Baum**entstehung als Atavismus und der Prozeß der **Mistel**bildung. "Bringen wir diesen Prozeß in den menschlichen Organismus hinein,... dann versetzen wir den Menschen in ein früheres Stadium seines Wesens auf Erden ... und wir arbeiten entgegen auf diese Weise diesen Prozessen, die die spätesten Prozesse sind."

5(15.11.23) 5482 1/106f. **-04**

"Kennt man zum Beispiel den wunderbaren Zusammenhang, der zwischen Eisen und namentlich gewissen Pflanzenschleimbestandteilen und Salzen des Anisum vulgare besteht, so kann man erkennen, wie in diesem **Anis** ... etwas Funktionierendes drinnen ist, was mit gewissen überentzündlichen Krankheitsprozessen des Blutes eins ist. Wir können dem Blut diese Krankheitsprozesse abnehmen, indem wir in entsprechender Weise ein

Präparat verwenden, das nachgebildet ist dem Zusammenhange zwischen gewissen Pflanzenschleimstoffen und dem Eisen im Anis."

6(16.11.23) 5484 1/113f. **-05**

Über das Zusammenwirken von einem Prozeß, "der so ist wie der **Kieselsäure**prozeß", und einem Prozeß, "der so ist wie der **Phosphor**prozeß", im **Auge** bzw. in den **Sinnesorganen**, wodurch das Eingreifen von Ich und Astralleib im Sinnesorgan möglich wird.

Der **Silber**prozeß in den Ausscheidungsprozessen des Unterleibes. Seine Bedeutung in der **Embryonalentwicklung** (differenzierend in den Formen, zentrifugal) und die polarisch entgegengesetzte des Phosphors (vom Uterus und Chorion aus, formauslöschend, zentripetal). Ähnliche Polarität im Rhythmischen System und im Nerven-Sinnessystem zwischen **Kalk** und Phosphor. Kalk: wirkt ebenfalls zentrifugal, ausscheidend im Wäßrigen und im Luftigen (Ausatmung), wärmeaustreibend. Phosphor ist der "treibende Motor für die Einatmung", wirkt erwärmend auf das Nerven-Sinnessystem. Kalk wirkt deshalb so, daß Astralleib und Ich in den menschlichen Organismus hineingehen können. Werden beide zu sehr daran gefesselt: **Schlaflosigkeit**. Dieser kann durch Phosphor entgegengewirkt werden, in geringerem Maß durch **Schwefel**.

6(16.11.23) 5484 1/135f. **-06**

(Fragenbeantwortung) Über **Gehirn** und **Verdauungs**prozeß. Über **Blei**prozesse. Über das Verhalten des Bleis: "Dann bekomme ich schon Bilder, die das bestätigen können, was demjenigen erscheint, der das Blei beobachten kann, der in der Tat eine Art **Aura** des Bleis sieht, die ähnlich ist der Aura, die die Nervensubstanz des Gehirns bildet."

8(21.07.24) 5843 1/171 **-07**

Über den Unterschied der **Sinneswahrnehmung** bei Mensch und **Tier** am Beispiel des **Auges**. "Wenn das Tier irgendwie durch sein Auge etwas wahrnimmt, ... so geht im Tier etwas vor, was sozusagen durch den ganzen Leib des Tieres geht... Beim Menschen bleibt die Sinneswahrnehmung viel peripherischer... Das können Sie daraus entnehmen, daß im Tiere feine Organisationen vorhanden sind, die bei höheren Tieren meist nur im Ätherischen da sind. Bei gewissen niederen Tieren finden Sie zum Beispiel den **Schwertfortsatz**, den aber ätherisch auch höhere Tiere haben, oder Sie finden den Fächer im Auge. Da sind Organe, die in der Art, wie sie vom Blut durchdrungen sind, zeigen, daß das Auge an der Gesamtorganisation des Tieres teilnimmt und ein Leben im Umkreis der Umwelt vermittelt." S. dazu z. B. auch 73/3(12.11.17), Fragenbeantwortung.

8(21.07.24) 5843 1/172f. **-08**

Über den differenzierten **Kieselsäure**prozeß im Menschen und über die Sauerstoff-**Atmung**. "Der Sauerstoff nämlich, der in der menschlichen Organisation gegen den Kopf zu und damit eben ... nach dem **Nerven-Sinnessystem** geht, der verbindet sich mit dem Silizium ... und bildet Kieselsäure. Und während für das Stoffwechselsystem die Erzeugung von Kohlensäure das Wesentliche ist, ist für das Nerven-Sinnessystem die Erzeugung von Kieselsäure im Menschen ein Wesentliches. Nur ist das ein feiner Prozeß, den wir nicht mit unseren groben Instrumenten schon verfolgen können; aber alle Wege sind da, um ihn auch einmal verfolgen zu können."

9(24.07.24) 5850 1/185f. **-09**

Die polare Wirkung von **Blei** und **Silber** im Menschen: beide treiben Ich-Organisation und Astralleib heraus, Blei aus dem **Nerven-Sinnessystem** (s. auch 11. Vortrag vom 29.08.24), Silber aus dem **Gliedmaßen-Stoffwechsel-System**.

Eisen als Heilmittel im Menschen. Es bewirkt, "daß astralischer Leib und Ich sich nicht zu stark mit physischem Leib und Ätherleib verbinden."

Über **Migräne**: Ich-Organisation durchdringt die weiße Substanz des **Gehirns** nicht richtig. "Es fällt die physische und die ätherische Organisation aus der Ich-Organisation heraus, und so etwas wie Fremdorganisation gliedert sich dem menschlichen Organismus ein." Die graue Gehirnsubstanz ist nicht die bedeutendere, sondern hängt viel mehr mit der Ernährung zusammen. Wenn sich das Ich aus der weißen Substanz zurückzieht, kommt auch die graue in Unordnung: "Die Ich-Organisation zieht sich vom Mittelgehirn, die astralische Organisation mehr vom Umfange des Gehirns zurück; die ganze Organisation des menschlichen Hauptes wird verschoben... Das mittlere Gehirn (weiße Substanz) fängt an, weniger dem Vorstellen zu dienen, ähnlicher zu werden dem grauen Gehirn, eine Art **Verdauung** zu entwickeln...; die graue Gehirnsubstanz fängt an, stärker Verdauungsorgan zu werden, als sie es sein sollte, sie sondert zu stark ab." Durch Kieselsäure wird die Ich-Organisation wieder in das Mittelhirn gebracht, durch Eisen wird die rhythmische Eingliederung des Verdauungsprozesses in der grauen Substanz geregelt, durch Schwefel kommt die Regelung der Verdauung vom Verdauungssystem aus, die in diesem Fall auch gestört ist, zustande (Biodoron® bzw. Kephalodoron® Weleda).

Über den Erntezeitpunkt von **Heilpflanze**n am Beispiel der **Enzian**wurzel (**Gentiana lutea**).

Über **Geschwulst**bildung und **Entzündung**szustände. Die **Mistel** als Heilmittel bei **Krebs**.

10(28.08.24) 5890 1/222f. **-10**

Krebsgeschwulst: es prädominiert der Ätherleib, der durch Astralleib und Ich nicht zurückgedrängt wird

Überwiegen des Astralleibes, womit dann eine zu schwache Ich-Organisation zusammenhängt: Beispiel **Basedowsche Krankheit** mit ihren Symptomen: abnorme Herztätigkeit, Kropfbildung (Schilddrüse), hervorquellende Augen, Schlaflosigkeit. Im nächsten Vortrag: Therapie mit **Kupferglanz** zur Stärkung der Ich-Organisation.

11(29.08.24) 5892 1/227f. **-11**

Wirkung der **Heilmittel** aus verschiedenen **Naturreiche**n auf die menschlichen **Wesensglieder**: mineralische und Ich-Organisation, pflanzliche und Astralleib, tierische (Beispiel Hypophyse) und Ätherleib. "Dasjenige, was vom Menschen...direkt hinüberge**impft** wird auf den anderen Menschen, das hat nur eine Bedeutung für die physische Organisation des Menschen." Bei **Bluttransfusion** "hat man bloß mit dem zu rechnen, was Blut auf den Organismus als physische Wirkung hervorbringen kann." Hinweis auf **Pockenimpfung**.

Zur Therapie des **Krebs**es (s. vor. Ref.): Man kann entweder den Astralleib stärken mit einem pflanzlichen Heilmittel oder den wuchernden Ätherleib zurückdrängen mit einem tierischen Heilmittel. Der erstere Weg wurde eingeschlagen mit der Verwendung der **Mistel** (**Viscum album**). Das Ätherische des Wirtsbaumes, das in die Mistel hineinzieht. "Die Mistel übernimmt als äußere Substanz dasjenige, was wuchernde Äthersubstanz beim Karzinom ist, verstärkt dadurch, daß sie die physische Substanz zurückdrängt, die Wirkung des astralischen Leibes und bringt dadurch den Tumor des Karzinoms zum Aufbröckeln..."

Hinweise auf Vorträge aus 319 in 312-06, 313-08, 314-06, 314-18

320 Geisteswissenschaftliche Impulse zur Entwickelung der Physik

Erster naturwissenschaftlicher Kurs

Licht, Ton, Farbe - Masse, Elektrizität, Magnetismus

1(23.12.19) 3935 3/25ff. **-01**

Die drei Forschungsrichtungen der modernen **Naturwissenschaft**:

1. Gliederung der Naturerscheinungen und Wesenheiten nach Arten, Gattungen usw.
2. Rückführung der Phänomene durch **Experimente** und begriffliche Verarbeitung auf die Ursachen, die meist unbekannten oder hypothetischen Charakter haben, wie z. B. die Rückführung der Farberscheinung auf eine bestimmte Wellenlänge, wobei ersteres als **subjektiv**, letzteres als **objektiv** angesehen wird.
3. Aufstellung von Naturgesetzen, die bestimmte Erscheinungen zusammenfassen. Beispiel der drei Keplerschen Gesetze.

Dagegen **Goethe**s Naturanschauung: Er bleibt innerhalb der Phänomene stehen, führt sie nicht zurück auf Unbekanntes. Ein Unterschied zwischen objektiv-subjektiv ergibt sich für ihn nicht. Er versucht, die Erscheinungen so zusammenzustellen, daß sie sich selbst erklären und letztlich auf eine einfachste Erscheinung zurückführen, das **Urphänomen**. Er versucht auch nicht, zu Naturgesetzen sondern zu einer rationellen Naturbeschreibung kommen.

Zur **mathematischen** Naturbetrachtung: Arithmetik ist etwas, "was der Mensch durchaus durch sich selbst begreift". Sie hat zunächst keinen Bezug zur Außenwelt. Auch die **Geometrie** ist etwas, was noch aus dem menschlichen Inneren hervorgeht. Sie wird dann nur wie auch die Arithmetik auf die Natur angewendet. Ebenso die **Phoronomie**. Der Unterschied zwischen einem Bewegungsparallelogramm und einem Kräfte-Parallelogramm: Bei letzterem müssen die Massen bzw. Kräfte gemessen werden (**Mechanik**), macht Empirie notwendig. Dagegen sind die Vorstellungen von den Bewegungen direkt (ohne Empirie) anwendbar auf die Naturerscheinungen.

Die moderne Naturwissenschaft rechnet mit den von gewissen Punkten ausgehenden Kräften bzw. Kräftepotentialen. Mit diesen Zentralkräften lassen sich aber die Lebenserscheinungen nicht studieren, da selbst das Anorganische nicht völlig von diesen beherrscht wird. Dies trifft nur für die Produkte der menschlichen **Technik** zu. Die Kräfte des Lebendigen haben kein Potential, sie sind **Umkreiskräfte**, Universalkräfte, die sich nicht berechnen lassen. Der Übergang von den unbelebten zu belebten Naturerscheinungen ist vergleichbar dem von der Phoronomie zur Mechanik.

2(24.12.19) 3938 3/43ff. **-02**

Archimedisches Prinzip

Versuch, den Gegensatz zwischen **Phoronomie** und **Mechanik** über den Menschen zu überbrücken. Ableitung der Formel:

$$p \cdot s = \frac{m \cdot v^2}{2}$$

(p=Kraft, s=Weg, m=**Masse**, v=Geschwindigkeit)

Der rechte Teil der Formel ist mit v^2 phoronomisch, rein zählbar. Was entspricht dem m? Wirkt auf den Menschen Masse d. h. Druck ein, verliert er an der betreffenden Stelle teilweise das **Bewußtsein**. "Indem wir m hinschreiben, schreiben wir das in der Natur hin, was, wenn es sich mit unserem Bewußtsein vereinigt, dieses Bewußtsein aufhebt, das heißt uns partiell einschläfert." Deshalb kann das menschliche Bewußtsein wohl v, das Phoronomische, aber nicht m umfassen. "Jetzt haben Sie eine reale Beziehung zum Menschen." Wenn der Mensch auch nicht mit seinem Bewußtsein darinnen leben kann, so doch mit seinem ganzen Menschen, und zwar in seinem **Willen**. Beispiel des **Auftriebe**s, den das **Gehirn** durch sein Schwimmen im **Gehirnwasser** erfährt, so daß es statt mit etwa 1250 g nur mit 20 g auf seine Unterlage drückt. In diesem Auftrieb lebt die menschliche Intelligenz, nur in den verbleibenden 20 g ist auch der unbewußte Wille, der sonst in der Schwere des Körpers waltet, wirksam. Dadurch, daß die Materie im Gehirn weitgehend ausgeschaltet ist, wird der entsprechende Teil des **Ätherleib**es nicht von ihr überwältigt, sondern relativ frei.

Wird der Mensch dem **Licht** exponiert, so wacht er mehr auf.
Experiment: Ein Lichtbündel wird durch ein Wasserprisma (Spitze nach unten) geschickt. Nach dem Durchgang wird das Bild des Bündels nach oben abgelenkt, und es erscheint am oberen Rand ein blau-violetter, am unteren ein gelb-roter **Farb**saum. Bei Verengung des Lichtbündels rücken diese Säume zusammen, und in der Mitte entsteht die grüne Farbe und damit das bekannte (Newtonsche) **Spektrum**. Das Prisma als trübes Mittel (Materie). Die Entstehung der Farben durch die gegenseitige Durchdringung von Hell und Dunkel, wobei sich einmal das Dunkle ins Helle hineinschiebt: blau-violett, das andere Mal das Helle das Dunkle überwältigt: gelb-rot.

Im **Muskel** verbindet sich der Ätherleib stark mit dem physischen, nicht aber im **Auge**. "Dadurch kann mit dem Ätherleibteil im Auge der **Astralleib** eine innige Verbindung eingehen." Das Durchdringen von Hell und Dunkel im **Grau** entspricht dem Durchdringen von Astralleib und physischem Leib im Muskel, dem Durchdringen in den Farben entspricht die relativen Selbständigkeit des Astralleibes im Auge.

3(25.12.19) 3940 3/61ff. **-03**

Experiment: Lichtbündel wird durch ein an der Basis zusammengefügtes Doppel**prisma** geschickt, es wird hinter dem Prisma verkleinert. Sein aufgefangenes Bild hat einen roten Rand und eine violette Mitte, dazwischen die anderen Farben. Ähnliches gilt, wenn der Versuch mit einer Sammellinse wiederholt wird. Wird der Versuch mit zwei an der Spitze zusammengefügten Prismen bzw. mit einer Streulinse wiederholt, so zeigt das Bild des Lichtbündels einen violetten Rand und eine rote Mitte mit den entsprechenden Zwischenfarben. Das Lichtbündel wird aufgeweitet, dadurch daß die Materie der Linse das Licht in der Mitte weniger hindert, die Lichtkraft weniger gemindert wird. Es wird betont, daß es nicht zulässig ist, von **Lichtstrahlen** (phoronomisch) zu sprechen, sondern allenfalls von Lichtbündeln, Lichtkegeln, Bildern.

Die Erklärung der **Lichtbrechung** beim Übergang von dünneren Medien (Luft) nach dichteren (Wasser). Das **Auge** kann schwerer durch das dichtere Medium blicken, seine Visierkraft findet Widerstand. Die kürzere Visierkraft des Auges hebt den Gegenstand im Wasser. Die Erscheinung ist also nicht im Licht, sondern im Auge begründet, genauso wie die Farben nicht im Licht enthalten sind, sondern an ihm zur Erscheinung kommen.

Über den anatomischen Bau des Auges. Hornhaut, Kammerwasser und Linse sind Bildungen von außen, der **Glaskörper** hat dagegen schon Vitalität, ist von innen entgegengewachsen. Weitere Eigentümlichkeit: An der Eintrittsstelle des Sehnervs ist das Auge unempfindlich (**blinder Fleck**), etwas davon entfernt ist die Netzhaut (=ausgebreiteter Sehnerv) am empfindlichsten. Das unscharfe Sehen beim Aufwachen, bis sich Glaskörper einerseits und Linse andererseits aufeinander eingestellt haben.

Wird ein Farbkreisel mit den sieben Farben zum Rotieren gebracht, so ergibt sich angeblich als Mischfarbe weiß (als Beweis, daß alle Farben im Weißen enthalten seien), tatsächlich wird aber grau wahrgenommen.

4(26.12.19) 3943 3/78ff. -04

Die beiden **Urphänomene** von **Goethes Farbenlehre**: Helles durch Dunkles gesehen erscheint gelblich-rötlich, Dunkles durch Helles gesehen erscheint bläulich, violett. Erklärung des mit dem Prisma erzeugten **Spektrums** mit diesen beiden Urphänomenen. Die Erklärung der prismatischen Farben durch Isaac **Newton** (1643-1727): Im **Licht** sind verschieden große Korpuskel enthalten, die durch das Prisma getrennt werden. Die kleineren werden nach oben abgelenkt, erscheinen violett, die großen werden nach unten abgelenkt und erscheinen rot. Diese **Korpuskulartheorie** war dann so nicht haltbar und wurde abgelöst durch die **Wellentheorie** des Lichts, die von Chr. **Huygens** (1629-1695) etwa gleichzeitig aufgestellt und erst später durch Experimente wie dem Spiegelversuch von A. J. **Fresnel** (1788-1827) (**Interferenz**) scheinbar bestätigt wurde. Goetheanistische Erklärung der Entstehung des Lichtgitters (abwechselnd dunkle und helle Linien auf dem Bildschirm bei der Überlagerung von zwei Spiegelbildern einer Lichtquelle): Die beiden Lichtbündel stören sich gegenseitig bei der Überlagerung, Licht löscht dabei Licht, es entsteht Dunkelheit, ein Loch im Licht. "Aber dadurch wird der nächste Lichtkörper umso leichter durchgehen, und Sie werden neben der Dunkelheit einen um so helleren Fleck haben."

Das Spektrum eines weißglühenden Körpers entspricht dem der Sonne, das von verdampfendem **Natrium** zeigt praktisch nur Gelb und Orange, das Spektrum besteht eigentlich nur aus einer gelben Linie. Wird zwischen einem weißglühenden Körper und dem Prisma eine Natriumflamme gebracht, so zeigt das Spektrum an der Stelle, wo vorher die gelbe Linie des Natriums war, eine dunkle Linie. Da dies für die einzelnen **Metalle** charakteristisch ist, d. h. die Metalle jeweils Linien an anderen Stellen des Spektrums haben, kann man sie so nachweisen (**Spektralanalyse**, Versuch von Kirchhoff und Bunsen 1859).

Dunkelheit nicht als Abwesenheit von Licht sondern als Aktives: das **umgekehrte Spektrum** von Goethe. Es wird nicht ein Lichtspalt zur Erzeugung des Spektrums verwendet sondern ein "Dunkelspalt" im Licht, das entstandene Spektrum ist andersherum angeordnet und hat in der Mitte Purpur statt Grün. Gälte Newtons Erklärung für die Lichtentstehung, so müßte auch gelten, daß die Dunkelheit in die entsprechenden Farben zerlegt werden könne.

5(27.12.19) 3944 3/94ff. -05

Zum Problem der **Körperfarben**. Das Phänomen der **Fluoreszenz**: Ein Körper erscheint anders farbig im rechten Winkel zum einfallenden Licht betrachtet. Beispiel: grüne Chlorophyll-Lösung erscheint rot, gelbliches Petroleum bläulich. Das Phänomen dauert nur so lange, wie das Licht einstrahlt. Phänomen der **Phosphoreszenz** als nächster Stufe: ein Körper leuchtet nach Lichtbestrahlung in einer bestimmten Farbe nach. Die dritte Stufe ist die Körperfarbe.

In der Formel für die **Geschwindigkeit** eines Körpers

$$v = \frac{s}{t}$$

ist die Geschwindigkeit das Reale (objektiv), während **Zeit** und **Raum** Abstraktionen (subjektiv) sind (vgl. 164-02). Zeit und Raum sind mit dem menschlichen Wahrnehmen verbunden. Ebenso ist der Mensch mit dem **Licht** verbunden, er "schwimmt" im Licht bzw. **Lichtäther** mit seinem **Ätherleib** (vgl. 164-02). In den am Licht entstehenden **Farben** ist der Mensch mit seinem **Astralleib** drinnen. Bei den Körperfarben ist diese astrale Beziehung nicht direkt, sondern wird durch die Oberfläche hindurch hergestellt.

6(29.12.19) 3949 3/103f. **-06**

Noch einmal zur **Lichtbrechung**: Es wird zu sehr auf das **Licht** und seine Verschiebung geachtet, während es sich doch um Verschiebung von Bildern und Grenzen handelt; nicht nur das Licht sondern auch die **Dunkelheit** wird verschoben. Es müssen nicht nur verschiedene Helligkeitsgrade des Lichtes sondern auch Dunkelheitsgrade unterschieden werden. Die verloren gegangene Empfindung für Licht und Dunkelheit: ein lichterfüllter Raum ist mitteilend, ein dunkler aussaugend, ähnlich die helleren bzw. die dunkleren Farben. Ähnlich wie durch die **Materie** (**Masse**) so wird auch durch die Dunkelheit **Bewußtsein** aufgesogen (s. -02).

Unterschied zwischen Licht- und **Wärme**empfindung: bei der Wärmeempfindung ist der Mensch mit seinem physischen Leib, bei der Lichtempfindung mit dem Ätherleib beteiligt.

Über die Theorie der **Schwerkraft** (**Gravitation**): Man nimmt eine Kraft an und beschreibt damit die Phänomen nicht mehr rein. Es muß immer gefragt werden, ob ein Phänomen für sich besteht oder eher Teil eines Ganzen ist: "Wenn Sie die Sonne und den Mond oder die Sonne und die Erde für sich betrachten, so können Sie natürlich ebensogut eine Schwerkraft hinzuerfinden, eine Gravitation, wie Sie eine Gravitation erfinden, daß meine Stirne die rechte Hand anzieht. Aber Sie betrachten Dinge, die kein Ganzes sind, sondern die Glieder des ganzen **planetarischen System**s sind..."

Es wird nochmals darauf hingewiesen (s. -01), daß die sogenannte anorganische Natur eine Abstraktion und das Unorganische nur in der **Technik** verwirklicht ist: "Eigentlich nur das Zusammengestellte ist das Unorganische."

Die unberechtigte Analogie zwischen Luftschwingungen und dazugehörigen Tönen einerseits und Ätherschwingungen und **Farben** andererseits. Spätere experimentelle Befunde (z. B. die Aufspaltung einer Spektrallinie in zwei bzw. drei Linien unter dem Einfluß eines Magnetfeldes (**Zeeman-Effekt**)) zwangen dann dazu, von der Vorstellung der Ätherschwingungen abzugehen und das Licht als "fortstrahlende **Elektrizität**", als elektromagnetische Strömung anzusehen (Maxwellsche Theorie). *(Anmerkung: Die Photonen-Theorie, die sich wieder etwas der Newtonschen Korpuskulartheorie annähert, war zu diesem Zeitpunkt noch nicht aktuell.)*

7(30.12.19) 3950 3/119f. **-07**

Sinneswahrnehmung

Experiment: Es wird von einem Stab durch zwei Lichtquellen je ein Schatten erzeugt. Wird eine Lichtquelle durch ein dazwischen gebrachtes farbiges Glas gefärbt, so erscheint der zugehörige Schatten in der Komplementärfarbe. Von **Goethe** wurde dieses Phänomen des **farbigen Schatten**s als subjektiv angesehen ähnlich dem **Nachbild**. Dies wird von Steiner bestritten, da die Farbe des Schattens bleibe, auch wenn das farbige Licht - etwa beim Betrachten durch ein Rohr - nicht wahrgenommen werde. Unterschied zwischen farbigen Schatten und Nachbild ist lediglich der, daß erstere räumlich, letztere zeitlich sind. Über die begrenzte Bedeutung des Unterschiedes von objektiv und subjektiv. Das **Auge** ist auch ein physikalischer Apparat wie Prisma und Linse.

Unterschied zwischen **Licht**- und **Wärme**wahrnehmung: für die Wärme ist der ganze Körper Sinnesorgan. Der eigene Wärmezustand setzt sich auseinander mit dem Wärmezustand der Umgebung. Dieser eigene Wärmezustand, "der durch Ihren organischen Prozeß herbeigeführt wird, der ist nicht etwas Unbewußtes, in dem lebt Ihr **Bewußtsein**." "Wir leben mit einer ganz anderen Schichte unseres Bewußtseins mit dem Lichtelement, indem wir selber teilnehmen an ihm, wir leben mit einer anderen Schichte unseres Bewußtseins im Wärmeelement, indem wir selber teilnehmen an ihm, und wir leben in einer anderen Schichte unseres Bewußtseins im Luftelement, indem wir selber teilnehmen an ihm." Die Schwingungen des **Gehirnwassers** während des Ein- und Ausatmens werden im Ohr zum Zusammenstoßen gebracht mit den von außen kommenden Schwingungen, **Tönen**. "Das **Ohr** ist gewissermaßen nur die Brücke, durch die Ihre innere Leier des **Apollo** sich ausgleicht in einem Verhältnis mit demjenigen, was von außen an differenzierter Luftbewegung an Sie herantritt."

Demnach drei Stufen der Beziehungen des Menschen zur Außenwelt: Lichtstufe (Leben mit dem Ätherleib), Wärmestufe (Leben im ganzen Organismus), Luftstufe (Ton) (Übergehen in die äußere Umgebung), wobei die Wärme das mittlere Niveau darstellt. Für die Lichtwahrnehmung: lokalisiertes Organ Auge (über dem Niveau), Wärme: ganzer Körper, Tonwahrnehmung: lokalisiertes Organ Ohr (unter dem Niveau). Demnach sind Auge und Ohr "ganz verschiedenartig innerlich gebildete Organe, und das ist es, worauf in bedeutsamer Weise Rücksicht genommen werden muß."

Über das von J. R. **Mayer** festgestellte **mechanische Wärmeäquivalent**, das von ihm so aufgefaßt wurde, daß diese Zahl nur ein Ausdruck ist für die Wärme, die bei mechanischer Arbeit auftritt. Dies wurde später aber als Umwandlung von Arbeit in Wärme gedeutet.

8(31.12.19) 3953 3/132f. -08

Sinneswahrnehmung

Hinweis, daß bei der Ausbildung der wissenschaftlichen und damit **materialistischen** Akustik die **Jesuiten** eine bedeutende Rolle gespielt haben, genannt wird M. **Mersenne** (1588-1648). "Man betrachtete es immer auf jesuitischer Seite als etwas Gefährliches, eine geistgemäße Betrachtungsweise ... auf die Naturerscheinungen anzuwenden. Die Jesuiten wollten die Natur rein materialistisch betrachten" und das Geistige für das Religiöse reservieren (vgl. 184-09).

Über den Zusammenhang zwischen den Längsschwingungen der Luft und den **Tönen**. Das einzig Reale für das Qualitative des Tones ist die **Geschwindigkeit** bzw. "Geschwindigkeitsfähigkeit", nicht etwa die daraus abstrahierte **Wellenlänge** bzw. Schwingungszahl pro Zeiteinheit. Es wird wieder betont, daß es nicht sachgerecht ist, zwischen "**objektiven**" Schwingungen und "**subjektiven**" Tönen zu unterscheiden. In einem weiteren Sinne handelt es sich um eine Art Mitschwingen, wie ein Körper durch einen anderen schwingenden Körper zur **Resonanz** gebracht wird oder wie es im mehr geistigen Gebiet bei der **Gedankenübertragung** der Fall ist.

Das **Ohr** ist im Gegensatz zum **Auge** kein komplettes Sinnesorgan, sondern es ist erst mit dem **Kehlkopf** als dem mehr willensmäßigen Teil vollständig. Die äußeren Teile des Auges entsprechen dem Kehlkopf, sind ein auf einer anderen Stufe metamorphosierter Kehlkopf, während die inneren, mehr vitaleren Teile dem Ohr entsprechen. Das Sehen ist zu vergleichen mit einem gleichzeitigen Hören und Sprechen: "Auf einem höheren Gebiete begleitet eine Tätigkeit, die ich nur mit dem Sprechen vergleichen kann, die eigentlich rezeptive, die aufnehmende Tätigkeit beim Auge." "Das Auge verfährt immer so, wie Sie verfahren, wenn Sie etwas hören, aber es erst, um es zu verstehen, nachsprechen" (vgl. 218-13 und 348-08). "Das, was durch die eigentümlichen Zusammenhänge in unserem Bewußtsein eintritt, daß wir den vitalen Teil des Auges haben, das wird erst zum vollen Erlebnis des Gesichtes dadurch, daß wir es wiedergeben in demjenigen Teil des Auges, der dem Kehlkopf entspricht und der vorne liegt. Wir reden da ätherisch mit uns selbst, indem wir sehen."

Die Luftschwingungen sind Anlaß dazu, den Ton in den Raum hereinzuholen, hereinzusaugen. "Selbstverständlich wird durch die Art der Luftschwingungen dasjenige modifiziert, was als Ton hereingeholt wird..."

9(02.01.20) 3958 3/146f. **-09**

Über die elementaren Grundlagen der **Elektrizität**slehre: die Reibungselektrizität, positive und negative Elektrizität, Leidener Flasche, die von **Galvani** (1737-1798) gefundene physiologische Elektrizität und die dann von **Volta** (1745-1827) weitererforschte Spannungsreihe der Metalle. Das Streben der Physik im 19. Jahrhundert, die Kräfte und Erscheinungen der Akustik, Optik, Elektrizität auf ein Verwandtes oder abstrakt Einheitliches zurückzuführen. Krönung dieses Strebens durch den von Heinrich **Hertz** (1857-1894) gefundenen Wellencharakter der Elektrizität.

Relativierung dieser Anschauung und auch der alten Anschauung über die **Materie** durch die Entdeckungen der sich mit dem Ende des 19. Jahrhunderts entwickelnden **Atomphysik**: Kathoden- (es werden **Hittorf** (1824-1914), P. **Lenard** (1862-1947) und **Crookes** (1832-1919) erwähnt) und Röntgenstrahlen, die α-, β- und γ-Strahlen. Über deren verschiedene **Geschwindigkeit**en: Geschwindigkeitsunterschiede sind auch das Wesentliche "in den größten uns überschaubaren Aktionen der Welt. "Wodurch spielen denn in unsere Gegenwart wichtigste Erscheinungen herein? Dadurch, daß mit verschiedener Geschwindigkeit die normalen, die **luzifer**ischen, die **ahriman**ischen Wirkungen ineinanderspielen, daß Geschwindikeitsdifferenzen in den geistigen Strömungen, denen das Weltgefüge unterworfen ist, vorhanden sind.

Während der Mensch an den Ton-, Licht- und Wärmeerscheinungen zumindest teilweise mit seinem Bewußtsein teilnimmt, wird das Elektrische nicht bewußt, denn es ist verwandt dem unbewußten **Willen**sleben: "Und das Auftreten der physiologischen Elektrizität bei gewissen **niederen Tieren**, das ist nur ein sich an einer bestimmten Stelle der Natur äußerndes Symptom für eine sonst nicht bemerkbare, aber allgemeine Erscheinung: Überall, wo Wille durch den **Stoffwechsel** wirkt, wirkt ein den äußeren elektrischen und magnetischen Erscheinungen Ähnliches. Und man steigt eigentlich, indem man ... in das Gebiet der elektrischen Erscheinungen hinuntersteigt, in dasselbe Gebiet hinunter, in das man hinuntersteigen muß, wenn man überhaupt nur zur **Masse** kommt. Was studiert man, wenn man Elektrizität und **Magnetismus** studiert? Man studiert die Materie konkret" (vgl. 93-15).

10(03.01.20) 3960 3/167f. **-10**

Sinneswahrnehmung

Über die Ausbildung **nichteuklidischer Geometrie**n im 19. Jahrhundert. Da auch der euklidische **Raum** gedacht ist, erhebt sich die Frage, ob die sinnlichen Erscheinungen mit den bisherigen geometrischen Vorstellungen zu fassen sind oder nach einer ganz anderen Geometrie ablaufen. Die **mathematischen** (arithmetischen, geometrischen und auch phoronomischen) Vorstellungen stammen aus dem "intelligenten Teil unseres **Willens**". Sie auf die Wahrnehmungen des Schalles, des **Licht**es und teilweise auch der **Wärme** anzuwenden, d. h. auf Vorstellungen des bewußten Seelenlebens, ist nicht legitim. Dagegen sind die Erscheinungen der **Elektrizität** und des **Magnetismus** verwandt mit den mathematischen Vorstellungen, die aber erst noch weiter ausgebildet werden müßten. Hinweis auf die **Statistik** und die Wahrscheinlichkeitsrechnung: "Man rechnet eben eine Gesetzmäßigkeit aus, die eine gewisse Reihe hindurch dauert; dann kommt man an einen Punkt, wo das Gedachte nicht mehr so geht. Solche Dinge zeigen oftmals in dem Entwikkelungsgang der neueren Physik, wie man zwar den Gedanken verliert, aber gerade dadurch ... in die Wirklichkeit hineinkommt." Elektrizität ist nicht direkt wahrnehmbar aus dem oben angeführten Grund: "denn nur dann, wenn man aufsteigt zur **Intuition**, die im Willen ihre Grundlage hat, kommt man in die Region auch für die Außenwelt hinein, in der die Elektrizität lebt und webt."

Bei den Erscheinungen von Licht und Schall wird das Materielle und getrennt davon das Seelische wahrgenommen: "Mit Ihrem (physischen) Leib ... gewahren Sie die Undulation, die Schwingungen. Sie ziehen zusammen in sich Ihren **Äther**- und **Astralleib**, der nur einen Teil Ihres Raumes dann ausfüllt, und erleben das, was Sie erleben sollen in dem Tone, in dem innerlich konzentrierten Ätherischen und Astralischen Ihres Wesens. Treten Sie gegenüber als Mensch den (elektrischen) Erscheinungen..., dann haben Sie zunächst überhaupt nichts von irgendeiner Schwingung oder dergleichen. Aber Sie fühlen sich veranlaßt, dasjenige, was Sie früher konzentriert haben, zu expandieren. Sie treiben überall Ihren Ätherleib und Astralleib über Ihre Oberfläche heraus, machen sie größer, und nehmen dadurch wahr diese elektrischen Erscheinungen. Die Polarität von Schall- und Lichterscheinungen (**luzifer**isch) und elektrischen und magnetischen Erscheinungen (**ahriman**isch), die Wärme als neutrale Mittellage.

321 Geisteswissenschaftliche Impulse zur Entwickelung der Physik

Zweiter naturwissenschaftlicher Kurs

Die Wärme auf der Grenze positiver und negativer Materialität

1(01.03.20) 4000 3/11ff. **-01**

Sinneswahrnehmung

Der Mensch empfindet die **Wärme** als Wärmedifferenzen. Im Unterschied zum Thermometer hat der Mensch jedoch nicht einen Nullpunkt als Beziehungspunkt. Über die verschiedenen Wärmekapazitäten der menschlichen **Organe**, die für das Studium von bestimmten **Krankheiten** wichtig sein könnten.

Der ganze Mensch ist Wärmeorgan, deshalb kann er nicht wie mit dem isolierten Auge außer Hell-Dunkel auch Differenzierungen wie die Farben wahrnehmen. Diese Differenzierungen leben aber in ihm. Das macht auch eine andere Betrachtungsweise für die Wärme als für das Licht notwendig.

Über die mangelhafte Begriffsbildung in der mechanischen **Wärmetheorie** mit der Anschauung bewegter Atome und Moleküle. Das Auseinanderfallen von logischem Denken und anschaubarer Wirklichkeit beispielhaft am Denkmodell von Achilles und der Schildkröte (Zeno). Deshalb ist wichtig: "In dem Augenblick, wo Sie von der Phoronomie zur Mechanik übergehen, wo der Kraft- und **Masse**begriff einzuführen ist, ...können wir nicht ausreichen mit dem bloßen Denken, sondern wir beginnen einfach abzulesen von dem Anschaulichen, was vorgeht. Wir können in den einfachsten physikalischen Vorgängen, in denen die Masse eine Rolle spilet, mit dem bloßen Denken nichts mehr anfangen."

Die **Sonne** ist nicht ein glühender Gasball, sondern ein "Loch" im Kosmos, aus negativer, saugender **Materie** (s. 201-05, 205-03) bestehend. Dies als Beispiel, daß wiederum auch nicht irdische Anschauungen ins Makrokosmische übertragen werden sollen. Hinweis auf **Einsteins Relativitätstheorie** und die angenommene Verschiebung der Linien im Sonnenspektrum nach Rot im Vergleich zu irdischen Lichtquellen).

Über die Umkehrbarkeit von Arbeit und Wärme und die Nichtumkehrbarkeit von organischen, aber auch großen anorganischen Prozessen wie z. B. der Pflanzenformung und der Mondfinsternis. Letztere kann natürlich durch Rechnung zurückverfolgt werden: Das Auseinanderklaffen von Rechnung und Wirklichkeit.

Allgemein: "Das liegt der Physik im 19. Jahrhundert zugrunde, daß man durch ein falsches Verständnis über die Beziehung der Integrale zu den Differentialen sich gegenüber der Wirklichkeit falschen Vorstellungen hingegeben hat. Man muß sich klar darüber sein: In gewissen Fällen darf man differenzieren, aber was die Differentialzustände ergibt, darf nicht gedacht werden, als ob es zurückintegriert werden könnte, denn dann kommt man nicht in die Wirklichkeit hinein, sondern zu etwas Ideellem. Es ist gegenüber der Natur von großer Wichtigkeit, daß man das durchschaut."

2(02.03.20) 4001 3/30ff. **-02**

Es wird experimentell abgeleitet, daß sich ein Stab von der Länge l_0 beim Erwärmen (Abkühlen) um eine **Temperatur**differenz t nach folgender Formel verlängert (verkürzt):

$$l = l_0 \pm l_0 \alpha t = l_0 (1 \pm \alpha t)$$

α ist der (lineare) Ausdehnungskoeffizient, der für jeden festen und auch flüssigen Stoff verschieden ist. Für einen dreidimensionalen Körper mit dem Ausgangsvolumen V_0 ergibt sich entsprechend:

$$V = V_0 (1 \pm 3\alpha t \pm 3\alpha^2 t^2 \pm \alpha^3 t^3)$$

Dies wird meist, da α^2 und erst recht α^3 klein sind, vereinfacht zu:

$$V = V_0 (1 \pm 3\alpha t)$$

Aber: "Damit streicht man weg das Allerwichtigste, worauf es ankommt, wenn man nun wirklich sachgemäß **Wärme**lehre treiben will. Das wird sich uns zeigen, wenn wir weiter vorrücken."

Über das abweichende Verhalten des Wassers, dessen größtes Zusammenziehen nicht mit dem Übergang zum festen Zustand identisch ist, sondern noch im flüssigen Zustand bei 4 °C liegt.

Gase jedoch haben den gleichen (kubischen) Ausdehnungskoeffizienten (1/273): "Mit dem Übergang in den gasigen Zustand tritt eine Vereinheitlichung sämtlicher Substanzen auf der Erde ein. Und mit dem Übergang in den festen Zustand nach unten tritt ein Individualisieren, eine Differenzierung nach Individuen ein."

Seit dem 17. Jahrhundert, besonders durch die Förderung der experimentellen Physik durch die **Accademia del Cimento** (Blütezeit etwa 1657 bis 1667) in Florenz, die als eine Wiege des **Materialismus** angesehen werden kann, sind die Inhalte der von den Griechen übernommenen physikalischen Begriffe verloren gegangen, die die irdischen Erscheinungen nicht nur durch terrestrische Wirksamkeiten sondern auch durch kosmische erklärten. Dadurch war man dann gezwungen, die Erklärung physikalischer Phänomen in die Dinge hineinzulegen z. B. in Gestalt von Atomen und Molekülen. Somit wurden die Erscheinungen von "allem Außerirdischen entkleidet".

Die griechischen **Element**begriffe. Erde: fest, der Stoff unterliegt der irdischen Gesetzmäßigkeit; Wasser: flüssig, es machen sich neben den irdischen auch die **planet**arischen Kräfte geltend; Luft: gasförmig, ein Körper steht unter dem Einfluß des vereinheitlichenden **Sonne**nwesens.

3(03.03.20) 4003 3/46ff. **-03**

Es wird auf das Phänomen hingewiesen, daß ein fester Körper bei ständigem Zuführen von **Wärme** bis zum **Schmelzpunkt** eine Zunahme der **Temperatur** zeigt. Dann bleibt die Temperatur konstant, bis alles geschmolzen ist, nimmt dann wieder bis zum **Siedepunkt** zu, bleibt wiederum konstant, bis alles verdampft ist. Dies wird verglichen mit dem Herausgehen aus einer **Dimension** in eine andere, die nicht wahrgenommen wird. Es wird die Formel vom vorigen Vortrag

$$V = V_0 (1 \pm 3\alpha t \pm 3\alpha^2 t^2 \pm \alpha^3 t^3)$$

dazugestellt und auf die beiden letzten Glieder der Formel verwiesen, die wie eine Analogie zu einem solchen **Herausgehen aus dem** dreidimensionalen **Raum** in die vierte Dimension und darüber hinaus zu sein scheinen (da man die Temperatur schon wie etwas Quadriertes auffassen könne). Hinweis auf ähnliche Auffassungen des Physikers und Chemikers W. **Crookes** (1832-1919), während A. **Einstein** (1879-1955) in seiner **Relativitätstheorie** die Zeit als vierte Dimension nimmt. Ähnliche Ausführungen im nächsten Vortrag: Da die Physik nur die mechanischen Phänomene im Zusammenhang mit der Wärme beobachtete und damit im dreidimensionalen Raum bleiben wollte, konnte sie nicht das Wesen der Wärme finden, da es in diesem nicht enthalten ist.

Über den Gegensatz von festem und gasigem Zustand. Im festen sind die äußeren Formen gegeben, im gasigen nicht. Werden sie hinzugefügt, tritt **Druck** auf. Das Auftreten des Druckes und sein Zusammenhang mit der Wärmezustand (s. folgender Vortrag).

4(04.03.20) 4005 3/60ff. **-04**

Experimentell wird gezeigt, daß sich **Gase** im Gegensatz zu festen Körpern Gase gegenseitig zu durchdringen vermögen. Ferner wird gezeigt, daß sich die Volumina (V) eines Gases umgekehrt verhalten wie die **Drücke** (P), bzw. das Produkt aus Volumen und Druck konstant ist bei gleicher Temperatur:

$$V_1 : V_2 = P_2 : P_1$$

und

$$V_1 \cdot P_1 = V_2 \cdot P_2$$

Zur Umwandlung von **Wärme** in Arbeit und umgekehrt (s. voriges Referat über die Dimensionalität der Wärme): "Vielleicht das Wichtigste, was zu dieser Umwandlung führt, vollzieht sich außerhalb des dreidimensionalen **Raumes**."

Wie der Mensch als ganzer Wärmeorgan ist, ist er es in Bezug auf die Druckempfindungen. **Elektrizität** und **Magnetismus** werden nicht wahrgenommen, weil sie im Gegensatz zu den anderen Wahrnehmungen in die Außenwelt "entschlüpfen", der Mensch spürt keinen Zusammenhang mit seinen Organen. Auf der anderen Seite verschwindet der Wille in unserem Innern ins nicht Wahrnehmbare, Unbewußte. "Paradoxer" Vergleich: Als Regenbogen würde man mit dem Bewußtsein im Grün des Regenbogens sitzen, angrenzend an Gelb-Rot, das uns entschwände wie der Wille, und auf der anderen Seite angrenzend an Blau-Violett, das sich uns entzöge wie die Elektrizität. Dazu im folgenden Vortrag: "...ich schaltete diese ... psychologisch-physiologische Betrachtungsweise ein, weil es ganz wesentlich ist, daß bei allen zukünftigen physikalischen Betrachtungen das eigentlich **Physik**alische wiederum zurückgeführt werde auf den Menschen."

5(05.03.20) 4007 3/75ff. **-05**

Herausgehen aus dem Raum

Während die mehr passiven Vorstellungen eigentlich "destillierte" höhere Sinneswahrnehmungen sind, sind mathematische Vorstellungen mit dem Menschen eng verbunden, da der **Wille** in sie hineingetragen wird: "Deshalb erscheinen die Ergebnisse uns so gewiß." Die abstrakten Vorstellungen, wie sie in der Physik und der übrigen Naturwissenschaft verwendet werden, sind an den Körper gebunden. Steigt man auf ins Imaginative, wird der Körper nicht mehr verwendet, man geht aus dem **Raum** hinaus. Der irdische Mensch ist das Ergebnis von Raum- und **Zeit**verhältnissen, deshalb kann über Raum und Zeit a priori wie in der **Mathematik** geredet werden, nicht aber z. B. über die **Masse**, da sie in uns ist: "Gerade indem Sie selber teilnehmen ... an der Masse, indem Sie sie in sich erleben, gestattet Ihnen diese Masse gar nicht, daß sie in Ihnen so bewußt wird wie Raum und Zeit. Wir kommen also, wo wir gerade unser eigenes haben von der Welt, in die uns unbekannten Gebiete hinein. Das hängt ja damit zusammen, daß zum Beispiel unser Wille im höchsten Grade von Massevorgängen in uns abhängig ist."

Schreitet man weiter von **Imagination** zu **Inspiration**, "kommt man dazu, nun wirklich Parallelvorgänge im Gehirn beobachten zu können. Da wird einem wirklich dasjenige, was in der Materialität der Leiblichkeit ist, auch anschaulich." Dies stellt eine Versuchung zum **Materialismus** dar.

5(05.03.20) 4007 3/86ff. **-06**

Aggregatzustände

Feste Körper haben überall eine Art Niveaufläche, haben das Irdische in sich, sind individuell. Das Wasser besorgt sich eine Niveaufläche durch die ganze Erde. Es muß also als eine physikalische Einheit aufgefaßt werden. Das Gasige entzieht sich der Erde, es muß dafür die Umgebung der Erde zu Hilfe genommen werden; es bleibt nur eine astronomische Betrachtungsweise.

6(06.03.20) 4009 3/92ff. **-07**

Aggregatzustände

Experimente: Verschieden starke Ausdehnung von Wasser, Alkohol und Äther beim Verdampfen; Verflüssigung von festen Körpern unter Druck bei Temperaturen unter dem Schmelzpunkt; innige Mischungen (Legierungen) von Metallen können einen niedrigeren Schmelzpunkt haben als die niedrigste Schmelztemperatur der einzelnen Bestandteile.

Die senkrecht zu den Fall-Linien (Schwerkraftlinien) fester Körper gedachte Linie bzw. Fläche ist real existent als Niveaufläche des Flüssigen (s. vor. Ref.). An dieser Niveaufläche des Flüssigen findet Verdunsten statt, das ein Bild des Gasigen ist. Vorweggenommen wird auch gesagt, daß im Gasigen das Bild der **Wärme** zu suchen ist:

im Festen Bilder des Flüssigen
im Flüssigen Bilder des Gasigen
im Gasigen Bilder der Wärme.

7(07.03.20) 4012 3/102f. **-08**

Aggregatzustände

Gedankenexperiment: Der Mensch erlebt auf einem festen Planeten die **Schwerkraft**, auf einem flüssigen würde er sie nicht erleben, auf einem gasförmigen würde er vom Zentrum wegstreben, eine negative Schwerkraft erleben. Dieses Wegstreben wird durch die **Wärme** erhöht, d. h. "Das Wärmewesen tut dasselbe, was diese negative Schwerkraft tut."

Flüssigkeiten in kleiner Menge gehen über in die **Kugel**form, emanzipieren sich von der Schwerkraft, bringen es aber nur zu einer einheitlichen Form im Gegensatz zu den festen, polyedrischen **Kristallen**. Die Kugelform als Synthese aller polyedrischen Kristallformen und als **Nullpunkt** bzw. Nullsphäre des Überganges von fest über flüssig nach gasförmig, dargestellt am Beispiel des Überganges vom Tetraeder zum negativen Tetraeder über die Kugelform. Das Gasförmige nicht als Gestaltloses sondern als negativ Gestaltetes.

Nacherleben dieser Übergänge in den Wärmeschwingungen der **Erde**: Wärmenacht = Tendenz zur Kristallisation, Wärmetag = Tendenz zur Auflösung, Wärmemorgen- und -abenddämmerung: Durchgang durch die Tropfengestalt. Diese feinen Änderungen müßten experimentell bestätigt werden können z. B. bei Kristallisationsprozessen, die zu verschiedenen Tages- bzw. Nachtzeiten durchgeführt werden sollten.

Versuch einer Einteilung und Zuordnung:

x (noch nicht näher definiertes Gebiet).
Wärmeartiges
Gasförmiges und Akustisches (als typisch Dazugehörendes)
Flüssiges
Festes und Mechanisches (als typisch Dazugehörendes)

8(08.03.20) 4015 3/117f. -09

Aggregatzustände

Über die ursprünglichen Anschauungen J. R. **Mayers** (1814-1878) über die Umwandlung von Wärme in andere **Energie**arten und umgekehrt, über das **Perpetuum mobile** der 1. und der 2. Art und den **Wärmetod** des Weltalls.

Einwand: Beim Experimentieren gibt es kein geschlossenes System. Die Experimentalanordnung steht unter dem Einfluß der Umgebung (letztlich des Weltalls) und der aus dieser wirkenden Energien.

Übergang von flüssig zu fest: Bei der Gestaltbildung müssen Kräfte hinzutreten zu denen, die im flüssigen Zustand vorhanden sind. Ein fester Körper versucht, ein geschlossenes System zu werden, ein Perpetuum mobile, nur durch die Umgebung (Weltall) wird dies ständig verhindert. Die **Gestalt** ist Resultat dieses Kampfes.

Der Gestalt der festen Körper entspricht im Gasigen Verdünnung und Verdichtung. Das Dünnerwerden des Materiellen vom Festen zum Gasförmigen hin, im Wärmegebiet selbst wird die Materie ganz Wärme, hebt sich auf, im darüberliegenden Gebiet x (s. vor. Referat) kommt man ins Geistgebiet.

x		↑	Materiellwerden-Geistigwerden
Wärme			
Gas	Negative Gestalt		Verdichtung-Verdünnung
Flüssigkeiten			↓
Feste Körper	Gestalt		↓

Analogie: Schließung des bandförmigen Farben**spektrums** über die 5 Purpurfarben zum Farbenkreis. Gedankenexperiment: Wird dieser Kreis nach der Seite der Purpurs vergrößert ins Unendliche, verschwänden die Purpurfarben und der untere Kreisteil mit den Spektralfarben wird zum geraden Band. Abschließende Überlegung: "Könnte es nicht auch da (*s. Schema*) mit dem Gehen ins Unendliche so etwa der Fall sein, wie hier im Spektrum? Daß ich nämlich etwas Besonderes herausbekäme, wenn ich nun suchte: Was wird, wenn das, was da (*Schema*) in die Unendlichkeit scheinbar fortgeht, sich zum Kreis rundet und da wiederum (*als eine Art anderen, im Menschen geschlossenen Spektrums*) zurückkommt?"

9(09.03.20) 4017 3/132f. **-10**

Aggregatzustände / Durchgang durch das Nichts

Hinweis auf **J. R. Mayer** und seine Theorie, die von Beobachtungen an Menschen ausging.

Erweiterung des obigen Schemas durch die zunächst hypothetischen Gebiete y und z oberhalb von x und durch das Gebiet U unterhalb des Festen. Wie im Flüssigen die Schwerkraft wirkt, die im Festen gestaltbildend ist, so müßte im Gebiet U die Wirkung zu sehen sein, "welche die verschiedenen Gestaltungen aufeinander ausüben." Hinweis auf die **Polarisation**sbilder, die z. B. bei Übereinanderlegen von **Turmalin**en beobachtet werden können: es wirkt Gestalt auf Gestalt. Dabei ist das **Licht** nicht der Ursprung, sondern die Polarisation wird durch das Licht sichtbar. "Was da geschieht, hat unmittelbar gar nichts mit dem Licht zu tun. Das Licht dringt nur auch ein in dieses Gebiet U und macht dasjenige, was dadurch geschieht, daß diese Gestaltungen Bildcharakter annehmen, sichtbar. So daß wir sagen können: Wir haben es mit einer Durchdringung zu tun der verschiedenen Gebiete, die wir hier (Schema) auseinandergelegt haben..."

Ebenso ist das Gasförmige nur der Träger des **Ton**es, nicht der Ton selbst. "So daß wir uns auch für den gasigen Zustand etwas vorzustellen haben, was einfach in das Gas hineindringt, aber einem anderen Gebiet angehört, und was im Gebiet des Gases die Möglichkeit erhält, so aufzutreten, daß eine Vermittelung zwischen ihm und unserem Hörorgane möglich wird."

Hinweis auf den zweiten **Regenbogen**, der den ersten, deutlich sehbaren immer begleitet, und dessen umgekehrte Farbenfolge. Beide gehören zusammen und eine Erklärung des Regenbogens darf den zweiten nicht außer acht lassen.

Über die Vorstellung eines Weltenkreislaufes, indem dem die Gebiete des obigen Schemas zu einem Kreis geschlossen werden nach Durchgang durch eine **Nullsphäre**, wodurch zugleich das "vorhergehende" in das nächste Gebiet geschoben wird und dort als Bild erscheint z. B. das Gasige erscheint als Bild im Flüssigen, das Flüssige als Bild im Festen, das Feste als Bild im Gebiet U: Zusammenschluß der Weltprozesse, **symbol**isiert im Bild der **Schlange**, die sich in den Schwanz beißt.

10(10.03.20) 4019 3/148f. **-11**

Aggregatzustände

Experimente: Es wird gezeigt, daß die in einem **Licht**bündel wirksame Wärme durch eine Alaunlösung ausgeblendet werden kann (s. 291-10). Versuche zur **Wärme**leitung in festen Körpern, die stoffabhängig ist, und zur Wärmestrahlung im Raum, wo sich die Wärme ausbreitet ähnlich wie sichtbares Licht. Über eine sachgemäße Auffassung des Begriffes Wärmeleitung: Nicht die Wärme wird geleitet, sondern der Körper erhält sukzessive die Wärme"empfindung".

In Fortsetzung des vorigen Vortrages über das Schließen der Zustandsgebiete zum Kreis: Der Kreis wird geschlossen im Menschen (entsprechend dem Schließen des Farbkreises im Pfirsichblüt): Von unten her kommen die gestaltenden Kräfte, die im Vorstellen, **Denken** bzw. Bewußtsein erlebt werden, von oben (Wärmegebiet) erscheint das im Menschen, was mit der Wärme verwandt ist: der **Wille**. Die äußere **Gestalt**ung wird im Menschen zur Vorstellung, die in der äußeren Gestalt nicht enthalten ist. Sowohl die gestaltbildenden wie auch die Wärme- bzw. Willenskräfte **gehen** im Menschen **aus dem Raum** hinaus: "Die Natur richtig vorgestellt, bedeutet, daß wir sie verlassen müssen, wenn wir sie im Verhältnis zum Menschen vorstellen. Wir kommen sonst ... gar nicht an den Menschen heran."

Mathematisch bedeutet dies, "daß wir das Wesenhafte an der Wärme ... der Außenwelt ... ins Negative überführen müssen, wenn wir es im Menschen verfolgen, wie wir auch das Wesenhafte an der Gestaltung ins Negative überführen müssen." So wie sich die (positive) **Materie** in Druckwirkungen äußert, muß sich negative Materie in Saugwirkungen äußern. "Und stellen Sie in Reinheit unser menschliches Wesen vor, so müssen Sie es sich vorstellen als dasjenige, was die Materie fortwährend vernichtet, aufsaugt."

11(11.03.20) 4021 3/162f. -12

Es wird experimentell gezeigt, wie mit Alaunlösung die im roten Teil des **Spektrums** wirksamen Wärmekräfte, durch Äsculinlösung die im blauvioletten Teil des Spektrums wirksamen chemischen Kräfte und durch Jodlösung der sichtbare Teil des Spektrums eliminiert werden kann (s. vor. Ref. und 291-10). Hinweis auf die Einwirkung von Magneten auf das Spektrum (s. 291-10).

Das gerade Spektrum entsteht aus dem im Irdischen nicht als solchem existierenden Farbenkreis dadurch, daß die gestaltenden Kräfte die sieben Farben absondern, aus dem Kreis eine Gerade "gestalten". In diesem Spektrum sind also noch andere Kräfte außer **Licht**variationen wirksam.

In der **Wärme** (s. Schema) ist das Gebiet der Steigerung von Verdünnung und Verdichtung (Prinzip des Gasigen), dem entspricht das Auftreten von Hell (Entmaterialisierung) und Dunkel (Materialisierung) als Bild der im Gebiet x (Licht) wirksamen Kräfte. Im Wärmegebiet ist das Grenzgebiet, wo sich **Materie**entstehung und -vernichtung (drückende und saugende Kräfte) wie in einem physisch-geistigen "Wirbel" gegenseitig bedingen und aufheben.

Auch im Menschen geht räumlich wirksame Wärme ständig in räumlich Unausgedehntes über: "Wenn ich einfach den Raum durchschreite, ist dasjenige, was mein Wille vollführt, Raumgestaltung. Wenn ich es vorstelle, ist etwas ganz außerhalb des Raumes da... Daß ich selbst mein Dasein vollbringe in dem Medium der Wärme, das gestattet, daß fortwährend materielle Wirkungen, das heißt Raumeswirkungen, übergehen in unmaterielle Wirkungen... Ich erlebe also in mir tatsächlich, was die Wärme in Wahrheit ist, intensive Bewegung, Bewegung, die fortwährend herüberpendelt aus dem Gebiet der Druckwirkungen in das Gebiet der Saugwirkungen."

12(12.03.20) 4025 3/178f. -13

Für die **Wärme**leitung in einem festen Körper mit der Länge l und der Querschnitt q und der Temperaturdifferenz U_1-U_2 (Zeit t und Wärmeleitfähigkeitskonstante c) wird folgende Formel für die Wärmemenge w abgeleitet:

$$w = \frac{U_1 - U_2}{l} \cdot t \cdot c \cdot q$$

bzw. innerhalb des Körpers für kleine Wege dx statt l differenziert:

$$dw = \frac{du}{dx} \cdot dt \cdot c \cdot q$$

Im **Spektrum** geht man beim Wärmepol am roten Ende in der entgegengesetzten Richtung aus dem Raum wie beim chemischen Pol am blauvioletten Ende. Für die Wärmewirkungen gilt dann die Formel:

$$dw = + \frac{du}{dx} \cdot dt \cdot c \cdot q \qquad (1)$$

und für die chemischen Wirkungen:

$$dw = - \frac{du}{dx} \cdot dt \cdot c \cdot q \qquad (2)$$

und für die Lichtwirkungen:

$$dw = \sqrt{-1}\ \frac{du}{dx} \cdot dt \cdot c \cdot q \qquad (3)$$

"Das heißt, Sie müssen hier mit **imaginären Zahlen**, mit mathematisch imaginären Zahlenverhältnissen rechnen, um wirklich Beziehungen zwischen Licht-, Wärme- und chemischen Effekten, die in einem gemeinsamen Versuchsfelde sind, aufsuchen zu können."

Das Schließen des Farbkreises wird demnach über ein Hinausgehen in zwei Unendlichkeiten erreicht: "Sie gehen also einen doppelt komplizierten Weg. Dann würden Sie erst hier **Pfirsichblüt** finden, also nicht, indem Sie einfach das zusammenbiegen, sondern indem Sie es noch außerdem im rechten Winkel abbiegen nach der einen und nach der anderen Seite." Hinweis auf die Einwirkung eines Elektro**magneten** auf das Spektrum, der bzw. dessen Magnetfeld sich zusätzlich noch drehen müßte (s. 291-10).

Dieser Bereich des Zusammenschlusses wäre mathematisch durch "überimaginäre" Zahlen zu erfassen. Die Schwierigkeit, dieses Gebiet sachgemäß zu betrachten, gleicht der, von an Unorganischen gewonnen Begriffen zu den Erscheinungen des Organischen, des Lebens überzugehen.

Das, was in einer Formel wie der obigen positiv erscheint (1), entspricht der Wärme, bzw. dem Wärme**äther**, was negativ ist (2), dem **chemischen Äther**, was imaginär (3), dem **Lichtäther**, was "überimaginär" ist, dem **Lebensäther**.

Zur **Energie**umwandlung: "Denn wir können nicht einfach, wie es die Energetiker machen, sagen: Es verwandelt sich ein Wärmequantum in ein Quantum chemischer Energie und umgekehrt. Das dürfen wir nicht sagen, sondern dann, wenn so etwas geschieht, ergibt sich die Notwendigkeit, andere Zahlenwerte einzuführen. Dann ergibt sich die Notwendigkeit, wirklich die Hauptsache nicht darin zu sehen, daß mechanisch die eine Energieart die andere anregt, sondern daß man es zu tun hat mit einem wirklich qualitativen Umwandeln, was sich schon in der Zahl fassen läßt..."

13(13.03.20) 4027 3/189f. **-14**

Aggregatzustände

Der Versuch von Ref. -12 wird wiederholt.

Zuordnung der Gebiete x, y und z des in den vorigen Referaten aufgestellten Schemas: Gebiet des Lichtes, der chemischen Effekte und des Lebens. Über das Verhältnis von Licht und **Gas** bzw. chemischen Effekten und Flüssigkeiten, während keine unmittelbare Beziehung zwischen Leben und festen Körpern gegeben ist. Dies führt dazu anzunehmen, daß nicht nur das Feste, sondern auch das Flüssige und das Gasige etwas Abgestorbenes sind. Mit dieser Anschauung muß dann die Zeit als Faktor hereingenommen werden: in früheren Erdzuständen war das Licht (**Lichtäther**) mit dem Gasigen, der **chemische Äther** mit dem Flüssigen und der **Lebensäther** mit dem Festen vereinigt. Daraus folgt, daß die **physik**alischen Wesenheiten von zeitlich begrenzter Dauer sind und sich auch in der

Zukunft ändern werden. Sie sind auch auf die irdische Sphäre (bis zu einer **Nullsphäre**) in ihrer Gültigkeit begrenzt.

Die **Wärme** dagegen hat noch beides in sich, sie ist Wärmeäther und materielle Wärme zugleich. Auf diesen doppelten Aspekt weist hin, "was wir überall in der Wärme finden: die Niveauunterschiede, ohne die wir überhaupt im Gebiete der Wärmeerscheinungen nichts machen können..."

Über den zweiten Hauptsatz der **mechanischen Wärmetheorie** und die daraus folgende Anschauung des **Wärmetod**es der **Erde** (Zunahme der **Entropie**). Diese Vorstellung ist nichtig: da sich die einzelnen Gebiete zum Kreis schließen, wird an der Stelle, wo die eine Seite zum Wärmetod tendiert, von der anderen Seite nachrücken (s. -10), was diesen aufhebt: Weltentod und Weltenschöpfung.

Schema:

z Lebensäther
y Chemischer Äther (Tonäther)
x Lichtäther
Wärme/Wärmeäther
x' Gasförmiges
y' Flüssiges
z' Festes
U

14(14.03.20) 4030 3/201f. **-15**

Der **chemische Äther** kommt nicht nur im Gebiet des Flüssigen in chemischen Vorgängen zum Vorschein, sondern wirkt auch in das Gebiet des Gasigen: **Ton**wirkungen, Akustik. Dabei taucht das Imponderable nicht so stark ins Materielle wie beim Flüssigen, bzw. wird von den irdischen Gestaltungskräften nicht so stark ergriffen. Daher auch die Trennung von physikalischer Akustik und Tonempfindung. Hinweis auf die Gliederung des **chemischen Periodensystem**s in "Oktaven". "Dadurch rechtfertigt sich aber auch, daß wir das ganze Verbinden und Lösen des materiellen Daseins wie ein äußeres Bild auffassen einer inneren Weltenmusik und daß diese innere Weltenmusik eben nur in einem besonderen Falle sich uns enthüllt in der irdischen **Musik**."

Wird über die **Nullsphäre** (s. voriges Ref.) hinausgegangen, gelangt man vom Gebiet der gestaltenden Kräfte, der Raumerfüllung, zur Raumentleerung. Die **Planeten** und die **Sonne** als solche Hohlräume, die die **Landmassenverteilung** der **Erde** beeinflussen (vgl. 115-07, 158-02) und auch für die Wirkungen verantwortlich sind, die die heutige Physik mit molekularen Kräften zu erklären sucht.

Dort, wo die Grenze zwischen **Raum**erfüllung und Raumentleerung aufbricht, der Raum "zerreißt", erscheint der **Blitz**, tritt die sich ausbreitende **Wärme** (nicht die an Körper gebundene Wärmestrahlung) begleitet von **Licht** auf. "Wie will denn diese Wärme wirken? Sie will aus der Intensität des Raumes in die Extensivität hineinwirken. ... Wenn sie in Wechselwirkung tritt mit einem materiellen Körper, so sehen wir die Erscheinung auftreten, die darin besteht, daß die Eigentendenz der Wärme aufgehalten wird, ihr Saugeffekt in einen Druckeffekt umgewandelt wird, daß sich der Weltentendenz der Wärme entgegenstellt die individualisiernde Tendenz des Materiellen..." "Der Körper, welcher uns die Wärme leitet, der bringt ja eigentlich fortwährend Wärme zum Vorschein, indem er im Grunde intensiv zurückstößt - nicht extensiv, wie beim Licht, das aber nur in seinen Bildern uns entgegentritt - die auf sein Materielles aufstoßende imponderable Wärme."

Zur **Wahrnehmung**: Wahrgenommen wird nur, was außerhalb von uns ist, nicht was wir selber sind. Dabei handelt es sich immer um Niveaudifferenzen. Die Niveaudifferenz Chemischer Äther-Gasiges (y-x') wird als Ton wahrgenommen, nicht wahrgenommen wird aber die gleichzeitig vorhandene Differenz Chemischer Äther-Flüssiges (y-y'), die wir in diesem Augenblick sind. "Das, was da - und zwar an chemischen Vorgängen, die nur sehr feiner Art sind - in unserem Organismus sich abspielt, während wir eine Symphonie hören, das ist ein ganz innerer, fortwährend phosphorisierender Wunderbau. Da sind wir, was die Chemie eines Tongemäldes ist. Und dadurch nehmen wir die Tonwelt wahr, daß wir chemisch gewissermaßen das werden, was die Tonwelt in dem Sinne ist, wie ich das hier dargestellt habe."

Hinweise auf Vorträge aus 321 in 327-04

322 Grenzen der Naturerkenntnis

1(27.09.20) 4225 4/7ff. -01

Sozialleben

Die mittelalterliche **Scholastik** zog eine **Erkenntnisgrenze** gegenüber dem Übersinnlichen. Die **Naturwissenschaft** des 19. Jahrhunderts zog diese Grenze gegenüber der äußeren Tatsachenwelt, wie es charakteristisch von **Du Bois-Reymond** 1872 in seiner Rede vor der Versammlung Deutscher Naturforscher und Ärzte getan wurde: Was **Materie** und **Bewußtsein** sei, sei und bleibe unbekannt ("Ignoramus et ignorabimus"). Naturerklärung muß jedoch sein, weil der Mensch daran zum Bewußtsein erwacht. Je klarer dabei die Begriffe werden, desto inhaltsloser werden sie. "Aber wir finden in dem, was so Klarheit geworden ist, nichts, was uns das Leben begreiflich erscheinen läßt." In diesem Weltbild kann der Mensch nicht gefunden werden. Wird der Blick nach innen gewendet, kann nicht dieselbe Klarheit der Begriffe wie für die Außenwelt zunächst gewonnen werden: "unser Bewußtsein ist noch nicht stark genug,... um (den) Menschen zu erfassen. Man möchte wiederum mit einem Ignorabimus antworten. Das darf aber nicht sein, denn wir brauchen etwas anderes als ein Ignorabimus gegenüber den sozialen Forderungen der modernen Welt. Nicht in einer Einrichtung der Menschennatur, sondern einfach in dem gegenwärtigen Stande der historischen Menschheitsentwickelung liegt die Grenzbestimmung, zu der ... Du Bois-Reymond ... gekommen ist."

2(28.09.20) 4226 4/20ff. -02

Hegels Philosophie als Gipfel klarer Begriffsbildung. Die soziale Unbrauchbarkeit dieser Philosophie zeigt die Anwendung seiner dialektischen Methode durch Karl **Marx** in seinem historischen Sozialismus (Materiepol). Das Gegenstück in Max **Stirners** ganz auf das Ich gestellten Philosophie (Bewußtseinspol). Die Tendenz des **naturwissenschaft**lichen Denkens (im Gegensatz zu Goethes Phänomenalismus), den Sinnesteppich durchstechen zu wollen und dahinter Begriffe wie Atome, Moleküle usw. zu konstruieren. "Meine Erkenntnis kommt bis an die Sinneswelt heran, und ich bin träge, ich habe ein gewisses Beharrungsvermögen, ich rolle mit meinen Begriffen hinter die Sinneswelt noch hinunter und konstruiere mir da eine Welt, an der ich dann wiederum zweifle, wenn ich merke, daß ich nur meiner Trägheit gefolgt bin mit meinem ganzen Denken."

Frage nach dem Unterschied zwischen den "subjektiven" Qualitäten Farbe, Ton, Wärme (z. T.), Tastempfindungen usw. und den mechanisch-mathematischen faßbaren, "objektiven" Qualitäten der Außenwelt (Zeit, Raum, Gewicht usw.).

3(29.09.20) 4228 4/33ff. **-03**

Sinne

Mathematik und analytische **Mechanik** entstehen aus innerer Seelenarbeit. Unterschied zwischen Bewegungsparallelogramm und Kräfteparallelogramm, letzteres ist ein Ergebnis der Empirie (s. 320-01). Die Fähigkeit zum Mathematisieren tritt etwa mit dem **Zahnwechsel** auf. Diese seelische Fähigkeit geht hervor aus einem inneren Mathematisieren im Organismus, an dem Lebens-, Bewegungs- und Gleichgewichtssinn besonders beteiligt sind. Über das Verhältnis von **Novalis** zur Mathematik. Die Erweiterung der Mathematik zur **Inspiration**. Inspiration ist es, was am kindlichen Organismus arbeitet. Reste eines inspirierenden Denkens in der **Vedantaphilosophie**.

Das Zurückführen auf Axiome in der Mathematik entspricht dem Vorgehen **Goethes**, von den Erscheinungen auf die **Urphänomene** zurückzugehen. "Was Goethe also sucht, das ist ein modifiziertes, ein metamorphosiertes Mathematisieren, ein Hineintragen des Mathematisierens in die Phänomene... Damit hat Goethe einiges Licht gebracht in den einen Pol, der sich so finster ausnimmt, wenn wir den bloßen Materiebegriff statuieren." "Wir werden auf der andern Seite nun ebenso suchen müssen, wie Seelenfähigkeiten sich tätig erweisen in der menschlichen Wesenheit, wie sie aus der Natur des Menschen herauswachsen und sich äußerlich betätigen..." Also ein Erfassen der menschlichen Bewußtseinswelt, wie es Steiner in seiner "**Philosophie der Freiheit**" versuchte.

4(30.09.20) 4231 4/47ff. **-04**

Weitere Ausführungen zur "**Philosophie der Freiheit**": Über das reine **Denken** und die **moral**ische **Phantasie**. In dieser Sphäre wandeln sich Ideen und Begriffe in **Imaginationen**: "...wenn ich hier das menschliche Innere statuiere und mich nähere durch Selbstbeschauung und reines Denken diesem Inneren, dann muß ich nun nicht fortrollen wiederum mit meinem Denken, denn dann komme ich in ein Gebiet, wo das reine Denken nichts mehr findet, sondern nur anschauliche oder überhaupt Lebensreminiszenzen hinstellen kann. Ich muß die Resignation haben zurückzukehren. Dann aber wird sich mir an dem Punkt der Reflexion die Imagination ergeben." Aus dieser Imagination kann der **Ätherleib** erkannt werden. "Die Wirklichkeit lebt eben in Bildern. Und wenn wir uns nicht entschließen, Bilder oder Imaginationen zu ergreifen, dann ergreifen wir eben die Wirklichkeit des Menschen nicht."

5(01.10.20) 4233 4/61ff. **-05**

Gesundheit-Krankheit / Einweihung / Geisteskrankheiten

Bei dem Weg zur **Inspiration** wird das aufgenommen ins volle Bewußtsein, "was sonst in uns wirkt, Gleichgewichtssinn, Bewegungssinn, Lebenssinn" und man kommt zu einem Zustand, "als ob man einschliefe, aber nicht hinüberschliefe in die Unbewußtheit oder in das nebulose Traumleben, sondern als ob man hinüberschliefe in eine neue Bewußtheit", die als tonloses Weben erlebt wird. "Dieses Weben in einer tonlosen Weltmusik gibt die andere, ganz streng zu beweisende Daseinsempfindung, daß man jetzt mit seinem Seelisch-Geistigen außerhalb des Leibes ist." Dieser Zustand ist wie durchvibriert von einer inneren Unruhe (s. unten pathologische Zustände) mit musikalischem Charakter.

In der nächsten Stufe geht aus diesem Musikalischen ein "wortloses Wortoffenbaren aus dem geistigen Weltenall" hervor. In der dritten Stufe wird erlebt, wie aus dem allgemeinen Geistigen einzelne geistige Wesenheiten Kontur erhalten. "Wir leben uns also hinein in die Beobachtung und in die Erkenntnis einer wirklichen geistigen Welt. Diese geistige Welt tritt jetzt anstelle der leeren ... Welt der Atome, der Moleküle, sie tritt uns als dasjenige entgegen, was in Wahrheit hinter den Erscheinungen der physisch-sinnlichen Welt steht."

Die Tendenz der heutigen Menschheit, aus dem Leiblichen herauszuwollen, äußert sich pathologisch in übertriebener **Zweifel**sucht. "Der Geistesforscher weiß, daß der Mensch die ganze Nacht ... in lauter ... Fragen drinnenlebt." Dieser Zustand ist der vorn geschilderten ersten Stufe vergleichbar. Über ähnliche Grenzzustände bei **Nietzsche**. Sie liegen auch allgemein den modernen sozialen Umwälzungen zugrunde.

Wie die Zweifelsucht nach der Materieseite hin auftritt, so können nach der Bewußtseinsseite hin ebenfalls pathologische Zustände auftreten, wie **Klaustrophobie**, **Agarophobie**, **Astraphobie** usw.

6(02.10.20) 4235 4/75ff. -06

Gesundheit-Krankheit / Einweihung / Soziale Dreigliederung / Geisteskrankheiten

Die Kraft des **Gedächtnis**ses wandelt sich bei der **Inspiration** dazu, diese Inspiration immer wieder hervorbringen zu können: "Daher hat es der Geistesforscher selbst nicht so leicht als der bloße Gedächtnismensch. Er kann nicht einfach irgendeine Mitteilung aus dem Gedächtnis wieder mitteilen, sondern er muß jedesmal neu produzieren, was sich ihm innerhalb der Inspiration darbietet."

Er muß lernen, "im Elemente der **Zeit** schwimmen zu können". Dadurch kommt er schließlich zu einer Erweiterung seines Ichs im Sinne einer Erkenntnis der **Reinkarnation**.

Auf dem anderen Weg zur **Imagination** Anwendung des **Symbol**isierens als innerer Übung im Sinne von "Wie erlangt man Erkenntnis höherer Welten?" (vgl. 115-18). Führt zu bildhaftem Erleben dessen, "was im Menschen innerlich webt und lebt" (bewegtes Formvorstellen). Das Untertauchen in den Leib muß so erfolgen, "daß man im Untertauchen noch genau sich unterscheiden kann von seinem Leibe. Denn nur dasjenige kann man erkennen, was einem Objekt ist." "Derjenige aber, der diese Bilder gewissermaßen hineinschlüpfen läßt in den Leib, der sie nicht frei behält, dem nicht der Leib Objekt wird, sondern dem der Leib Subjekt bleibt, der nimmt das Raumesgefühl mit hinein in den Leib." Folge sind solche Erscheinungen wie **Agoraphobie**, **Klaustrophobie**, **Astraphobie** (s. vor .Ref.) und Vorstufen dazu (wie **Dogmatismus** und **Aberglaube**, s. nächster Vortrag).

In der Imagination erlebt der Mensch anstelle der menschlichen **Gestalt** "die Mannigfaltigkeit all jener **Tierformen**, deren synthetisches Durcheinander- und Zusammenformen die menschliche Gestalt ist." Ebenso lernt er das Pflanzen- und Mineralreich erkennen. Daß er mit seinem Ich nicht zu sehr in den Leib eintaucht, dafür sorgt die Ausbildung selbstloser **Liebe**, das Freisein von Egoismus.

Durch den Zusammenfluß von Imagination und Inspiration entsteht **Intuition**. "Man lernt so auf der einen Seite erkennen das Pflanzenreich, Tierreich, Mineralreich nach ihren inneren Essenzen, nach ihren geistigen Gehalten durch die Inspiration, und man begründet dadurch, daß man durch die Imaginationen die menschlichen **Organe** kennenlernt, eine wirkliche Organologie, und indem man dann in der Intuition zusammenfaßt dasjenige, was man über Pflanze, Tier und Mineral kennengelernt hat, mit demjenigen, was sich durch die Imagination ergibt über die menschlichen Organe, dadurch erhält man erst eine wahre

Therapie, eine **Heilmittel**lehre, die das Äußere in einem wirklichen Sinne anzuwenden vermag auf das Innere."

Höhere Erkenntnis ist nötig für die Einsicht, was **Kapital** (Imagination), **Arbeit** (Inspiration) und **Ware** (Intuition) im **Sozialleben** darstellen (vgl. 191-04).

7(02.10.20) 4238 4/91ff. **-07**

Einweihung

Die alten orientalischen (indischen) Eingeweihten verwendeten die Kräfte zur Entwicklung der **Inspiration**, die den drei "sozialen" **Sinnen** des Menschen zugrundeliegen: Sprach-, Gedanken- und Ich-Sinn (Wahrnehmung des anderen Iches). Sie blieben beim Wort stehen, lebten in ihm (in seinem Musikalischen) und ließen es nicht bis zum Wortverständnis kommen z. B. in den von ihnen angewandten **Mantren**, deren Wirkung nicht zuletzt auf Wiederholung beruht (Hinweis auf die Reden Buddhas). Ähnlich beim Gedankensinn: "Im gewöhnlichen Leben sucht man durch den Gedanken hinüberzukommen zum andern Menschen. Mit dieser Kraft aber ergreift man den Gedanken in einer ganz andern Art. ... Man erlebt sich hinein in die äußere Wirklichkeit. ... Und dann kommt man auch dahin auf diesem Wege, statt sich hinüberzuleben zum Ich des andern Menschen, sich hinaufzuleben zu den Ichen von individualisierten geistigen Wesenheiten, die uns ebenso umgeben, wie uns umgeben die Wesenheiten der sinnlichen Welt."

Um den Gefahren auf diesem Weg zu entgehen (Zweifelsucht), lehnte sich der Geheimschüler an einen **Guru** an. Um die richtige Verbindung zwischen Geistig-Seelischem und Leib wiederzufinden, wenn der Schüler außerhalb des Leibes war, wurden bestimmte kalte **Waschungen** vorgenommen. Über das nicht mehr Zeitgemäße dieses Einweihungsweges, der im **Skeptizismus** endete. Ihm entgegengestellt werden muß der abendländische Weg zur **Imagination**.

8(03.10.20) 4240 4/109f. **-08**

Sinne / Ich-Bewußtsein

Der Weg zur **Imagination** sollte für den mehr wissenschaftlich orientierten Menschen von dem Studium der "**Philosophie der Freiheit**" ausgehen. Die **Sinneswahrnehmung**en sollen nicht mit Vorstellungen durchdrungen werden, allenfalls mit **Symbole**n oder künstlerischen Bildern.

In der Entwicklung des Kindes durchdringen sich von innen Lebens-, Gleichgewichts- und Bewegungssinn mit den von außen kommenden Sinnen Tast-, Geruch- und Geschmackssinn. Dadurch entsteht das Selbstbewußtsein. "Der zur Imagination Strebende windet sich durch Geruch, Geschmack und Tastwahrnehmung hindurch, er dringt in das Innere hinein, so daß ihm dann, indem er unbehelligt bleibt von Geruchswahrnehmung, Tastwahrnehmung, Geschmackswahrnehmung, entgegentritt dasjenige, was zu erleben ist mit Gleichgewicht, Bewegung und Leben." Die **Mystik**er wie die heilige **Therese, Mechthild von Magdeburg, Meister Eckhart**, Johannes **Tauler** gehen den Weg nach innen, durchdringen aber nicht die Sphäre der äußeren Wahrnehmungen, so daß ihre Erlebnisse damit tingiert ("wollüstig") sind.

"Und während wir auf der einen Seite in unser Inneres gedrungen sind, die Imagination vertieft haben, haben wir dasjenige, was wir eigentlich erreicht haben durch die Gedankenarbeit in der "Philosophie der Freiheit", aus dem gewöhnlichen Bewußtsein herausgeholt. Wir haben aus Gedanken ... inhaltsvolle Kräfte gemacht, die jetzt in unserem Bewußtsein leben, und es ist **Inspiration** geworden, was früher reiner Gedanke war." Diese beiden Erlebnisarten können dann zur **Intuition** verbunden werden.

Die nach der Inspiration höhere Stufe in der alten orientalischen Einweihung war die der **Joga-Atem**technik, wodurch der Jogaschüler lernte, sich in seinem Ewigen zu erfassen. Der Abendländer kann dasselbe in einer anderen Sphäre erleben. Der Wahrnehmungsprozeß ist ein Einatmungsprozeß, das reine Denken, bei dem **Denken** und **Wille** zusammenfallen, ist verwandt dem Ausatmungsprozeß. "Im gewöhnlichen Erleben erlebt man die Wahrnehmung, das Denken. Indem man beweglich macht sein seelisches Leben, erlebt man den Pendelschlag, den Rhythmus, das fortwährende Ineinandervibrieren von Wahrnehmen und Denken": Ausbildung des geistig-seelischen Atmens in dem Erkenntnisprozeß durch Wahrnehmen und Denken (vgl. 128-06, 194-10, 265-11).

323 Das Verhältnis der verschiedenen naturwissenschaftlichen Gebiete zur Astronomie
Dritter naturwissenschaftlicher Kurs

1(01.01.21) 4334 2/15ff. **-01**

Über die notwendige Neuaufteilung der konventionellen Wissenschaftsgebiete. Die seit Kopernikus, Galilei und Newton aufkommende ausschließlich **mathematisch**-mechanische Betrachtungsweise in der **Astronomie**. Die Betrachtung der Astronomie ist abhängig von dem seelischen Entwicklungszustand der Menschheit. "Die Menschheit braucht für sich das Hervorholen dieser mathematisch-mechanischen Fähigkeiten, und daher sieht die Menschheit heute die Himmelserscheinungen in dem Bilde der mathematisch-mechanischen Fähigkeiten an." Die Menschheit hat heute das Bedürfnis, leicht überschaubare Vorstellungen zu haben und andererseits solche Vorstellungen zu bekommen, die einen inneren Zwang ausüben. "Der moderne Mensch wird sogleich unsicher und nervös, wenn er nicht einen so starken inneren Zwang vorliegen hat", wie etwa bei mathematischen Vorstellungen (Meidung seelischer Aktivität).

Das Hervorgehen der Schädel**knochen** aus den Röhrenknochen durch **Umstülpung** (Wirbelknochen als Zwischenstufe). Durch die Umstülpung erscheint nicht einfach eine Negativform, sondern eine anders gestaltete, da nun andere Kräftespannungen auftreten: der Röhrenknochen wendet das nach außen, was beim Schädelknochen nach innen gewendet ist (vgl. 293-09), bzw. umgekehrt (s. 10. Vortrag (10.01.21)). Aufforderung an die **Mathematik**er, **Funktionentheorie, nichteuklidische Geometrie** auf die Wirklichkeit anzuwenden: "Wenn der Mathematiker entsprechend vorbereitet würde,... damit ihn interessierte, wie zum Beispiel das **Herz** ausschaut, so daß er eine Vorstellung darüber gewinnen kann, wie er durch mathematische Operationen den Herzorganismus umdrehen kann und wie dadurch die ganze menschliche **Gestalt** entstehen würde..."

Der andere Pol der Astronomie ist die **Embryologie**. "Und nur derjenige studiert die Wirklichkeit, der auf der einen Seite den Sternenhimmel studiert und auf der anderen Seite die Entwickelung namentlich des menschlichen Embryos studiert."

Über den Bau der **Zelle**. In ihrer Kugelform bildet sie den ganzen Kosmos nach. In ihrem inneren Gerüst ist sie eine Nachbildung der Verhältnisse im **Planetensystem**. In der **Eizelle** sind diese kosmischen Kräfte in einem ruhenden Gleichgewicht, bei der **Befruch-**

tung wird sie durch die männliche Samenzelle aus dieser Ruhe herausgerissen und mit deren Bewegungskräften imprägniert.

In den **ägyptischen Mysterien** wurde der Zusammenhang zwischen Astronomie und **Sozialleben** gelehrt. Auf andere Weise muß heute wieder gelernt werden, die Erscheinungen des sozialen Lebens mit den astronomischen in Verbindung zu bringen. Ein erster Schritt dazu ist die Verbindung von Embryologie und Astronomie.

2(02.01.21) 4337 2/36ff. -02

Goethe war im Gegensatz zur modernen **Naturwissenschaft** der Ansicht, daß die Naturerscheinungen erst dann ihre volle Bedeutung erlangen, wenn sie in den Zusammenhang mit dem Menschen gebracht werden.

Über die etappenweise Entwicklung in der **Astronomie** vom geozentrischen (**ptolemäischen**) Weltbild der **Chaldäer** mit hochentwickelter Kalenderwissenschaft, deren letzter bedeutender Vertreter Tycho de **Brahe** war, bis zur heliozentrischen Auffassung des **Kopernikus**. Ausgangspunkt für ihn war, die zu seiner Zeit komplizierten Planetenbewegungen (Kreise und Schleifen) dadurch zu vereinfachen, daß er Kreis- bzw. Ellipsenbahnen der Planeten um die Sonne annahm (Verlegung des Koordinatenmittelpunktes von der Erde in die Sonne). Die Paradoxie, daß die tychonische Berechnung von Himmelserscheinungen im Prinzip beibehalten wurde. Die drei Hauptsätze des Kopernikus:

1. Die Erde dreht sich in 24 Stunden um die Nord-Süd-Achse.
2. Die Erde bewegt sich während des Jahres einmal um die Sonne, wobei sich die Erde einmal um die Ekliptikachse dreht (wie der Mond sich um die Erde dreht und dabei ihr dieselbe Fläche zuwendet).
3. Es gibt noch eine dritte Drehung (**Inklination**), "welche sich darstellt als eine rückläufige Bewegung der Nord-Süd-Achse um die Ekliptikachse selber. Dadurch wird in einem gewissen Sinne die Drehung um die Ekliptikachse wiederum aufgehoben. Daher weist die Erdachse stets auf den Nordpol (Polarstern) hin." Dieser dritte Satz wird im allgemeinen ignoriert (vgl. 181-05).

Weiterer Versuch, die Himmelserscheinungen näher an den Menschen heranzubringen: Die Vegetation der Erde als Abdruck des **Sonnen**lebens (**Jahreszeiten**), Wechselwirkung mit dem Terrestrischen (z. B. Entfernung vom Erdmittelpunkt: Floren der Hochgebirge und der Ebene). Die Wirkung der Polargebiete und der tropischen Zone auf den Menschen: Apathie, im Polargebiet bewirkt durch starkes Sonnenleben (geringe Vegetation), in den Tropen durch starkes Erdenleben (üppige Vegetation). In den gemäßigten Zonen herrscht Gleichgewicht. Ähnlich beim dreigliedrigen Menschen: **Nerven-Sinnes-System** (Kopf) polarisch, ausgesetzt dem Kosmischen, **Gliedmaßen-Stoffwechsel-System** tropisch, ausgesetzt dem irdischen Leben, das **Rhythmische System** als Gebiet des Ausgleichs.

Vom Tageslauf ist der Mensch unabhängiger. Bedeutsame Gedanken werden eher morgens (Beispiel Goethe) oder abends gefaßt.

Einfluß des Mondlebens (**Mondphasen**): Ebbe und Flut, weiblicher Zyklus (nur Rhythmus), Embryonalentwicklung, **Phantasie**leben. "Das aber, daß auf gewisse untergeordnete Organe das Mondenleben ... einen Einfluß hat, das muß eben an der Erscheinung des **Nachtwandelns** studiert werden."

Einfluß des tellurischen Lebens. Zu beobachten am **Heimweh** als Gesamtgefühl für eine Veränderung des Stoffwechsels, die durch Ortsveränderung hervorgerufen wird. Kann sich als Auszehrung und **asthma**tische Zustände äußern.

Goethe als Sonnenmensch, der sich durch **Wein**, der eher das Rhythmische System als das Stoffwechsel-System anregt, animieren ließ. **Schiller** (Nachtmensch) regte sich durch warmen Punsch an (tellurisch).

Demnach wirkt die Sonne mehr auf das Nerven-Sinnes-System, Mond auf das rhythmische System und die Erde auf das Gliedmaßen-Stoffwechsel-System. Die Metamorphosen der **Insekten**gestalt im Jahreslauf hervorgehend aus diesen drei Wirkungen. Über die Notwendigkeit, vom Quantitativen in das Qualitative bei solchen Erscheinungen überzugehen.

Über die Möglichkeit, über den Stoffwechsel-Menschen, in dem das eigentlich Tellurische wirkt, an das Wesen des Tellurischen heranzukommen. "Wir untersuchen die Dinge von der Außenseite. Aber sie haben doch auch eine Innenseite! Zeigen sie die vielleicht erst, wenn sie durch den Menschen gehen, in ihrer wahren Gestalt? ... Wenn es aber so wäre, daß die Stoffe erst ihre Wesenheit enthüllen in der menschlichen Natur, dann müßten wir **Chemie** so treiben, daß wir bis zur menschlichen Natur herangehen."

Im Menschen treffen Kräfte zusammen, die direkt kosmisch sind, mit solchen, die indirekt über die Erde auf ihn wirken. "So daß wir sagen können: Das Innere des Menschen wird uns auch physisch-anatomisch erklärbar werden als Zusammenwirken direkter außerirdischer Einflüsse mit solchen außerirdischen Einflüssen, die durch die Erdenwirkungen hindurchgegangen sind und wiederum ineinanderströmen in dem Menschen."

3(03.01.21) 4338 2/58ff. **-03**

Pflanze / Geschlechter / Tierkreis

Die Wirkung des Solarischen auf die Vegetation im Sommer: In die Gestalt schießen, Wirkung des Tellurischen überwiegend im Winter: Zusammenziehen im Keim.

Wirkung des **Sonnen**lebens im Tageslauf auf den Menschen mehr geistig-seelisch, im Jahreslauf (besonders beim **Wachstum** in der Kindheit) mehr im Physisch-Leiblichen. Wirkung des **Mond**enlebens auf das Geistig-Seelische im 28-Tagerhythmus: "Es ist wirklich im feineren Sinne physiologisch kein Unterschied zwischen dem, was im Leibe beim Auftreten einer **Erinnerung** vor sich geht in bezug auf das Erlebnis, auf das die Erinnerung zurückgeht, und demjenigen, was bei der monatlichen Frauenperiode im Leibe vor sich geht in Beziehung auf dasjenige, was einmal der weibliche Organismus mit den Mondesphasen zusammen erlebt hat." Beim Mann spiele sich der Vorgang mehr im Ätherischen ab. Die physisch-leibliche Wirkung des Mondenlebens zeige einen 28-Jahres-Rhythmus.

Über **Keplers** noch mehr seelische Auffassung der **Astronomie**: Es wurde nicht der Planet sondern die **Planetensphäre** betrachtet, wobei der Fixsternhimmel als **achte Sphäre** gerechnet wurde. Auf diesem Hintergrund müssen seine Gesetze gesehen werden:

1. Die Planeten bewegen sich in Ellipsen, in deren einem Brennpunkt die Sonne ist.
2. Die Radienvektoren eines Planeten überstreichen in gleichen Zeiten gleiche Flächen.
3. Die Quadrate der Umlaufzeiten zweier Planeten verhalten sich wie die Kuben ihrer großen Halbachsen.

Für Kepler war die **Ellipsen**bewegung etwas, was eine größere Lebendigkeit aufwies als eine Kreisbewegung. Beim zweiten Gesetz erfolgt der Übergang von der Linie zur Fläche. Die Ableitung von Newtons **Gravitations**gesetz aus dem dritten Keplerschen Gesetz tötet dieses. Die **Zeit** (im Quadrat) als innerliches Leben: "Nun handelt es sich wirklich darum, daß man durch diesen toten Begriff der Newtonschen Anziehungskraft durchblickt auf dasjenige, was plötzlich ins Zentrum schießt und die Zeit hineinbringt und damit innerliches Leben hineinbringt."

Der Mensch macht die Bewegungen der Erde mit: die Ellipsenbewegung wird zum innerlichen Vorgang, das zweite Gesetz formuliert die innere Beziehung des Menschen zur Sonne und das dritte das innere Erlebnis im Verhältnis zu den Planeten.

4(04.01.21) 4339 2/75ff. -04

Die in großartiger Weise auf induktivem Wege von **Kepler** gefundenen Gesetzmäßigkeiten wurden später deduktiv erweitert zu Hypothesen wie der **Kant-Laplace-Theorie** des aus einem Urnebel hervorgehenden Weltensystems, wobei sich die Begriffe immer weiter von der Wirklichkeit entfernten. So variiert in Wirklichkeit der Winkel, unter dem die Ebene der **Planeten**bahn die des Sonnenäquators schneidet ebenso wie die Verbindungslinie der Schnittpunkte (Knoten). Auch bietet die Kant-Laplacesche Anschauung keine befriedigende Erklärung für die **Kometen** und **Meteore** in einem solchen Weltsystem. Auch die Planeten bewegen sich auf Bahnen, "die fortwährend dagegen kämpfen, ein Kreis zu werden oder eine Ellipse zu bleiben." Die Folge dieser Störungen wäre die Erstarrung des Weltsystems. Die Verhältniszahlen der Umlaufbahnen sind nicht kommensurable Größen. "Deshalb ist sich die heutige **Astronomie** auch klar darüber, daß diesem Umstande der Inkommensurabilität der Verhältnisse zwischen den Umlaufzeiten auch im dritten Keplerschen Gesetz das Planetensystem seine weitere Beweglichkeit verdankt..."

In der Astronomie gelangt man hier an eine Grenze des Mathematisierens. "So daß wir also da die Erscheinung haben, daß das Ergreifen der Wirklichkeit an einem bestimmten Punkte aufhört und die Wirklichkeit in **Chaos** hineingeht." Umgekehrt ist das der Fall bei der **Embryologie**. Da verliert sich der Ausgangspunkt im Unbestimmten, im Chaos, während sich im Laufe der embryonalen Entwicklung immer bestimmtere zwar nicht mathematisch-analytisch, aber doch annähernd geometrisch faßbare Formen entwickeln.

Die grundlegenden Gesetze der **Mathematik**:

1. kommutatives: $a + b = b + a$
2. assoziatives: $(a + b) + c = a + (b + c)$
3. distributives: $a \, . \, (b + c) = ab + ac$
4. ein Produkt ist Null, wenn einer der Faktoren Null ist.

Sie sind induktiv abgeleitet aus der Handhabung reeller Zahlen. Es ist aber zu fragen, ob diese Gesetze auch innerhalb der Wirklichkeit gelten: "Wir stellen Postulate auf, die wir auf die Wirklichkeit anwenden und halten sie für Axiome der Wirklichkeit selber. Wir dürfen nur sagen: Ich betrachte ein gewisses Gebiet der Wirklichkeit und schaue nach, wie weit ich komme mit dem Satz a + b = b + a. Mehr darf ich nicht sagen. Denn indem ich mit diesem Satz an die Wirklichkeit herantrete, wird sich alles finden, was dem entspricht. Und dasjenige stoße ich mit dem Ellbogen beiseite, was dem nicht entspricht." Denn: "...ich befinde mich auf falschem Wege, wenn ich die Mathematik als konstitutiv für die Wirklichkeit annehme." Über die falsche Definition der **Trägheit** als Postulat.

5(05.01.21) 4341 2/94ff. -05

Es wird noch einmal betont, daß die Totalität der **astronomischen** Erscheinungen nicht mit der **Mathematik** erfaßt werden kann, also auch keine der Wirklichkeit entsprechenden Bahnen von Himmelskörpern gezeichnet werden können. Nochmals zu den beiden Chaos-Schranken auf dem Gebiet der Astronomie und der **Embryologie** (E. **Häckels** (1834-1919) Biogenetisches Grundgesetz als Ausgangspunkt und Oskar **Hertwigs** (1849-1922) Entwicklungsmechanismus).

Ausdehnung des Goetheschen Metamorphosengedankens auf das Funktionelle in der Dreigliederung des Menschen, wie zuerst in Steiners Buch "Von Seelenrätseln" skizziert: Im **Nerven-Sinnes-System** setzt sich die Sinneswahrnehmung nach innen in das Vorstellen fort. Im **Stoffwechsel-Gliedmaßen-System** dagegen weist die **Befruchtung / Fortpflanzung** nach außen. Im **Rhythmischen System** ist die **Atmung** ein mehr einheitlicher, nach innen und außen gehender Prozeß. Über den Zusammenhang von Nerven-Sinnes-System mit dem Rhythmischen System wie z. B. in der Bewegung des **Gehirnwassers** mit dem Atem, während etwas Entsprechendes zwischen Rhythmischem System und Stoffwechsel-System nicht gefunden wird. Mit dem Nerven-Sinnes-System hat der Mensch einen geordneten, im Stoffwechsel-System einen ungeordneten Kosmos entsprechend dem Gegensatz zwischen Astronomie und **Meteorologie**.

Nochmaliger Hinweis auf die Parallelität von weiblichem Zyklus und **Erinnerung**sprozeß. Der Eikeim wird mit dem Befruchtungsvorgang dem Kosmischen unterworfen: "Der Befruchtungsvorgang entreißt den Eikeim dem bloßen inneren Vorgang und führt ihn hinaus in den Bereich jener Vorgänge, die dem menschlichen Inneren und dem Kosmischen gemeinschaftlich angehören." Die embryologische Entwicklung muß deshalb im Zusammenhang mit den äußeren kosmischen Vorgängen studiert werden und nicht mit einer Entwicklungsmechanik.

Der Nerven-Sinnes-Pol des Menschen liefert Bilder aber keine Realität, im Stoffwechsel-Pol ist Realität, die nicht Bild wird, im Ungesetzmäßigen wie das Meteorologische bleibt. "Wir bekommen von zwei Seiten her zwei Hälften von der Welt, das eine Mal bekommen wir ein Bild, das andere Mal gewissermaßen die zugrundeliegende Realität." Daher das Streben in der indischen **Joga**philosophie, in der Atmung Bild und Realität miteinander zu verbinden.

Zur **Genesis**: "Sie haben im Grunde nur die Möglichkeit, die biblische Schöpfungsgeschichte zu verstehen, wenn Sie dasjenige, was sich als Genesis darstellen kann, zusammendenken mit dem, was sich embryologisch darstellt. Es ist durchaus ein Zusammendrängen des Embryologischen mit dem, was der äußere Sinnenschein bietet, was in der biblischen Genesis dargestellt ist."

6(06.01.21) 4343 2/114f. **-06**

Unter dem Aspekt, daß die geistige Entwicklung des Menschen ein Reagens sei für die Genesis der astronomischen Erscheinungen Hinweis auf den Umbruch in der seelischen Struktur der europäischen Menschheit im 13. bis 15. Jahrhundert, abzulesen in der **Scholastik**: der Streit zwischen Nominalisten (Begriffe sind bloße Zusammenfassungen) und Realisten (Begriffe sind Realitäten), der ontologische **Gottesbeweis** (die vorher selbstverständliche Existenz Gottes wird nicht mehr als von vornherein als gewiß empfunden).

Etwa 10 000 Jahre vor diesem Zeitraum herrschte **Eiszeit** (Sonne hatte ihren Frühlingspunkt etwa im Löwen) und etwa 10 000 Jahre danach wird die **künftige Eiszeit** (vgl. 354-04) sein (Frühlingspunkt im Skorpion), Abstand etwa ein **Platonisches Jahr** (ganzer Durchgang des Frühlingspunktes durch die Ekliptik, etwa 25 920 Jahre). Dem entspricht als Rhythmus die Zahl der **Atem**züge des Menschen während eines Tages. Für das Qualitative solcher Rhythmen war in der urindischen Epoche bzw. in der **Joga**philosophie noch Verständnis vorhanden: "Daher sprach er (der Mensch) von seinem Ein- und Ausatmen des Brahma, das ein Jahr umfaßt und für das 25 920 Jahre ein Tag sind, ein Tag des großen Geistes."

7(07.01.21) 4345 2/128f. **-07**

Gestalt / Tierformen / Denken / Astronomie / Fortpflanzung / Geschlechter / Erdbewegung

Sieht man ab vom Inhaltlichen so besteht kein qualitativer Unterschied zwischen Vorstellungs- und **Traum**leben. Im Sinnesleben ragt die Außenwelt "golfartig" in den Menschen, ist im Gegensatz zum Vorstellungsleben am wenigsten mit der inneren Organisation verbunden. Vor der letzten **Eiszeit** (**Atlantis**) war das Seelenleben traumhafter, also mehr dem Vorstellungsleben verwandt. Hinweis auf den Einfluß des **Jahreslauf**es auf die Organisation des Menschen (s. Ref. -03). "Mit anderen Worten: Vor der letzten Eiszeit hat alles dasjenige, was im Jahreswechsel begründet ist, einen größeren Einfluß gehabt auf den Menschen, als es nach der Eiszeit hat. Wir haben also wiederum im Menschen ein Reagens, um zu beurteilen, wie die um die Erde herumliegenden Einflüsse sind. Und erst wenn wir das haben, können wir uns Vorstellungen darüber machen, wie ... auch die Bewegungsverhältnisse zwischen der Erde und den Himmelskörpern sind."

Wirkte nur das Sinnesleben auf das traumartige Vorstellungsleben, so käme der Mensch nur zu **Phantasie**begriffen. Daß **Begriffe** konturiert werden, fließt gleichzeitig mit dem Sinnesleben in den Menschen. Vergleich mit dem **Befruchtung**svorgang, wo das weibliche Leben materiell betrachtet das Phantasieleben des Universums ist, und das männliche Leben die Konturen bildet. Wahrnehmungs(Seh-)Vorgang ist metamorphosierter Befruchtungsvorgang und umgekehrt.

Es wird der Frage nachgegangen, ob der starre euklidische **Raum** auf die Wirklichkeit angewendet werden kann. Die Stellung der Rückgratlinie bei Tier und Mensch zeigt z. B., daß Horizontale und Vertikale nicht gleichbedeutend sind. Die Wirkung der Sonnenkräfte auf das Vorderteil, die der durch die Erde gehenden Sonnenkräfte auf das Hinterteil der Tiere. Beim Menschen wirkt eine Resultierende. Daraus folgt: "Wenn wir etwa genötigt sein sollten, der Bildung der tierischen Form zugrunde zu legen, sei es eine Umdrehung der Sonne um die Erde, sei es eine Bewegung der Erde um ihre Achse, so sind wir genötigt, noch eine andere Bewegung de Erde bzw. der Sonne zuzuschreiben, eine Bewegung, die mit der menschlichen Bildung zusammenhängt... Das heißt: Wir müssen herausbekommen an dem, was sich im Menschen und im Tier äußert, die Grundlage für dasjenige, was etwaige gegenseitige Bewegungen der Weltenkörper sind."

Über den qualitativen Unterschied zwischen dem vertikalen Wachstum der Pflanzen und des Menschen.

8(08.01.21) 4347 2/145f. **-08**

Seelenleben / Denken / Befruchtung

In der **atlantischen** Zeit war der Mensch mehr hingegeben der äußeren Welt, den Wechselzuständen von Hell und Dunkel. Dieser Wechsel ist beim heutigen Menschen innerlich, nicht mehr direkt gekoppelt an den Tageslauf, in einem rhythmischen Wechsel von helleren und dunkleren Vorstellungskräften.

Vergleich von einjähriger **Pflanze** und Dauerpflanze (**Baum**). Der Stamm der Dauerpflanze als modifizierter Teil der Erde (s. **327-08**). Die Dauerpflanze hat sich vom Kosmos dadurch emanzipiert: "Die einjährige Pflanze sagt uns etwas über den Zusammenhang der Erde mit dem Kosmos; die Dauerpflanze kann uns darüber nicht mehr viel sagen."

Über die Entwicklungsfähigkeit von **Tier** und Mensch. Beim Tier ist die Entwicklung mit der **Geschlechtsreife** abgeschlossen, der Mensch bleibt danach entwicklungsfähig, verinnerlicht aber die Entwicklung. Auch hier liegt ein Emanzipationsprozeß vom Kosmischen vor. "Denn wir sehen dadurch, daß, wenn die kosmischen Einflüsse aufhören, sie sich in das Innere der Natur der einzelnen Wesen selber verlegen."

Wenn das **Planetensystem** voll berechenbar wäre mit den angenommenen **Gravitationskräften**, würde es sich um ein totes System handeln. Es wird nochmals darauf hingewiesen, daß sich in der Inkommensurabilität der Zahlen das Lebendige des Systems ausdrückt. Mit den **Kometen** kommt etwas Entgegengesetztes in das Planetensystem, das sich zum Beispiel in den Abstoßungskräften von der Sonne zeigt. **Keplers** Ansicht über die Kometen. Wenn die Gravitation als positiv angesehen wird, so ist das Kometarische negativ. Ähnlich wie Materie positiv, Äther negativ, Licht negativ, Luft positiv und Wärme sowohl negativ wie positiv mathematisch betrachtet werden kann (vgl. **321-01**, **321-11**, **321-13**). Das Verhältnis von Planetensystem zu Kometen wie das des weiblichen Keims zur befruchtenden Samenzelle.

9(09.01.21) 4349 2/163f. **-09**

Es wird untersucht, inwieweit in der **Mathematik** selbst eine Art Unfaßbares auftritt. Die **Ellipse** als Linie der Punkte, deren Summe der Abstände zu zwei festen (Brenn-)Punkten konstant ist; bei der **Hyperbel** ist es die Differenz der Abstände. Die **Cassini-Kurve** als Linie der Punkte, deren Produkt der Abstände konstant ist. Deren verschiedene Ausgestaltung von der ellipsenähnlichen über die Lemniskate zu den beiden getrennten Ästen (s. auch **286-08**). Wenn bei dieser Form die Vorstellung nicht abreißen soll, muß man aus dem **Raum** heraus gehen. Bei Konstanz des Quotienten erhält man einen **Kreis**. Strebt dieser Quotient von einem kleinen Bruch gegen 1, so erhält man Kreise mit immer größerem Radius, bei 1 erhält man eine Gerade (Ordinatenachse). Wird der Quotient größer 1, so entstehen wieder Kreise, deren Krümmung nun nach außen, nicht nach innen geht, und deren Mittelpunkt im Unendlichen liegt. D. h. man kommt nicht wie bei der Cassini-Kurve mit den zwei Ästen aus dem Raum heraus und wieder in ihn herein (geschlossene Kurve), sondern die Kurve des Quotienten geht ganz aus dem Raum hinaus und schließt sich nicht.

Reales Vorkommen einer Cassinikurve vom ellipsenähnlichen Typ bei der Beobachtung (Brennpunkt 1) der Punkte gleichen Glanzes, die von einer Lichtquelle (Brennpunkt 2) beleuchtet werden.

Über das "normale" Newtonsche" **Spektrum** (Grün in der Mitte, an den Enden Rot und Violett) und das komplementäre Goethesche Spektrum (Pfirsichblüt in der Mitte, Blau und Gelb an den Enden). Würde das gerade Band des normalen Spektrums zum Kreis geschlossen, ergäbe sich aus dem Zusammentreffen das Pfirsichblüt. "Aber wenn es uns gelingen würde - ich weiß nicht, ob Sie wissen, daß gerade nach dieser Richtung eine der ersten Versuchsanordnungen in unserem physikalisch-wissenschaftlichen Institut gemacht werden soll (s. **291-10**) -, das Spektrum in gewisser Weise in sich zu biegen, dann würden auch diejenigen, die zunächst aus den Gedanken heraus die Sache nicht begreifen wollen, sehen, wie man es tatsächlich hier auch mit Qualitativem zu tun hat. Solche Vorstellungen sind Endvorstellungen des Mathematischen, wo wir genötigt sind, als unendlichen fernen Punkt einer Geraden nur <u>einen</u> anzunehmen; wo wir genötigt sind, als eine Grenze der Ebene ... eine einzige Gerade ... anzunehmen; wo wir genötigt sind, die Grenzen des unendlichen Raumes nicht zu denken etwa sphärisch oder so etwas, sondern als eine Ebene."

Anwendung der Vorstellung der zwei-ästigen Cassini-Kurve auf die Beziehung zwischen dem **Nerven-Sinnes-System** und **Stoffwechsel-System**. "Sie müssen also durchaus mit Vorstellungen den menschlichen Organismus verfolgen, die nicht zu bekommen sind, wenn man für jedes einzelne Glied dieser Vorstellung eine adäquate sinnlich-empirische haben will." "Man muß aus dem Sinnlich-Empirischen heraus zu etwas anderem, wenn man finden will, welches dieser Zusammenhang im Menschen ist."

Ebenso muß ein solcher Übergang, der gleichsam aus dem Raum führt, gemacht werden bei der Betrachtung einer äußeren **chemischen** Erscheinung und eines entsprechenden Prozesses (**Ernährung**) im Menschen. Die geläufige Betrachtungsweise wird verglichen mit einem Standortwechsel bei der Betrachtung der beiden Kreisformen mit innerer und äußerer Krümmung. Dann erscheint der Kreis mit äußerer Krümmung als normaler Kreis. D. h. die chemischen Vorgänge im Menschen werden betrachtet, als seien sie dieselben, wie sie sich im Reagensglas abspielen.

10(10.01.21) 4352 2/183f. **-10**

Denken-Fühlen-Wollen

Nochmals zur Metamorphose der Schädel**knochen** aus den Röhrenknochen. Die Organisation der Röhrenknochen in Richtung des Erdradius, die der Schädelknochen aus einer Kugelsphäre. Diesem polaren Gegensatz entspricht der von mannigfaltigen Vorstellungen (**Bewußtsein**, Bild) und einförmigerem Wollen (Eigengefühl, Realität). Derselbe Gegensatz ist wirksam während der **Embryonalentwicklung**, nur realer, nicht zum Bildbewußtsein abgeschwächt. Ähnliche Gegensätze zwischen **Muskel**- und **Nerven**-System. **Stoffwechsel-Gliedmaßen-System** und **Nerven-Sinnes-System**, ihren Ausgleich findend im **Rhythmischen System**.

Der heutige Mensch hat nur ein Erkenntnisvermögen für das **Mineralreich** und nicht für die anderen. Deshalb auch der Versuch, das Leben auf chemisch-physikalischer Ebene zu erklären. Sein Erkenntnisvermögen verhält sich zum Mineralreich wie Bild zu Realität. Das Mineralreich als Spiegelung ("in Wirklichkeit ist die Sache umgekehrt, aber ich will jetzt so sagen") der kosmischen Sphäre in der Erde (im Mittelpunkt der Erde). D. h. der äußere Kosmos produziert die äußere Realität, "und unser Erkenntnisvermögen für diese Realität wird dadurch physisch organisiert, daß die Sphäre bloß auf unser Erkenntnisvermögen noch wirkt. Daher haben wir zu unterscheiden, selbstverständlich auch in der Genesis der Erde, eine Phase, in der starke Wirkungen so auftreten, daß aus dem Kosmos heraus konstituiert wird die Erde selbst, und eine spätere Phase..., wo die Kräfte so wirken, daß konstituiert wird das Erkenntnisvermögen für diese realen Dinge."

Zu den verschiedenen Formen der **Cassini-Kurve**. Es wird die Anschauung dahin erweitert, daß die einzelnen Formen kontinuierlich ineinander übergehen, indem der Abstand der Brennpunkte eine Funktion von b wird (Variabilität zweiter Ordnung). Damit "bekomme ich das Gesetz für den Inhalt einer Fläche, die in sich selber aber in all ihren Punkten schon in der **mathematischen** Auffassung qualitativ verschieden ist. An jedem Punkt ist eine andere Qualität vorhanden."

Ein ähnliches Verhältnis wie zwischen der Variabilität erster und zweiter Ordnung bestünde auch bei den Gesetzmäßigkeiten der **Lichtbrechung** (s. vor. Ref.).

Für die **Astronomie** muß neben dem System der Zentralkräfte, die heute allein als ausschlaggebend betrachtet werden, noch ein anderes System eingeführt werden, die die rotierenden, scherenden und "deformierenden" Bewegungen berücksichtigt.

11(11.01.21) 4353 2/201f. **-11**

Über die innere **Bewegung** im **Tierkreis** (Fixsternhimmel) am Beispiel des Großen Bären in großen Zeitabständen (vor bzw. in 50 000 Jahren verglichen mit der heutigen Stellung).

Die "scheinbare" Bewegung der **Planeten** mit einer Schleife (bzw. einer aufgelösten Schleife, Vorwärts-Rückwärtsbewegung) in Erdnähe.

Die im unteren Ast offene **Lemniskate** (Schleife), die in vielfältiger Art in der menschlichen **Gestalt** zu finden ist: z. B. Rippenbogen-Wirbel-Rippenbogen und deren Modifikation zum Kopf hin. "Und Sie bekommen, wenn Sie ... studieren die gesamte menschliche Figur in dem Gegensatz von Sinnes-Nervenorganisation und Stoffwechsel-Organisation, eine nach unten auseinandergehende und nach oben sich schließende Lemniskate." Es würden auch stark modifizierte Lemniskaten erhalten, "wenn Sie den Weg verfolgen, der genommen wird von den Zentripetalnerven durch das Zentrum zum Ende der Zentrifugalnerven" (*sensitive und motorische Nerven*). Beim Menschen bilden die Lemniskaten einen schiefen Winkel, beim **Tier** sind sie parallel.

Nur durch die Anwendung der **Mathematik** (**Geometrie**), in die selbst Leben hineingebracht wird wie im letzten Vortrag bei der **Cassini-Kurve** beschrieben (Verbindung der Variabilität erster Ordnung mit einer solchen zweiter Ordnung, erwähnt werden hier auch **Zykloide** und **Cardioide**, "wenn man nur auch da nicht mit einer gewissen Starrheit vorgeht.") wird man in eine mathematische Auffassung des Organischen hineinkommen.

Zuordnung der Planetenbewegung zur ganzen menschlichen Gestalt: (dabei: Schleife der Planetenbahn - Kopf). In der Fixsternbewegung liegt nur ein Teil der Schleifenbewegung vor, die Fixsterne haben nur mit der Hauptesbildung zu tun. Die Planetenbewegung als Projektion der kosmischen Bewegungen, die der Mensch mit der Erde im **Jahreslauf** ausführt. "Und der Grund, warum wir da, wo sich der Planet der Schleife nähert, die übrige Bahn dann offen lassen müssen..., den müssen wir darin sehen, daß wir ja unter gewissen Bedingungen eine geschlossene Kurve in der Projektion als eine offene erhalten können."

12(12.01.21) 4355 2/218f. **-12**

Astronomie / Erdbewegung

Die Grundprinzipien für die **Gestalt**ung der menschlichen Organisation: Sphäre, Lemniskaten mit "variablen Konstanten" und Radius. Bahnschleifen der unteren **Planeten** Merkur und Venus bei Konjunktion, bei den oberen Planeten wenn in Oppositionsstellung. Die oberen Planeten wirken auf die Sphärenbildung beim Menschen, wobei die Schleifenintensität wichtig ist. Bei den anderen handelt es sich um eine Verstärkung der Sonnenwirkung.

Die Bahnen der **Sonne** und des **Mond**es, die keine Schleife aufweisen, sind zugeteilt der Radial-Vertikal-Linie beim Menschen (Rückgratlinie, Sonne), bzw. der Rückgratlinie des **Tier**es (Mond). Diese Bahnen müssen etwa senkrecht aufeinanderstehen, bzw. die Sonnenbahn muß radial zur Erdoberfläche stehen. Die **Erde** folgt der Sonne nach. "Es muß sich darum handeln, daß Erdenbahn und Sonnenbahn in einer gewissen Art zusammenfallen, so daß es möglich ist, daß die Radien der Erde bei der Drehung der Erde in die Sonnenbahn hineinfallen, oder wenigstens in einer bestimmten Beziehung zu ihr stehen. Daraus folgt, daß die Erdbewegung nicht eine einfache Ellipsenbewegung um die Sonne ist. "Denn es könnte ja durchaus sein, daß wir in demjenigen, was wir ausrechnen aus der Geschwindigkeit und wiederum aus der Länge des Radiusvektors (*2. Keplersches Gesetz*), schon nicht ursprüngliche Größen hätten, sondern wiederum Resultierende von ursprünglichen Größen, so daß das Scheinbild, das entsteht, auf ein weiter Zurückliegendes weist."

Über die geläufige Vorstellung, daß Mineral-, Pflanzen-, Tier- und Menschenreich linear aufeinanderfolgen. Über die Polarität von Pflanze und Tier, besonders deutlich in ihrem Verhalten gegenüber Sauerstoff und Kohlenstoff. Eine Fortsetzung des Pflanzlichen führt (über die Dauerpflanzen) zum Mineralisieren. Vom Tierischen geht der Weg nicht direkt in Fortsetzung zum Menschen. Dieser bleibt nämlich in seiner Bildung (besonders in der Embryonalentwicklung) hinter dem Tierischen zurück. "So daß also, indem wir ganz äußerlich...diese drei Reiche betrachten, wir allerdings nötig haben, hier eine merkwürdige mathematische Linie zu ziehen, nämlich eine, die bei ihrer Fortsetzung verschwindet, wenn wir vom Tier zum Menschen übergehen, und hier (bei der Pflanze) eine Linie, die sich verlängert." Der gedachte ideale Mittelpunkt zwischen Pflanze und Tier in diesem Schema müßte mit der Gestaltung der verschiedenen **Naturreiche** zusammenhängen wie die Bewegungen im Weltall.

13(13.01.21) 4357 2/235f. -13

Astronomie

Die **heliozentrische** Betrachtung des **Weltsystems** wie bei **Kopernikus** war nicht neu, sondern war fast in gleicher Weise schon im Altertum ausgebildet, wie z. B. bei **Aristarch von Samos** (ca. 320-250 v.Chr.). Die geozentrische Anschauung des **Ptolemäus** (138-180 n.Chr.) war nur im 4. nachatlantischen Zeitalter vorherrschend. Die Erklärung der **Planeten**bahnen, hervorgehend aus einer Kreis- und Epizyklusbewegung. Über den Unterschied sonnennaher und sonnenferner Planeten, die eine Beziehung zur menschlichen Organisation unterhalb bzw. oberhalb des Herzens haben.

In früherer Zeit gab es keine scharfe Trennung in Begriff, Vorstellung und **Sinneswahrnehmung**. Das alte heliozentrische System, das bei Aristarch schon in Dekadenz ist, war "gefühlt", "als man eben noch ganz und gar mit der Vorstellung drinnen lebte in der äußeren Sinnlichkeit." Aus diesem Zusammenhang mußte sich der Mensch herausentwickeln. Dabei hatte das ptolemäisches System die Rolle eines Erziehungsmittels, damit sich die Vorstellungen von den äußeren Wahrnehmungen emanzipieren konnten.

Es wird hingewiesen auf den Gegensatz zwischen sonnennahen und sonnenfernen Planeten mit der Erde in der Mitte (heliozentrisches System) und den anderen Gegensatz zwischen Pflanzenreich-Mineralreich und Tierreich-Menschenreich (s. vor. Ref.).

14(14.01.21) 4359 2/250f. -14

Astronomie

Dem alten **ptolemäischen Weltsystem** lag noch ein Empfinden des Verbundenseins mit den Himmelskörpern zugrunde, die in der Vorstellung von **Planetensphären** ihren Ausdruck findet. Planetensphäre (**Rotationsellipsoid**) als die die Erde durchdringende Sphäre, deren äußere Grenze durch den sichtbaren Planeten markiert wird (vgl. **110-04** und **110-05**). Diese Vorstellung wurde im **kopernikanischen Weltsystem** durch die **Gravitation** ersetzt (Beispiel **Ebbe und Flut**). Die rotierende Gravitationslinie ergäbe etwa die Sphäre. Die die Erde durchdringende Monden- und Sonnensphäre müssen zusammen mit der Erdensphäre demnach auch in der Gestaltung der **Naturreiche** zum Ausdruck kommen. Die direkte Sonnenwirkung beim Tier und die indirekte über den Mond beim Menschen, die dafür sorgt, daß dessen Gestaltung angehalten wird auf einer früheren Stufe (s. vor. Ref.). Bei der Pflanze wird die Sonnenwirkung fortgesetzt durch die Erde zur Mineralisierung (Beispiel Stein**kohle**; es wird auch der Gedanke aufgeworfen, daß auch das eigentlich Mineralische wie der **Kiesel** aus Pflanzlichem entstanden sein könnte (s. **232-05**)).

15(15.01.21) 4361 2/265f. -15

Gestalt / Astronomie / Punkt-Umkreis

Ähnlich wie bei der **Cassini-Kurve** mit den zwei getrennten Ästen von der Vorstellung ausgegangen werden muß, daß es eine zusammenhängende Linie ist, die aus dem Raum herausgeht, so kann man auch nur zu einem Verständnis des Metamorphosen-Zusammenhanges zwischen den Formen des **Nerven-Sinnes-Systems** und denen des **Stoffwechsel-Systems** kommen, wenn man sich vorstellt, daß dabei aus dem Raum herausgegangen werden muß. Wird dann noch die Variabilität zweiter Ordnung (s. vorige Ref.) eingeführt, kommt man zu zwei verschiedenartigen Ästen, einem geschlossenen und einem ins Unendliche geöffneten, wobei die erstere Linie die Tendenz nach außen, die letztere nach innen gewendet vorzustellen ist.

Die Vorstellung eines **Gegenraumes**, bei dem die dritte **Dimension** dadurch verschwindet, daß eine zweite, aber negative dritte Dimension dazukommt. Bildung einer diesem Raum entsprechenden Sphäre in einer Art abgeflachter (Linsen-)Form, wie sie der Häufung von Sternen in einem **Milchstraßen**-System entspricht (vgl. 110-10) oder sich "im Bild" des Durchganges der Sonne durch den Tierkreis zeigt.

Es wird weiter die Vorstellung des Verschwindens der zweiten und dritten Dimension entwickelt, wobei zuletzt ein Punkt erhalten wird, der nicht im dreidimensionalen Raum vorhanden ist.

Reale Entsprechung im menschlichen Organismus: Zusammenhang des von außen nach innen gebildeten **Auges**, das im Sehnerv ausläuft, mit der **Niere** und ihrem Ausführungsgang. "In dem Augenblick, wo Sie...solche Vorstellungen denken für den Sehvorgang und dann das Entsprechende beim Nierenabsonderungsvorgang suchen, müssen Sie sich die Wirkung so denken, als ob Sie aus dem dreidimensionalen Raum herauskommen würden."

In "ähnlicher Weise" müsse man zum Verständnis der **Planeten**bahnen gelangen, wobei die Bahnen der untersonnigen Planeten aus dem dreidimensionalen Raum unter Benützung von **Polarkoordinaten** erklärbar seien, die Bahnen der obersonnigen Planeten jedoch mit einem Polarkoordinatensystem verstanden werden könnten, deren Ausgangspunkte außerhalb des dreidimensionalen Raumes lägen.

Die Unterscheidung von zweierlei Punkten, des "normalen", nach außen gewendeten, ohne Flächeninhalt, und eines anderen, nach innen gewendeten, mit unendlich großer Kugelfläche. Vorstellung, daß in einer kleinen Sphäre wieder zum Vorschein kommt, was jenseits der großen (Punkt-)Sphäre ist. Kleine Sphäre z. B. der Mond, große Punktsphäre = Sternenhimmel: "Aber mit alledem, was sich mir da in den Weiten ergibt, hat das nichts zu tun, was innerhalb der Kugeloberfläche des Mondes liegt; das hat zu tun mit demjenigen, was beginnt, wenn die Sterne aufhören." Vergleich dieses Verhältnisses mit dem Verhältnis Niere(nprozeß) und Auge.

16(16.01.21) 4364 2/285f. -16

Experiment

Über **Bewegungen** des Menschen im Zusammenhang mit der Erklärung der Himmelsbewegungen: Es sind zu unterscheiden relative Bewegungen und andere, wie die rotierenden, scherenden, deformierenden Bewegungen, die "nicht im relativen Sinne aufgefaßt werden können." Über die **will**kürlichen Bewegungen (parallel zur Erdoberfläche) im bewußten, wachen Zustand, der auf innere, Stoffwechselvorgänge zurückgeht und sich in **Ermüdung** äußert, und den **Schlaf** (in horizontaler Lage, Rückgratlinie wie beim Tier), wo der Mensch sich vom Kosmos bewegen läßt und ebenfalls ein Stoffwechselumsatz stattfindet, der nicht in der Außenwelt verläuft, sondern "umkehrt und im menschlichen Haupte als solchem sich geltend macht." Zu dieser Umkehrung ist die horizontale Lage nötig. Zusammenhang von Bewegung durch Willen (schlafendes Bewußtsein) und Schlafen. Unterschied zwischen den willkürlichen Bewegungen des Menschen und der Tiere.

Damit Ausgangspunkt für eine Beurteilung von Himmelsbewegungen gefunden: "Wir haben also die Möglichkeit, dasjenige, was aus dem Weltenraum heraus mit unserem Organismus im Schlafe getan wird, als das zu Definierende zu betrachten, das wir erkennen sollen, und das andere, das wir äußerlich vollziehen, das wir also kennen in bezug auf seine Lageverhältnisse, als den Oberbegriff des Definierens zu betrachten." S. auch 17. Vortrag.

Ein wirklicher **Phänomenalismus** (**Goetheanismus**) soll in dieser Art Erscheinungen durch Erscheinungen erklären. Notwendig sind dazu "neue Versuchsanordnungen" mit eigens dafür entwickelten Instrumenten. Bei dieser Methode sollen die Begriffe sich nicht zu sehr von den experimentellen Ergebnissen entfernen. Als Beispiel, wo eine solche neue Betrachtungsweise nötig ist, wird der Aufbau der **Sonne** (Kern, Photo-, Atmos-. Chromosphäre, Korona) angeführt. Interpretation von Erscheinungen wie **Sonnenflecke** oder Sonneneruptionen mithilfe der an irdischen Erscheinungen wie z. B. **Vulkanismus** gewonnenen Begriffe. Vulkane gehen von einem Mittelpunkt aus, sich nach außen verbreitend, umgekehrt ist es aber bei den Sonneneruptionen, die von außen (Korona) nach innen, Richtung Kern, gehen.

Über den großen Wert der synthetischen, **projektive**n **Geometrie** als Übergang zu einer qualitativen **Mathematik**. Vorstellung der Geraden als einer Linie mit nur einem Ende, "und das andere Ende geht einfach durch reale Verhältnisse über in eine Fortsetzung, die irgendwo liegen muß."

17(17.01.21) 4367 2/302f. -17

Erdbewegung

Das **Wachstum** der **Pflanze** ist radial von der **Erde** Richtung **Sonne**, das des Menschen ist ebenfalls radial, aber in der Richtung entgegengesetzt: "uns selbst müssen wir aber so vorstellen, daß unserem physisch sichtbaren Wachstum ein Überphysisch-Unsichtbares entgegenwächst..." und zwar dem Mittelpunkt der Erde zu. In dieser Wachstumslinie ist auch die Bewegungslinie für Erde - Sonne zu suchen. Erde und Sonne bewegen sich auf derselben Bahn "und doch wiederum einander entgegengesetzt". Nochmals zu den Erscheinungen der Sonneneruptionen bzw. dem **Vulkanismus**: "Wir sehen gewissermaßen die Erdvorgänge, wenn wir in die Sonne blicken, doch so, wie wenn wir im Mittelpunkt der Erde stünden, aber wie wenn die Innenfläche der Erde aus dem Konkaven in das Konvexe gebogen wäre..." Es hat also eine Art **Umstülpung** stattgefunden (s. Ref. -15). Die Kurve, die obige Forderung für die Erde-Sonnen-Bewegung erfüllt, ist die Rotations**lemniskate**, "die aber zur gleichen Zeit im Raum fortschreitet." Es ergibt sich eine lemniskatische Schraubenlinie, bei der die Erde der Sonne nachfolgt: "Sie bekommen die scheinbaren Orte mit alle dem, was dabei zu berücksichtigen ist, durchaus als Projektion desjenigen, was sich ergibt, wenn sich Erde und Sonne aneinander vorbeibewegen. Sie müssen nur, wenn Sie diese Rechnung stimmend finden wollen, alle die verschiedenen Korrekturen, zum Beispiel die **Besselschen Gleichungen** und dergleichen, miteinbeziehen..." Später (S. 314) dazu noch: "In diesen Korrekturen, da steckt dasjenige drin, was zur Wahrheit führt. Wenn man, statt daß man bei den Formeln stehen bleibt und zu gedachten Dingen kommt, die Formeln in sich beweglich macht und dann versucht, Kurven zu zeichnen, dann kommt man schon zu diesem System" (der lemniskatischen Bewegungen).

Die **Gravitation** als das eigentliche Prinzip des Nachziehens. Es ist nicht nötig, dazu noch Tangentialkräfte anzunehmen. Die Bahnen der **Planeten** (Unterschied zwischen unter- und obersonnigen) als ein System bestimmt angeordneter Lemniskaten. Es wird nochmals auf die Beziehung der untersonnigen Planeten zur radialen Richtung und kosmischen Wirklichkeit im Menschen, die der obersonnigen zur Sphärenrichtung und dem Fixsternhimmel betont.

Über das Auseinanderfallen von natürlicher und moralischer Weltordnung und die Notwendigkeit, wieder einen Übergang zu finden. Die alte Astronomie zerfiel in die Verirrungen der Astrologie und der heutigen Astronomie. Nochmaliger Hinweis, daß aus den Bewegungsrichtungen des Menschen im Wachen und Schlafen sich die Kurven zusammensetzen, die bei den Bewegungen der Himmelskörper zum Vorschein kommen.

18(18.01.21) 4368 2/318f. **-18**

Astronomie / Elektrizität

Gegensatz **Erde**- **Sonne**: Erde ponderable, drückende **Materie**, Sonne von außen nach innen immer dünner werdende, schließlich negative, saugende Materie. Sonne als Ansammlung von Saugekraft, "dann brauchen Sie gar nicht weiter irgendeine Erklärung der **Gravitation** als nur diese, denn das ist schon die Erklärung der Gravitation."

Der Übergang von positiv zu negativ mit reellen **Zahlen** kann auch analog mit **imaginären** gedacht werden: "und man hätte auch eine Möglichkeit, zu der positiven und negativen Materie dasjenige hinzuzufügen, was man in der Anthroposophie zum Beispiel die Materie oder ... die Geistigkeit des **Astralischen** zu nennen hat."

Nochmals über das entgegengesetzte **Wachstum** bei Pflanze und Mensch: Beim Menschen wirkt die Saugekraft der Sonne, indem sie den **Ätherleib** von oben nach unten durchdringt. Diese Kraft läßt sich auch zerlegt denken in 2 Komponenten. "Wir können also überall Komponenten der Kräfte bilden, die eigentlich in der Richtung der Erden-Sonnenbahn liegen."

Der Gegensatz von Erde - Sonne ist in jeder **Sinneswahrnehmung** enthalten. Beispiel des **Druckes**, der mit einem Finger ausgeübt wird, der Gegendruck entspricht der Sonnenkraft, "die durch mich, das heißt durch meinen Ätherleib wirkt" (vgl. 115-02).

Auch mit dem System der **Lemniskaten** können die **Planeten**bewegungen nur für die heutige Zeit richtig beschrieben werden. "Schon wenn die Zeit eintritt, die so weit entfernt ist von der unsrigen, wie diejenige, die ich als die **künftige Eiszeit** angegeben habe, dann müßte ich dieses System ... so modifizieren, daß ich die Konstanten der Kurve variabel nehme, und sie selber wiederum ziemlich komplizierte Funktionen sind." Eigentlich muß die Lemniskatenbahn ständig variiert werden, um an der Wirklichkeit zu bleiben: Prinzip der Veränderlichkeit im Planetensystem, der auf der anderen Seite die Tendenz zur Starrheit gegenübersteht.

Kometen als Körper, die dauernd - sich nach vorn schiebend -erneuern, nach hinten vergehen. In ihnen durchdringen sich die Sphären von ponderabler und negativer Materie, aber nicht gleichmäßig wie etwa beim Licht, sondern inhomogen. "Und nun stellen Sie sich vor in diesem Durchdringen das Aufeinanderstoßen bestimmter Dichtigkeitsverhältnisse, dann haben Sie die Bedingungen gegeben, daß einfach durch die eine Substantialität, die von der anderen durchdrungen wird, solche Erscheinungen wie die Kometen entstehen."

Hinweis, daß mit den Vorträgen Anregungen gegeben werden sollten, auch auf anderen Gebieten der Physik den Gegensatz von Sonne - Erde zu verfolgen: "Man wird auf diese Art aus dem **Lichte**, aus der **Wärme** usw. noch ganz andere Wirkungen herausholen können, als bisher herausgeholt worden sind, weil man an die Erscheinungen nicht herangegangen ist so, daß sie sich voll enthüllt hätten." Dazu seien neue **Experiment**alanordnungen nötig, wichtiger aber sei: "Je leerer die Zimmer und je voller unsere Köpfe, desto bessere Experimentatoren werden wir nach und nach..." Über die falsche Interpretation der Lichtbrechung, über **Anode** und **Kathode** unter dem Aspekt von Radius und Sphäre.

Der Naturforscher muß den Mut zur **Imagination** haben, wohin ihn schon Vorstellungen der **projektiven Geometrie** hinführen. Nur mit Imagination (-Inspiration-Intuition) ist die volle Wirklichkeit zu erfassen.

Auch im Licht**spektrum** ist der Gegensatz Sonne - Erde vorhanden (blauer Teil, chemische Wirkung, Sonne; roter Teil, Wärme, Erde).

324 Naturbeobachtung, Mathematik, wissenschaftliches Experiment und Erkenntnisergebnisse vom Gesichtspunkt der Anthroposophie

1(16.03.21) 4418 2/9ff. **-01**

Naturwissenschaft

Durch die empirische Naturbeobachtung erhält der Mensch Bilder von der Außenwelt, die von dieser unabhängig sind, mit dieser nichts direkt zu tun haben (bildet eine Grundlage für die **Freiheit** des Menschen). Die **Mathematik** als etwas aus dem inneren Seelenleben zunächst Konstruiertes, Abstraktes. Dem Streben der Wissenschaft, die Naturbeobachtungen mit Mathematik zu durchdringen, liegt der Wunsch zugrunde, das unwirkliche Bild der Außenwelt mit dem menschlichen Inneren zu verbinden. Dabei geht jedoch die Fülle der Außenwelt verloren. Künftiger Weg: Verstärkung der mathematisierenden Kraft, um durch sie innerliche Wirklichkeit aus dem Seelenleben herauszuheben. "Das dritte wäre ein Erleben des Geistes ... notwendig innerlich intim wie das mathematische Erleben, aber mit dem Charakter der geistigen Wirklichkeit."

2(17.03.21) 4419 2/28f. **-02**

Die Beziehungen des dreigliedrigen Menschen zu den **Dimensionen** des **Raumes**. Das Erleben der Dreidimensionalität im Unbewußten des Gliedmaßen-Stoffwechselsystems und das Abstraktwerden der Dimensionen in den beiden anderen Systemen.

3(18.03.21) 4420 2/43f. **-03**

Die Anwendbarkeit der **Mathematik** auf die mineralische Welt. Die **Imagination** als weitere Stufe klarer Erkenntnis, sie erschließt die belebte, ätherische Welt. Die **Sinnesorgane** als Golfe der Außenwelt, die von Ätherischem durchströmt werden. Imagination ist vollbewußtes **Hellsehen**, während das gewöhnliche Hellsehen durch Bewußtseinsabdämpfung (Hypnose usw.) erfolgt und eher "Dunkelsehen" genannt werden sollte.

4(19.03.21) 4421 2/60f. **-04**

In der **Imagination** wird die Pflanzenwelt als eine Einheit erlebt. **Erinnerung**en werden zu einer räumlichen Rückschau des bisherigen Lebens. Die Kraft der Imagination ist verwandt der kindlichen **Wachstum**skraft, speziell in den Sinnesorganen bzw. im **Nerven-Sin-**

nessystem. Über den Unterschied zwischen Erinnerungsvorstellungen und Imaginationen. In einer weiteren Stufe muß die Kraft des Vergessens (der Imaginationen) geübt werden, nämlich so, "daß man sich in der Erkraftung des Vergessens zu Hilfe kommen kann, wenn man weiterbildet durch eine gewisse Selbstzucht ... dasjenige, was im gewöhnlichen Leben auftritt als die Fähigkeit der **Liebe**." Dadurch gewinnen die imaginativen Bilder geistige Realität: **Inspiration**. Diese führt zur Erkenntnis des **Rhythmischen Systems** des Menschen. In den **Joga**-Systemen wurde diese Erkenntnis über den physisch-körperlichen Weg zu erreichen gesucht, dies muß heute durch geistig-seelische Übungen ausgebildet werden. S. dazu auch folgenden Vortrag.

5(21.03.21) 4424 2/82f. **-05**

Naturwissenschaft

Gehirn und **Nerven-Sinnessystem** als physisch gewordene Imaginationen. Über analytische und synthetische (projektive) **Geometrie**, letztere als Annäherung vom rein mathematischen zum imaginativen Vorstellen. Über das **Joga**system und die Ausbildung von **Symbolen** und **Kultus** als Darstellung des Zusammenhanges zwischen erkennendem Mensch und dem geistigen Inhalt des Kosmos. Heute hat der Mensch aufgrund der Verstandesentwicklung das Bedürfnis, "diese intensive Verstandestätigkeit wiederum in der äußeren Welt anzuwenden. Geradeso wie man innerlich in alten Zeiten die Erkenntnis ... anwendete auf das Herstellen des Kultgeräts und auf das Vollziehen der Kulthandlung,... so hat man in der neueren Zeit die Sehnsucht bekommen, dasjenige, was der selbständige ... Verstand ist, nun auch in der Außenwelt zu befriedigen, von der Außenwelt etwas hereinzubekommen, worauf der Verstand, ohne daß er erst durch das innere Leben getragen ist, sich anwenden kann." Dies geschieht im **Experiment**, im Hantieren mit wissenschaftlichem Gerät.

6(22.03.21) 4426 2/96f. **-06**

Über **Erinnerung** und **Imagination**. Goethes **Phänomenalismus** als Vorstufe einer imaginativen Erkenntnis. Das Streben, Phänomene durch nicht sinnlich wahrnehmbare Hilfskonstruktionen (Atome usw.) zu erklären, "zerstört das imaginative Vermögen". Inspirierte Imagination und das Durchbrechen des inneren (Erinnerungs-)spiegels, Erkenntnis der inneren menschlichen Organe. Dieser Vorgang in abnormer Weise bei Mystikern wie der **Heiligen Theresia** und **Mechthild von Magdeburg**.

7(23.03.21) 4428 2/115f. **-07**

Über **Intuition** in geisteswissenschaftlichem Sinn und im gewöhnlichen: "Dasjenige, was man da hat zunächst im gewöhnlichen Erleben in der noch unbestimmten Intuition, das ist das **Glauben**serlebnis." Der **inspirierten Imagination** ist das vorgeburtliche und nachtodliche Leben zugänglich, der Intuition erschließt sich die Erkenntnis der wiederholten Erdenleben. Die Ergänzung der äußeren Geschichtswissenschaft durch die Geisteswissenschaft. Hinweis auf die Geschichte des 4. nachchristlichen Jahrhunderts, auf **Dante** (s. auch Diskussionsvotum vom 23.03.21) und **Luther**.

325 Die Naturwissenschaft und die weltgeschichtliche Entwickelung der Menschheit seit dem Altertum

1(15.05.21) 4491 2/13ff. -01

Sozialleben

Der Bruch in der geistigen Entwicklung des 19. Jahrhunderts um die Jahrhundertmitte, dargestellt an Persönlichkeiten, die soziale Ideen in der ersten Jahrhunderthälfte zu entwickeln suchten: Graf **Saint Simon** (Claude Henri de Rouvroy, 1760-1825), Auguste **Comte** (1798-1857), Herbert **Spencer** (1820-1903) u. a. Ihr Vertrauen, daß der menschliche Geist (positivistische) Lösungen für die sozialen Fragen finden könne, welches später in der zweiten Hälfte des Jahrhunderts bei Karl **Marx** u. a. nicht mehr vorhanden ist. Der Widerspruch zwischen naturwissenschaftlich begründeter sozialer Ordnung und dem Anspruch des Einzelnen auf Freiheit. Joseph de **Maistre** (1754-1821) dagegen verweist darauf, daß mit dem naturwissenschaftlichen Verstand keine haltbare Sozialordnung entworfen werden könne, und propagiert eine Wiederbelebung der alten katholisch-christlichen Sozialimpulse.

Die Anschauungen Maistres und früherer Zeiten über Sünde, bzw. **Erbsünde**, über die natürliche Entwicklung des Menschen und die Notwendigkeit, sie in eine moralische Ordnung hineinzustellen.

Der Zusammenhang zwischen dem Bruch im 19. Jahrhundert, dem Aufkommen der Renaissance und der Reformation im 15. Jahrhundert und dem Ende der alten griechisch-römischen Kultur im 4. Jahrhundert. Der geistige Stillstand zwischen dem 4. und 15. Jahrhundert. 4. Jahrhundert: Konstantin, Julian Apostata, **Augustinus** und sein Verhältnis zum Manichäismus und Neuplatonismus (s. auch 6. Vortrag vom 24.05.23), das arianische Christentum der Goten, die Bibelübersetzung **Wulfilas** (dazu detaillierte Ausführungen).

2(16.05.21) 4493 2/45ff. -02

Europa

Die griechisch-römische Kultur, die von einer dünnen Oberschicht getragen wurde, war nur möglich auf der Basis der **Sklaverei**. Über die germanischen Stämme der **Völkerwanderung**szeit: ihre Religion gebunden an Blutsverhältnisse, **Ahnenkult**, der etwa ab dem 4. Jahrhundert nach erneuter Seßhaftigkeit überging in Verehrung lokaler Götter, heiliger Stätten und Naturerscheinungen, Ausbildung des **Runen**wesens, der Symbolik und in christlicher Zeit bzw. in Südeuropa des **Kultus** (Übergang von Zeit- zu Raumanschauung). Die Übernahme der griechisch-römischen Bildung durch die christliche Priesterschaft. Das **Denken** damals war an die Sprache, weniger an die eigene Aktivität gebunden (Grammatik und Rhetorik). Das Fortleben der **lateinischen Sprache** und damit verbunden das Geheimhalten des **Christentums** vor dem Volk, das nur die äußere Kultsymbolik vorgesetzt bekam. Nachwirken der alten noch mehr traumhaften Seelenhaltung im Volk bis ins 12. Jahrhundert, als die **Stadtkultur** aufkam (s. auch 6. Vortrag vom 24.05.21), und noch später. Einflüsse des Orients, Hinweis auf die Akademie von **Gondishapur**. Die Geburt des aus der eigenen subjektiven Aktivität erarbeiteten Denkens aus dem Volksleben gegen das 15. Jahrhundert hin. Das Entstehen von Territorialverwaltung und Jurisprudenz aus der lateinischen Strömung. Die Eroberung der äußeren Naturgesetzlichkeit durch das neugeborene aktive, aber inhaltsleere Denken.

3(21.05.21) 4495 2/84ff. -03

Über die Inspirationsstimmung in **Spinozas** Werken ("Ethik"), ihre Wurzeln in der instinktiven Inspirationsstimmung der alten Ägypter und die Imaginationsstimmung bei **Goethe** und deren Wurzeln in der imaginativen Seelenhaltung der Chaldäer. Beides als Beispiele für das Sich-Hineinversetzen in frühere Seelenzustände.

4(22.05.21) 4496 2/95ff. -04

Landwirtschaft

Die Verwandtschaft zwischen der primitiven westeuropäischen Höhlenkultur (**Höhlenmalerei**) und der entwickelten urindischen Kultur (Veden, Vedantaphilosophie, Joga). Hinweis auf die minoische Kultur auf **Kreta**.

Die alte **chinesische** Kultur mit einer ähnlichen instinktiven Inspirationsstimmung wie bei den Ägyptern, deutlich am Beispiel der Anschauung des himmlischen **Yang**, des irdischen **Yin** und des ausgleichenden **Tao** (Dreigliederung nicht bezogen auf den Menschen, sondern auf das Weltall, mit dem sich der Mensch eins fühlte.). Später in abgewandelter Form in der urpersischen Epoche als Gegensatz zwischen Ahura mazdao und Ahriman, während in urindischer Zeit noch nicht zwischen oben und unten unterschieden wurde. Die Liebe zu den Naturreichen in dieser Epoche, mit der urpersischen Kultur Beginn von Ackerbau ("wahrscheinlich waren es zuerst die Frauen, die den Ackerbau betrieben haben") und Viehzucht (6. bis 7. Jahrtausend). Im 3. Jahrtausend wieder ein starker Umschwung in Ägypten, der sich ausdrückt im **Pyramiden**bau (dazu notwendig Metallverarbeitung), in der Arzneikunst (**Tempelschlaf**, Auffindung des Heilmittels durch Deutung von Träumen, s. auch folgenden Vortrag): Verinnerlichung des Bewußtseins, das bis dahin mehr im Äußeren aufgegangen war. Der Gebrauch des **Pferd**es als Reittier (bei **Hammurabi** noch nicht als Haustier erwähnt) deutet ebenfalls auf eine Verstärkung des individuellen Bewußtseins und bedeutet auch eine Verstärkung des kriegerischen Elementes, das mit der urpersischen Zeit aufgekommen war.

5(23.05.21) 4497 2/124f. -05

Das Aufkommen der **Intellektualität** im 8. vorchristlichen Jahrhundert. Damit Beginn des Auseinanderfallens von Moralität und Naturanschauung, die bei den alten Völkern noch zusammen erlebt wurden. Ausnahme: das jüdisch-**hebräische Volk**, seine **Genesis** "zeichnet sich gerade dadurch aus, daß sie im Grunde genommen bar jeder naturverbundenen Weltanschauung ist... Man möchte sagen, die Seelenverfassung dieses jüdischen Volkes ist so, als ob die Umwelt eben nur als eine für die Sinne ausgebreitete Welt wäre, als ob sich aus dieser Umwelt heraus nichts Geistig-Seelisches offenbarte... Dagegen war eine besonders lebhafte Wahrnehmung vorhanden für das menschliche Innere, und durch diese Wahrnehmung ... kam das jüdische Volk zu seiner **monotheistischen Religion**..." Damit zusammenhängend die vorzeitige und einseitige Ausbildung der Intellektualität bei diesem Volk. Der hebräische Einfluß bei **Philon** (ca. 25 v.Chr. - 50 n.Chr.).

Der Umschwung in der Verstandesentwicklung (von "es denkt in mir" zu "ich denke") im 4. nachchristlichen Jahrhundert, charakterisiert am Beispiel der Gründung Konstantinopels durch **Konstantin**. Zur **Palladium**-Sage. Über **Realismus** und **Nominalismus**. Das Unvermögen im Bewußtseinsseelen-Zeitalter, neue Begriffe zu bilden, Hinweis auf Franz von **Brentano**.

6(24.05.21) 4498 2/146f. -06

Die **Organe** des Stoffwechselsystems als nach innen gewendete, metamorphosierte Sinnesorgane. Die **Leber** als gewandeltes Geruchsorgan. **Hypochondrie**: "Und dadurch, daß gewöhnlich Leberleiden mit sehr geringen oder gar keinen Schmerzen verbunden sind, tritt das nicht als physisch wahrnehmbare Krankheit auf, sondern es tritt eben als seelisches Erlebnis auf, wenn die Leber nicht in Ordnung ist und daher falsch nach innen riecht. Der Hypochonder ist ... kein anderer als derjenige, dessen Leber nicht in Ordnung ist und der daher innerlich das, was sie ja sehr leicht als nicht gerade sympathisch Riechendes empfindet, nicht in normaler Weise, sondern in zu sensitiver Weise mit seiner kranken Leber beriecht."

6(24.05.21) 4498 2/158f. -07

Der Widerspruch zwischen **Energie-Erhaltungssatz** und der menschlichen **Freiheit**.

326 Der Entstehungsmoment der Naturwissenschaft in der Weltgeschichte

1(24.12.22) 5104 tb/9ff. -01

Über die Anfänge des modernen **naturwissenschaft**lichen Bewußtseins, die in das 14., 15. Jahrhundert zurückverfolgt werden können. Beispielhaft Nicolaus **Cusanus** (1401-1464), über seine Lebensstationen und Entwicklung. Die innere Geistgewißheit, die im Mittelalter zuvor noch vorhanden war (genannt werden Scotus Erigena und Thomas von Aquino), ist ihm verlorengegangen, er kann sie mit dem (theologischen) Denken nicht mehr erreichen, allenfalls in liebevoller Hingabe ahnen und mit mathematischen Symbolen vage andeuten: so in seinem Buch De docta ignoratia (1440). Schon vor Cusanus hatte **Meister Eckehart** aus diesem "Nicht" der Gottheit das Ich(t) zu finden gesucht. Während so für die führenden Menschen des ausgehenden Mittelalters das Geistige entschwand, rückte von der anderen Seite die sinnliche Welt ins volle Bewußtsein, auf die nun die als einzige verbliebene innere Gewißheit der Mathematik angewandt wurde, wie es dann *(Cusanus in seiner nächsten Inkarnation als)* **Kopernikus** (1473-1543) in seinem Buch De revolutionibus orbium coelestium (1543) tat.

2(25.12.22) 5108 tb/23f. -02

Über drei Phasen der **Bewußtsein**sentwicklung:

1. Phase der **Pneumatologie** (vor dem 8. Jahrhundert v.Chr.): Mensch fühlt sich eins mit dem in der ganzen Welt wirkenden Geist, die Seele erkannte sich als Boten dieses Geistes, und der Leib und die äußere Welt wurden als Abbilder dieses Geistes gesehen.
2. Phase der "magischen **Mystik**" (vom 8. vorchristlichen Jahrhundert bis zur Zeit von Meister Eckehart und Nicolaus Cusanus, also im wesentlichen während der griechisch-römischen Kulturepoche): Die Seele wird zum Träger des nicht mehr unmittelbar geschauten bzw. wahrgenommenen Geistes (Sphärenharmonie), zum **Logos**träger. Der Leib und auch die Natur wurde als Kraft bzw. als Kräftezusammenhang (aber noch nicht als Naturgesetze aufgefaßt) erlebt: das Seelische war dünner, das Körperliche kompakter geworden. Die Natur selbst wurde dem Menschen fremder. Über die **Atom**anschauung des **Demokritos** im Gegensatz zu der des 19. Jahrhunderts.

3. Phase der mathematisierenden **Naturwissenschaft** (etwa ab Kopernikus): Seele wird "gewissermaßen Behältnis von Ideen und Begriffen", die abgesehen von den mathematischen Begriffen keine innere Sicherheit bieten. Das Seelische ist damit noch dünner geworden, während das Körperliche noch robuster und dem menschlichen Inneren noch fremder wurde. Es entsteht der Gegensatz zwischen **subjektiv**em Inneren und **objektiv**em Äußeren der geistlos gewordenen Natur. Der Mensch sucht nun durch Naturwissenschaft den verlorenen inneren Zusammenhang von außen wieder zu gewinnen.

3(26.12.22) 5109 tb/38f. -03

Seit der Zeit des Kopernikus wird die **Mathematik** als die ideale Wissenschaft angesehen, die nicht nur auf die Naturwissenschaften angewandt wird, sondern die auch ein Vorbild für das philosophische Denken wird (Beispiel **Descartes**, **Spinoza** in seiner "Ethik"). Das kartesische **Koordinatensystem** und die **Geometrie**/Mathematik als Abstraktion von ursprünglich empfundenen, heute unbewußten Erlebnissen der **Raum**esrichtungen, die wiederum verbunden sind mit verschieden "schattierten" **Blut**erlebnissen (**Zeit**erlebnisse) (zweite Phase des vorigen Referates): "Das war einmal **Mystik**. Die Mathematik, die Mathesis, stand nicht nur nahe der Mystik, sondern sie war überhaupt die Bewegungsaußenseite, die Gliedmaßenseite für das Innenerlebnis, für das Bluterlebnis. Die ganze Mathematik verwandelte sich aus einer Summe von Raumesgebilden für den Mystiker einstiger Zeiten in dasjenige, was im Blute erlebt wird, in rhythmisches Innenerlebnis, aber intensives mystisches, rhythmisches Innenerlebnis."

Mit der Projektion des Koordinatensystems nach außen und der Trennung vom Menschen erst war das Kopernikanische Weltsystem möglich wie andererseits auch die Entdeckung des **Blutkreislauf**es (1628) durch W. **Harvey** (1578-1658).

4(27.12.22) 5111 tb/54f. -04

Über Giordano **Bruno** (1548-1600), der das kopernikanische Weltsystem glorifiziert in einer etwas poetischen Art, da er noch versucht, in alter Weise dieses Weltbild zu erleben. **Newton** als der eigentliche Begründer der modernen **naturwissenschaft**lichen Betrachtungsweise, der das abgesondert vom Menschen gedachte Mathematische auf die Naturerscheinungen anwendet. Er setzt allerdings dabei Ort, Zeit, Raum und Bewegung voraus, die denkerisch nicht besser erfaßt werden können als durch das unmittelbare menschliche Erleben. Nachdem er den Raum vom Menschen abstrahiert hatte, hat Newton später doch versucht, das Geistig-Göttliche wiederum damit zu verbinden, indem er den Raum als das Sensorium Gottes bezeichnete. Über die Gegnerschaft **Berkeleys** (1685-1753) (und später Goethes) gegen diese vom Menschen abgetrennte **Mathematik** und Naturwissenschaft, besonders gegen die von Newton und Leibniz entwickelte **Infinitesimalrechnung**. "Es ist unmöglich, die Mathematik auf etwas anderes anzuwenden als auf das Tote, nachdem man sie aus dem Erlebbaren herausgerissen hat... Aber im Weltenall äußert sich das Tote im Zerfallenden, im Sich-**Atom**isierenden, in dem Hineingleiten in mikroskopisch kleinste Teilchen..." Über die Notwendigkeit, daß eine Wissenschaft vom Toten kommen mußte, daß aber jetzt wiederum das Geistige in der Natur gefunden werden muß.

Über den unfruchtbaren Atomismus-Streit, der zu dieser Zeit in der anthroposophischen Zeitschrift "Die Drei" ausgetragen wurde (s. 257-02).

5(28.12.22) 5113 tb/71f. -05

Als Beispiel für die Absonderung der Ideen vom menschlichen Erleben wird die Anschauung John **Lockes** (1632-1704) angeführt, der zwischen den primären Qualitäten von Körpern wie Lage, Bewegung, Gestalt, Größe und den sekundären Merkmalen unterscheidet (**Farbe**, **Ton**, Wärme), die nicht zu den äußeren Körpern gehören, sondern Wirkungen im Menschen sein sollen. Früher wurde auch zwischen beidem unterschieden, wobei die sogenannten sekundären Merkmale inneren Erlebnissen in der Blutorganisation entsprachen. Die Fortführung der Lockeschen Ansichten bei **Kant** und seiner Idee vom "Ding an sich". Es wird die Anschauung des Biologen A. **Weismann** (1834-1914) über die Unsterblichkeit von Einzellern angeführt für die weitere Unsicherheit auch auf dem Gebiet des Lebendigen, einen Begriff vom Organismus zu haben, der auch das Sterben in sich enthält. Über die objektive Notwendigkeit, über das Anorganische atomistisch und über das Lebendige kontinuistisch zu denken.

6(01.01.23) 5122 tb/85f. -06

Nochmals zu den primären und sekundären Qualitäten im Sinne **Lockes**. In Wirklichkeit hat der Mensch bei den sekundären Qualitäten wie **Ton**, Wärme, Geruch, **Farbe** usw. Bilder von Wesen, die er im leibfreien Zustand in der Außenwelt erlebt. "Die primären Qualitäten erlebt der Mensch wachend ... in sich, und schaut sie in die Außenwelt hinein in Bildern... Diese Bilder sind das **Mathematische**, das **Geometrische**, das Arithmetische an den Dingen." Aus dieser Unsicherheit in bezug auf das Verhältnis des Menschen zur Welt entspringt das Unvermögen, das Verhältnis von Mensch zu **Tier** richtig zu beurteilen. Statt die Gesamtorientierung des Menschen bzw. des Tieres als Kriterium zu verwenden, wurden Unterschiede in anatomischen Abweichungen gesucht (Problem des **Zwischenkieferknochens**, dessen Existenz auch beim Menschen von Goethe gefunden wurde), die aber nicht bestehen. Später wird im **Darwinismus** der Mensch lediglich als Spitze der tierischen Entwicklung betrachtet.

Das Absehen vom Menschen als notwendig für die Erfolge der Naturwissenschaft.

7(02.01.23) 5123 tb/99f. -07

Weitere Ausführungen zu der Tatsache, daß die moderne **Naturwissenschaft** zum Teil darauf basiert, daß das innere Erleben des Menschen nicht mehr mit den Phänomenen zusammen gesehen wurde. Das Erleben der **Schwere** ist beim eigenen Gewicht fast ausgelöscht, dies war früher nicht der Fall, allerdings wurde dann auch eine Gegenwirkung empfunden durch die geistige Wirksamkeit des **Licht**es. Bis zur Zeit, da **Galilei** die Fallgesetze konstituierte, war immer noch ein Gefühl vorhanden, daß man sich in den fallenden Körper erlebnismäßig versetzte. Aus diesem Gefühl des Impulsierens war auch nicht die Notwendigkeit vorhanden, eine Anziehungskraft, die **Gravitation**, anzunehmen. Über das Trägheitsgesetz, dessen Namen noch den menschlichen Erlebnisursprung andeutet. Die Anwendung dieser vom Menschen absehenden Betrachtungsweise auf das Planetensystem bei Kopernikus und Kepler und in grasser Weise bei Newton, der die Lehre von der Gravitation entwickelt. "Durch die Absonderung vom physischen Leibe, durch die Absonderung des in der Natur Angeschauten vom Erlebnis im physischen Leibe des Menschen entsteht die neuere **Physik**..." "Aber indem man nun alles da draußen mit dem abgesonderten Mathematisieren ... durchtränkte, konnte man nicht wieder zurück mit dieser Physik in den Menschen herein... Kurz, es entsteht die andere Seite der Sache, das Unvermögen, wiederum zum Menschen zurückzukommen mit dem Wissenschaftlichen."

Auch das Selbsterleben im **Ätherleib** war verlorengegangen: früher wurden die vier **Elemente** der äußeren Welt im Inneren als schwarze Galle (Erde), Schleim (Wasser), Pneuma, Atem (Luft) und Blut (Feuer) erlebt, wie sie z.B. von **Galen** (129-199 n.Chr.) geschildert werden (s. dazu auch den folgenden Vortrag). Anders als bei den physikalischen Erscheinungen, wo beim Verlust des inneren Erlebens im physischen Leib das Messen, Wägen für die äußere Anschauung als Mittel gewonnen wurde, gab es nicht Entsprechendes für die **Chemie**: "die Chemie ist so etwas nicht geworden, sondern heute noch immer so, daß sie, wenn sie von ihren Gesetzen sprechen will, von etwas ziemlich Unbestimmten und Vagem spricht." "Eine der Physik gewachsene Chemie wird man erst haben, wenn man mit voller Einsicht ... daran gehen wird,... die Chemie wiederum mit dem Menschen zusammenzubringen." Dies sei aber erst möglich, wenn man das Physikalische mit dem Menschen zusammengebracht habe.

Da das innere Erleben aus der Raumbewegung eliminiert wurde, scheint es letztlich gleichgültig für den Beobachtenden, ob ein Gegenstand sich bewegt in bezug auf einen bestimmten Hintergrund oder umgekehrt: die **Relativitätstheorie** als letzte Konsequenz des Verlustes des inneren Raumerlebnisses.

8(03.01.23) 5124 tb/114f. **-08**

Über die Anschauungen der Vorsokratiker **Thales** (ca. 650-560 v.Chr.), **Heraklit** (ca. 550-480 v.Chr.) u. a., die aus inneren Erlebnissen aufgrund ihres besonders gefärbten Temperamentes ihre Philosophie formulierten. Abnahme des Verständnisses für dieses bzw. der Verlust des inneren Erlebens im Laufe der historischen Entwicklung, dargestellt an **Scotus Erigena** (810-877), Jakob **Böhme**, **Paracelsus**, der **jatrochemischen** und jatromechanischen Schule, der Lebenskraft-Theorie von G. E. **Stahl** (1660-1734) (Dynamische Schule) bis zu den Ansichten von de **La Mettrie** (1709-1751)und D. **Holbach** (1723-1789), daß der Mensch eine Maschine, bzw. des **Darwinismus**, daß er ein hochentwickeltes Tier sei. Diese Entwicklung zur **Naturwissenschaft** ohne den Menschen war wiederum notwendig für die **Freiheit**sentwicklung.

Der Verlust des inneren kraftvollen Erlebens des **Astralleib**es in Denken-Fühlen-Wollen, das ursprünglich verbunden war mit dem Erfühlen des Luftmenschen (**Joga**), führte zum abstrakten Psychologischen. Auch das **Ich**-Erlebnis (nicht das Ich-Bewußtsein) war in früheren Zeiten vollwirklich und äußerte sich in der Wissenschaft der **Pneumatologie**, erlebt wurde dieses Ich im Wärmehaften. Der Verlust dieses Wärmehaften führte zum reduzierten punktartigen Ich-Gefühl. "Aus dem Physischen und Chemischen warf er (der Mensch) sich selber heraus und beobachtete nur mehr als Physik und Chemie die äußere Welt; aus dem Psychologischen warf er die äußere Welt, die Luft heraus, und ebenso warf er aus dem Pneumatologischen das Wärmehafte heraus. Dadurch wurde er zu der Dünnheit des Ichs gemacht."

9(06.01.23) 5128 tb/134f. **-09**

Sinneswahrnehmung / Gesundheit-Krankheit

Anstelle der in der **Physik** bzw. **Naturwissenschaft** üblichen Beobachtung der Raumbewegung soll dazu übergegangen werden, die Eigen-**Geschwindigkeit** der einzelnen Körper als charakteristisch anzusehen, um von der äußeren Betrachtung wieder zum Realen zu kommen. "Es ist weniger darum zu tun, ob zum Beispiel die neuere Physik von Atomen redet oder nicht, sondern darum ist es zu tun, wenn sie von **Atom**en redet, so muß sie diese als Geschwindigkeitsanläufe sehen. Das ist das Wesentliche."

Die heutige Physik betrachtet das Tote, den Leichnam der Natur. Um den Anfangszustand zu finden ist folgendes nötig: "Sie müssen wiederum zum Menschen zurückgehen und müssen den Menschen jetzt, während er sich früher von innen erlebt hat, von außen nach seinem physischen Organismus betrachten und darauf kommen, daß sie im Menschen, und vorzugsweise im unteren Menschen, den Anfangszustand des Wesenhaften in der Natur haben." Dies ist nur mithilfe der geisteswissenschaftlichen Forschung möglich: "Da (im unteren Menschen) kann man finden bis zum **Saturnzustand** hinauf, was einstmals war."

In der heutigen Psychologie und Pneumatologie (**Denken-Fühlen-Wollen**) ist alles zu Schein (Erscheinung) geworden (s. sekundäre Qualitäten nach Locke, Ref. -06), es fehlt das Wesenhafte. Hinweis auf die "**Philosophie der Freiheit**", in der gezeigt wird, wie sich aus dem innerlich erlebten Schein wiederum ein Anfangszustand des Wesenhaften enthüllen kann, als Keim künftiger Welten (**Jupiterzustand**). "Es ist dieser Anfangszustand im Äußeren, nicht im Inneren jetzt, ... also wenn ich hinschaue und die grüne Pflanzendecke da ist, die farbige Welt ... und wenn da draußen die Töne sind... Sie sind dasjenige, woraus sich die Welten der Zukunft draußen schaffen. Und Rot ist nicht das von Materie im Auge oder Gehirn Erzeugte, sondern das Rot ist der allererste noch scheinhafte Keim zukünftiger Welten."

Über die **Physiologie** als Zwitterwissenschaft zwischen Psychologie und **Chemie**, die wieder verschwinden wird. Die Ergänzung von Physik und Chemie durch das Studium der Prozesse im unteren Menschen: "Studiere ich äußerlich die chemischen Vorgänge, so sind darinnen nicht die chemischen Gesetze, denn die liegen im Entstehen der chemischen Prozesse, die finde ich einzig und allein, wenn ich mich daran mache,... die Prozesse im Menschen zu suchen, welche in seinem Säftekreislauf, welche in seiner Säftetätigkeit durch die Tätigkeit des **ätherischen Leib**es stattfinden. Die Erklärung der chemischen Vorgänge in der Natur liegt in den Vorgängen des ätherischen Leibes. Und diese sind wiederum abgebildet in dem Säftespiel im menschlichen Organismus, das genauem Studium zugänglich ist."

"Aber ohne diese reale Chemie und ohne diese reale Psychologie, in die die Physiologie zerfallen muß, wird man auch niemals über die Erkrankungsprozesse und über die Heilprozesse in der menschlichen Natur etwas sagen können, weil einfach jeder Krankheitsprozeß ein abnormer psychologischer Prozeß ist und jeder Heilungsprozeß ein abnormer chemischer Prozeß. Und erst wenn man wird sehen können, inwiefern der chemische Prozeß der Heilung zu beeinflussen ist, und inwiefern der psychologische Prozeß des Krankwerdens eben in richtiger Psychologie zu begreifen ist, dann wird man auch eine Pathologie und Therapie haben.

9(06.01.23) 5128 tb/149 **-10**

Das Wesentliche an der **Milz** sei, "daß sie eigentlich ein Ausscheidungsorgan ist, daß sie selber eine Ausscheidung ist von dem, worauf es ankommt, nämlich von dem Funktionieren im **Ätherleib**..."

327 Geisteswissenschaftliche Grundlagen zum Gedeihen der Landwirtschaft

1(07.06.24) 5751 4/25ff. **-01**

Landwirtschaft

Der Mensch (und die höheren Tiere z. T.) hat sich weitgehend von Naturvorgängen emanzipiert. Wo noch Übereinstimmungen vorhanden sind, wie z. B. beim weiblichen Zyklus und **Mondphasen**, da sind sie zeitlich nicht mehr parallel, sondern nur noch ähnlich im Rhythmus, im Verlauf.

"Wenn man viel intimer auf die Dinge eingehen würde, würde man zum Beispiel vieles, was sich im **sozialen Leben** abspielt, besser verstehen, wenn man die Periodizität der **Sonnenflecken** richtig verstehen würde. Man sieht aber auf solche Dinge nicht hin, weil das, was im menschlichen sozialen Leben der Periodizität der Sonnenflecken entsprechen kann, nicht dann anfängt, wenn die Sonnenflecken anfangen, und dann aufhört, wenn die Sonnenflecken aufhören, sondern weil es sich davon emanzipiert hat." Im Gegensatz dazu hat sich das **Pflanzen**leben nicht emanzipiert von kosmischen Einflüssen.

Die wichtige Rolle von **Kiesel** und **Kalk** für die Pflanzen: Die sonnenfernen **Planeten** Saturn, Jupiter, Mars wirken über das Kieselige auf die Pflanzen. Überwöge ihr Einfluß, nähmen die Pflanzen ein pyramidenartiges **Wachstum** an. Über den Kalk wirken die sonnennahen Planeten Venus, Merkur und Mond nicht nur auf das pflanzliche sondern auch auf das tierische Leben.

Die **Fortpflanzung**skraft erhält die Pflanze über die sonnennahen Planeten, das was von Kräften von Bedeutung ist, soweit sie zur **Ernährung** dient, von den sonnenfernen. Das **Wasser** (Regen) sorgt für die Verteilung der Mondenkräfte in der Erde. Günstig sind deshalb **Aussaattermine** vor bzw. zu Vollmond und nach Regentagen. Die sonnenfernen Planeten wirken mehr über die **Wärme** der Atmosphäre, die eine Beziehung zum Kiesel hat. Wegen ihres langsameren Sonnenumlaufes wirken diese Planeten mehr auf langjährigen Pflanzen (**Bäume**), **Saturn** z. B. auf Rinden-, Borkenbildung. "Es ist daher schon von Bedeutung, wenn einer einen **Eichbaum** pflanzen will und er sich gut versteht auf **Mars**perioden." Ähnliche Einflüsse von Saturnperioden auf **Nadelhölzer**.

2(10.06.24) 5756 4/42ff. **-02**

Als Ideal soll abgestrebt werden, daß ein **landwirtschaft**licher Betrieb einen geschlossenen Kreislauf bildet. Und was zusätzlich hineingebracht wird, wie **Düngemittel** u. a., soll "angesehen werden schon als ein Heilmittel für eine erkrankte Landwirtschaft."

Der **Erdboden** als Organ, vergleichbar dem Zwerchfell, was unter dem Erdboden ist, ist vergleichbar dem Kopf, was darüber, dem Unterleib. Die **Sonne**nwirkungen für das über der Erde stattfindende **Pflanzenwachstum** werden durch den **Mond** und die erdnahen **Planeten** unterstützt bzw. modifiziert. Entsprechend wirken die erdfernen Planeten indirekt (rückstrahlend) über das Gebiet unter dem Erdboden (dem **Kiesel**igen-Sandigen) im Bezug auf das Pflanzenwachstum. Letzteres ist das **Lebensäther**ische und das Chemischwirksame des Erdbodens. Deshalb muß für Wurzelpflanzen besonders auf das Kieselige des Bodens geachtet werden. Wie der Kiesel die kosmischen Wirkungen hereinholt, so fördert das **Tonige** im Boden das Kosmische nach aufwärts in der Pflanze. Was durch die terrestrischen Kräfte (Wasser, Luft) in den oberirdischen Teilen der Pflanze gebildet wird, wird durch den **Kalk** im Erdboden mit den unteren Teilen in Wechselwirkung gebracht.

Die **Wärme** über dem Erdboden, die unter dem Einfluß der erdnahen Planeten steht, ist tot im Gegensatz zur Wärme in der Wurzelregion. Diese ist besonders im Winter lebendig. Hinweis auf die andere Zusammensetzung der Luft am und im Erdboden. Der Erdboden ist in der Wintermitte am meisten geöffnet den kosmischen, kristallbildenden Kräften. Die Zeit vorher (November-Dezember) ist besonders wichtig für das Pflanzenwachstum.

Der **Samen** (pflanzlicher und tierischer) enthält kompliziert gebautes **Eiweiß**, dieses zerfällt jedoch in ein kleines **Chaos**. Dann kann das Weltenall auf den Samen einwirken "und drückt sich in ihm ab und baut aus dem kleinen Chaos das auf, was von allen Seiten durch die Wirkungen aus dem Weltenall in ihm aufgebaut werden kann." "Der alte Organismus hat nur die Tendenz, den Samen in diejenige Weltenlage hineinzubringen, durch seine Affinität zu dieser Weltenlage, daß aus den richtigen Richtungen her die Kräfte wirken, und daß aus einem Löwenzahn nicht eine Berberitze ... wird." Der **Humus** als Förderer des Pflanzenlebens, der das Irdische an das Kosmische (Pflanzenform) des Samens bzw. der Pflanze heranbringt. Humus ist noch nicht bis zum Chaos gekommenes Pflanzenleben, das das Kosmische in gewissen Maße zurückweist.

Die **grüne Farbe** als Irdisches und Sonnenwirksamkeit, die **Blütenfarben** als kosmische Wirkungen: **Rot** der **Rose** durch Mars, **Blau** der **Wegwarte** (Cichorium) durch **Saturn**, **gelbe** (**Sonnenblume**) und **weiße** Farbe durch **Jupiter**.

Wirkt das Kosmische bei den Wurzeln stark, so werden sie mehr konisch, wirkt das Irdische stärker herein (über den Kalk), sind sie eher stark zerteilt.

Wird das Kosmische stark im Stengel zurückgehalten und kommt nicht bis zur Blüte, neigt sie zum Kieseligen: **Schachtelhalmkraut** (Equisetum). Soll das Wachstum mehr im Wurzelbereich festgehalten werden, wird dies durch kieseligen-sandigen Boden gefördert wie z. B. bei der **Kartoffel** (Sproßknolle) oder Spargel.

In den verschiedenen **Obstsorten** kommen kosmischen Wirkungen zum Vorschein (Apfel - Jupiter, Pflaume - Saturn).

Das Kieselige in der Erde nimmt das **Licht** in die Erde auf und bringt es zur Wirksamkeit, Humus dagegen nimmt es nicht auf.

Es sollen so viel **Tiere** (Pferde, Rinder, Schweine) gehalten werden, daß der **Mist** ausreicht für den Boden. Über die Wirkungen von Sonne und erdfernen Planeten auf das Vordere des Tieres bis zum Herzen (Form, Farbe, Stofflichkeit), von Mond und erdnahen Planeten auf das Hintere. "Damit haben Sie die Möglichkeit, jetzt aus dieser Formgestalt des Tieres heraus eine Beziehung zu finden zwischen demjenigen, was das Tier an Mist zum Beispiel liefert im Verhältnis zu demjenigen, was die Erde braucht, deren Pflanzen das Tier frißt."

3(11.06.24) 5758 4/63ff. -03

Punkt-Umkreis

Über die im **Eiweiß** miteinander verbundenen fünf "Geschwister": **Schwefel**, **Kohlenstoff**, **Sauerstoff**, **Stickstoff** und **Wasserstoff**.

Schwefel: er ist der Vermittler zwischen dem in der Welt ausgebreiteten Geistigen und dem Physischen. Der Kohlenstoff (Hinweis, daß er der **Stein der Weisen** der alten Alchimisten war (s. 233-13)) ist der Plastiker, der "die gestaltenden Weltenbilder, die großen Weltenimaginationen überall in sich trägt..." Er bedient sich dabei des Schwefels. Im Gegensatz zur **Pflanze**, die ein festen Kohlenstoffgerüst ausbildet, kommt der Kohlenstoff bei Menschen nur so weit, daß die entstehende Form gleich wieder vergeht, dadurch daß sich der Sauerstoff mit ihm verbindet: **Atmung**. Innerhalb der Erdentwicklung war der Kohlenstoff das, was zuerst Form gab. Erst später kam das **Kalk**ige dazu, das der Mensch als Unterlage benützt: "Damit dasjenige, was im Kohlenstoff lebt, bewegt sein kann, schafft der Mensch in seinem kalkigen Knochensystem ein unterliegendes Festes, das Tier auch, wenigstens das höhere Tier. ... Im Kalk in der Knochenbildung hat er die feste Erde in sich." Kalk gibt ihm die irdische, **Kiesel** die kosmische Gestaltungskraft.

Dieses Kohlenstoffgerüst ist durchzogen von Lebendigem, Ätherischen, dessen physischer Träger der Sauerstoff ist, wobei der Schwefel mithilft. Der Sauerstoff der Atemluft ist tot (sonst würde der Mensch z. B. sein Bewußtsein verlieren), im Menschen und in der Erde jedoch lebendig. In letzterem Fall ist dieses Leben allerdings "geringergradig".

Das unbewußte Bestreben des Menschen, die Relation zwischen dem Stickstoff der Außenluft und in seinem Innern konstant zu halten (s. 213-08). Vermittler zwischen dem Ätherisch-Sauerstofflichen und dem Geistig-Kohlenstofflichen ist der Stickstoff. "Und diejenige Geistigkeit, die wiederum mit Hilfe des Schwefels da im Stickstoff herumwirtschaftet, diese Geistigkeit ist dieselbe, die wir als die astralische bezeichnen." Auch der Stickstoff der Luft ist tot und wird erst in der Erde lebendig und vor allem empfindlich. "Und es wird sich uns ergeben, daß gerade in der Behandlung des Stickstoffs für das Pflanzenleben etwas ungeheuer Wichtiges liegt."

Der Wasserstoff ist derjenige, der die Formen wieder zum Verschwinden im Kosmos bringt, "indem (er) eigentlich, wenn wir richtig sprechen - trotzdem er selber das feinste ist, was physisch ist -, das Physische ganz zersplittert, vom Schwefel getragen hineinflutet in das Ununterscheidbare des Weltenalls" (**Chaos**). "Nur just im Wasserstoff gerade ... ist eigentlich dasjenige, was am wenigsten Geist ist." In der **Samen**bildung treibt er das Wasserstoffliche in das Eiweiß, macht es selbständig, so daß sie für die kosmischen Wirkungen empfänglich werden. "In der kleinen Samenbildung ist Chaos, und ganz im Umkreis ist wiederum Chaos" (s. vor. Ref.).

Bei der **Meditation** wird immer etwas mehr **Kohlensäure** zurückgehalten als bei der normalen Atmung und zwar bei der normalen westlichen (nicht nur bei der Joga-Atmung): "Sie wachsen allmählich herein in ein Erleben des Stickstoffs rings um Sie herum. Das ist der reale Vorgang beim Meditieren. Alles wird Erkenntnis, auch dasjenige, was in dem Stickstoff lebt. ...er unterrichtet einen über dasjenige, was Merkur, Venus usw. tun, weil er das weiß, es eben empfindet."

Das Kalkige der Erde ist auf Stickstoffeinatmung angewiesen, ähnlich wie die Lunge auf Sauerstoff. Die stickstoffbindenden Pflanzen (Schmetterlingsblütler, Leguminosen) sind zu vergleichen den Epithelzellen der Lunge. Der Kalk als die allgemeine Begierdennatur der Erde, der Kiesel als der allgemeine Sinn im Irdischen, das **Tonige** steht vermittelnd dazwischen. Der Kohlenstoff wäre allein der Gestalter des Pflanzlichen, wenn nur Wasser als Unterlage da wäre. Er wird durch den Kalk gestört, deshalb verbindet er sich zur Gestaltung des Pflanzlichen mit dem Kiesel (und mit dem Ton).

4(12.06.24) 5762 4/85ff. -04

Landwirtschaft / physischer Leib

Ernährung dient zum größten Teil dazu, dem Körper die nötige Regsamkeit (Willen) zu geben, nicht zur gewichtsmäßigen Anlagerung (vgl. 188-08). Die Stoffe, die etwa alle sieben Jahre ausgetauscht werden, werden hauptsächlich durch die **Sinnesorgane**, die **Haut** und die **Lunge** aufgenommen "in äußerst feiner Dosierung".

Die Ähnlichkeit zwischen einem Erd-**Humus**-Hügel mit ätherischer Lebendigkeit und einem **Baum**. "Es ist so, daß einfach, statt daß ein solcher Erdhügel gebildet wird und da Humusartiges hineinkommt, ... sich ... der Hügel in einer höheren Entwickelungsform um die Pflanze herumschließt" (als Borke, Rinde). Mineralische Erde kann leichter fruchtbar gemacht werden, wenn sie zum Hügel aufgehäuft und mit Humus durchsetzt wird. Dadurch wird das Erdige pflanzenverwandt. "Im Grunde genommen hat alles **Pflanzenwachstum** dieses leicht Parasitäre, daß es sich eigentlich auf der lebendigen Erde wie ein Parasit entwickelt."

Über die von innen nach außen und umgekehrt wirkenden Kräfte in einem Organismus. Die nach innen wirkenden Kräfte sind lebenerhaltend, aber auch stark riechend bzw. stinkend. "Nach außen hin muß der Organismus in der Weise leben, daß er möglichst wenig von dem, was dufterregendes Leben in ihm erzeugt, durch seine begrenzende Haut läßt, so daß man sagen könnte, ein Organisches ist umso gesünder, je mehr es im Innern und je weniger es nach außen riecht." Die Pflanze ist darauf organisiert, nicht zu riechen, sondern **Geruch** aufzunehmen.

Funktion des **Düngers** ist, der Erde Lebendigkeit zu erteilen, damit sich der **Stickstoff** (s. vor. Ref.) verteilen kann. Mineraldünger wirkt nur auf das Wäßrige, nicht auf das Lebendige des Erdbodens. Im **Kompost** ist Ätherisches und Astralisches enthalten, nicht so stark wie in **Mist** und **Jauche**, aber "seßhafter". Zugabe von **Ätzkalk**, um das Ätherische im Kompost zurückzudrängen zugunsten des Astralischen. Dann dringt das Astralische des Kompostes bei der Düngung direkt ohne Umweg über das Ätherische in den Erdboden, besonders geeignet für Weidewiesen, da rückwirkend auf die **Tiere** (innere Regsamkeit, Hinweis auf ähnlichen Prozeß beim Menschen bei der eingangs geschilderten Ernährung).

An den Stellen, wo die **Kuh Horn** und Klauen bildet, sind die nach innen gerichteten Kräfte besonders stark, umgekehrt überwiegen beim **Geweih** des **Hirsch**es die nach außen gerichteten Kräfte. "Die Kuh hat Hörner, um sich hineinzusenden dasjenige, was astralisch-ätherisch gestalten soll, was da vordringen soll beim Hineinstreben bis in den **Verdauungs**organismus, so daß viel Arbeit entsteht gerade durch die Strahlung, die von Hörnern und Klauen ausgeht, im Verdauungsorganismus." Das Astralische und Ätherische des Mistes wird erhalten, indem man diesen in ein Kuhhorn gibt: "dadurch konservieren wir im Kuhhorn drinnen die Kräfte, die das Kuhhorn gewohnt war, in der Kuh selber auszuüben, nämlich rückzustrahlen dasjenige, was Belebendes und Astralisches ist." Dieses Horn wird etwa 1 m tief eingegraben und während des Winters (Erde ist am lebendigsten) in der Erde gelassen, um die Lebenskräfte der Erde anziehen. Dadurch erhält man "eine außerordentlich konzentrierte, belebende Düngungskraft". Anleitung für die intensive Verrührung mit einem halben Eimer Wasser, ausreichend für Spritzung von ca. 12 ar. In einer Fragenbeantwortung am selben Tag wird gesagt, daß die Menge bei größeren Flächen kleiner sein könne, bei zu großer Konzentration führt es zu Wachstumswucherungen (geile Stellen). Die Verrührung von Hand sei besser als maschinell, was auch für die **Heilmittel**herstellung gelte. Bei Heilmitteln (es wird auf die **Ritterschen** Heilmittel verwiesen) wirke auch der Enthusiasmus des Arztes mit.

Weiteres Präparat: Kuhhorn wird mit fein zerriebenem **Quarz** oder **Feldspat** gefüllt. Man läßt es übersommern. Im nächsten Frühjahr wird der Inhalt stärker verdünnt als das erste Präparat (erbsenstückgroß auf einen Eimer) und zum äußeren Spritzen der Pflanzen verwendet (besonders bei Gemüse, Saatfrüchten). Wirkt ergänzend von oben her zu dem von unten wirkenden Kuhmist-Präparat.

Zur Hornbildung s. 321/13(13.03.20). Über die Unterschiedlichkeit von westlichen und östlichen Kuhhörnern s. Fragenbeantwortung am selben Tag (S. 107/108). Es wird empfohlen, möglichst Hörner von Kühen der Gegend zu verwenden. Aufbewahrung der Hörner (Mist) in der Erde bis zum Gebrauch oder in Torfmull (S. 111), bei den mit Kiesel gefüllten ist keine besondere Lagerung nötig. Verwendbarkeit der Kuhhörner für die Präparateherstellung: drei- bis viermal.

Über die Wirkung von **Meditations**- und Konzentrationsübungen auf die Landwirtschaft, abhängig von der Jahreszeit (Fragenbeantwortung S. 114-116).

5(13.06.24) 5765 4/119f. **-05**

Landwirtschaft

Die richtige Präparierung des aus Mist, Jauche oder Kompost gewonnenen **Düngers**, damit die Erde und die Pflanze Lebenskräfte aufnehmen kann:

Schafgarbe (Blüten) bringt den **Schwefel** in das richtige Verhältnis zu den anderen Pflanzensubstanzen, besonders zu **Kalium**. Im tierischen und menschlichen Organismus wirkt Schafgarbe bei Schwäche des Astralleibes. Herstellung eines Präparates in einer Edelwildblase*) (Beziehung zu den kosmischen Kräften, s. vor. Ref.), den Sommer über an der Sonne, im Winter unter der Erde aufbewahrt.

*) mit Edelwild ist der männliche Hirsch gemeint (Fragenbeantwortung).

Im menschlichen und tierischen Organismus werde "dasjenige, was in der Schafgarbe ist ... ganz besonders konserviert durch den zwischen der **Niere** und der Blase sich abspielenden Prozeß."

Kamillenblütenpräparat mit besonderer Beziehung des Schwefels zum **Kalk** (Kalzium), Behandlung wie bei der Schafgarbe aber in Därmen vom Rindvieh.

Blühendes **Brennessel**kraut (Urtica dioica) hat neben den Beziehungen zu Schwefel, Kali und Kalk eine besondere zu **Eisen**strahlungen. Sie sei in der Natur ähnlich in ihrer inneren Organisation dem menschlichen Herzen. Sie wird ein Jahr mit Torfmull umhüllt in der Erde eingegraben. Dient zur "Durchvernünftung" des Düngers und damit des Bodens.

Vorbeugend gegen **Pflanzenkrankheiten** ein Präparat aus **Eiche**nrinde*) (Kalzium), aufbewahrt in einem Tierschädel und möglichst dem Regenwasser ausgesetzt. Eichenrinde wirkt, wenn Ätherleib zu stark ist, so daß Astralisches nicht an Organisches herankommt.

Um kosmische **Kieselsäure** heranzuziehen und ein richtiges Wechselverhältnis zwischen Kieselsäure und Kali im Boden bzw. in der Pflanze herzustellen, eignet sich ein **Löwenzahn**präparat, hergestellt über den Winter in der Erde in Rindergekröse (Bauchfell).

Wird noch verdünnter Saft aus **Baldrian**blüten dem Dünger zugesetzt, so wird er dazu angeregt, sich mit der **Phosphor**substanz in richtiger Weise auseinanderzusetzen.

Aus der folgenden Fragenbeantwortung: Die Präparate sollten möglichst in weiterem Abstand voneinander eingegraben werden. Die fertigen Präparate sollen in mehrere, etwa 1/2 m tiefe Löcher in den Dünger gegeben werden, damit ihre Strahlung nicht verloren geht.

*) möglichst vom lebenden Baum (Quercus robur) die äußerste Rindenschicht (Fragenbeantwortung).

5(13.06.24) 5765 4/136f. **-06**

Transmutation

"Ich habe fortwährend davon gesprochen *(nämlich: über Verbesserung des Stickstoffgehaltes des* **Düngers***)*, namentlich, indem ich von Schafgarbe, Kamille, Brennessel gesprochen habe, weil nämlich im organischen Prozeß eine geheime **Alchemie** liegt, die zum Beispiel das **Kali**, wenn es nur in der richtigen Weise drin arbeitet, wirklich in Stickstoff umsetzt und sogar den **Kalk**, wenn der richtig arbeitet, wirklich in Stickstoff umsetzt." Über das Qualitätsverhältnis zwischen **Wasserstoff** und Kalk in den organischen Prozessen ähnlich dem zwischen Sauerstoff und Stickstoff in der Luft. "Unter dem Einfluß des Wasserstoffs wird nämlich fortwährend Kalk und Kali umgewandelt in Stickstoffartiges und zuletzt in wirklichen Stickstoff. Und dieser Stickstoff ... ist gerade so ungeheuer nützlich für das Pflanzen**wachstum**..."

Die **Kieselsäure** enthält ja Silizium. Das Silizium wiederum wird umgewandelt im Organismus in einen Stoff, der von einer außerordentlichen Wichtigkeit ist, der gegenwärtig unter den chemischen Elementen überhaupt nicht aufgezählt wird..."

6(14.06.24) 5769 4/149f. -07

Tierkreis / Astrologie / Moral

Über die Kräfte der Erde für das **Pflanzenwachstum**, das besonders durch den **Mond** und in geringerem Maße auch durch die erdnahen **Planeten** zur **Fortpflanzung**skraft gesteigert wird, wobei das **Wasser** als Vermittler dient. Am stärksten wirksam zur Vollmondzeit, die Kraft reicht aber auch über die Neumondzeit aus, so daß Aussaaten an ungünstigen **Mondphasen** dennoch zur Reife kommen können. Um das Pflanzenwachstum zu unterdrücken, muß man die Erde ungeneigt machen gegen die Mondwirkungen. Die entsprechenden Pflanzen (**Unkräuter**) bekommen dann eine "Scheu", auf solcher Erde zu wachsen. Herstellung von **Asche**n (im Holzfeuer) aus den Samen der unerwünschten Pflanzen und Ausstreuen auf den Ackerboden. Sollte bis zum vierten Jahr wiederholt werden.

Bei tierischen Schädlingen wie der **Feldmaus** soll der Balg verascht werden, am besten, wenn die (astronomische) **Venus** (wichtig für tierische Reproduktion) im Skorpion steht. Denn die Mondwirkungen sind beim **Tier** deshalb nicht extra zu beachten, da es diese in sich trägt und sich davon zeitlich emanzipiert hat (gilt für höhere Tiere).

Die niederen Tiere, **Insekten**, stehen unter einem anderen kosmischen Einfluß. Beispiel der Rüben**nematode**. Tritt auf, wenn die Region der Aufnahme der kosmischen Umkreiskräfte (Blätter) herabsinkt unter die Erde (Rübe, Wurzel). "Diese Wirkungen sind eigentlich vierjährig." Sie seien auch wirksam beim vierjährigen Auftreten der **Engerlinge (Maikäfer)**. Zur Bekämpfung muß aus dem ganzen Insekt die Asche hergestellt werden und zwar, wenn die **Sonne** im Stier steht. "Denn die Insektenwelt hängt ganz zusammen mit den Kräften, die sich entwickeln, wenn die Sonne durchgeht durch Wassermann, Fische, Widder, Zwillinge bis zum Krebs hin; da erscheint es ganz schwach, wiederum schwach wird es beim Wassermann."

Pflanzenkrankheiten im eigentlichen Sinne gibt es nicht, da die Pflanzen keinen Astralleib haben. Treten auf, wenn die Mondenwirkungen zu stark sind. Dadurch hat die Samenbildung nicht genügend Kraft. "Der Samen wird etwas von absterbendem Leben in sich bekommen, und durch dieses absterbende Leben bildet sich gewissermaßen über dem ersten Erdboden ... ein zweites Niveau. Da ist zwar nicht Erde, aber dieselben Wirkungen sind da, sind drüber. Die Folge davon ist, daß ... das Obere der Pflanze wird eine Art Boden für andere Organismen. Parasiten, Pilzbildungen treten auf." Dem kann durch eine aus **Schachtelhalm** (**Equisetum arvense**) bereitete Jauche begegnet werden.

Aus der Fragenbeantwortung vom selben Tag: Dürfen solche **Zerstörungskräfte** angewendet werden? Die Anwendung sei notwendig, um die Landwirtschaft überhaupt zu erhalten. Geheimhaltung sei heute nicht möglich, aber eine moralische Aufbesserung des ganzen menschlichen Lebens sei notwendig, um Mißbrauch auszuschließen.

7(15.06.24) 5773 4/178f. **-08**

Baum als Ausstülpung der Erde, die grünen Teile mit Blüten und Früchten als auf ihm als parasitierende Pflanzen, die die Wurzel verloren haben, bzw. die sich zur **Kambium**schicht umgebildet haben. Um die Baumkrone ist die Astralität verdichtet (Geruch), im Kambium ist der Baum ätherärmer und in der Wurzel mineralischer als eine krautige Pflanze. Die ausgebildeten **Insekten** (besonders **Schmetterlinge**) brauchen diese Astralität der Bäume als Existenzgrundlage, wie ihre Larven und die Würmer die Ätherarmut benötigen. **Regenwürmer** als Regulatoren der ätherischen Lebendigkeit des Erdbodens.

Bei der Bearbeitung der Astralität spielen die **Vögel** sogar die wichtigere Rolle: "Nimmt man dieses Fluggetier weg, so versagt die Astralität eigentlich ihren ordentlichen Dienst, und man wird das in einer gewissen Verkümmerung der Vegetation erblicken. Deshalb die Wichtigkeit von ausgewogenem Wechsel von Wald- und Landwirtschaftsflächen (zu wenig Wald: Verkümmerung, zu viel Wald: zu üppiges Wachstum von krautigen Pflanzen).

Würmer und Larven haben Beziehung zum Mineralischen und besonders zum **Kalk**igen der Erde. Vogelwelt braucht **Nadelwald** zum Gedeihen, sonst wird sie schädlich. **Säugetiere** brauchen **Sträucher**. Fressen die Tiere davon, wirkt das "ungeheuer regulierend" auf das andere Futter. **Pilze** haben wieder intime Beziehung zu **Bakterien** und anderen Pflanzenschädlingen (**Pflanzenkrankheiten**). Man kann letztere dann dadurch fernhalten, daß pilzreiche Auen in der Nähe des **landwirtschaft**lichen Betriebes angelegt werden.

Das Tier im allgemeinen als Wesen, das Luft (Muskelsystem) und Wärme (Knochensystem) unmittelbar durch sein Nerven-Sinnes-System und einen Teil des Atmungssystems verarbeitet. Erde und Wasser muß es von außen aufnehmen in seine Verdauung. Die Pflanze dagegen hat unmittelbaren Bezug zu Erde und Wasser und scheidet Wärme und Luft aus.

8(16.06.24) 5775 4/195f. **-09**

Ernährung

"Die **Pflanze** bringt es nicht bis zum Astralischen, aber sie ist wie umschwebt vom Astralischen. Tritt sie in eine ganz bestimmte Verbindung mit dem Astralischen, wie das bei der **Obst**bildung der Fall ist, so wird eben etwas zur Nahrung erzeugt, was dann das Astralische im tierischen und menschlichen Organismus unterstützt."

Das **Tier** ist nicht wie der Mensch dreigegliedert. Man kann nur von einer deutlichen Gliederung in **Nerven-Sinnes-System** und **Stoffwechsel-Gliedmaßen-System** sprechen, im mittleren Teil werden Stoffwechsel und Nerven-Sinnes-System rhythmischer als beim Menschen und sind nicht scharf geschieden. Im Kopf ist irdische, im Stoffwechsel-Gliedmaßen-System kosmische Stofflichkeit. Umgekehrt sind die Kräfte im Kopf kosmische, im Verdauungssystem irdische. Das **Gehirn** ist irdische Stofflichkeit; beim Menschen dient es als Ich-Grundlage, beim Tier ist es auf dem Weg dazu. Es ist ein Ausscheidungsprodukt. "Die Hirnmasse ist einfach zu Ende geführte Darmmasse (vgl. 352-07). Verfrühte Gehirnabscheidung geht durch den Darm." Beim Tier bleibt das, was beim Menschen zur Ich-Anlage geworden ist, in den Darmabscheidungen. "Daher sind tierischer **Mist** und menschlicher Mist zwei verschiedene Dinge."*)

Wie sich in der **Blüte**nregion bei der Pflanze das Astralische hinzuentwickelt, so kommen im **Wurzel**bereich durch das Zusammenwirken mit dem tierischen **Dünger** die Ich-Kräfte der Pflanze hinzu, "die wiederum aus der Wurzel heraus die Pflanzen in der richtigen

Weise in der Richtung der **Schwerkraft** wachsen lassen." Die Wurzel wird durch die richtige **Salz**menge in der Erde dabei unterstützt, diese Ich-Kräfte zu absorbieren.

Wurzel**futter** ist angezeigt, wenn die kosmischen Kräfte gefördert werden sollen z. B. durch die Verfütterung von **Karotten** an Kälber. Durch **Leinsamen** und/oder Heu wird dafür gesorgt, daß die Kräfte dann auch den Körper durchsetzen. Soll das mittlere Gebiet eines Tiers gefördert werden wie z. B. die **Milch**produktion: Verfütterung von Laub- und Krautartigem, besonders geeignet Leguminosen (**Klee**). Wirkung kann u.U. erst in der nächsten Generation auftreten. Milch als ein durch die Kopfkräfte umgewandeltes Sexualdrüsensekret.

Durch **Wärmebehandlung** (Trocknen, Dämpfen, **Kochen**) kann das Blüten- und Samenhafte einer Pflanze gesteigert werden, so daß damit gefütterte Tiere besonders stark Kräfte im Gliedmaßen-Stoffwechsel-System entwickeln wie bei den Masttieren (Schweinen). Futter: durch Kultivierung vergrößerte Rüben, Ölkuchen, in geringer Menge dazu Wurzelhaftes, damit auch etwas irdische Substanz an den Kopf abgegeben wird.

Salz wirkt im Gegensatz zur pflanzlichen Nahrung auf alle Glieder des tierischen und menschlichen Organismus. Aus Fragenbeantwortung vom selben Tag: "Das Salz ist dasjenige, was im allgemeinen ungeheuer stark wirkt darauf, daß im Organismus ein Nahrungsmittel an die Stelle kommt, wo es wirken soll." Das gilt auch für die **Säuerung** von Viehfutter (**Silage**), allerdings nur mit Salzzusatz. Salz wird im Organismus am wenigsten verändert.

*) Fragenbeantwortung: menschliche **Fäkalien** sind als Dünger eher schädlich.

8(16.06.24) 5775 4/211f. -10

Gesundheit-Krankheit

Über negative und positive Wirkung von Rohkost (**Vegetarismus**): wirkt bei schwacher physischer Natur so, daß der Betreffende träger wird. Bei einer starken Natur "werden einfach ... jene Prozesse, die er hat, und dazu die Kräfte, die die Rohkost ... da drinnen weiter bearbeiten, entwickelt. Dann kann es ihm wenig schaden. Und wenn er dann die Kräfte aufruft, die sonst unten bleiben und die den **Rheumatismus** und die **Gicht** erzeugen,... und weiter verarbeitet,.., dann wird er um so stärker wiederum." Diese sonst brachliegenden Kräfte müssen "die Pflanzen für den Menschen reif machen. Wenn man aber gleich die Tiere ißt, so werden diese Kräfte in den Organismus hinein abgelagert, bleiben ohne Verwendung und verwenden sich dann selber, indem sie die Stoffwechselprodukte ablagern an den verschiedensten Stellen, oder aus den Organen notwendige Dinge heraustreiben, für sich in Anspruch nehmen, die der Mensch haben sollte, wie bei **Diabetes** und so weiter."

8(16.06.24) 5775 4/213f. -11

Gesundheit-Krankheit

Tomate ist eine Pflanze mit Tendenz zur Abgrenzung und Verselbständigung. Hat als **Nahrung** Beziehung zu allem im Organismus, was sich verselbständigt: **Krebs**. Als Diät geeignet bei **Leber**krankheiten, "die mehr Erkrankungen sind der tierischen Leber". Wächst deshalb gern auf unbehandeltem, wenig verrottetem Dünger.

Ihr verwandt darin ist die **Kartoffel**. "Die wirkt auch stark selbständig, allerdings so selbständig, daß sie vorzugsweise leicht durchgeht den ganzen Verdauungsprozeß und ins **Gehirn** eindringt und das Gehirn dann selbständig macht, selbständig sogar von der Wirkung der übrigen menschlichen Organe." Einfluß des Kartoffelkonsums auf die Verbreitung des **Materialismus** in Europa (vgl. 350-09).

8(16.06.24) 5776 4/218f. **-12**

Landwirtschaft

Aus Fragenbeantwortungen:

Im **Dung** sind mehr die Ich-Kräfte, in der **Jauche** ist die Astralität enthalten. Vergleich Gehirn-Gehirnwasser

Über die Abgrenzung der **Mondphasen**.

Über die Herstellung und Verwendung der Insekten- und Samen**aschen**.

Gründüngung geeignet für **Obst**kulturen und als Zusatz bei Pflanzen, wo die Krautbildung wichtig ist.

328 Die soziale Frage

1(03.02.19) 3649 1/19f. -01

Eine Tatsache des Kapitalismus, die unbewußt als mit der Menschenwürde nicht vereinbar empfunden wird, ist die, daß die **Arbeit**skraft wie eine Ware behandelt wird. Historisch läßt sich dies auf die Leibeigenschaft des Mittelalters und auf das **Sklavenwesen** des Altertums zurückführen.

2(05.02.19) 3651 1/24f. -02

Soziale Dreigliederung

Nach dem Bild des dreigegliederten menschlichen Organismus soll der zentral angelegte Einheitsstaat abgelöst werden durch einen dreigegliederten sozialen Organismus, der sich aus dem Wirtschafts-, Rechts- und Geistesleben zusammensetzt. Diese Glieder sollen relativ sein und durch ihr Zusammenwirken den Organismus bilden. Wirtschaftsleben: Grundlage ist der nutzbare Boden, befaßt sich mit Warenherstellung, -vertrieb und -verbrauch. Diese werden in **Assoziationen** geregelt (Losung der Französischen Revolution: **Brüderlichkeit**). Das Rechtsleben umfaßt das eigentlich Politische, regelt das Verhältnis von Mensch zu Mensch (**Gleichheit**). Das Geistesleben wird nicht staatlich reglementiert, umfaßt Bildungswesen, Kunst, Religion, technische Erfindungen (3. Vortrag) usw. aber auch das Privat- und Straf**recht** (**Freiheit**). Das Wirtschaftsleben ist vergleichbar dem **Nerven-Sinnessystem**, das Rechtsleben dem **Rhythmischen System** und das Geistesleben dem **Stoffwechselsystem**.

3(10.02.19) 3655 1/60f. -03

Geistesleben: "das Lebenselement innerhalb dieses Gebietes ... muß die aus dem Zentrum des Menschen herauswirkende freie Entfaltung seiner körperlichen und geistigen Anlagen sein." Gleichzeitig muß aber dafür gesorgt sein, daß die freie Entfaltungsmöglichkeit nicht schädlich in das übrige Kulturleben eingreift und dem Allgemeininteresse dient (Beispiel einer irrelevanten Dissertation).

Die psychische Stoßkraft der Ideen von Karl **Marx** über die Stellung der **Arbeit** als Ware und die **Mehrwert**bildung. Dem wird gegenübergestellt, daß die Arbeit in der **sozialen Dreigliederung** den Charakter eines Rechtes bekommt, das im Rechtsleben verankert ist und nicht im Wirtschaftsleben. "Immer muß der Staatskörper wachen, um wiederum die Arbeitskraft des Warencharakters zu entkleiden."

Über die jeweils eigenen Vertretungsorgane und Verwaltungsorganisationen der drei Glieder, die durch Delegierte untereinander in Kontakt stehen wie sonst Einzelstaaten.

5(25.02.19) 3664 1/127 -04

Festsetzung der **Arbeit**szeit im dreigegliederten sozialen Organismus durch das Rechtsleben. S. dazu auch **334/6(19.03.20**, Fragenbeantwortung).

5(25.02.19) 3664 1/134 -05

Die **Rechtsprechung** als Tätigkeit innerhalb des Geisteslebens. Die Notwendigkeit eines persönlichen Verhältnisses zwischen Angeklagtem und Richter (Hinweis auf das alte

Österreich und seine Sprachgruppen: der Richter sollte derselben Sprachgruppe angehören wie der Straffällige). S. dazu auch 332a/3(26.10.19).

329 Die Befreiung des Menschenwesens als Grundlage für eine soziale Neugestaltung

1(11.03.19) 3673 1/20f. **-01**

Soziale Dreigliederung

Notwendigkeit der Trennung von privatem **Kapital**besitz und Kapitalverwaltung in den Betrieben. Soll geschehen durch die Verwaltung des freien Geisteslebens: "Es ist ganz selbstverständlich, daß der Mensch im Wirtschaftsprozesse privates Kapital, Eigentum erwirbt. Aber so wenig man die Verwertung dieses privaten Kapitals von der Verwertung der individuellen Fähigkeiten wird trennen dürfen unmittelbar, solange diese individuellen Fähigkeiten des Menschen tätig sein können, so sehr wird notwendig sein dann, wenn deren Tätigkeit aufhört, die Trennung des privaten Eigentums von dem Individuum vorzunehmen. Denn alles private Eigentum wird doch erworben durch das, was in den sozialen Kräften spielt, und es muß wieder zurückströmen in den sozialen Organismus..." Das Kapital wird durch freie Verfügung des bisherigen Besitzers übertragen auf eine andere Individualität, "die es in entsprechender Weise verwerten kann." Ähnliche Regelung für **Erbschaften** und für den Besitz geistiger Dinge (**Patente**, **Copyright**). Damit bleibt die menschliche Produktivität immer verbunden mit den individuellen Fähigkeiten des Menschen.

3(19.03.19) 3679 1/100f. **-02**

Soziale Dreigliederung

"Dann erst, wenn auf dem vom Wirtschaftsboden unabhängigen Rechtsboden entschieden ist über Maß und Art der menschlichen **Arbeit**, dann fließt diese Arbeit in den Wirtschaftsprozeß hinein, dann ist die Arbeitskraft des Menschen preisbildend": Entkleidung der Arbeitskraft ihres Warencharakters.

Geld soll nicht auf Golddeckung beruhen sondern es entspricht der Summe aller Produktionsmittel (und Waren), einschließlich von Grund und Boden.

7(20.10.19) 3884 1/249 **-03**

Revolutionen

"Geistige Umwandlungen, wie die durch das **Christentum** gegebenen, sie können sich vollziehen im Laufe der Menschheitsentwickelung; politische, wie die **Französische Revolution**, nur zum Teil; wirtschaftliche Revolutionen, wie sie jetzt versucht werden, sind zum Scheitern verurteilt, können nichts anderes als zerstören,... wenn sie sich nicht in geistige Fortschrittsimpulse verwandeln."

330 Neugestaltung des sozialen Organismus

2(22.04.19) 3703 1/72f. **-01**

Über den **Streik** als proletarisches Kampfmittel: "Das kann nur sein in einem ungesunden sozialen Organismus, in dem noch nicht die Trennung eingetreten ist zwischen Staat und Wirtschaftsleben. Derjenige, der ins Wirtschaftsleben hineinschaut, weiß, daß es nur dann gesund sein kann, wenn niemals die Produktion unterbunden wird. ... Es gibt keinen anderen Weg, endgültig Streik in der richtigen Weise zu vermeiden, als die staatliche Demokratie auf eigenen Boden zu stellen und es unmöglich zu machen, auf wirtschaftlichem Boden Rechte zu erkämpfen."

7(16.05.19) 3728 1/200f. **-02**

Die Größe einer **Assoziation** (**Genossenschaft** aus Verbrauchern, Produzenten und Händlern) im Wirtschaftsleben des dreigegliederten sozialen Organismus ist individuell und variiert nach Zeit und Region. Es gilt: "Zu kleine Genossenschaften fördern das Verhungern der Teilnehmer dieser Genossenschaften, zu große Genossenschaften fördern das Verhungern der anderen im wirtschaftlichen Leben mit diesen Genossenschaften verbundenen Menschen." S. dazu auch 332a/5(29.10.19, Fragenbeantwortung).

Über die Notwendigkeit von **Betriebsräte**n als Vermittler zwischen Arbeitenden und Leitenden, sowie anderer Räte (Wirtschaftsräte, Verkehrsräte).

10(18.06.19) 3755 1/280f. **-03**

Eine auf Nachahmung (erstes Lebensjahrsiebt), Autorität (2. Lebensjahrsiebt) und Liebe bzw. Interesse an der ganzen Umwelt (3. Lebensjahrsiebt) begründete **Erziehung** (=Waldorfschul-Pädagogik) bildet Menschen heran, die im Sinne einer **sozialen Dreigliederung** wirken könnten. "Nur dadurch, daß das jugendliche Gemüt durch Nachahmung, Autorität und Liebe hindurchgeht, wird der Mensch ein Vollmensch, so daß das, was in seiner Seele sitzt, sich demokratisch und sozial in der menschlichen Gemeinschaft ausleben kann."

"Brüderlichkeit und wahrer **Sozialismus** werden sich nur ausleben können, wenn auf der Grundlage einer wirklichen sozialen Menschenerziehung solche Menschen da sein können, welche an die Stelle der antisozialen Triebe die sozialen Triebe setzen, denn die äußeren Einrichtungen werden keinen Sozialismus machen."

332a Soziale Zukunft

2(25.10.19) 3887 2/61f. **-01**

Steuern werden im dreigegliederten sozialen Organismus nicht solche vom Typ der Einkommenssteuer, sondern Ausgabensteuern sein.

2(25.10.19) 3887 2/64f. **-02**

(Fragenbeantwortungen) Über **Lenin** und seinen **Sozialismus**.

Zur Frage des Arbeits**lohn**es. In Wirklichkeit geht es um die Verteilung des Erlöses zwischen den Arbeitenden (Arbeitnehmer und Arbeitgeber gibt es nicht mehr in der sozialen Dreigliederung). Wichtig ist dann das Verhältnis der **Preis**e der einzelnen Waren und Leistungen. "Eingerechnet muß natürlich sein alles, was Invaliden-, Kranken- und so weiter - Unterstützung ist, für Kindererziehung und so weiter... Es handelt sich darum, daß eine solche soziale Struktur geschaffen werde, wodurch wirklich die Leistung in den Vordergrund geschoben wird, die Arbeit aber bloß auf ein Rechtsverhältnis begründet werden kann, denn die kann nicht anders geregelt werden, als daß der eine für den anderen arbeitet."

5(29.10.19) 3891 2/177f. **-03**

Über den Unterschied zwischen **landwirtschaft**lichen Produktionsmitteln (im wesentlichen Grund und Boden) und den industriellen.

6(30.10.19) 3892 2/208f. **-04**

Zur Ver**zins**ung von Kapital (keine Zinseszinsen) (Fragenbeantwortung).

Hinweise auf 332a in 328-05, 330-02

334 Vom Einheitsstaat zum dreigliedrigen sozialen Organismus

Hinweise auf 334 in 314-04, 316-14, 328-04

338 Wie wirkt man für den Impuls der Dreigliederung des sozialen Organismus?

2(13.02.21) 4388 4/36f. **-01**

Die Bedeutung des Friedensschlusses von Nystad (Beendigung des Nordischen Krieges) 1721 (Einfluß **Rußland**s auf **Europa**) und des Friedens von Paris 1763 (Abtretung der französischen Kolonien in Nordamerika an England). Über den **Ost-West-Gegensatz**: Tendenz zur Barbarei im Osten, zur Wildheit im Westen.

3(13.02.21) 4389 4/54f. **-02**

Ost-West-Gegensatz

Möglichkeiten einer Verständigung **Mitteleuropa**s mit dem Osten (**Rußland**) durch ein freies Geistesleben und mit dem Westen durch ein selbständiges Wirtschaftsleben: "In diesem Verkehr zwischen dem mitteleuropäischen Geistesleben und dem russischen Volkselement kann sich etwas Grandioses für die Zukunft entwickeln. Aber man muß einen Sinn haben dafür, wie zivilisationsschöpferisch gerade ein solcher Verkehr ist. Nur muß er sich abspielen im rein geistigen Element ... das auf das Verhältnis gebaut ist zwischen Mensch und Mensch. Dieses Verhältnis müssen wir gewinnen zum Osten. Und wenn das eingesehen wird, dann wird sich ganz von selbst in das, was da aus dem Geistesleben heraus geschieht, dasjenige hineinbegeben, was man nennen kann eine selbstverständliche Wirtschaftsgemeinschaft. Von der darf nicht ausgegangen werden, sonst wird sie unbedingt zurückgeschlagen."

11(01.01.21) 4332 4/203f. -03

Zur **oberschlesischen** Frage. Die historische Entwicklung des polnischen Volkes, die drei Teilungen **Polens** (1772, 1793 und 1795) durch Rußland, Österreich und Preußen und ihr Einfluß auf den polnischen Nationalcharakter in den jeweils betroffenen Gebieten.

Das besondere Verhältnis des polnischen Volkes zur katholischen Kirche (Fragenbeantwortung, 02.01.21)

12(02.01.21) 4336 4/239 -04

"Der **Protestantismus** als solcher ist ja auf dem Aussterbeetat. ...er ist weltgeschichtlich in seinen letzten Zügen, er hat sich als Bekenntnisreligion dogmatisiert, ist ausgeartet in bloßes Predigeramt. Eine Kirche wird niemals bestehen können, wenn sie sich auf die bloße Predigt des Dogmas stützt. Kirchen können nur bestehen im **Kultus**, in demjenigen, was vom Dogma als solchem absieht."

339 Anthroposophie, soziale Dreigliederung und Redekunst

4(14.10.21) 4632 2/63f. -01

Über die **Schweiz**er Demokratie und die Schwierigkeiten für ein Verständnis der sozialen Dreigliederung. Über die besondere Möglichkeit (1921), in der Schweiz einen Rechtstaat zu begründen "unter Freigebung des geistigen und des Wirtschaftslebens."

5(15.10.21) 4634 2/84f. -02

Sprachgestaltung

Übungen für ein "Sprachturnen" zum Geschmeidigmachen der Sprachorgane für Redner und Schauspieler.

340 Nationalökonomischer Kurs

1(24.07.22) 4904 5/9ff. -01

Die instinktive Herausbildung der modernen **Volkswirtschaft** in **England** war im ersten Drittel des 19. Jahrhunderts im wesentlichen abgeschlossen, Hinweis auf die Kapitalbildung aufgrund der Kolonien besonders Indiens. Zur gleichen Zeit in **Deutschland** noch fast mittelalterliche Zustände, die im zweiten Drittel sich radikal änderten: bewußte Industrialisierung im Zeichen des Liberalismus, der im letzten Drittel immer mehr von staatlichen Einflüssen abgelöst wird. Die Unfähigkeit, den Gegensatz zwischen beiden Volkswirtschaften zu einer Lösung zu bringen, war einer der Gründe für den Ersten Weltkrieg. Notwendigkeit von Gegensätzen für eine Entwicklung. Die Gegensätze der **sozialen Dreigliederung**: Wirtschafts-, Rechts- und Geistesleben.

Das Eintauchen des Wirtschaftslebens auf der einen Seite in die natürlichen Grundlagen, wo die verstandesmäßige Begriffsbildung noch ausreichend ist, auf der anderen Seite in die entpersönlichten **Kapital**bildungen (Hinweis auf den Wandel im **Bank**wesen). Die Notwendigkeit, in der Volkswirtschaftslehre bewegliche Begriffe, nicht feste Definitionen wie Preis, Wert usw., auszubilden. Die einzelnen Volkswirtschaften als Zellen eines die ganze Erde umfassenden sozialen Organismus.

2(25.07.22) 4906 5/23f. **-02**

Volkswirtschaft

Über die Sinnlosigkeit einer Definition des **Preis**es. Seine Abhängigkeit von Ort und Zeit, auch irrationalen Faktoren, weshalb er seiner Natur nach ständig fluktuiert. Bildung von **Wert**en geschieht einmal durch **Arbeit** an den Naturgrundlagen, zum anderen durch Anwendung des Geistes (meist in Form von **Kapital**) auf die Arbeit. Kauf und Verkauf besteht im Austausch von Werten, nicht von Gütern. Preisbildung geschieht durch dieses Aufeinandertreffen von Werten.

3(26.07.22) 4909 5/38f. **-03**

Volkswirtschaft

Wirtschaftswissenschaft ist sowohl theoretische wie praktische Wissenschaft: "Nur wird es sich darum handeln, wie wir das Praktische mit dem Theoretischen zusammenbringen."

Ursprünglich wurde das noch instinktive Wirtschaftsleben dirigiert von der Religion. Je mehr sich diese auf das moralische Leben beschränkte, wurde die Eingliederung der **Arbeit** zur sozialen Frage. Aufkommen des Rechtsbegriffes. Wirtschaftlicher **Egoismus** wurde erst dann zum Problem. Unbewußt suchte man damit fertig zu werden, indem man nach Demokratie und Gleichheit strebte. Verbunden damit war das Aufkommen der **Arbeitsteilung**, die tendenziell die Waren verbilligt. Sie bedeutet auch die Überwindung des wirtschaftlichen Egoismus: "Wir müssen den Weg finden in das moderne Volkswirtschaften, wie kein Mensch für sich selber zu sorgen hat, sondern nur für die anderen, und wie auf diese Weise auch am besten für jeden einzelnen gesorgt ist" (**Altruismus**). Die sozialen Kämpfe der Neuzeit als Folge des Nichtüberwindens des wirtschaftlichen Egoismus. Der kaschierte Egoismus der Erwerbsarbeit: "Im Grunde genommen ist jeder Lohnempfänger im gewöhnlichen Sinn heute noch ein Selbstversorger. Er ist derjenige, der so viel hingibt, als er erwerben will, der gar nicht kann so viel an den sozialen Organismus hingeben, als er hinzugeben in der Lage ist... Denn Selbstversorgen heißt, für den Erwerb arbeiten; für den andern arbeiten heißt, aus der sozialen Notwendigkeit heraus arbeiten." Demnach muß die Erwerbsarbeit aus dem volkswirtschaftlichen Prozeß herausgebracht werden. Nur so werden wahre **Preis**e und **Wert**e erhalten: "Wir müssen Preise und Werte herausbekommen, die nicht abhängig sind von den Menschen, sondern von dem volkswirtschaftlichen Prozeß, die sich ergeben im Fluktuieren der Werte. Die Kardinalfrage ist die Preisfrage." Über die gegensätzlichen Interessen der an der Naturgrundlage arbeitenden Produzenten und den mithilfe des Geistes (Kapitals) die Arbeit Organisierenden im bezug auf Preise. Die Bildung eines mittleren Preises (Nullpunktes) auf der Zwischenhändler-Ebene.

4(27.07.22) 4911 5/51f. **-04**

Kapitalbildung ist mit dem Aufkommen der **Arbeitsteilung** verbunden (durchgeistigte Arbeit). In einer zweiten Phase wird das Kapital völlig unabhängig von den Naturgrundlagen, bzw. von der Arbeit an diesen. Die in diesem "realen Abstraktionsprozeß" geschaffenen wirtschaftlichen Werte können vom ursprünglichen Kapitalbesitzer auf andere übertragen werden. Dies ist möglich seit dem Aufkommen der **Geld**wirtschaft: "Das Geld ist nichts anderes als der äußerlich ausgedrückte Wert, der durch Arbeitsteilung erwirtschaftet ist und der von einem auf den anderen übertragen wird." Es entsteht das Verhältnis von Gläubiger (**Leihkapital**) und Schuldner im volkswirtschaftlichen Sinn. "Es ist durchaus sogar vielleicht eines der gesündesten Verhältnisse, wir müssen das besonders berücksichtigen in der sozialen Frage, wenn ein geistiger Arbeiter für die Allgemeinheit dadurch arbeitet, daß ihm die Allgemeinheit auch...das Geld dazu gibt." Ausschlaggebend für die **Volkswirtschaft** ist, was der Schuldner aufgrund seiner Qualitäten mit dem Schuldkapital anfängt: "Das Kapital schwimmt zu dem Klugen hin ab. Und durch die Niveaudifferenz zwischen den menschlichen Anlagen kommt eigentlich das Kapital in Fluß." Diese Zirkulation des Kapitals wird mit der Blutzirkulation im Kopf verglichen.

Zusammenfassung der realen volkswirtschaftlichen Prozesse in folgender Formel:

$$\frac{Na^w}{Ag^w} = \frac{\text{Ware}}{\text{Geld}}$$

Na^w ist der Wert der an der Natur geleisteten Arbeit (=**Ware**), Ag^w ist die durch den Geist organisierte Arbeit (Kapital, Geld). In diesem Quotienten drückt sich die Gesundheit des volkswirtschaftlichen Prozesses aus.

5(28.07.22) 4913 5/67f. **-05**

Nochmals über den Prozeß Natur - Arbeit - Kapitalbildung. Neben dieser wertbildenden Bewegung ist immer vorhanden als zweites Element der **Verbrauch**, die Entwertung: "und es entsteht die Spannung zwischen Produktion und Konsumtion, die nun durchaus auch ein wertbildender Faktor ist, aber ein solcher..., der einem Kraftentwickeln, das aufgehalten wird, das im Gleichgewicht gehalten wird, nicht einem Fortwirken der Kräfte zu vergleichen ist." Damit hängt auch die Seltenheit eines Produktes als wertbildender Faktor zusammen (s.dazu 341/6(05.08.22).

Über Personal**kredit** und Realkredit (**Hypotheken**). Ersterer wirkt tendenziell verbilligend auf Waren, letzterer verteuerend auf Grund und **Boden**. Das **Kapital** wird dadurch gestaut, daß es direkt mit der Natur verbunden wird. Das mit dem Boden verbundene Kapital ist ein Scheinwert, ist ein sozialer Irrtum und fördert die **Inflation** (identisch mit Notenvermehrung). Das Kapital muß ungehindert wieder in die Arbeit fließen, es darf nur so viel in die Naturgrundlagen gehen, wie zu deren Verbesserung (z. B. bessere Düngung in der Landwirtschaft, bessere Förderung von Bodenschätzen) notwendig ist. Nicht verbrauchtes Kapital, das in den Grundbesitz gesteckt wird, ist soziale Krankheitsursache.

Die Regelung dieses Zirkulationsprozesses mit dem richtigen Kapitalverbrauch durch freie, nichtstaatliche **Assoziationen** aus Konsumenten, Händlern und Produzenten. Steuerung und Festlegung von Preisen durch Erhöhung oder Senkung der Produktion bzw. vermehrte oder verminderte Anstellung von Arbeitenden, die flexibler sein müssen (Umschulung auf neue Tätigkeiten, wozu überschüssiges Kapital verbraucht wird), aber auch mitbestimmen können.

5(28.07.22) 4913 5/75 **-06**

Gesundheit-Krankheit

"Man weiß nicht, wie zum Beispiel in den peripherischen **Organen** durch **Irrtümer Verdauungs**störungen entstehen und so weiter."

6(29.07.22) 4917 5/82f. -07

Formel für den richtigen **Preis** (aus den "Kernpunkten der sozialen Frage"): "Ein richtiger Preis ist dann vorhanden, wenn jemand für ein Erzeugnis, das er verfertigt hat, so viel an Gegenwert bekommt, daß er seine Bedürfnisse (*auch die der von ihm zu versorgenden Angehörigen*) ... befriedigen kann so lange, bis er wiederum ein gleiches Produkt verfertigt haben wird."

Frage nach der Produktivität der geistigen **Arbeit**. Geistig Arbeitende sind zunächst wie auch Kinder und Rentner Konsumenten. Für den Fortgang des volkswirtschaftlichen Kreislaufes sind reine Konsumenten notwendig. Der Wert der geistigen Arbeit für die Zukunft im halbfreien Geistesleben im Organisieren der Arbeit, im freien **Geistesleben** in Unterricht und **Erziehung**.

Die Trinität von Zahlen (Kaufen**), Leihen** und **Schenken**. Zahlen (sofortiges mit Geld): meist bei den Waren, die aus der bearbeiteten Natur stammen, Leihen (Leihkapital) wichtig bei der Organisation von Arbeit, Schenken (auch **Erbschaften** gehören dazu, wobei der volkswirtschaftliche Sinn von Erbschaftssteuern bezweifelt wird) wichtig für den richtigen Übergang (und damit auch "Entwertung") von Kapital an das Geistesleben (Schenkungen an Menschen oder an freie geistige Institute). Dieser soll durch die **Assoziationen** geregelt werden. "Wenn Sie sich nämlich dieses freie Geistesleben auch wirklich befreit denken im sozialen Organismus, so daß tatsächlich immer die Fähigkeiten sich voll entwickeln können, dann wird gerade dieses freie Geistesleben in der Lage sein, einen außerordentlich befruchtenden Einfluß auszuüben auf das halbfreie Geistesleben, auf dasjenige Geistesleben, das in das materielle Schaffen hineingeht."

7(30.07.22) 4919 5/96f. -08

Das Lohn- bzw. **Arbeits**verhältnis ist ein kaschierter Kauf. Der Unternehmer kauft die vom Arbeiter erzeugten Produkte und verkauft sie möglichst mit **Gewinn**. Es entsteht also nicht unmittelbar ein **Mehrwert**. Über die Verfälschung des **Preis**es einmal durch die **Bodenrente** (Forst- und **Landwirtschaft**, ursprünglich Bodenbesitz hervorgegangen aus Macht-, später Rechtsansprüchen, damit eine Art Zwangsschenkung) mit der Tendenz zur Verteuerung, auf der anderen Seite die Tendenz zur Verbilligung des (Leih-)**Kapitals** der Unternehmer. Über das sich daraus ergebende Spannungsverhältnis.

Über eine Zirkulationsbewegung, die dem Kreislauf Natur - Arbeit - Kapital (Geist) entgegengesetzt ist: **Produktionsmittel** (vom Geist/Kapital aufgenommene Natur) - Unternehmerkapital (Verbindung von Produktionsmitteln mit der Arbeit) - **Ware** (hier sind allerdings beide Bewegungsrichtungen schwer zu unterscheiden).

8(31.07.22) 4923 5/110f. -09

Nochmals zur **Preis**frage: Die Anschauung von Adam **Smith** (1723-1790), daß er sich aus **Angebot und Nachfrage** ergäbe, ist einseitig und eigentlich nur gültig vom Standpunkt des Handels. Angebot in **Waren** ist eigentlich Nachfrage nach Geld und Nachfrage nach Waren ist Angebot von **Geld**. Der Preis ist wie Angebot und Nachfrage eine dritte Variable und keine abhängige Größe, alle drei stehen miteinander in Wechselspiel und geben ein Neues. Vom Standpunkt des Konsumenten sind nämlich Preis und Nachfrage (=Angebot von Geld), von dem des Produzenten sind Angebot (von Waren) und Preis ausschlaggebend."...und beim Händler haben wir es zu tun mit etwas, was eigentlich zwischen Geld und Ware liegt.

Mit der Geldwirtschaft ist das Aufkommen von **Recht**sverhältnissen verbunden, aber auch die Möglichkeit, durch menschliche Fähigkeiten ganz Neues zu schaffen (Dreigliederung innerhalb des volkswirtschaftlichen Prozesses). **Miete** und **Bodenwert** als Rechte. Im volkswirtschaftlichen Prozeß ist ein ständiger Austausch von Rechten und Waren, von Fähigkeiten und Waren und auch von Fähigkeiten und Rechten (z. B. **Patente**) vorhanden.

Über die Beeinflussung volkswirtschaftlicher Verhältnisse durch falsche theoretische Anschauungen. Die richtige Preisfindung durch die zu **Assoziationen** zusammengeschlossenen Produzenten, Konsumenten und Händler eines bestimmten Gebietes.

9(01.08.22) 4926 5/125f. **-10**

Es wird der Begriff der **Binnenwirtschaft** eingeführt: "...wenn Wirtschaft in sich selber Wirtschaft treibt, also Tausch der Produkte in sich selber treibt, so daß also die Produkte nicht nach außen verkauft und von außen gekauft werden, sondern innerhalb der Wirtschaft selbst zirkulieren." Dies kann **preis**verfälschend wirken.

Schenkungen (Stipendien, Stiftungen usw.) sind das produktivste **Kapital**, Leihkapital ist von mittlerer Produktivität und der unmittelbare Vorgang Kauf/Verkauf der unfruchtbarste im volkswirtschaftlichen Prozeß.

Gliederung des zirkulierenden Kapitals in Handels-, Leih- und Industriekapital, dargestellt an den Volkswirtschaften **Englands** (Handelskapital), **Frankreichs** (Leihkapital) und **Deutschlands** (Industriekapital) für die Zeit vor dem 1. Weltkrieg. Das Industriekapital zwischen Rohstoffsicherung (**Kolonialismus**) und Markterschließung. Die Entwicklung des unpersönlichen, letztlich subjektlosen **Banken**- und Geldwesens im Zusammenhang mit dem Leihkapital. Die wirtschaftliche Bedeutung der Kolonien für Deutschland und andere Staaten außer England, die nur Zuschußgebiete waren ("objektloser" Imperialismus).

10(02.08.22) 4930 5/140f. **-11**

Der treibende Motor des volkswirtschaftlichen Prozesses ist das **Gewinn**streben (beim Verkäufer wie beim Käufer, s. dazu auch 341/6(05.08.22)): "Es ist dasjenige, was beim physikalischen Arbeitsprozeß die **Masse** ist." Hinweis auf den **Tauschhandel**. Alles **Geld** war ursprünglich Ware. Während das Gewinnstreben das "Drückende"im volkswirtschaftlichen Prozeß ist, ist das Leihkapital das "Saugende". Es ist wichtig, solche Prozesse in Bildern zu erfassen: "Wir werden aber niemals eine wirkliche Volkswirtschaftwissenschaft begründen können, ohne daß wir zu bildhaften Vorstellungen übergehen..."

Das Leihen war ursprünglich auf Gegenseitigkeit angelegt. Diese wurde abgelöst durch den **Zins**. Die Gegenseitigkeit in den **Assoziationen**, wo alle "Parteien" ihre Erfahrungen, ihre "empfindenden Urteile", einbringen und Gemeinsinn üben. Die Entwicklung von Selbstlosigkeit nicht durch Moralpredigen, sondern der Zirkulation der volkswirtschaftlichen Prozesse innewohnend, dargestellt am Beispiel der Übertragung von Leih**kapital** an einen Befähigten und Weitergabe des Erwirtschafteten durch **Schenkung** an einen anderen, wenn der ursprüngliche Kreditnehmer und Unternehmer aus diesem Wirtschaftsprozeß ausscheidet.

11(03.08.22) 4933 5/155f. **-12**

Sozialleben

Das Hervorgehen der **Volkswirtschaft** aus ländlicher Privatwirtschaft, bzw. aus dem Zusammenschluß von Privatwirtschaften. Dies geschah weniger aus Gewinnstreben: "Die einzelnen Wirtschaften haben nämlich die Eigentümlichkeit eines jeden Organismus, daß sie übergehen in ein immer schwächeres und schwächeres Leben. Das ist einfach allgemeines Weltgesetz, auch für das Wirtschaftsleben." Durch Zusammenschluß sollten die einzelnen Privatwirtschaften, später auch Volkswirtschaften, vor der Dekadenz bewahrt werden.

Im 19. Jahrhundert übernimmt die **englische** Volkswirtschaft die Führung, setzt die **Goldwährung** durch. Der allmähliche Übergang im letzten Drittel des 19. Jahrhunderts vom Weltverkehr zur **Weltwirtschaft**, die im Gegensatz zu den Volkswirtschaften nun ein geschlossenes Wirtschaftsgebiet darstellt und dringend das Aufgehen von Kapital in das Geistesleben durch Schenkungen verlangt. Hinweis auf die Anschauungen der **Physiokraten**, das Verhältnis von Nahrungserzeugern und Nahrungskonsumenten, die Rolle von Grund und **Boden**. Über das nicht abnutzbare **Geld** und die mehr oder weniger rasch entwerteten Waren. Die sich daraus ergebenden sozialen Probleme, wenn Geld als Leih**kapital** für den Kapitalseigner arbeitet.

12(04.08.22) 4936 5/170f. -13

Scheinbar verliert **Geld** im Gegensatz zu Waren nicht an Wert. Die tatsächliche Geldentwertung ist aber kaschiert. Unterscheidung von **Kaufgeld**, **Leihgeld** und **Schenkungsgeld**. Das Altern des Geldes, bzw. das verschiedene Alter der drei Geldarten. Notwendigkeit dieser Unterscheidung des Geldes für das geschlossene Gebiet der **Weltwirtschaft**, da hier z. B. nicht mehr Korrekturen durch Export-Import möglich sind wie bei den Volkswirtschaften.

13(05.08.22) 4941 5/185f. -14

Über die Bewertung von körperlicher (Grund und **Boden** als Produktionsmittel) und geistiger **Arbeit**. Die **Spekulation** als geistige Arbeit. Der Wert der geistigen Arbeit entspricht der körperlichen Arbeit, die durch sie erspart wird. Über die notwendige richtige Balance zwischen körperlicher und geistiger Arbeit in einem Wirtschaftsorganismus.

14(06.08.22) 4944 5/199f. -15

Die Funktion des **Geld**es in der **Weltwirtschaft**: Weltbuchhaltung. Parallelität von Zeichenwert (=Geld, das sich im volkswirtschaftlichen Prozeß abnützt, s. dazu auch 341/6(05.08.22)) und Sachwert von sich abnützenden Waren. Geld spielt die Rolle eines Tauschmittels. Innerhalb der geschlossenen Weltwirtschaft würden sich so annähernd richtige Preise (vergleichbare Werte) ergeben. Verfälschung z. B. durch den Handel mit Geld.

Die Wertbildung durch die körperliche **Arbeit** an der Naturgrundlage. Die Geldmenge als Ausdruck der Summe der brauchbaren Produktionsmittel (in erster Linie Grund und **Boden**). **Währung** bzw. Geld als Äquivalent der Arbeit an der Naturgrundlage anstelle von z. B. **Goldwährung**. Letztlich läßt sich die **Preis**bildung zurückführen auf das Verhältnis Bevölkerungszahl zu (landwirtschaftlich) nutzbarer Bodenfläche.

341 Nationalökonomisches Seminar

1(31.07.22) 4924 2/9ff. -01

Es wird für die wirtschaftliche Denkweise die charakterisierende Methode empfohlen. Weder die deduktive (wie in der Jurisprudenz) noch die induktive (hauptsächliche Methode der Naturwissenschaften) sind wirklichkeitsgemäß. Soziale Gesetze treffen allenfalls Teilwirklichkeiten, da sich die Bedingungen entweder ändern oder korrigiert werden

(Gegensatz zu Naturgesetzen). Beispiele: das "**Eherne Lohngesetz**" von F. v. **Lasalle**, daß ein Arbeiter nur so viel Lohn erhält, daß er gerade existieren kann. Trifft zu unter den Bedingungen des Liberalismus, wurde aber durch die spätere Sozialgesetzgebung usw. korrigiert. Das **Greshamsche Gesetz** (Th. Gresham (1519-1579)): Schlechtes (Metall-)Geld vertreibt gutes in andere Länder. Ist nur gültig, so lange dem guten Geld nicht seine Bedeutung z. B. durch Unternehmungsgeist gesichert wird. Dieses Gesetz tritt z. B. dann in Kraft, wenn der Metallwert der Münzen größer als ihr Nominalwert ist.

Die Anwendung der rekurrierenden Methode in der Wirtschaftswissenschaft: von den Wirkungen zu den Ursachen zurückgehen.

Über die Anwendung der **Statistik** und einer symptomatologischen Methode, wobei Inspiration nötig ist.

2(01.08.22) 4927 2/35f. **-02**

Über den Begriff der **Arbeit** im volkswirtschaftlichen und physikalischen Sinn. Die Ähnlichkeit volkswirtschaftlicher und biologischer Tatbestände. Der "Sinn" nutzloser oder vergeblicher Arbeit im ganzen volkswirtschaftlichen Zusammenhang: Vernichtung etwa überschüssiger und damit störender Arbeit. Dies würde in einem volkswirtschaftlich gesunden Organismus zu **Arbeitszeitverkürzung** führen: "Aber die Menschen können es sich nicht vorstellen, daß man notwendig hätte, die Menschen, die sich nicht selbst betätigen können, nicht selbst ihre Zeit zubringen können, zu lehren was es heißt, die Zeit zu ersparen. Denn es wäre kaum notwendig, daß ein Mensch, der heute acht, neun Stunden arbeitet, länger als drei, vier Stunden arbeitet. Die Menschen würden ja, wenn vernünftig volkswirtschaftlich gedacht würde, ungeheuer viel weniger sich zu betätigen brauchen in der Art, wie sie sich jetzt betätigen."

4(03.08.22) 4934 2/53f. **-03**

Rüstungsindustrie als entwertende Arbeit (Vergleich mit Rentner in einer Gemeinschaft). Definition der **Arbeit**: Tätigkeit, um ein Naturprodukt konsumfähig zu machen. Über die an das Objekt gebundenen und die sich vom Objekt befreite Arbeit. "Aber in der Volkswirtschaft handelt es sich nicht darum, richtige Begriffe zu bilden, sondern Begriffe, die man anwenden kann."

Die instinktive Volkswirtschaft der **Römer**, Kompensation überschüssiger Arbeit bzw. Werte durch "Brot und Spiele".

Hinweise auf 341 in 340-05, 340-11, 340-15

342 Anthroposophische Grundlagen für ein erneuertes christlich-religiöses Wirken

1(12.06.21) 4509 1/24ff. **-01**

Moral

Über Naturkausalität und ethische Impulse, die aus dem vorgeburtlichen Leben stammen. "Wir kommen dabei zu einem, allerdings umgestalteten, aber durchaus auch erkenntnismäßig festzuhaltenden **Wunder**begriff. Der Wunderbegriff bekommt wiederum einen Sinn. Der Wunderbegriff kann ja nur den Sinn haben, daß sich in etwas nicht bloß Naturgesetze auswirken, sondern ethische Impulse. Aber wenn wir ganz eingesponnen sind in den Naturzusammenhang *(während des Lebens)*, so fließen unsere ethischen Impulse nicht in die Naturordnung hinein. Werden wir aber hinausgehoben *(nach dem Tod)*, setzen wir gewissermaßen zwischen Ursache und Wirkung die Zeit, dann bekommt der Wunderbegriff wiederum einen ganz erkenntnisgemäßen Inhalt; ja, er bekommt in einem noch tieferen Sinne einen Inhalt." "Wir sehen also gerade in solchen Ausschaltungszeiten, wie sie für uns Menschen liegen zwischen dem Tode und einer neuen Geburt, wie sie für die Erde selber vor und nach ihrer jetzigen Metamorphose liegen, die Möglichkeit des Eingreifens desjenigen, was heute einfach zurückgestoßen wird von der Naturkausalität, die Möglichkeit des Eingreifens von ethischen Impulsen."

Über den alten **abergläubischen Magie**begriff des direkten Eingreifens des Geistes in den Gang der Naturkausalität.

"Wenn wir ein einigermaßen seelisch normales Leben geführt haben, so setzt sich ja dieses **Leben nach dem Tode** solange fort, bis die sämtlichen Impulse, die während unseres irdischen Lebens tätig waren, im Erdenwirken selber ihr Ende gefunden haben und ein neuer geistiger Einschlag da ist. Dann erst verkörpern wir uns wieder, wenn das Geistige einen neuen Einschlag gibt, so daß der Strom der früheren Kausalitäten aufhört." Es bilden sich also Kausalitätsrhythmen, die durch einen Nullpunkt (Wiederverkörperung) gehen: "Sehen wir jetzt auf unser Leben zwischen Geburt und Tod, so ist gewiß das Abergläubisch-Magische nicht drinnen, aber zum nächsten Leben hinüber vollzieht sich der Zusammenhang so, daß man da wirklich von Magie reden kann, unmöglich aber von einem unmittelbaren Einflusse des Geistigen in das Physische."

1(12.06.21) 4509 1/35ff. **-02**

Christengemeinschaft

"Wir müssen die Möglichkeit einer Gemeinschaftsbildung haben, und zwar einer solchen, die nicht bloß auf äußere Einrichtungen (wie die **katholische Kirche**), sondern auf das Seelisch-Innere gebaut ist, das heißt, wir müssen die Brücke schlagen können zwischen einem solchen **Kultus**, einem solchen Ritual, das vor dem modernen Bewußtsein bestehen kann und das doch, wie das evangelische Bekenntnis, wiederum in den vertieften Lehrinhalt hinüberführt.

Der Lehrinhalt individualisiert, analysiert die Gemeinschaft..."

Die Vorstellungen der **Anthroposophie** tendieren zum Bildhaften, **Symbol**ischen und kommen deshalb einem verbreiteten Seelenbedürfnis entgegen, obwohl gleichzeitig der Glaube an das Bild weitgehend geschwunden ist.

"Das Erleben des Göttlichen in der Seele, das ist dasjenige, was einem die Kraft gibt, gerade auf den einfachsten, unverbildetsten Menschen zu wirken, und das müßte eigentlich ausgebildet werden... Wir brauchen wirklich eine lebensvolle Vorbereitung und Vorbildung für die **theologische** Wissenschaft. Und da tritt ja allerdings etwas Esoterisches ein, sehen Sie, wo man hinweisen muß auf ein Gesetz, das schon einmal existiert. Sie müssen erstens das in sich haben,... daß Sie nicht nur als gescheiter Mensch nachdenken, wie sollen Sie ein Bild oder irgend etwas einem anderen beibringen..., aber Sie müssen auch das andere haben, daß Sie jederzeit noch mehr wissen müssen als das, was Sie sagen. Ich meine das gar nicht im üblen Sinne...

Darauf beruht im Grunde genommen das Wirkungsvolle der katholischen Pfarrer. Das ist das, was in dem **Brevierbeten** besteht. Er sucht sich in einer über das Laienhafte hinausgehenden Weise dem Göttlichen zu nähern durch dieses Brevierbeten. Und der besondere Inhalt des Breviers, der über das hinausgeht, was man lehrt, der gibt zu gleicher Zeit eine Kraft, in der **Predigt** und sonst zu wirken."

Über die Qualität des Priesters: Es gäbe mehr Menschen, die geeignet seien, als man annähme; es sei auch eine Frage des Schicksals. "Wenn wir dazu kommen, überhaupt ein lebendiges Geistesleben zu haben und die Fragen des Schicksals für uns wieder lebendig werden, dann werden die Priester mehr aus der Gemeinschaft der Menschen heraus an ihren Platz gerückt werden, als aus einer Selbstprüfung, die doch immer einen stark egoistischen Charakter trägt."

2(13.06.21) 4511 1/47ff. -03

Christengemeinschaft / Freiheit

Über die Gemeinschaftsbildung als Voraussetzung für religiöses Wirken. Hinweis auf die **soziale Dreigliederung**. Der Priester als Träger eines freien Geisteslebens, der aber auch bei den wirtschaftlichen Belangen seiner Gemeinde Rat erteilen kann. Die **Ehe** als Abbild des dreigliedrigen sozialen Organismus: Zusammenhang mit Wirtschaftsassoziationen, staatlichen Rechtsverhältnissen und: "Dagegen werden Sie als Ihre ureigene Angelegenheit innerhalb der religiösen Gemeinschaft den geistigen Segen der Ehe beanspruchen müssen in einer völlig freien Weise aus Ihrer Entscheidung heraus."

Predigt aus freier Autorität und nicht wie in der katholischen Kirche, wo der Priester sich seiner eigenen Meinung völlig zu enthalten hat. "Auf der anderen Seite ist nun die Zeitaufgabe, daß vertraut wird auf ... die göttliche Harmonie. Und das ... hat man absolut nicht verstanden in meiner "**Philosophie der Freiheit**"." Darin "baut auch das Rechtsleben auf den völlig aus sich heraus wirkenden individuellen Menschen." Es wird nur die Gefahr der Anarchie gesehen: "Weil dem heutigen Menschen jedes wirkliche durchgöttlichte soziale Vertrauen eigentlich fehlt, weil die Menschen das Folgende ... nicht begreifen können ...: Wenn man den Menschen wirklich dazu bringt, daß er aus seinem Innersten heraus spricht, dann kommt nicht durch seinen Willen, sondern durch die göttliche Welteinrichtung die Harmonie unter die Menschen. Die Disharmonie rührt davon her, daß eben die Menschen nicht aus ihrem Inneren heraus sprechen."

"Begreift man das als ein Mysterium des Lebens, dann sagt man sich: Ich suche den Quell meines Handelns in mir selber und habe das Vertrauen, daß der Weg, der mich da ins Innere führt, auch in die göttliche Weltordnung im Äußeren mich einschaltet und ich dadurch in Harmonie mit den anderen wirke."

Steiner rät davon ab, die neuen christlichen Gemeinden aus den anthroposophischen Zweigen heraus zu gründen. "Sie müssen die religiöse Gemeindebildung für sich vornehmen und dann den Zusammenschluß mit der **anthroposophischen Bewegung** suchen."

2(13.06.21) 4511 1/83 **-04**

Aus der dem Vortrag folgenden Besprechung: "Dagegen an eine Reform der Kirche selbst zu denken, da darf ich schon sagen - das ist nicht bloß meine Meinung, sondern das ergibt eine objektive Erkenntnis der Tatsachen -, daß diese Kirchengemeinschaften dem Untergang geweiht sind. Außer der **katholischen Kirche** natürlich, die eben weiter so begriffen werden muß, daß sie durchaus nicht dem Untergang geweiht ist, weil sie mit ausgebreiteten Mitteln arbeitet und daher als etwas ganz anderes angesehen werden muß."

3(14.06.21) 4513 1/96 **-05**

"Also, kein abstrakter Begriff geht durch die Todespforte mit uns, sondern nur dasjenige, was wir über abstrakte Begriffe hinaus im **Leben** erlebt haben. Daher ist es auch so, daß aus der jetzigen Bevölkerung heraus viele Seelen **nach dem Tode** ein langes Schlafleben führen müssen, weil sie nur eingespannt waren in **Intellektualität** und weil die Intellektualität abdämmert nach dem Tode und der Mensch sich dann erst in langer Zeit einen überintellektualistischen Inhalt erobern muß, den er wiederum verarbeiten kann für das nächste Erdenleben."

3(14.06.21) 4513 1/98 **-06**

Die Notwendigkeit des **Kultus** für eine religiöse Gemeinschaft. Über die vier Bestandteile des **Meßopfers**: Lesung der Evangelien, Opfer (Offertorium), Wandlung (Transsubstantiation) und Kommunion. Ursprünglich äußeres Bild für die Einweihung, geht auf die ägyptischen und vorderasiatischen Mysterien zurück.

Lesung der Evangelien: "Es bedeutet das Hereinklingen, die Offenbarung des Wortes *(im Sinne des Johannes-Evangeliums)* in die Gemeinde." Gabe der übersinnlichen Welt. Opfer: "bringt **symbol**isch dasjenige zum Ausdruck, was der Mensch in seiner Seele empfinden kann als Weihegefühl zum Übersinnlichen. Das wird durch die symbolische Handlung des Offertoriums gewissermaßen als Antwort zur Evangelien-Vorlesung gesagt."

"Der dritte Teil, die Transsubstantiation, die Wandlung, besteht darin, daß symbolisch dargestellt wird jenes Bewußtsein, das sich im Menschen entwickelt, wenn in ihm gefühlt wird die göttliche Substanz. Für den Christen ist diese Wandlung nichts anderes als der Ausdruck des paulinischen Wortes: Nicht ich, sondern der Christus im mir." "Es ist ja auch bedeutsam, daß das Sanktissimum eigentlich besteht aus dem Brot und dem Brothalter, der mondförmige Gestalt hat, so daß in der Tat im Sakraments-Symbolum, das ja das Sanktissimum umhüllt, Sonne und Mond im Bilde vorhanden sind, was ja deutlich darauf hinweist, daß in den Zeiten, in denen das Meßopfer ausgestaltet worden ist in seiner Urform, ein Bewußtsein vorhanden war von dem Zusammenhange des Christus mit der Sonne und des Jahve mit dem Monde." Dazu im folgenden Vortrag ergänzend zur Realität des Kultus: "Wenn die Transsubstantiation durch einen wirklichen Priester durchgeführt wird, dann bekommt die **Hostie** eine Aura."

Kommunion: "Nachdem der Mensch mit diesem Übersinnlichen zusammengewachsen ist, läßt er seine ganze irdische Wesenheit sich hineinergießen in die Vereinigung mit dem Übersinnlichen."

"Man kann also sagen, man hat in dem Meßopfer ... dasjenige vor sich, was so und so oft dem Menschen im Bilde vorstellt den zutiefst bedeutsamen geistigen Weg des Menschen."

"Und wenn dasjenige, was durch das Ritual geschieht, in die Mitglieder einer Gemeinde hineingeht, so erleben sie ein Übersinnliches gemeinsam, und dasjenige, was atomisiert wird durch das Lehrgut, wird ja synthetisiert in der Kultushandlung."

Über die Anwendung bildhafter Symbole durch die **Jesuiten**.

4(14.06.21) ---- 1/118f. -07

Über den **Kultus** und die **Symbole** der **Freimaurer**, die Kräfteströmungen der Welt nachgebildet sind (Dreieck, Wasserwaage, rechter Winkel). Über einen künftigen Kultus, der einfach gestaltet sein und die innere Verwandlung ausdrücken soll, dargestellt an einem Spruch.

Beim **Musik**alischen könne auf alte Kirchenmusik z. B. Bach (im Übergangsstadium) zurückgegriffen werden, sie sei aber der Entwicklung nicht mehr angepaßt, weil der Mensch kein ganz innerliches Verhältnis mehr dazu gewinnen könne. Notwendigkeit, entsprechende musikalische Ausdrucksformen zu finden. Hinweis auf Claude **Debussy** (1862-1918), "der sich in den einzelnen **Ton** hineinlebt, der im einzelnen Ton lebt. Nur darf es nicht Tonmalerei werden." Es könnte an die Musik vor **Wagner** angeknüpft werden. Von Wagner sei die Musik nicht weiterentwickelt, sondern in eine Nebengasse geleitet worden.

4(14.06.21) ---- 1/134f. -08

Ost-West-Gegensatz

Frage nach der Quäkerbewegung. Das **Religiöse** würde von den Angloamerikanern in das Instinktive getaucht, wäre für Mitteleuropa nicht adäquat, wo es nach dem lichtvoll Mystischen, im Osten nach dem Überirdischen tendiere.

4(14.06.21) ---- 1/136f. -09

Zur Frage des **Tauf**rituals. Ursprünglich sei es eine Erwachsenentaufe (Johannestaufe), die mit einer Erfahrung des Übersinnlichen verbunden war (Lebenstableau). "So können wir das beim Kind nicht machen. Wir müssen ein Ritual haben beim Kind, das zum Ausdruck bringt, wie das Kind aufgenommen wird in unsere Gemeinschaft und die gemeinschaftliche religiöse übersinnliche Substanz, die in der Gemeinde lebt, die muß auf das Kind überströmen."

Die sieben **Sakramente** der **katholischen Kirche** entsprechen sieben Stadien der menschlichen Entwicklung zwischen Geburt und Tod. "Man kann sagen, die katholische Lehre stellt sieben Evolutionsstufen dar, denen sie gegenüberstellt sieben Involutionsstufen, und das sind die sieben Sakramente, von denen vier irdisch sind, nämlich Taufe, Firmung, Altarsakrament, Buße. Diese vier sind so allgemein-menschlich wie physischer Leib, Ätherleib, Astralleib und Ich. Wenn Sie höher hinaufgehen, kommen Sie zum Geistselbst, Lebensgeist und Geistesmenschen. So wie das Hereinscheinen aus der geistigen Welt, so sind die drei letzten Sakramente diejenigen, die in das Soziale gehen: die Ehe, die Priesterweihe, die Letzte Ölung."

"Das ist sinnlos, daß der **Protestantismus** aus sieben Sakramenten zwei herausgenommen hat; das hat keine Räson."

4(14.06.21) ---- 1/139f. -10

Die gesundende Wirkung des **Handauflegen**s setzt voraus, daß der Betreffende in der Kindheit gelernt hat, die Hände zu falten, zu verehren. War deshalb früher weiter verbreitet. "Nicht wahr, der heutige Mensch ist nicht mehr in derselben Lage, er wird gar nicht in seiner Jugend dazu angehalten, so etwas auszubilden... Es ist aber gar nicht ausgeschlossen, daß in einer vergeistigteren Zukunft diese Dinge wieder ausgebildet werden."

4(14.06.21) ---- 1/141f. -11

Kleidung

Die Farben der liturgischen Gewänder katholischer Geistlicher als genaues Abbild der Farben des Astralleibes. "Nicht wahr, Segnen ergibt ein Aufgehen der eigenen Persönlichkeit in der übersinnlichen Welt und ein Überströmenlassen des Segens auf die Gemeinde; das gibt ein blaues Untergewand und ein rotes Übergewand. Man bildet einfach den astralischen Leib nach... Das wäre durchaus nachzubilden, und es wird sich nur fragen, wieweit die Menschheit dazu reif ist, so etwas wiederum gelten zu lassen."

5(15.06.21) 4516 1/143f. -12

Über die **Predigt**. Wichtig ist dabei, nicht beim verstandesmäßig einmal Aufgenommen zu bleiben sondern es durch rhythmisches Wiederholen (Hinweis auf die Reden Buddhas) in das Gemüts- und Willenselement überzuleiten. "Wir müssen auslaufen lassen dasjenige, was wir lehren, in einer gewissen Weise in Bildvorstellungen und die Hauptsachen in einer gewissen monumentalen Weise festsetzen und als Formel immer wiederholen lassen." Beispiel werden im folgenden gegeben (Schuld des Menschen und Unschuld der Natur, Vatergott und Sohnesgott, Unsterblichkeit und Präexistenz). Meditation als Vorbereitung für den Prediger, den richtigen Ton zu treffen. Die durch Meditation erzielte Sammlung ist auch notwendig für das Evangelienlesen.

5(15.06.21) 4516 1/160f. -13

Die Notwendigkeit einer Überwindung der Dualität von Gut und Böse, die zurückgeht auf die urpersische Dualität von **Ahriman** und **Ormuzd**, der eher mit **Luzifer** gleichzusetzen ist. "Man weiß nicht, daß der Urperser das Bewußtsein hatte, daß man weder dem Ahriman noch dem Ormuzd allein folgen darf, sondern ihrem Zusammenwirken. Und ihr Zusammenwirken äußert sich in einer solchen Gestalt, wie es der **Mithras** war." Die Tendenz in der bisherigen Theologie, Christus an Luzifer heranzurücken.

6(16.06.21) 4519 1/160f. -14

Über den letzten Vers des **Vaterunsers**: "Denn Dein ist das Reich und die Macht und die Herrlichkeit in Ewigkeit. Amen." In ihm ist ausgedrückt die Trinität der Sonne bzw. des Christus.

347 Die Erkenntnis des Menschenwesens nach Leib, Seele und Geist. Über frühe Erdzustände

4(09.09.22) 4973 1/64ff. -01
In diesem und dem folgenden Vortrag (13.9.) über die **Leber** als innerem Wahrnehmungsorgan und über die **Nieren** als innerem Denkorgan. Das Bild des **Janus**kopfes für diesen Tatbestand.

7(20.09.22) 5005 1/116ff. -02
Es wird der Zustand der Erde, ihr **Pflanzen**- und **Tierreich** (Ichthyosaurier, Plesiosaurier, Megatherien, Farnwälder) während der **lemurischen** und **atlantischen Zeit** geschildert. Über die langsamere **Erdrotation** in diesen Zeiten.

8(23.09.22) 5012 1/132ff. -03
Lemurien
Der Zustand der Erde vor der Mondentrennung. Die Stelle, an der der **Mond** austrat, liegt im Pazifik.

9(27.09.22) 5016 1/149ff. -04
Der Zustand der Erde vor und nach dem Sonnenaustritt. Über die **Fortpflanzung**skräfte des **Mondes** und der **Sonne** bei Pflanze, Mensch und Tier.

10(30.09.22) 5018 1/169ff. -05
Über die Embryonalentwicklung des Menschen und die frühen Entwicklungszustände der Erde.

Kometen als Nahrung der Sonne. S. dazu auch **354/13(20.9.24)**: Über die allmähliche Auflösung wiederkehrender Kometen, die der Erde als geistige Nahrung und Heilmittel dienen (s. auch 116-10 und **353/14(17.5.24)**.

Hinweise auf Vorträge aus 347 in 145-05.

348 Über Gesundheit und Krankheit. Grundlagen einer geisteswissenschaftlichen Sinneslehre

2(24.10.22) 5060 3/37ff. -01
Gesundheit-Krankheit
Die Bildung des Körpers geht im ersten Jahrsiebt vom Kopf aus, der im Embryonaldasein vom Weltenall die Kräfte dazu aufgenommen hat. **Kinderkrankheiten** sind Störungen dieser Tätigkeit: Blutvereiterung bis hin zur **Gelbsucht** entsteht durch Stauungen im Blutkreislauf. Der Körper ist zu schwach, die Nahrungsstoffe aufzunehmen: **Durchfall**. Die Kopfkräfte erhalten durch mangelnde Nahrungsaufnahme kein Material zum Aufbau ("sie fuchteln herum"): **Krämpfe**. Oder es besteht ein Überangebot an Nahrungsstoffen, die

nicht auf dem natürlichen Weg weggeschafft werden können. Sie werden dann über die Haut hinausgebracht: **Masern**, **Scharlach**.

Das zweite Jahrsiebt ist im allgemeinen das gesündeste, da der Mensch sich dann einen widerstandsfähigen Atmungsorganismus mit starken Kräften aufgebaut hat.

Im dritten Jahrsiebt Heraufschlagen des Stoffwechselsystems (Stimmbruch), damit ist der Mensch wieder anfälliger.

2(24.10.22) 5060 3/48 **-02**

Haare als Bildungen des Lichts. Daß der Mensch heute nur noch gering behaart ist im Gegensatz zu früher, hängt mit seiner Domestizierung bzw. Zivilisierung zusammen (es wird auf den Behaarungsunterschied von Wild- und Hausschwein hingewiesen). Die vorübergehende Behaarung des **Embryos**.

3(29.11.22) 5084 3/58ff. **-03**

Über den Bau des inneren **Ohres**. Die wichtige Rolle der Eustachyschen Röhre für das Verständnis der Sprache, indem die Luftbewegungen beim eigenen Sprechen mit den Luftbewegungen der von außen kommenden Laute sich begegnen, bzw. verglichen werden. Die sich in den drei halbzirkelförmigen, flüssigkeitsgefüllten Kanälen niederschlagenden Kristalle bewirken das Gedächtnis für Töne und Laute. In der Flüssigkeit der Gehörschnecke werden die Töne gefühlt. Das Ohr als kleiner Mensch wie andere **Sinnesorgane** (Auge) auch.

S. auch 218-13.

4(02.12.22) 5086 3/73ff. **-04**

Gesundheit-Krankheit

Über die Funktion der **Hormone** (**Schilddrüse**, **Nebenniere**, **Sexualhormone**) und experimentelle Untersuchungen über deren "verjüngende Wirkung". Hormontherapie und ihre Gefahren. Statt durch Sexualhormone verjüngende Wirkung geistiger Betätigung.

Die Einwirkung auf die Schilddrüse ist schwieriger: "Wenn man in einer ganz bestimmten Weise, in einer gesangartigen Sprache, immer und immer wieder, jeden Tag Sachen wiederholen läßt, dann geht auch die Schilddrüse zurück."

5(13.12.22) 5095 3/89ff. **-05**

Über den Bau des **Auges**. Das Auge hat nicht nur die Aufgabe des Sehens, sondern auch eines unbewußten Sprechens, das durch die Augenmuskeln erzeugt wird (Beispiel des "**bösen Blickes**").

Blaue Augen und blonde **Haare** bei Menschen, die die Nahrungsstoffe nicht bis in die Iris bzw. in die Haare treiben können. Sie sind dafür seelisch stärker. Ihr allmähliches Aussterben, das damit zusammenhängt, daß von der absterbenden Erde nicht mehr die Stoffkräfte in früherem Maß aufgenommen werden können. Die übrigbleibenden dunklen Menschentypen würden verdummen, wenn nicht eine Geisteswissenschaft hinzukommt, die vom Leiblichen unabhängig ist und die Intelligenz aus dem Geistigen holt.

Vgl. 218-04.

6(16.12.22) 5097 3/106ff. **-06**

Über den **Geruchssinn** bei Hunden und wilden Völkern. Der Bau der **Nase**. Beim Menschen wirkt von innen her eine Kraft dem Riechnerv entgegen, so daß er klein bleibt und sich das Vorderhirn als edelster Teil des **Gehirns** ausbildet (beim Hund geht diese Kraft nach hinten in den Schwanz, er wedelt). Über den **Geschmackssinn** und seinen Zusammenhang mit den Eingeweiden.

7(20.12.22) 5100 3/123ff. **-07**

Über den Bau der **Haut**. Die Umwandlung der Hautnerven zu **Geschmacks**- und Riechnerven. Beim Schmecken nimmt das von den Zungengrübchen von innen abgesonderte Wasser den im äußeren Wasser gelösten Stoff wahr. Der Flüssigkeitsmensch durchzieht sich mit dem gelösten Stoff. Er (=**Ätherleib**) möchte eigentlich immer gern schwimmen, so wie es die **Fische** tun, die ihren Geschmack jedoch sofort in die Flossenbewegung überführen (Hinweis auf den Zug von Fischen wie **Aalen** oder **Lachsen**, die das Wasser "abschmecken"). Dieses Schwimmen wird aber beim Menschen zum inneren Geschmackserlebnis. Ähnlich beim Riechen. Hier ist es der Luftmensch (=Astralleib), der dem **Geruch** "nachfliegen" möchte wie die **Vögel**.

Der Flug der Zugvögel wird auch*) durch den Geruch, den die Erde ausströmt, beeinflußt. Der Hund kann nicht fliegen, bei ihm geht es ins Wedeln über, beim Menschen wird es seelisches Erlebnis (s. auch voriges Ref.). Für die Wärme hat der Mensch keine speziellen Sinnesnerven, er nimmt sie durch seine eigene Wärme (Ich) wahr.

*) S. 101-06.

9(27.12.22) 5110 3/158ff. **-08**

Über die Entstehung **innerer Krankheiten**: Der **Astralleib** löst ständig die Nahrungsstoffe auf und verteilt sie "vernünftig" auf die einzelnen Organe. Hat er keine Stoffe zu verteilen, ist er unbefriedigt, es entsteht Hunger. Wird er schwach oder "dumm", so lagert er die Stoffe an der falschen Stelle ab. Dadurch wird das zu versorgende Organ geschwächt. Zudem nimmt der Wassermensch die abgelagerten Stoffe wieder auf und bringt sie auch an das geschwächte Organ, wodurch dieses erkrankt.

Ansteckung: Es ist die Wirkung eines kranken Menschen, seines Astralleibes, auf einen anderen, ähnlich wie beim Sprechen der Zuhörer leise mitspricht. Dadurch kommt auch der Astralleib des Gesunden in Unordnung und bildet dann den Nährboden für Bazillen u.ä.

Beim **Heufieber** ist der Wassermensch größer als normal und gestört dadurch, daß der Astralleib nicht richtig die Absonderung nach außen dirigiert. Der Wassermensch wird empfindlicher, abhängig von der Jahreszeit, weniger von den Pollen. Durch ein entsprechendes Heilmittel (Gencydo®, Weleda) wird der Wassermensch zusammengezogen, "so daß er etwas trüb wird." Gleichzeitig muß für eine Absonderung nach außen gesorgt werden (bei Verstopfung usw.) *).

Geisteskrankheiten werden dagegen eher verursacht vom Luftmenschen aus, der vom geschädigten Wassermenschen aus tangiert wird (Beispiel **Dementia praecox** und falsche Ernährung in der Kindheit). Geisteskrankheiten haben demnach physische Ursachen.

*) Über die Gegensätzlichkeit von Heufieber und **Arteriosklerose** s. **350/7(2.8.24)**.

10(30.12.22) 5116 3/175ff. **-09**

Über den organischen Zusammenhang zwischen **Gehirn** und Unterleib, der vor allem in der **Schwangerschaft** von Bedeutung ist. Besonders der vordere Teil des Gehirns (seelisch das **Wollen**) hängt mit dem Unterleib, der mittlere Teil (**Fühlen**) mit der Herztätigkeit und der hintere Teil (**Denken**) mit der Atmung zusammen.

Über die **Gift**- und Heilwirkung des **Bilsenkrautes** (Hyoscyamus): konzentriert führt es zu Kollaps durch Ablagerung im Unterleib, wodurch das Vorderhirn in Unordnung kommt.

In verdünnter (**homöopathischer**) Form werden seine Stoffe verdaut, das Gehirn ist stark genug. **Fieber** als Gegensatz zum **Kollaps** und als Steigerung der Gehirnanregung: Das Gehirn revoltiert gegen eine Unregelmäßigkeit eines Organes.

Während der Schwangerschaft wird durch die erhöhte Unterleibstätigkeit auch das Gehirn stark in Tätigkeit versetzt, woraus z. B. der stark variierende Appetit herrührt. Die Einwirkung des geistig-seelischen Verhaltens der Mutter auf das Kind in den ersten Schwangerschaftsmonaten: Beispiel des **Wasserkopfes** (Hydrokephalie) und des Spitzkopfes und andere abnormale Bildungen.

11(05.01.23) 5125 3/194ff. -10

Das **Gehirn** denkt nicht, sondern wird vom geistig-seelischen Kern des Menschen zum Sammeln der in der Welt ausgebreiteten Gedanken benützt. Beispiele für verständiges Verhalten bei den **Insekten**, die kein Gehirn haben: Totengräberkäfer, Ablage der Eier im lebenden Wirt, der dadurch nicht tödlich geschädigt wird. Das Auftreten von etwas, was dem Gedächtnis des Menschen entspricht, bei den **Bienen**. Die Papiererzeugung der **Wespen** beim Nestbau.

Über die Funktion der **Milz**, die Wirkungen ungeregelter Nahrungsaufnahme ausgleicht. Vgl. 128-04.

12(08.11.23) 5133 3/211 -11

Über die Wirkungen des **Alkohols** besonders auf das **Blut**, die sich bei Mann und Frau (weiße, bzw. rote Blutkörperchen) unterscheiden, und damit auch auf die **Fortpflanzung**. Trinkt die Frau, werden mehr die inneren Organe geschädigt (Beispiel Wasserkopf), trinkt der Mann, trägt eher das Nervensystem des Kindes Schädigungen davon. Das Fortwirken in den Generationen.

13(10.01.23) 5134 3/229ff. -12

Über den **Biber**: er lebt im Sommer einsiedlerisch in Erdhöhlen. Gegen den Herbst zu sammeln sich die Biber zum Bau ihrer kunstvollen Dämme und Behausungen.

Über die Generationenfolge bei den **Wespen**: Geschlechtslose Arbeitswespen im Frühjahr, die die Nester bauen. Im Herbst treten die fortpflanzungsfähigen Wespen auf, von denen die Männchen rasch, nach dem sie ihre Pflicht erfüllt haben, absterben.

Diese Beispiele zur Verdeutlichung des Zusammenhanges zwischen den **Sonnen**kräften, die die kosmischen **Intelligenz**kräfte sind, und den Erden(Monden)-Kräften, die die **Fortpflanzung** bewirken. Überwiegen die Sonnen-Verstandeskräfte, werden die Fortpflanzungskräfte ganz oder teilweise unterdrückt. Das Aufsaugen der Sonnenkräfte beim einsiedlerischen Biber (sein Schwanz als Sonnenorgan) und die dann im Herbst hervortretende soziale Intelligenz (Gruppenseele).

Über die statistische Feststellung, daß im Winter geborene Menschen, auf die also seit der Empfängnis im Frühjahr besonders die Sonne gewirkt hat, leichter Intelligenz entwickeln.

Die Sonnenwirkung (u. a. fortpflanzungsfeindliche) des von außen zugeführten **Alkohols** und die wohltuende Wirkung des im menschlichen Körper gebildeten Alkohols. Dies und der Bau des Oberschenkelknochens als Beispiel dafür, daß der Mensch die Sonnenkräfte in sich hereinnimmt, während sie beim Tier mehr von außen wirken.

14(13.01.23) 5136 3/249 -13

Über die Wirkung des **Rauchens**, bzw. des **Nikotins**: Es erhöht den Puls und damit den Sauerstoff-Bedarf, wodurch eine latente kleine **Atem**not und damit unbewußt bleibende Angstzustände erzeugt werden. Weitere organische Schädigungen. Die positive Wirkung bei zu niedrigem Puls, der sich seelisch so auswirkt, daß der Mensch herumläuft und eigentlich nicht weiß, was er will. Da dies in der neueren Zeit weit verbreitet ist, hat das Rauchen in der Neuzeit so große Verbreitung gefunden.

14(13.01.23) 5136 3/260 -14

Das Volk der **Juden** neigt dazu, an **Diabetes** zu erkranken. Dem vorzubeugen, dient die koschere **Ernährung** (auch die Meidung des Schweinefleisches, das Schächten usw.). Die Vorschriften des Alten Testamentes hatten also durchaus therapeutischen Sinn.

14(13.01.23) 5136 3/263 -15

Nochmals zur **Alkohol**frage: **Absinth** ist noch gefährlicher als Wein oder Schnaps, da damit auch der Schlaf, der sonst die Folgen des Alkohols einigermaßen ausgleichen kann, ruiniert wird.

Im vorangehenden Vortrag war bemerkt worden, daß Bier weniger die Fortpflanzung schädigt als Wein.

17. Vortrag (3.2.23): Absinth macht das Flüssige im Menschen "rebellisch", so daß das Luftförmige im Menschen nicht mehr eingreifen kann. Durch das im Organismus vagabundierende Luftförmige fühlt sich der Mensch "nach und nach so wohl wie ein **Schwein**." "Beim Schwein ist das das Eigentümliche, daß es sich fortwährend mit Luft anfüllt, die nicht recht aufgenommen wird. Das Schwein ist am allerleichtesten kurzatmig."

Die Sehnsucht, Absinth zu trinken oder andere Suchtmittel zu nehmen, entsteht dann, wenn der Körper schon etwas im Zerfall ist. "Dann kommen die Leute darauf, sich durch das Seelische (die andere Seite des Luftförmigen, Anm.) innerlich amüsieren zu lassen." Die Wirkung des Absinth auf die **Fortpflanzung**: Ist der Mann ein Trinker, werden die Nachkommen weichlich. Ist die Frau die Trinkerin, werden die Nachkommen anfällig für Krankheiten.

14(13.01.23) 5136 3/264 -16

Zur Frage der eineiigen **Mehrlingsgeburten**: es handelt sich um einen von außen kommenden (Mond)Einfluß.

15(20.01.23) 5143 3/268 -17

Diphtherie-Erkrankung: Der Mensch lebt von der von außen nach innen wirkenden **Haut**tätigkeit und der von innen nach außen gerichteten Lebenstätigkeit vor allem der **Nieren**. Dazwischen steht das Herz als Wahrnehmungsorgan dieses Gleichgewichtes. Bei Diphtherie ist die Haut-Tätigkeit zu schwach, die Nierentätigkeit schießt über, es kommt zur Beeinträchtigung des Herzens und zu einer inneren Hautbildung, ferner zum **Schielen**. Heilmöglichkeit durch anregende Bäder (z. B. mit Rosmarin).

Schielen kann auch bei **Grippe** auftreten, die eigentlich eine Art Gehirnkrankheit ist. Auf der anderen Seite besteht Gefahr bei Schiel-Operationen, daß sich eine Gehirnkrankheit im Gefolge entwickelt, die auch als Darmkrankheit maskiert auftreten kann [Fall des mit Steiner befreundeten Dichters Jakobowski (1868-1900)].

16(27.01.23) 5151 3/283 -18

Über die Polarität zwischen der **Haut-Lungen**-Tätigkeit und der **Leber**funktion. Gelbsucht als zu starke Lebertätigkeit. Ist diese aber zu schwach, so sucht sich das unterversorgte Blut seinen Ausgleich in der Haut. Dies ist die Situation bei den **Pocken** (Blattern). Pockenlymphe: damit wird dem Blut etwas gegeben, womit es sich beschäftigen kann. Weiteres Beispiel für **Impfung**: **Tollwut**behandlung.

16(27.01.23) 5151 3/2889 -19

Fortpflanzung

Über die **Atmung** des Menschen. Giftige **Kohlensäure** als Bedingung für die Entwicklung des Nervensystems, des Denkens. Die **Stickstoff-Blausäure**-Atmung auf dem alten (kometenhaften) Mond. Rest hat sich erhalten in der **Embryonalentwicklung**, bei der der Stickstoff wichtig ist, während er später bei der Luft-Atmung keine Rolle mehr spielt. Der menschliche Samen als Stickstoffanreger, der die Bildung der Organe bewirkt.

Vergleich des menschlichen Atem-Pulsrhythmus mit dem Atemrhythmus der Erde durch die Jahreszeiten.

17(03.02.23) 5156 3/302 -20

Blei wirkt auf den Menschen verfestigend; **Bleivergiftung** mit den Symptomen von Alterserscheinungen. Gegenmittel **Silber**, wobei die Dosierung auch vom Geschlecht abhängig ist (weibliches Geschlecht ist "flüssiger" als das männliche, braucht also weniger Silber).

Bluterkrankheit: Die Kinder eines gesunden Mannes und einer Tochter eines Bluterkranken, die selbst nicht an dieser Krankheit leidet, werden wieder bluterkrank. Prophylaxe durch ein Bleiheilmittel für die Eltern.

17(03.02.23) 5156 3/312 -21

Eiszeit

"Also wir brauchen nur ein paar tausend Jahre, vier- bis fünftausend Jahre zurückgehen, da war in Europa noch alles vereist."

17(03.02.23) 5156 3/316 -22

Viel mehr als Ameisen und Wespen (s. -12) verzichten die **Bienen** auf das Geschlechtsleben, es wandelt sich zum sozialen Leben des Bienenstockes. Einfluß des Planeten Venus. Die Nahrung wird aus dem, was mit dem "Liebesleben" der Pflanzen zusammenhängt, gewonnen. **Honig** als **Nahrungsmittel** bzw. als Zusatz zu Speisen: dadurch wird der richtige Zusammenhang von Luftförmigem und Flüssigem im Menschen gefördert (Gegenbeispiel: Absinth, s. -15), so daß das Seelische in richtiger Weise an den Organen arbeiten kann.

18(10.02.23) 5165 3/320 -23

Gesundheit-Krankheit / Geschlechtskrankheiten

In alten Zeiten wurden die Zusammenhänge zwischen **Planeten**konstellationen und Krankheitsverläufen studiert und so auch die die Planeteneinflüsse abschirmende Wirkung der sogenannten Planeten**metalle** gefunden. So wurde die Heilwirkung von **Kupfer** bei bestimmten typhusähnlichen Krankheiten, Durchfällen, Dysenterien, die von **Zinn** bei bestimmten Augenkrankheiten oder die von **Silber** bei schweren Geburten gefunden.

Eine der letzten Entdeckungen dieser Art war die **Quecksilber**therapie bei **Syphilis**. "Die syphilitischen Erkrankungen sind dadurch entstanden, daß sich Menschen entferntstehender Rassen geschlechtlich miteinander vermischt haben." Davor waren es nur Einzelfälle.

Weiter zur **Metalltherapie**: "Insbesondere treten die Heilungen dann ein, wenn heute noch diese Metalle aus Pflanzen gewonnen werden. Nicht wahr, wenn das Metall schon in der Erde abgelagert ist, da ist es hart geworden. Da verliert es etwas von seiner Kraft, obwohl es bei Kopfkrankheiten noch immer wirksam ist."

Hinweise auf Vorträge aus 348 in 116-09, 134-04, 145-01, 239-03.

349 Vom Leben des Menschen und der Erde

1(17.02.23) 5172 2/15ff. **-01**

Gesundheit-Krankheit

Gesteinsbildungen als tote Reste des Pflanzen- und später Tierdaseins der **Erde**. Die pflanzenhafte Erde (vor etwa 15 000 Jahren) war durchzogen von horizontal wirkenden "Glimmerkräften" und von in den Kosmos hinausstrahlenden "**Kiesel**kräften". "Verkittet" waren diese Kräfte durch das, was später zu **Feldspat** wurde. Erstarrt und tot finden sich diese Bestandteile im **Granit** und **Gneis**. Die Reste dieser Kräfte sind die (Äther-)Kräfte, die das **Pflanzenwachstum** verursachen.

Kalk (Jurakalk) als Ablagerung tierischer Wesen wie Korallen und Muscheln. Mit den alten im Kiesel noch vorhandenen Kräften kann besonders bei Kopfkrankheiten gewirkt werden. Der Rest an Leben im ehemals tierischen Kalk kann als **Heilmittel** bei mangelhaftem Aufbau (Unterernährung) in allopathischer Dosierung verwendet werden. Bei **homöopathischer** Dosierung dagegen werden die Zukunftskräfte des Kalkes freigesetzt, die auf den Kopf wirken. Über kohlensauren und phosphorsauren Kalk als Heilmittel bei Unterernährung s. **300b (14.2.23)**, S. 285ff (4. Aufl.).

Über das künftige Pflanzendasein der Erde und das Wiederflüssigwerden der Gesteine.

2(21.02.23) 5176 2/33ff. **-02**

Farbentherapie

Über die beiden Urphänomene der Goetheschen Farbenlehre, die "sinnlich-sittliche" und Heil-Wirkung der **Farben**. Über die Gewinnung von **Pflanzenfarben** (gelbe Farben aus Blüten wie Sonnenblumen und Löwenzahn, blaue aus Wurzeln wie Wegwarte und Indigopflanze).

Zu der Herstellung von Pflanzenfarben s. 291a, S. 403ff (1. Aufl.).

3(03.03.23) 5188 2/52ff. **-03**

Über die **Hautfarbe** der drei ursprünglichen **Rassen** (Neger, Mongolen, Europäer (Kaukasier)) abhängig von der verschiedenen Lichtaufnahme. Neger: stark ausgebildetes Hinterhirn, Dominieren des Stoffwechsels und damit starkes Triebleben. Mongole: Dominieren von Mittelhirn und Rhythmischem System (Gefühlsleben). Europäer: Dominieren des Vorderhirns und des Denklebens (Materialismus und technische Erfindungen). Aus nach Osten gewanderten Mongolen gingen die Malayen hervor, die aber aufgrund ihrer ursprünglichen Mongolennatur nicht soviel Sonne aufnehmen können, wie es nötig wäre. Sie werden dadurch dekadent.

Ebenso wurden die nach Westen ausgewanderten Neger dekadent: Indianer. Über den Unterschied zwischen den Europäern und den weißen **Amerikanern**: Die Amerikaner entwickeln zunächst eine materialistische Karikatur der Anthroposophie und werden später mehr instinktmäßig zu einer geistigen Auffassung der Außenwelt sich hindurcharbeiten. "Aber das richtige Amerikanertum, das ist dasjenige, was tatsächlich einmal mit dem Europäertum, das auf mehr geistige Weise seine Sache finden wird, sich vereinigen wird." Die Glanzzeit der amerikanischen Zivilisation im Zeitalter des Wassermannes.

4(14.03.23) 5198 2/69ff. **-04**

Über das Weltbild **Dantes**, dem die Anschauung der ätherischen Welt zugrundeliegt (Planetensphären, Himmel und Hölle als Erleben des Ätherleibes). Reste dieser Betrachtungsweise haben sich bis ins 18. Jahrhundert erhalten z. B. in der **Phlogiston**theorie.

9(14.04.23) 5233 2/164ff. **-05**

Gesundheit-Krankheit / Kinderkrankheiten

Über das gestörte Eingreifen des Astralleibes bei **Keuchhusten** und die Entstehung von **Asthma** bronchiale als Folge eines nicht richtig auskurierten Keuchhustens.

10(18.04.23) 5241 2/179ff. **-06**

Die unterschiedliche Beeinflussung der Wesensglieder durch **Opium**genuß.

Hinweise auf Vorträge aus 349 in 99-11 (Teilref.), 117-08, 236-13.

350 Rhythmen im Kosmos und im Menschenwesen...

1(30.05.23) 5295 1/9ff. **-01**

Beim **Tanz** folgt der Mensch den "runden" Bewegungen des **Ätherleibes**. Auch die Tatsache, daß man oft im Kreis geht, wenn man sich verirrt, ist darauf zurückzuführen, daß man dieser Bewegung des Ätherleibes bei mangelnder äußerer Orientierung nachgibt. Beim **Turnen** werden dagegen die irdischen Bewegungen betont, beim **Sport** tendenziell überbetont: "Und dieser Sport hat das Ergebnis, daß der Mensch ganz herauskommt aus seinem Ätherleib, ganz nur den physischen Erdbewegungen folgt. Dadurch wird der Mensch immer mehr der Erde befreundet und kommt ab von der geistigen Welt." Sport schädlicher als Gedanken-**Materialismus**. **Eurythmie** als Gegenmittel, sie macht die Bewegungen des Ätherleibes sichtbar.

2(02.06.23) 5297 1/35ff. **-02**

Naturkatastrophen / Astrologie

Über die Ursache des **Vulkanismus**: Es wird das Astralische der **Erde** über der betreffenden Stelle verdünnt, so daß die Erdkräfte herauskönnen. Diese Verdünnung wird durch bestimmte Sternkonstellationen hervorgerufen. S. auch 7. Vortrag (25.6.23).

2(02.06.23) 5297 1/29ff. **-03**

Beim **Grauen Star** kann der Ätherleib und damit auch der Astralleib infolge von Ablagerungen die Linse nicht mehr durchdringen, d. h., man kann nicht mehr sehen. Bei beginnendem Star sind u.U. homöopathisch verdünnte Injektionen von **Tollkirsche** (Belladonna) ein Heilmittel, da in der Tollkirsche im Gegensatz zu den ungiftigen Pflanzen auch

Astralisches ist, das diese Ablagerungen zerstört. Es wird auch auf die Möglichkeit hingewiesen, eventuell Gallen- oder Harnsteine auf diese Weise zur Auflösung zu bringen.

5(13.06.23) 5312 1/81ff. **-04**

Schutzengel / Karma

Über das Phänomen, daß manchmal in lebensbedrohenden Situationen eine scheinbar von außen kommende warnende Stimme gehört wird: "Aber wie die Sinne am Kopfe und sonst die Sinne empfindlicher werden können, so können auch die inneren Organe, die ja auch Sinne sind, eben empfindlicher werden für das Geistige. Und wenn also dann zum Beispiel die **Leber** unter dem Eindruck steht: heute könnte ich erschossen werden - so ist sie besonders empfindlich, und die Folge davon ist, daß die Leber hören kann - aber jetzt nicht in irgendeiner italienischen oder deutschen Sprache - die Warnung von dem geistigen Wesen, das ja wirklich da ist. Aber denken Sie sich, nun geschieht das Wunderbare: Die Leber muß das ja nun erst abgeben an den Kopf, sonst kann es der Mensch nicht wahrnehmen; denn da wird das auf dem Wege von der Leber zum Kopf übersetzt in die Sprache, die der Mensch spricht."

7(25.06.23) 5328 1/121 **-05**

Über den **Mond**einfluß auf das **Blut**, das im Kopf zirkuliert. Kann der Mensch diesen Kräften keinen Widerstand entgegensetzen, kommt es zum **Blutsturz**. Bei Medien ist dieser Mondeinfluß stärker ausgeprägt als bei normalen Menschen. Tiere sind diesem Einfluß und dem der anderen Sterne noch mehr als der Mensch ausgesetzt, da bei ihnen das ganze Nervensystem diesem unterliegt. Deshalb spüren sie auch Vulkanausbrüche, Erdbeben u.ä. voraus (s. -02).

9(30.06.23) 5332 1/161 **-06**

Künstlich erzeugte **Langeweile** als ein Weg, in das geistige Schauen hineinzukommen.

11(18.07.23) 5354 1/190 **-07**

Erziehung

Angst als Kraft, die den Organismus zusammenhält: "Nur über das Zwerchfell traut sie sich nicht herauf, kommt nur herauf, wenn wir Angstträume haben... Und in den **Knochen**, da steckt die allermeiste Angst. Die Knochen sind so fest, weil da eine furchtbare Angst drinnen steckt." "...man kann daher **rachitische** Kinder dadurch, daß man ihnen die Angst durch irgendetwas austreibt, namentlich auch auf seelische Weise heilen."

11(18.07.23) 5358 1/197ff. **-08**

Leben mit den Toten / Spuk / Klopfzeichen / Geisteskrankheiten / Leben nach dem Tod

Das Hören von Tönen beim Aufwachen ist ein Rest des Untertauchens mit dem Astralleib im Festen während des **Schlafes**. "Und gerade das ist das außerordentlich Wichtige, daß alle festen Stoffe fortwährend Töne von sich geben, die man nur nicht hört, weil man nicht drinnen steckt." "Aber diese Töne können durchaus etwas bedeuten, und es ist durchaus richtig, daß, wenn zum Beispiel irgendwo in der Ferne jemand gestorben ist, und der Mensch beim Aufwachen etwas hört wie An-die-Tür-Klopfen, so steht das im Zusammenhang mit dem Gestorbenen... Sie brauchen ja nicht zu glauben, daß da just der Verstorbene an der Tür ist und wie mit den Fingern klopft. Aber der Verstorbene, der in den ersten Tagen nach dem Tode noch anwesend ist auf Erden, der lebt in den festen Körpern drinnen." Wird dieser Zustand zu stark, so hört der Betreffende Stimmen und ist in Gefahr, in **Wahnsinn** zu fallen.

11(18.07.23) 5354 1/201ff. -09

Die Förderung des **Denkens** durch Ernährung von Wurzelgemüsen wie **Roter Rübe** und **Rettich**. Bei der **Kartoffel**, die eine Sproßknolle ist, geht die Wirkung nicht bis zum Gehirn, sondern nur bis zur Zunge und zum Schlund, weshalb man auch rasch wieder hungrig wird. Die **Ernährung** mit Kartoffeln und das schlampige Denken der Neuzeit.

Im 16. Vortrag (22.9.23) allgemein zur Ernährung und nochmals zur Kartoffel: Sie wird nicht wie die Kohlenhydrate des Getreides im Magen-Darm-Trakt verdaut, sondern beansprucht zu ihrer Verdauung auch die Kräfte des (mittleren Teiles des) Gehirns, die dann nicht mehr zum Denken verwendet werden können. D. h., es denkt der Mensch dann mit dem Vorderhirn, wo das reine Verstandesdenken lokalisiert ist, das dem **Materialismus** zugrunde liegt. S. auch **352/3(23.1.24)**.

Weitere Vorträge zum Thema Ernährung: **354/6(31.7.24)** und **/7(2.8.24)**.

12(20.07.23) 5355 1/220 -10

Die **Befruchtung** des Wassers durch den **Blitz**, ähnlicher Vorgang in der Befruchtung der Pflanzen und im Aufschießen der Gedanken im Menschen.

14(28.07.23) 5368 1/245ff. -11

Die Abhängigkeit des **Blutdrucks** von **Astralleib** und Ich: Zu schwaches Eingreifen führt zu niedrigem, zu starkes zu hohem Blutdruck. Während in alten Zeiten geistiges Wissen durch die **Atmung** erreicht werden konnte, strömt heute Geistiges nicht mehr durch die **Lunge** zum Kopf sondern in die **Nieren**, wo es unbewußt bleibt (Hinweis auf den möglichen Zusammenhang von hohem Blutdruck und Nierenleiden), wenn sich die Menschen nicht bewußt geistig entwickeln. Dieser Umschwung hat während des 19. Jahrhunderts stattgefunden.

Hinweise auf Vorträge aus 350 in 99-25 (Teilref.), 172-07, 228-04, 348-08.

351 Mensch und Welt. Das Wirken des Geistes in der Natur.

Über das Wesen der Bienen

2(10.10.23) 5450 1/27ff. -01

Die Tendenz des Menschen, im **Gliedmaßen-Stoffwechsel-System Stickstoff** und Kohlenstoff zu verbinden, im Extremfall zu **Blausäure**, bzw. Zyankali: "Dieses Zyankali will sich in uns fortwährend bilden und wir verhindern es fortwährend! Darinnen besteht unser Leben als bewegter Mensch. Sogar die Blut**bewegung** hängt davon ab, daß wir dieses verhindern, daß sich Zyankali bildet. Von dieser Widerstandskraft gegen die Zyankalibildung rühren unsere Bewegungen her. Und unser **Wille** rührt eigentlich davon her, daß er fortwährend genötigt ist, die Zyankalibildung und die Blausäurebildung in uns zu verhindern."

Diese Kraft der Zyanbildung strömt zur **Sonne**, verbindet den Menschen mit der Sonne, von der sie in gewandelter Form wieder herabströmt.

S. dazu auch **302a/9(16.10.23)**.

Die Bildung der **Kohlensäure** und ihre Bedeutung für das **Nerven-Sinnes-System**. Das Zusammentreffen von Kohlensäure und **Eisen** im Kopf. "Die Kohlensäure, die trägt dann das Eisen ins ganze Blut, wenn es mit ihm in Berührung gekommen ist im Kopfe." "Und sehen Sie, von diesem kohlensauren Eisen, das in ihrem Kopf ist, gehen fortwährend Strömungen hinauf zum **Mond**." Der Stickstoff der Luft als Relikt der Blausäureluft der Sonne, als Erde und Mond noch mit ihr vereinigt war, daneben haben sich Kalium und Calcium (Kalk) abgeschieden. Die Kohlensäure des alten Mondes hat sich nach der Abtrennung des Mondes geschieden in den Sauerstoff der Luft und in Kohle(nstoff).

Daraus folgen auch die Konsequenzen eines Zyankali-**Selbstmordes**: "dann vernichtet das in unserem Körper alle unsere Bewegungen und Lebenskräfte. Und das Schlimme ist, daß immer Gefahr vorhanden ist, wenn einer sich mit Zyankali vergiftet, daß das die Seele mitnimmt und der Mensch, statt daß er in der Seele weiterleben könnte, überhaupt in der ganzen Welt verteilt wird und namentlich im Sonnenlicht verteilt wird... Das ist der wirkliche Tod von Seele und Geist... Denn jeder Mensch, der sich mit Zyankali vergiftet, der schaltet sich ein auf eine unrichtige Weise in den Strom, der von der Erde zur Sonne geht... Der Mensch verdirbt das Weltenall und auch die Kraft, die von der Sonne zur Erde strömt... dann ist das so, daß er eigentlich die Sonne ruiniert!"

3(13.10.23) 5452 1/46ff. **-02**

Über den Zusammenhang von **Leber**-Galle und **Sonne**nkräften und den zwischen **Lunge**-Schleimabsonderung und **Mond**kräften. Die Tendenz des Schleimes (besonders im Kopf) zur Kristallbildung, dies ist notwendig zur Gedankenbildung. Bei zu geringer Tendenz wirkt kieselsaures Eisen oder **Kieselsäure** als Heilmittel.

Wegwarte (Cichorium intybus) als Heilmittel bei Leberleiden, Blätter von Kohlarten bei Lungenleiden.

Bildung von **Schnee**kristallen unter dem Einfluß der Mondenkräfte und der **Elektrizität** der **Erde**, die in den warmen Gegenden durch das Sonnenlicht nicht aus der Erde kann, bzw. zerstreut wird. Deshalb ist das **Nordlicht** nur in den kalten Zonen der Erde zu beobachten: "...was eigentlich dieses Nordlicht ist, so glauben die Leute immer, das ist etwas, was von der Welt hereinströmt auf die Erde. Das ist aber ein Unsinn, es strömt nicht herein, sondern es strömt gerade heraus!" Zum Nordlicht: "Dasjenige, was in der drahtlosen **Telegraphie** wirkt, ist dasselbe, was man im Nordlicht leuchten sieht" (s. 93-15).

4(20.10.23) 5460 1/63ff. **-03**

Das Zusammenwirken von "**Wasserstoff**" als "Weltenphosphor" und "**Soda**" als in der Erde verteiltes lichtbringendes Element bei der **Fortpflanzung**.

5(24.10.23) 5463 1/79ff. **-04**

Über die unterschiedliche **Erziehung** der **Spartaner** und **Athener**. Ebenso in 232/2(24.11.23).

Ausführlich zur Erziehung im alten **Griechenland** und ihren Voraussetzungen (Sklaverei, Beschränkung der Frau auf den häuslichen Bereich, ursprüngliche Weisheit)**: 307/2** und **/3(6. und 7.8.23)**.

5(24.10.23) 5463 1/90 **-05**

Über die Wirkung des **Schlehensaftes** bei Erschöpfungszuständen.

6(27.10.23) 5465 1/95ff. -06

Die verschiedenen Ursachen von Bleichsucht (**Anämie**): zu wenig **Eisen** (Mars), zu wenig Salzsäurebildung im Magen (Merkureinfluß) oder nicht richtiges Zusammenspielen beider Prozesse. Dementsprechend differenzierte Therapie: im ersten Fall Gabe von pflanzlichem Eisen (außer Spinat werden **Anisfrüchte** erwähnt), im zweiten Fall Gabe eines **Kupfer**präparates (Merkur = okkulte Venus) und im dritten Fall Gabe eines **Gold**präparates (Sonne zwischen Mars und Merkur/Venus).

7(31.10.23) 5468 1/110 -07

Über den Versuch, die Wirkung **homöopathisch** verdünnter (potenzierter) Substanzen am Wachstum des **Weizenkeimlings** nachzuweisen. Über die Wirkung von Metall**dünger** auf die Pflanzen (Kupfer, Blei).

7(31.10.23) 5468 1/109ff. -08

Ernährung

Über den durch die Wärme von der Baumrinde nach innen gebildeten **Gummi**, "der wiederum auf das (zwischen Rinde und Holzteil gelegene, Anm.) **Kambium** wirkt... Aber das Kambium, das bringt die Pflanze in Verbindung mit den Sternen... Und da ist es so, daß in diesem Kambium drinnen schon die Gestalt der nächsten Pflanze entsteht..., so daß die Sterne auf dem Umwege durch das Kambium die nächste Pflanze erzeugen..."

Im Menschen entspricht dem Holzsaft der Pflanzen der Zellsaft, dem Lebenssaft der Rinde das Blut und dem Kambium die Milch (Lymphe). Das Gehirn als verhärteter Milchsaft.

Über die Wirkung von schlecht gewachsenen Nahrungspflanzen (Beispiel von Pflanzen, die in bleihaltiger Erde wuchsen, s. vor. Ref.) können z. B. auf das **Kleinhirn** wirken: "In dem Augenblick, wo wir das Kleinhirn nicht in voller Kraft haben, werden wir ungeschickt, können die Füße und die Arme nicht mehr richtig bewegen; und wenn so etwas dann stärker wird, werden wir an den Gliedern gelähmt" (**Kinderlähmung**, **Grippe** als eine Vorstufe). Skizze einer Therapie der Kinderlähmung mit **Soda**bädern, arsensaurem Eisen und einer "besonderen Substanz", die aus Kleinhirn gewonnen wird.

8(26.11.23) 5494 1/127ff. -09

Über die Entwicklung der **Bienen.**Die Rolle des **Bienengift**es für die Biene. **Honig** als Nahrungsmittel im Alter (in der Kindheit besser **Milch**), das die körperliche Gestaltung fördert. Bei **rachitischen** Kindern wird bis zum dritten, vierten Lebensjahr eine Honigdiät empfohlen.

9. Vortrag (28.11.23): Über die Sinneswahrnehmung der Biene, das Sehen ist weniger ausgebildet, sie nimmt mehr die chemischen Wirkungen riechend-schmeckend auf. Das trifft auch für die Wahrnehmung des Ultravioletten zu.

Über die künstliche Ernährung der Bienen. Zusatz von Kamillentee zur Zuckerlösung ist sinnvoll, da den Bienen damit ein Teil der Umwandlungsarbeit abgenommen wird (Hinweis auf ähnliches Prinzip bei der Metalltherapie).

10(01.12.23) 5497 1/158ff. -10

Vom menschlichen Kopf aus strömen **Kieselsäure**kräfte, die die Neigung haben, die Sechseck-Form hervorzurufen. Diese Kraft kann durch den **Honig** gestärkt werden (Sechseck-Form der Honigwaben). Sie ist auch in der **Milch** enthalten, die deshalb für das Kleinkind geeignet ist. Für Kinder ab dem Zahnwechsel sind Honigkuren (Honig in warmer

Milch) ein Heilmittel, im Alter Honig allein. Durch verdünnten, homöopathisch potenzierten **Quarz** (Kieselsäure, sechseckige Kristalle) kann die Honigwirkung in späterem Alter unterstützt werden, wenn in der Jugend eine solche Kur mit Honig versäumt wurde.

12(10.12.23) 5505 1/199ff. **-11**

Über die **Honig**bereitung als einem Vorgang in der **Biene**, der sich sonst in der Pflanze abspielt. Übergang ist zu beobachten bei den (Gall-)**Wespen**, die bei der sogenannten Caprification der **Feigen** zur Erzielung größerer und süßerer Früchte seit alters eingesetzt werden. Hier wird die "Honig"-Bereitung durch die Wespe veranlaßt, bleibt aber bei der Pflanze. Die Bienen wurden aus den Wespen in der Atlantis herausgezüchtet, als die Tierformen noch wandelbar waren.

13(12.12.23) 5506 1/212ff. **-12**

Bienengift verstärkt die Tätigkeit der **Ich**-Organisation. Ist ein **Heilmittel** (zusammen "mit irgendwelchen Bindemitteln, mit gelatineartigen oder anderen Bindemitteln aus Pflanzen"), wo diese zu schwach wirkt wie bei der **Gicht** oder **Rheumatismu s**. Dabei sollte aber der allgemeine Gesundheitszustand beachtet werden (z. B. keine Herzkrankheit).

14. Vortrag (15.12.23): Die Gifte der Bienen, Wespen und Ameisen (**Ameisensäure**) als Reste der tierischen Fortpflanzungskräfte auf dem alten Mond. Sie sind heute wichtig als belebende Kräfte für die Pflanzen und für die Erde (Ameisensäure).

15. Vortrag (22.12.23): Bienengift als "höher verwandelte Ameisensäure".

13(12.12.23) 5506 1/219ff. **-13**

Über den Zusammenhang zwischen Ernährung und Nestbau bei **Bienen**, **Wespen** und **Ameisen**.

15(22.12.23) 5514 1/242ff. **-14**

Ameisensäure als Heilmittel bei entsprechendem Mangel in der Lunge des Menschen, nicht aber wenn der Mangel in der Leber oder im Magen-Darm-Trakt vorhanden ist. Da ist u.U. aus Pflanzen gewonnene **Oxalsäure** (Kleesäure) wirksam, die vom Körper in Ameisensäure verwandelt wird. (Vergleich mit der Herstellung von Ameisensäure aus Oxalsäure in Anwesenheit von Glycerin. Die so hergestellte Ameisensäure wird aber als nicht wirksam bezeichnet).

Die Bildung der Ameisensäure und der anderen Insektengifte aus der Oxalsäure der Pflanzenwelt. Die Beziehung der Oxalsäure zum **Ätherleib** und die der Ameisensäure zum **Astralleib**. Die durch die Insekten in der Luft und in der **Erde** fein verteilte Ameisensäure als Grundlage des Weltenverstandes, der Erdseele und des Erdengeistes, zugleich Anreger des Pflanzenwachstums und der Oxalsäurebildung in jedem neuen Jahr.

Hinweise auf Vorträge aus 351 in 230-02, 231-03 (Teilref.).

352 Natur und Mensch in geisteswissenschaftlicher Betrachtung

2(19.01.24) 5580 2/24ff. -01

Gesundheit-Krankheit

Über die Wirkung mineralischer, pflanzlicher und tierischer **Gifte**. Mineralische Gifte: sie bewirken, daß der physische Leib in den Ätherleib sich hineinzieht. Beispiel **Arsenik**, das den Astralleib dadurch stärkt. Deshalb (als Arsen) in Heilmitteln gegen **Syphilis** enthalten (Salvarsane). Diese Krankheit "beruht nämlich darauf, daß der physische Leib zu stark tätig wird und der Astralleib nicht eingreifen kann."

Pflanzliche Gifte bewirken, daß sich der Ätherleib in den Astralleib hineinzieht. Gegenmittel in **gerbstoff**reichen Rinden (Eiche,Weide), die von Bäumen stammen, die schon an das Astralische heranreichen. Auch die Wirkung von **Kaffee** oder **Tee** während des Essens, das immer eine leichte Vergiftung darstellt, geht in diese Richtung.

Tierische Gifte (Schlangen-, Insektengifte, auch Tollwut) wirken direkt auf das Blut, den Ich-Träger. Sie ziehen also den Astralleib in das Ich hinein. Gegenmittel können nur wieder aus dem Blut gewonnen werden (Serum). **Diphtherie** als Fall, wo der menschliche Körper tierisches Gift zu stark bildet, deshalb auch hier Therapie mit Serum.

3(23.01.24) 5584 2/41ff. -02

Ernährung: Aufgenommenes Eiweiß wird vom **Ätherleib** (Stoffwechsel-System) so bearbeitet, daß es nicht ins Faulen kommt. Der **Astralleib** (Lunge) hindert das Fett am Ranzigwerden, das Ich (vom Kopf aus) verhindert das Gären der Kohlenhydrate. **Kupfer** als Heilmittel bei schlechter Eiweißverarbeitung, Arsen (s. vor. Ref.) bei gestörtem Fett-Stoffwechsel (s. dazu auch 7. Vortrag, 16.2.24). **Alkohol** schwächt die Kopfkräfte, so daß die Kohlenhydratgärung nicht verhindert wird: Kater.

4(02.02.24) 5592 2/58ff. -03

Über den Bau des **Auges;** Wert und Unwert der **Irisdiagnose**. **Albinismus**: Unregelmäßige Eisen- oder Schwefelverarbeitung durch das Ich (dagegen Bleichsucht: unregelmäßige Eisenverarbeitung durch den Astralleib).

5(09.02.24) 5601 2/73ff. -04

Über den Wasserkreislauf der **Erde**: Das Meerwasser ist so etwas wie die Eingeweide der Erde, mit dem Süßwasser und besonders den Quellen, die wie ihre Sinnesorgane sind, steht sie mit dem Kosmos in Verbindung. Da vom Kosmos her die Fortpflanzungskräfte kommen, wird auch erklärlich, warum die **Lachse** vom Meer dazu ins Süßwasser wandern.

5(09.02.24) 5601 2/81ff. -05

Über die Asymmetrie des physischen Menschen. In der Regel überwiegt auf der linken Körperseite der **physische Leib**, auf der rechten der **Ätherleib**. Extrembeispiel der **Scholle**, die ihre linke Seite ganz der Erde und die rechte Seite dem Licht, dem Kosmos zuwendet, so daß auch das linke Auge nach oben schaut.

9(23.02.24) 5617 2/142ff. **-06**

Über die Wichtigkeit des körperlichen **Abbaus**, der **Absonderungen** für die Entwicklung des Geistig-Seelischen. In der **Schweiß**absonderung ist der **Ätherleib**, in der **Harn**bereitung der **Astralleib**, in der Darmabsonderung das **Ich** tätig. Die diagnostischen Fähigkeiten der alten Ärzte bei der Beurteilung dieser Abscheidungen, sie nahmen visionär das Geistige (wird in alten Büchern als "**Mumie**" bezeichnet) gespensterhaft wahr. Daraus folgte auch die Therapie mit solchen Ausscheidungen ("Dreckapotheke").

9(23.02.24) 5617 2/145 **-07**

Das **Gehirn** als Absonderung, wird verglichen mit dem Darminhalt. "Denn die Denktätigkeit besteht nicht in einer Tätigkeit des Gehirns, sondern die Denktätigkeit besteht darinnen, daß das Gehirn vom **Denken** ausgesondert, abgesondert wird."

10(27.02.24) 5623 2/160ff. **-08**

Über das Ungesunde der Einsteinschen **Relativitätstheorie**. S. auch 300a, S. 92 (4. Aufl.).

Hinweise auf Vorträge aus 352 in 145-02, 163-01, 350-09 (Teilref.).

353 Die Geschichte der Menschheit und die Weltanschauungen der Kulturvölker

1(01.03.24) 5626 2/15ff. **-01**

Aufbau-Abbau / Kultus

Friedhofsatmosphäre wirkt abbauend auf physischen Leib/Ätherleib, allerdings kann gerade dadurch genaues Denken gefördert werden. Ausgleichend wirken **Kastanien-**, **Walnuß**- oder **Lindenbäume** (wirken belebend auf den Astralleib) und die **Weinrebe** (auf das Ich). Auch die Leichenzeremonien wirken ausgleichend (auf das Ich).

3(08.03.24) 5631 2/63 **-02**

Kabbala

Die Anwendung von Zahlenschlüsseln auf die **Sprache**.

3(08.03.24) 5631 2/51 **-03**

Über die sieben Stufen der **vorchristlichen Einweihung** und die Bedeutung des Mysteriums von Golgatha.

5(15.03.24) 5636 2/89ff. **-04**

Es wird dargestellt, wie sich das **Christentum** in Europa ausbreitete. Im folgenden Vortrag (19.3) wird geschildert, wie sich die drei Formen des Christentums (orthodox, römisch-katholisch und protestantisch) im Mittelalter gebildet haben und wie sie jeweils einen Aspekt der Trinität zum Ausdruck bringen (Vater, Sohn, Geist).

7. Vortrag (26.3.): Über die historische Änderung des Christus-Verständnisses.

7(26.03.24) 5646 2/127 **-05**

Über den Sinn der Darstellung von Sonne und Mond auf der **Monstranz** des katholischen **Kultus**.

9(26.04.24) 5707 2/161ff. -06

Über die in den **ägyptischen Mumien** enthaltenen Vernichtungskräfte. Die Einbalsamierung der Mumien wurde mit magischen Sprüchen begleitet, deren Wirkung in den Stoff ging und die Zeit überbrückte (Frage anläßlich der Todesfälle bei der Entdeckung des Tut-ench-amon-Grabes). Über die gewaltigen Körperkräfte der ägyptischen Arbeitssklaven, die in träumerischem Bewußtseinszustand gehalten wurden (Vergleich mit den gesteigerten Körperkräften von Verrückten).

10(05.05.24) 5720 2/177 -07

Ernährung

Die Wirkung des **Mondes** auf das Wurzelwachstum der **Pflanze**. Der Mondeinfluß geht nur so tief in die Erde, wie die Pflanzen wurzeln. Die Mondwirkung von bestimmten Wurzeln (**Rote Rübe**, Gelbe Rübe) bei **Wurmkrankheiten**, die bei Vollmond am stärksten ist. Im Widerspruch etwa zu 350-07 wird gesagt: "Wenn man die Pflanzenwurzel studiert, dann ist das so, daß die Pflanzen uns etwas geben, was sehr stark wirkt auf das Gliedmaßen-Stoffwechsel-System. Man könnte sogar Leuten, welche gewisse Krankheiten haben, dadurch große Hilfe gewähren, daß man ihnen gerade eine Wurzel**diät** gibt, ...daß man zur Zeit des Vollmondes das gibt und zur Zeit des Neumondes aussetzen läßt."

11(08.05.24) 5722 2/196ff. -08

Charakterisierung der (erfüllten) Mission der **Juden**, die Ausbildung des Monotheismus als Vorstufe für das Christentum. Das Wirken vieler Volksgeister im jüdisch-hebräischen Volk, daher sein kosmopolitischer Zug aber zugleich auch sein Zusammenhalt. Das Unzeitgemäße eines zionistisch-jüdischen Nationalstaates wie jedes anderen Nationalstaates. "...so könnten die Juden eigentlich nichts Besseres vollbringen, als aufgehen in der übrigen Menschheit, sich vermischen mit der übrigen Menschheit, so daß das Judentum als Volk einfach aufhören würde... Dem widerstreben heute noch viele jüdische Gewohnheiten - und vor allen Dingen der Haß der anderen Menschen."

12(10.05.24) 5724 2/210ff. -09

Die 10 **Sephirot** (Sephirot-Baum) der jüdischen **Kabbala** als geistiges Alphabet. Ihr Zusammenhang mit dem dreigliedrigen Menschen: Kether (Krone), Chokmah (Weisheit) und Binah (Intelligenz) als die auf das Kopfsystem wirkenden geistigen Kräfte, Chesed (Freiheit), Geburah (Lebenskraft) und Tipheret (Schönheit) wirken auf das Rhythmische System des Menschen und Netsah (Überwindung), Hod (Mitgefühl) und Jesod (Fundament) auf das Gliedmaßen-Stoffwechsel-System. Die zehnte Kraft, Malchuth (Reich, Feld), wirkt von der Erde her.

14(17.05.24) 5731 2/261 -10

Der Einfluß des **Mondes** je nach Stellung im **Tierkreis** auf die menschliche **Gesundheit**: Wirkung auf den **Blut**kreislauf im Löwen, Stellung im Widder langsameres **Haar**wachstum. **Gelbsucht**: es werden die Steinbock-Kräfte bei besonderer Anlage entwickelt, wenn der Mond im Steinbock steht. Bei Unempfindlichkeit gegen Wassermann-Kräfte Tendenz zur **Hühneraugen**bildung bei Mond im Wassermann.

Hinweise auf Vorträge aus 353 in 98-25 (Teilref.), 101-22, 148-02, 233-11, 233-17, 254-07, 347-05.

354 Die Schöpfung der Welt und des Menschen. Erdenleben und Sternenwirken

2(03.07.24) 5805 2/40 -01
Kieselsäure als Heilmittel, wenn die **Sinnesorgane**, Kopf und Haut nicht richtig ernährt werden.

9(09.08.24) 5859 2/144ff. -02
Über **Geruch**swahrnehmung und Gerüche von **Pflanzen**. Einfluß der **Planeten** auf die verschiedenen Erdgebiete und damit auch auf die Rassen.

10(09.09.24) 5907 2/166ff. -03
Über den Zusammenhang zwischen **Farben** der **Pflanzen** und den Sonne-Mond-Wirkungen. Zu den Farben der **Mineralien**.

11(13.09.24) 5923 2/177 -04
"Diese **Eiszeit** wird sich wiederholen, in einer gewissen Weise anders gestaltet, und zwar wiederum so in fünf-, sechs-, siebentausend Jahren; sie wird nicht genau auf derselben Stelle der Erde sein, wie sie dazumal war, aber es wird wiederum eine Eiszeit geben."

11(13.09.24) 5923 2/175ff. -05
Über die verschiedenen Faktoren (**Sonnenflecke**, **Venus**durchgang usw.), die das **Wetter** beeinflussen. Über den Hundertjährigen Kalender. Über den **Blitz** als plötzlicher Ausdehnung von überwarmer Luft. Die elektrischen Erscheinungen dabei nur als Folge (s. auch Anfang des nächsten Vortrages).

12(18.09.24) 5944 2/195ff. -06
Die **Erde** wird nicht als eine (aus dem gasförmigen Zustand hervorgegangene) Kugel sondern als ein kugelförmig aufgeblähtes Tetraeder dargestellt, das vom Kosmos aus "herangeschmissen" wurde. Die Kanten dieses Tetraeders sind nicht vollständig "verkittet", so daß da die Sonnen- und Planetenkräfte besonders stark hereinwirken und **Vulkanismus** u.ä. hervorrufen können. Nach Steiners Ansicht ist das Innere der Erde nicht flüssig, die beim Vulkanismus auftretende Wärme komme von der Sonne. Vulkane, die nicht an diesen Tetraederkanten liegen, sind später entstanden aufgrund spezieller Konstellationen an diesen Orten.

Zum Tetraeder: Die Grundfläche wird gebildet durch die Kanten, die durch die Eckpunkte Mexiko (Vulkan Colima), Südpol und Kaukasus gehen.

Diese Kanten verlaufen also durch die Anden, durch den Ostafrikanischen Graben, entlang der Karpaten und der deutschen Mittelgebirge und durch das südliche England. Die Spitze des Tetraeders liegt in Japan.

Hinweise auf Vorträge aus 354 in 112-07, 126-11, 180-09, 243-08, 347-05.

Register

Aal 348-07
Abendmahl
- und künftige Ernährung **93-79**
- und Apostel **96-21**
- Brot und Wein Mysterienpräparate **97-14**
- Bedeutung von Brot und Wein **98-10**
- Verbindung mit Gedanken **112-21**
- Opfer des Melchisedek **123-05**
- u. Evangelien Ersatz für esot. Christentum **131-07**
- richtiges Verständnis **175-24**
- und Hl.Gral **204-08**
- Brot und Wein **204-25**
- Meßopfer **211-09**
- Erklärung **216-07**
- und Diät **312-19**
- und Heilung **318-05**
- Sonnenwirkung **318-075**
Aberglauben 57-01, 58-04, 322-06, 342-01
Abraham
- Gruppenseele des jüd.Volkes **94-27**
- Opfer des Isaak **117-03, 139-13**
- und Christus im Ätherischen **118-01**
- abrahamitisches Zeitalter **118-02**
- Kindheitslegende **123-04**
- und Melchisedek **123-05**
Absinth 348-15
Absonderung 84-02, 128-07, 128-12, 313-06, 352-06
Abtreibung 316-14
Accademia del Cimento 321-02
Achamoth 149-01, 225-03
Achillea millefolium s. Schafgarbe
Achilles 139-10
Achte Sphäre
- identisch mit Hölle **93-61**
- Astralsphäre des Mondes **93-65**
- Gegengewicht zu Luzifer **172-07**
- und Vulkanzustand **184-02**
- = achte (Planeten)Entwicklungsstufe **194-01**
- Ahriman wirkt aus ihr **194-04**
- und Spiritismus **254-04**
- bei Kepler Fixsternhimmel **323-03**
Achtgliedriger Pfad 53-11, 58-08, 94-03, 114-04, 114-18, 114-22
Adam 102-05, 104-14, 122-09, 131-04
Adam Kadmon
- Mensch vor Mitte d.lemur.Zeit **93-09**
- reiner Mensch (Blavatsky) **93-50**
- kosmischer Mensch **110-11**
- und nathanischer Jesusknabe **114-11**
- Schwesternseele des Adam **146-02**
- Durchseelung mit Christus **148-09, 149-04**
- und Adoniskult **149-06**
- u. Inkarnationsvorgang d. Menschen **214-08**
Adam und Eva 114-07, 122-10
Addisonsche Krankheit 312-20
Adel 185-13, 190-06
Adenoide 100-02
Adept 56-01, 98-01, 99-10, 101-11, 131-03, 291-16.
Adeptenschule atlantische 97-09
Adipositas 312-16
Adler
- = Skorpion **110-07**
- Symbol des Johannes **112-08**
- Ablösung der A.kräfte bei der Jordantaufe **129-12**
- u.menschl.Kopf **205-19**
- Repräsentant der Vögel **230-01**
- Verlockung d.A.für den Westen **230-03**
- und vom Menschen vergeistigte Materie **230-04**
- Entstehung der Vögel **230-09**
Adler Alfred 178-09
Adonis 93-21, 149-06, 233-17
Aeschylos 59-08, 113-03, 203-07
Aesculus hippocastanum s. Roßkastanie
Aesthetikon 114-15
Affen 98-08, 100-15, 102-12, 181-18, 291-14, 312-01
Afrika 121-05
Agarophobie 322-05, 322-06
Agnostizismus 78-01
Agrippa von Nettesheim 65-02, 126-10
Aggregatzustände 321-06, 321-07, 321-08, 321-09, 321-10, 321-11, 321-14
Agur 116-06
Ägypten, ägyptisch-chaldäische Kultur
- u. Hermes **60-04**
- Auszug Moses **94-29**
- Pyramiden **98-27, 180-03**
- Zusammenhang mit 5. Kulturepoche **103-11**
- Tempelschlaf, Isiskult **105-02**
- Götter in Tiergestalt **105-08**
- Totengericht **105-12**
- Isis-Osiris-Mythe **106-07, 202-21**

- das Neue der ä.Mysterien **106-15**
- Götterbilder **106-17**
- Metalltherapie **106-20**
- Totengericht **106-23**
- Beziehung zur lemur.Zeit **110-07**
- Weg zu den unteren Göttern **113-06**
- Mysterienverrat **171-09**
- Stierverehrung **202-20**
- Verhältnis zu Luzifer-Ahriman **202-22**
- Turan **202-25**
- Mumienkult **204-26, 216-03, 216-05**
- obere u. untere Götter nach dem Tod **205-09**
- = astrologische Kultur **222-07**
- Kunst **286-05**
- Chaldäer u. Astronomie **323-02**
- Mumienfluch **353-06**

Ägyptisches Totenbuch 105-12, 106-23, 117-01
Ahamkara 53-09
Ahasver 102-10, 152-10, 211-01
Ahnenkult 130-16, 146-01, 172-07, 178-12, 325-02
Ahnung 57-10, 184-03, 227-05
Ahriman
- u.Ahura Mazdao **60-02**
- = Satan **98-24**
- Devas (persische) = Diener A.s **101-08**
- Wirkung in d.urpers.Epoche **113-11**
- Aufgabe A.s für den Menschen **138-03**
- Mensch nach d.Tod als Diener A.s **144-01**
- Natur als Imagination A.s **145-19**
- und Hüter der Schwelle **147-06**
- wirksam bis Vulkanzustand **148-06**
- und Bakterien **154-03**
- und Architekturformen **157-09**
- Inspiration d.Materialismus **159-07**
- Technik (Dämonologie) **172-06**
- Verkörperung a.Dämonen **177-05**
- Dandolo von Venedig **181-19**
- und Leben nach dem Tod **184-05**
- Sorat **184-16**
- und freies Geistesleben **191-10**
- a.Elementarwesen **194-09, 200-01, 218-07, 243-07, 243-09, 275-01**
- und Jahve **203-11**
- a.Einweihungen im Westen **204-21**
- und Impfungen **205-14**
- Fürst dieser Welt **210-05**
- und Intellekt **211-07**
- und Pharisäer **211-08**
- verkürzt Leben nach dem Tod **211-12**
- und Schlaf **218-05**
- und Elektrizität **224-01**
- und Gedankensprache **224-05**
- okkulte Gefangenschaft **227-13**
- und Sulfurprozeß im Menschen **229-01**
- und Salzablagerung im Menschen **229-05**
- Leben nach dem Tod, Mondsphäre **231-02**
- Spaltung der Angeloi **237-10**
- antimichaelische unterird.Schule **240-03**
- und Liebe **272-08**
- u. alter Mond **272-16, 272-18**
- u. indiv. Bewußtseinsentwickl. **273-08**
- u. Furcht **273-12**
- und Islam **300-04**
- Krankenkassen **316-13**

-Inkarnation 181-19, 191-08
-Inkorporation 237-08, 237-10
Ahriman-Luzifer
- Einfluß auf menschl.Entwicklung **93-70**
- Schwarze Magie **107-14**
- karmische Überwindung von A.L. **107-18**
- Wille zum Bösen **110-18**
- Tod als a.l.Zerrbild **112-17**
- und Krankheiten **120-04, 120-09**
- Täuschungen des Menschen **120-08**
- Versucher für Menschen u.Angeloi **120-10**
- karm.Folgen a.l.Versuchungen **120-11, 141-13**
- und Kulturentwicklung **120-16**
- germanische Mythologie **121-12**
- Neid und Lüge **125-04**
- und Seelenleben **127-02**
- schlechte Astralwelt u. unteres Devachan **130-11**
- Unordnung in d.Wesensglied. **134-01**
- und Ich-Aura **141-06**
- Verschleierung durch gute Mächte **145-18**
- Grenzüberschreitungen **147-01**
- und Schrift **147-03**
- und Kunst **147-04**
- Doppelgänger und Schatten **147-05**
- Kompensation von A.L., Durchseelung des Adam Kadmon **149-04**
- und individ.phys.Entwicklung **150-01**
- Abstumpfung v.Wahrnehmung u. Gedanken **153-03**
- plastische Gruppe am Goetheanum **157-16**
- Begegnung mit A.L. in 4.,5. Kulturepoche **158-04**
- und phys.Gestalt **158-05**
- Seelenleben und Bewußtsein **158-06**
- und Jupiterzustand **161-10**
- und Schlaf **162-04**
- Blut und Nerven **169-03**
- Gedanken **170-14**

- und Wahrheit **170-17**
- Einfluß auf die Sinne **170-18**
- Einfluß auf die Lebensprozesse **170-19**
- Einfluß auf die 4.Kulturepoche **171-01**
- Mongolenstürme **171-02**
- Schwarze Magie in Mexiko **171-03**
- Kraft und Stoff, Denken und Wollen **176-05**
- Einfluß auf Sinne und Intellekt seit Golgatha **176-06**
- Geister der Finsternis **177-10**
- Doppelgänger und Krankheit **178-02**
- Grenzen im Menschen gegen A.L. **183-01**
- Wirken A.s in d.Natur, L.s im Menschen **183-08**
- und Tod in der Jugend u. im Alter **183-09**
- Kopfgestaltung **183-10**
- als kosm.Aspekte von Sprachvernunft u.Haß **184-03**
- und menschl.Entwicklung **184-07**
- und Architektur **184-08**
- und Seelenleben **184-11**
- Raum und Zeit **184-12**
- Einfluß in lemur., atlant. u. nachatlant. Zeit **184-13**
- Konzil von Konstantinopel **194-02**
- und Michael **194-03**
- Phantasie und Wollen **194-04**
- und künftiges Bewußtsein **194-07**
- a.und l.Elementarwesen **200-01, 218-07**
- Schönheit-Weisheit-Stärke **202-06**
- Mystik und Erdgebundenheit **203-04**
- Erde und Kosmos als Maja **203-05**
- und menschliche Evolution **203-10**
- Einfluß auf Wille und Verstand **203-14**
- Materialisieren u. Materievernichtung **205-17**
- germanische Mythologie **205-18**
- Vogelei und Vogelfedern **205-19**
- Phantastik und Träume **208-03**
- l.Zorneswesen und ahr. Schmerzenswesen **208-04**
- Mensch zwischen A.L. **210-01**
- Blaßwerden u. Erröten **210-06**
- und Evolution **210-09**
- Bündnis mit Elementarwesen **211-13**
- Nerven-Sinnes-System und Stoffwechsel **218-01**
- Krankheiten **218-08**
- Schamanentum und Bolschewismus **225-04**
- Kalk und Kohlensäure **229-04**
- Vererbung und Anpassung **232-02**
- gewaltsamer Tod und Naturkatastrophen **236-20**
- Kampf Michaels gegen A. mit Hilfe l.Wesen **237-08**
- achte Sphäre **254-04**
- Zeitpunkt d.Eingriffs i.d.Menschentwickl. **272-12**
- Verführung im 4.u.5. nachatl.Zeitalter **272-15**
- Fortpflanzung **272-18**
- Abbildung **275-04**
- Jahrtausendwenden **284-02**
- und Organe **286-09**
- und Konsonanten **315-02**
- Geschwindigkeitsdifferenzen geistiger Strömungen **320-09**
- Schall/Licht und Elektrizität/Magnetismus **320-10**
- Ahriman-Ormuzd (=Luzifer) **342-13**

Ahura Mazdao (Ormuzd)
- u. Ahriman **60-02, 205-18**
- Lenker der Amshaspands **101-04**
- Führer der oberen Götter **113-11**
- Große Aura der Sonne **123-03**
- Ormuzd-Kult als Ursprung des Katholizismus **204-21**
- Ormuzd und Luzifer **342-13**

Akanthus 286-04
Akasha 53-10, 93-59
Akasha-Chronik
- Verzeichnis kosmischer Ereignisse **93-59**
- Abdruck auf dem Astralplan **93-69**
- auf der Grenze von unterem zu oberem Devachan **95-12**
  - Spiegelung in der Astralwelt **99-07**
- Lesen in d.A. nach dem Tod **107-07**
- Gedächtniswandel bei Eingeweihten **119-08**
- Reinkarnationsgedächtnis **152-01**
  - in A. eingeschriebene Schuld **155-05**
- u. Gedanken nach dem Tod **161-12**
- Lesen in der A. **265-01**

Alaun 291-10, 321-11, 321-12
Albertus Magnus 74-01, 74-02, 126-02
Albigenser 93-11
Albinismus 317-16, 352-03
Alchemie
- Homunkulus **63-07, 312-21**
- Arbeiten mit Atomen **93-17**
- Goethes Märchen **93-30**
- Herstellung der Feuerluft (Ruach) **99-20**
- Transmutation **130-07, 176-09**
- Stein der Weisen = Phantomleib **131-04**
- Vorstellungen d. A. **175-07**
- Basilius Valentinus **179-06**
- Suche nach dem Stein der Weisen **180-13**
- und Elementarwesen **214-06**
- Experiment als Opferhandlung **232-12**

- Zusammenhang von Metall und Planet **232-13**
- Geheimnisse des Lebens **264-05**
- Wissen v.Planeten- u. Metallkräften **273-01**
- Sal-Mercur-Schwefel **312-07**
- und Düngerbereitung **327-06**

Alesia 181-07
Alexander der Große
- phys.Schattenbild des Gilgamesch **126-01**
- und Aristoteles **232-10**
- Reinkarnation des Gilgamesch **233-04**
- Züge A.s **233-05, 233-06**
- Treffen mit Harun-al-Rashid **238-03**
- Kampf gegen Baconsche Idole **238-05**

Alexanderlied 233-05
Alexandriner 282-06
Algen 239-03, 317-14
Alkohol
- Wirkung auf Ich u.Blut **57-02**
- Dionysoskult **93-79**
- Hochzeit zu Kana **100-19**, **103-05**
- Erzeugung eines Gegen-Ich **145-02**
- und Fortpflanzung **348-11, 348-15**
- Sonnenwirkung **348-12**
- Schwächung der Kopfkräfte, Kater **352-02**

Alkoholismus 109-21
Alpen 121-06
Alpenrose (Rhododendron ferrugineum) 316-05
Alphabet 209-02, 233-21, 279-01, 279-02
Alptraum, Alpdruck 57-10, 158-04
Altar 130-16
Alter (s. auch Lebensalter) 156-06, 312-05, 312-08
Altersparalyse 59-07
Altes Testament 139-06
Altruismus 340-03
Ameisen
- Bewußtsein auf höherem Devachan **93-48**
- und Seelenleben des Geheimschülers **97-18**
- hochstehende Gruppenseele **110-21**
- und Ameisensäure **232-12**
- zurückgeblieben, aber hochstehend **273-09**
- Ernährung und Haufenbau **351-13**

Ameisensäure
- Rolle für die Erde **93-48**
- Herstellung **232-12**
- medizin. Bad **312-16**
- als Heilmittel **312-16, 316-01, 351-14**
- Bedeutung f. Pflanze und Erde **351-12**

Amerika, **Amerikaner**
- Charakterisierung **67-03**
- Keime einer primitiven Anthroposophie **83-02, 349-03**
- A. und russ.Volk als künftige Rassen **93-28**
- 7.(amerik.) Kultur = Kultur d. Egoismus **93-78**
- abnormer Arché als Volksgeist **121-02**
- künftige Unterdrückung des Denkens **167-01**
- Wirkung d.Volksgeistes **174-13**
- verschiedenes Wirken des Elementarischen **176-04**
- das Ende der phys.Inkarnationen **177-12**
- frühere Verbindungen mit Europa **178-04, 292-11**
- Tendenz zur Abschaffung der wiederh. Erdenleben **181-18**
- Fesselung des Menschen durch Technik **183-02**
- und Erster Weltkrieg **185-18**
- westlicher Okkultismus **192-07**
- soziale Dreigliederung auf Völkerbasis **196-05**
- **Entdeckung** 171-02, 177-12, 178-04

Amfortas 145-13
Akazie Falsche (Robinia pseudacacia) 312-03
Ammoniumsalze 312-22
Amon 106-17
Amphibien 230-09, 230-10, 230-13, 230-18
Amshaspands
- und Tierkreis **60-02**
- Herren der Naturkräfte u. d. Jahreslaufes **101-02**
- Entsprechungen zu german. Mythologie **101-09**
- = wesenhafte Gedanken **113-11**
- bilden menschl.Organe **114-13**
- = Exusiai **121-11**
- = Archangeloi **126-10**
- und die 12 Gehirnnerven **126-11**
- organisieren Äthergehirn **145-09**

Anael 159-09, 237-09
Anämie 312-14, 351-06
Ananda 51-16
Anapäst 279-09, 282-05
Anatomie 312-01
Anaxagoras 204-04, 273-09
Andacht 58-04, 108-03, 125-02, 279-05
Andreä Valentin 232-08
Angebot und Nachfrage 340-09
Angeloi
(s.auch Hierarchien)
- Wahrnehmungsbereich **98-23**
- = Lunarpitris (Monden-Urlehrer) **99-19**
- ihr Wirken **102-07**
- Menschheitsstufe **104-07**

- verkörpern sich im Flüssigen **105-04**
- Sphäre der A. **110-05**
- Wesensglieder der A. **110-06**
- luzifer.A. **110-15**
- = Götter der griech. u. german. Mythologie **110-22**
- Schöpfung d.menschl. Astralleibes **112-03**
- und Sinne d.Menschen **115-02**
- ahriman.Versuchung der A. **120-10**
- Mittler zw.Mensch u.Volksgeist **121-03**
- Wirken in urind.Kulturepoche **126-10**
- Wirkung auf Bewußtseinsseele / Verstandesseele **127-02**
- Inspiratoren d.3.Kulturepoche **129-05**
- Selbstwahrnehmung **136-03**
- und Sylphen **136-04**
- luzifer.A. **136-08**
- Mensch Objekt d.Wahrnehmung d.A. **162-01**
- Anbetung als Gott in den Religionen **172-05**
- im menschl. Flüssigkeitsorganismus **174-04**
- Verbindung mit A. nach dem Tod **174-06**
- und menschl.Intellekt vor Golgatha **176-06**
- Führer d.Menschen in 5.Kulturepoche **177-12**
- Stern d.Menschen nach dem Tod **181-04**
- Schaffen im Astralleib **182-04**
- Bewußtsein künft.Erlebnisse des Menschen **193-02**
- Interesse am Menschen **193-03**
- Menschen u.A. auf dem alten Mond **194-09**
- und Gedächtnis **196-04**
- und Schlaf **205-21, 211-02**
- und Ätherleib **207-06**
- Leben nach dem Tod **207-07**, **207-10**
- leben im Menschen **208-03**
- Weisheit d.Altertums = luzif. Engelweisheit **208-04**
- Erkenntnisbedürfnisse der A. **216-06**
- und Sinneswahrnehmung **219-06**
- Spaltung des Reiches d.A. **237-08**, **237-10**
- luzifer.A. in der Atlantis **254-07**, **254-08**
- Sprache **277-04**
- in Sprache und Erziehung **317-13**
- Schutzengel **350-04**

Angelus Silesius 59-03

Angst (s.auch Furcht) 145-18, 207-02, 318-05, 350-07

Angstwesen 230-31

Anis (Anisum vulgare, Pimpinella anisum) 312-11, 319-04, 351-06

d'**Annunzio** Gabriele 173-11

Anode 323-18

Anpassung 312-03, 232-02

Ansteckung s. Infektion, Infektionskrankheiten

Antheren 230-16

Anthroposophie, Geisteswissenschaft, Geistesforschung (im Sinne Steiners), **anthroposophische Bewegung**
- Ideal d.Theosophie **52-04**
- u.einheitl. Menschheitsseele **54-01**
- u. Rhythmus **58-09**
- u. Gesundheit **63-08**
- u.deutscher Idealismus **64-01**
- u.frühzeitiger Tod **64-02**
- künftige populäre A. **67-01**
- und Religion **72-01**
- Furcht vor d.A. **73-03**
- als neuer Thomismus **74-03**
- Erkenntnisweg **83-01**
- primitive A. in Amerika **83-02, 349-03**
- Prophezeiung d.Nostradamus **93-06**
- Ausgleich zwischen Kain- und Abelströmung **93-27**
- Vorbereitung des Christus im Ätherischen **116-05**
- Heilkraft **120-11**
- und Hygiene **120-13**
- Trost für Nichtanthroposophen **130-17**
- Erfüllung unbewußter Erkenntnissehnsucht **132-04**
- ihr Inhalt kann nur auf d.Erde erlangt werden **140-11**
- Bearbeitung des Pflanzenreiches **157-21**
- Gedanken und Weltenäther **170-14**
- Wirken der Archai **186-09**
- und Katholizismus **204-16**
- Einströmen planetarischer Wesen **204-23**
- und Ich-Bewußtsein auf dem Jupiter **207-14**
- und Michael **219-05**
- Verhältnis zur Christengemeinschaft **219-07, 342-03**
- karm.Verbindung zu Ketzerbewegungen **237-02**
- Aristoteliker und Platoniker **237-05**
- Michaelsschule **240-01**, **240-02**
- Gemeinschaftsgefühl **257-04**
- Reinkarnation v. Anthroposophen **272-07**
- moral.Welt u. sozial. Ordnung **273-01**
- u. das Böse **273-11**
- Vorstellungen d.A. **342-02**

Antichrist 93-04, 130-18

Antimon (Stibium)
- Blutgerinnung **312-21**

- und Arsen als Heilmittel **313-02**
- Wirkungsbereich **314-11**
- Wirkung auf Stoffwechsel, andere als A.spiegel **314-18**
- **316-03**
- A.spiegel, Blutgerinnung **319-01**
- bei Typhus abdominalis **319-03**

Antimonit, Grauspießglanz 232-04, 314-18, 316-03

Antipathie s. Sympathie-Antipathie

Anu 113-12

Aom, Aoum 211-06, 282-02

Äon 95-14, 122-03, 149-01, 225-03

Aoum, Aom 211-06, 282-02

Apason 113-12

Apokalypse
- Ankündigung der Mysterien des Vaters **96-20**
- als Einweihungsbuch **104-01**
- die 24 Ältesten = Menschheitsstufen **104-07**
- die 7 Posaunen und Siegel **104-11**
- das Zeitalter der Posaunen **104-12**
- Übergang d.Menschen in astralen Zustand **104-14**
- Bedeutung von "Horn" und "Kopf" **104-17**
- wie 104-17 und die Zahl 666 **104-18**
- Zahl 666 **104-19, 184-16**
- der "zweite Tod" **104-20**
- als altes Mysterienwissen **104-21**
- die Stufe der A. **184-03**
- **284-02**

Apokalypse 1,9-20 der Priesterkönig 104-03
- **2 und 3** die Sieben Gemeinden 104-04
- **4,4-9** die 24 Ältesten u. die apokalypt. Tiere 104-02
- **4,6** das Gläserne Meer 104-08
- **4,6-9** die apokalypt.Tiere 99-02
- **5,1-14** das Lamm, die 24 Ältesten und Sorat 96-25
- **6** die Sieben Siegel 104-06
- **10,1-10** Jakim- und Boas-Säule 104-13
- **11,1-2** der Jupiterzustand u. die beiden Säulen 104-15
- **12** der astrale Zustand der Erde 104-16
- **13,1** Das Tier 104-17, 104-18
- **13,18** Zahl 666 104-19, 184-16

Apokalyptische Siegel 99-02, 101-18, 104-01, 104-02, 104-06

Apokalyptische Tiere
- = Tier-Gruppenseelen **99-02**
- Ausdruck d.anderen Wesensglieder im Ätherleib **101-19**
- Urbilder d. menschl. Gruppenseelen **104-02**
- atlantische Gruppenseelen **104-18**
- und d.Ätherleiber der Atlantier **106-02**
- die 4 Menschenformen der Atlantis **106-12, 107-06**
- Gestalten d.Cherubim auf der Sonne **110-03**
- und menschl.Evolution **110-07**
- astrale Bilder der Sonnenwesen **112-07**
- atlantische Orakel und Evangeliensymbole **112-08**
- und Hüter der Schwelle **119-03**
- Gestalt und untere u.obere Götter **129-12**
- Erlebnis der Gestalt als Nachbild **137-05**
- phys.Leib und Urbilder **145-11**
- alte Anschauung des phys.Leibes **205-19**
- Harmonisierung im Menschen **230-01**

Apollon
- = Osiris **106-10**
- Hindeutung auf Christus **113-08**
- Lenker der Sonnenkräfte **113-10**
- Bodhisattva, Vorbereiter des Denkens **116-01, 117-09**
- Bild der 3.Verseelung des Adam Kadmon **148-09, 149-04**
- Sonnenwirksamkeit in den Elementen **149-05**
- Lorbeer Pflanze des A. **149-07**
- und Homers Epik **203-07**
- innere Leier d.A. **320-07**

Apollonius von Tyana 131-03, 203-13

Apostel
- Repräsentanten d. 12 Bewußtseinsstufen **93-42**
- Stufen d.Entwicklung zu Christus **96-21**
- Symbol für 12 Unterrassen **97-05**
- Reinkarnation **139-03**
- und Christus **139-08**
- Unverständnis für die Passion **139-09**
- Pfingsten **148-01**
- Extrakt d.europ.-westasiat. Bevölkerung **155-03**
- mangelndes Verständnis für Golgatha **184-14**
- Andeutung der 12fachen Bodhisattva-Wirkung **227-10**

-Gruppenseele 139-07

Apostelgeschichte 1,1-14 112-23

Äquator 110-10

Arabismus
- Eindringen in Europa **51-07**
- und logisches Denken **105-17**
- Wiederaufleben der Jahve-Religion **124-10**
- u. Akademie von Gondishapur **184-17**
- und Scholastik **204-07**
- moderne Naturwissenschaft **235-05**
- Lord Bacon und Darwin **235-09**

- Woodrow Wilson **235-10**
- Harun-al-Rashid und Aristoteles **238-03**
- und Medizin, Harun-al-Rashid **316-12**
Aranea diadema s.Kreuzspinne
Arbeit
- und Inspiration **191-04, 322-06**
- A.kraft als Ware **328-01, 328-03**
- A.zeit **328-03**
- und Rechtsleben **329-02**
- und Wertbildung **340-02**
- und Egoismus/Altruismus **340-03**
- geistige A. **340-07**
- Lohn, Mehrwert **340-08**
- körperliche und geistige **340-14**
- körperliche **340-15**
- volkswirtschaftlich und physikalisch **341-02**
- Definition **341-03**
Arbeitsteilung 340-03, 340-04
Arbeitszeitverkürzung 341-02
Archai
(s.auch Hierarchien)
- ahriman.A. **98-24, 174-06**
- Menschheitsstufe **104-07**
- verkörpern s. im Wärmeelement **105-04**
- und Schöpfung aus dem Nichts **107-22**
- Verbindung mit menschl. Evolution **110-02**
- und Gedankenkraft **110-03**
- und Planetensphären **110-05**
- Wesensglieder **110-06**
- Schöpfung der phys.Welt, Mineralreich **112-03**
- Wirken abnormer A.(Exusiai) **121-02**
- Wirken in der Geschichte **121-07**
- in der Genesis **122-03**
- = Aufbaukräfte **122-04**
- Wirken in d. 3.Kulturepoche **126-10**
- und Beziehung d.Menschen zur Umwelt **127-02**
- Inspiratoren der urind. Epoche **129-05**
- das Jahr 1250 **130-26**
- Entstehung der Zeit **132-01**
- Selbstwahrnehmung **136-03**
- und Gnome **136-04**
- luzifer.A. **136-08, 159-09**
- und Anfang d.phys. Entwicklung **156-01**
- Verirrungen gegen d.Zeitgeist **172-05**
- werden in 5.Kulturepoche schöpferisch **186-09**
- und neue Initiation **187-04, 187-05**
- Kampf der A. im Unterbewußtsein **187-08**
- Interesse am Menschen **193-03**
- Sinne **196-04**
- phys.Gestalt d.Menschen Leihgabe d. A. **205-21**
- und Intuition **207-06**
- Sphäre d.A. nach dem Tod **207-07, 207-10**
- leben in menschl.Gedankenwelt **208-03**
- regeln Verhältnis Wachen-Schlafen **222-02**
- übernehmen Gedankenkräfte der Exusiai **222-03**
- Wirken in europ.Geschichte **222-05**
Archai abnorme 121-02, 121-04, 121-07
Archai ahrimanische 98-24, 174-06
Archangeloi
(s.auch Hierarchien)
- = Mahadevas **94-11**
- und 5.Grad d.alten Einweihung **94-20**
- Wahrnehmungsbereich **98-23**
- Volksgeister **102-07**
- Menschheitsstufe **104-07**
- verkörpern s. im Luftelement **105-04**
- und Sonnenzustand **110-02, 110-03**
- und Planetensphären **110-05, 264-03**
- Wesensglieder **110-06**
- Schöpfung d.menschl. Ätherleibes **112-03**
- Sinne **115-02**
- normale und abnorme A. **121-02**
- Innenleben der Volksgeister **121-03**
- und nachatlantische Kulturen **121-10**
- in der Genesis **122-04**
- Wirken in der urpersischen Epoche **126-10**
- und Verstandes- / Empfindungsseele **127-02**
- Inspiratoren d.urpersischen Epoche **129-05**
- und 5.Kulturepoche **130-26**
- und Licht **132-02**
- Selbstwahrnehmung **136-03**
- und Undinen **136-04**
- luzifer. A. **136-08**
- unterste Hierarchie der Monde **136-10**
- stehen am Anfang von Volksentwicklungen **156-01**
- Volksgeister und Schlaf **156-05**
- luzifer.A. und Nationalismus **159-09**
- und Nationalismus **172-05**
- Wirkung auf den Menschen durch Atmung **174-04**
- u. menschl.Bewußtsein nach d. Tod **174-06**
- Führer in der 4.Kulturepoche **177-12**
- Stern des Menschen nach d.Tod **181-04**
- Interesse am Menschen **193-03**
- und menschl.Intelligenz **196-04**
- und Inspiration **207-06**
- Sphäre der A. u.Leben nach d.Tod **207-07, 207-10**

- und Bewußtsein d.Menschen nach dem Tod **208-03**
- und Gedächtnis **219-06**
- abnorme und normale A. in der europ. Geschichte **222-05**
- Michael, Führer d.A. **237-07**
- Sonnen-u. Planetenintelligenz **237-09**
- Opposition der A. gegen Michael **237-10**
- u. Eurythmie **277-04**
- **abnorme** 121-02, 121-07, 222-05

Archäopterix 300-01
Archäus 312-01
Arche Noah 93-19, 101-14, 101-15, 101-23
Archimedisches Prinzip 234-01, 243-10, 316-04, 320-02
Architektur
- in früheren Kulturen **98-27**
- Wirkung auf Seele und Leib **101-15**
- Verbindung übersinnl.Wesen mit Bauwerken **102-14**
- und Ahriman **147-04**
- Heilwirkung früherer Bauwerke **236-09**
- und Exusiai **271-01**
- und übersinnl. Erkenntnis **271-03**
- u. vorgeburtl.Leben **271-04**
- u. Wesensglieder **275-01**
- u. Saturnzustand **275-03**
- u. musikal.Stimmung **275-07**
- A.formen u. Totenkultus **276-02**
- alte und neue A. **286-01**
- A.formen u. seel. Entwickl. **286-03**
- griechische **286-04**
- mittelalterliche **292-03**

Archontes 95-14
Ardschasb 123-01
Argonautenzug 106-16
Arianismus 51-03, 185-12, 204-05
Aristarch von Samos 323-13
Aristokratie s.Adel
Aristoteles
- Philosophie **51-01**
- Seelenlehre **52-02**
- Nous poetikos u. Nous pathetikos **74-02**
- u. Präexistenz **76-03, 194-11, 204-03**
- und Anschauung vom Ätherherzen **93-51, 127-01**
- phys.Schattenbild des Eabani **126-01**
- Reinkarnation eines ephes. Initianten **126-07, 233-04**
- Auftrag Platons **232-10**
- Elementarlehre **233-05**
- und Mysterienweisheiten **233-13**
- und Kabirenmysterien **233-21**
- Lehre v.d. Katharsis **282-15**

Aristoteliker 240-01
Arius 109-26
Arme 208-06, 277-04, 279-15, 312-18
Armer Heinrich 210-13
Arnika 312-16, 314-12, 314-17
Arnim Achim v. 281-07
Aroma, Aromatisierung s.auch Duft, Geruch 312-09
Arsen
- in Levicowasser **312-14, 314-14**
- und Schlafstörungen **313-02**
- Therapie d. Astralleibes **313-04**
- Heilmittel bei Ruhr **313-05**
- bei Bettnässen **314-14**
- Arsenik, Heilmittel **352-01**

Arsenik 352-01
Arteriosklerose 312-08, 348-08
Arthritis deformans 313-10, 314-12
Artus-Tafelrunde
- und Hl.Gral **53-11, 97-13, 144-03**
- eine Wurzel d.westl.Logenwesens **185-11**
- ein Träger d.kosm.Christentums **238-02**
- Begegnung mit Gralsströmung **240-06**
- und d.esoter.Christentum **265-02**

Asche
- Mineralisation der Erde **98-21**
- u. Phantom des Christus-Jesus **131-06**
- Bildung des Pflanzensamens **229-02**
- Pflanzen-A. als Heilmittel **312-07**
- Kieselsäure in Pflanzen-A. **312-10**
- Pflanzenveraschung und Atmung **313-01**
- Prozeß der Pflanzenveraschung **313-03**
- als Heilmittel **313-04**
- Bekämpfung von Unkraut und Schädlingen **327-07, 327-12**

Äschylos 282-12, 300-06
Äsculin 312-19, 321-11
Asen 101-07, 121-11
Asgard 121-10, 205-18
Asiaten, **Asien** 174-13, 178-05, 202-12, 233-02
Asita 114-03
Askese 58-06, 83-01, 107-05, 147-01, 210-01, 264-01, 312-19
Äskulap 123-13
Assoziationen 328-02, 330-02, 340-05, 340-07, 340-09, 340-11
Astarte 233-03
Ästhetik s.auch Kunst
- u. Ätherleib **63-01**
- und Schöpfung aus dem Nichts **107-22**
- ästhet.Urteilen **115-12**
- Wechselwirkung Kopf-Leib **170-05**
- Zusammenhang mit den platon. Tugenden **170-06**
- Wirkung von Gemälden **170-12**

-ästh. Formgesetze **286-09**
Asthma 313-09, 314-15, 323-02, 349-05
Astragalus exscapus 314-10
Astralität
- Hereinragen in d.phys.Welt: Mond **201-06**
- als Raumkraft **201-07**
- Vermittlung zw.Materie und Äther **201-12**
- und Zeit **201-16**
- und Sonnenmaterie **207-04**
- und Astralleib d.Menschen **234-01**
- Sterne und kosm.A. **236-17**
- Schlaf, Atmen und kosm. A. **318-06**
- Geistigkeit d.Astralischen u. negative Materie **323-18**

Astralleib
(s.auch Wesensglieder)
- u. Fasten **54-07**
- u.Geisteskrankheiten **55-04**
- Sternenwelt u. Schlaf **56-02**
- u. Empfindungsseele **58-09**
- u. Lachen **59-02**
- u.Religion **63-01**
- und Erziehung **93-28**
- Astralherz **93-51**
- aurische Eier **93-59**
- der Lemurier **93-65**
- Verbindung m.Ätherl. bei d. Inkarnation **93-66**
- "Schalen" **93-69**
- Lösung bei gewaltsamem Tod **94-02**
- Fasten **94-05**
- Embryonalentwicklung **94-12, 161-02**
- und 3.Elementarreich **94-19, 98-13**
- Bewußtsein d.A. **94-28**
- Kausalkörper **95-01, 99-05**
- Totgeburt **95-07**
- Geburt d.A. **96-02**
- Zusammenhang mit phys.Leib im Schlaf **96-17**
- Gliederung im Schlaf **99-04**
- und Temperament d.nächsten Lebens **99-13**
- Tendenz zur Verhärtung **101-05**
- Opfer der Exusiai auf dem Mond **102-04**
- Erscheinung nach d.Tod **103-14**
- "Hörner" und "Köpfe" d.A. **104-18**
- und Jupiterzustand **104-20**
- und Bildung d.phys.Leibes **107-03**
- und Erbsünde **107-10**
- und Lungenentzündung **107-13**
- Lachen und Weinen **107-19**
- und alter Mond **110-07**
- Nirmanakaya und Dharmakaya **110-12**
- = Aesthetikon **114-15**
- und Sinne **115-02**
- = Strom des Begehrens **115-15**
- und Krankheiten **120-04, 313-02**
- Schmerz **120-09**
- in der Genesis **122-09**
- und Muskelbewegung **124-09**
- Sündenfall **127-05**
- hellseher.Empfindung d.A. **129-03**
- und Glauben **130-15**
- Gabe der Dynameis auf dem Mond **136-15**
- Wiederherstellung d.A.nach d.Tod **141-03**
- Träger des Egoismus **145-13**
- und Träume **154-01**
- Bewegungen d.A. **156-04**
- Wahrnehmen der Organe **156-06**
- Wachen-Schlafen **158-06**
- und Imaginationen **161-11**
- und Ostern **169-01**
- baut Ätherleib ab **169-06**
- und Rückenmark **172-02**
- enthält Formen des Pflanzenreiches **174-09**
- Arbeit der Angeloi am A. **182-04**
- das Leerwerden d.A. in der Neuzeit **193-02**
- und Abhängigkeit vom Kosmos **201-09**
- und Flüssigkeitsorganismus **201-17**
- und Gesetzmäßigkeit im Rhythm. System **205-04**
- und Urteil **205-13**
- und Angeloi **205-21**
- Denken-Fühlen-Wollen **208-11**
- Schlaf **208-18, 236-18**
- Veränderung während des Lebens **212-01**
- und Sinneswahrnehmung **218-01, 291-12, 291-15**
- Wahrheit-Schönheit-Güte **220-03**
- Mienenspiel d.A. im Organismus **221-03**
- und Ameisensäure **232-12, 351-14**
- und Astralkräfte **234-01**
- Strömungen d. A, **264-03**
- und Musik **271-04**
- u. Homunkulus (Faust) **272-02**
- u. Naturwissenschaft **273-12**
- Differenzierung **275-02**
- und Vokale **278-01**
- beim Sprechen u. Singen **278-02**
- u. Sprechen **282-01**
- und Musikerleben **283-01**
- und Atmung **283-03**
- u. Empfindungsseele **286-03**
- u. Geometrie **286-08**
- und Farben **291-10, 320-05**
- rechte Seite stärker **300-12**
- Freiwerden d.A. **303-03**
- Stickstoff **312-13**
- A. der Arme **312-18**

- und Einschlafen **313-04**
- und Arsen **313-05**
- Lunge, Sinnesorgane **313-06**
- Metallstrahlung **313-08**
- und Nieren **314-06**
- und 1. Lebensjahrsiebt **314-07**
- Form **314-10**
- Magen-Darm, Sexualorgane **314-13**
- Ernährung und A. **314-22**
- beim Zuhören **315-06**
- und Reinkarnation **316-05**
- Hysterie **317-05**
- und Elementarwesen **317-11**
- im 2.Lebensjahrsiebt **318-03**
- und Einatmen **318-06**
- im Auge **320-02**
- und Töne **320-10**
- und Joga **326-08**
- Atmung und Geruch **348-07**
- Verteilung der Nahrungsstoffe **348-08**
- Absinthwirkung **348-15**
- Blutdruck **350-11**
- und Nahrungsstoffe **352-02**
- und Harnbereitung **352-06**

Astralleib der Erde 98-10, 103-08, 136-02, 350-02

Astralleib-Aura 141-06

Astrallicht 93-59, 233-14, 233-15

Astralplan, Astralwelt, Seelenland (s.auch Plane)
- Regionen d.A. **53-05**
- 2.Hierarchie, Astralleib **84-05**
- Freimaurerriten **93-12**
- Gedankenformen **93-67**
- Meister der Schwarz.u.Weißen Magie **93-69**
- Einweihungserlebnisse im Johannes-Evangelium **94-18**
- Mondwesen **98-14**
- Spiegelung d.Akasha-Chronik **99-07**
- Welt des Hl.Geistes **100-09**
- Goldgrund-Malerei **101-03**
- Wirkung auf menschl.Seele **101-26**
- Charakterisierung d.A.**107-01**
- Tier-Gruppenseelen **108-01**
- schlechter A.**130-11**
- und Planetensphären **141-15**
- Seelenerlebnisse auf d.A. **147-02**
- Weisheit-Schönheit-Stärke **265-08**
- und dramatische Dichtung **300-06**

Astralraum 95-09

Astraphobie 322-05, 322-05

Astrologie-Astronomie
- bei Nostradamus **61-01**
- Mensch und Planetenkräfte **137-06**
- und innere Bewegungen d. Menschen **137-07**
- 3.Kulturepoche **149-07, 222-07**
- Weltanschauung u.seelische Konstellation **151-03**
- eugenetischer Okkultismus **171-10**
- Stern des Menschen **181-04**
- Astronomie und Raumerleben **201-01**
- vorchristliche Erkenntnisart **202-24**
- und Inkarnationsvorgang **210-07**
- Stern des Menschen, Lebensdauer **237-01**
- künftige, Embryologie **272-15**
- Farben **291-17**
- Neptun und Uranus **316-11**
- u.seel. Entwicklungszustand **323-01, 323-02**
- Kepler, Gesetze **323-03, 323-04**
- und Mathematik **323-05**
- Rückschlüsse aus d. Tierformen **323-07**
- nicht nur Zentralkräfte **323-10**
- Bahnen v. Planeten, Erde, Mond, Sonne **323-12**
- Planetenbahnen, Geo- und Heliozentrismus **323-13, 323-14**
- Gegenraum **323-15**
- Planetenbeweg., Kometen **323-18**
- Planeten u. Pflanzenwachstum **327-07**
- und Vulkanismus **350-02**

Astronomie okkulte 101-13

Asuras
- zurückgebliebene Mondwesen **93-67**
- Geister des nieder.Egoismus **99-16**
- Wille zum Bösen **107-14, 110-18**
- wirken auf Bewußtseinsseele **107-18**
- auf oberem schlechten Devachan **130-11**
- und das Jahr 1250 **130-26**

Atem-Atmung
- u.Alpdruck **57-10**
- bei Lachen u. Weinen **59-02**
- u. Erkältung **82-03**
- Stein der Weisen **94-31**
- Atmen von Verwesungsluft **103-09**
- in lemur.Zeit **105-09**
- Luftatmung und Isis-Osiris-Mythe **106-07**
- Joga **119-10, 194-10, 202-13, 211-06**
- in der 4.Kulturepoche **158-04**
- und Imaginationen **167-07**
- und Erkenntnis (Jahve) **176-06**
- und zweite Hierarchie **188-06**
- und Geschlechtsreife **206-05**
- und Wahrnehmung d.Geistig-Seelischen **211-03**
- und neue Elementarwesen **216-04**
- und Sinneswahrnehmung **219-06**
- und Abbaukräfte **221-01**
- und 2.Hierarchie im Schlaf **228-03**
- Veratmen von Kohlenstoff **230-27**
- Heilkräfte **230-28**

- der Sinnesorgane **265-11, 313-06**
- und Musik **271-02**
- u. moral.Konstitution **275-09**
- A.rhythm. u. Herzrhythm. b. Hexameter **281-02**
- b. Sprachgestaltung **281-03**
- A.technik **282-22**
- und Musik **283-03**
- und Pflanzenprozeß **293-11**
- u. Muskelsystem im 2.Jahrsiebt **303-06**
- und Herz **312-02**
- A.prozeß und Lymph-Blut-Prozeß **312-09**
- Anregung durch Massage **312-18**
- A., Lunge, Herz **312-20**
- u. Pflanzenveraschung **313-01**
- Kohlenstoff- Sauerstoff **313-03**
- und Rohkost **313-04**
- Lunge und Sinnesorgane als A.organe **313-06**
- Atmung und Fette **313-07**
- innere A. und Eurythmie **313-10**
- Ausatmungsprozeß und Glaukom **314-10**
- Wirkung von Heileurythmie **315-02**
- Heileurythmie bei Kurzatmigkeit **315-05**
- und Nahrung d.Kopfes **317-07**
- Angstwesen und A. **318-05**
- und Gestaltung d. Menschen, Atemnot **318-06**
- A.rhythmus u. Platon. Jahr **318-09**
- Sauerstoff und Kieselsäure **319-08**
- u. Gehirnwasser **323-05**
- Zahl d.A.züge u. Platon. Jahr **323-06**
- und Sauerstoff **327-02**
- und Rauchen **348-13**
- Kohlensäure und Blausäure **348-19**
- und geistiges Wissen **350-11**

Atemnot 312-13, 315-05, 318-06
Athanasianismus 51-03
Atheismus 175-16, 184-17, 194-08
Athen 351-04
Äther, -kräfte, -arten (s.auch die einzelnen), -welt
- innerer u. äußerer **66-03**
- Wahrnehmung des Welten-Ä. **84-03**
- u. Naturgesetze **84-04**
- Ä.welt u.3.Hierarchie **84-05**
- das Leben d.Ätherarten **93-49**
- und Sinne **93-55**
- Taten der Eingeweihten **93-59**
- Ätherwelt **101-19**
- Sündenfall **114-19**
- und Evolution **122-03**
- und Planetensphären **136-09**
- Verwandlung in Elementarwesen **155-07**
- im Ätherleib **175-21, 313-02**
- Vermittlung zw. geist. u. phys.Welt **180-09**
- Ätherwelt u. Präzession **201-06**
- saugende Kraft **201-12, 206-06**
- Ätherarten **202-14**
- Äther- und astral. Strömung **201-16**
- Elementarwesen d.Ä. **211-13**
- Planeten u. Ä. im Menschen **213-03**
- Weltenäther **218-05**
- Dimension d.Ä. **227-07, 291-09**
- Äthergürtel d.Erde **230-08**
- und Kohlenstoffveratmung **230-27**
- = Prinzip der Leichte **234-01**
- Wahrnehmung d.Ä. **236-17**
- Ahriman-Luzifer **272-12**
- mathemat.Behandlung **321-13**

Äthergehirn
- bei Hypnose **94-10**
- Beweglichkeit **141-08, 156-03**
- Tätigkeit d.Amshaspands **145-09**
- und Seelenstimmungen **151-02**
- und Erkenntnis **265-06**

Ätherhände 124-05, 265-06
Ätherherz
- Verbind. mit 12blättr.Lotusblume **93-51**
- liegt auf d.recht. Körperseite **109-17**
- reguliert Denken **127-01**
- u.Ätherisation d.Blutes **129-10**
- u. okkulte Entwickl. **161-11**
- Lockerung Herz-Ä. **190-04**
- Bildung während d.Lebens **212-01**

Ätherisation 128-06, 129-10, 130-08
Ätherische Öle 312-17
Ätherkopf 190-04
Ätherleib, Bildekräfteleib (s.auch Wesensglieder)
- Pfirsichblüt **53-01, 202-09**
- u. Religion **54-03**
- u. Geisteskrankheiten **55-04**
- Essenz nach d.Tod **55-05**
- u. Muttermilch **55-06**
- Folgen eines beweglichen Ä. **57-08**
- u. Verstandesseele **58-09**
- u. Irrtum **59-07, 120-04**
- u. Kunst **63-01**
- innerer u. äußerer Äther **66-03**
- Erkenntnis d.Ä. **67-02**
- u.plast.Kunst **82-01**
- Wahrnehmung u. Erinnerung **84-01**
- u. Ernährung **84-02**
- u. Imagination **84-03**
- Wahrnehmung d.Ä. **84-05, 129-03, 145-12**
- zweigliedrig **93-65, 158-05**
- Fasten **94-05**
- Embryonalentwicklung **94-12**
- 2.Elementarreich **94-19**
- Bewußtsein d.Ä. **94-28**
- Kausalkörper **95-01**

- Inkarnationsvorgang **95-02**
- Freiwerden d.Ä. **95-03, 303-02**
- und Temperamente **95-04, 145-08**
- und Zellstruktur **95-07**
- Erziehung **96-02**
- und Musik von R.Wagner **97-15**
- Geschlechter **99-01, 116-09**
- Kausalkörper **99-05**
- und Idiotie **99-09**
- u.Astralleib der vor.Inkarnation **99-13**
- Strömungen im Ä. **100-08, 264-03**
- und Einweihung **100-10**
- und Jupiterwesen **102-03**
- Opfer der Exusiai **102-04**
- Erscheinung nach d.Tod **103-14**
- und zweiter Tod **104-20**
- in der Atlantis **106-02**
- Isis-Osiris-Wirkung **106-07**
- Sündenfall **106-19, 114-19, 175-21**
- Prinzip des Ä. **107-02**
- in der lemur. u. atlant.Zeit **107-06**
- Vorstellungen u. Gedächtnis **107-07**
- Form **109-17**
- Einwohnung von Erzengeln **110-06**
- und Kyriotetes auf der Sonne **110-07**
- Dharmakaya **110-12**
- Lockerung vom phys.Leib **112-16**
- und Christus **112-17, 113-09**
- = Treptikon **114-15**
- und Lebenssinn **115-02**
- = Strom der Vorstellungen **115-15**
- Krankheit u. Unfälle **120-09**
- und karm.Verfehlungen **120-11**
- und Volkstemperamente **121-02**
- in der Genesis **122-09**
- Ätherfinger und -hände **124-05**
- Drüsen **124-06**
- Ätherherz **127-01**
- Erinnerung **128-06, 163-02, 165-04, 201-16**
- Ätherherz, Ätherisation d.Blutes **129-10**
- Liebe **130-15**
- und innere Bewegungen d. Menschen **137-07**
- Wiederherstellung nach d.Tod **141-03**
- Gedächtnis **143-01**
- und Amshaspands **145-09**
- Verwandlungsfähigkeit **147-02**
- und Doppelgänger **147-05**
- im Kamaloka **147-07**
- und Träume **154-01**
- siebengliedrig **156-02**
- und Bewegungen d.Astralleibes **156-04**
- Jüngerwerden des Ä. **157-29, 163-05**
- in der 4.Kulturepoche **158-04**
- und Gedanken **158-06**
- und Klatsch **159-02**
- Embryonalhüllen **161-02**
- Todesspektrum **161-06**
- Denken, Imagination **161-11**
- nach dem Tod **163-06, 175-01, 175-25, 179-01**
- Geschwindigkeit **164-02**
- die 7 Grundtypen **165-05**
- Freiheit-Notwendigkeit **166-02**
- Zeichen,Griff und Wort **167-01**
- Wirkung von Symbolen **167-02**
- Verbindung zw.Lebenden u.Toten **168-02**
- und Weihnachten **169-01**
- und Sphärenharmonie **171-10**
- und Gehirn **172-02**
- und Dritte Kraft **173-08**
- enthält Formen d.Tierreichs **174-09**
- und Ätherkräfte **180-09**
- Auflösung nach d.Tod **181-10**
- Bewußtseinszustände des Ä. **181-17**
- Erlebnis der Schwere **202-10**
- Denken **204-18, 214-05**
- Urteilen **205-13**
- Ausstülpung des Reiches der Archangeloi **205-21**
- und Konstellation **207-11**
- und Lebensstufen **208-07**
- Denken-Fühlen-Wollen **208-11**
- und Schlaf **208-19**
- Veränderung währ.d.Lebens **212-01**
- Inkarnationsvorgang **218-12**
- Wahrheit-Schönheit-Güte **220-03**
- und Moral **221-03**
- Wohnplatz d.1.Hierarchie **228-03**
- und Oxalsäure **232-12**
- und Monden-Urlehrer **233-20**
- Tendenz zur Kugel, Zeitenleib **234-01**
- künftige Verfestigung **254-09**
- weibl.Ä. d.Mannes **272-02**
- und Nabel **272-16**
- u. Naturwissenschaft **273-12**
- Gliederung, Kehlkopf **277-01**
- u. Alphabet **279-01**
- u. Vokale **282-01**
- Musikwirkung **283-01**
- Atmung, Temperamente **283-03**
- u.Säulenpaare d.Goetheanums **286-08**
- u.Sinneswahrnehmung **291-12, 291-15**
- linke Seite stärker **300-12**
- Störungen des Funktionellen **312-02**
- bei den Verdauungsorganen **312-03**
- zweites Lebensjahrsiebt **312-08**
- Stickstoff - Sauerstoff **312-14**
- Geschwulst - Entzündung **312-15**
- und Ich **312-16**
- Kiefer und Unterleib **312-19**
- Teil d. allg. Äthers, Ätherarten **313-02**
- Metallstrahlung **313-08**

- und Ernährung **314-06, 314-22**
- Form **314-10**
- Magen-Darm, Sexualorgane **314-13**
- Heileurythmie, Wirkung von E **315-02**
- und Peristaltik **315-04**
- Wirkung von Heileurythmie-Übungen **315-05**
- beim Zuhören **315-06**
- und Bleikräfte **316-03**
- bei Reinkarnation **316-05, 317-02**
- im ersten Lebensjahrsiebt **317-03**
- und Ausatmen **318-06**
- Gehirn, Auftrieb **320-02**
- und Licht **320-05**
- und Töne **320-10**
- Erkenntnis d.Ä. u. Imagination **322-04**
- Erleben d. Elemente im menschl. Inneren **326-07**
- Saugekraft der Sonne **323-18**
- Physiologie **326-09**
- und Milz **326-10**
- Flüssigkeitsmensch **348-07**
- und Tanz **350-01**
- und Oxalsäure **351-14**
- und Nahrungsstoffe **352-02**
- Asymmetrie des Körpers **352-05**
- Schweißbildung **352-06**

Atlantis, atlantische Zeit
- Entwickl.d.Menschen **53-10, 54-04, 99-23**
- u. Religion **54-05**
- Rakshasas **93-04**
- Manus **93-08**
- Angaben von Scott-Elliot **99-07**
- Darstellung d.atlant.Zeit **99-21, 347-02**
- Geschlechtertrennung **99-22**
- Regenbogen nach atlant. Katastrophe **100-13**
- german.Mythologie **101-01**
- Ursemiten **103-10**
- Entwickl. aus 7.lemur.Rasse **104-12**
- und Rassen **105-07, 107-21**
- german. u. griech.Mythologie **105-08, 110-22**
- 4 Menschentypen **106-02**
- Flugzeuge und Schiffe **109-10**
- Orakelstätten **109-22**
- Beherrschung d.Samenkräfte **109-23, 177-04**
- Archangeloi als Lehrer **110-06**
- und Sprache **115-07**
- Golfstrom, Chinesentum **121-15**
- Exusiai u. atlant.Katastrophe **126-10**
- griech.Götter **129-06**
- Kasteneinteilung **155-01**
- Ausgestaltung d.phys.Leibes **180-10**
- und Ahriman **184-13**
- Musikerleben **222-04**
- Umlagerung der Kontinente **226-01**
- Monden-Urlehrer **228-02**
- Tiere und Pflanzen **232-05**
- Gedächtnis **233-01**
- kosm.Intelligenz und Herz **237-06**
- luzifer.Angeloi und Vererbung **254-07**
- Mondwesen und Götterbilder **254-08**
- Verfestigung d.phys.Leibes **254-09**
- Aura d.Atlantier **291-16**
- = Tertiär **300-01**
- Ekliptik, Jahreszeiten **300-02**
- Gestalt des Menschen **316-11**
- Seelenleben, Eiszeit **323-07, 323-07**

Atman s.Geistesmensch

Atom, Atomismus, Atomphysik
- und Elektrizität **93-15**
- und Bearbeitung des Mineralreiches **93-17, 93-58**
- Plan der Planetenentwicklung **93-26**
- ist nichts Ursprüngliches **98-21**
- Atomgewicht und Sphärenharmonie **130-11**
- A.e sind Kräfte Ahrimans **145-18**
- Wahrnehmung von A. **154-04**
- projiziertes Nervensystem **169-04**
- Vorstellung d.A.und okkulte Gefangenschaft **227-13**
- Projektion des Anstoßens des Astralleibes **254-03**
- Atomismus-Streit **257-02**
- Hypothesen i.d.Naturwissenschaft **314-01**
- Begründung d.A.physik **320-09**
- bei Demokritos **326-02**
- das Tote im Weltall **326-04**
- u. Geschwindigkeit **326-09**

Attis 149-06

Ätzkalk 327-04

Audhumbla 101-01

Aue Hartmann von der 210-13

Aufbau-Abbau
- und Organe **101-05**
- Archai und Aufbaukräfte **122-04**
- Umkreisbewußtsein nach d.Tod und Aufbau **141-06**
- Durchgang durch das Nichts u. Aufbaukräfte **146-02**
- Astralleib baut ab **169-06**
- Abbaukräfte und Gifte **173-15**
- Willenskraft baut ab **191-11**
- Abbau und Vorstellen **206-09**
- im Menschen **221-01**
- Gifte u.Astralisches **221-02**
- Kulturzerstörung und Reinkarnation **272-07**

- Nervensystem und Stoffwechselsystem **314-04**
- Stoffwechsel **314-10**
- in den ersten zwei Lebensjahrsiebten **317-03**
- und Schlaf **318-08**
- Abbau u.geist.-seel.Entwicklung **352-06**
- Friedhofsatmosphäre **353-01**

Auferstehung (Christi)
- Christentum als A.religion **58-08**
- **130-19**
- Wirken Christi nach d.A. **131-01**
- und Phantomleib **131-04**, **131-06**
- des phys.Leibes am Erdenende **175-18**
- Grundpfeiler d.Mysteriums v.Golgatha **184-15**
- Lehre Christi nach d.A. **211-11**

Auferweckung 114-24, 264-07, 264-08
Aufklärung 185-11
Aufstoßen (Atmung) 315-05
Auftrieb (s.auch Archimedisches Prinzip) 320-02
Augen
(s.auch Sinnesorgane)
- Farbenblindheit **76-01**
- Vorgang d.Wahrnehmung **84-01**
- und Epiphyse **93-49**
- und Nahehe **97-10**
- als kleines Gehirn **115-04**
- Inkarnationsvorgang **159-10, 214-08**
- Blutzirkulation im inneren A. **181-13**
- Nachbild **201-10**
- Augenhöhlen **201-12**
- Umwandlung bei Inkarnationsdurchgang **201-13**
- und Fixsterne **201-20**
- und Nieren **208-19, 323-15**
- Wirken v.Nerven- u. Stoffwechselsystem **218-01**
- Augenfarbe **218-04**
- Atmung der A. **265-11**
- rechtes u. linkes A. **282-09**
- inneres und äußeres Licht **312-13**
- Studium des Ätherleibes **312-16**
- und Glaukom **314-12**
- Kieselsäure- u. Phosphorprozeß **319-05**
- bei Tier und Mensch **319-07**
- Astralleib/Ätherleib **320-02**
- Lichtbrechung **320-03**
- physikal.Apparat **320-07**
- Relation zu Kehlkopf und Ohr **320-08**
- über das Auge **348-05**
- Schielen **348-17**
- Grauer Star **350-03**
- Bau des Auges, Irisdiagnose **352-03**

Augustinus
- Philosophie **51-01**
- als Vorgänger d. Thomas v.Aquin **74-01, 74-02**
- hatte Abbild d.Ätherleibes Christi **109-08**
- Vorbote d.Bewußtseinsseele **145-14**
- Prädestinationslehre **177-05**
- von den Jüngern inspiriert **184-14**
- unter Einfluß zurückgeblieb. Exusiai **222-05**
- Neuplatonismus, Manichäismus **324-01**

Augustus Caesar 51-03, 162-05, 175-22, 184-19, 208-16
Aura des Menschen (s.auch Ätherleib u. Astralleib)
- Dreigliedrigk., Farben **53-01**
- seelische u. geistige A. **53-07**
- Änderung b.Einweihung **53-11**
- Farben der A. **93-28, 271-03**
- u. anthrop. Ideen **125-02**
- Hellseher und seine A. **94-03**
- von Gehirn u.Rückenmark **128-01**
- Heiligenschein und Kleidung **129-13**
- und Throne **134-02**
- Astralleib-Aura **141-06**
- u. Temperamente **145-09**
- Kleidung **163-01**
- Beschreibung menschl.A. **183-01**
- Aufbau der A. u. Wandlung nach dem Tod **183-05**
- u.Visionen **272-12**
- Farben u. Emotionen **282-16**
- hellseher. Wahrnehmung **291-16**
- niedere physische **313-03**
- und Hören **315-06**
- bei bestimmten Geisteskrankheiten **317-05**

Aura der Erde 96-19, 98-10, 103-08
Aura des Blei 319-06
Aura von Städten 291-18
Aurisches Ei 93-59
Aussaattermine 327-01
Austern (Conchae) 312-05, 312-13, 312-21, 319-01
Aussatz 99-12
Ausscheidung 312-09, 312-10, 312-18, 313-08
Autorität 96-02, 192-03
Autoritätsglaube 78-01
Avatar
- und Vervielfältigung v. Wesensgliedern **107-16**
- Christus größter A. **107-17**
- Abbilder des Christus-Ich **109-06**
- Vishnu-Krishna **109-12**
- Zarathustra/Meister Jesus als A. **109-16**

Ave Maria 101-22
Avitchi 93-61

Axiokersa 273-13
Axiokersos 273-13
Axieros 273-13
Azot 107-02

Babylonier 126-08
Babylonische Gefangenschaft 117-03, 123-02
Bacon Francis (Baco von Verulam) 57-12, 74-03, 170-19, 196-02, 220-02, 235-09, 238-05, 272-18, 316-12
Baden 124-05
Bäder (medizinische)
- Lichtbäder **312-13**
- anthroposophische Medizin **312-15**
- Ameisensäureb. bei Entzündungen **312-16**
- warme und kalte B., Fußbäder **312-18**
- Salzb. bei Tuberkulose, Kalksalzb. bei Leber- und Gehirndegeneration **313-06**
- Kohlensäure-B. bei Asthma **313-09**
- Schwefelwasserstoff-B. bei Arthritis **314-12**
Bafomet 300-05
Bahr Hermann 169-02
Bakterien
- und Phantome **98-26**
- und Leiden der Tiere **143-04**
- u. materialist. Vorstellungen **154-03**
- und böse Rasse **177-08**
- und bösartige Gnome u.Undinen **230-22**
- Ansteckungskrankheiten **312-02**
- als Indikatoren für Krankheiten **312-03, 312-20**
- und Pilze **327-08**
Balde Jakob 196-02
Baldrianblüten 327-05
Baldur 54-09, 99-19, 121-12, 228-04
Baldung Grien Hans 292-04
Bamberger Dom 292-04
Bankenwesen 340-01, 340-10
Barden 116-01, 117-09
Barlaam und Josaphat 124-11
Barr Dokumente von 262-01, 262-02
Basalt 106-06
Basedowsche Krankheit 313-09, 314-09, 319-10
Basen 312-14, 313-08
Basilius Valentinus 179-06, 204-06, 236-06
Bath Kol 148-04
Baum 312-05, 319-03, 323-08, 327-02, 327-04, 327-08
Baum des Lebens
- = Bodhibaum, Feigenbaum **94-20**
- und Weihnachtsbaum **96-13**
- und Sonnengeflecht **99-18**
- = blauer Blutbaum **100-07**
- und Adam Kadmon **114-07**
- und Sündenfall **114-19, 162-04**
- und german.Mythologie **162-03**
- Ätherleib **253-01**
- Essen v. B.d.L. **275-11**
Baustile s.Architektur
Beethoven L.v. 291-18
Befruchtung (s.auch Empfängnis, Fortpflanzung)
- bei Pflanzen **230-16**
- und kosm. Kräfte **323-01**
- und Stoffwechsel-System **323-05**
- und Sinneswahrnehmung **323-07**
- Sonne- u. Mondkräfte **318-07**
- Wasser und Blitz, B. der Pflanzen, Gedanken **350-10**
Begriff 74-01, 74-02, 108-07, 108-08, 108-09, 293-01, 293-08, 323-07
Beine s. auch Gliedmaßen(system) 312-18
Belgien 173-14
Ben Jake 116-06
Benedikt Moritz 164-01, 313-03
Bengel J.A. 175-12
Bequemlichkeit 144-01
Bergpredigt 58-08, 94-03, 97-06, 116-05, 123-12
Bergson Henri 65-03, 115-09
Berkeley 272-18, 324-04
Bernwardskreuz, -leuchter (Hildesheim) 292-10
Beruf 172-03, 172-04, 175-01
Besant Annie 262-03
Besessenheit 114-23, 218-08, 243-09, 243-10, 275-09
Besselsche Gleichungen 323-17
Beten 53-03, 58-04, 59-04, 194-12, 275-06
Bethesda Heilung (NT) 100-14, 264-08
Bethlehem 149-06
Bethlehemitischer Kindermord 114-09
Betriebsräte 330-02
Bettnässen 314-14, 317-05
Betula s. Birke
Beuteltiere 98-08

Bevölkerungspolitik 188-10
Bevölkerungswachstum 173-14
Bewegung
- u. Wille **82-04, 161-12, 209-03**
- und motor.Nerven **115-08**
- Muskelbewegung **124-09**
- Bewegungskräfte **128-07**
- innere B. **137-07**
- des Ätherleibes **163-02**
- und Astralleib **214-02**
- Eigenbewegung **265-05**
- u. Geometrie **293-02**
- u. Empfindung **293-09**
- moderne Verkehrsmittel **312-10**
- B. der Planeten u. d. Tierkreises **323-11**
- d.Menschen u. Himmelsbeweg. **323-16**
- Ich und Astralleib bei der B. **314-18**
- u.Zyanbildung **351-01**

Bewußtsein, Bewußtseinszustände
- Ich u. Astralleib **57-02**
- Tod u.Schmerz **55-02**
- 7 Grade d.B. **93-42**
- und 1.Logos **93-75**
- Tier,Pflanze,Elementarwesen **93-76**
- der Wesensglieder **94-28**
- Stufen in Evolution d.Menschen **99-15**
- und Verhärtungstendenz des Astralleibes **101-05**
- Merkurstab als Symbol d.B. **101-25**
- B.zustände = Planetenzustände **104-18**
- Begegnung Astral- u. Ätherleib **115-15**
- Schmerz u. Krankheit **120-09**
- Bilderb. auf d.Mond **122-07, 132-04**
- Gegenstandsb. auf d.Erde **122-08**
- Organb. **128-07**
- B.bildung und Absonderung **128-12**
- und Stauung einer Ätherströmung **129-13**
- B.zustände = Plane **137-09**
- nach dem Tod **140-01, 153-06, 157-10, 161-07, 174-06, 208-03**
- es gibt nur B.zustände **148-10**
- des Kopfes **157-14**
- Erinnern, Träumen u.Tagesb. **163-02**
- beim Handeln **166-02**
- Massenpsychose **173-11**
- und Abbau **173-15**
- im Atmungsprozeß **176-06**
- des Ätherleibes **181-17**
- u.verschied.Bewegung im Zeitstrom **187-07**
- und Wesensglieder **202-15**
- Stufen **207-06**
- und Metalle **243-01, 243-02**
- Entstehung in der Evolution **265-05**
- im Todesaugenblick **272-07**
- u. Ahriman **273-08**
- bei Epilepsie **317-03**
- und Masse **320-01**
- und Dunkelheit **320-06**
- u. Wärmezustand d.Menschen **320-07**
- Problem d.Materie u. d. B. bei Du Bois-Reymond **322-01**
- Bild-B. und Wollen **323-10**
- B.entwickl. Pneumatologie - Mystik - Naturwiss. **326-02**

Bewußtseinsseele
- Entwicklung **58-04, 58-05**
- u.phys.Leib **58-09**
- u. Verfolgungswahn **59-07**
- und Jupiterwesen **98-17, 102-03**
- unbewußtes Umwandlungsprodukt **99-03**
- geläuterte B. = Mutter Jesu **100-11**
- und Poesie **102-14**
- und Asuras **107-18**
- und Verkünder d.Okkultismus **109-19**
- Geburt d.B. **112-01**
- = Dianoetikon **114-15**
- und Geruchssinn **115-02**
- formt das Gehirn **115-04**
- und Schreibrichtung **115-07**
- und Saturn im Schlaf **119-01**
- in der Genesis **122-12**
- Menschensohn **123-14**
- Mensch nur darin selbständig **127-02**
- und Parzival **144-03**
- und Faust **145-14**
- und heliozentr.Weltsystem **181-05**
- und Jahr 666 **184-16**
- Weisheiten des B.zeitalters **184-18**
- und das Böse **185-07,185-08**
- natürl.Anlage bei Angloamerikanern **186-07**
- und Hüter d.Schwelle **188-01**
- Schwellenübergang d.Menschheit **190-05**
- in Europa 204-19, **204-20**
- und Merkur **262-04**
- und Gotik **286-03**

Bhagavad Gita
- Kampf zw.Luzifer u.Jahve **93-70**
- Mensch u. Elementarwesen **110-01**
- Lehre Krishnas **142-01**
- Krishna **142-02**
- Krishna-Legende **142-03**
- Krishna u.Selbstbewußtsein **146-01**

Bibel 60-06
Bibelkritik 126-09
Biber 97-18, 348-12
Bienen
- Bewußtsein auf Buddhiplan **93-48**
- und Sylphen **98-06**
- als Symbol **101-16**

- Gruppenseele **110-21**
- Honig als Nahrung **230-17**
- und Feuergeister **230-32**
- Honigwaben **233-08**
- Bienenseele **316-02**
- Gedächtnisentsprechung **348-10**
- Geschlechtsleben, Honig **348-22**
- Entwickl., Wahrnehmung; Honig, Gift **351-09**
- Honig als Heilmittel **351-10**
- hervorgegangen aus Wespen **351-11**
- Ernährung und Stockbau **351-13**

Bienengift 314-16, 351-09, 351-12
Bienenwachs 233-08
Bildekräfte 312-01, 312-03
Bildekräfteleib s.Ätherleib
Bildfarben 291-01, 291-02, 291-04
Bildhauerei s.Plastik
Bildsäulen 232-07, 232-09
Bileam 104-04, 220-02
Bilsenkraut (Hyoscyamus) 222-06, 316-15, 312-17, 348-09
Binnenwirtschaft 340-10
Birke (Betula) 312-17, 314-04
Birkenkohle 312-17
Bitterstoffe 312-11, 313-07
Blähungen 314-09
Blatt 230-14
Blau 202-23, 275-06, 291-02, 327-02
Blaubart 101-11
Blausäure, Cyan, Zyankali
- Mondatmosphäre **94-08**
- Kometen **116-09**
- Cyanbild. in Kometen u. auf altem Mond **231-03**
- Stickstoff-Atmung **348-19**
- Bildung im Stoffwechsel, Selbstmord **351-01**

Blavatsky H.P.
- Theosophie u.Spiritismus **52-04**
- "Geheimlehre" **52-09**
- u.Reinkarnationslehre **93-69**
- "Isis unveiled" **130-06**
- und Mondsphäre **243-11**
- Verbindung mit Okkultisten **254-02**
- Schicksal, Theosoph.Gesellschaft **262-03**

Blei
- und Gehirn **96-10**
- und Bewußtsein **232-04**
- Bewußtseinszustand **243-01**
- und Saturn **312-07**
- Arteriosklerose **312-08**
- B.prozeß und Kieselsäure-Prozeß **312-10**
- radioaktiver Zerfall von Uran **312-14**
- Wirkung von potenziertem B. **312-22**
- innere Atmung **313-07**
- und Ich **313-08**
- Wirkung direkt und nach Schmelzprozeß **314-18**
- B.kräfte und Ätherleib **316-03**
- als Heilmittel **317-12**
- Aura **319-06**
- und Silber **319-09**
- wirkt verfestigend auf d. Menschen **348-20**

Bleichsucht 312-14, 313-04, 351-06
Bleigießen 175-11, 223-01
Bleivergiftung 348-20
Blenorrhoe 313-09
Blinddarm 104-09, 312-04
Blinder Fleck 320-03
Blindheit 312-18, 313-02
Blitz 321-15, 350-10, 354-05
Blödsinn 318-04
Blut
- Generationengedächtnis **55-01**
- und Ich **57-02, 128-08**
- und Eisen **94-31**
- Christus u.B.wärme **96-19**
- u.physiol.Eingeweihte **97-11**
- und Wesensglieder **98-11**
- und Gedanken **109-11**
- Egoismus, Mysterium v.Golgatha **112-17**
- Tod **112-20**
- B.kreislauf **115-04**
- Cholera, Malaria **120-05**
- Bluttafel **128-02**
- und innere Organe **128-03**
- und Milz **128-04**
- und Denken **128-09**
- Polarität z.Knochensystem **128-10**
- Ich, Erythrocyten **128-11**
- Ätherisation **129-10**
- u.äther.B.Christi **130-08**
- und Luzifer **134-03**
- Früchte als Heilmittel **134-04**
- und Wein **145-02**
- B.kreislauf und Herz **145-06**
- blutige Lanze des Gral **145-12**
- und Nerven als Polaritäten **169-03**
- und Mystik **169-04**
- B.bereitung **175-10**
- Wirken der Angeloi/Archangeloi **177-12**
- heutige Schwäche d.B. **191-01**
- Wandlung d.B.systems **201-13**
- Dreigliederung d.B.kreislaufes **201-20**
- B.kreislauf Abbild d. Planetenlebens **202-03, 208-08**
- und 3.Hierarchie (Schlaf) **228-03**
- und Entzündung **230-29**
- und Haß **230-33**
- B.wärme und Silber **243-04**
- u. Baum des Lebens **275-11**
- ästhet. u. kosm. Gesetze **286-09**
- und Nerven **293-01**

- Blut- u. Milchbildung **312-03**
- B./Lymphe und Atmung **312-09**
- und Eisen in Anis **312-11**
- B.bildung und Massage **312-18**
- B.bildung und Phosphorprozeß **313-05**
- Ich-Tätigkeit und B. **314-05**
- Eisen d. Blutes als Regulator **314-09**
- B.erlebnisse, Mathematik und Mystik **326-03**
- Alkohol **348-11**
- B.kreislauf und Nikotin **348-13**
- Mondeinfluß **350-05**
- B.kreislauf und Mondstellung **353-10**

Blutdruck 350-11
Blutgerinnung (s.auch Bluterkrankheit) 312-21, 319-01
Blüte 221-02, 230-30, 313-07, 327-09
Blütenfarben 327-02
Bluterkrankheit, Hämophilie 312-21, 348-20
Blutkreislauf (s.auch Blut) 115-04, 145-06, 201-20, 202-03, 208-08, 326-03, 348-13, 353-10
Blutkörperchen rote 128-11, 312-03, 313-05
Blutrache 102-05
Blutsturz 350-05
Bluttafel 128-02
Bluttransfusion 319-11
Böcklin Arnold 238-02
Boden (volkswirtschaftlich) 340-05, 340-09, 340-12, 340-14, 340-15
Bodenrecht 189-05
Bodenrente 189-01, 340-08
Bodhibaum 94-20, 139-15
Bodhisattva
- nach Blavatsky **93-50**
- Einwohnung von Erzengeln **110-06**
- = Urweisheit; Verhältnis zu Christus **113-15**
- Zarathustra, Skythianos und Buddha **113-16**
- Lehrer d.Menschen, Aufstieg z. Buddhawürde **114-02**
- Elias und die Propheten **114-14**
- Buddha, Apollon **116-01**
- und Buddhiplan **116-02**
- lehrt auch Tote und höhere Wesen **140-11**
- Aufstieg zu Buddhawürde **152-04**
- Nachfolger d.Monden-Urlehrer **227-10**

Böhme Jakob
- Magier **54-11**
- Imaginationen B. **62-01**
- beeinflußt v.Geheimgesellschaft **96-03**
- und Beruf **172-03**
- De signatura rerum **183-06**
- Inspirationsquelle **196-02**
- und Volksweisheit **204-06**
- am Übergang zur Neuzeit **220-02**
- **225-07**
- Zweites Gesicht **227-06**
- Sonneninitiierter **228-05**
- histor.Entwickl. der inneren Erlebnismöglichkeiten **326-08**

Bolschewismus 186-02, 189-03, 225-04, 236-20
Bonifatius 51-07, 180-11
Bosch Hieron. 292-06
Böse Das
- u.Prädestinationslehre d.Augustinus **74-01**
- und Dritte Kraft **93-16**
- und Erdinneres **94-09, 97-16**
- und Manichäismus **95-06, 104-10**
- und Sonnendämonium (Sorat) **96-25**
- Zahl 5 **101-17**
- schlechter Astralplan und Devachan **107-01**
- Streit am Himmel **109-20**, **110-15**
- und Zeit **113-14**
- und Freiheit **120-16**
- Verzicht der guten Götter **132-03**
- Problem d.5.Kulturepoche **171-04, 273-06, 273-07**
- und das Ich **174-02**
- Herd d.B.im Menschen **179-01, 210-03**
- im Menschen u.Christus im Ätherischen **185-07**
- und künftiges spirit.Leben **185-08**
- im Menschen, Erinnerung **206-11**, **207-02**
- im Menschen und das Wollen **208-15**
- und Ahriman **218-05**
- und Elektrizität **220-04**
- und Gnome **230-18**
- Initiation des Manes **262-02**
- Geheimnisse des Lebens **264-05**
- bei Faust, Hexen **273-02**
- u.künftige planet.Entwickl. **273-11**

Böse Rasse
- und 7.nachatlantische Epoche **93-78**
- und Manichäismus **95-06**
- als neues Naturreich **104-05**
- in der Apokalypse **104-06**
- endgültige Abtrennung **140-06**

Böser Blick 348-05
Botticelli 169-06, 292-01
Bouillon Gottfried von 51-12
Bouts D. 292-06
Brahe Tycho de 61-01, 126-09, 126-10, 238-04, 323-02
Bramante 292-09
Brechnuß (Nux vomica) 312-22
Brennessel (Urtica) 314-09, 327-05
Brentano Franz 115-19, 213-09, 272-13, 325-05
Breughel P. 292-06

Brevierbeten 342-02
Brot des Lebens 94-29
Brüder vom gemeinsamen Leben 51-13, 51-16
Brüderlichkeit 54-06
Brunelleschi 292-06
Bruno Giordano 60-03, 220-02, 326-04
Brustkrebs 314-23
Buchdruck 156-04, 240-03
Buchkunst des MA 292-03
Buddha (Gautama B. und Buddha-Würde)
- Lehre **58-08, 60-05**
- Verklärung **94-22**
- Grund für seine Inkarnation in Asien **105-12**
- und Wotan **105-18**
- und Rosenkreuzermysterien **109-16**
- als Inkorporation höherer Wesen **110-06**
- Verkörperung eines Bodhisattva **113-16**
- Leben des G.B. **114-02**
- und Simeon/Asita **114-03**
- der achtgliedrige Pfad **114-04**
- dreifacher Leib eines B., Nirmanakaya **114-05**
- Inspiration Johannes d.Täufers **114-14**
- sein Nachfolger **114-18**
- Vorbereiter d.Bewußtseinsseele **116-01**
- ein B. reicht bis z.Nirwanaplan **116-02**
- als Mysterienführer **121-09**
- Einweihung des G.B. **124-02**
- Barlam und Josaphat **124-11**
- Vorausgesandter d.Christus **130-22, 133-06**
- Mission auf dem Mars **130-23, 141-10**
- Inspirator d.G.B. **136-15, 136-16**
- als Lehrer **139-05**
- Todestag **140-07**
- Jesu Geistgespräch mit B. **148-04**
- Aufstieg seines Engels **152-04**
- und kolchische Mysterien **155-02**
- Sankarasharya **264-11**
Buddha-Stellung 316-10
Buddhi s.Lebensgeist
Buddhiplan 96-12, 116-02, 119-05
Buddhismus 52-09, 58-08, 60-05, 93-62, 114-04, 124-10
Bühnenbeleuchtung 282-14, 282-16
Bühnenbild 282-11, 282-14, 282-16
Bulgaren 237-03
Bulwer-Lytton E.G. 97-19, 207-01
Burgenland 233-03
Bürgertum 51-11, 93-56, 185-13, 190-06
Byron Lord 235-14

Caduceus s.Merkurstab
Cagliostro 93-14
Calcium carbonicum (s. auch Kalk) 312-23
Calderon 210-10
Caligula 175-22
Campanella Thomas 238-08
Camposanto (Pisa) 292-01
Capsella bursa-pastoris s. Hirtentäschelkraut
Carbo Betulae cum Methano 312-15
Carbo vegetabilis (**Betulae**) (s. auch Kohle) 312-13, 312-15, 312-17
Cardioide 323-11
Carnegie A. 57-04
Carnot M.F.S 178-07
Carum carvi s. Kümmel
Cassini-Kurven
- Sinnbild d.seel.Entwickl. d.Menschheit **194-10**
- Lemniskatenbewegungen **201-08**
- Bewegung d.Planetensystem **201-15**
- math.Gleichnis f.Polaritäten **202-10**
- Kometenbahn **202-11**
- Ausbild. v. Formgefühl, vierte Dimension **286-08**
- C., Ellipse, Hyperbel, Kreis, Herausgehen aus dem Raum **323-09**
- kontinuierlicher Übergang der verschied.C. **323-10**
- menschl.Gestalt, Mathematik des Organischen **323-11**
- C. im Vergleich zu Nervensystem und Stoffwechselsystem **323-15**
Ceridwen 57-11, 97-14
Ceylon 171-06
Chakram, Chakras s.Lotusblumen
Chaldäer 113-12
Chalkosin s. Kupferglanz
Chamomilla s.Kamille
Chamisso Adalbert von 99-08
Chaos
- und Träume **170-02, 227-01, 227-02**
- Eiweiß u.Fortpflanzung **205-06, 233-07**
- und Herd d.Bösen im Menschen **207-02**
- Materiezerstäubung **207-04**
- Wetter **219-02**
- = ursprüngliche geistige Welt **284-01**
- Meteorologie, Kometen **318-09**
- in Astronomie und Embryologie **323-04**
- im Eiweiß des Pflanzensamens **316-10, 327-02**
- und Wasserstoff **327-03**
Charakter 58-05, 60-01

Chartres Schule von 237-05, 238-02, 238-03, 240-01
Chela 53-11, 93-24
Chemie
- Zahlenverhältnisse, Tonäther, Devachan **130-11**
- chem. Wirkungen und Leben nach dem Tod **207-15**
- Erkenntnis der wahren Ch. **233-19**
- Stoffwechsel und nicht-irdische Ch. **312-01**
- Analyse von Substanzen **312-05**
- und chemischer Äther, Analyse und Synthese **313-02**
- und menschl. Natur **323-02**
- und Ernährung **323-09**
- und Mensch **326-07**
- und Stoffwechselprozesse **326-09**
Chemischer Äther s.Tonäther
Chemisches Periodensystem 321-15
Cherubim
(s.auch Hierarchien)
- und Archangeloi auf d.alten Sonne **110-03**
- Ausbau d.Pläne d.Weltsystems **110-04**
- Wolkenbildung **122-05**
- und Opfer der Throne **132-01**
- Verzicht auf Opfer d.Throne **132-03**
- Selbstwahrnehmung **136-06**
- und menschl.Gedanken **156-08**
Chinesen
- und 4.atl. Rasse **54-04**
- Taoismus **54-05**
- Sprache **59-01**
- Wiederhol. der atlant.Kultur **121-15**
- spirituelles Erbe der Atlantis **133-01**
- Opiumkrieg **173-14**
- Tao-Meditation **278-05**
- Yin-Yang, Tao **325-04**
Chiromantie (Handlesen) 316-08
Chiti 51-16
Chladnische Klangfiguren 316-07
Chlorophyll 312-19
Chlorose s. Bleichsucht
Cholera 120-04, 120-05
Chor 282-12
Chorea 312-08
Chrestós 54-08, 203-12
Christengemeinschaft 219-07, 257-04, 342-02, 342-03
Christentum
- u.Völkerwanderung **51-03**
- und Beten **53-03**
- und Glauben, Taufe **53-04**
- zunächst ohne Lehre von Reinkarnation u. Karma **54-01**
- esoter.C. u.Keltentum **57-11**
- und Buddhismus **58-08, 60-05**
- und Germanen **64-01**
- Entfaltung d.C. **107-17**
- esoterisches C. **121-10**
- und Julian Apostata **126-09**
- Katholizismus **131-03**
- Wege d.exoterischen C. **131-07**
- in Europa **155-01**
- Trinitätsauffassung **165-06**
- Sakramentalismus **172-08**
- Konstantin **175-23**
- Iroschotten **178-13**
- Spaltung d.C. in Europa **185-10**, **185-11**
- Ausrottung d.Arianismus **185-12**
- und Juden-, Griechen- u.Römertum **187-01**
- Unterdrückung d.esoter.C. **204-05**
- und Germanen **204-10**
- Ausrottung d.Initiationsprinzips **214-01**
- Kunst d. MA **292-10**
- Geheimhaltung im MA **325-02**
- geistige Revolution **329-03**
- in Europa, Trinität **353-04**
Christophor(os) 109-16, 187-04, 233-19
Christrose (Helleborus niger) 312-15
Christus
(s.auch Jesus Christus, Trinität)
- =Buddhi, =Chrestós **54-08**
- und Intellekt **74-02**
- Hinabstieg in die Vorhölle **93-04**
- und 12 Bewußtseinszustände **93-42**
- und Einweihung **93-45**
- Darstellung bei Hesekiel **93-70**
- = Brot d.Lebens (Buddhi) **94-29**
- Wirken in Blutwärme **96-19**
- Erdgeist **97-16**
- planetar.Geist d.Erde **99-16**
- myst.Lamm, Buddhi **102-02**
- Anstoß z.Entwickl.v.Buddhi **102-04**
- und die Geister der Liebe **102-06**
- höher als die Exusiai **102-08**
- = Logos=Gesamtheit d.Elohim **103-02**
- und Erdaura **103-08**
- Heilkraft **103-09, 114-23**
- der"letzte Adam" **104-14**
- verzögertes Herabsteigen **105-06**
- Begegnung d.Menschen mit C.nach d. Tod **105-12, 130-05**
- Jordantaufe, Einzug in Knochensystem **105-15, 112-10**
- Inkarnation vor Arabismus **105-17**
- als Avatar **107-17, 109-06, 109-16**
- und Karma **107-18, 182-02**
- und Schöpfung aus dem Nichts **107-22**
- und Vishvakarman **109-02**
- Regent d.Elohim, gehört aber zu Trinität **110-20**
- Steigerung d.C.kraft in Jesus **112-09, 112-13**
- Jordantaufe **112-11**
- Conceptio immaculata **112-12**

- Steigerung d.C.kraft in den Jüngern **112-14**
- und Johannes **112-15**
- und Lockerung d.Ätherleibes **112-16**
- Abendmahl **112-21, 204-25**
- Phantomleib **112-22, 131-04, 131-06**
- Höherentwickl.durch Myst. v. Golgatha **112-23**
- und Indra **113-05**
- und Zarathustra **113-06**
- und Apollon **113-08**
- wird zum inneren Gott **113-09**
- und 12-Zahl **113-13, 113-14**
- und die Bodhisattvas **113-15**
- und Krishna **114-11, 142-03**
- und Jahve **114-17**
- Honover **114-19, 114-21**
- u.das Jungfräul.im Menschen **114-25**
- Erkenntnis d.C. **115-03**
- Verzögerung d.C.impulses **116-03**
- Darstellung i.d.Evangelien **117-02**
- und Johannes d.Täufer **117-06**
- und Lebensäther **123-16**
- Gottessohn **124-04**
- Verbind.d.Menschen mit C. **129-05, 194-04**
- obere u.untere Götter, C.opfer **129-11**
- künftige Erscheinungen **130-01**
- makrokosm.Entsprechung z. Menschen **130-18**
- C. und Leben nach d.Tod **130-27, 153-06, 153-08**
- und Phantomleib **131-04, 131-06**
- Sonnengeist als Einlaßtor **136-16**
- und mittlerer Mensch **137-06**
- als Planetengeist und Luzifer **137-07, 137-08**
- Akashabild auf der Sonne **141-04**
- das Leben des C. **148-03**
- und Sibyllentum **149-02**
- C.opfer **149-04**
- und sprachbildende Kraft **150-05**
- und Michael **152-03**
- und Ahasvergestalten **152-10**
- Glauben u.übersinnl.Erkenntnis **153-05**
- und Moses **155-04**
- und Sünde **155-05**
- und menschl.Aura (Phantom) **155-08**
- und Jupiterzustand **161-10**
- und Blut **169-03**
- Notwendigkeit d.Sakramentalismus **172-08**
- Begegnung mit Lebensgeist (C.) **175-05, 175-06**
- Auferstehung **175-18**
- und Ätherleib nach d.Tod **175-25**
- Trinitätserfahrung in früh.Kulturen **176-03**
- Beziehung d.Menschen zu C. **176-06, 181-21**
- und Weisheiten d. Bewußtseinsseele **184-18**
- Differenzierung d.C.impulses in Europa **185-10, 185-11**
- und Elohim seit Ende 19.Jahrh. **186-01**
- Verständnis für C. **194-06**
- Imaginationsbewußtsein **194-07**
- Denken **201-21**
- Verständnis d.Gnosis **204-09**
- phys.Leib und Intellekt **210-05**
- Wärme **210-06**
- und Schlaf **211-02**
- Glaube an C. u.Leben nach d.Tod **211-04**
- und Tod **211-07**
- dreifach.Sonnenaspekt **211-10**
- Belehrung d.Jünger nach Auferstehung **211-11**
- Himmelfahrt u.Pfingsten **214-03**
- künftiger Zusammenhang mit Ätherl. **214-05**
- Führer im Schlaf **214-09**
- Golgatha u.Himmelfahrt **224-03**
- in hybern.Mysterien **232-07**
- Herabstieg zum Myst.v.Golgatha **240-06**
- und östlicher Okkultismus **262-03**
- Darstell. in der Kunst **292-12**
- als Vermittler zwischen unteren u. oberen Göttern **318-10**

Christus, Erscheinung im Ätherischen
- und Wachstumskraft d.Pflanzen **98-12**
- Anthroposophie als Vorbereiter **116-05**
- Bedeutung f.geist.Welt und die Toten **116-08**
- und folgende Ereignisse **118-01**
- Ankündigung in d.Evangelien **123-13**
- und weitere Erscheinungen **130-01**
- und Ätherleib d.Chr.Rosenkreutz **130-06**
- Ätherisation d.Blutes **130-08**
- konkrete Schilderung **130-09**
- Ausgleich luzifer.Einflusses **145-18**
- zweite Kreuzigung **152-02**
- und Leben nach d.Tod **153-08**
- und Rußland **158-01**
- bereitet s.seit 1909 vor **175-02**
- künftige Wirkung **175-20**
- und okkulte Brüdersch. **178-11**
- u.Arbeit d.Angeloi am Astralleib **182-04**
- und das Böse **185-07**
- zweites Golgatha **265-10**

Christus-Opfer
- auf der alten Sonne **129-11**
- und das Devachan des Christus **148-03**
- Vorstufen von Golgatha **148-09, 149-04, 152-08**

- und Adoniskult **149-06**
- zweite Kreuzigung durch Materialismus **152-02**
- fortwährende Kreuzigung **172-08**
- zweite Kreuzigung **265-10**
Chronos 102-04, 113-04, 129-11
Chrysolith 98-23
Chthon 113-04
Chylus 98-14
Chymische Hochzeit 98-04, 232-08
Cichorium s. Wegwarte
Cimabue 101-03, 292-01, 291-03
Clemens von Alexandrien 165-03
Cluny 51-10
Cochlearia officinalis s. Löffelkraut
Colchicum autumnale s. Herbstzeitlose
Collins Mabel 101-11
Columban 109-13, 178-04
Comenius Amos 167-03, 236-01, 238-03, 284-01, 316-12
Comte Auguste 325-01
Conceptio immaculata 103-13
Conchae s. Austern
Copyright 189-10, 329-01
Corneille P. 300-06
Credo 165-06
Crookes William 52-04, 320-09, 321-03
Cusanus Nicolaus 51-16, 109-04, 126-10, 326-01
Cuvier G. 204-21
Cyan s.Blausäure
Cydonia vulgaris s. Quitte
Cyprianus 210-10
Cytisus laburnum s. Goldregen

Daimon 175-05, 182-02
Damaskus 211-08
Daktylus 279-09, 282-05
Dämon 228-01
Dämonen 96-23, 98-09, 172-06, 172-08, 300-12
Dämonen ahrimanische 177-05
Dämonen luziferische 275-09
Dampfmaschine 172-06
Dandolo Enrico Doge von Venedig 181-19
Dänen 287-01
Dante Alighieri 59-08, 97-04, 138-01, 161-03, 324-07, 349-04
Darmflora 312-04
Darstellung Jesu im Tempel 114-03
Darwin Charles 54-01, 202-07, 235-09
Darwinismus 105-16, 178-08, 181-06, 194-03, 326-06, 326-08
David 123-02
David Gerard 292-06
Davidstern 233-13
Davis A.J. 52-07
Decoct 313-07
Debussy Claude 342-07
Defoe Daniel 159-07
Deinhardt J.H. 66-03
Deismus 185-11
Dekalog s.Zehn Gebote
Deklamation s. Sprachgestaltung
Delphi 318-01
Dementia 55-04
Dementia praecox 59-07, 312-18, 312-19, 348-08
Demeter 129-01, 149-01, 225-03, 273-05, 273-13
Demokritos 326-02
Denken (Vorstellen, Gedanken, Ideen, Intelligenz, Logik) (s.auch Denken-Fühlen-Wollen)
- reines **53-09, 125-03, 179-03, 202-18, 322-04, 322-08**
- u.Gestalt **67-04**
- als Abbau **67-05**
- u.Meditation **73-03**
- u.Christus i.d.Scholastik **74-02**
- Umwandlung d.D., reines D. **74-03**
- u.Elemente des phys.Leibes **82-04**
- und Elektrizität **93-15**
- und Aura **93-28**
- Logik gültig bis Devachan **96-08**
- und Kaffeegenuß **96-11, 145-05**
- Symbol d.D. **104-06**
- Logik **105-17**
- und Lotusblumen **115-03**
- und Weltentwicklung **117-08**
- und Ätherherz **127-01, 129-10**
- und Knochensystem **128-10**
- und Äthergehirn **141-08, 156-03**
- unlogisches und Karma **141-13**
- und Gehirnpartien **145-03**
- Weltanschauungen **151-01**
- Seelenstimmungen **151-02**
- Gehirn **151-03, 161-11**
- und Myster.v.Golgatha **152-08**
- und Cherubim **156-08**
- und Wesensglieder d.Kopfes **157-14**
- erfinderisches **159-04**
- und Kräfte d.alten Sonne **161-02**
- nach dem Tod **161-12**
- und luzifer.Angeloi u. ahr. Archangeloi **162-02**
- künftige Unterdrückung **167-01**
- Gehirn u. Gehirnwasser **167-07, 202-13**
- ahriman.Pol d.Seelenlebens **169-03**
- menschl.D.u.Weltenäther **170-14**

- wirklichkeitsgemäßes **170-17**
- Intellekt u.Hierarchien **176-06**
- und Geister d.Finsternis **178-08**
- Kraft d.D. nach d.Tod **181-10**
- schweigendes D. u. vorgeburtl. Leben **181-14**
- Zu- u.Abnahme der D.kraft **187-03**
- Geschwindigkeit d.D. und Egoismus **187-07**
- Ursprung d.Intelligenz **196-04**
- u.Sturz d.Geister d.Finsternis **198-01**
- u.Sinneswahrnehmung **198-04**
- Bilder im D. **201-21**
- Wirkung auf Organismus **202-16**
- Nerv als Ausscheidungsorgan **203-06**
- Ahriman und Intellekt **203-11**
- Verstand u.Wissenschaft **203-14**
- u.theoret.Materialismus **204-01**
- u.Nerven-Sinnes-System **204-02**
- Materialismus **204-14**
- und Ätherleib **204-18**
- und Jupiter **204-22**
- und leibl.Prozesse **205-01**
- und Ätherleib/Astralleib **205-13**
- und Wille **205-15**
- als eine Art Geruchssinn **206-02**
- und Absterbeprozesse **206-09**
- und Herd d.Bösen im Menschen **207-02**
- Gedankenwelt d.Menschen nach dem Tod **207-07**
- Ich und Nerven **209-03**
- und Ahriman **211-12**
- und Mond-Venus-Merkur **219-01**
- Dominanz d.Raumesvorstellungen **219-05**
- und Exusiai/Archai **222-03**, **222-05**
- und vorgeburtl.Leben **224-02**
- und Sonnenkräfte **230-01**
- und Salamander **230-21**
- Erleben d. äther. Welt **232-01**
- und Metallstrahlung **232-04**
- und Gold **232-13**
- und Lesen i.d.Akasha-Chronik **265-01**
- u. Knochensystem, Wille **303-06**
- Austernschalenbildung **312-05**
- Gehirnsubstanz **312-06**
- als gewandeltes Sehen und Riechen **312-09**
- und Harnabscheidung **314-06**
- und Bewegung **314-18**
- und Rhythmus **315-01**
- D.kräfte und Materieabsonderung **317-02**
- und aufgenommenes Licht **318-06**
- u. Wille, Gestaltung und Wärme **321-11**
- reines D. u. moral. Phantasie **322-04**
- Begriffe und Sinnesleben **323-07**
- u. Geschlechtsreife **323-08**
- u. latein.Sprache **325-02**
- und Wurzelgemüse **350-09**
- als Abscheidungsprozeß **352-07**

Denken-Fühlen-Wollen (Seelenleben)
(s.auch Denken, Wille)
- bei der Einweihung **55-02**
- u.Bewußtseinsseele **58-04**
- u.phys.Leib **66-02**
- Seelenkunde auf anthrop.Basis **73-04**
- u.Agnostizismus **78-01**
- Vergleich m.Ameisenhaufen **97-18**
- in german.Mythologie **101-09**
- Gold-Weihrauch-Myrrhe **114-09**
- und Sündenfall **114-19**
- und Lotusblumen **115-03**
- Schlaf **119-03**
- planetarische Evolution d.Erde **121-07**
- und phys.Prozesse **128-09**
- und luzifer.Ich **134-01**
- Tageskräfte **145-10**
- und Christus-Opfer **149-04**
- Muskeln und Knochensystem **153-01**
- und Karma **153-03**
- Wandlung nach d.Tod **153-06, 219-03**
- früher od.gewaltsamer Tod **153-07**
- zwischen Ahriman u. Luzifer **158-05, 158-06, 176-05**
- Organe d.D.F.W. und Hierarchien **180-04**
- Verbind.zw.Lebenden u.Toten **181-01**
- und Ahriman-Luzifer **184-03, 194-04, 210-01**
- und Hierarchien **184-05**
- antisoziale Impulse **186-05**
- Sauerstoff u.Kohlensäure **186-08**
- und Freiheit **187-05**
- u.Bewußtseinsseele **190-05**
- Ahriman-Christus-Luzifer **194-07**
- und Nerven **194-13**
- planetar.Evolution d.Erde **196-04**
- und Raumesebenen **201-01**
- und kosm.Ebenen **201-03**
- Schönheit-Weisheit-Stärke **202-04, 202-18**
- D.W.u.Sinneswahrnehmung **205-17**
- und Wesensglieder **207-05**
- und Durchgang durch Leben u. Tod **207-09**
- Materie d.phys.Leibes **208-11**
- Imagination-Inspiration-Intuition **208-12**
- Antipathie-Sympathie **208-15**
- Kalk und Schiefer **213-07**
- und Erleben d.Wesensglieder **214-02**
- Wirken verschied.Kräfte **220-01**
- Sal-Merkur-Sulfur **220-02**
- und Evolution d.Menschheit **232-05**
- Goetheanum **287-02**
- in der Musik **283-09**
- Sympathie u. Antipathie **293-01**
- Bewußtseinszustände **293-05**

- u. dreigliedriger Mensch **312-03, 314-04**
- Nerventätigkeit und Seelisches **314-09**
- Seelenleben und ärztliche Diagnose **316-02**
- gewöhnliches u. dauerndes Seelenleben **317-01**
- physische Korrelate **318-06**
- Polarität Denken-Wollen **323-10**
- und moderne Psychologie **326-09**
- und Gehirnpartien **348-09**

Denkmal 233-01
Depression (s.auch Geisteskrankheiten) 312-22. 317-05
Derwisch 141-08
Derwischtanz 66-03
Descartes R. 51-01, 74-03, 120-01, 326-03
Detmold 121-10
Deukalion 133-05
Deutsche, Deutschland (Mitteleuropa)
- Ostreich der Franken **51-09**
- nachkaroling.Zeit **51-10**
- 11.-14.Jahrhundert **51-11**
- Wirkung des Volksgeistes **65-06**
- Abspaltung Hollands **121-04**
- und Bewußtseinsseele **121-14**
- und Buddha **152-04**
- zw.geistigem Rußland u. Frankreich **157-04**
- wiederholte Inkarnationen in D. **157-05**
- und Rußland **157-07, 159-03**
- d.Volksgeist u.Michael **157-08**
- Wirken des d.Volksgeistes **157-15, 174-13**
- Verwandtschaft zu Engländern **158-03**
- und Kelten **159-01**
- nach 1871 **173-06**
- Haß auf D. und Rußland **180-08**
- Zigeunerschicksal **185-14**
- und Hüter d.Schwelle **186-07**
- Bürgertum u.Nibelungentum **190-06**
- und England **192-05**
- soz.Dreigliederung auf Völkerbasis **196-05**
- Seelenwanderung **202-12**
- und Ost-West-Gegensatz **203-01, 338-02**
- u.Bewußtseinsseelen-Zeitalter **204-20**
- Übergang von 4.z.5.Kulturepoche **210-11**
- und Lockruf des Löwen **230-03**
- Streben n.Individualität **287-01**
- Kunst im Mittelalter **292-03, 292-04**
- volkswirtschaftl. Entwicklung **340-01, 340-10**

Devachan
(s.auch Plane)
- Leben nach dem Tod **53-06**
- 1.Hierarchie, Heimat d.höh.Ich **84-05**
- Gliederung, Akasha-Chronik **95-12**
- Venus-u.Saturnwesen **98-14**
- Viergliederung **99-06**
- Akasha-Chronik **99-07**
- in christl.Terminologie **100-09**
- künftiges schlechtes D. **107-01**
- Pflanzen-Iche auf unter.D. **108-01**
- Leben nach d.Tod **109-18**
- schlechtes D. **130-11**
- und Planetensphären **141-15**
- und Schönheit **265-08**
- Farben **291-17**

Devas 101-08
Devayana 106-21
Devolution 67-04
Devorants 225-01
Dezimalsystem 204-12
Dharma 114-14
Dharmakaya 109-25, 110-12, 114-05
Dhyani-Buddha 105-18, 110-06
Diabetes, Zuckerkrankheit
- Ahriman-Luzifer **218-08**
- Gedächtnisüberlastung bei Kindern **226-02**
- Mineralische Nahrung und Wärmeäther **230-30**
- und Ich **293-11**
- schwaches Ich, Vererbung, mediz. Bäder **312-17**
- und Pyrrhoea alveolaris **312-20**
- und Ernährung (Vegetarismus) **327-10**
- koschere Ernährung **348-14**

Dialektik 108-09, 186-07
Diamant 97-17, 316-03
Diana 273-10
Dianoetikon 114-15
Diarrhöe s. Durchfall
Diät
- bei akuten Krankheiten **107-08**
- spirituelle **218-06**
- medizin. u. soziale Bedeutung **312-19**
- im Kindes- und Jugendalter **313-04**
- als Therapieunterstützung bei psych. Deformationen **317-06**
- Wurzeldiät b. Wurmkrankheiten, Mondphasen **353-07**

Diathese exsudative 319-02
Dichtung, Poesie, Literatur
- und geistiges Wort **102-14**
- und Luzifer **147-04**
- Ursprung der Literaturgattungen **203-07**
- Hierarchie, Imagination **271-01**
- und übersinnl. Erkenntnis **271-03**
- und nachtodliche Kräfte **271-04**
- Geistselbst und Ich **275-02**
- Gedichtcharakter u. Eurythmie **279-06**
- Sprachgestaltung v. Gedichten **281-01**
- Sprechen d.Götter durch den Dichter **281-02**

- Gestaltung des Silbenhaften **281-05**
Dickdarm 312-04
Dimension
- u.Raumerlebnis **76-04**
- und Astralraum **95-09**
- Wandlung d.Materiellen **110-13**
- vierd.Raum u.okkult.Entwickl. **119-08**
- Erleben d.Raumesebenen **201-01**
- Raumesbegriff **201-02**
- kosm.Ebenen d.Tierkreises **201-03**
- Materie u.Äther **201-12**
- u.Planetenbewegung **201-15**
- Cassini-Kurven **202-10**
- der äther. u.geistigen Welt **227-07**
- vierte D. **291-09**
- vierte D. bei der Wärme **321-03**
- negative 3.D. und Gegenraum **323-15**
- Dreigliederung d.Menschen u. D. des Raumes **324-02**
Dionysiacs 93-13
Dionysios Areopagita 74-02, 97-09, 204-05, 204-24
Dionysos
- und Wein 93-79, **103-05**
- Hindeutung auf Christus **113-08**
- Repräsentant d.Ich-Kräfte **129-02**
- Dionysos d.Jüngere **129-06**
- Zug d.D. **129-07**
- D.d.Jüngere und Silen **129-09**
- und griech.Dramatik **203-07**
Dionysos Zagreus 126-02, 129-06
Diphtherie 120-04, 312-20, 313-05, 348-17, 352-01
Diphthonge 278-04, 279-07, 279-08
Diskuswerfen 282-03
Disputà (von Raffael) 101-03, 292-02, 292-09
Dissonanzen 278-02, 278-06
Dogmatismus 322-06
Dom gothischer 102-14, 291-18
Dominikaner 51-12
Dominus vobiscum 93-77
Donatello 292-08
Donner 109-11
Doppelgänger
- nicht aufgelöster alter Astralleib **93-44**
- abnormaler Hüter d.Schwelle **98-03**
- Begegnung mit d.D. **113-01**
- und Ahriman **147-05**
- ahriman.u.luzifer.D. **178-02**
- und Erdoberflächenkräfte **178-03, 178-06**
- Amerika **178-04**
- Rußland **178-05**
- Phosphor **314-05**
Dostojewskij F.M. 174-10, 181-18
Drachen
- lemur.Mensch **93-65**
- Michael u. d.D. = Mensch nach der Sonnentrenn. **106-05**
- im Märchen **108-05**
- der untere Mensch **137-05**
- Michael u.d.D. **152-05, 177-08**
- Begegnung mit d.D. **157-12**
Drama, Dramatik 203-07, 281-03, 281-04, 282-01, 282-05, 282-05, 282-06, 282-08, 300-06
Dreieck 121-07, 265-09
Dreieck mit dem Auge 265-09
Dreigliederung des Menschen (s.auch Denken-Fühlen-Wollen, Nerven-Sinnes-System, Rhythmisches System, Gliedmaßen-Stoffwechsel-System) 74-03, 175-13, 202-01, 202-04, 202-05
Dreißigjähriger Krieg 222-05
Dritte Kraft
- Bauen mit Atomen **93-15, 93-16**
- Tau-Zeichen, Hiram Abiff **93-29**
- Vril **97-19**
- und Christus im Ätherischen **98-12**
- Erzeugung v.Lebendigem **104-18**
- und Asuras **130-11**
- Boas-Säule **169-05**
- Gesetz d.harmon.Schwingungen **172-04**
- material.Okkultismus **173-08**, **178-14**, **182-04**, **184-18**
- Lockruf der Kuh **230-03**
Drottenmysterien 57-11
Druck 115-02, 321-03, 321-04, 323-18
Druiden (s.auch Mysterien) 114-20, 228-04, 230-02
Drüsen
- und Ätherleib **57-02**
- und Wesensglieder **98-11**
- Organe d.Ätherleibes **124-06**
- und phys.Leib **128-07**
- und Ätherl./Astralleib **134-01**
- und Kyriotetes **180-04**
- und Gefühlsleben **208-11**
- organgebundene Gedanken **312-03**
- Störungen d.D.tätigkeit **312-05**
- in den ersten Lebensjahrsiebten **312-20**
Drüsenschwellung 100-02
Dschingis Khan 171-02
Du Bois Reymond 74-03, 322-01
Duft 312-09
Dünger, Dung
- Durchdringung mit Chaos 2**84-01**
- zusätzl.D.mittel als Heilmittel **327-02**
- Lebendigkeit der Erde **327-04**
- Präparierung, Stickstoff **327-05, 327-06**
- tier.Dünger und Wurzel **327-09, 327-12**
- Metalldünger **351-07**
Dunkelheit 320-06
Duns Scotus 74-03
Durst 312-13, 313-03

Dur-Tonart 222-04, 278-01, 283-01, 283-03, 283-06
Durchfall (Diarrhöe) 312-02, 313-05, 315-04
Durchfall bei Kindern 348-01
Durchgang durch das Rote Meer 60-06
Dürer Albrecht 292-03, 292-04
Dvapara Yuga 116-04
Dynameis
(s.auch Hierarchien)
- u.planetar.Entwickl.d.Erde **105-04**
- Astralleib **105-05, 112-03**
- beim Schaffen des Weltsystems **110-04**
- Abspaltung d.Götter der Hindernisse **110-15**
- abnorme Exusiai, Rassen **121-04**, **121-07**
- Luftelement **122-05**
- Schaffung d.Bilderbewußtseins **132-04**
- Selbstwahrnehmung **136-05**
- Astralleib, Kulturführung **136-15**
- Ätherische d.Minerale **136-17**
- Gruppenseelen d.Tiere **136-19**
- und tierisches Fett **145-04**

Eabani (Engidu) 126-01, 126-07, 233-03, 233-04
Ebbe und Flut 58-09, 171-08, 218-07, 272-14, 323-14
Ebioniten 112-19
Eblis 144-03
Eckstein Friedrich 167-04
Edelsteine 96-10, 97-17, 98-23, 291-08, 292-10, 316-08
Edelweiß 300-10
Egoismus (Egoität, Persönlichkeit)
- u.Proletarierelend **54-02**
- berechtigter u.übersteigerter, Wilhelm Meister **55-07**
- Zorn und Wut **58-02**
- und Wahrheit **58-03**
- raffinierter E. und Mystik **59-03**
- und Einweihung **62-06**
- und Aura **93-28**
- Sünde gegen d.Hl.Geist **96-18**
- und Jahve **96-19**
- Archai-Asuras **99-16**
- und Schwarze Magie **101-11**
- Leber **102-01**
- u.zurückgebl.Exusiai **102-04**
- Mumienkult **103-11**
- und Blut **112-17**
- Karma **120-03**
- german.Mythologie **121-12**
- Verzicht auf Opfer d.Throne **132-04**
- und Inkarnation **135-03**
- Leben nach d.Tod **140-01**
- und Astralleib **145-13**
- und Bauch-Hellsehen **161-08**
- u.Geschwindigkeit d.Denkens **187-07**
- und Herd d.Bösen i.Menschen **207-02**
- und Antipathie **208-15**
- bei Kindern, Eurythmie **279-12**
- Farbe **282-16**
- und Sexualsystem **313-01**
- innere Organe **315-06**
- wirtschaftlicher E. **340-03**
Ehe 94-26, 97-10, 342-03
Ehebrecherin (NT) 100-18
Ehernes Lohngesetz (Lasalle) 341-01
Ehrenpreis (Veronica officinalis) 314-15
Ehrfurcht 58-04
Ei 110-23, 205-06, 205-19, 233-07
Eiche (Quercus) 314-15, 327-01, 327-05
Eigensinn 312-15
Eingeweihte
- E.,Hellseher u.Adepten **56-01, 98-01**
- und phys.Leib **99-10**
- Symbol Schlange **103-07**
- der Atlantis **106-02**
- Inkarnation ohne Einweihung **138-01**
- vorchristl.E.u.phys.Leib **139-10**
Eingeweihte physiologische 97-11
Einreibungen 312-14
Einstein Albert (s.auch Relativitätstheorie) 321-01, 321-03
Einweihung, okkulte Entwicklung
(s.auch Imagination-Inspiration-Intuition)
(s.auch Mysterien)
- Lust- u. Leidfreiheit **52-03**
- Stufen d.E. **53-11**
- Wirkung von Musik, Religion **54-03**
- Entwickl.d.Astralleibes **54-07**
- Denken-Fühlen-Wollen bei d.E. **55-02**
- und Hellsehen **56-01**
- die beiden Wege der alten E. **60-02**
- und Egoismus **62-06**
- und Erkenntnisgrenzen **65-05**
- Tempelschlaf **93-45**
- u.Bewußtsein auf den Planen **94-28**
- Tempelschlaf, 12 vorangeh. Inkarnationen **96-21**
- vor u.nach Christus **100-10**
- Lazarus **103-04**
- vorchristl.E. u. Göttererkenntnis **108-02**
- Ende d.vorchristl.E. **109-07**
- Johannestaufe **112-04**
- Jordantaufe **112-10**
- Stufen d.okk.Entwickl. **113-01**

- Jüngling zu Nain **114-24**
- Zeichen d.Jonas **114-26**
- Mysterium v.Golgatha **114-27**
- und Wirkung v.Symbolen **115-18**
- Hüter d.Schwelle **119-02**
- Weg zu ober.u.unteren Göttern **123-10**
- Bluttafel **128-02**
- myst.Weg u.Blut/Nerven **128-03**
- okk.Erleben d.mensch.Gestalt **137-05**
- 2.Stufe **137-07**
- keine E. bei den Hebräern **139-09**
- und Temperamente **145-08**
- Zeiterleben im Ätherleib **145-09**
- Tor d. Todes, der Elemente u. d. Sonne **157-12**
- und Denken **161-12**
- alte und neue E. **187-04**
- Brunetto Latini **187-06**
- alte E. u.Sterblichkeit d.Seele **205-02**
- Voraussetzung f. okk.Entwickl. **205-11**
- und Musik **275-03**
- westliche und östliche E. **316-10**
- pathologische und naturgemäße E. **317-02**
- Inspiration-Intuition, Geisteskrankheiten, Zweifel **322-05**
- Inspiration u. Gedächtnis, Imagination **322-06**
- alte indische Inspiration **322-07**
- **ägyptisch-chaldäische 187-04**
- **christliche**
- - die 7 Stufen **94-16**
- - und Erdinneres **94-17**
- - Johannes-Evangelium **94-18**
- - Reinkarnation und Karma **97-01**
- - 4 Tugenden als Voraussetz. **97-03**
- - Apokalypse **104-01**
- - Priesterkönig **104-03**
- - Johannestaufe **112-04**
- - Lazarus **112-06**
- - Versuchung und Gethsemane **131-02**
- - in der Neuzeit **262-02**
- **Essäer- 123-11**
- **indische 94-30, 262-03, 322-07**
- **Mithras- 94-20**
- **mystische 128-03**
- **persische 54-08**
- **rosenkreuzerische**
- - die 7 Stufen **55-07, 94-32**
- - u.Chr.Rosenkreutz **98-04**
- - Stein d.Weisen **100-07**
- - u.Jesuitenschulung **131-01**
- - u.Einweihung durch Manes **262-02**
- **vorchristliche**
- - u.Golgatha **94-33**
- - bei den Germanen **105-10**
- - Ödipus-Sage **112-15**
- - **233-19**
- - die 7 Stufen und Golgatha **353-03**

Einzug Jesu in Jerusalem 123-15

Eisen
- Gebrauch des Eisens **58-09**
- und Marsdurchgang **93-74, 98-17, 262-04**
- Wirkung auf Menschen **97-17**
- im Blut u.Meteoriten **229-01**
- und Blutbildung **312-03**
- und Marskräfte **312-07**
- und Pneumonie **312-08**
- und Kieselsäureprozeß **312-10**
- in Anis **312-11**
- in Levico-Wasser, E.strahlung **312-14**
- potenziert als Heilmittel **312-22**
- kohlensaures E. bei Bleichsucht, E.chlorid **313-04**
- Metallität **313-08**
- d.Blutes als Regulator **314-09**
- E.strahlung von Pyrit **317-16**
- Wirkung auf Wesensglieder **319-09**
- E.strahlung der Brennessel **327-05**
- und Kohlensäure im Kopf **351-01**
- und Anämie **351-06**

Eiszeit 323-06, 323-07, 348-21

Eiszeit künftige 323-06, 323-18, 354-04

Eiweiß
- E.zufuhr und Denken **96-11**
- im Samen bzw. bei Fortpflanzung **205-06, 233-07, 327-02**
- pflanzliches, tierisches und menschliches **312-14**
- E.kräfte und Antimon **312-21**
- menschliches E. **313-06**
- und Ätherleib **314-22**
- zuwenig und zuviel Schwefel **317-06**
- Komponenten **327-03**

Eiweiß tierisches 145-04, 312-14

Eiweißatmosphäre 98-21, 232-05

Eizelle (s.auch Ei) 323-01

Ekliptik 98-25, 126-10, 130-26, 300-02

Ekstase 62-06

Elektrizität
- und Atome **93-15**
- Anwendung b.Krankheiten **120-04**
- zerfallendes Licht **130-11**
- Licht im untersinnl.Zustand **130-12**
- abbauende Kraft **150-04**
- im Menschen **171-12**
- entwicklungsnotwendig **172-06**
- und Doppelgänger **178-02**
- und Unmoralisches **220-04**
- Wirkung auf Menschen **224-01**
- vom alten Saturn u.Sonne **224-04**
- u. Geisteswissenschaft **273-01**
- zurückgeblieb. Mondenimpuls **273-05**
- und das Böse **273-07**
- elektro-magnet.Felder als Heilmittel **313-03, 313-04**
- und Licht **320-06**

- alte Anschauungen **320-09**
- Mathematik, Gebiet der Intuition **320-10**
- Nichtwahrnehmbarkeit **321-04**
- Anode-Kathode **323-18**
- der Erde **351-02**

Elementale 98-26

Elementarische Welt (Astralplan) 116-02

Elementarreiche
- Darstellung **93-73**
- Wesen d.E.u.Wesensglieder **94-19**
- Wesen d.3.E. u.Ich/Astralleib **98-13**
- gehen d.Mineralreich voraus **104-18**
- Wahrnehmung durch nied.Tiere **159-08**
- u.planetar.Zustände d.Erde **184-02**
- u.Elementarwesen **219-04**
- =übersinnl.Welt d.Schlafes **222-02**
- Götterbilder u. 3. E. **273-13**
- Farben-Töne-Gestalt **291-17**

Elementarriesen 228-04

Elementarwesen
- altes Bilderbewußtsein **57-10**
- u.Schwarze Magie **93-67**
- Bewußtsein u.Körper **93-76**
- u.menschl.Handlungen **93-77**
- Lipikas **94-11**
- u.Wesensglieder d.Menschen **94-19**
- **Gnome-Undinen-Sylphen-Salamander 98-06**
- Abschnürungen von Tieren **98-08, 102-12**
- Phantome **98-09**
- Mondbrüller, Venus-,Saturnwesen **98-14**
- **Gnome 102-09, 163-04, 230-13**
- des Jupiterzustandes **102-10**
- Wesensglieder d.normalen E. **102-11**
- Verzauberung u.Erlösung **110-01**
- Entwicklung **110-19**
- Diener d.1.Hierarchie **121-08**
- neue christl. E. seit 1899 **130-03**
- Naturkräfte **136-02**
- Abschnürungen v.Hierarchien **136-04**
- Wirkung d.Sonne **149-05**
- Gedanken-E. nach d.Tod **153-06**
- u.menschl.Fähigkeiten **153-07**
- Entstehung v.E. **155-07**
- u.europ.Sprachen **158-02**
- Wirkung i.d.Leibern d.Europäer **158-03**
- im Ätherleib d.Menschen **158-06**
- Entstehung b.d.Arbeit **172-04**
- künstl.Wärme **173-12**
- ahrim.E.u.Geburt u.Tod **177-03**
- luzifer.u.ahriman.E. **180-02, 218-07, 218-08**
- ahriman.E.u.Jahve **186-01**
- ahriman.E. u.Jupiterzustand **194-09**
- ahriman.E.in der Luft **194-10**
- u.Gefühls-u.Willensimpulse **194-12**
- ahriman.u.luzifer.E. in West u.Ost **200-01**
- und Wirtschaftsmechan., Technik **200-02**
- drohendes Bündnis mit Luzifer / Ahriman **211-13**
- in Kulten u. alchemist. Experimenten **214-06**
- christliche **216-04**
- u.Freimaurerriten **216-05**
- und Kultus **216-07**
- und Gedanken **219-03**
- Geisttölpel, Spinnentiere u.a. **219-04**
- des Mineralischen **227-04**
- Elementarriesen, Druiden **228-04**
- ahrim.u.luzifer., Kalk und Kohlensäure **229-04**
- **Undinen 230-14**
- **Sylphen 230-15, 230-26**
- **Salamander 230-16**
- **Salamander** u.Insekten **230-17**
- **Gnome** u.nied.Tiere **230-18**
- **Undinen** u.Fische **230-19**
- **Sylphen** u.Vögel **230-20**
- **Salamander** u.Insekten **230-21**
- bösartige **230-22, 230-23, 230-24**
- **Gnome** u.Mond, Jupiterzustand **230-25**
- Angstgeister bei Tieren **230-31**
- und Regenbogen **233-10**
- und Medien, Schwarze Magie **243-06**
- ahriman.E., Technik u.Wissenschaft **243-07**
- und Medien **243-09**
- ahrimanische **275-01**
- und Knochensystem **316-07**
- in Astralleib **317-11**
- E. der Angst **318-05**
- E. und Atemnot **318-06**

Elemente
(s.auch die einzelnen)
- ihr Leben auf den Planen **93-49**
- und Sinne **93-55, 348-07**
- u.Sphärenharmonie **101-24**
- u.2.Hierarchie **105-04, 110-06**
- u.1.Hierarchie **121-06, 122-05, 132-02**
- in der Genesis **122-03**
- Sonne **149-05**
- Jahve und Ahriman **203-11**
- bei den Griechen **205-04**
- und Organe **205-10**
- Umweltzerstörung **222-07**
- u.Wesensglieder **233-09**
- inneres Erleben d.E. **316-06**
- bei den Griechen **321-02**
- Säftelehre **326-07**

Elementumwandlung s. Transmutation

Eleusis s.Mysterien

Elias
- Wirken d.E. **61-02**

- und Moses **104-15**
- Bodhisattva, Johannes d.T. **114-14**
- Elias-Johannes d.T.-Raffael-Novalis **126-13**
- und Johannes d.T. **139-04**
- Gruppenseele d.Apostel **139-07**
- Pinehas **139-14**
- und Johannes d.Jünger (Lazarus) **238-10**

Elisabeth von Österreich 178-07
Elisabeth von Thüringen 107-17
Ellipse u. ähnl. Cassini-Kurve 202-10, 202-11, 286-08, 323-03, 323-09
Ellipsoid 76-04
Elohim
- nach Blavatsky **93-52**
- Geister d.Liebe **102-06**
- Logos u.Liebeskräfte **103-02**
- Sonnenwesen u.Christus **110-20**
- stehen am Beginn der Genesis **122-01**
- = Exusiai **122-03**
- und Jahve-Elohim **122-06**
- bei Sonnen-u.Mondtrennung **122-10**
- Bedeutung d.Wortes E. **122-11**
- u.Stoffwechsel-System **203-10**

Elisa 61-01
Elsa von Brabant 53-11
Embryo(nalentwicklung), Embryologie
- d.Hauptsysteme **128-14**
- u.Leben nach d.Tod **140-02**
- und Mondkräfte **161-02**
- Spiegel.v.Sonne-Mond vor d. Geburt **161-04**
- u.kosm.Kräfte **202-01**, **202-02, 272-14**
- und Tierkreis **208-05**, **208-06**
- Götter der Sonne, Genesis **253-02**
- Regenerationsfähigkeit **312-03**
- Umstülpungen **312-16**
- Gestaltungskräfte **316-07**
- Herz und Uterus **316-08**
- und Silber **319-05**
- und Astronomie, Chaos **323-01. 323-04, 323-05**
- Polarität in der E. **323-10**
- u.früh.Entwickl.d.Erde **347-05**
- Behaarung **348-02**
- Zusammenh.zw.Gehirn u.Unterleib **348-09**
- und Stickstoff **348-19**

Embryonalhüllen 161-02, 221-01, 314-21
Emerson Ralph Waldo 157-19, 178-06, 236-05
Empedokles 116-13, 139-01
Empfängnis 67-04, 95-02, 161-04, 229-06, 229-08
Empfindung (s.auch Denken-Fühlen-Wollen, Sinneswahrnehmung) 108-07, 115-03, 115-09, 293-06, 293-09
Empfindungsleib 59-07
Empfindungsseele
- Dreigliederung der Seele **58-04**
- und Astralleib **58-09**
- Zwangsvorstellungen **59-07**
- und Marswesen **98-17, 102-03**
- unbewußtes Umwandlungsprodukt **99-03**
- christl.Terminologie **100-11**
- und Malerei **102-14**
- und Sündenfall **107-18**
- Geburt d.E.während d.Lebens **112-01**
- in der 3.Kulturepoche **113-11**
- Ausbildung i.d.4.Kulturepoche **113-12**
- = Orektikon **114-15**
- und Sehen **115-02**
- u.phys.Gestalt **115-04**
- u.Sinnesorgane **115-06**
- u.Marswirkung während Schlaf **119-01**
- = Nephesch **122-12**
- u.Archangeloi **127-02**
- u.Artus-Runde **144-03**
- u.Architektur **286-03**

Endokarditis 312-08
Endreim 127-06, 281-03, 281-05
Energie 176-05, 201-18, 202-16, 321-09, 321-14
Energie-Erhaltungssatz 181-13, 181-21, 202-16, 312-13, 325-07
Engels Friedrich 236-02
Engerling 327-07
England, Engländer
- u.Bewußtseinsseele **121-14, 158-02**
- u.Jungfrau v.Orleans **126-03**
- Wirkung d.Volksgeistes **157-15, 174-13**
- Verwandtschaft m.Mitteleuropa **158-03**
- u.1.Weltkrieg **173-02**
- 1.Weltkrieg, Opiumkrieg **173-14**
- Brit.Empire **181-15**
- u.Materialismus **185-15**
- Begegnung m.Hüter d.Schwelle **186-07**
- engl.Sprache **192-05**
- soz.Dreigliederung auf Völkerbasis **196-05**
- und Seelenwanderung **202-12**
- klass.Dichtung **281-04**
- Kulturentwickl. **287-01**
- Volkswirtschaft **340-01, 340-10, 340-12**

Enthusiasmus 169-03
Entropie 321-14
Entwicklung
- und Logoi **94-07**
- Geister d.Weisheit und Liebe **102-06**
- Globen-Runden-Rassen **104-18**
- phys.Formen u.Umstülpung im Astralen **107-04**
- u.Schöpfung aus d.Nichts **107-22**
- Zeit u.verschied.E.stufen **110-17**
- Symbole **123-15**

- u.Seelisch-Geistiges d.Menschen **184-05**
- der Formen, Gesetzmäßigkeit **194-14**
- der Naturreiche **312-03**

Entzündung
- und Nierensystem **218-02**
- und Geschwulst **221-02, 230-29, 312-15, 319-09**
- Disposition **226-02**
- und Gedächtnistraining **303-05**
- Phosphor **312-05**
- und Phantom **312-16**
- Überwiegen des Astralischen **314-20, 316-02**

Enzian (Gentiana) 313-07, 319-09
Ephesus 232-06, 233-04, 233-06, 233-21
Epik 203-07, 281-03, 281-04, 282-01
Epikuräismus 204-07
Epilepsie 99-09, 317-03, 317-14, 318-04
Epimetheus 58-03
Epiphanias 209-04, 214-03
Epiphyse (Zirbeldrüse)
- u.künftige 2.Wirbelsäule **93-46**
- u. Selbsthervorbringungskraft **93-49**
- synthet.Sinn **93-55**
- als Relikt **94-01**
- Stein d.Weisen **94-31**
- früheres Wärmeorgan **105-09**, **106-08**
- u.Ätherkopf d.Atlantier **109-05**
- u.Gedächtnisvorstellungen **128-06**
- u.Ätherisation **129-10**
- und Herz **201-13, 202-10**
- und Hypophyse **312-04**

Episkopos 95-14
Equisetum s.Schachtelhalmkraut
Erbschaft 186-02, 329-01, 340-07
Erbsünde 74-02, 107-10, 127-05, 184-15, 235-03, 325-01
Erdachse s.Ekliptik
Erdbeben
- Voraussehbarkeit **107-14**
- bei Tod Jesu **148-02**
- u.ahriman.Elementarwesen **218-07**
- Scheidewand zw. Ird. u. Kosmischem **219-02**
- Tod durch E. **236-20**
- u.Tetraederstruktur d.Erde **354-06**

Erdbeere (Fragaria vesca) 312-11
Erdbewegung und Erdrotation
- schraubenartig **98-25, 201-02, 201-08**
- vor d.Mondentrennung **101-06**
- Symbol Merkurstab **152-06**
- lemniskatenartig, Isis-Osiris-Mythe **171-09**
- u.Kopfentwicklung **174-14**
- u.Knochensystem **293-02**
- und Pflanze **316-06**
- Bewegungen d.Erde und d. Himmelskörper im Verhältnis zu Gestalt von Mensch u. Tier **323-07**
- keine einfache Ellipsenbewegung der Erde um die Sonne **323-12**
- Erde-Sonne-Bewegung, Rotationslemniskate **323-17**

Erdboden 327-02
Erde
- und Mond **58-09**
- und dritte Kraft **93-16**
- Durchgang d.d.Elementarreiche, astraler Globus **93-22**
- Weiße Loge führt E.entwicklung **93-26**
- E.seele u.nied.Tiere **93-40**
- Mars-Merkur **93-74, 262-04**
- Kohlensäure am Erdende **94-08**
- Schichten d.E. **94-09, 97-16**
- Schichten d.E.u.christl.Einweihung **94-17**
- Strömung d.Tiergruppenseelen **98-07**
- Astralleib d.E.u.d.Pflanzen **98-10**
- wird Fixstern **98-16**
- Mars-Durchgang **98-17**
- Entsteh.d.phys.Leibes **98-20**
- nach Sonnentrennung **98-21**
- Bewegung d.E. u.Sonne **98-25**
- lemur.u.atlant.Zeit **99-21**
- Rock Christi **100-17**
- Erdbahn vor d.Mondtrennung **101-06**
- und Christus **102-02**
- Aura d.Erde u.Golgatha **103-08, 112-17**
- u.Christus (Buddhi) **103-09**
- Ende d.phys.E. **104-11**
- Übergang i.astral.Zustand **104-12**, **104-14**
- u.Pflanzen-Iche **105-03**
- E.drehung u.Ich-Rhythmus **107-12**
- Kräfte d.Rassenbildung **107-21**
- Planetenabtrennungen **109-20**
- u.Materie **110-13**
- Knochensystem u.Christus **112-10**
- u.Lockerung d.menschl. Ätherleibes **112-16**
- Ström.d.Erde u.lemur.-atlant.Mensch, Landmassenverteilung **115-07**
- Polarität zu Sonne **116-09**
- Archai/Archangeloi u.Äther- u. phys. Erde **121-02**
- Erdoberfläche u.Rassen **121-05**
- u.Hierarchien **121-06**
- Mission d.E. **121-07**
- Elemente d.E.u.Hierarchien **122-05**
- künftige Erdschlacke **129-05**
- Jupiterzustand u.Nebenerde, Venuszustand **130-11**
- Planet d.Erlösung **132-04**
- Astralleib d.E. = Geister d. Umlaufzeit **136-02**

- und Sündenvergebung durch Christus **155-05**
- u.moral.Phantom d.Menschen **155-08**
- Archai u.Anfang d.E. **156-01**
- Landmassenverteilung **158-02, 321-15**
- u.unmoral.Impulse d.Menschen **159-04**
- Magnetismus **171-06**
- Mond u.nied.Natur d.Menschen **172-07**
- Bewegung u.Kopfentwicklung **174-14**
- Wirkung d.Elemente auf Menschen **176-04**
- u.Ende d.phys.Menschen **177-04**
- Ende d.phys.Menschen, Mondeinflüsse **177-08**
- Sonnen-u.Mondströmungen **177-09**
- Erdkräfte u.Doppelgänger **178-03**
- Ätherkräfte bei In-u.Exkarnation **180-09**
- Imagination d.E.nach d.Tod **181-05**
- Überwindung d.Formtendenz und Jupiter **184-10**
- E.regionen und Inkarnationen **190-07**
- u.menschl.Leichnam **191-03**
- Auf-u.Abbau durch d.Menschen **191-11**
- Bewegung d.E. **201-08**
- u.Technik **202-06**
- u.1.Hierarchie **203-05**
- ahr.-luzifer.Gefahr **203-14**
- Erleben d.E.nach d.Tod **207-15, 208-01**
- u.Zerstörungskräfte d.Menschen **210-03**
- Erdinneres **211-11**
- Schiefer u.Pflanzen **213-06**
- Kalk u.Tiere **213-07**
- Umweltzerstörung **222-07**
- Umlagerung d.Kontinente **226-01**
- Sal-Merkur-Sulfur **229-02**
- Salzablagerungen **229-05**
- geistige Substanz d.E., vergeistigte Substanz d.Menschen **230-04**
- Äthergürtel **230-08**
- und Tiere **230-10**
- Wiedervereinigung mit Mond **230-25**
- Sinnesorgan d.E. **232-03**
- u.Metalle **232-04**
- in d.lemur.Zeit **232-05**
- u.Herabstieg d.Christus **240-06**
- Erddrehung **265-05**
- Sonnenströmung, Lunge **286-09**
- u. menschl. Leichname, Erdbewegung **293-02**
- Kontinente **300-11**
- und Kohle **312-13**
- Gesamtantimonleib d.E. **312-21**
- und Kosmisches an Äquator und Polen **313-03**
- Felsigwerden d.E. **313-05**
- Salze, Basen, Säuren und E. **313-08**
- Wärmetag und -nacht **321-08**
- Wärmetod **321-14**
- E. folgt der Sonne nach **323-12**
- E. und Sonne bei Wachstum **323-17**
- E.-Sonne, positive u. negative Materie **323-18**
- Gesteine **349-01**
- Vulkanismus **350-02**
- Elektrizität, Nordlicht **351-02**
- Ameisensäure **351-14**
- Wasserkreislauf **352-04**
- Tetraederstruktur **354-06**

Erdendämonium 101-12
Erdentod 129-05
Erdgeist 97-16, 272-04
Erdinneres, Erdschichten
- 94-09
- u.christliche Einweihung **94-17**
- u.phys.Leib **96-01**
- und Erdgeist **97-16**
- Sorat/Schwarze Magie **101-12**
- Feuererde u.Schwarze Magie **107-14**
- Reich d.unteren Götter **211-11**
- u.Fühlen **220-01**

Erdrotation s.Erdbewegung
Erdtragant s. Astragalus exscapus
Erdwesen 216-04, 216-05, 216-06, 216-07
Erek 233-03
Erfindungen 192-04
Erinnerung-Gedächtnis
- G. in d.Atlantis **54-04, 233-01**
- Wesen der E. **73-02**
- u.Erkenntnisgrenze **73-03**
- u.Wahrnehmung **84-01**
- Stammesbewußtsein **102-05**
- u.freier Ätherleib **107-07**
- Ausbildung von G.u.Ich **115-07**
- u.Liebe/Urteilskraft **115-13**
- u.Ich-Bewußtsein **115-16**
- Vergessen u.Krankheit **115-17**
- an Inkarnationen **117-08, 152-01**
- u.okkult.Entwicklung **119-08**
- zwei Ätherströmungen u.Gehirn **128-06**
- Vergeßlichkeit **143-01**
- luzifer.Einfluß u. menschl. Entwicklung **150-01**
- Ätherleib **153-03, 206-06**
- an das Ich nach d.Tod **153-06**
- Bewegungen d.Astralleibes **156-04**
- Verbindung m.den Toten **157-28**
- Bewegungen d.Ätherleibes **163-02**
- Vorgang d.Erinnerns **165-04**
- und Mineralreich **170-13**
- E.spiegel im Menschen **183-01, 183-10, 199-02**
- u.Sinneswahrnehmung **183-04, 218-01**
- u.luzifer.Kyriotetes **184-12**
- u.Verdauungskräfte **191-01**
- als Nachbild **194-13, 201-10, 214-04**

- u.Angeloi **196-04**
- künftige Wandlung **198-01**
- Einprägung in Ätherleib **201-16**
- als Todesimpuls **204-02**
- Spiegelung an Organoberflächen **205-11**
- u.kosm.Wille **205-15**
- Stoffwechsel, Wachstumskraft **206-03**
- und Ich **206-07**
- E.kraft u.1.Hierarchie **206-08**
- u.Herd d.Bösen im Menschen **206-11**
- E.vermögen u.Leben nach d.Tod **218-10**
- u.Inkarnationsvorgang **218-12**
- u.Verdichtung d.Astralleibes im Schlaf **219-06**
- Gedächtnistraining **226-02**
- E.bildung u. Schmetterlingsentwickl. **230-02**
- gesteigerte E. **232-01**
- karmisches Gedächtnis **239-02**
- Sympathie - Antipathie **293-01**
- Gedächtnis und Wachstum **293-10**
- E. an Gesehenes und Gehörtes **302-01**
- Gedächtnistraining im 2.Jahrsiebt **303-05**
- Gedächtnis und Stoffwechselsystem **317-06**
- Gedächtniskraft u. Inspiration **322-06**
- u.Mondphasen bei der Frau **323-03, 323-05**
- u. Imagination **324-04, 324-06**

Erkältung 82-03, 230-30, 313-09
Erkenntnis 145-15, 205-11, 279-05
Erkenntnisgrenzen 65-05, 67-02, 73-02, 183-01, 273-12, 322-01
Erkenntnisopfer 233-12
Ermüdung 58-09, 175-09, 323-16
Ernährung, Nahrung
- tier.u.pflanzl.E. **57-02**
- u.Absonderung **84-02**
- **93-79**
- u.Seelenleben **96-11**
- Heilkräfte u.lactovegetabile Kost **97-11**
- Venuswesen im Chylussaft **98-14**
- Hypophyse u.frühere E. **105-09**
- Pflanzennahrung u.Seelenleben **119-09**
- Verdauungsorgane **128-05**
- Verdauung u.Astralleib/Ätherleib **134-01**
- Tötung von Tieren **143-04**
- Fleisch-, Milch-, Pflanzenkost **145-01**
- Vegetarismus u.luzifer.Ich **174-03**
- u.1.Hierarchie **188-06**
- als Anregung **188-08, 225-05**
- Verdauungskraft u. Erinnerungskraft **191-01**
- u.Aufnahme von Geistigem **191-09**
- Umwandlung d.Nahrung **218-02**
- das Ätherische d.N. **222-06**
- Kartoffeln **225-06**
- aus d.verschied.Naturreichen **230-27, 230-30**
- des Tieres **230-31**
- Milch **230-32**
- künftige E. **254-09**
- Verbindung von Leib und Seele **293-11**
- Wirkung auf d.Menschen **303-07**
- Milz **312-17**
- Diät **312-19**
- Unter- und Über-E. **313-02**
- und Eiweißstoffwechsel, Fette, Kohlenhydrate **313-06, 314-22**
- Aufnahme der N. ins Lebendige **314-06**
- als Giftung **314-09**
- Überwindung der N. im Stoffwechsel **314-10**
- und phys. Leib **315-02**
- und Gehirn **317-07**
- und chem. Prozeß **323-09**
- E. der Pflanzen **327-01**
- als Anregung d.Willens **327-04**
- Obst, E. bei Tieren **327-09**
- Tomate und Krebs, als Diät **327-11**
- koschere E. **348-14**
- Honig **348-22**
- Wurzelgemüse, Kartoffel **350-09**
- schlechte Nahrungsstoffe **351-08**
- Eiweiß-Fette-Kohlenhydrate **352-02**
- Wurzelgemüse u. Mondeneinfluß **353-07**

Eros 129-01
Erynnien 113-03
Erythrozyten 128-11, 312-03, 313-05
Erziehung
- Anforderungen an den Erzieher **52-03**
- Nachahmung und Autorität **55-03**
- Faktoren im 1. und 2.Lebensjahrsiebt **55-05**
- und Temperamente **57-05**
- und Ehrfurcht **58-04**
- Siebenjahres-Rhythmus **55-05**
- Geisteskrankheiten **59-07**
- musikal.Ausbildung **95-03**
- Einwirkung auf d. Astralleib **93-28**
- im 1.u.2.Lebensjahrsiebt **96-02**
- und freier Ätherleib **107-07**
- kindlicher Zorn **108-03**
- Retardierung d.Kindheitsstadiums **114-06**
- Sieben-Jahres-Rhythmus u.Luzifer **141-09**
- Selbsterziehung **143-01**
- kriminelle Veranlagung **164-01**
- Sakramentalismus **172-08**
- Einwirkung nur auf den Kopf **174-14**
- kindliche Nachahmung **174-15**
- u.eugenet.Okkultismus **178-14**

- Waldorf-Pädagogik **192-02**
- in den ersten 3 Jahrsiebten **192-03**
- Wandel d.Ich-Bewußtseins **194-12**
- u.vorgeburtliche Belehrung **203-03**
- Impfen **205-14**
- 9.,10.Lebensjahr **206-05**
- Gedächtnistraining **226-02**
- Sprache u.Schrift **233-16**
- u.frühere Inkarnationen d.Kindes **275-08**
- u. Eurythmie **277-02, 279-12**
- Musik-Erleben **283-07**
- Willensbildung **293-04**
- Wahrheit-Schönheit-Güte **293-08**
- u. dreigliedrige Leiblichkeit **293-10**
- heilende Wirkung **312-18**
- Kariesprophylaxe **312-19**
- als Heilprozeß **316-14**
- Denkdefekte **317-01**
- Wirkung des Erziehers auf das Kind **317-02**
- und Karmaeingriff **317-04**
- Appell an Angeloi **317-13**
- vorbeugende **318-04**
- u. soziale Dreigliederung **330-03**
- und geistige Arbeit **340-07**
- Angst u.Rachitis **350-07**
- bei Spartanern u.Athenern **351-04**

Erziehung vorgeburtliche 317-04

Esau 117-03, 117-05

Eschenbach Wolfram von 204-08, 238-06

Esel (Symbol) 123-15

Essäer
- u.Jeshu ben Pandira **123-07**
- Einweihung, Vorbereitung d. Christus **123-08**
- die 5 Schüler, Matthäus-Evangelium **123-09**
- Einweihung **123-11**
- Jesus, Johannes d.Täufer **148-04**

Etrusker 105-11, 138-01, 300-03

Eugenetik 173-08

Eulenspiegel 210-12

Euripides 113-03, 300-06

Europa, europäische Völker
- europ.Völker **65-06**
- u.Amerika **83-02**
- Urbevölkerung **107-21**, **155-01**
- Nuancen d.Ich-Bewußtseins **121-14**
- 1.Weltkrieg **157-02**
- phys.Leib d.E.u.Ätherkräfte d.Erde **158-02, 158-03**
- Germanen **162-03**
- Pläne d. westl. Geheimgesellschaften **173-05**
- Verhältnis Deutschlands nach 1871 zu eur. Staaten **173-06**
- Volksgeister **174-13**
- Geschichte bis 9.Jahrh. **180-11**
- Geschichte 9.bis 15.Jahrh. **180-12**
- sozial.Dreigliederung auf Völkerbasis **196-05**
- Bewußtseinsseelen-Zeitalter **204-19, 204-20**
- verschied.histor.Strömungen **222-05**
- und Artus-Runde **238-02**
- Zukunft Europas **284-02**
- eur. Volkskulturen, Goetheanumsäulen **287-01**
- spirituell. Vorstellungen im MA **292-09**
- histor.Entwickl. von Rom bis ins 15.Jahrhundert **325-021**
- Einfluß Rußlands auf E. **338-01**

Eurythmie
- als bewegte Plastik **82-01**
- Bewegung d. Ätherleibes **140-12, 277-01**
- Wortzerlegung nach dem Tod **183-06**
- Abbild der kosm. Beziehung **208-08**
- und übersinnl. Welt **271-04**
- Lebensgeist u. Geistselbst **275-02**
- seel. Turnen **277-02**
- u. Erzengelsprache **277-04**
- u. Sprechen u. Singen **278-02**
- u. Musik **278-03, 278-04**
- Solo- u. Chor-E. **278-05**
- Toneurythmie **278-06, 278-08**
- Lautgebärden **279-03**
- u. deutsche Sprache **279-04**
- Gebärden f. Gemütslagen **279-05**
- Darstell. v. Gedichten **279-06**
- Konsonanten u. Diphthonge **279-07, 279-08**
- eur. Schreiten, Versmaße **279-09**
- Gebärden u. Tierkreis **279-10, 279-11**
- heilpäd.Wirkung v. eur.Formen **279-12**
- u. Seelenstimmungen **279-13**
- u. Wortbehandlung (Grammatik) **279-14**
- Stehen und Gehen **279-15**
- und Mimik **282-13**
- Wirkung **302-01**
- bei Herzschädigung **312-10**
- Förderung d. Peristaltik **312-22**
- bei phlegmat. Kindern **312-19**
- Heileurythmie **313-09, 313-10, 314-12, 315-02**
- Unterschied zu Heileurythmie **315-01**
- Bildhafte der Sprache **315-03**
- und Zuhören, Bewegungen d. Ätherleibes **315-06**
- und Sport **350-01**

Euphorion (Faust) 272-01

Eva 101-22, 120-09, 149-09

Evangelien
- Verfasser Eingeweihte **112-08**
- Verständnis d.E. **112-19**
- synopt.E.u.Johannes-E. **114-01**

- unterschiedl.Aspekte i.d.E. **117-02, 123-17**
- u.4.bis 7.Kulturepoche **124-08**
- und Abendmahl **131-07**
- Darstellung d.Myst.v.Golgatha **139-17**
- Inspiration von Archangeloi **152-03**
- verschiedene Tendenzen **175-14**
- einseitige Auffassung d.E.u.Inkarnation Ahrimans **191-08**
- und Universitätsfakultäten **316-12**

Evolutionsidee 262-02
Ewigkeit 132-03, 138-02, 184-05
Existenzminimum 189-01
Expressionismus 271-02, 312-20
Exodus 2,16-21 60-06, 139-12, 286-02
Exusiai, **Elohim**
(s.auch Hierarchien)
- u.phys.Leib **102-04**
- Geister d.Liebe **102-06**
- Christus höher als E.**102-08**
- und Licht **105-04**
- Ich = Opfer d.E. **105-05**
- Sphäre d.E. **110-05**
- zurückgebl.E.u.Denken **121-02**
- Denken-Fühlen-Wollen u.Liebe **121-07**
- = Elohim d.Genesis **122-03**
- und Wärme **122-05**
- Jahve-Elohim **122-06**
- Bewußtsein **122-08**
- Wirkung in 4.Kulturepoche **126-10**
- und Ich d.Menschen in lemur.Zeit **131-05**
- und phys.Leib **134-02**
- Naturgesetze **136-02**
- Selbstwahrnehmung **136-05**
- Bildung d.Planetensphären, Sonne **136-09**
- Übergang v.altem Mond zur Erde **136-12**
- Form d.Minerale **136-17**
- u.Gruppenseele d.Menschen **136-19**
- Gehen, Sprechen u.Denken **141-07**
- Wirken bis Zahnwechsel **141-09**
- tier.Eiweiß **145-04**
- u.künftige Entwickl.d.Menschen **182-04**
- Räumliches aus Raumlosem **184-12**
- ihr Wirken seit 1840 **186-01**
- achte Sphäre **194-01, 254-04**
- Wille u.Stoffwechsel-System **203-10**
- u.Sinneswelt d.Menschen **208-03**
- Gedankenkräfte und Sinneswahrnehmung **222-03**
- Gedankenkräfte **222-05**

Exusiai, abnorme
- u.Rassenbildung **121-04, 121-07**
- Ich-Bewußtsein **121-05**
- Wirk.auf Astralleib **121-08**
- u.Planeten **121-09**
- und europ.Geschichte **222-05**

Experiment 76-02, 98-12, 214-06, 320-01, 323-16, 323-18, 324-05
Eyck J.van 292-06

Fäkalien 327-09, 352-06
Fakir 97-19
Fakultäten (Universität) 316-12
Farben
- Wirkung bei d.Erziehung **55-03**
- Ausdruck astral.Wesen **96-06**
- Farbenmeditation **101-17, 136-01, 161-12**
- u.äußeres u.inneres Astrales **115-02**
- Farbwahrnehmung **154-04, 291-12, 291-15, 293-06**
- Rot, Grün, Blau, Purpur **202-09**
- kosm.Licht u.Luzifer **202-22**
- blaue Farbe bei Griechen **202-23**
- Regenbogen u.Inkarnat **207-03**
- u.Saturnwesen **218-07**
- gesteigertes Farbenerleben **232-01**
- Regenbogen **233-10, 282-18**
- u. Planeten **264-03**
- u. F.der Aura **271-03**
- F.wahrnehmung u. Moralität **275-06**
- von Eurythmiegewändern **279-06**
- Bühnenbeleuchtung und Kostüme **282-14, 282-16**
- Schwarz-Grün-Purpur-Weiß **291-01**
- Bild- u.Glanzfarben **291-02**
- in der Malerei **291-04**
- der Tiere **291-05**
- sinnl.-sittl.Wirkung **291-06**
- der Minerale u.Pflanzen **291-08**
- Farbenperspektive **291-09**
- Farbenkreis **291-10**
- d.Astralwelt **291-17**
- als Töne **291-18**
- u.Wesenheiten **291-19**
- ätherische **291-20**
- u.Temperament, Farbe von Kultstätten **291-24**
- und Töne/Sprache **302-01**
- Spektrum **320-02**
- u. Astralleib, Körperfarben **320-05**
- physik.Theorien **320-06**
- als sekundäre Qualitäten bei Locke **326-05, 326-06**
- F. der Pflanzen **327-02**

- Farbenlehre Goethes, Pflanzenfarben **349-02**
- der Minerale u.Pflanzen **354-03**
Farbenblindheit 76-01
Farbenlehre Goethes 76-02, 273-12, 320-04, 349-02
Farbenperspektive 291-08, 291-09
Farbentherapie 57-03, 312-19, 349-02
Fasten 54-07, 67-05, 94-05
Faulheit 144-01, 312-05
Faun 105-07, 225-04, 292-12
Faust
- u.Mephisto d.F.sage **107-14**
- Reinkarnation d.Empedokles **116-13, 139-01**
- verschied.F.-Gestalten **145-14**
- F.sage **210-10**
- Bezieh.zu Wilhelm Meister **225-02**
Faust (Goethe)
- Blut ist ein besondrer Saft **55-01**
- Entstehung, Goethes Entwicklungsphasen **57-06**
- 2.Teil **57-07**
- Gang zu den Müttern **57-09**
- das Ewig-Weibliche **58-04**
- Homunkulus **63-07, 179-05**
- und Magie **65-02**
- u.Rosenkreuzer-Weisheit **93-30**
- Faust-Gestalten **145-14**
- Homunkulus, Exposé **157-18**
- Blut u.Ahriman **158-04**
- Faust II, Mütter **170-06**
- Studierzimmer **171-07**
- Mephisto u.Wagner **181-16**
- Kabiren **188-07**
- Gestalt d.Übergang von der 4. zur 5. Kulturepoche **210-11**
- die Mütter **265-07, 272-11, 273-05**
- Homunkulus, Euphorion, Philemon u. Baucis **272-01**
- Hexenküche, Homunkulus **272-02**
- Osterszene, Faustus, Mephisto **272-03**
- Erdgeist **272-04**
- 1.Akt. 1.Szene **272-06**
- Klass.Walpurgisnacht **272-07, 273-09, 273-10, 273-13**
- Himmelfahrt, Mitternachtsgeborene **272-08**
- Teil II, 3.Akt **272-09**
- Teil II, die drei Büßerinnen **272-10**
- Mitternachtsgeborene **272-12**
- Prolog **272-13**
- und Mephisto **272-15**
- Grablegung **272-16, 272-17, 272-18**
- Himmelfahrt **272-16, 272-17, 272-18**
- Alchemie **273-01**
- Walpurgisnacht **273-02, 273-03**
- u. das Böse **273-06**
- Versmaß **282-06**
- u. kathol.Tadition **282-10**
Faustinus 145-14
Faustus 272-03
Faustus Andrelinos 145-14, 272-03
Fechner G.Th. 58-09
Federn 129-12, 205-19, 205-20, 230-01
Feigen 316-01, 351-11
Feigenbaum 94-20, 139-15, 142-03
Feigenblatt 98-02
Feldmaus 327-07
Feldspat 327-04, 349-01
Fels 313-04
Fenriswolf 101-07, 121-12
Fercher von Steinwand 185-14, 281-03
Fernsehen 130-25, 175-08
Ferrum s. Eisen
Fette, fette Öle 145-04, 313-06, 313-07, 314-22
Fettleibigkeit (Adipositas) 312-16
Feuer (s.auch Elemente) 98-21, 109-11
Feuerbach L. 65-04
Feuererde 273-09
Feuergeister s.Salamander
Feuerkräfte 107-14, 109-23
Feuerluft s.Ruach
Feuerprobe 177-07
Fichte Immanuel H. 65-03, 66-03
Fichte J.G. 51-01, 64-01, 65-01, 158-08, 189-04
Fieber
- Appell an die Heilungskräfte **107-13**
- Aufbaukräfte **221-02**
- okkultes **243-04, 314-09**
- F.kurve **312-08**
- Meditation **316-12**
- und Gehirn **348-09**
Filioque-Streit 175-13
Film 130-25, 175-08
Finger
- äther.Strahlungen **124-05**
- Heilkraft **127-03**
- Denkorgane d.Karma **181-02**
- Ich-Bewußtsein **210-08**
- Astralleib u.Ich beim Aufwachen **236-18**
Finnland 158-01, 158-02, 158-03
Finsternis 122-04
Firmung 318-07
Fische
- als Symbol **101-16**
- u.Sonnentrennung **105-08**
- und Füße **106-08**
- Organwandlung **107-04**
- u.Fortpflanz.d.Menschen **230-09**
- als Äthertiere **230-10**
- u.Undinen **230-19**
- Abzweigung im Devon **300-01**

- u.Geschmack **348-07**
Fixstern (s.auch Sonne) 98-16, 102-02,136-10,136-17, 318-03
Flechten 239-03
Fledermaus 230-06, 230-07
Fleiß 312-05
Flieder (Syringa vulgaris) 82-03
Flita (M.Collins) 101-11
Flor und Blancheflor 57-11
Flucht nach Ägypten 114-09, 117-03
Fludd R. 52-06
Fluor 312-14, 312-18, 312-19, 312-22, 313-01
Fluoreszenz 320-05
Flugzeuge 109-10
Fontanelle 98-19, 106-08
Form 233-13, 312-01
Formkräfte 128-07
Formzustand (Globus)
- astraler F.des Mineralreiches **93-22**
- die sieben F. **93-59**
- christl.Terminologie **93-72**
- u.Hl.Geist **94-07**
- u.Entwickl.d.Erde **104-18**
- und Einweihung **187-04**
Fortpflanzung
- Ernährung u.künftige F. **93-79**
- Kehlkopf u.künftige F. **99-25**
- F.kraft auf d.alten Mond **101-06**
- ungeschlechtl. u.Isis **105-02**
- u.Epiphyse in lemur.Zeit **105-09**
- Nerthus-Kult **106-14**
- Trennung d.Geschlechter **107-06**
- in lemur.u.atlant.Zeit **107-10**
- lemur.Zeit, Stierkräfte **110-07**
- u.Tierkreis **110-11**
- u.ird.Kräfte **121-05**
- Kehlkopf **134-04**
- F.kräfte, Kindheitskräfte, Adam Kadmon **146-02**
- Männliches u.Weibliches **173-15**
- und Mond **175-06**
- künftige F., Ende d.phys.Menschen **175-15**
- Ende d.phys.Menschen **177-04**
- u.Geister d.Finsternis **177-10, 177-11, 177-12**
- eugenet.Okkultismus **178-14**
- Ost-West-Gegensatz **183-02**
- Mond **204-22**
- Ende d.phys.Menschen, Mondwiedereintritt **204-23**
- Chaos d.Keimes **205-06**
- Vater-Mutter u.Wesensglieder **205-09**
- an Zeit gebundene F. **229-06**
- Gabriel u.Inkarnationen **229-08**
- d.Gallwespe **233-07**
- Ahriman-Luzifer **272-18**
- u. Elektrizität **273-05**
- Giftwirkung der Keimzellen, Geschlechtskrankheiten **314-15**
- Sonnen- und Mondenkräfte **318-07**
- u.Stoffwechsel-Gliedmaßen-System **323-05**
- Befruchtungsvorgang **323-07**
- F.kräfte der Pflanze **327-01, 327-07**
- F.kräfte d.Mondes u.d.Sonne **347-04**
- Alkohol **348-11**
- bei Wespen **348-12**
- Absinth, Alkohol **348-15**
- Mehrlingsgeburten **348-16**
- menschl.Samen u.Stickstoff **348-19**
- Wasserstoff und Soda **351-03**
Fra Angelico 292-01, 292-12
Fragaria vesca s. Erdbeere
Franken 51-06, 51-07, 51-08, 51-09
Frankreich, Franzosen
- Ich-Bewußtsein u.Verstandesseele **121-14**
- Jungfrau v.Orleans **126-03**
- Kampf zw.geist.F.u.Rußland **157-04, 158-01**
- Volksgeist **157-15**
- Wirk.d.Erdoberfläche, Wiederholung der 4.Kultur **158-02**
- Ätherleib u.Elementarwesen **158-03**
- und Germanen **159-01**
- Verbindung m.Volksgeist **174-13**
- u.roman.Völker **185-17**
- soziale Dreigliederung auf Völkerbasis **196-05**
- Seelenwanderung **202-12**
- Bewußtseinsseelen-Zeitalter **204-19**
- Devorants u. Gavots **225-01**
- klass.Dichtung **281-04**
- Kulturentwickl. **287-01**
- Gotik **292-03**
- untergehendes Volk **300-09**
- Volkswirtschaft **340-10**
Franz Ferdinand von Österreich 157-03
Franziskaner 51-12
Franz von Assisi 107-17, 130-24, 137-01, 155-02, 292-01
Französische Revolution 171-11, 185-01, 204-19, 329-03
Frawarshis 60-02, 101-02, 113-11, 113-11, 114-13
Freiberger Dom (Sachsen) 292-04
Freiheit
- Problem d.F. bei Schiller **51-17**
- und Prophetie **99-24**
- Wirkung zurückgeblieb.Exusiai **105-06**
- u.luzifer.Angeloi in d.lemur.Zeit **110-15**
- Ahriman-Luzifer, das Böse **120-16**
- u.Eigenleben d.3.Hierarchie **136-08**
- sittl.F.u. Luzifer, Christus **150-05**
- Problem d.F. u. Islam **167-06**
- und Verstand **179-03**

- F.impuls u.Glauben u. Wissen **187-05**
- u.reines Denken **202-18**
- F.erlebnis u.Leben nach d.Tod **218-10**
- u.Meteoreisen, Cyanbildung **231-03**
- u.abstraktes Denken **257-03**
- u. Genialität **273-01**
- u.Götterbeschluß **273-07**
- Naturbeobachtung und Bilder der Außenwelt als Grundlage **324-01**
- Energie-Erhaltungssatz u.F. **325-07**
- u. Naturwissenschaft. **326-08**

Freiheit-Gleichheit-Brüderlichkeit 171-11, 187-02, 275-05, 328-02

Freiheit-Notwendigkeit
- und Zufall **163-03**
- Ineinandergehen von F.u.N. **166-01**
- im Handeln **166-02**
- u.soziales Leben **179-04**
- und Zahnwechsel **201-04**
- Astralleib und Ich **201-09**
- und Ich-Bewußtsein **207-08**
- und Prophetie **220-01**
- karmische N.u.F. **235-01**

Freimaurer
(s.auch Okkulte Brüderschaften)
- Tempellegende **93-10**
- u.Manichäismus **93-11**
- Johannes-Maurer **93-12**
- Erbauer d.alten Kultbauten **93-13**
- Hochgrad-Maurer **93-14**
- u.Dritte Kraft **93-15**
- u.künftiges Menschengeschlecht **93-27**
- Dritte Kraft, Tauzeichen, Hiram Abiff **93-29**
- Herakles-Sage **93-30**
- Zeichen, Griff u.Wort **93-77**
- Beeinflussung d.Kultur **96-03**
- Zeichen, Griff u.Wort, Hochgrad-Maurer **167-01**
- u.Thomas Morus **167-05**
- u.1.Weltkrieg **173-01**
- westl.F. u.Gestaltung Europas **173-05**
- Beeinflussung v.Volksmassen **173-11**
- Jakob I.von England **173-13**
- "Eingehen i.d.ewigen Osten" **174-05**
- u.weibl.Geschlecht. **180-06**
- u.Templer **180-12**
- u.Selbsterkenntnis **181-20**
- u.kathol.Kirche **184-09**
- u.Artus-Runde **185-11**
- als Schatten d.alttestam. Esoterik **187-01**
- u.geistige Macht **196-06**
- u.Jesuiten **198-03**
- Wahrheit-Schönheit-Stärke **202-06**
- west.F. u.Hegels Philosophie **202-07**
- Ursprung **204-13**
- Kultus **216-05, 216-06**
- okkulte Gefangenschaft **227-13**
- u.Spiritismus **254-01**
- u.H.P.Blavatsky **254-02**
- u.Symbole **254-06**
- Mysterienverrat **265-02**
- okkulte Schulung im Sinne Steiners **265-04**
- und Anthroposophie **273-11**
- Symbole und Kultus **342-07**

Fresnel A.J. 320-04

Freud Sigmund 115-17, 178-09

Freyr 121-17

Friedhofsatmosphäre 353-01

Friedrich Barbarossa 51-12, 211-02

Friedrich II. (Preußen) 190-06

Fröbel 318-04

Frömmigkeit 53-06, 110-01, 174-11

Frosch 230-10

Frühgeburt 109-24

Fühlen (s.auch Denken-Fühlen-Wollen) 115-03, 316-02

Funktionentheorie 323-01

Furcht 62-06, 73-03, 145-18, 154-03, 210-07, 273-12

Furien 113-03

Futter 327-09

Fürst dieser Welt 210-05

Fußbäder 312-18

Füße
- Überentwicklung **67-05**
- künftige Entwicklung **156-03**
- Erkenntnisorgane **265-06**
- Toneurythmie **278-07**
- Stehen und Gehen i.d. Eurythmie **279-15**
- Schreiben mit d.F. **282-24**
- Massage d.F. **312-18**

Gäa 102-04, 113-04, 170-04

Gabriel
- und Gehirn **146-01**
- als führender Erzengel **159-09**
- Übergang G.-Michael **219-05**
- und Jahreszeiten **229-07**
- und Geburt **229-08**
- und Mond **237-09**
- im Faust **272-14**

Galaxie 110-10

Galen 312-01, 326-07

Galilei Galileo 60-03, 109-04, 120-08, 326-07
Galläpfel 314-10
Galle 93-51, 128-02, 319-02, 350-03
Gallwespe 233-07
Galvani 320-09
Galvanisation 254-01
Ganglien (s.auch Nervensystem, Sonnengeflecht) 172-02, 194-13, 293-01
Garibaldi Giuseppe 235-11
Gas (s.auch Aggregatzustände) 284-01, 321-02, 321-04, 321-14
Gavots 225-01
Gebärde (s.auch Gestik) 277-04, 282-04, 282-09, 282-13
Gebet (s.auch Beten) 53-03, 97-08, 282-16
Gebet tätiges 318-01
Geburt
(s.auch Fortpflanzung)
- das G.problem i.d.5.Kulturepoche **171-04**
- eugenetischer Okkultismus **171-10**
- und ahriman.Elementarwesen **177-03**
- früher an feste Zeiten gebunden **229-06**
- und Gabriel **229-08**
Geburt zweite 233-18
Gedächtnis s.Erinnerung-Gedächtnis
Gedächtnis Generationen- 55-01, 106-21, 276-01
Gedanken
(s.auch Denken)
- und wäßr.Element d.phys.Leibes **82-04**
- und Gnome **163-04**
- und Weltenäther **170-14**
- Verhältnis G.-Wort in europ.Sprachen **173-07**
- menschl.u.kosm.G. **202-07**
- und Licht **202-08**
- Einprägung im Weltenäther **203-11**
- nach dem Tod **205-12**
- und 3.Hierarchie **216-02**
- organgebundene und Drüsen **312-03**
- und Kopfhöhlen **316-15**
- Weltenäther, unlogische G. **317-02**
Gedankenleib 210-07
Gedankenübertragung 320-08
Gefühl (s.auch Denken-Fühlen-Wollen) 115-11, 115-19
Gegenraum (s.auch Dimension, Raum) 323-15
Gegenreformation 222-05
Geheimnis der Schwelle 185-19
Geheimnis der Zahl
- am Beispiel Gruppenseele **94-27**
- im Neuen Testament **100-14**
- Zahl 666 **104-18, 104-19**
- Zahl 0,1000,4,40 **110-23**
- Zahl 7 u.12 **113-13**, **113-14**
- u.okkult.Schulung **125-01**
- und Christus **131-04**
- und Mensch **141-11**
- und Ahriman **208-04**
- Einheit-Vielfalt **213-05**
- eines der 7 Geheimn.d.Lebens **264-05**
- Problem der Freiheit **273-07**
Geheimnisse des Lebens 94-27, 264-05
Geheimschüler 93-24
Gehen aufrechtes
- u.Ätherleibströmungen **100-08**
- u.Golgatha u.Vorstufen **152-08**
- u.Ätherleib nach d.Tod **181-10**
- und Leben nach d.Tod **219-01**
- vorgeburtl.Leben u.3.Hierarchie **224-02**
- in der Schauspielkunst **282-23**
Gehirn
- und Innenleben **55-01**
- u.negative Materie **84-02**
- Symbol d.Schlange **93-41**
- und Ich **93-60**
- und Blei **96-10**
- und Licht **98-20**
- und Rachitis bei Kindern **100-02, 314-05**
- und Bewußtseinsseele **115-04**
- Wirkung d.log.Denkens auf d.G. **117-08**
- und oberes Devachan **119-05**
- umgewandeltes Rückenmark **128-01**
- und Ätherisation d.Blutes **129-10**
- Ätherleib/Astralleib **136-11**
- freier Ätherteil **141-08, 156-03**
- G.partien und Denken **145-03**
- G.substanz und Kometen **145-06**
- Äthergehirn u.Amshaspands **145-09**
- und Hl.Gral **145-12**
- und Gabriel **146-01**
- u.Weltanschauungen **151-02**
- und Denken **151-03, 203-06**
- Reinkarnationsgedächtnis **152-01, 194-07**
- und Kriminalität **164-01**
- und Gehirnwasser **167-07, 202-13, 320-02**
- und Ätherleib **172-02**, **174-02**
- und Dynameis **180-04**
- und Seelenleben **183-05**
- und Materialismus **204-01**
- und Leber **205-08**
- und Ich/Astralleib **208-18**
- Nachbild d.Universums **208-19**, **210-07**
- und Ahriman **211-12**
- u.bösartige Elementarwesen **230-22**
- als Erkenntnisorgan **265-06**
- und Mond **286-09**
- graue und weiße G.substanz **312-06**
- Degeneration **313-06**

- und Kartoffel **316-02, 327-11**
- Substanz **317-07**
- und Verdauung **319-06**
- Migräne **319-09**
- physische Imagination **324-05**
- Ausscheidungsprodukt **327-09**
- und Geruchsinn **348-06**
- G.partien u.Denken-Fühlen-Wollen **348-09**
- und Unterleib **348-10**
- und Ernährung **351-08**
- Absonderung d.Denkens **352-07**

Gehirnerweichung 313-02, 313-06

Gehirnhautentzündung (Meningitis) 312-10

Gehirnwasser 167-07, 202-13, 271-03, 314-04, 320-02, 320-07, 323-05

Gehör
(s.auch Sinne, Sinnesorgane)
- Umwandl.i.d.lemur.Zeit **95-08, 107-04**
- Anlage auf d.Saturn **96-04**
- und Manas **96-05**
- u.Relation z.phys.Welt **96-06**
- und Vorstellungssinn **150-02**
- Änderung d.G.in d.Geschichte **170-10**
- und vorige Inkarnation **201-14**

Geist 53-01, 202-05, 204-14

Geister (spirits) 96-23

Geister der Bewegung s.Dynameis

Geister der Liebe (=Exusiai) 102-06

Geister der Form s.Exusiai

Geister der Persönlichkeit s.Archai

Geister der Umlaufzeiten
- Erdbewegung u.menschl.Entwickl. **98-25**
- u.Geister d.Weisheit **102-06**
- Gesamtheit = Astralleib d.Erde **136-02**
- und 1.Hierarchie **136-06**
- und Pflanzen **136-16**
- und Tageskräfte **145-10**
- 33-Jahres-Rhythmus **180-01**

Geister der Weisheit (=Kyriotetes) 102-06

Geister des Willens s.Throne

Geister des Zwielichts (=Angeloi) 99-19

Geister(Geistes-)land 53-06

Geistesforschung (s.auch Anthroposophie) 62-06

Geisteskrankheiten
- Gefahren der Einweihung **55-02, 147-02**
- Entstehung **55-04, 314-03**
- u.Temperamente **57-05**
- u.Erziehung **59-07**
- und Materialismus **100-04**
- Schizophrenie **107-03**
- und karm.Verfehlungen **120-11**
- u.Lockerung d.Wesensglieder **174-02**
- Ahriman-Luzifer **218-08**
- anthroposophische Medizin, Störungen d. phys. Organe **312-15**
- akute - chronische K. und G. **312-22**
- Organstörungen **313-06**
- und Krebs **314-02**
- physische u. G. **316-14**
- bei Kind u. Erwachsenen **317-03**
- Hysterie, Heilpädagogik **317-05**
- Symptome bei Heiligen **318-01**
- Stadien **318-04**
- Wesensglieder **318-08**
- Klaustrophobie, Zweifelsucht **322-05, 322-06**
- physische Ursachen **348-08**
- Hören von Stimmen **350-08**

Geistesleben (s.auch Soziale Dreigliederung) 328-03, 340-07

Geistesmensch (Atman)
(s.auch Wesensglieder)
- Umwandl.d.phys.Leibes **94-25**
- u.Lebenssinn **115-02**
- nachtodlicher **168-01, 183-07**
- Begegnung mit d.G. **175-05**
- im Leben nach d.Tod **208-02**
- und Schlaf **208-19**

Geistige Indiskretionen 176-07

Geistmagma 230-07

Geistmensch 168-01

Geistselbst (Manas)
(s.auch Wesensglieder, sieben)
- u.Verstand **53-09**
- u.Astralleib **53-11**
- Umwandl.d.Astralleibes **94-25**
- "Ägypten" **94-29**
- und Venuswesen **98-17**
- siebengliedr.Mensch **99-03**
- Entwickl. auf d.Erde **102-04**
- u.6.nachatl.Kulturepoche **103-12**
- u.Gleichgewichtssinn **115-02**
- und Krishna **142-02**
- nachtodliches **168-01, 183-07**
- Begegnung mit d.G. **175-05**
- im Leben nach d.Tod **208-02**
- Wirken d.G.als Bewußtsein **208-19**
- und Milz **218-02**
- Beziehung Erzieher - Kind **317-02**
- Wesen mit G. und Sprache **317-13**

Geisttölpel 219-04

Geistwelt s. Devachan

Gelb 275-06, 291-02, 291-03, 327-02

Gelbsucht 313-05, 353-10

Gelbsucht kindliche 348-01

Geld 186-02, 189-09, 190-01, 329-02, 340-04, 340-09, 340-11, 340-12, 340-13, 340-15

Gelenkdeformationen s. auch Arthitis 313-10

Genesis
- Kain und Abel **93-03**

- Rakshasas **93-04**
- Bedeutung d.1.Kapitels **101-10**
- Nephesch **107-20**
- Adam u.Eva **114-07**
- beginnt nach d.Sonnentrennung **122-01**
- die ersten 5 Tage **122-02**
- die ersten 3 Tage **122-03**
- Archai u.Finsternis **122-04**
- Elohim u.Jahve-Elohim **122-06**
- Elohim u.Licht **122-08**
- Adam **122-09**
- 2.Schöpfung **122-10, 232-05**
- 6.u.7.Tag **122-12**
- Mensch u.Exusiai **134-02**
- Garten Eden **145-11**
- Kain und Abel **145-15**
- phys.Leib, Luzifer-Jahve-Ahriman **158-05**
- Lehre v.Nephesch, Jahve **203-11**
- Baum des Lebens **253-02**
- das "Feste" **291-16**
- und Embryologie **323-05**
- Naturauffassung **325-05**
- **1,1-2** 122-01
- **1,14** 122-04
- **1,3-26** 122-02
- **1,3-8** 122-08
- **1,6-8** 291-16
- **1,4** 122-04
- **2** 122-10
- **2,1-3** 122-12
- **2,4** 122-12
- **3** 122-09
- **11,1-19** 139-13
- **14,18-20** 123-05

Genie, Genialität 53-06, 130-18, 273-01, 314-03, 316-11
Genossenschaften (s.auch Assoziationen) 330-02
Genter Altar 292-06
Gentiana lutea s. Enzian
Geologie 300-01, 319-03
Geometrie 76-04, 286-08, 293-02, 320-01, 323-11, 323-16, 323-18, 324-05, 325-03, 326-06
Geometrie nichteuklidische 76-02, 125-03, 320-10, 323-01
Geosophie 203-05
Gerbstoff 314-15, 352-01
Gerd 121-17
Germanen
- bei Tacitus **51-04**
- Völkerwanderung **51-05**
- Völkerwanderung, Christentum **64-01**
- Rolle des Todes, Walküre **105-10**
- germ. u. bibl. Schöpfungsgeschichte **162-03**
- Bildung d. german.-deutschen Stämme **180-11**
- Haltung gegenüber Neugeborenen **229-03**

Geruch, Riechen (s.auch Sinne, Sinnesorgane)
- und Saturnwesen **98-14**
- u.Saturnwesen, Verwend.v.Parfums **98-18**
- Verwendung von Parfums **173-03**
- Mystik **199-01**
- die 12 Sinne **206-01**
- u.Leben nach d.Tod **207-15**
- G.nerv als Abbild d.Gehirns **233-14**
- Pflanzengeruch **312-09**
- siebengliedrig **312-10**
- kein Spektrum der Gerüche **313-09**
- und Pflanze **327-04**
- und Gehirn **348-06**
- Vorgang d.Riechens **348-07**
- Geruch und Duft **354-02**

Geschichte 67-03
Geschicklichkeit 312-19, 315-05, 317-08
Geschlechter
- und Vererbung **60-01**
- Sieben-Jahres-Rhythmus **65-06**
- Trennung d.G.**93-23, 93-27, 99-21, 99-22, 106-07, 107-10**
- Ätherleib d.G. **99-01**
- Inkarnationen **99-11, 218-04**
- Entstehung **106-12**, **107-06**
- Gestalt d.G. **116-09**
- und Leben nach d.Tod **120-14**
- Sonne-Mond **191-02**
- Ende d.phys.Fortpfl. **204-23**
- und Kosmos **272-10**
- Ahriman-Luzifer **272-12**
- G.liebe **272-18**
- Vererbung **312-21**
- bei der Befruchtung **323-07**

Geschlechtsorgane 98-02, 312-11, 314-13
Geschlechtskrankheiten (s.auch die einzelnen) 314-10, 314-15, 348-23
Geschlechtsreife
- Uranoskräfte **170-04**
- und Atmung **206-05**
- und Luzifer **210-01**
- Astralherz **212-01**
- Tod vor G. **254-05**
- Erdenreife **317-01**
- Mondenkräfte, Astralleib **318-03**
- bei Mensch und Tier **323-08**

Geschlechtstrieb 101-06
Geschmack, Schmecken (s.auch Sinne)
- Organgeschmack **156-06**
- Schmecken mit dem ganzen Körper **206-01**

- Bitter - Sauer - Süß **282-12**
- Schmecken von Pflanzensubstanz **312-09**
- Siebengliedrigkeit **312-10**
- inneres Schmecken **313-04**
- kein Spektrum **313-09**
- Zusammenhang mit den Eingeweiden **348-06**
- umgewandelte Hautnerven u. G.sinn **348-07**

Geschwindigkeit 164-02, 320-05, 320-08, 320-09, 326-09

Geschwulst (s.auch Krebs) 218-02, 221-02, 230-29, 312-15, 312-16, 319-09

Gespenster 96-23, 98-09, 230-07, 236-13

Gestalt (s.auch physischer Leib)
- und Innenleben **55-01**
- und Sprache **59-01**
- und Denken **67-04**
- u.Raumesdimensionen **76-04**
- Ätherleib **82-01**
- der ersten phys.Menschen **104-09**
- Rassentypen **105-07**
- Tiergestalten u.Menschenform **105-08**
- und alte Eingeweihte **106-02**
- Sonne-Tierkreis **106-08, 106-11**
- die 4 Grundformen in d.Atlantis **106-12**
- als Maja **115-04**
- Symmetrie **115-05**
- d.Geschlechter **116-09, 272-12**
- obere und untere Götter **129-12**
- Zwölfgliederung **137-02**
- Dreigliederung **137-03, 293-09**
- u.okkult.Entwickl. **137-05**
- und Tierkreis **170-16, 201-08, 208-05**
- und Umkreis **174-05**
- Sterne/Mond u. Sonnenströmung **201-19**
- und Sonne **204-22**
- Leihgabe d.Archai **205-21**
- Größe d.menschl.G. **207-15**
- Metamorphosen **208-06**
- G.tendenzen in der Natur **208-14**
- Formen in d.Natur **213-13**
- früheres Bewußtwerden d.menschl.G. **223-01**
- moral.Kälte und Haß **230-33**
- okkult.Erleben d.menschl.Gestalt **233-13**
- karm.Zusammenhänge **236-11**
- in der Kunst **271-02**
- Göttereurythmie **279-02**
- Konsonantenbildung **282-11**
- außertellur. Kräfte **312-11**
- feste G. u. erstes Lebensjahrsiebt **312-14**
- Mensch wird frei in seiner G. **313-10**
- Mond und Tierkreis **316-11**
- Übergang von flüssig zu fest **321-09**
- Vorstellung und G. **321-11**
- und Tierformen **322-06**
- Herz und G. **323-01**
- Bewegung von Erde und Sonne **323-07**
- Lemniskate **323-11**
- Grundprinzipien **323-12**
- Formen d.Nerven-Sinnes-Systems und des Stoffwechsel-Systems **323-15**

Gestiefelte Kater 108-05

Gestik (s.auch Gebärde) 58-05

Gesundheit-Krankheit
- Heilung und Tod **59-05**
- Schlaf, Anthroposophie **63-08**
- Ernährung u.Heilkräfte **97-11**
- Phantome u.K. **98-26**
- Gemeinschaftskarma u.K. **99-12**
- Ätherleib u.nächste Inkarnation **99-13**
- Verhärtung-Erweichung **101-05**
- und Zahl 5 **101-17**
- Madonnenkult **105-02**
- Sündenfall **106-19**
- Astralleib, Schmerz **107-05**
- 5 Krankheitsformen **107-08**
- mineral.Heilmittel **107-11**
- u.Rhythm.d.Wesensglieder **107-12**
- Fieber **107-13**
- karmische K.en **107-15, 120-03**, **120-04, 120-05, 235-04, 239-03**
- und ästhetische Eindrücke **115-12**
- und vergessene Vorstellungen **115-17**
- chronische K. **120-06**
- Masern **120-07**
- Astralleib/Ätherleib, Schmerz **120-09**
- luzifer.-ahriman. Verfehlungen **120-11**
- Hygiene **120-13**
- Heilung, Heilmittel **120-15**
- Metalltherapie, Heilmittel **128-13**
- Infektionsk. **143-04**
- künftige Nervosität **152-01**
- Materialismus **154-03**
- pflanzl.Heilmittel **156-06**
- Ahriman-Luzifer, Lebensprozesse **170-19**
- hygien.Okkultismus **172-04**, **173-08, 184-18**
- Geistesk. **174-02**
- und Doppelgänger **178-02**
- Heilmittel **182-04, 210-14, 222-02, 222-06**
- Epidemien u.Sonnenflecke **185-04**
- und Zeitenverlauf **187-07**
- Luzifer u.inner K. **194-04**
- und Astralleib/Ätherleib **205-20, 316-02**
- Entzündung-Sklerose **210-01**
- Metalle **213-03**
- Kiesel **213-08**

- Ahriman-Luzifer **218-08**
- Aufbau-Abbau **221-01**
- Entzündung-Geschwulst **221-02, 230-29**
- und Materie **225-05**
- und Erziehung **226-02**
- Raphael **229-05**
- und Elementarwesen **230-22**, **230-23**
- und Stoffwechsel **230-27**
- und Atmung **230-28**
- und Mineralisches **230-30**
- Kinderk. **235-03**
- Heileurythmie **278-03**
- Heileurythmie, Musiktherapie **278-04**
- im Schulalter **300-08**
- Wirkung d.Schreibmaschineschreibens **303-04**
- Gedächtnistraining im 2.Jahrsiebt **303-05**
- historische Betrachtung d.Begriffe G.-K. **312-01**
- Stoff und Prozeß **313-10**
- Krebs und Manie **314-02**
- in den ersten Lebensjahrsiebten **314-07**
- Ich und Astralleib **314-18**
- Wesen d. Krankheit **318-05**
- Krankheit und Sünde **318-08**
- K. und Organwärme **321-01**
- Geisteskrankheiten, Heilmittelfindung **322-05, 322-06**
- Physiologie **326-09**
- Vegetarismus und Rheumatismus **327-10**
- Krebs, Leberkrankheiten **327-11**
- Irrtum und Verdauung **340-06**
- Hormontherapie **348-04**
- verschiedene K. **348-08**
- Giftpflanzen, Fieber **348-09**
- Metalltherapie u.Planeten **348-23**
- Kiesel **349-01, 354-01**
- Keuchhusten, Asthma **349-05**
- Grauer Star **350-03**
- Gifte **352-01**
- Mond und G. **353-10**

Getreideanbau 173-12
Geum urbanum s. Nelkenwurz
Geweih 327-04
Gewissen
- Erziehung u.G.bildung **55-03**
- Ursprung **63-04**
- Erynnien **113-03**
- Taten u.Gefühlsbewegungen **115-19**
- histor.Entstehung, künftige Wandlung **116-12**
- Moses-Christus, Jüngstes Gericht **130-05**
- Phänomen d.G. u.geistige Welt **143-02**
- Folgen von G.losigkeit **144-01**
- und vorgeburtliches Leben **170-15**
- und Herz **205-08**
- Ursprung d.G. **207-09**
- und Schlaf **208-18**
- und Leben nach d.Tod **210-04**

Gewinn 340-08, 340-11
Gewohnheit 115-07, 170-13
Gezeiten s.Ebbe und Flut
Ghiberti 292-08
Ghirlandajo 292-01
Gicht 293-11, 326-10, 351-12
Gift 173-15, 174-01, 221-02, 222-06, 352-01
Giftpflanzen 230-23, 230-24, 243-08, 312-17, 348-09
Gilden 54-06
Gilgamesch 126-01, 126-05, 233-03, 233-04
Gilles de Rais 101-11
Ginnungagap 101-01, 284-01
Giotto 292-01, 292-12
Glanzfarben 291-02, 291-04
Gläsernes Meer (Apokalypse) 104-08
Glaskörper 320-03
Glaube-Liebe-Hoffnung 130-15
Glauben
- u. Mysterieneinweihung **53-04**
- Arbeit an der Wirklichkeit **73-01**
- G.kraft und Christuskraft **112-09**
- und Christus **153-05**
- an Christus und Leben nach dem Tod **211-04**
- G.erlebnis und Intuition **324-07**

Glauben-Wissen
- in der Scholastik **74-02**
- Sphinx in 3.u.5.Kulturepoche **105-16**
- und Inkarnationen **135-03**
- und Ahriman-Luzifer **162-04**
- und Jupiterzustand **175-17**
- und Freiheitsimpuls **187-05**
- Atmung u.Sinneswahrnehmung **211-03**

Glaukom 314-10, 314-12
Glechoma hederacea s. Gundelrebe
Gleichnisse im NT 96-22, 96-24, 139-05
Gliedmaßen 116-09
Gliedmaßen-Stoffwechsel-System
- Stoff und Wille **82-02**
- und Zukunft d.Menschen **181-14**
- Zusammenhang mit Inkarnationen **183-03**
- Ausstrahlung von Leben **190-07**
- Evolution **192-06**
- und achte Sphäre **194-01**
- Dreigliederung d.Menschen **201-20**
- und künftige Entwickl.d.Menschen **202-01**
- Einfluß d.Erde **202-02**
- Pol d.Stoffvernichtung **202-18**

- und Exusiai **203-10**
- und Intuition **204-02**
- und Logik **205-13**
- und Ätherleib/Astralleib **205-20**
- und Wesensglieder **206-04, 313-01**
- und Lebensstufen d.Menschen **208-07**
- und Materie **208-10**
- und Schlaf **208-18**
- und vorgeburtl.Leben **210-08**
- 1.Hierarchie **216-02**
- und Nervensystem im Auge **218-01**
- Substanz u.Tätigkeit **227-03**
- Gabriel-Michael **229-07**
- Verdauung bei der Kuh **230-01**
- krankmachend **230-27**
- u.Tierwelt **293-09**
- und Herz **312-02**
- und Wille **312-03**
- Ätherströmungen im Menschen **313-02**
- Stoffwechsel und Metallstrahlung **313-08**
- und Seelenleben **314-04**
- im 3.Lebensjahrsiebt **314-07**
- Stoffwechselkrankheiten **314-09**
- Ich und Astralleib **314-18**
- Stoffwechsel u. Eurythmie **315-04**
- Beziehung zu Pflanzenblüte und -samen **316-06**
- Heileurythmie **315-04**
- Anordnung d. Wesensglieder **317-06**
- analyt. u. synthet. Tätigkeit **317-01**
- Wirkung von Arzneiformen **317-09**
- makroskosm. Wärme im G. **318-09**
- Heilmittel **319-02**
- und Silber **319-09**
- Stoffwechsel und Wille **320-09**
- irdisches Leben, Polarität zum Nervensystem **323-02, 323-10**
- Befruchtung/Fortpflanzung **323-05**
- Beziehung z. Nervensystem wie zweiästige Cassini-Kurve **323-09**
- Formen **323-15**
- Gliederung beim Tier, ird. u. kosm. Stofflichkeit **327-09**
- und Geistesleben **328-02**
- und Gehirn **348-09**
- Cyanbildung im Menschen **351-01**

Glimmer 100-06, 316-05
Globus (s.Formstufe)
Gnade 94-26, 127-05
Gneis 100-06, 316-05, 317-12, 349-01
Gnome
(s.auch Elementarwesen)
- Offenbarung **98-06**
- Wesensglieder **102-09, 102-11**
- Abschnürungen d.Archai **136-04**
- Gewahrwerden d. Gnome **161-12**
- und Gedanken **163-04, 211-13**
- Wahrnehmung d.Irdischen **230-13**
- u.niedere Tiere, Begegnung im Schlaf **230-18**
- bösartige **230-22**
- Mond- u.Jupiterzustand **230-25**

Gnosis
- Pistis-Sophia **93-05, 95-14, 149-01, 211-03**
- Logosverständnis **103-03**
- und Jesus Christus **149-02, 204-09**
- als Seelenstimmung **151-02**
- verschüttetes Wissen d.G. **165-02**
- und Salomonischer Tempel **173-09**
- und vorgeburtliches Wissen **187-03**
- Weltentstehung **225-03**

Gobi 103-10
Goes H.van der 292-06
Goethe J.W.
- Einfluß Spinozas **51-01**
- und Schiller **51-19**
- seine Märchen **53-14**
- Pandora **58-03**
- Wetterforschung **58-09**
- Farbenlehre **76-02**
- Einfluß Swedenborgs **78-02**
- Rosenkreuzertum **93-30**
- Wilhelm Meister **138-04, 214-06, 225-02**
- Inkarnationen **144-04**
- Templerwissen bei G. **171-05**
- Entwicklung und Werk **172-01**
- Tätigkeit als Minister **172-03**
- und Hüter der Schwelle **188-04**
- u.Entwickl.d. Bewußtseinsseele in Mitteleuropa **204-20**
- vorgeburtliches Leben **207-12**
- Faust und andere Werke **210-11**
- "Verjüngung" **216-06**
- Italien-Reise **222-02**
- Inkarnation **236-16**
- inn.Entwickl. u. Faust **272-02**
- Naturanschauung **273-12, 320-01, 323-02**
- Iphigenie **281-01, 282-07**
- Verwendung d.Hexameters **282-05**
- Iphigenie und Tasso **282-10**
- seine Dramen **282-14, 300-06**
- farbige Schatten als Nachbild **320-07**
- Urphänomene **322-03**
- Imaginationsstimmung **325-03**

Goetheanismus 185-15, 323-16
Goetheanum
- Heizungshaus **157-09, 275-04, 275-10**
- Plastische Gruppe **157-16, 271-02, 292-12**
- Architekturformen **184-08**
- Formenentwicklung **194-14**

- musikal. Formen **275-01, 275-07**
- im Jahre 2000 **284-02**
- u. salomon.Tempel **286-01**
- u.lebend.Wort der Geisteswissenschaft **286-06**
- Wände, Glasfenster **286-07**
- Doppelkuppel, Säulen **286-08**
- Säulen, Architrave **287-01**
- Doppelkuppel **287-02**
- Malerei **292-07**

Goethes Märchen 53-13, 93-30, 202-18, 210-11, 240-01

Gold
- Rheingold und Nibelungen **136-13**
- luziferische Bildung **136-17**
- als Heilmittel **157-08**
- Gelddeckung **190-01**
- Wirkung auf d.Menschen **232-13**
- und Herz **243-01, 313-08**
- Mysterien, Stadtkultur des MA **292-10**
- und Sonne **312-07**
- Beziehung zu Sonne u. Ätherleib **316-09**
- und Anämie **351-06**

Goldregen (Cytisus laburnum) 316-05
Goldschmiedekunst 292-10
Goldwährung 340-12, 340-15
Gold-Weihrauch-Myrrhe 114-09, 117-03, 149-03, 180-01
Goldener Schnitt 204-12
Goldenes Vlies 106-16
Goldgrund-Malerei 101-03, 291-03, 292-06
Golfstrom 121-15
Gondishapur 184-17, 204-05, 204-26, 233-06, 325-02
Gonorrhoe 314-15
Gorgonen 61-03
Goten 51-05
Gotik 51-12, 98-27, 101-15, 265-02, 286-03, 292-03, 291-18
Gott s.Vatergott, Trinität
Götter s.Hierarchien

Götter Obere und untere -
- vorchristliche Einweihungen **113-06, 318-10**
- in Griechenland **113-08**
- Christus-Luzifer **113-09**
- Mystik, nord.Mysterien **119-02**
- Einweihungen seit Golgatha **123-10**
- griech.Mythologie u.Dichtung **129-11, 203-07**
- und Leben nach d.Tod **205-09**
- german.u.persische Mythologie **205-18**
- Titanen, Erdinneres **211-11**

Götterbilder
- in ind.u.persischer Mythologie **101-02**
- der Ägypter **105-08**, **105-16**
- Gott Amon **106-17**
- und die Zehn Gebote **107-09**
- in der urind.Kultur **108-02**
- griech.Mythologie **113-07**
- Ursprung **254-08**
- u.Wesen d.3.Elementarreiches **273-13**

Götterdämmerung 101-07, 105-12, 121-12
Götterweg 106-21
Gottesbeweis 74-02, 323-06
Gottesfreund vom Oberland 51-15, 118-03, 262-02, 264-04
Gottessohn 124-04, 127-03
Göttliche Komödie (Dante) 94-16, 97-04, 161-03
Grablegung Jesu Christi 130-19

Gral
- Loge der großen Eingeweihten **53-11**
- esot.Christentum **57-11**
- Lohengrin **93-56**
- Kelch und Lanze **97-12**
- Gotische Mysterien in Spanien **97-13**
- Ursprung, Wandel i.d.Mysterien **97-14**
- und künftige Fortpflanzung **98-02**
- Christus als Avatar **109-06**
- Christus und Luzifer **113-06**
- Keltischer Volksgeist **121-10**
- Amfortas, Parzival, Klingsor **144-03**
- Imagination d.Ätherleibes **145-12**
- Amfortas, Parzival **145-13**
- Parzival und Mondsichel **149-08**
- Priester Johannes **149-10**
- und Denken **201-21**
- G.strömung, G.legende **204-08**
- Parzival - Simplicissimus **210-12**
- Gralshüter **214-01**
- G.strömung **216-09**
- und Artus-Runde **238-02**, **265-02**

Granit 100-06, 349-01
Graphit 316-03
Graphologie 316-08
Grau 320-02
Grauer Star 350-03
Gravitation (s.auch Schwerkraft) 320-06, 323-03, 323-08, 323-14, 323-17, 323-18, 326-07
Gregor VII. (Papst) 51-11, 235-12, 317-17
Greshamsches Gesetz 341-01

Griechen, Griechenland
- Philosophie **51-01**
- Nase **58-05**
- Mysterien **60-02**
- Tempel **98-27, 286-01, 286-03**
- Mythologie **105-08**
- Bezeichnung f.Wesensglieder **114-15**
- als Jupitervolk **121-09**
- Land der 4.Kulturepoche **158-02**
- Kultur und Luzifer **171-01**
- Ahriman-Luzifer **184-13**

- Sternbild des Krebses **202-20**
- Wahrnehmung d.blauen Farbe **202-23**
- Hochland von Turan **202-25**
- Literaturgattungen **203-07**
- Sprache **204-03**
- orientalische Weisheit **204-07**
- Daseinsbewußtsein **204-26**
- Auffassung d.Elemente **205-04**
- künstlerische Empfindung der Wesensglieder **211-05**
- Bild d.Menschen **222-07**
- u.Gedächtnisentwicklung **233-01**
- Trojanischer Krieg **233-02**
- plastische Kunst **275-03, 292-08**
- Gymnastik **282-03, 282-04**
- Schauspielkunst **282-05**
- Erziehung **351-04**

Grimm Herman 62-02, 161-05, 236-05
Grippe 312-20, 348-17, 351-08
Grün 275-06, 291-01, 327-02
Grün Anastasius 130-21
Gründüngung 327-12
Grünewald Matthias 292-03
Grundbesitz 189-05
Gruppenseelen
- auf den Planen **93-76, 105-03, 136-14**
- und 2.Hierarchie **136-05**
- und Sonnenfinsternis **148-02**

Gruppenseele (Mensch)
- Geheimnis der Zahl **94-27**
- frühere und künftige **98-08**
- die 4 Grundformen **101-19**
- Stammesseelen **101-20**
- u.Bewußtseinsentwicklung **102-05**
- die 4 Grundformen **104-02**, **106-02**, **107-06**
- und Nephesch **107-20**
- und Sprachbildung **115-07**
- und Christus **130-01, 142-03**
- und Exusiai **136-19**

Gruppenseele (Mineral) 136-18, 136-19
Gruppenseele (Pflanze) 134-05, 136-16, 136-19
Gruppenseele (Tier)
- Kampf ums Dasein, Hilfe **54-01**
- Jupiterzustand **94-27**
- der Ameisen, Biber **97-18**
- Strömung d.G.um die Erde **98-07**
- und Elementarwesen **98-08, 102-12**
- die vier Grundformen **99-02**
- der Biene, Fische **101-16**
- Nephesch **107-20**
- schlimmes Gegenbild **108-01**
- der Biene, Ameisen, Korallen **110-21**
- zur Zeit d.Mondtrennung **120-02**
- bei Zugvögeln **121-01**
- Sitz auf d.Planeten **136-15**
- und Dynameis **136-19**
- und Ahriman **145-19**
- und Planetensphären **216-01**

Gummi 351-08
Gunas 142-01
Gundelrebe (Glechoma hederacea) 312-09
Guru 322-07
Guschtasb 123-01
Gutenberg 51-13
Gutzkow K.F. 214-06
Guyau J.M. 262-02
Gymnastik 282-03, 282-04, 282-09

Haare
- und Sonnenstrahlung **117-05**
- und Löwenkräfte **129-12**
- ahriman.Bildung **205-19**
- Haarfarbe **218-04, 316-08, 317-06, 348-05**
- H.wachstum **236-11, 353-10**
- außertellur. Kräfte **312-11**
- Kieselsäure **313-01**
- Diagnose **316-08**
- Behaarung **348-02**

h'aarez 122-01
Haarfarbe 218-04, 316-08, 317-06, 348-05
Habich 124-02
Häckel Ernst 170-03, 235-12, 317-17, 323-05
Hagar 117-07
Hahnemann Samuel 312-07
Haimarmene 95-14
Häkeln 312-19, 312-22
Hakenkreuz 94-13
Halberstadt (Dom) 292-04
Halluzination
- Gegenbild zu Imagination **66-03**
- Hüter d.Schwelle **147-01, 227-05**
- Ahriman **147-06**
- Wahrnehmung eines Ätherleibteiles **154-01**
- und phys.Leib **205-01, 205-07**
- und Kräfte der Leber **205-08**
- und Wachstumsprozesse **206-09**
- Organdeformation **313-06**

Hamerling Robert 63-07, 154-02, 236-07, 282-08, 282-15
Hamlet 139-01, 210-11
Hämorrhoiden 312-19, 314-09
Hammurabi 325-04
Hämophilie 312-21, 348-20
Handauflegen 127-03, 316-08, 342-10
Hände
- als unbewußte Imagination **67-06**
- Strahlungen **124-05**
- Denkorgan auf Jupiter **156-03**
- Denkorgan für d.Karma **181-02**
- und vorgeburtliches Leben **207-10**
- als Erkenntnisorgane **265-06**
- Überwindung d.Schwerkraft d.Sprache in d. Eurythmie **277-04**
- und Eurythmie **279-15**
- Massage **312-18**
Handlesen (Chiromantie) 316-08
Hanse 51-12
Hanslick Eduard 126-06
Harmonie (Musik) 283-09
Harn 312-10, 312-22, 313-08, 314-06, 315-04, 352-06
Harnblase 312-10, 312-14
Harnsäure 314-06
Harnstoff 314-06
Hartmann Eduard von 235-07
Harun-al-Raschid 235-09, 236-01, 238-03, 316-12
Harvey W. 326-03
Harz 351-08
Haß 62-06, 184-03, 186-04, 230-33, 235-02
h'aschamajim 122-01
Hauer Josef 278-05
Hauptmann G. 300-06
Hauser Kaspar 114-06
Haustiere 254-09
Haut
- als Absonderungsorgan **128-07**
- und vorige Inkarnation **236-11**
- außertellur. Kräfte **312-11**
- äußeres und inneres Licht **312-13**
- Studium d.H. **312-16**
- Strahlung, H.krankheiten und Silber **313-08**
- und Ernährung **327-04**
- Bau **348-07**
- und Nieren, Diphtherie **348-17**
- H./Lunge und Leber **348-18**
Hautfarbe 349-03
Hebräer
- Gruppenseele **94-27**
- Verbind. d. chaldäisch. u. d. ägypt. Strömung **113-12**
- Jahve-Bewußtsein **123-02**
- Moral und Intelligenz **130-04**
- und Propheten **139-02, 202-24**
- und Einweihung **139-09**
- Jubeljahr **170-02**
- Sprache **174-07**
- und Römertum **175-13**
- Ahasver **211-01**
- Schrift **218-13**
- Monotheismus **325-05**
- koschere Ernährung **348-14**
- erfüllte Mission d.Monotheismus **353-08**
Hegel G.F.W. 51-01, 64-01, 108-09, 137-01, 202-07, 292-07, 322-02
Heilbarkeit 120-04
Heileurythmie
- Wirkung Grundton - Septime **278-03**
- heilende Wirkung d. Toneurythmie **278-04**
- soziale Übungen **279-12**
- bei Gelenkdeformationen **313-10**
- bei Otitis, Sklerose **314-12**
- Unterschied zu Eurythmie **315-01**
- Wirkung von Vokalen und Konsonanten **315-02, 315-03, 315-04, 315-06**
- Übungen für Atmung, Kopfschmerzen, Ungeschicklichkeit **315-05**
- bei Disposition zu Schwachsinn oder Tobsucht **317-06**
Heilige 318-01, 318-04
Heilige Allianz 204-20
Heilige Nächte 127-07
Heiligenschein 129-13, 175-04
Heiliger Geist
(s.auch Trinität)
- und Luzifer **93-25**
- vorchristliche Einweihung **94-33**
- und Bewußtsein d.Menschen **96-16**
- Sünde wider den Hl.G. **96-18**
- in der Genesis **96-19**
- Anführer der Angeloi **99-19**
- und Astralplan **100-09**
- Symbol der Taube **100-16**
- und Luzifer **107-18**
- Schöpfung aus dem Nichts **107-22**
- und Golgatha **112-17**
- Bodhisattvas **113-15**
- in der Gnosis **149-01**
- und Leben nach d.Tod **153-06**, **153-08**
- und Geisterkenntnis vor Christus **176-03**
- und Christus **214-03**
- = obere Götter **318-10**
Heilmethoden 107-08, 312-05, 312-07, 313-03
Heilmittel
- Anwendung **107-08**
- mineralische und Phantom **107-11**
- Mysterienwissen **120-15**

- Metalle und Salze, Pflanzen **128-13**
- Metalle und Pflanzen **134-04**
- pflanzliche **156-06, 312-11, 314-06**
- Gold **157-08**
- künftige H.bereitung **172-04**
- und Doppelgänger **178-02**
- hygien.Okkultismus **178-14**
- und okkulte Entwickl. **210-14**
- Gifte, Pflanzenteile **221-02**
- Naturheilmittel **222-02**
- negatives Kraftbild **222-06**
- Druidenkultur **228-04**
- Metalle **243-02**, **348-23**
- H.findung **312-03**
- nach Ritter, pflanzliche **312-04**
- homöopathische - allopathische **312-05**
- Pflanzenaschen **312-07**
- homöopathische **312-12**
- Carbo vegetabilis **312-13**
- und Verdauung **313-04**
- dreigliedrige Pflanze u. H.findung **313-07**
- Giftung **314-09**
- spez.H. und Gegend **316-04**
- Wirksamkeit bei Arzt u. Patient **316-07**
- oral, parenteral und äußerlich **317-09**
- Wirkung bei Kind und Erwachsenem **317-18**
- und Sakramente **318-07**
- mineralische u. pflanzliche, Tempelschlaf **318-08**
- kosm. Kälte u. Wärme im Menschen u. H.findung **318-09**
- Quarz, Phosphor, Kalk, Pflanzen als H. **319-01**
- Substanz und Prozeß **319-02**
- Ernte von Heilpflanzen **319-09**
- Wirkung auf Wesensglieder **319-11**
- Organologie u. H.findung **322-06**
- manuelle u. maschinelle Herstellung, Rittersche H. **327-04**
- Kiesel-Kalk **349-01**
- Kiesel, kieselsaures Eisen, Wegwarte **351-02**
- Schlehensaft **351-05**
- bei Anämie **351-06**
- Bienengift **351-12**
- Gifte **352-01**

Heilpädagogik 279-12, 317-03, 317-05, 317-06, 317-12

Heilung
- Heilung und Tod bei Krankheiten **59-05**
- H.kräfte **107-05**
- durch Heiler und Heilmittel **120-15**
- durch Handauflegen **127-03**
- und Diagnose **312-03**
- Anregung z.H. **314-09**
- und Karma **317-04**
- und Abendmahl **318-05**
- Arzt - Christus - Priester **318-10**

Heilung des Blindgeborenen (NT) 100-18, 103-09
Heilung durch Handauflegen 127-03
Heilungen im NT 123-13, 264-08
Heimdall 100-13
Heimweh 323-02
Heine Heinrich 239-01
Heinrich I. 214-01
Heinrich II. 208-20
Heinrich IV. 51-11
Hekate 129-01, 273-10
Hektor 139-01
Hel 54-09, 121-12
Helena (Faust) 272-01, 272-02, 273-06, 273-07
Heliand 64-01, 107-17, 204-10, 214-01, 220-02
Helianthus s.Sonnenblume
heliozentrisches (kopernikanisches) **Weltsystem** 130-23, 181-05, 323-13, 323-14
Helleborus niger s. Christrose
Hellschmecken 129-03

Hellsehen, **Hellseher**
- im Lauf der Einweihung **52-03**
- Hellseher, Eingeweihte, Adepten **56-01**
- bei Paracelsus u.den Alchemisten **63-07**
- Aura d. Hellsehers **94-03**
- und Eingeweihte in Ägypten **98-01, 114-01**
- Voraussehbarkeit von Katastrophen **107-14**
- und Erkenntnis **108-04**
- der Atlantier **109-05**
- Denken u.visionäres H. **117-08**
- Wahrnehmen auf d.Astralplan **121-08**
- und Mondbewußtsein **122-07**
- und Wesensglieder **129-03**
- und Planetenzustände **136-12**
- Ausbildung d.H.u.Gehen, Sprechen, Denken **140-12**
- Kopf- u.Bauch-H. **157-12**, **161-08**, **161-11**
- **214-05**
- und Sexualität **253-01**
- atavistisches, Pythien und Propheten **275-11**
- Wahrnehmung d.Aura **291-21**
- niederes H. **303-01**
- und Imagination **324-03**

Hellsehen neues
- u.Wachstumskraft d.Pflanzen **98-12**
- Anthroposophie als Vorbereiterin **116-05**
- Wahrnehmung eines Ätherischen **116-11**

- und Christus im Ätherischen **118-01**
- karmisches Gegenbild **120-17**
- und Wandl.d.Gewissens **130-05**
- und freies Ätherherz, Schamballa **141-08**
- und zweites Golgatha **152-02**
- Lockerung d.Ätherleibes **171-14**
- Kräfte d.Ätherleibes **177-07**
- und Christus-Opfer **265-10**

Helm 129-13
Helmont J.B. van 273-02, 284-01, 312-01, 312-14
Henoch slawischer 123-12
Heptagramm 96-25
Hera 129-06
Herakles 93-08, 93-30, 187-06
Heraklit 326-08
Herbst 130-03
Herbstzeitlose (Colchicum autumnale) 243-08, 314-09
Herder Gottfried 281-07
Hermes (Trismegistos) 53-11, 60-04, 106-15, 109-03, 123-02
Herodias 97-14
Herodot 286-01
Heroen griechische 129-05, 129-06, 273-07
Herostrat 233-06
Hertha s.Nerthus
Hertling G.v. 238-07
Hertwig Oskar 323-05
Hertz H. 320-09
Herz
(s.auch Blut)
- und Wärme **93-49, 205-10**
- wird willkürl.Muskel **94-26**
- u.ägypt.Mythologie **106-07**
- und alter Saturn **110-07**
- Resultat gestauter Strömungen **115-04**
- Ätherisation d.Blutes **129-10**
- Heilmittel **134-04**
- und Kreislauf **145-06**
- Lage **158-05**
- Wandlung im Leben nach d.Tod, Zirbeldrüse **201-13**
- Produkt zweier Strömungen **201-19**
- u. Zirbeldrüse **202-10**
- Gewissen **205-08**
- Äther- und Astralherz **212-01**
- und vorgeburtliches Leben **214-08**
- und Schlaf **214-09**
- und Versmaß **281-02**
- H.kammern und Sonne **286-09**
- und Schreibmaschineschreiben **303-04**
- H.tätigkeit, keine Pumpe **312-02**
- H.tätigkeit und Sal- und Sulfurprozeß **312-07**
- Krankheiten **312-08**
- Atmung und Blut **312-09**
- Organgruppe **312-10**
- u. Eiweißbildung **312-14**
- Indikator für die Gewebeflüssigkeit **313-06**
- und Gold **313-08**
- H.-Lungensystem und Ernährung **314-06**
- Heileurythmie **315-05**
- Sinnesorgan **316-02**
- Beziehung zu Blatt **316-06**
- H./Uterus u. Sonne - Mond **316-07**
- mathemat.Betracht, H. und Gestalt **323-01**
- Nicotin und Kreislauf **348-13**

Herzeleide 238-04
Hesekiel 93-70
Heufieber 319-02, 348-08
Hexagramm 94-06
Hexameter 205-05, 281-02, 282-05, 282-21
Hexen 52-05, 273-02
Hexeneinmaleins (Faust) 272-02
Hexenküche (Faust) 272-02
Hexensalbe 273-02
Hierarchien
- phys.Leib, Astralleib und Ich **84-05**
- Wahrnehmungsbereiche **98-23**
- Planetensphären **110-05**
- Freiheit **110-15, 136-08**
- und Raum **110-16**
- Wirken auf d.Erde **121-06**
- Entwickl.d.Erde **122-05**
- Selbstwahrnehmung **136-06**
- und Planet **136-07**
- normale u.luzifer. und Planeten **136-09**
- Planeten, Monde, Kometen **136-10**
- und Mensch seit Golgatha **141-10**
- Bewußtseinszustände **148-10**
- 3.H.u.phys.Leib, 2.H.u.Astralleib nach d. Tod **174-09**
- Bereiche **180-04**
- Verbindung mit den H. **184-01, 184-02**
- Denken-Fühlen-Wollen **184-05**
- und Ewigkeit **184-12**
- und phys.Mensch **188-06**
- Sozialleben u.3.H. **190-02**
- und Gedächtnis-Erinnerung **201-10**
- Maja d.Erde u.d.Kosmos **203-05**
- ahr.u.luz.H. u. menschl.Entwickl. **203-10**
- und Wesensglieder d.Menschen **205-21**
- und okkult.Entwickl. **206-08**
- Beziehungen zu d.H.nach d.Tod **207-10, 208-01**
- Mensch und 3.H. **216-02**
- Gehen,Sprechen, Denken **224-02**
- Golgatha, Trinität **224-05**
- phys.Leib d.Menschen, Schlaf **228-03**

- und Sylphen **230-26**
- und Atmung **230-28**
- und Haß, Leben nach d.Tod **230-33**
- und Leben nach d.Tod **231-01**
- Denk-, Erinnerungs- u. Gesten-Erlebnis **232-01**
- Wesensglieder **233-09**
- Weltschöpfung, Licht und Farben **233-10**
- Planeten und Mond **236-15**
- und Schlaf **236-19**
- und Intelligenz **237-06**
- und Künste **271-01**
- Muskeln und Organe **316-07**

Hieronymos 130-14
Hilarion 264-04
Hildebrand 235-12, 317-17
Hildegard von Bingen 137-01
Hildesheim 292-10
Himmelfahrt
- Höherentwickl. d.Christus **112-23**
- und die Jünger **148-01**
- = Tod des Christus **148-03**
- und Ich **214-03**
- Bedeutung f.d.Menschen **224-03**

Himmelsbläue 136-01, 210-06, 236-17, 291-16
Himmelreich 53-06
Hinduismus 230-01
Hippokrates 204-05, 312-01
Hiram Abiff (s.auch Tempellegende) 93-29, 264-07, 265-12
Hirsch 327-04
Hirtentäschel (Capsella bursa-pastoris) 312-17
Hittorf 320-09
Hochgrad-Maurer 93-14, 167-01, 173-01, 198-03
Hochzeit zu Kana
- Einweihungserlebnis **94-18**
- Nah- und Fernehe **94-26**
- als Bild d.Menschenbruderbundes **100-19**
- Wein und Wasser **103-05**
- Steigerungsstufen d.Christuskraft **112-09**, **112-13**
- Mutter Jesu, Johannes **112-15**

Hoditz u. Wolframitz F.J.Ph.v. 58-01
Hödur 54-09, 121-12
Hoffnung 115-11
Höhenkuren 313-03
Höhlenarchitektur 286-03
Höhlenmalerei 325-04
Holbach D. 326-08
Holbein Hans d.J. 292-03
Hölderlin Friedrich 236-07, 292-07
Holland 121-04
Hölle 93-61, 273-06
Holunder (Sambucus nigra) 313-07
Homer 59-08, 106-09, 141-01, 145-08, 203-07, 273-06, 281-02, 300-06
Homöopathie (s. auch Potenzieren, Potenzen homöopathische)
- und Allopathie **312-05**
- Simileprinzip **312-08, 313-08**
- Verdienst d.H. **312-19**
- Bilsenkraut **348-09**
- Kalk **349-01**
- Weizenkeim-Test **351-07**

Homöopathisieren s. Potenzieren
Homunkulus 63-07, 64-02, 93-30, 180-13, 312-21
Homunkulus (Faust) 157-18, 272-01, 272-02, 273-09
Honig
- Nahrung für Ältere **230-32**
- und Wein **312-18**
- H.bildung und Quarz **233-08**, **348-22**
- und Blei als Heilmittel **313-08**
- mit Hypophyse als Heilmittel **317-10**
- Nahrung, Diät **351-09**, **351-10**
- H.bildung **351-11**

Honigwabe 233-08
Honover 114-21, 123-16
Hormone 348-04
Horn (Apokylpse) 104-17
Horn (Kuh) 327-04
Horoskop (s. auch Astrologie-Astronomie, Konstellation, Stern des Menschen) 317-16
Horus 57-08, 106-22
Hostie 342-06
Huch Ricarda 273-06
Hugo Victor 236-14
Hühneraugen 353-10
Hühnerei 205-06
Humanismus 51-13
Hume D. 52-01
Humor 282-11
Humoralpathologie 312-01
Humus 327-02, 327-04
Hund 282-17
Hunger 67-05, 205-17, 312-13, 313-03
Hunnen 55-06, 99-12, 155-01
Hüter der Schwelle
- Begegnung mit d.H.d.Schw. **62-06**
- falscher: nicht aufgelöster Astralleib **93-44**
- und lemur.Mensch **93-65**
- christl.Einweihung **97-03**
- nicht abgetragenes Karma **98-03**
- und okkult.Entwickl. **113-01**
- chaldäisch-ägypt.Einweihung **113-12**
- kleiner und großer **119-02**
- kleiner **119-03**
- und okkult.Entwickl. **137-05**
- Kain und Abel, Herd d.Bösen **145-15**

- Ahriman-Luzifer **147-01**
- wahres Ich **147-06**
- Gespenst und Alp **186-01**
- Begegnung aus dem Volkstum heraus **186-07**
- und Bewußtseinsseele **188-01**
- unbewußte Begegnung **188-02**
- Begegnung d.ganzen Menschheit mit d.H.d.Schw. **190-05**
- und Naturwissenschaft **203-08**
- und Herd d.Bösen **205-11**, **208-15**, **210-03**
- und Träume **227-02**
- und Visionen **227-05**
- Nachtwandeln, Zweites Gesicht **227-06**
- und Schlaf **273-10**

Hus J. 51-13
Husten 312-02
Huu 101-04
Huygens Chr. 320-04
Hybernia s.Irland, Mysterien hybernische, Mysterien Druiden-
Hydraulischer Widder 312-02
Hydrokephalie (Wasserkopf) 312-08, 317-12, 348-09
Hygiene 120-13, 124-05
Hyoscyamus niger s. Bilsenkraut
Hypatia 126-02
Hyperbel 323-09
Hyperboräische Epoche 93-23, 95-08, 300-01
Hypericum perforatum s. Johanniskraut
Hypnose
- Wesen d.H. **52-03**
- in alten Mysterien **52-08**
- Erleben des Kosmos **55-01**
- und Schwarze Magie **93-43**
- Äthergehirn **94-10**
- Massenbeeinflussung **173-11**
- Anerkennung als eine der Voraussetzungen f. GW **262-02**
- Beeinflussung von Krankheiten **312-19**

Hypochondrie 141-13, 205-08, 312-16, 325-06
Hypophyse
- und künft.2.Wirbelsäule **93-46**
- und Herz **93-49**
- Kundalinilicht **93-55**
- früheres Wärmeorgan **105-09**
- und Gedächtnis **128-06**
- und Epiphyse **312-04**
- mit Honig als Heilmittel **317-10**

Hypothek 340-05
Hypothesen 314-01
Hysterie 55-04, 115-17, 312-02, 312-03, 314-02, 317-05

Iblis 144-03
Ibsen Henrik 53-12, 236-06, 300-06
Ich
(s.auch Wesensglieder)
- Traum-Ich **52-05**
- Lachen u. Weinen **59-02, 107-19**
- Symbol der Schlangen **93-41**
- das Wort "Ich" **93-47**
- Bewußtsein auf dem Devachan **94-28**
- u.Elementarwesen im Schlaf **98-13**
- und Exusiai **102-04, 141-07**
- in atlant. u.nachatlant.Zeit **103-12**
- Punkt-Umkreis, Ich-Kosmos **105-03**
- und Asuras **107-18**
- und Christus als Avatar **109-06**
- und Erde **110-07**
- und Blut **112-17, 128-11**
- und Jungfräuliche Geburt **114-25**
- Strömung d.Ich **115-04**
- Strömung d.Ich und Urteilen **115-16**
- Malaria-Cholera **120-05**
- und Luzifer **120-16**
- menschl. u. menschheitl.Entwickl. **121-05**
- und Sündenfall **127-05**
- phys.Korrelate d.Wesensglieder **128-08**
- Blut und Knochen **128-10**
- Exusiai i.d.lemur.Zeit, I.bildung **131-05**
- I.kraft in vorchristl.Zeit **139-10**
- und Ich-Bewußtsein **141-03, 191-06**
- Ich-Aura in Wachen u.Schlafen **141-06**
- und Alkohol **145-02**
- und Pfingsten **169-01**
- und Zahl der Sinne **170-08**
- Gangliensystem **172-02**
- im Wachen und Schlafen **175-10, 236-18**
- der vorigen Inkarnation **181-14**
- und Mineralreich **184-10**
- Spiegelung d.vorgeburtl.Ich **187-04**
- und Sinnesorgane **196-04**
- steht außerhalb d.Tierkreises **201-09**
- oberer und unterer Mensch **201-12**
- und fester menschl.Organismus **201-17**
- Wahrnehmungen und phys.Leib **206-07**
- und Jupiterzustand **207-14**
- Denken-Fühlen-Wollen **208-11**
- und Schlaf **208-18**
- Denken und Wollen **209-03**

- und Gliedmaßen-Stoffw.System **210-08**
- Entwickl.des Denkens **214-05**
- und Sinneswahrnehmungen **218-01**
- der vorigen Inkarnation u.Wärme **234-02**
- Archimedisches Prinzip **243-10**
- Inkarnat, Wahrnehmung d.anderen Ich **271-03**
- bei Sprechen und Singen **278-01, 278-02**
- und Purpur **291-10**
- und Aura **291-16**
- lebt in Bilderwelt **293-05**
- u. Bewegungskräfte **293-11**
- Arbeit am phys. Leib **312-16**
- und Fieber **312-08**
- Zuckerkrankheit **312-17**
- und Kieselsäure **313-01**
- und Phosphor **313-05, 314-05**
- und Metallität **313-08**
- Leber/Galle-System **314-06**
- im 1.Lebensjahrsiebt **314-07**
- und Fette **314-22**
- beim Zuhören **315-06**
- und Hysterie **317-05**
- und Wärme **348-07**
- und Bienengift **351-12**
- und Nahrungsstoffe **352-02**
- und Verdauung **352-06**

Ich höheres
- bleibt in der Zeit stehen **66-01**
- und Geistwelt, 1.Hierarchie **84-05**
- Geburt des h.I. **94-21**
- Hüter der Schwelle **113-01, 147-06**
- und übersinnl.Welt **113-02**
- Entwickl.des h.I. und Luzifer **120-16**
- und Volkstum **157-01**
- macht Inkarnationen nicht mit **165-01**
- steht außerhalb d.Tierkreises **201-09**
- und Geometrie **282-08**

Ich nachtodliches 183-07

Ich-Aura 141-06

Ich-Bewußtsein, **Selbstbewußtsein**
- Ahamkara **53-09**
- und Gestalt **55-01**
- Moses **60-06**
- als unbewußte Intuition **67-06**
- Wechsel zw. Wachen und Schlafen **72-03**
- und Atmungsprozeß **94-25**
- Hl.Geist, künftiges I.B. **96-16**
- Geschlechtertrennung **99-22**
- Übergang v.Gruppenseele **102-05**
- Begegnung mit Christus **105-12**
- Entstehung von I.B. **110-02, 141-03, 265-05**
- Auftreten im Kindesalter **115-16**
- zu frühes Auftreten **121-05**
- in nachatlant.Kulturen **121-11**
- Nuancen in Europa **121-14**
- Gottessohn-Menschensohn **124-04**
- Ätherströme d.Herzens **129-13**
- und phys.Leib/Phantom **131-04**
- und Tod **132-05**
- in d.Individualentwickl. **133-04**
- und Blut **134-03**
- Ausschaltung in der Mystik **137-01**
- und Schlaf **137-03**
- und luz.Dynameis **141-07**
- und luz.Hierarchien **141-09**
- und Krishna **146-01**
- Symmetrie d.phys.Leibes **158-05**
- und Ich **165-01, 191-06**
- Ich-Sinn **170-18**
- Strahlungen d.Lotusblumen und der Erde **181-02**
- und Erinnerungsspiegel **183-01**
- das hohle Ich **187-04**
- Änderung während d.Kindheit **194-12**
- und traumloser Schlaf **202-15**
- und Weltschöpfung **202-16**
- und Sinneswahrnehmung **206-06**, **206-07, 207-08**
- und Jupiterzustand **207-14**
- und Gliedmaßensystem **210-08**
- und Trinität **214-03**
- Ichwahrnehmung und Sehen **291-12, 291-15**
- phys.Grundlage **313-02**
- Entstehung beim Kind **322-08**

Ich-Bewußtsein des Tieres 67-04, 181-12

Ich-Bewußtsein nach dem Tod
- **153-06**
- durch Schauen auf den Tod **163-06**
- u.Erinnerungsbilder d.letzten Lebens **181-10**
- und Hierarchien **182-01**
- Bewußtseinsstufen **207-11**

Ich-Erlebnis 326-08

Ich-Gefühl 67-04, 286-08, 312-15

Ich-Vorstellung 115-09

Ideale 202-16

Idealismus
- deutscher **51-01, 65-02**
- u.Devachan **53-06**
- bei Schiller **53-15**
- bei d.Erziehung **58-05**
- und Weltanschauungen **151-01**
- Ahriman-Luzifer **183-08**
- Folgen eines idealist. Zeitalters **184-09**

Idee 124-07

Idiotie 55-04, 99-09

Idole 238-05

Illusion 120-09, 314-02

Ilmarinen 133-03
Imagination
- und Halluzination **66-03, 313-06**
- unbewußte I. in der Extremitätenbildung **67-06**
- Erleben d.Ätherleibes **84-03**
- u. Gedanken **84-04**
- Denken mit dem Astralleib **161-11**
- Mensch im Mondenzustand **167-07**
- bei Swedenborg **175-26**
- und Malerei **271-03**
- Ideen u. I. **322-04**
- und Symbole **322-06**
- indische u. abendländ. Einweihung **322-07**
- und Naturforschung **323-18**
- Erkenntnis d.äther. Welt **324-03**
- Erleben der Pflanzenwelt **324-04**
- und Erinnerung **324-06**
Imagination-Inspiration-Intuition
- Einweihung im Unterschied zu Mystik u. Monadologie **59-03**
- vorherige Moralbildung **62-06**
- und Mathematik **76-02**
- Lotusblumen **115-03**
- Entwicklung **115-19**
- und Sinneswahrnehmung **153-03**
- nach dem Tod **174-15**
- und Kräfte der ersten 3 Jahrsiebte **191-01**
- Ware-Arbeit-Kapital **191-04**
- Gedächtnis-Intelligenz-Sinnestätigkeit **196-04**
- und Sinne **199-01**
- Denken-Fühlen-Wollen **202-04, 208-12**
- göttliche Offenbarung **202-06**
- und dreigliedriger Mensch **204-02**
- und Hierarchien **206-08**
- und 3.Hierarchie **207-06**
- und Inkarnation **210-04**
- bei Böhme, Swedenborg **227-06**
- im Musikerleben **283-09**
- und Künste **271-01**
- unbewußte I.-I.-I. **293-05**
- und Organbildung **313-10**
- Erkenntnis von Muskeln u. inneren Organen **316-07**
- Naturerkenntnis und Heilmittelfindung **322-06**
- Ausgangspunkt "Philosophie der Freiheit" **322-08**
- Erkenntnismöglichkeiten **324-07**
Impfen, Impfung 120-13, 177-05, 205-14, 319-11, 348-18
Impressionismus 271-02
Inder, Indien
- Kastenbildung **105-16, 222-07**
- Weg zu den Göttern **113-06**
- Sanskrit **121-02**
- chines.u.ind.Kultur **121-15**
- ind.Kultur und Dionysos d.J. **129-06**
- Erdgebiet und Weisheit **203-13**
Indianer
- atlant.Abstammung **54-04**
- dekadente Abzweigung **100-15**
- phys.Leib **101-21, 105-07**
- atlant.Wanderung **107-21**
- Saturneinfluß, Drüsensystem **121-09**
- und geistige Erkenntnis **192-07**
- Seelenwanderung **202-12**
Individualisierung 107-10
Indra 113-05
Infektion 312-02, 313-05, 348-08
Infektionskrankheiten
- karmische Folgen **95-05**
- Phantom und Bakterien **98-26**
- und Karmagemeinschaft **99-12**
- Ursache **99-13**
- und phys.Leib **107-08**
- als karm.Ausgleich **120-04**
- Leiden der Tiere **143-04**
- Materialismus **154-03**
- im Mittelalter **155-01**
- und Mikroorganismen **312-20**
- Diphtherie **313-05**
Infinitesimalrechnung 326-04
Inflation 340-05
Infus 313-07
Inkarnat 170-19, 181-10, 207-03, 214-02, 271-04, 291-01, 291-23
Inkarnation(svorgang) s.Reinkarnation
Inklination 323-02
Inneres Wort 207-03
INRI 93-20, 94-22
Insekten
- Fluglinien und Ich-Kräfte **205-20**
- und alter Saturn **230-05**
- Vergeistigung ird.Materie **230-06, 230-11**
- und Salamander **230-17, 230-21, 230-26**
- und Ameisensäure **232-12**
- Metamorphosen der Gestalt **323-02**
- kosm.Einfluß **327-07**
- Astralität der Bäume **327-08**
- verständiges Verhalten **348-10**
Inspiration 67-05, 321-05, 322-03, 322-05, 322-06, 322-07, 324-04
Instinkte
- kulturbildende I. des Menschen **58-09**
- und tier.Gruppenseelen **120-02**
- und die Arbeit d.Exusiai und Angeloi **182-04**
- und antisoziale Impulse **186-05**
- und Wille **206-06**
- Jahve-Ahriman **218-07**

- Tier - Mensch **221-03**
- und Wille **293-04**
- Heilinstinkt bei Vögeln **312-17**
- und Massage der Milz **312-18**

Intellectus possibilis 74-02
Intellekt, Intellektualität
- Ich-Bewußtsein u.I. **60-06**
- und Geister d.Finsternis **177-11**
- und Jahve **203-11**
- Materialismus **205-07**
- Impfung **205-14**
- und Freiheit **257-03**
- und Willen, Eurythmie **315-03**
- Aufkommen d.I. **325-05**
- und Leben nach dem Tod **342-05**

Intelligenz
- Symbol Pferd **104-05**, **104-06**
- und Astralleib **106-17**
- und Moral bei Griechen und Hebräern **130-04**
- und Michael **157-08**
- und Moral **177-02**
- und Luzifer **194-04**
- und schlaf.Inspiration auf d.Sonne **196-04**
- Karma **235-02**
- kosm.u.menschl.I., Michael **237-06**
- Michael **237-07**
- Sonne und Planetenintelligenz **237-09**
- kosm.I. und Sonnenflecke **237-10**
- kosm.I. und Sonne **348-12**

Interferenz 320-04
Intonation 282-04
Intuition 53-11, 66-03, 66-05, 74-03, 320-10
Investiturstreit 51-10
Iris germanica s. Schwertlilie
Irisdiagnose 316-08, 352-03
Irland (Hybernia) (s.auch Mysterien Druiden-, hybernische) 103-10, 178-13
Iroschotten 51-06, 51-07, 109-13, 178-04, 178-13, 265-02
Irrsinn 218-08
Irrtum 59-07, 106-19, 115-06, 115-18, 340-06
Isaak 117-03, 139-13
Isibel 61-02
Isis
- Bild der Madonna **57-09**
- Mysterien der I. **60-04**
- ungeschlechtl.Fortpflanzung, Madonna **105-02**
- Mondphasen **106-07**
- dreifache **106-13**
- Pharao **106-22**
- und Söhne der Witwe **144-02**
- Isis-Osiris-Mythe **171-09**
- Isis-Osiris-Mythe, Madonna **202-21**
- Sophia **202-22**
- und Laut f **279-02**

Islam
- Einbruch in Spanien **51-07**
- Renaissance der Jahwe-Religion **124-10**
- nathanischer Jesus **167-06**
- Impuls von Gondishapur **184-17**
- Paradies **272-05**
- ahrimanische Offenbarung **300-04**
- Engel d. Mohammed **300-04**

Ismael 117-07
Israel s.Hebräer, Juden
Istar 113-12
Italien, **Italiener**
- Ich-Bewußtsein **121-14**
- Volksgeist **157-15, 174-13**
- u.4.nachatl.Kultur **158-02**
- und Mitteleuropa **173-04**
- Unteritalien u.Pythagoras **183-07**
- Führung d.roman.Völker **185-17**
- Beginn d.Bewußtseinsseelen-Zeitalters **204-20**
- Garibaldi u.Einigung I. **235-11**
- Schauspielkunst **282-20**
- Volkskultur **287-01**
- Malerei **292-01, 292-02**
- Plastik **292-08**

Itiel 116-06
Izarats 60-02, 101-02, 113-11, 114-13

Jahr 3101 v.Chr. 116-04
Jahr 2500 v.Chr. 198-01
Jahr 1860 v.Chr. 196-03
Jahr 1322 v.Chr. 60-04
Jahr 333 v.Chr. 205-21
Jahr 300 v.Chr. 198-01
Jahr 333 184-02, 184-05, 184-16, 205-21
Jahr 354 209-04
Jahr 666 184-16
Jahr 869
- Konzil v.Konstantinopel, Römer-u.Judentum **175-13**
- Christusverständnis **184-14**
- Luzifer-Christus-Ahriman **194-02**
- u.Unordnung im Karma **237-10**
- Treffen Aristoteles - Harun al Rashid **238-03**
- Gral- u.Artusströmung **240-06**

Jahr 1000 51-10, 284-02
Jahr 1250 126-10, 130-06, 130-26
Jahr 1459 98-04
Jahr 1604 130-23

Jahr 1721 190-04
Jahre 1840 bis 1848 185-06
Jahr 1840 186-01, 204-20
Jahr 1841 177-08
Jahr 1842 175-12
Jahr 1848 185-06
Jahr 1859 53-15
Jahr 1879
- Michael-Zeitalter **157-08**
- Michael gegen Ahriman **177-08**
- Sturz d.Geister d.Finsternis **178-08, 198-01**
- u.soziale Entwicklungen **185-06**
- Michaelschule, kosm.u.ird. Intelligenz **237-06**

Jahr 1899 116-04
Jahr 1909 175-02
Jahr 1917 177-08
Jahre 1930 bis 1940 116-05
Jahr 2000 284-02
Jahr 2086 284-02
Jahresfeste
- Weihnachten, Weihnachtsbaum **96-13**
- Weihnachtsspiele **125-05**
- u.Wesensglieder d.Menschen **169-01**
- makrokosm.Mysterien, Weihnachten u. Silvester **175-11**
- u.Trinität, Weihnachtsbaum u.Kreuz **202-19**
- Weihnachten u.Epiphanias **209-04**
- Himmelfahrt u.Pfingsten **214-03, 224-03**
- u.Erde, Ich-Bewußtsein **223-01**
- u.Mysterien **223-02**
- u.Erde **229-02**
- Vorläufer d.Osterfestes **233-17**
- Festlegung **276-01**

Jahreszeiten, Jahreslauf
- u.Ätherleib **58-09**
- u.Elementarwesen **110-01, 130-03**
- Geister d.Umlaufzeiten **136-02**
- u.Amshaspands (Erzengel) **145-09**
- u.ahr.u.luzifer. Elementarwesen **229-04, 229-05**
- Mitfühlen d.J. in der urpers.Epoche **276-01**
- in der Atlantis **300-02**
- Wechselwirkung Sonne-Erde, Vegetationsgürtel **323-02**
- Einfluß auf d.Mensch i.d.Atlantis und heute **323-07**
- Planetenbewegung u. J. **323-11**

Jahrtausendwenden 284-02
Jahve
- und Mondpitris **93-52**
- und Luzifer **93-70**
- Kriyashakti **93-71**
- Einzug i.d.Menschenleiber (Lemurien) **96-19**
- Kyriotetes, Geister d.Umlaufzeiten **102-06**
- und andere Elohim **103-02**
- und Indra **113-05**
- die 2 Aspekte J. bei den Hebräern **113-12**
- Widerspiegelung des Christus **114-17**
- und Mars: Semiten **121-09**
- Elohim u.Jahve-Elohim **122-06**
- J.-Bewußtsein d.Hebräer **123-02**
- und Islam **124-10**
- Führer der Mondkolonie d. Kyriotetes **136-17**
- Hebräer u.J.-Religion **137-04**
- Mondkräfte u.Mensch **137-06**
- J. - Eva **149-09**
- Gebiet J. im Menschen **158-05**
- Vakuum **172-06**
- u.menschl.Erkenntnis **176-06**
- Vererbung u.Blut **177-10**
- Entthronung durch ahr. Elementarwesen **186-01, 275-01**
- und Geld **186-02**
- J. - Luzifer u.Gestalt d.Menschen **201-19**
- Nationalitätenprinzip **202-19**
- Bereiche J. **203-11**
- Monotheismus **211-13**
- Regler d.Instinkte **218-07**
- in einer gnost.Darstellung **225-03**
- Gegenpol zu Ahr.-Luzifer **254-04**

Jairus Tochter des (NT) 264-08
Jakchos 232-08
Jakim- und Boas-Säule
- Symbol d.Erdentwicklung **104-13**
- Elias u.Moses **104-15**
- roter u.blauer Blutbaum **112-20**
- Geburt u.Tod **169-05**
- Säulen d.Herkules **187-06**

Jakob 117-03
Jakob I. von England 169-09, 173-13
Jamblichos 137-01, 213-11
Jambus 279-09, 282-05, 282-21, 315-01
Jamim 122-03
Janus 347-01
Japan, Japaner 105-14, 182-03, 202-12
Japanisch-russischer Krieg 93-28, 99-12, 105-14
Japanische Malerei 169-07
Jatrochemie 326-08
Jauche 327-04, 327-12
Jeanne d'Arc s.Jungfrau von Orleans
Jedidjah 116-06
Jena 317-17
Jerusalem Neues 104-19, 181-05
Jeshu ben Pandira
- Führer d.Essäer **123-07**

- Essäereinweihung, künft.Maitreya Buddha **123-08**
- seine Schüler **123-09**
- Essäereinweihung **123-11**
- künft.Maitreya Buddha **130-02**
- inkarniert s.alle 100 Jahre **130-13**
- u.Matthäus-Evangelium **130-14**

Jesuiten, Jesuitismus
- u.Freimaurer **93-27, 167-02**
- esot.Ausbildung **131-01**
- okkulte Gemeinschaften **169-09**
- Christuserkenntnis **183-02**
- u.Materialismus **184-09**
- Exerzitien **185-10, 204-17**
- u.Hochgrad-Maurerei **198-03**
- u. Anthroposophie **273-11**
- Gegenreformation **292-09**
- u. Materialismus i.d.Naturwissenschaft **320-08**
- Symbole bei den J. **342-06**

Jesus
(s.auch die einzelnen Evangelien)
- Reinkarnation v.Zarathustra-Nazarathos **109-15**
- Wesensglieder **112-01**
- Darstellung im Tempel **114-03, 114-12**
- nathan.Jesus u. Adam Kadmon **114-07**
- J.knabe d.Lukas-u.d.Matthäus-Evangeliums **114-08**, **114-09**, **114-10**
- nathan.Jesus u.Johannes d.Täufer **114-11**
- bis zur Jordantaufe **114-16**
- Generationenreihe bei Matthäus **117-01**
- Zusammenhang mit d.Essäern **123-09**
- nathan.Jesus u.Adam Kadmon **146-02**
- Erlebnisse zw.16.u.30.Lebensjahr **148-04**
- Gespräch mit Maria vor d. Jordantaufe **148-05**
- vor der Jordantaufe **148-07**
- nathan.Jesusknabe **150-06**
- nathanischer Jesusknabe im Koran **167-06**
- Geburt, 33-Jahre-Rhythmus **180-01**

Jesus Christus
(s.auch Evangelien, Christus)
- und Rakshasas **93-04**
- in der Pistis-Sophia **93-05**
- Jordantaufe, Unbefleckte Empfängnis **103-13**
- Jordantaufe, Knochensystem **105-15**
- als Avatar **107-17**, **109-06**, **109-16**
- Versuchung, Bergpredigt **123-12**
- Einzug i.Jerusalem **123-15**
- Wirkung seiner Lehre **124-03**
- die drei Jahre **124-04, 148-03**
- das Sterben während d.drei Jahre **130-19**
- Auferstehung **131-04**
- Phantom **131-06**
- als Lehrer **139-05**
- und Petrus **139-08**
- mangelndes Verständnis **139-16**
- mangelndes Verständnis der Gnosis **149-02**
- Lebenszeit u. Entwicklungsalter d. Menschheit **176-01**
- Vergleich mit Apollonius v.Tyana **203-13**
- und Gnosis **204-09**
- **Todestag 130-19**
- **Wundmale 139-10**

Jesus Meister
- Inkarnation, Mysterienprinzip **93-05**
- Inkarnationen **109-26**
- Mysterienlehrer **113-16**
- Zarathustra-Ich u.Ätherleib d. salomon. Jesusknaben **114-16**
- Lehrer d.deutschen Mystik **118-03**
- und Ostern **130-21**
  - Identität **143-06**
- inkarniert s.in jedem Jahrhundert **264-04**
- **264-10**

Jethro 60-06, 139-12

Jod 321-12

Joga
- Atmung und Denken **83-01**
- Atemregulierung u.okkult.Entwickl. **94-25**
- die 7 Stufen d.J.-Einweihung **94-30**
- über die Gefahr v.Atemübungen **119-10**
- u.indomalaiische Rasse **121-09**
- J.-Philosophie **142-01**
  - Volksgeist u.Neigung zu J. **174-13**
- göttlich beseelte Luft **194-10**
- Bewußtmachen d.Atmungsprozesses **202-13**
- Atmung u.Sinneswahrnehmung **211-03, 318-06**
- AUM **211-06**
- Änderung d.Atmungsrhythmus und J. **313-10**
- J.technik und abendländ. Einweihung **322-08**
- Verbindung von Bild und Realität im Atem **323-05, 323-06, 324-04, 324-05, 326-08**

Johannes, Lazarus-Johannes
- als Gattungsbegriff **94-26**
- Lazarus = Jünger Johannes, Verfasser d.J.-Evangeliums **103-04**
- und Apokalypse **109-11**
- Einweihung des Lazarus-J. **112-06**
- Adler-Eingeweihter **112-08**
- u.ephesische Mysterien **232-05**
- Lazarus-J. und Elias **238-10**
- Hiram Abiff **264-07**

- Gleichnis vom armen L. **264-08**
- Lazarus-J. und J.Zebedäus **264-09**
- Hiram Abiff-Lazarus/Johannes-Chr. Rosenkreutz **265-12**

Johannes der Täufer
- Wiederkehr **93-20**
- im J.-Evangelium **103-04**
- Wassertaufe **103-05**, **112-04**
- und nathan.Jesusknabe **114-11**
- und Elias **114-14, 139-04**
- und Nasiräer **117-05**, **117-06**
- und sein Engel **124-01**
- Inkarnationen **126-13**
- Gruppenseele d.Apostel **139-07**
- Pinehas **139-14**
- Begegnung mit Jesus vor der Jordantaufe **148-04**
- und Lazarus-Johannes **238-10**

Johannes Priester 149-10

Johannes-Evangelium
- die 7 Stufen d.christl.Einweihung **94-16**
- christl.Einweihung u.Erdschichten **94-17**
- Einweihungserlebnisse auf Astralplan u. im Devachan **94-18**
- innere Architektonik, Verfasser **103-04**
- Symbol Adler **112-08**
- die 7 Wunder **112-09**
- Steigerung d.Christuskraft **112-13**
- u.synoptische Evangelien **114-01**
- Tendenz **175-14**
- u.ephesische Mysterien **232-05**
- Lazarus-Johannes ist der Verfasser **264-09**
- **1,1-5** 94-18, 96-05, 103-01, 112-02, 187-03, 279-01
- **1,1-14** 94-24
- **1,16** 103-02
- **1,19-23** 100-16
- **1,23** 103-04
- **1,29-33** 112-10, 112-11, 112-12
- **1,43-51** 112-13
- **1,46-51** 94-20
- **2,1-12** 94-18, 94-26, 100-19, 103-05, 112-09, 112-13
- **2,4** 112-09
- **3,1-21** 103-07
- **3,1-22** 94-21
- **3,31-34** 103-06
- **4,1-42** 100-14
- **4,43-54** 112-09
- **5,1-18** 100-14, 112-09
- **5,19-30** 112-13
- **6,1-15** 112-09
- **6,16-21** 112-09
- **6,22-25** 112-14
- **6,22-59** 94-29
- **8,1-11** 100-18, 155-05
- **8,12** 112-13
- **8,59** 94-15
- **9,1-41** 100-18, 103-09, 112-09
- **9,3** 112-09
- **10,30** 112-13
- **10,41** 103-04
- **11,1-45** 112-06, 112-09
- **11,4** 112-06
- **12,28-31** 112-16
- **13,23-25** 96-21
- **14,15-26** 112-17
- **16,25-33** 112-18
- **19,23** 100-17
- **19,25** 100-11
- **19,25-27** 94-33
- **19,26-27** 94-18, 112-15, 123-17
- **19,33-36** 94-23
- **19,36** 112-10
- **20** 130-19
- **20+21** 112-22
- **20,10-15** 103-14
- **20,11-18** 112-22
- **21,24** 103-04
- **20,24-29** 130-19

Johannes-Maurer 93-12

Johanni 223-01, 228-04, 229-01

Johannisbrot 117-05

Johanniskraut (Hypericum perforatum) 314-14

Jom 122-03

Jonas 114-26

Jordan Wilhelm 161-09, 281-03

Jordantaufe
- Unbefleckte Empfängnis **103-13**
- Christus u.Knochensystem **105-15**
- Johannes-Wassertaufe **112-04**
- Christus u.Knochensystem, Tod **112-10**
- Taube **112-11**
- und Mutter Jesu **112-12**
- und Maria **114-12**
- Wassertaufe d.Nasiräer u.d.Johannes **117-06**
- Durchdringung d.Jesus mit makrokosm. Bewußtsein **124-04**
- = Empfängnis des Christus **148-03**
- Epiphanias **209-04**

Joseph 117-03

Joseph von Arimathia 204-08

Jötunheim 205-18

Jubeljahr 170-02

Judas Ischarioth 96-21, 139-03, 148-06, 273-07

Juden s. Hebräer

Jugendbewegung 222-01

Julia 238-01

Julius II (Papst) 292-02, 292-09

Julian Apostata
- Eingeweihter, Neubau des salomon. Tempels **126-09**

- u.Sonnengeheimnis **184-13**, **202-17**
- Sonnengeheimnis, Palladium **208-16**
- dreifache Sonne **211-10**
- Inkarnationen **238-04**
Jung Carl Gustav 73-02, 178-09
Jung-Stilling 52-05, 52-07
Jünger Jesu Christi (s.auch Apostel)112-22, 123-13, 139-16
Jungfrau 286-04
Jungfrau Maria 112-12
Jungfrau Sophia 94-33
Jungfrau von Orleans 126-03, 149-09
Jungfräuliche Geburt 114-25, 180-01, 184-15
Jüngling zu Nain 114-24, 264-07
Jüngling zu Sais 148-08, 264-07
Jüngstes Gericht 130-05, 161-10
Jupiter (Planet, Planetensphäre, -kräfte)
- und Sonnenzustand **110-07**
- Sphärenharmonie **140-04**
- und Gehirn **204-22**
- J., Mars u.Saturn und Sinnesorgane **218-07**
- und Leben nach dem Tod **227-11**
- und Denken **228-01**
- und Zinn **312-07**
- weiße Blütenfarbe **327-02**
Jupiterzustand
- Mensch im Pflanzenreich **99-25**
- Elementarwesen **102-10**
- erster u. zweiter Tod **104-20**
- Luft d.J., Menschenrassen **127-04**
- Dritte Kraft, Erdschlacke **130-11**
- luzifer.Vorwegnahme d.J. **130-18**
- Abbaukräfte d.Menschen u.J. **134-03**
- Andeutung i.Matthäus-Evangelium **139-16**
- u.Sündenvergebung durch Christus **155-05**
- Hände als Denkorgane **156-03**
- Vorbereitung d.J. **157-21**
- Bewußtsein, Jüngstes Gericht **161-10**
- Umwandlung v.Gehirn und Sonnengeflecht **161-11**
- und Schlaf **175-06**
- Glauben **175-17**
- und Leben nach dem Tod **181-03, 208-01, 208-02**
- und das Böse **185-08**
- ahriman.Elementarwesen **194-09**
- Zusammengehen v.Moral und Naturgesetzen **198-02**
- Naturreiche **207-13**, **207-14**
- Elementarwesen d.Moralischen **216-04**
- Elementarwesen im Kultus **216-07**
- Gnome u.Struktur der Erde **230-25**
- und Astralleib **275-03**
- Menschheitsstufe auf dem J. **275-09**
- Keime in Denken-Fühlen-Wollen **326-09**
Jura 300-01
Justinian 162-05, 204-05

Kabbala 108-06, 116-06, 353-02, 353-09
Kabiren
- Wesensglieder d.Menschen **188-07**, **205-02**
- und Opferrauch (Ruach) **218-11**, **232-11**
- bei Schelling **238-04**
- u. Klass. Walpurgisnacht (Faust) **273-13**
Kadmillos 273-13
Kaffee 96-11, 145-05, 312-15, 312-21, 352-01
Kain 93-04
Kain und Abel 93-03, 145-15
Kainsschicht 94-17
Kakao 145-05
Kalender 133-02
Kalewala 133-03, 158-01, 281-03
Kali Yuga 116-04, 118-02, 133-05
Kali(um) 327-05, 327-06
Kaliumcarbonat (Kalium carbonicum) 312-13
Kalk
- und Tierformen **213-07**
- und ahriman. Wesen **229-04**
- Einlagerung in lemur.Tierformen **232-05**
- Austernschale **312-05**
- Heilmittel bei Kraniotabes **312-07**
- und Leber **312-10**
- K.- u. Kieselprozeß im Nervensystem **313-01**
- und Luftwurzeln als Heilmittel **314-10**
- phosphorsaurer und kohlensaurer K. und Schädel- bzw. Röhrenknochen **316-03**
- und Ätherleib - phys. Leib **319-01**
- und Phosphor im Rhythm. System **319-05**
- Wirkung auf Pflanze und Tier **327-01**
- neben Kiesel im Erdboden **327-02**
- Einlagerung in den Menschen **327-03**
- Kamillenblüten **327-05**
- Umlagerung durch Kali **327-06**
- Beziehung zu Würmern und Larven **327-08**

- als Heilmittel **349-01**
Kallimachos 286-04
Kalot bobot 144-03
Kälte 230-33, 318-09
Kama 53-09, 95-02
Kamaloka
- u.menschl.Handlungen **96-12**
- Region d.K. **101-19**
- vor und nach Golgatha **106-21**
- Entbehrung **107-05**
- Vergessen d.letzten Lebens **107-07**
- Leben nach rückwärts **115-15**
- Äther-u.Astralleib **147-07**
- Dauer d.K. **157-22, 168-02**
- und Karmaplan **157-25**
- und höheres Ich **165-01**
- 4.Lebensjahrsiebt u.K. **191-03**
- u.zerstörerische Kräfte **210-03**
- Mondenkraft **214-09**
- Mondensphäre **227-09**
- und Schlaf **236-12**
Kambium 327-08, 351-08
Kamille (Chamomilla) 314-09, 314-17, 327-05
Kampf ums Dasein 54-01, 54-02
Känguruh 98-08
Kant Immanuel 51-01, 52-01, 74-03, 126-04, 326-05
Kantianismus 181-06
Kant-Laplace-Theorie 323-04
Kapital
- und Geistesleben **189-09**
- Überleitung ins Geistesleben **189-10**
- Übertragung **190-01**
- und Intuition **191-04**
- und Imagination **322-06**
- K.besitz und K.verwaltung **329-01**
- entpersönlichte K.bildung **340-01**
- und geistige Arbeit **340-02**
- Arbeitsteilung **340-04**
- Grund und Boden **340-05**
- Leih-K. **340-08**
- Schenken, Stiften, Leih-K. **340-10**
- Übertragung von Leih-K. **340-11**
- Leih.-K. und K.besitz **340-12**
Karbon 300-01
Kardec A. 52-07
Karies 312-18, 312-19
Karl der Große 57-11, 281-06
Karma
- Lehre v.K. u. Christentum **54-01**
- Sympathie-Antipathie **66-03**
- falscher Doppelgänger **93-44**
- Karmakräfte **93-62, 182-02**
- u.Schöpfung aus dem Nichts **93-63, 107-22**
- Handlungen, Gedanken, Gefühle **93-64**
- Tod durch Naturkatastrophen **94-09, 107-14, 236-20**
- Temperament u. äußere Lebensumstände **95-04**
- Krankheit, Schönheit **95-05**
- Totgeburt **95-07**
- Lipikas **96-12**
- christl.Einweihung **97-01**
- Hüter d.Schwelle **98-03**
- Gemeinschaftskarma **99-12**
- K.gesetz **99-13, 99-14**
- Begabungen, Temperament, Krankheitsdisposition **99-13**
- Übernahme karm.Schuld **99-14**
- des Materialismus **100-04**
- im NT **100-18**
- tödliche Krankheiten **107-05**
- Krankheiten **107-15, 120-04, 120-06, 120-07, 120-09**
- u.ahrimanisches Böse **107-18**
- karm.Wandlungen während d.Lebens **108-03**
- Heilung d.Blindgeborenen **112-09**
- Gewissen u.karm.Gegenbild **116-12**
- nicht bei Tieren **120-02**
- des Egoismus **120-03**
- Geisteskrankheiten **120-11**
- Krankheit u.Unfall als K.ursache **120-12**
- Hygiene **120-13**
- Geschlecht u.Inkarnationen **120-14**
- Heilung v.Krankheiten **120-15**
- neues Hellsehen, karm.Gegenbild **120-17**
- Wandl.v.Charaktereigenschaften **125-04**
- und Christus **130-05**
- Begegnung mit anderen Menschen **130-20**
- Vorbereitung d.Jupiterzustandes **134-03**
- u.Selbsterkenntnis, Beruf **135-01**
- K.übung **135-02, 236-10**
- Glauben und Wissen **135-03**
- Desinteresse an Anthroposophie **141-13**
- unausgetragenes K.u.Luzifer **141-14**
- Muskelsystem **153-01**
- = ungeborenes Gefühl u.Wille **153-03**
- Sündenvergebung durch Christus **155-05**
- K.plan u.Kamaloka **157-25**
- Throne u.Archai **161-02**
- unausgelebtes K. u. Todesspektrum **161-06**
- Karmaempfinden **181-01**
- Hände **181-02**
- Ätherleib **181-17**
- und Wirtschaftsleben **189-08**

- K.verständnis u.soz.Zustände **191-07**
- Wandl.v.Gefühls- u. Willensimpulsen **194-12**
- Wandl. v. Organkräften **205-08**
- u.Wärmeorganismus d.Menschen **205-10**
- Gefühlsstimmung **207-09**
- Vorbereitung d.Ätherleibes **207-11**
- Christusbegegnung im Schlaf **214-09**
- ideelle Magie **218-09**
- Mond-Venus-Merkur **228-01**
- kosmisches K. **230-04**
- Freiheit **235-01**
- Liebe und Haß **235-02**
- Interesse an äußerer Welt **235-04, 317-01**
- Charakter u.phys.Leib **236-11**
- und Schlaf **236-18**
- Unordnung im K. **237-10**
- karm.Gedächtnis **239-02**
- Organerkrankungen **239-03**
- Michaelsschule **240-02**
- und Blut **243-04**
- und Linkshändigkeit **300-12**
- und Abtreibung **316-15**
- Erziehung **317-02**
- moralische Defekte **317-03**
- Erziehung, Heilung **317-04**
- Heilige u. Geisteskrankheit **318-01, 318-04**
- Selbstmord als Karmaabschluß **318-05**
- vergangenes u. werdendes **318-06, 318-07**
- Schutzengel **350-04**

Karneol (s.auch Edelsteine) 98-23
Karolinger 51-07
Karotte 327-09
Kartenspiel 93-18
Kartoffeln 225-06, 316-02, 327-02, 327-11, 350-09
Karzinom s. Krebs
Kastanienbaum 353-01
Kasten
- neue moral.K.bildung **97-10**
- K.bildung in 1.u.7.Kulturepoche **105-16**
- ind. K.bildung u. Selbstbewußtsein **146-01**
- atlant.u.urindische **155-01**
- frühere K.bildung u. dreigliedr. Sozialismus **203-03**
- ursprüngl.Einteilung **222-07**

Katakomben 130-16
Katastrophen 236-20
Katechismus 237-04
Kategorien 76-01, 108-09, 233-21
Katharer 51-12, 93-11
Kathode 323-18
Katholische Kirche, Katholizismus
- Ausrottung d.Spiritualität **131-03**
- u.Materialismus **184-09**
- alte Kultformen **184-19**
- Schatten d.röm.Imperiums **187-01**
- Macht **196-06**
- u.naturwiss.Erkenntnis **203-08**
- u.Geisteswissenschaft **204-16, 273-11**
- u.Ormuzd-Kult **204-21**
- Heilige **318-01**
- Kultus **342-02**
- Meßopfer **342-04**
- Sakramente **342-09**

Kaufen 340-07, 340-10
Kaufgeld 340-13
Kaukasier 101-21, 121-09
Kausalleib 94-11, 94-12, 95-01, 99-05
Keely J.W. 93-29, 169-05
Kehlkopf, Sprachorgane
- Sprachgeist **59-01**
- künft.Menschengeschlecht **93-27**
- künft.Reproduktionsorgan **98-02**, **99-25**
- Alter **100-03**
- Osiriskräfte **106-07**
- Wirbelgebilde **115-07**
- in aufsteig.Entwickl. **134-04**
- und Ohr **157-17, 320-08**
- Ätherleib **277-01**
- Bildung **277-05**
- Metamorphose d. Uterus **279-01**
- Übung f. Sprachgestaltung **282-07**
- bei den Tieren **306-01**
- Metamorphose **315-01**

Kelten
- nördl.Zug der Ursemiten **54-04**
- Erzengel, esoter. Christentum **121-10**
- deutsche Stämme und K.tum **180-11**
- Alesia **181-07**
- Sozialordnung, Logenwesen **185-11**
- Etrusker **300-03**

Kentaur
- Mensch nach Sonnentrennung **106-08**
- Symbol **126-05**
- u.Sphinx **145-17**
- Mitternachtskräfte **178-14**
- und Leben nach dem Tod **179-01**

Kepler Johannes 58-09, 61-01, 105-16, 126-09, 202-21, 323-03, 323-04, 323-07
Kerner J. 52-07
Keßler K. 54-01
Ketzer 93-11, 237-02
Keuchhusten 349-05
Kiefer 312-19
Kiesel, Kieselsäure, Quarz
- u.Kohlenstoff, Heilmittel **213-08**
- als Sinnesorgan d.Erde **232-02**
- Entstehung d.Q. in Lemurien **232-05**
- Q. u.Bienenwabe **233-08**
- Q.u.Kopfkräfte **239-03**
- K.prozeß und Organe Herz/Lunge bis Kopf **312-10**

- in der Wegwarte (Cichorium) u. Schachtelhalm **312-11**
- K.prozeß im Menschen **312-17**
- K.- u. Kalkprozeß im Nervensystem **313-01**
- Phantom im Nervensystem **314-17**
- Kiesels. in Schachtelhalm und Nieren **314-18**
- Kräfte in Quarz und Gneis **317-12**
- bei Migräne **319-01**
- K.prozeß und Auge **319-05**
- K.prozeß im Nerven-Sinnes-System **319-08**
- Kiesel pflanzl.Ursprungs **323-14**
- Kieselwirkung auf Pflanzen, Unterschied zu Kalk **327-01**
- Kiesel und Lebensäther des Erdbodens **327-02**
- kosmische Gestaltungskraft **327-03**
- Quarz in Düngerpräparat **327-04**
- kosm.Kieselsäure und Löwenzahn **327-05**
- Umwandlung von Silicium **327-06**
- Granit, Gneis, Heilmittel **349-01**
- K.säure als Heilmittel **351-02, 254-01**
- Kopfkräfte, Honig **351-10**

Kinder der Witwe s.Söhne der Witwe
Kindergarten 318-04
Kinderkrankheiten (s.auch die einzelnen)
- karm.Ausgleich **107-15**
- Masern u.Karma **120-07**
- Kampf gegen Vererbung **235-03**
- zu starke Kopfkräfte **303-02**
- Ursachen **314-04**
- zwei Gruppen **314-07**
- kosm.Kräfte im 1.Jahrsiebt **348-01**
- Diphtherie **348-17**
- Gelbsucht, Pocken **348-18**
- Keuchhusten **349-05**
- Rachitis **351-09**

Kinderlähmung 218-01, 351-08
Kinetikon 114-15
King John 254-02
Kino 175-08
Kircher A. 52-08
Klatsch 159-02
Klatschmohn (Papaver rhoeas) 317-12
Klaustrophobie 322-05, 322-06
Klavier 283-09
Klee 327-09
Kleidung 129-13, 163-01, 276-02, 342-11
Kleinhirn 351-08
Kleptomanie 317-03
Klingsor 144-03, 238-06
Klopfzeichen 350-08
Klopstock F.G. 194-02
Kloster 51-08
Klumpfuß 235-14
Kniescheiben 156-03
Knochen, Knochensystem
- und Christus **94-23**
- u.Geschlechtertrennung **99-21**
- Christus u.Jordantaufe **105-15, 112-10**
- und Ich **128-08**
- und Blut **128-10**
- Entstehung v.K.substanz **134-02**
- Ausstrahlung, Schatten **134-03**
- und Wille **153-01**
- und Haß **230-33**
- und Leichnam **272-16**
- Metamorphose, Umstülpung **275-10**
- todbringende Kräfte im K., Rachitis **293-02**
- Metamorphosen **293-09, 323-01**
- Unterschied zwischen Mensch und Affe **312-01**
- Verhältnis K. - Muskeln **313-09**
- Röhrenknochen **316-03**
- Erkenntnis **316-07**

Kochen (s.auch Wärmebehandlung) 312-11, 313-03, 327-09
Kohle 300-01, 312-13, 316-03, 323-14
Kohlenhydrate (s.auch Zucker) 313-06, 314-22
Kohlensäure
- Atmosphäre am Erdenende **94-08**
- im Blut, Denken **186-08**
- d.Erde u.luz.Elementarwesen **229-04**
- und Äther bei d.Atmung **230-27**
- u.Muskeln im 2.Jahrsiebt **303-06**
- u. Kieselsäureprozeß im Menschen **312-10**
- bei der Meditation **327-03**
- u.Nervensystem, Denken **348-19**
- Nervensystem, Eisen **351-01**

Kohlenstoff 213-08, 230-27, 232-13, 312-14, 327-03
Koholet 116-06
Kollaps 348-09
Kollegium römisches 214-01
Kolonialismus 185-03, 340-10
Columbus Christoph 171-03
Kometen, Meteore
- Ansammlung von Kama **95-10**
- Substanz d.Planetensystems **98-25**
- K.-Mond und Mann-Frau **116-09**
- Menschheitsentwicklung, Halleys K. **116-10**
- schlechte Astralmaterie **136-10**
- u.alter Saturn **136-12**
- u.luzifer.Throne **136-18**
- Bahn **202-11**
- Sonnensubstanz **231-03**
- und Chaos **318-09**
- Störung des Planetensystems **323-04**
- und Gravitation **323-08**

- ponderable und negative Materie **323-18**
- Nahrung d.Sonne **347-05**

Kommunion 172-08
Komödie 59-02, 107-19, 282-15, 282-20
Kompost 327-04
Konfessionen 172-05
Konfirmation 318-07
1.Könige 17-21 61-02
1.Könige 17,10-16 139-04
1.Könige 18-21 139-04
2.Könige 2 61-02
Konrad von Marburg 51-11
Konsonanten
- ägyptische Schrift **60-04**
- Nachbildung d. Tierkreiszeichen in der Schrift **156-04**
- Nachbildung d. Tierkreisbilder in der Sprache **208-08**
- Sphärenmusik und Alphabet **209-02**
- K. - Vokale Irdisches u. Geistiges i.d. Sprache **218-13**
- Nachbildung d.Außenwelt **278-04, 315-02**
- und Vokale **278-05**
- Einteilung **279-07, 282-22, 315-03**
- und Epik **281-04**
- Astralleib und Ich **282-01**
- Sprechen v.K. **282-05**
- Sprachgestaltung **282-07**
- u. Gestalt **282-23**
- Eurythmie v. K., plast. Kräfte **313-10**
- Heileurythmie **315-04, 315-06**

Konsonanz 278-03, 278-06
Konstantin 149-02, 175-23, 208-16, 325-05
Konstellation (Stern-)(s.auch Astrologie-Astronomie) 60-04, 312-20, 312-21, 316-10, 317-16
Konsum 340-05
Kontemplation 73-03
Konversation 282-01
Konzil von Konstantinopel 194-02
Koordinatensystem 208-13, 326-03
Koot Hoomi s.Kuthumi
Kopernikus Nikolaus 105-16, 109-04, 126-10, 323-02, 323-13, 326-01
Kopf
(s.auch Nerven-Sinnes-System)
- in d.Mysteriensprache **104-17**
- K.bildung u.Empfindungsleib **115-06**
- u.Gliedmaßen, Geschlechter **116-09**
- freier Ätherteil **141-08**
- K.bildung u.alte Sonne **156-07**
- und Rumpf, Uranos u.Gäa **170-04**
- u.Leib d.vorig.Inkarnation **170-07, 170-16**
- K.bildung u.Hierarchien nach d. Tod **174-09**
- Entwicklungsgeschwindigkeit **174-14**
- u.Mensch, Leib u.Hierarchien **177-06**
- K.bildung u.Ahriman **183-10**
- K.bildung u. alter Saturn, luz. Wesen **194-03**
- und Luzifer **194-04**
- K.bildung u.Ätherkräfte **201-12**
- Embryonalentwickl. **202-01**
- u. Gliedmaßensyst. der vorigen Inkarnation **202-02**
- u.reines Denken **202-18**
- K.gestalt u.Organkräfte der vorig. Inkarnation **205-08**
- u.Wesensglieder **206-04**
- u.Materie **208-09**
- u.3.Hierarchie **216-02**
- Nachbild d.Kosmos **221-03, 293-01**
- phys.Substanz d.Leibes **227-03**
- K.bildung u.vergeistigte Substanz **230-11**
- Dreigliederung **276-02**
- Eurythmie **279-15**
- K.organisation u.Tierwelt **293-09**
- K.form und Tiere **300-01**
- Kalk und Kiesel **313-01**
- Denken und Rhythmus **315-01**
- Nachbildung des Kosmos, phosphorsaurer Kalk **316-03**
- und Pflanzenwurzel **316-06**
- K.höhlen und Denken **316-15**
- Substanz **317-07**

Kopfschmerz (s.auch Migräne) 157-14, 315-02, 315-05
Kopfwäsche 312-18
Korallen 110-21
Koran 167-06
1.Korinther 15,47 104-14, 114-07
Körperfarben 320-05
Korpuskulartheorie 320-04
Kosmos
(s.auch Tierkreis, Planetensystem, Punkt-Umkreis)
- Linsenform **110-10**
- Verschwinden u.Wiederauftauchen **110-13**
- Gehirn als Spiegel **145-06**
- als luzifer.Maja **203-05**
- Vogelei als Abbild **205-06**

Kostüm 282-14, 282-16
Krämpfe
- Überwiegen von Phys.Leib über Ätherleib **143-01**
- bei Kindern **218-01, 348-01**
- zu starke astral. Organisation **314-09**
- unregelmäßiger Zusammenhang zw. Wesensgliedern **314-20**
- Epilepsie **317-03**
- zuviel Astralität in Organen **318-04**

Kraniotabes 312-07

Krankenkassen 316-13
Krankheit (s.auch Gesundheit-Krankheit, Karma) 313-02, 316-08, 316-14
Krankheiten akute 312-22
Krankheiten chronische 120-06, 312-22
Krankheiten epidemische 185-04
Krankheiten innere 230-29, 293-11, 348-08
Krebs, Karzinom (Krankheit) s.auch Geschwulst
- Tendenz zu Sinnesorganbildung **205-20, 314-23, 319-03**
- Geschwulst **218-02**
- Ahriman- Luzifer **218-08**
- Disposition **312-08**
- anthroposoph. Medizin, Mistel **312-15**
- und Manie **314-02**
- u. kindl. Aufbaukräfte **314-03**
- u. Wärmeorganisation **314-08**
- Mistel als Spezifikum gegen K. **314-19**
- Überwiegen d. Ätherischen **316-02, 319-10**
- Therapie, Mistel **319-09, 319-11**
- und Ernährung **327-11**
Krebse 230-19
Kredit (s.auch Leihen) 340-05
Kreis 94-06, 202-10, 286-08, 323-09
Kremation 95-11, 210-03
Kreta 325-04
Kreuz 93-20, 93-21, 98-05
Kreuzesholz-Legende 93-21, 100-07
Kreuzspinne (Aranea diadema) 312-17
Kreuzzüge
- u.das Jahr 1000 **51-10**
- Faktoren **51-11**
- und Ketzer **180-12**
- u.Suche nach dem Gral **204-08**
- Weltuntergangsstimmung **204-25**
- Losung d.1.K. **210-13**
- u.Kulturströmungen in Europa **216-09, 222-05**
Krieg aller gegen alle
- am Ende der nachatl.Zeit **93-16**
- u.7.Kulturepoche **104-04**
- und Böse Rasse **104-05**
- und Manichäer **104-10**
- u. väterl./mütterl. Element d. Menschen **112-15**
- Herd d.Bösen im Menschen **145-15**
Kriminalität 164-01
Krishna
- und Vishnu **109-12**
- u.Adam Kadmon **114-11, 146-02**
- Lehre (Bhagavad Gita) **142-01**
- als Manu **142-02**
- u.altes Hellsehen **142-03**
- Ich-Bewußtsein **146-01**
Kristallbewußtsein 202-15, 211-02
Kristalle, Kristallisation
- K.formen Ergebnis kosm. Kräfte **76-05**
- geistige Form und Materie **134-02**
- Form und Hierarchien **136-17**
- Kristallisation u. menschl. Form **180-10**
- kosm. Sinnesorgane **232-03**
- Raumeswelten u. K.formen **243-01**
- organ.Gestaltungs- u. K.kräfte **312-03**
- polyedrische K. u. Kugelform **321-08**
Kristallhimmel 110-13, 170-02, 318-03
Krita Yuga 116-04
Kritiksucht 125-04
Kriyashakti 93-49, 93-71
Kromlech 228-04, 230-02
Kropotkin P. 54-01
Kublai-Khan 171-03
Kugel 321-08
Kuh
- Verdauung **204-15, 230-01**
- Geheimnis d.K.u.östl.Eingeweihte **230-03**
- und Erde **230-04**
- Wiederkäuer und Unterleib d.Menschen **230-09**
- u. Verdauung **273-04**
- Horn **327-04**
Kulturentwicklung 120-16
Kultus
- Taufe **53-04**
- Erzeugung v.Elementarwesen **93-77**
- Sakramentalismus **98-12, 172-08**
- Totenkult, Altarform **130-16**
- Ahnenkult, Mithras-u. Christuskult **172-07**
- Totenkult **174-11, 353-01**
- Meßopfer u.Mithraskult **175-24**
- Augustus **184-19**
- kathol.K.u.alte Einweihung **188-03**
- Meßopfer u.Golgatha **211-09**
- Mumien-u.Freimaurerk. **216-05**
- Freimaurerk. **216-06, 342-07**
- und Elementarwesen **216-07**
- frühere Bedeut.für d.Menschen **236-09**
- Spiegelbild geist.Realitäten **236-19**
- Katechismus u.Hl.Messe **237-04**
- umgekehrter K. **257-04**
- und Symbole **324-05, 325-02**
- im Protestantismus **332-04**
- Erneuerung des K. **342-02**
- Meßopfer **342-06**
- Monstranz **353-05**
Kümmel (Carum carvi) 313-07
Kummer 313-03
Kundalinilicht 93-55
Kundry 97-14
Kunst (s.auch Ästhetik)
- Wirkung von K. **54-03**
- Aufgabe der europ.K. **59-08**
- und Ätherleib **63-01**
- u.Agnostizismus **78-01**

- K.erlebnis u.Gesundung **115-12**
- Ahriman-Luzifer **147-04**
- Stoff-Geist, Jupiterzustand **170-11**
- K.genuß u.Sinne **170-12**
- Schönheit u.Häßlichkeit **194-05**
- und Luzifer **208-04, 210-01**
- K.interesse u.Gesundheit **235-04**
- und Sinne, Hierarchien **271-01**
- Quellen d.K. **271-02**
- Gegengewicht zu Ahriman **275-01**
- Künste u. Wesensglieder **275-02**
- ägypt. u. griech. **286-05**

Kupfer (s.auch Metalle)
- in absteig.Entwickl. **134-04**
- Metallität **243-01**
- als Heilmittel **243-02, 348-23**
- und Venus **312-07**
- u. Eisen als Heilmittel **312-08, 312-22**
- u. Kieselprozeß im Menschen **312-10**
- in Levicowasser **312-14**
- bei Unterernährung **313-08**
- innere Atmung von Organen **313-10**
- bei Anämie **351-06**
- u.Eiweißverdauung **352-02**

Kupferglanz (Chalkosin) 319-10
Kurzatmigkeit 315-04
Kurzsichtigkeit 312-05, 312-16, 314-17
Kuthumi (Koot Hoomi) 254-02, 264-04, 264-11
Kyffhäusersage 51-12
Kyriotetes (s.auch Hierarchien)
- u.Planetenzustände d.Erde **105-04**
- Ätherleib d.Menschen **105-05, 110-07, 112-03**
- Entstehung d.Planetensystems **110-04**
- u.wäßriges Element **122-05**
- auf alter Sonne, Luft u.Licht **132-02**
- Selbstwahrnehmung **136-05**
- Pflanzengruppenseelen, Vishvakarman **136-16**
- d.Astralische d.Minerals **136-17**
- Pflanzengruppenseelen **136-19**

Lachen 59-02, 107-19, 282-13, 315-06
Lachs 348-07, 352-04
lai lah 122-04
Laistner L. 54-09
La Mettrie de 326-08
Lamien (Faust) 273-09
Lamm 102-02, 117-06, 202-20, 208-18
Lamprecht 233-05
Lamuel 116-06
Landschaftsmalerei 292-06
Langeweile 115-10, 132-04, 350-06
Landwirtschaft
- Getreideanbau **173-12**
- Beginn in der urpers.Epoche **325-04**
- zum Gedeihen der Pflanzen, Kiesel und Kalk, Wasser und Wärme **327-01**
- geschlossener Betrieb, Pflanzenwachstum, Humus, Obst, Tierhaltung **327-02**
- Düngerpräparate **327-04, 327-05**
- Pflanzenkranlheiten **327-05**
- l.Betrieb und Tierwelt **327-08**
- Dünger, Mondphasen, Gründüngung, Obst **327-12**
- Unterschied zu Industrie **332-03**
- Bodenrente **340-08**

Laokoongruppe 58-05, 211-05, 292-08
Laplace 235-09
Lasalle F.v. 341-01
Latini Brunetto 161-03, 187-06
Laufen 282-03
Lautverschiebung 162-01
Lavandel (Lavandula) 312-11
Lazarus s.Johannes
Leben mit den Toten
- Vorlesen **141-05**
- Kundgebungen d.Toten **143-03, 350-08**
- liebende Gedanken **157-28**
- Wirkung d.Toten auf Gedanken **168-02**
- Fragen und Antworten **174-11**
- Sprache d.Toten **175-12, 214-07**
- falsche Verbind. mit d.Toten **178-08**
- und sozial.Leben **179-04**
- Brückenbildung **181-01**
- Strömung durch Hände u. Lotusblumen **181-02**
- Voraussetzung f.Kommunikation **181-03**
- u. naturwiss. Vorstellungen **190-04**
- Verbindung durch Erinnerungsbilder **207-15**

Leben nach dem Tod (s.auch Kamaloka), Leben zwischen Tod und neuer Geburt
- Schilderung **53-05, 53-06**
- phys.Leib u.Ätherleib **55-05**
- Gesamtdarstellung **63-06**
- Zerstörungskräfte **72-02, 177-01, 178-01, 210-03**
- phys.Leib u.Erdinneres **96-01**
- Arbeit am Pflanzenreich u.Engel **98-23**
- Ätherleib u.Kausalleib **99-05**
- und Licht **99-08**
- Dauer **99-11**

- Begegnung mit Christus vor Golgatha **105-12**
- Änderung durch Golgatha **106-21**
- ägyptisches Totenbuch **106-23**
- Kamaloka, Lesen in Akasha-Chronik **107-07**
- Wert d.Hellsehens für d.L.n.d.T. **108-04**
- Extrakt d.phys.Leibes **109-01**
- Eintritt ins Devachan **109-18**
- Kamaloka **115-15, 157-22, 236-12**
- Todesschlaf, Begegnung mit Moses / Christus **130-05**
- Marssphäre und Buddha **130-23**
- Christus u.Luzifer als Führer **130-27**
- bis Mitternachtsstunde **140-01**
- ab Mitternachtsstunde **140-02**, **140-03**
- Sphärenharmonien, Planetensphären **140-04**
- Unvollkommenheiten u. Mondsphäre **140-08**
- Vorbereitung d.Inkarnation **140-09, 159-10, 205-09, 207-10, 210-04, 210-07, 214-08, 215-01, 218-12, 227-12**
- und Bodhisattvas **140-11**
- Merkur-Venus-Sphäre **141-01**
- Venussphäre u.Religion, Sonne u. Christus **141-04**
- Verbindung mit Lebenden **141-05, 157-28, 168-02, 207-15**
- Aufbaukräfte **141-06**
- Mars-Sphäre **141-10**
- phys.Leib **141-11, 170-07**
- u.Interesse an geist.Welt **141-13**
- u.Fortschritt d.Menschheit **141-14**
- Planetensphären u.Plane **141-15**
- ahriman.Diener **144-01**
- Äther- u.Astralleib **147-07, 174-09**
- Sinne d.Selbstwahrnehmung **150-02**
- Versuchung Luzifers **153-02**
- Keimkräfte f.Reinkarnation **153-03**
- Vererbung **153-04**
- und Bewußtsein **153-06, 157-10, 163-06, 208-03, 218-10**
- Ausbild.v.Fähigkeiten **153-07**
- Tod als Belehrer **157-13**
- Wahrnehmen anderer Seelen **157-24**
- früh Gestorbene **157-27**
- Unterschied französ.u.russ.Seelen **158-01**
- Todesspektrum **161-06**
- Todesschlaf, Bewußtsein **161-07**
- Denken und Wollen **161-12, 176-05, 207-07**
- Wesensglieder nach d.Tod **168-01, 181-09, 183-07**
- Wandlung d.Sinne **169-05**
- und Sinne **170-09**
- Stadien **174-05**
- Leben in Imag.-Inspir.-Intuition **174-15**
- abgelegt.Ätherl.u.Spiritismus **175-01**
- Kentaur **179-01**
- Lesen d.ird.Verhältnisse **179-02**
- Vorwegnahme d.Jupiterzustandes **181-03**
- u.Stern d.Menschen **181-04**
- Imagination der Erde **181-05**
- Menschenstaub u.Sonnenkraft **181-13**
- in den verschied.Reichen **182-01**
- Daimon **182-02**
- Wortzerlegung **183-06**
- und Hierarchien **184-01, 216-02**
- Notwendigkeit geisteswiss.Begriffe **184-05**
- und sozial.Leben **189-08**
- u.5.Lebensjahrsiebt **191-03**
- Wandlung v.Organen **201-13**, **201-14**
- Licht und Schwere **202-10**
- Belehrung **203-03**
- Wandlung v.Gedanken **205-12**
- Seinsgefühl **205-16**
- Arbeit an Naturreichen **207-11**
- Umstülpung **208-01**
- Mondensphäre, Wesensglieder **208-02**
- Norweger u.Schweden als Lehrer **209-01**
- u.Rhythm.System **210-08**
- Glaube an Christus **211-04**
- u.Ahriman **211-12**
- Erde - Mond **213-02**
- Planeten u.Organisation d. Menschen **213-04**
- Geheimnis d.Zahl **213-05**
- Sprachverständnis **214-07**
- Ätherleib, Kamaloka **214-09**
- Planetensphären **216-01, 227-11**
- Denken-SprechenGehen **219-01, 224-02**
- Wollen **219-03**
- Träume **227-01**
- Rad der Geburten **227-08**
- Monden-Urlehrer **227-09**
- Planetensphären **227-11**
- u.geistige Substanz **230-04**
- u.vergeistigte Substanz **230-11**
- Haß und Kälte **230-33**
- Hierarchien, die Welten d.Toten **231-01**
- Merkur-Venus-Sphäre **231-02**
- Ahriman-Luzifer u.Monden-Urlehrer **232-02**
- Sprache d.Metalle **232-04**
- Gespenster **236-13**
- früher Tod **254-05**
- abstraktes Denken u.Freiheit **257-03**
- u.Kultus **257-04**
- u. höhere Wesensglieder **293-04**
- und Künste **271-04**

- und Abendmahl **318-05**
- Impulse des vorangegangenen Lebens **342-01**
- Todesschlaf **342-05**
- Kundgebungen d.Toten **350-08**

Lebensalter, Lebensdauer 201-06, 203-04, 237-01, 312-20

Lebensäther
(s.auch Äther)
- u.Sonnengeflecht **93-41**
- neues Hellsehen, Arbeit im Pflanzenreich **98-12**, **104-18**
- Baum d.Lebens **114-19**
- Kyriotetes **121-06**
- und Sonne **123-03, 207-04**
- Honover, Logos **123-16**
- u.Tonäther **124-09**
- und Dritte Kraft **130-11**
- und Christus **155-06, 207-03**
- u.Elementarwesen **155-07**
- Lockerung d.L.d.Menschen **171-14**
- Äthergürtel d.Erde **230-08**
- und Ahriman **272-12**
- und Purpurfarbe **291-10**
- und Merkur **312-13**
- Ätherströmungen im Menschen **313-02**
- erdiger Organismus d. Menschen und L. **316-07**
- und Astralleib **317-03**
- Sinneswahrnehmung **318-06**
- und Schließen des Spektrums **321-13**
- Verbindung mit dem Festen **321-14**
- und Kiesel im Erdboden **327-02**

Lebensgeist (Buddhi)
(s.auch Wesensglieder)
- selbstloses Kama **53-09**
- Stufe des Chela **53-11**
- =Christus=Chrestos **54-08**
- Arbeit am Ätherleib **94-25**
- Johannes **94-26**
- = Brot des Lebens **94-29**
- Musik von R.Wagner **97-15**
- und Christus **102-02**, **102-04**
- u.die nachatl.Kulturepochen **103-12**
- u.Bewegung d.Menschen **115-02**
- nach dem Tod **168-01, 183-07**, **208-02**
- unbewußte Begegnung **175-05**
- Bewußtsein d.L. u.Pflanzenreich **208-19**

Lebensprozesse 170-08, 170-09, 170-11, 170-19

Lebensseele 181-09

Lebenstableau 107-07, 257-03

Lebenszustand, Lebensstufe 94-07, 104-18

Leber
- und Milz **96-07**
- Saturn, Egoismus **102-01**
- und Illusion **120-09**
- und Jupiter **128-02**
- Anteil d.Wesensglieder **128-07**
- und Astralleib **136-11**
- und Ahriman **158-05**
- und Milz **201-14**
- Venus **204-22**
- u.Gehirn d.nächsten Inkarnation **205-08**
- u.wäßriges Element **205-10**
- L./Galle und Ich **218-02**
- und 5.Kulturepoche **218-03**
- und Zucker **303-07**
- Beziehung nach außen, Wasserqualität **312-10**
- Chemikator **312-13**
- u. menschl. Eiweiß **312-14**
- u. Eigensinn **312-15**
- u. Depression **312-22**
- Atmungsorgan **313-06**
- Eurythmie **313-10**
- Ich-Organisation **314-06**
- Beteiligung an Organbildung **314-07**
- Erkrankung und Krebs **314-23**
- kein Schmerz bei Deformation **316-02**
- L.defekte und Wille **317-01**
- gewandeltes Geruchsorgan, Hypochondrie **325-06**
- Tomatendiät bei L.krankheiten **327-11**
- als Wahrnehmungsorgan **347-01**
- Lunge - Haut **348-18**
- Therapie v.Gallensteinen **350-03**
- Warnung geistiger Wesen **350-04**
- L./Galle u.Sonnenkräfte **351-02**

Legenda aurea 100-07

Leibniz G.W. 59-03, 96-03

Leichnam des Menschen 184-10, 191-03, 272-16, 293-02, 316-08

Leichte 234-01

Leihen, Leihgeld, Leihkapital 340-04, 340-07, 340-12, 340-13

Leinsamen 327-09

Lemminkäinen 133-03

Lemniskate
- Bewegung d.Erde u.d.Sonne **171-09**
- Fortschreiten d.Zeit **171-12**
- Strömungen d.Universums, Erinnerung **183-01**
- seel.Entwickl.d.nachatl.Zeit **194-10**
- Bewegung d.Planetensystems **201-15**
- Blutkreislauf **202-03**
- Symbol **202-10**
- und Astralleib **286-08**
- u. Gestalt **323-11**
- Rotations-L. und Erde-Sonnen-Bewegung **323-17**
- Planetenbewegungen **323-18**

Lemurien, lemurische Zeit
- Entwickl.d.Menschen **53-10, 54-04, 93-65, 95-08**
- Manu als Führer **93-08**
- Adam Kadmon **93-09**

- Mond- u.Geschlechtertrennung **93-23**
- Untergang **94-09**
- Atmung **94-25**
- Mensch u.Feuerkräfte **99-21**
- letze Epoche u.Atlantis **104-12**
- und Tiergestalten **105-08**
- Ich-Bewußtsein nach d.Tod **105-12**
- Michael u.der Drache **106-05, 177-08**
- Mondentrennung u.Basalt **106-06**
- zwei Menschentypen **107-21**
- Rassenbildung **109-22**
- tier.Samenkräfte **109-23**
- Archai als Lehrer **110-06**
- Erwerb d.Sprache **115-07**
- Individualisierung **131-05**
- Archai **156-01**
- Ceylon **171-06**
- Elektrizität u.Magnetismus im Menschen **171-12**
- 7.lem.Epoche und 5.nachatl. Epoche **180-10**
- Luzifer-Ahriman **184-13**
- Ton-Intervall-Erleben **222-04**
- Eiweiß-Atmosphäre **232-05**
- Zauberer **254-07**
- Aura d.L. **291-16**
- und geolog. Zeitalter **300-01**
- Zustand d.Erde u. d.Naturreiche **347-02, 347-03**

Lemuren (Faust) 272-16
Lenard P. 320-09
Lenin 189-03, 225-04, 332-02
Leo der Große (Papast) 51-06
Leonardo da Vinci 58-09, 62-05, 140-08, 292-01, 292-02
Lessing G.E. 96-03, 235-13, 282-06
Letzte Ölung 318-07
Levi Eliphas 167-01, 236-14
Levicowasser 312-14, 314-11, 314-14, 317-09
Levisticum s. Liebstöckel
Liberalismus 185-02
Licht
- inneres (Astralleib) u. äußeres L. **57-02**
- Ausdehnung **84-04**
- phys.Leib u.astrale Wesen, Schatten **96-06**
- Nervensystem **98-20**
- Körper d.Toten, Schatten **99-08**
- Entstehung auf d. alten Sonne **110-02, 132-02**
- und Materie **120-15**
- in der Genesis **122-08**
- u.Elektrizität **130-11, 130-12, 220-04**
- der Planeten **136-09**
- der Fixsterne **136-17**
- u.Erde, Wirkung auf Doppelgänger **178-05**
- Beseelung d.L. **194-10**
- Ausdehnen u.Zurückschwingen d. Sonnenlichtes **194-12**
- Sonnenlicht **201-05, 208-17**
- Erleben d.L. nach d.Tod **202-10**
- u.Farben u.Luzifer **202-22**
- u.Luzifer **203-04, 203-05**
- Wandlung nach d.Tod **207-15**
- Elementarwesen d.L. **211-13**
- und Farben **233-10**
- Geschwindigkeit **291-13**
- und Tuberkulose **312-04**
- und Schwere, Gesundheit-Krankheit **312-07**
- originäres im Menschen **312-13**
- Wirkung auf den Menschen, Spektrum **320-02**
- Korpuskular- und Wellentheorie, Interferenz, Spektrum, Spektralanalyse **320-04**
- L. u.L.äther und Ätherleib **320-05**
- L.brechung, L. u. Dunkelheit **320-06**
- L.- u. Wärmewahrnehmung **320-07**
- L.wahrnehmung und Mathematik **320-10**
- Polarisation **321-10**
- und Wärme **321-11**
- und Spektrum **321-12**
- beim Blitz **321-15**
- künftige Wirkungen aus dem L. **323-18**
- Erlebnis der Schwere und d. Lichts **326-07**
- und Kiesel im Erdboden **327-02**

Licht-Finsternis 202-08, 208-15, 233-10, 291-11, 320-06
Lichtäther
(s.auch Äther)
- und Sündenfall **114-19**
- Exusiai u.feste Erdoberfläche **121-06**
- Sinneswahrnehmung **155-06, 317-03, 318-06**
- Ätherleib **164-02, 320-05**
- Erinnerung u.Bewegung d.L. **165-04**
- Äthergürtel d.Erde **230-08**
- und Luzifer **272-12**
- und Spektrum **291-10, 321-13**
- Ätherströmungen im Menschen **313-02**
- Luftorganismus d. Menschen u. L. **316-07**
- Verbindung mit dem Gasigen **321-14**

Lichtbäder 312-13
Lichtbilder (Dias) 130-25
Lichtbrechung 320-03, 320-06, 323-10
Lichtgeschwindigkeit 164-02, 291-13
Lichtkuren 313-03
Lichtstrahlen 320-03
Lichttherapie 312-18
Liebe
- und Tod **57-07**

- und Zorn **58-02**
- und Wahrheitssuche **58-03**
- und Haß **62-06**
- u.Erkenntnisgrenzen **73-02**
- Geschlechtsliebe **97-10**
- Geister d.L., Mission d.Erde **102-06**
- und Jahve **103-02**
- u.luzifer.Versuchung **110-15**
- Buddha u.d.Lehre von d.L. **114-02**
- und Luzifer **120-15**
- Mission d.Erde **121-07**
- Egoismus u. L. in den Inkarnationen **135-03**
- u.Leben nach d.Tod **141-04**
- egoist.L.u.Luzifer **147-01**
- L.fähigkeit d.Menschen **183-01**, **199-02**
- Wille u.Denken **202-18**
- L.fähigkeit u.okk.Entwickl. **205-11**
- u.Sinneswahrnehmung **206-10**
- L.entwickl.auf d.Erde u. vorgeburtl. Leben **218-10**
- Wandl.d.L. in den Inkarnationen **235-02**
- und Ahriman **272-08**
- und Imagination **322-06**
- und Inspiration **324-04**

Liebe-Haß 62-06, 115-09
Liebstöckel (Levisticum officinale) 314-12
Lienhard Friedr. 281-08
Lilith 273-02
Linde 312-09, 353-01
Linkshändigkeit 300-12, 301-01
Lispeln 282-22
Literatur s.Dichtung
Lipikas 94-11, 95-02, 96-12
Livius Titus 238-01
Lloyd George 176-02
Lochner Stephan 292-03
Locke J. 74-03, 204-21, 326-05, 326-06
Lodge Oliver 66-03, 175-01
Loge Weiße (s.auch Meister, Bodhisattva) 93-26, 264-04, 264-11
Logik
(s.auch Denken)
- Beweisbarkeit **58-04**
- vorgeburtl.Erbe **66-05**
- gültig bis Devachan **96-08**
- u.Gehirn, Anwend.auf phys.Plan **105-17**
- Schöpfung aus dem Nichts **107-22**
- Anwendung **108-07**
- formale L. **108-08**
- u.vorgeburtl.Leben **202-04**
- Gliedmaßen u.Wille **205-13**
- Wille im Denken **205-15**
- Kategorien **233-21**
- Schluß-Urteil-Begriff **293-08**

Logoi
(s.auch Trinität)
- u.3.Hierarchie **99-16**
- das Schaffen der 3 L. **93-75**
- Symbole **94-06**
- Übergang Planetenzust.-Runde-Globus **94-07**
- in Seelen-, Geistes- u.Naturleben **131-01**

Logos
(s.auch Christus, Sohnesgott)
- 2.Hierarchie **84-05**
- und Wort **96-05**
- Gesamtheit d.Elohim **103-02**
- Verständnis d.Gnosis **103-03**
- Golgatha u.Kraft d.L.in der Erde **103-08**
- Ton-u.Lebensäther **114-19**, **114-21**, **123-16**, **124-09**
- Sphärenmusik u.Weltenwort in Saturnsphäre **140-04**
- L.begriff d.Griechen **204-03**
- Opfer u.Abendmahl **204-25**
- Kabiren **218-11**
- Wandlung d.Sprache **224-05**
- ephesische Mysterien **232-06**
- L.träger und Mystik **326-02**

Lohengrin 53-11, 93-56, 97-13, 210-12, 214-01
Lohn, Lohnfrage 54-02, 189-06, 332-02
Loki 54-09, 101-07, 121-12
Lomonossow Michael 109-04
Lorbeer 149-07
Loreley 57-10
Losung 210-13
Lotusblumen (Chakras)
- seel.Wahrnehmungsorgane **53-11**
- Ätherherz u.12blättr.L. **93-51**
- achtgliedr.Pfad u.16blättr.L. **94-03, 114-22**
- zweiblättr.L. **94-04**
- Lage u.Entwickl. **94-13**
- zweiblättr.L. u. Wille, 16blättr. L. u. Gedanken **94-14**
- Lage **115-03**
- u.Buddhiplan **119-07**
- Strömungen d.L. **181-02**
- zweiblättr.L.u.okk.Entwickl. **233-13**, **233-14**

Löwe
- künftige Entwicklung **53-02**
- Herz u.Tierkreiszeichen **110-07**
- Symbol des Markus **112-08**
- termin.tech. in Mysterien **157-12**
- u.Brustmensch **205-19**
- u.Rhythm.System **230-01**
- Lockruf d.L. **230-03**
- u.menschl.Entwickl. **230-09**

Loyola Ignatius von 240-04
Ludendorff Erich 194-09
Lues 314-10

Luft
(s.auch Elemente)
- und alte Sonne **110-02**
- u.Imagination **180-06**
- früher göttlich beseelt **194-10**
- Wandlung d.Lichts nach d.Tod **207-15**
- Sauerstoff u.Stickstoff **213-08, 312-14**
- Umweltzerstörung **222-07**
- sauerstoffreiche L. als Heilmittel **312-10**
Luftröhre 104-09
Luftwurzeln 314-10
Lüge 95-13, 98-26, 125-04, 136-08
Lügenhaftigkeit 120-03
Lukas-Evangelium
- Lukas als Eingeweihter **112-08**
- Unterschied z.Johannes-E. **114-01**
- u.Buddha-Impuls **114-05**
- Geschlechterfolge **114-08, 123-08**
- die Jesusknaben **114-09, 114-10, 114-12**
- Heilungen **114-23**
- Tendenz **175-14**
- **1,1-2** 114-01
- **1,5-25** 114-11
- **1,26-38** 114-10
- **1,28** 112-12
- **1,39-44** 114-11
- **2,13-14** 114-02, 114-05
- **2,25-30** 114-03
- **2,41-52** 114-05, 114-12
- **2,52** 112-01
- **3,21-23** 114-12
- **3,23-38** 114-07, 114-08, 123-08
- **4,1-13** 148-06
- **4,38-41** 114-23
- **5,17-26** 114-23
- **7,11-17** 114-24
- **8,40-56** 114-23
- **9,27-45** 114-26
- **9,28-36** 94-22, 97-02
- **11,29-32** 114-26
- **15,11-32** 96-22
- **16,1-13** 96-22
- **21,5-36** 123-13
- **22,39-46** 131-02
- **23,34** 123-17
Lullus Raimundus 233-11
Luna 273-10
Lunge
- Saturnwesen **102-01**
- ägypt.Mythologie **106-07**
- u.Mondentrennung **107-13**
- L.system-Verdauung u. Nierensystem **128-05**
- Quecksilber **134-04**
- und Adler(imagination) **145-11**
- ätherische L. **179-01**
- u.abstrakte Gedanken **205-08**
- und Erde(nelement) **205-10, 286-09**
- Musikinteresse **235-04**
- Heileurythmie **278-03**
- Sprachgestaltung **282-07**
- Beziehung nach außen, Bodenbeschaffenheit **312-10**
- und Lebensäther **312-13**
- und menschl. Eiweiß **312-14**
- abnormer Stoffwechsel u. Wahnsinn **312-15**
- innerer Stoffwechsel, Atmung **312-20**
- Ammoniumsalze **312-22**
- Metamorphose d. Kopfbildung **313-06**
- Eurythmie **313-10**
- und Ernährung **314-06, 327-04**
- Erkrankung d.L. und Krebs **314-23**
- Gestaltung **316-07**
- Lunge/Haut und Leber **348-18**
- Aufnahme v.Geistigem **350-11**
- und Mond **351-02**
Lungenentzündung 107-13, 120-04, 312-08
Lungentuberkulose s.Tuberkulose
Luther Martin 51-01, 120-08, 176-08, 176-10, 324-07
Luzifer
(s.auch Ahriman-Luzifer)
- u.Heiliger Geist **93-25**
- Venuswesen **98-15**
- Christus-luz.Wesen u.Liebe **102-06**
- zurückgebliebene Exusiai **105-06**
- Götter d.Ägypt., Griechen u. Germanen **105-08**
- Wirkung auf Wesensglieder **106-19**
- zurückgeblieb.Dynameis, luz. Angeloi **110-15**
- und Christus, untere u.obere Götter **113-06, 113-09, 129-11**
- und Mysterien d.Dionysos **113-08**
- Zahl 7 und 12 **113-13**
- Hl.Geist=Gesamtheit d. Bodhisattvas **113-15**
- und Irrtum **115-18**
- und Mondentrennung **120-02**
- u.Venus, Götter d.Vorzeit **129-05**
- und Christus, höhere Wesensglieder **130-18**
- u.heliozentrisches Weltsystem **130-23**
- als Führer nach d.Tod **130-27, 140-02, 140-09**
- u.Entstehung d.Bösen **132-03**
- u.Auftreten d.Ich-Bewußtseins **133-04**
- Sündenfall u.Wesensglieder **134-02**
- und Blut **134-03**
- u.3.Hierarchie **136-08**
- l.Wesen höherer Hierarchien **136-09**
- und Gold **136-17**

- okk.Begegnung **137-05, 137-07, 145-11**
- und unterer Mensch **137-06**
- und Christus, Versuchung **137-08**
- Zeit u.Ewigkeit **138-02**
- Verwechslung L.-Christus nach d. Tod **141-04**
- Gehen,Sprechen,Denken **141-07**
- u.menschl.Entwicklung **141-09**
- öffentl.Meinung **141-10**
- =Eblis d.Islam **144-03**
- und Freiheit **150-05**
- Versuchung nach d.Tod **153-02**
- Gestalt d.Menschen **156-07, 201-19**
- Kultformen **172-07**
- Planetenbewegung **179-02**
- u.Ernährung **191-09**
- Empfängnis u.Geburt **229-06**
- l.Angeloi in Lemurien u.Atlantis **254-07, 254-08**
- und Selbsterkenntnis **273-08**

Luzifer Inkarnation 191-08
Luzifers Reich 137-08, 147-01
Lymphdrüsen 94-31
Lymphe 98-14, 128-12, 312-09, 318-06, 318-07
Lyra 101-24
Lyrik 203-07, 281-04, 282-01, 282-05

Machtstreben 184-11
Madonna 57-09, 105-02, 229-02, 232-09
Magen 158-05, 314-13
Magerkeit 312-15
Magie 65-02, 101-11, 101-12, 130-13, 218-09, 342-01
Magie graue 157-12
Magie ideelle 218-09
Magie Schwarze
- Einwirkung auf Ätherleib **93-43**
- Asuras, sexuelle Riten **93-67**
- Vivisektion **93-68**
- Meister d.S.M. auf d.Astralplan **93-69**
- und Erdinneres **94-09**
- u.Sinneswahrnehmung **98-14, 98-18**
- Machinationen **101-11**
- Erdendämonium, Sorat **101-12**
- u.künft.Arbeit im Pflanzenreich **104-18**
- schlechte Astralwelt **107-01**
- in der Atlantis, Techniken **107-14**
- u. Herd d.Bösen im Menschen **145-15**
- Techniken **170-17**
- mexikan.Mysterien **171-03**
- Sinneswahrnehmungen **173-03**
- u.Menschenmassen **173-11**
- Eingriff in Reinkarnation **173-14**
- Verwendung von Toten **178-01**
- und Moral **178-07**
- Zerstörungskräfte d.Menschen **191-11**
- menschliche Ausstrahlungen **243-05, 243-06**
- und Astralplan **265-08**

Magnesium 312-14, 313-01, 313-05, 313-08, 313-09, 316-03
Magnesiumsulfat 313-09
Magnet 321-3
Magnetismus
- u.Sphärenharmonie **130-11**
- u.Zerstörungskräfte **150-04**
- und Elektrizität im Menschen **171-12**
- Abbaukräfte d.Menschen **178-14**
- der Erde **213-06**
- Relikt d.alten Mondes **230-12**
- M.felder als Heilmittel **313-03**
- und Materie **320-09**
- und Mathematik **320-10**
- Nichtwahrnehmbarkeit **321-04**

Magnetismus (Mesmerismus) 52-05, 52-08, 316-08
Maha-Purusha 121-11
Mahadevas 94-11
Mahaguru 264-11
Maharajas 95-02
Mahatma-Briefe 145-16
Maikäfer 180-09, 327-07
Maistré J.M.de 159-06, 204-21, 325-01
Maitreya Buddha
- Nachfolger Gautama Buddhas **114-18**
- Jeshu ben Pandira **123-07, 123-08**
- größter Lehrer d.Wortes **130-02**
- Verkünder d.äther.Christus **130-13**

Majoran (Majorana officinalis, Origanum majorana) 313-07 313-07
Makkabäer 139-03
Malaien 54-04, 101-21, 105-07, 121-09
Malaria 120-04, 120-05
Malchuth 123-11
Malerei
- Goldgrund-M. **101-03,291-03**
- zw.Ahriman u.Luzifer **147-04**
- u.Sinneswahrnehmung **170-12**
- Zusammenhang mit Intuition u. Seraphim **271-01**
- u.Imagination **271-03**
- u.Astralplan **271-04, 283-02**
- musikal.Stimmung **275-07**
- Astralleib **275-02, 275-03**

- Körperfarben **291-04**
- Farbenperspektive **291-09**
- u.moral.Intention **291-22**
- Inkarnat **291-23**
- italienische **292-01, 292-02**
- niederländische **292-05**
- Perspektive, niederländ. M. **292-06**
- süddeutsche im 15.Jahrh. **292-07**
- Expressionismus **312-20**

Malthus Th. 54-01
Manas s. Geistselbst
Mandel 230-24
Manen 293-03
Manes, Mani
- Sohn der Witwe **93-11**
- und das Böse **104-10**
- Sendbote d.Christus **113-16**
- Jüngling zu Nain **114-24**
- u.Chr.Rosenkreutz **262-02**
- Jüngl.zu Sais, Jüngl.zu Nain, M., Parzival **264-07**

Manichäer 95-06
Manichäismus 74-01, 152-02
Manie 314-02
Manna 94-29
Mantegna 292-01
Mantram 96-15, 316-10, 322-07
Manu
- Manus = Führer in d.lemur. u. atlant. Mysterien **93-08**
- Zug der Ursemiten **103-10**
- und die 7 Rishis **106-03**, **109-02**
- u.Zarathustra **109-27**
- Melchisedek **123-05**
- Krishna als M. **142-02**

Märchen 51-10, 62-04, 108-05, 153-04, 158-06, 282-05
Marco Polo 171-03
Marduk 113-12
Maria
- Hochzeit zu Kana **94-18**
- Mutter Jesu i.Johannes-Ev. **100-11**
- Jungfräulichkeit **112-12**
- weibl.Prinzip d.Menschen **112-15**
- Mutter d.nathan.Jesus **114-16**
- Gespräch m.Jesus vor Jordantaufe **148-05**

Maria Magdalena 100-11, 103-14, 112-22
Marienkult 93-27, 105-02
Markus 139-17, 265-02
Markus-Evangelium 112-08, 124-01, 175-14, 265-02
- **1,12-13** 124-02
- **1,2-3** 124-01
- **1,21-22** 124-03
- **1,32** 124-13
- **3,7-21** 139-11
- **3,28** 96-18
- **6,3** 114-12
- **6,30-44** 139-04, 139-07
- **8,1-9** 139-07
- **8,17-21** 139-07
- **8,27-30** 123-14
- **8,27-33** 139-08
- **9,2-13** 94-22, 97-02
- **9,30-32** 139-09
- **11,12-14** 139-15
- **12,18-27** 148-06
- **14,32-51** 139-16
- **15,34** 94-33, 123-17
- **16,1-8** 139-16

Mars (Planet, Planetensphäre)
- Durchgang durch die Erde **93-74, 99-21**
- Abspaltung, Durchgang durch d. Erde **98-17**
- M.wesen u.seel.Entwickl. **102-03**
- Erde als Mars-Merkur **104-13**
- u.Sphäre d.Dynameis **110-05**
- Entstehung **110-07**
- Marskanäle **126-11**
- Mission d. Buddha **130-23, 141-10**
- Sphärenharmonie **140-04**
- M.einfluß u.Maikäfer **180-09**
- M.wesen u.Naturkräfte **218-07**
- u.Leben nach d.Tod **227-11**
- Organe d.Sprachbildung **228-01**
- M.einfluß u.5.Kulturepoche **231-03**
- M.genius **240-04**
- Durchgang durch d.Erde, Verstandesseele **262-04**
- und Eisen **312-07**
- M.perioden und Pflanzung von Eichen **327-01**

Marskanäle 126-11
Marswesen 98-14, 130-23, 218-07
Marx Karl 53-15, 185-15, 185-16, 189-03, 236-02, 322-02, 325-01, 328-03
Marxismus 169-09, 184-02, 185-15, 185-16, 186-02
Maß Zahl Gewicht 126-08, 204-12, 316-12, 318-09
Masaccio 292-01
Masern 120-07, 314-03, 316-10, 348-01
Masken 282-05, 282-12, 282-16, 282-19
Massage 312-18
Masse (physikalisch) (s.auch Materie) 320-02, 320-06, 320-09, 321-01, 321-05, 340-11
Massensuggestion 59-06, 173-11
Massys Q. 292-06
Materialismus
- u.Spiritismus **52-04**
- Jahr 1859 **53-15**
- Angst vor d. geist.Welt **62-06**

- Aufgabe d.deutschen Volkes Überwindung d.M. **64-01**
- u.Leben nach d.Tod **93-44**
- Mission Lohengrins **93-56**
- Plinius d.Ältere **96-01**
- Geisteskrankheiten **100-04**
- Wiederkehr Christi **116-07**
- Komet Halley **116-10**
- Angeloi als Inspiratoren **129-05**
- und Kino **130-25, 175-08**
- Gefahr f.material.Seelen **140-06**
- die 12 Weltanschauungen **151-01**
- und zweites Golgatha **152-02**
- Vererbung **153-04**
- Parasiten **154-03**
- Atomismus **154-04, 227-13**
- Robinson Crusoe **159-07**
- F.Suarez **169-09**
- Baco von Verulam **170-19**
- u.Bekenntnis z.persönl.Gott **172-05**
- mater.Okkultismus **173-08**
- Ursache **174-01**
- Sturz d.Geister d.Finsternis **177-08**
- Darwinismus **178-08**
- linke okk.Brüderschaften **178-11**
- u.alte östl.Spiritualität **182-03**
- Folgen material.und ideal. Weltanschauung **184-09**
- Marxismus **185-15**
- und Jahve **186-01**
- theoret.M. u.phys.Organisation **204-01**
- als Folge d.Lebens im Geiste **204-14**
- u.Herd d.Bösen im Menschen **207-02**
- Harun-al-Rashid **238-05**
- mater.Theorien werden Realität **254-09**
- zweites Golgatha, Christus im Ätherischen **265-10**
- Franz von Assisi **292-01**
- und Askese **312-19**
- als Krankheit **318-08**
- und Jesuiten **320-08**
- Accademia del Cimento **321-02**
- Gehirn und Inspiration **321-05**
- und Kartoffelnahrung **327-11**
- Sport **350-01**
- Verstandesdenken u.Kartoffelnahrung **350-09**

Materialisten 51-01, 170-03

Materie, Stoff
- M.entstehung im Nervensystem **82-02, 82-04**
- negative **84-02**
- Punkt und Umkreis **110-13**
- kondensiertes Licht **120-15**
- zerbrochene Form **134-02, 134-03**
- der Planeten **136-09**
- Ahriman **145-18**
- M.begriff d.neueren Physik **164-02**
- Kraft und Stoff **176-05, 181-21**
- mater.Okkultismus **178-14**
- Stoffvernichtung u.-entstehung **181-13, 202-18**
- und Denken **201-21**
- und Wille **202-08**
- Schöpfertätigkeit d.Menschen **202-16**
- Vorstellen u.Erinnern **204-02**
- negative M.der Sonne **205-03, 321-01**
- Sinneswahrnehmung u.Wollen **205-17**
- M.zerstörung u.Herd d.Bösen **207-02**
- Mond u.Sonne **207-04**
- M.vernichtung u.Kopf **208-09**
- u.Gliedmaßensystem **208-10**
- Nahrung, Krankheiten **225-05**
- phys.u.geist.M.des dreigliedr. Menschen **227-03**
- Erkenntnis v.Stoff u.Form **233-13**
- Stoff und Prozeß **313-01**
- Stoffwirkung in verschiedenen Lebensaltern **317-18**
- und Bewußtsein **320-06**
- Atomphysik **320-09**
- positive und negative **321-11, 321-12, 323-18**
- Problem von M. u. Bewußtsein bei Du Bois-Reymond **322-01**

Mathematik
- u.anorg.Naturwissenschaft **76-02**
- Raumbegriff **76-04**
- Vererbung d.math.Talentes **100-03**
- u.Denken **125-03**
- Inspirationsbewußtsein **194-07**
- Bewegungs-u.Gleichgewichtssinn **206-01**
- Koordinatensysteme **208-13**
- Geistselbst **208-19**
- Dimensionen d.Äthers **227-07**
- mathemat. Menschen u. Kieselsäureprozeß **312-17**
- Anwendung in der Naturwissenschaft **320-01, 320-10**
- Raum und Zeit **321-05**
- Fähigkeit zur M. **322-03**
- u. Astronomie **323-01, 323-05**
- und Wirklichkeit **323-04**
- Cassinikurven **323-09, 323-10, 323-11**
- qualitative M. **323-16**
- Naturwissenschaft **324-01**
- Anwendung auf mineral.Welt **324-03**
- und Mystik **326-03**
- Anwendung, Infinitesimalrechnung **326-04**
- sekundäre Qualitäten **326-06**

Matthai 123-09, 130-14

Matthäus-Evangelium
- geschrieben v.Eingeweihtem **112-08**

- dem heutigen Menschen zugänglich **112-19**
- Geschlechterfolge **114-08, 116-06, 117-01**
- Kindheit Jesu **114-09**
- die 2 Jesusknaben **114-10, 114-12**
- Geschlechterfolge, Kindheit **117-03**
- aramäische Urschrift **123-06**
- Geschlechterfolge, Jeshu ben Pandira **123-08**
- Jeshu ben Pandira **123-09**
- Jeshu ben Pandira, Matthai **130-14**
- Tendenz **175-14**
- **1,1-17** 114-08, 117-01, 117-03, 123-08
- **1,20-21** 114-10
- **2,1-12** 114-09, 117-03
- **2,13-15** 114-09, 117-03
- **3,1-2** 117-04
- **3,1-12** 117-05, 117-06, 117-07
- **4,1-11** 123-10, 123-12, 131-02, 148-06, 148-07
- **5,1-12** 116-05, 123-12
- **5,1-13** 97-06
- **5,17** 123-06
- **12,31** 96-18
- **14,13-21** 123-13
- **14,22-36** 123-13
- **15,32-39** 123-13
- **16,13-23** 123-14, 139-08
- **17,1-13** 94-22, 97-02, 123-13
- **17,10-13** 114-14
- **20,18** 54-06
- **21,1-11** 123-15
- **24,1-41** 123-13
- **25,1-13** 96-24
- **26,64** 123-10
- **27,45-55** 148-02
- **27,46** 94-33, 123-17
- **27,51-54** 130-19

Mayer Julius Robert 181-13, 201-18, 320-07, 321-09, 321-10
Mazarin 238-07
Mechanik 320-01, 320-02, 322-03
Mechthild von Magdeburg 137-01, 199-01, 205-07, 313-10, 322-08, 324-06
Mediceergräber in Florenz 63-03, 141-02, 292-02
Meditation 53-11, 58-05, 58-06, 73-01, 278-05, 279-14, 282-20, 312-14, 314-10, 316-06, 316-11, 316-12, 327-03, 327-04
Medien
- mediales Schreiben **66-03**
- Spiritismus u.Schatten **93-69**
- Lotusblumen **94-13**
- Mondkräfte **98-14**
- Hypnose u.Suggestion **99-07**
- Ursprung b.Indianern **192-07**
- u.Elementarwesen **243-05, 243-06, 243-09**
- Giftpflanzen als M. **243-08**
- und Ich **243-10**
- Spiritismus **254-01**
- H.P.Blavatsky **254-02**
- **262-02**
- Aura **272-12**
- Hexen **273-02**
- Wesensglieder, Heilung **316-15**

Medizin (s.auch Gesundheit-Krankheit) 312-01
Medusenhaupt 61-03, 141-08
Mehrwert 189-02, 189-05, 328-03, 340-08
Meister
(s.auch Adepten, Bodhisattva, Manu)
- u.theosoph.Geselllschaft **52-09**
- u.Religionen **54-05**
- Chela u.M. **93-24**
- weiße Loge **93-26**
- auf d.Astralplan **93-69**
- frühere Kulturbeeinflussung **96-03**
- menschl.u.übermenschl.M. **97-09**
- u.phys.Leib **99-10**
- Luzifer u.Hl.Geist **107-18**
- Inkarnationen d.Rosenkreuzer-M. **143-06**
- Lehrer d.Okkultismus **262-01**
- Inspiration d. Theosoph. Gesellschaft **262-03**
- die 12 M. **264-04**
- Geheimnisse d.Lebens **264-05**
- Lesen d.Akasha-Chronik **265-01**

Meister Eckhart (s.auch Mystik) 51-14, 59-03, 199-01, 322-08, 326-01
Melancholiker (s.auch Temperamente) 213-03
Melchisedek 95-14, 107-16, 123-05
Melisse (Melissa officinalis) 312-09, 312-11
Melken 58-09
Melodie 278-03, 278-04, 283-09
Memling Hans 292-06, 292-07
Meningitis (Gehirnhautentzündung) 312-10, 312-20
Mensch, **Menschheit (Entwicklung)**
- vorgeburtl.Erbe **55-05**
- Siebenjahresrhythmus **65-06, 112-01**
- 3. bis 6.Wurzelrasse **93-19**
- erstes Lebensjahr **94-12**
- Organe u.Sinne **96-04**
- Entwickl.d.phys.Leibes **98-11**
- phys.Entwickl.d.M.heit **100-15**
- menschl.Entwickl. u. Schöpfung aus dem Nichts **107-22**
- planetar.Entwickl. Saturn bis Sonne **110-02**
- Rassenbildung **121-05**

- Entwickl.in Jahrsiebten u.Luzifer **141-09**
- luz.u.ahrim.Einfluß im Leben **150-01**
- Gäa-u.Uranoskräfte im Leben **170-04**
- Jüngerwerden d.M.heit **176-01**
- Ende d.phys.Fortpflanzung **177-04, 196-01, 204-23**
- Verbindung Seele-Leib **177-05**
- Entwicklungsgeschwindigkeit d. Wesensglieder **179-03**
- Entwickl.Erde bis Vulkan **184-02**
- Beziehung zw.Jahrsiebten **184-04**
- Entwickl. u.Ahriman-Luzifer **184-07**
- Erde u.Planeten im 3.Jahrsiebt **191-01, 191-02**
- Äther-u.Astralleib bis Geschlechtsreife **212-01**
- Form, Wachstum, Stoffwechsel **213-13**
- Gehen,Denken,Sprechen u. Metallstrahlung **232-04**
- Ahriman-Luzifer **273-08**
- in lemur. Zeit **300-01**
- kindl. Spiel u. späteres Urteilsvermögen **301-02**
- Freiwerden d.Ätherleibes **303-02**
- Freiwerden d.Astralleibes **303-03**
- 2.Jahrsiebt **303-06**
- Eurythmie **315-03**
- die ersten drei Lebensjahrsiebte **317-01, 318-03**

Menschensohn
- Jungfrau Sophia u.Hl.Geist **94-33**
- u.vorchristl.Initiation **96-21**
- Astralleib u.Ich **103-07**
- Priesterkönig d.Apokalypse **104-03**
- und Ich **114-26**
- Mensch m.Bewußtseinsseele **123-14**
- u.Gottessohn in Jesus Christus **124-04**
- Jesus Christus vor Golgatha **139-16**

Menschheitsstufe 104-07, 110-02, 110-15, 275-09
Mephistopheles 107-14, 272-03
Merkur 316-12
Merkur (Planet, Planetensphäre) (meist im okkulten Sinn = Venus astronomisch)
- M.impuls u.Erdentwicklung **93-74**
- M.wesen, Abspaltung von d.Sonne **98-15**
- M.wesen u.seel.Entwickl. **102-03**
- =zweiter Teil d. Erdentwickl. **104-04, 104-13**
- u.luz.Exusiai **105-06**
- Sphäre d.Archangeloi, Verwechsl. v. Merkur-Venus **110-05**
- M.wesen als atlant.Lehrer **110-06**
- u.Luzifer **137-06, 137-08**
- M.sphäre u.Leben nach d.Tod **141-01, 231-02**
- u.Venus und Planetensystem **201-15**
- u.Astralleib und Atmung / Zirkulation **204-22**
- u.Inkarnation in einem best.Volk **218-06**
- Meister d.kombinier.Verstandes **228-01**
- M.mysterien **228-04**
- u.Quecksilber **243-03, 312-07**
- Bewußtseinsseele **262-04**
- Wirkung auf den Menschen **312-08**
- M.kräfte und Lebensäther **312-13**
- Konstellationen mit Mond und Venus **312-21**

Merkurstab (Caduceus) 101-25, 152-06, 279-02, 287-01, 313-08, 316-12
Merlin 220-02, 238-02
Merodach 113-12
Mersenne M. 320-08
Mesmer F.A. 52-08
Mesmerismus (Magnetismus) 52-05, 52-08, 316-08
Mesozoikum 300-01
Messias falscher 116-07
Meßopfer 211-09, 342-06
Metalldünger 313-07
Metalle (s.auch die einzelnen)
- Eisen und Mars **93-74**
- und Organe **128-13**
- Planetenmetalle, Gold, Silber **136-17**
- Gold **157-08**
- Wirkung **213-03**
- M.strahlung, Rutengänger **220-01**
- M.strahlung, Blei **232-04**
- Metallität **243-01, 243-02, 243-03, 243-04, 313-08, 316-11**
- M.therapie **243-02, 273-01, 348-23**
- Quecksilber **243-03**
- Silber **243-04**
- Planetenkräfte, Alchemie **273-01**
- Stellung in der Evolution **312-03**
- Haupt- und Nebenmetalle **312-07**
- Zusatz bei Mistelheilmittel **312-15**
- Potenzierung **313-04**
- Zersplitterung, Strahlung **313-08**
- im Menschen **316-03**
- Spektralanalyse **320-04**

Metallität 243-01, 243-02, 243-03, 243-04, 313-08, 316-11
Metallstrahlung 220-04, 232-04, 313-08
Metalltherapie 106-20, 128-13, 273-01, 312-03, 313-04, 313-07, 348-23
Metallverwandlung, Transmutation 176-09, 243-02
Metamorphose 273-12, 275-10
Meteor s.Kometen
Meteoreisen 229-01, 231-03
Meteorismus s. Blähungen

Meteorologie s.Wetter
Methan 312-15
Metrik (s.auch Versmaß) 205-05
Meyer Conrad Ferdinand 236-03
Michael
- Volksgeist d.Hebräer **102-07**
- =Marduk d.Chaldäer **113-12**
- und d.Drache **148-09**
- Sendbote Jahves **152-03**
- u.der Engel d.Gautama Buddha **152-04**
- u.deutscher Volksgeist **157-08**
- Kampf zw. geistigem Rußland u. Frankreich **158-01**
- die 7 führenden Archangeloi **159-09**
- Sturz d.Geister d.Finsternis **177-08**
- Antlitz Gottes u.hebr.Propheten **194-03**
- u.menschl.Intelligenz **194-04**
- und Kunst **194-05**
- M.zeitalter u.ideelle Magie **218-09**
- u.Handeln aus Liebe **219-05**
- u.Meteoreisen **229-01, 231-03**
- Wirken im Menschen u. Jahreszeiten **229-07**
- Begegnung mit M. **233-15**
- kosm.u.menschl.Intelligenz, Michaelschule **237-06**
- u.Sündenfall **237-07**
- Kampf gegen Ahriman u.Luzifer **237-08**
- Sonnen- u. Planetenintelligenzen **237-09, 237-10**
- Michaelschule **238-05**
- Michaelkultus **240-01**
- u.Karma v.Anthroposophen **240-02**
- M.schule u.ahriman.Gegenschule **240-03**
- u.Vitalstrahlung d.Menschen **243-06**
- Weisheit-Schönheit-Stärke **272-13**

Michaeli 223-01, 229-01
Michelangelo 63-03, 141-02, 161-10, 292-02
Midgard 205-18
Midgardschlange 54-09, 101-07, 121-12
Miete 340-09
Migräne
- Bindung des Ätherleibes **205-20**
- Tendenz zu Tierformenbildung **293-11**
- Verdauung im Kopf **312-18, 319-01**
- Heileurythmie **315-02, 315-05**
- Heilmittel **319-02**
- Ich-Organisation und Gehirn, Verdauungsprozeß im Gehirn **319-09**

Mikroskop, Mikroskopieren 312-05, 316-01
Milch
- u.Ätherleib **55-06**
- und Heilkräfte **57-02, 93-79, 97-11**
- als Nahrung **145-01**
- als Nahrung für d.Kind **230-32, 351-09**
- Muttermilch **293-10**
- Wirk. auf d. ganzen Menschen **303-07**
- M.- und Blutbildung **312-03**
- Vorkommen von Magnesium **313-01, 316-03**
- M.bildung als metamorph. Sinnesprozeß **313-07**
- und Honig **313-08, 351-10**
- M.injektion bei Blenorrhoe **313-09**
- Ätherisches **316-02**
- Mumie **317-18**
- M.produktion und Fütterung bei der Kuh **327-09**

Milchsäure 314-11
Milchstraße 76-04, 110-10, 323-15
Milinda 58-08
Millefolium s. Schafgarbe
Milton J. 194-02
Milz
- Evolutionsalter **96-07**
- Vermittler d.Geistig-Seelischen **96-17**
- und Blut **128-02**
- u.Nahrungsaufnahme **128-04, 312-17**
- u.Astralleib **136-11**
- Wandl.zur nächsten Inkarnation **201-14**
- Organ d.Geistselbst **218-02**
- unterbewußtes Seelenleben, Massage **312-18**
- als Scheidewand zwischen polaren Kräften **312-20**
- und Ätherleib **326-10**
- Funktion **348-10**

Mimik (s.Schauspielkunst) 58-05
Mimikry 291-05
Mimir 101-01
Mimose 100-01
Mineral, Mineralreich
(s.auch Naturreiche, Gruppenseele)
- menschl.Arbeit im M.reich **93-17**
- Zertrümmern von M., Ich des M. **98-10**
- und 1.Elementarreich **98-13**
- Ascheprozeß in lemur.Zeit **98-21**
- M.-Pflanzenreich auf altem Mond **100-06, 204-23**
- gläsernes Meer d.Apokalypse **104-08**
- Erde u. M.reich **112-03**
- Materie d.M. **134-02**
- Wesensglieder u.Plane **136-14**
- Form u.Ätherisches **136-17**
- Gruppenseele **136-18**
- als Imagination Ahrimans **145-19**
- M.reich u.Ahriman **147-01, 203-11**
- M.reich, menschl.Gestalt und Ich **184-10**
- M.welt und Leben nach d.Tod **216-01**
- M.reich u.Elementarwesen **227-04**
- Aufnahme von Mineralischem durch d. Menschen **230-30**

- maler.Darstellung **291-04**
- Wahrnehmung d.M.farben **291-08**
- Erkenntnisvermögen **323-10**
- Farben der M. **354-03**
Mineral-Pflanzenreich 100-06, 204-23
Mineralquellen 312-04
Mirandola Pico de 233-12
Misraim-Dienst 265-02
Mist 327-02, 327-04, 327-09
Mistel 99-19, 312-05, 312-15, 314-08, 314-19, 319-03, 319-09, 319-11
Mithras
- Kultus **51-12**
- Stufen d.M.einweihung **94-20**
- M.mysterien **113-11**
- M.kult und Christuskult **172-07**
- u.3.Kulturepoche **202-20**
- Unterdrückung durch Konstantin **204-05**
- Rest d.alten Weisheit **204-07**
- zwischen Ahriman und Ormuzd **342-13**
Mittagsfrau 54-09, 106-18
Mittagskräfte 178-14
Mittelalter 51-04
Mittelohrentzündung (Otitis media) 314-10, 314-12
Mitternachts-Geborene 163-05, 272-08, 272-12
Mitternachtskräfte 178-14
Mitternachtsstunde (Leben nach dem Tod)
- nach Auflösung d.Astralleibes **147-07**
- und Hl.Geist **153-06**
- u.Christus-Kraft **153-08**
- Vorbereitung d.Inkarnation vor u.nach M. **205-09**
- Wandlung d.Gedanken **205-12**
- Wandlung d.Willens **207-07**
- u.Arbeit am Pflanzenreich **207-11**
Mohammed 272-05, 316-12
Mohn (Schlafmohn, Papaver somniferum) 316-15
Molière 282-08
Moll-Tonart 222-04, 278-01, 278-08, 283-01, 283-03, 283-06
Moltke Helmut von (d.J.) 174-16
Monade 53-10
Monadologie 59-03
Mond, Mondsphäre
- Licht d.M. **56-02**
- Wirkung auf Erde **58-09**
- und Organe **82-03**
- Trennung von d.Erde, Geschlechter **93-23**
- Astralsphäre=achte Sphäre **93-65**
- Mondpitris **93-70**
- Kriyashakti **93-71**
- Zugvögel **101-06**
- M.phasen u.ägypt.Mythologie **106-07**
- M.phasen u.Elementarwesen **110-01**
- und Kometen **116-09**
- Monde u.Hierarchien, Leichnam des Planetensystems **136-10**
- Jahve u.Silber **136-17**
- M.kräfte u.(oberer)Mensch **137-06**
- innere Bewegungen d.Menschen **137-07**
- u.Pflanzenwachstum **140-05**
- M.sphäre u.Leben nach d.Tod **140-08, 208-02, 231-02**
- u.Gehirnsubstanz **145-06**
- M.sichel und Parzival **149-08**
- u.Jahve bei d.Hebräern **149-09**
- und Gezeiten **171-08**
- und Luzifer, achte Sphäre **172-07**
- M.trennung u.Michael **177-08**
- M.kräfte u.menschl.Entwickl. **191-02**
- M.bewegung u.Ekliptik **201-06**
- M.-u.Sonnenströmung **201-16**
- M.astronomie u.menschl. Organismus **201-17**
- u.Gestalt d.Menschen **201-19**
- u. Embryonalentwickl. d. Menschen **202-01**
- M.sichel **203-14**
- u.Stoffwechsel u.Fortpflanzung **204-22**
- Wiedereintritt in die Erde **204-23, 230-25**
- und Materie **207-04**
- u.Planeten u.menschl. Organisation **207-10**
- Reproduktionsleben **208-07, 347-04**
- M.phasen u.alte Eingeweihte **213-01**
- M.finsternisse **213-02**
- u.Tierformen **213-07**
- u.vorgeburtl.Leben **214-08**
- und Schlaf **214-09**
- u.Planetensphären **216-01**
- M.phasen u.Inkarnation **218-04, 218-06**
- Gehen-Sprechen-Denken **219-01**
- Mondsucht **225-07, 227-06**
- u.Monden-Urlehrer **227-09, 228-02, 232-02**
- + Venus + Merkur = schicksalbestimmend **228-01**
- M.kräfte in der Erde **229-02**
- u.Silber **232-13**
- Vatergott u.Notwendigkeit **233-18**
- Bild d.Ätherleibes **233-20**
- und Erdschicht **236-13**
- Auge d.Hierarchien **236-15**
- M.wesen **243-06**
- Jahve u.Ahriman-Luzifer **254-04**
- Wetter **272-14**
- dreifache M.kräfte **273-10**
- Sonnenströmung, Gehirn **286-09**

- übersinnl. Farbe **291-20**
- und Pflanze **312-07**
- Wirkung auf den Menschen **312-08**
- Konstellationen mit Merkur und Venus **312-21**
- Bewegung und Pflanzenblüte **316-06**
- und Saturnkräfte **316-09**
- und Tierkreis bei der Gestaltung d. Menschen **316-11**
- M.kräfte im zweiten Lebensjahrsiebt **318-03**
- Wachstum, weibl.Zyklus **323-03**
- M.bahn und Rückgrat d.Tieres **323-12**
- Planeten und Pflanzenwachstum **323-02**
- Pflanzenwachstum, Unkraut **327-07**
- Medien, Tiere **350-05**
- u.Kohlensäure/Eisen **351-01**
- M.kräfte u.Lunge **351-02**
- Wurzelwachstum **353-07**
- M.stellung u.Gesundheit **353-10**

Mondbrüller 98-14, 98-18

Monde 136-10

Monden-Urlehrer
- u.M.sphäre nach dem Tod **227-09**
- u.Bodhisattvas **227-10**
- Lehrer d.Menschen vor M.trennung **228-02**
- u.Leben nach d.Tod **231-02**
- Vertrag mit Ahriman-Luzifer **232-02**
- u.Ätherleib **233-20**
- u.Kamaloka **236-12**
- u.Ausstrahlungen d. Menschen **243-05, 243-06**

Mondeneintritt 204-23, 230-25

Mondenströmung der Erde 177-09

Mondentrennung
- u.Kriyashakti **93-71**
- Lungenatmung, Blut u.Eisen **99-21**
- Geschlechtertrennung **99-22, 107-10**
- und Basalt **106-06**
- u.schlechte Astralwelt **107-01**
- und Tiere **120-02**
- 4.Schöpfungstag **122-10**
- Kampf Michaels **177-08**
- Erde vor der M. **347-03**

Mondenzustand der Erde
- Mond als Rest d.M. **58-09**
- Mondpitris (Angeloi) **93-52**
- Zyan-Atmosphäre am Ende **94-08**
- Naturreiche, Angeloi **99-19**
- Atmosphäre (Ruach) **99-20**
- Streit am Himmel **110-04**
- Astralleib d.Menschen **110-07**
- u.Naturkatastrophen **120-10**
- Bewußtsein d.Menschen **122-07**
- flüssiges Element **132-03**
- Bilder-Bewußtsein **132-04**
- u.hellseherischer Blick **136-12**
- Embryonalentwickl. d.Menschen **161-02**
- u.heutige Sinnesorgane **170-08**
- Angeloi u.Menschen **194-09**
- Magnetismus u.Schwerkraft **230-12**
- u.Geschlechter **272-10**
- Ahriman-Luzifer **272-12**
- Ahriman **272-16**
- Elektrizität **273-05**
- Malerei **275-03**

Mondfinsternis 213-02

Mondphasen
- Elementarwesen **110-01**
- Reinkarnation der Geschlechter **218-04, 218-06**
- Ebbe-Flut, weibl.Zyklus, Embryonalentwickl. **323-02**
- Aussaattermin **327-01**
- Pflanzenwachstum, Unkraut **327-07**
- Abgrenzung **327-12**

Mondsucht 225-07, 227-06

Mondwesen 98-14, 98-18, 216-03, 216-05

Mongolen
- atlant.Abstammung **54-04**
- und Slawen **93-28**
- M.stürme u.Epidemien des MA **99-12**
- und Blut **101-21, 105-07**
- Nachzügler d.Atlantis **105-14**
- u.Marskräfte **121-09**
- M.stürme **171-02**

Monismus 59-03, 121-10

Monotheismus 121-10, 172-07, 184-06, 211-13, 325-05

Monstranz 353-05

Montenegro 203-09

Moral, Sittlichkeit
- Ursprung **53-06**
- frühere Vererbung d.M. **55-01**
- Sympathie-Antipathie u. Ehrfurcht **58-04**
- u.Hüter d.Schwelle **62-06**
- sittl.Impulse **63-04, 159-04**
- moral.Handeln u.moral.Phantasie **74-03**
- Moralinstinkt-Moses-Christus **94-26**
- Schöpfung aus d.Nichts **107-22, 156-08**
- u.Organisation im folg.Leben **120-03**
- u.Intellekt bei Griech.u.Hebräern **130-04**
- künftige Sprache **130-13**
- Unmoral u.Leben nach d.Tod **140-01**
- Merkursphäre nach d.Tod **141-01**
- Bilden moral.Ideen **150-05**
- Menschenreich d. Jupiterzustandes **157-21**
- Recht und Pflicht **158-06**
- u.Verhältnis phys. Leib-Außenwelt **170-05**
- u.platon.Tugenden **170-06**
- u.5.Kulturepoche **171-04**

- und Glaube **175-17**
- Sündenfall **175-19**
- u.Christus-Impuls **175-20**
- einseitige Tugenden **176-10**
- u.Intelligenz **177-02**
- u.material.Okkultismus **178-14**
- u.Karma **181-02**
- antisoz.Impulse **186-05**
- M.fortschritt u.Erfindungen **192-04**
- u.Naturgesetze **198-02**
- und Ich **201-09**
- u.Wärmeorganismus d.Menschen **202-16**
- und Sonne **202-17**
- und Weltenäther **218-05**
- und Elektrizität **220-04**
- Mienenspiel d.Astralleibes **221-03**
- M.impulse u.Ich d.vor.Inkarnation **234-02**
- moral. Verhalten u. Atem **275-09**
- moral. Verhalten bei Epilepsie **317-03**
- Anwendung von Zerstörungskräften **327-07**
- M.impulse und Leben vor der Geburt **342-01**

Mord 101-11
Mord politischer 178-07
Morgagni G.B. 312-01
Morgen- und Abendkräfte 124-13, 145-10, 178-14
Morus Thomas 167-05
Morya 264-11
Moschus 98-18
Mosen Julius 124-12, 171-05
Moser Lukas 292-07
Moses
- u.Ich-Bewußtsein **60-06**
- **94-29**
- Auszug aus Ägypten **104-15**
- Zehn Gebote **108-02, 114-14**
- Ätherleib d.Zarathustra **109-03**
- u.Christus auf Sinai **109-11**
- und Jahve **114-17**
- u.Christus im Ätherischen **118-01**
- Zeitalter des M. **118-02**
- Schüler d.Zarathustra, Hermes **123-02**
- und Christus im Leben nach d.Tod **130-05**
- und Jethro **139-12**
- und Pinehas **139-14**
- Söhne d.Witwe **144-02**
- und Jethros Töchter **286-02**

1.Moses s.Genesis
2.Moses s.Exodus
4.Moses s.Numeri
Moymis 113-12
Muavija 235-10
Mula-Prakriti 121-11
Müller J. 52-01
Multscher Hans 292-04
Mumie
- bei Paracelsus **54-10**
- M.kult u.Persönlichkeitsgefühl **103-11**
- M.kult d.Ägypter **204-26**
- M.kult u.Mondwesen **216-03**, **216-05**
- Terminus d.alten Medizin **317-18, 352-06**
- Zerstörungskräfte **353-06**

Mund 201-20
Musen 113-10
Musik
- u.Ätherleib **54-03**
- bei R.Wagner **65-04, 97-15, 342-07**
- u.Rhythm.System **73-05**
- Sinn f.M.u.freier Ätherleib **95-03**
- u.übersinnl.Wesen **98-28, 102-14**
- M.talent u.Vererbung **100-03**
- im alten Europa **116-01**, **117-09**
- und Luzifer **147-04**
- Intervall-Erleben **170-10, 222-04, 283-06, 283-07**, **283-08**
- musikalisches Empfinden **192-01**
- u.plastische Kunst **232-09**
- und Gesundheit **235-04**
- Erleben d.Inkarnation Christi **243-12**
- Inspiration, Cherubim **271-01**
- u.übersinnl. Erkenntnis **271-03**
- u. Sphärenmusik **271-04**
- u. Kunst **275-01**
- Ich und Astralleib **275-02**
- u. Einweihung **275-03**
- Verhältnis zum Menschen **278-01**
- Singen **278-02**
- Ton und Akkord **278-03**
- Nachahmung v. Naturerscheinungen, M.therapie **278-04**
- atonale, Zwölftonmusik **278-05**
- Traum u. Meditation **278-06**
- Tondauer **278-08**
- u. Götter der Vorzeit **282-21**
- Sphärenharmonie, M.genuß **283-01**
- und Devachan **283-02**
- Dur u.Moll **283-03**
- M.instrumente **283-04**, **283-09**
- Tonerlebnis **283-05**
- Harmonie-Melodie-Rhythmus, Intervall-Erleben **283-09**
- der einzelne Ton **291-07**
- u.Dimensionen **291-09**
- M.gedächtnis **302-01**
- und chemischer Äther **321-15**
- Kirchenmusik **342-07**

Musikalität 169-08, 201-10
Musikinstrumente 283-04, 283-09
Musiktherapie 278-04
Muskeln
- u.motor.Nerven **115-08**
- u.Astralleib **124-09**

- M.materie **134-02**
- Ausstrahlungen **134-03**
- kristall.Karma **153-01**
- Mondenentwicklung **272-16**
- M.system im 2.Jahrsiebt **303-06**
- tätiger und ruhender M. **312-01**
- M. und Knochen **313-09**
- und Magnesium **316-03**
- Erkenntnis **316-07**
- und Geschicklichkeit **317-08**
- Ätherleib **320-02**
- und Nervensystem **323-10**

Muspelheim 101-01, 126-11
Muspilli 205-18
Mütter (Faust) 93-30, 265-07, 272-11, 273-05
Mutterliebe 99-14
Muttersprache 65-07
Mysterien
(s.auch Einweihung)
- Wasserprobe u. Taufe **53-04**
- der Trinität **96-20**, **97-09**
- u.Hl.Gral **97-12**
- Lehrer-Schüler in vorchristl.M. **106-04**
- Ende d.vorchristl.M. **109-07**
- und Evangelien **112-08**
- in Griechenland **113-08**
- 4 Gruppen v.Eingeweihten in alten M. **117-02**
- u.röm.Cäsaren **175-22**
- und Naturwissen **180-02**
- Chrestos u.Christus **203-12**
- Sterblichkeit d.Seele **205-02**
- obere u.untere Götter **205-09**
- asiat.u.europ.M. **207-02**
- Vergessenheitstrunk u. Schreckerlebnis **210-05**
- Fragestellung d.Eingeweihten **213-03**
- Wotan-M. **228-04**
- griech.u.oriental.M. **233-06**
- Lesen im Astrallicht **233-15**
- u.Jahresfeste **233-17**
- Einweihungsgrade **233-19**
- Sonne um Mitternacht **236-19**
- M.verrat u.Freimaurer **265-02**
- **Adonis-** 93-21
- **ägyptische**
- - Isis-Osiris-M. **53-11**
- - Eingeweihte u.Hellseher **98-01**
- - das Neue d.ä.M. **106-15**
- - Einweihungsweg **119-04**
- - Söhne d.Witwe **144-02**
- - u.Erde-Sonne-Bewegung **171-09**
- - Tieropfer **175-24**
- - Astronomie und Sozialleben **323-01**
- **atlantische** 106-02, 110-06
- **Drotten-** 57-11, 93-07
- **Druiden-** (s.auch hybernische)
- - Ceridwen und Hu **57-11**
- - Zentralloge in Skandinavien **93-07**
- - im Westen u.Osten Europas **97-13**
- - u.Hl.Geist **97-14**
- - Sig **105-13**
- - 12 Lehrer u.der 13. **114-20**
- - Sonne um Mitternacht **119-02**
- - M.führer u.12 Helfer **119-05**
- - u.Wotanmysterien **228-04**
- - hybern.Einweihung **232-07**
- **eleusinische** 175-24, 232-09, 232-10
- **ephesische** 232-06, 233-06, 233-21
- **gotische** 97-13
- **griechische** 60-02, 273-05
- **hybernische** 232-07, 233-05, 235-11
- **kolchische** 155-02
- **mexikanische** 171-03
- **Mithras-** 94-20, 113-11, 175-24
- **nordische** 173-10
- **Rosenkreuzer-**
- - Zarathustra-Buddha-Skythianos **109-16, 113-16**
- - u.Christus und Luzifer **113-09**
- - Alchemisten **232-12**
- - Ureinweihung **233-11**
- - Erkenntnisopfer **233-12**
- - im 19.Jahrhundert **233-13**
- **samothrakische** (s.auch Samothrake) 232-11, 233-05

Mysteriendramen (R.Steiner) 124-14, 276-03, 281-01
Mysterienspiele 161-09, 282-12
Mysteriensprüche 223-02
Mysterienverrat 175-22, 265-02
Mysterium von Golgatha
- u.Adoniskult **93-21**
- u.Einweihung **93-45**
- Blut Christi u.Erde **96-19, 98-10, 103-08, 169-03**
- Christus u.d.beiden Verbrecher **97-07**
- Kreuzigungsszene **100-11**
- Entwickl.v.Buddhi **102-04**
- u.Apokalypse d.Johannes **104-21**
- Verzögerung **105-06**
- Knochensystem **105-15**
- Kreuzigungsszene **112-15**
- Ätherleib **112-16**
- Tod u.Vaterprinzip **112-17**
- als Einweihung **114-27**
- Verzögerung **116-03**
- und Einweihung **123-10, 131-02**
- obere u.untere Götter **129-11**
- Todestag, Kreuzabnahme, Grab **130-19**
- Osterzeit **130-21**
- und Phantom **131-04**, **131-06**
- ohne geistiges Urbild **132-05**
- Inkarnationen vor u.nach M.v.G. **139-01**
- Unverständnis d.Jünger **139-09**, **139-16**

- Schilderung i.d.Evangelien **139-17**
- u.Leben nach d.Tod **140-01**, **141-04**
- und Pfingsten **148-01**
- Sonnenfinsternis u.Erdbeben **148-02**
- =Geburt d.Christus **148-03**
- Verrat d.Judas **148-06**
- u.Sündenvergebung **155-05**
- Parallele in Mexiko **171-03**
- 33 Jahre **176-01**
- Verheißung d.Hl.Geistes **176-03**
- Sinnenleben u.Intellekt **176-06**
- u.Doppelgänger **178-02**
- u.Ahriman-Luzifer **184-13**
- Verständnis für M.v.G. **184-14**
- Geburt u.Tod **184-15**
- die Zahl 666 **184-16**
- Christus u.der "hohle" Mensch **187-04**
- und Denken **201-21**
- und Schlaf **211-02**
- Tod u.Ahriman **211-07**
- und Paulus **211-08**
- Meßopfer **211-09**
- u.phys.Leib **224-03**
- und Sprache, Trinität **224-05**
- Ostern **233-17**

Mysterium von Golgatha Vorstufen 148-09, 152-08
Mysterium von Golgatha zweites 175-23, 265-10
Mystik
- Gefühlswandlung **58-04**
- Meister Eckhart **59-03**
- u.Ekstase **62-06**
- u.Erkenntnisgrenzen **73-03**
- u.kleiner Hüter d.Schwelle **119-02**
- und Okkultismus **125-01**
- u.Ich-Bewußtsein, verschiedene Arten v. M. **137-01**
- als Seelenstimmung **151-02**
- Gefahren best. M. **157-12**
- und Blut **169-04**
- u.Geruchssinn **199-01**
- und Stoff **202-08**
- Neigung zu M. **203-04**
- Visionen **205-07**
- und Luzifer **210-01**
- myst.u.chym.Hochzeit **232-08**
- Imaginationen von Stoffwechselprozessen **313-10**
- sinnl.tingierte Erlebnisse **322-08**
- Erkenntnis der inneren Organe **324-06**
- magische **326-02**
- und Mathematik **326-03**

Mystik deutsche
- und Kirche **51-11**
- Vorstellungen **51-14**
- german.Seelenentwicklung **64-01**
- und Gotik **101-15**
- u.Christus als Avatar **107-17**
- Tauler u.Gottesfreund v.Oberland **118-03**
- Christus als Guru **119-04**

Mythologie ägyptische (s.auch Ägypten) 180-06, 202-21
Mythologie chaldäische 113-12
Mythologie germanische
- u.persische u. griech. **51-05**
- astrales Bilderbewußtsein **54-09**
- Siegfried **57-11**
- Richard Wagner **65-04**
- Schöpfung **101-01**
- Loki, Midgardschlange, Fenriswolf **101-07**
- Wotan-We-Wili **101-09**
- Götter sind Angeloi **110-22**
- Asen, Wotan-We-Wili **121-11**
- Baldur, Götterdämmerung **121-12**
- Thor u.Sif **121-13**
- Freyr **121-17**
- hebräische u.germ.Genesis **162-03**
- Muspilli **205-18**

Mythologie griechische
- u.persische u. german.M. **51-05**
- Perseus **61-03**
- u.german.M. **65-04**
- Uranos **93-09**
- Gäa, Chronos, Titanen **102-04**
- Prometheus, Goldenes Vlies **106-16**
- Götter sind Angeloi **110-22**
- Chronos, Zeus, Gäa **113-04**
- Götterbilder **113-07**
- Demeter, Persephone **129-01**
- Zeus, Poseidon, Dionysos **129-02**
- Heroen u.Götter **129-05**
- Dionysos **129-06**
- Zug d.Dionysos **129-07**
- Semele **129-08**
- Silen **129-09**
- Uranos, Chronos **129-11**
- Apollon u.Python **149-04**
- die 3 Göttergenerationen **180-05**

Mythologie indische 54-09
Mythologie persische 51-05, 60-02, 101-02, 101-08, 113-11, 114-13

n'schamah 122-12
Nabel 272-16
Nabelschnur 104-14
Naboth 61-02, 139-04

Nachahmung 59-01, 96-02, 170-15, 174-15, 192-03, 291-14, 293-08, 313-05, 317-03
nachatlantische Zeit
- die 7 Unterrassen **93-78**
- Troja, Griechenland, Rom **99-23**
- im NT **100-14, 264-08**
- Zug der Ursemiten **103-10**
- 3.u.5.Kulturepoche **103-11**
- Ich u.Seelenglieder **103-12**
- die 7 Gemeinden d.Apokalypse **104-04**
- Krieg aller gegen alle **104-05**
- die 7 Siegel d.Apokalypse **104-06**
- die 5.Kulturepoche **104-12**
- Zusammenhänge zw.den Kulturen **105-16**
- Religionen **106-01**
- Anschauungen d.Göttlichen **108-02**
- Erde u.Kulturentwicklung **121-05**
- Volks- u.Zeitgeister **121-10**
- Auftreten d.Ich-Bewußtseins **121-11**
- Wirken d.Hierarchien in d.Seele **126-10**
- Inspiratoren **129-05**
- 5.u.6.Kulturepoche **157-07**
- u.alte atl.Kräfte in Asien **171-02**
- die 4 Probleme d.5.Kulturepoche **171-04**
- Jüngerwerden d.Menschheit **176-01**
- und Trinität **176-03**
- und Tierkreis **180-07**
- Ausgestaltung d.seel.Wesens **180-10**
- Geburt u.Tod, das Böse **185-07**
- Entwickl.in der 5., 6. u. 7.Kulturepoche **185-08**
- seel.Entwickl. d.Menschen **194-10**
- Auffassung d.Menschen **222-07**
- Planeteneinflüsse **231-03**
- Dekadenzkräfte **273-05**
- Problem des Bösen **273-06**
- Seelenverfassung **276-01**
- seel.Entwickl. u. Architektur **286-03**
Nachbild
- und Schatten **96-06**
- okk.Entwickl.u. menschl. Gestalt **137-05**
- Sinneswahrnehmung, Handlungen **194-10**
- Erinnerung **194-13**
- u.Gedächtnisbild **201-10**, **214-04**
- u. Schutz gegen Ahriman-Luzifer **275-04**
- Sinneswahrnehmung **291-12, 291-15**
- farbiger Schatten **320-07**
Nachiel 101-12
Nachsprechen beim Hören, inneres 218-13, 320-08, 348-08
Nachtschweiß 312-02
Nachtwandeln 119-01, 225-07, 227-06, 323-02
Nadelhölzer, Nadelwald 327-01, 327-08
Nagasena 58-08
Nahrung s.Ernährung
Nahrung mineralische 145-12
Nahrungsmittel (s.auch Ernährung) 145-04
Nain Jüngling zu 114-24, 264-07
Napoleon I. 185-01
Nase 58-05, 201-12, 201-20, 348-06
Nasenbluten 350-05
Nasiräer 117-05, 117-06, 123-09
Nathanael 94-20, 112-13
Nationalismus
- und Schlaf **156-05**
- und Reinkarnation **157-01**
- u.luz.Archangeloi **159-09**
- einseit.Neigung zu einem Archangelos **172-05**
- Volkstum u.Sexualität **174-04, 180-06**
- u.ahrim.Elementarwesen **180-02**
- und Ahriman **191-08**
- Jahveprinzip **202-19**
- Bezieh.zu Archangelos nach d. Tod **207-10**
Natrium 320-04
Natur, **Naturreiche**
(s.auch die einzelnen)
- Bewußtsein v. Pflanze u.Tier **93-76**
- u.Elementarwesen **98-06**
- u.Elementarreiche **98-13**
- Bewußtsein **99-15**
- Gruppenseelen u.Plane **105-03**
- u.Vaterprinzip **131-01**
- Wesensglieder u.Plane **136-14**
- u.Ahriman **145-19**
- u.Sündenfall **175-19**
- Wirken Ahrimans i.d.N.reichen **183-08, 210-06**
- u.künft.Planetenzustände **196-04**
- u.Elemente d.Griechen **205-04**
- des Jupiterzustandes **207-06, 207-13**
- Arbeit an d.N.reichen nach d.Tod **207-11**
- Gestaltungstendenzen **208-14**
- und Leben nach d.Tod **211-04**
- Schiefer u.Pflanzen **213-06**
- Kalk und Tierformen **213-07**
- u. menschl. Leichname **293-02**
- u. physischer Leib **293-11**
- Heilmittel aus den N. **319-11**
- Verhältnis der N.reiche zueinander **323-12**
- Mond- und Sonnensphäre bei der Gestaltung **323-14**
Naturalismus 281-04
Naturerkenntnis 199-02

Naturgesetze
- Gültigkeit, Umkehr an einer Kugelsphäre **84-04**
- Geister d. Umlaufzeiten **136-02**
- und Mangel an Spiritualität **152-05**
- Jupiterzustand **198-02**
- und Exusiai **205-21**
- Jupiterwesen **218-07**

Naturkatastrophen
- und Erdinneres **94-09**
- Voraussehbarkeit **107-14**
- und Angeloi **120-10**
- ahriman.Elementarwesen **218-07**
- als Scheidewand zwischen Kosm. u. Irdischem **219-02**
- Tod durch N. **236-20**
- das Astrale d.Erde u. Konstellationen **350-02**
- Tetraederstruktur d.Erde **354-06**

Naturkräfte 63-04, 136-02, 191-11, 218-07, 233-18

Naturwissenschaft
- Erkenntnisgrenzen **74-03, 322-01**
- anorgan.N.u.Mathematik **76-02**
- und das Jahr 1250 **126-10**
- u.Marssphäre **130-23**
- u.Ätherherz **190-04**
- u.Ahriman **191-08**
- Mysterieninhalt **203-08**
- u.Vatergott **210-02**
- Furcht vor dem Geistigen **273-12**
- Forschungsrichtungen **320-01**
- Hypothesen **314-01**
- Begriffskonstruktionen **322-02**
- moderne N. und Goethe **323-02**
- und Mathematik **324-01**
- Experiment **324-05**
- Anfänge d.naturw. Bewußtseins **326-01**
- Bewußtseinsentwicklung **326-02**
- moderne N. und Newton **326-04**
- Divergenz zw. innerem Erleben und Phänomenen **326-07**
- und Freiheit **326-08**
- Geschwindigkeit statt Raumbewegung, Atome **326-09**

Naumburger Dom 292-03

Nazarathos 109-03, 123-02

Nazareth 123-09

Nebenniere 348-04

Neger
- u.Amerikaner **93-28**
- u.Ätherleib **101-21**
- u.Ernährungssystem **105-07**
- Entstehung in d.Atlantis **107-21**
- u.Merkurkräfte **121-09**
- junge Seelen **126-04**

Neid 125-04

Nektar 317-12

Nektar und Ambrosia 97-10

Nelkenwurz (Geum urbanum) 313-07

Nematoden 327-07

Nephesch 107-20, 122-12, 203-11

Neptun 98-22, 110-14, 312-07, 316-11

Nero 175-22, 236-08

Nerthus (Hertha) 106-14, 173-10, 175-06

Nerven, **Nervensystem**, **Nerven-Sinnes-System**
(s.auch Kopf)
- sympath.NS **55-01**
- u.Astralleib **57-02**
- Stoffentstehung **82-02**
- Ätherleib, Sinneswahrnehmung **84-01**
- u.negative Materie **84-02**
- Erleben d.Ätherwelt **84-03**
- Sonnengeflecht **93-40**
- und Wesensglieder **98-11, 172-02, 206-04, 313-01, 317-06**
- und Licht **98-20**
- in german.Mythologie **101-01**
- in persischer Mythologie **101-02**
- in ägypt.Mythologie **106-07**
- Gedanken u.N.u.Blut **109-11**
- Kreuzung d.Sehnerven **115-02**
- Sinnesorgane u. -nerven **119-07**
- u.Bluttafel **128-02**
- vegetatives NS und Mystik **128-03**
- Salzbildungsprozeß **128-09**
- Nervensubstanz **134-02, 314-10, 317-02**
- Ausstrahlung d.Menschen **134-03**
- hellseherisch gesehen **145-11**
- und Blut **169-03, 293-01**
- Atomismus **169-04**
- luzifer.Ich u.Gangliensystem **174-02**
- u.Blut, Angeloi u.Archangeloi **177-12**
- elektr.Kräfte, Doppelgänger **178-02**
- N.system u.Sonnenzustand **183-03**
- N.system u.Licht **190-07**
- u.Musik-Empfinden **192-01**
- N.system u.achte Sphäre **194-01**
- u.Erinnerung **194-13**
- Wandlung innerer Organe **201-13**
- N.system u.dreigliedr.Mensch **201-20**
- u.Saturn- bis Mondenzustand **202-01**
- u.vorgeburtl.Leben **202-02**
- und Stoff im Menschen **202-18**
- Ausscheidung d. Vorstellungslebens **203-06**
- u.zurückgeblieb.Elohim **203-10**
- u.Imagination **204-02**
- u.Feuer **205-04**
- N.system u.freier Äther-u.Astralleib **205-20**
- N.leben u.Jupiter **208-07**
- u.vor.Inkarnation **210-08**
- u.3.Hierarchie **216-02**

- u.Stoffwechsel im Auge u.Ich-Bewußtsein **218-01**
- Substanz u.Tätigkeit d.N.systems **227-03**
- u.Uriel **229-07**
- und Vögel **230-01**
- und Hierarchien **230-28**
- Kopfkräfte u.Kiesel **239-03**
- u.Atomismus **254-03**
- Baum des Lebens **275-11**
- u. Geistig-Seelisches d.Menschen **293-06**
- und Herz **312-02**
- Vorstellungsleben **312-03, 323-05**
- Denken **314-04**
- plastische Kräfte bei Organbildung **314-07, 314-09**
- N.krankheiten **314-17**
- Ich und Astralleib **314-18**
- Synthetisieren, Abbau **317-01**
- Wirkung von äußerlichen Heilmitteln **317-09**
- Kälte im NS **318-09**
- Heilmittel **319-02**
- Kieselsäureprozeß **319-08**
- und Blei **319-09**
- u. Gliedmaßen-Stoffwechsel-System **323-02, 323-09, 323-10, 323-15**
- Imagination und Wachstumskraft **324-04, 324-05**
- bei Tier und Mensch **327-09**
- und Wirtschaftsleben **328-02**
- Kohlensäure **351-01**

Nerven motorische 115-08, 124-09, 194-13, 303-06, 303-08, 312-03, 315-03

Nervosität
- falscher Hüter d.Schwelle **93-44**
- Folge d.Materialismus **100-04**
- Bekämpfung **143-01**
- u.Organ f. Reinkarnationsgedächtnis **152-01**
- u.Lebensalter d.vor.Inkarnation **163-05**
- Formenphantom **174-01**
- Organ f.Reinkarnationsgedächtnis **194-07**
- Befreiung v.Planetenkräften **204-22**
- Haften d. Astralleibes an äther. Organen **313-04**

Neuplatonismus 74-01
Neuralgie 314-17
Neurasthenie 175-09, 312-02
Neurose 115-17
Newton I. 320-04, 326-04
Nezer 123-09
Nibelungen 136-13, 190-06
Nibelungenlied 64-01, 127-06, 161-09, 281-02, 292-10
Nichts Durchgang durch das - 146-02, 181-13, 321-10

Nichts Schöpfung aus dem -
- freie Handlungen **93-63**
- 1.Logos und Mensch **93-75**
- und Zahl 3 **101-17**
- im menschl.Ich **107-22**
- Herstell.v.Relationen **108-09**
- Moral u.Handlungen **156-08**
- Gedanken u.Erlebnisse **163-03**
- u.Aufnahme v.Geistigem **265-03**

Nicolai Friedr. 273-02
Nicotiana tabacum s. Tabak
Nidanas 93-62
Niddhögr 101-01

Nieren
- Ausgleich zw.Lunge u. Verdauungssystem **128-05**
- u.Prozeß d.Absonderung **128-07**
- u.Pflanzenblüten **134-04**
- u.Sonnengeflecht **137-03**
- und künft.Temperamentsanlage **205-08**
- Luftelement **205-10**
- Augen d.Gliedmaßenmenschen **208-06**
- u.Augen während d.Schlafes **208-19**
- u.Sinneswahrnehmung **218-01**
- u.Stoffaufnahme durch Astralleib, Krankheiten **218-02**
- und 4.Kulturepoche **218-03**
- und Schlange **230-10**
- N.ausscheidung und Geruch / Geschmack **312-09**
- und Kohlenstoff **312-13**
- und Eiweiß **312-14**
- Eurythmie **313-10**
- Astralleib **314-06**
- radiale Kräfte **314-07**
- N.tätigkeit und Ernährung **314-09**
- N.reizung und Schachtelhalm **314-18**
- N.tätigkeit u. Heileurythmie **315-04**
- und Augen **323-15**
- Schafgarbe **327-05**
- als inneres Denkorgan **347-01**
- u.Diphtherie **348-17**
- Harnsteine u.Belladonna **350-03**
- u.Bluthochdruck **350-11**

Nietzsche Friedrich
- Auffassung des Tragischen **51-21**
- Entwicklung **53-08**
- sein Ätherleib **57-08**
- Weltanschauungsphasen **65-04**
- Geisteskrankheit **107-03**
- seel.Konstellation u. Weltanschauung **151-03**
- u.R.Wagner **178-10**
- als tragische Gestalt **204-11**
- Übermensch **207-13**
- vorige Inkarnation **235-08**
- Inkorporation Ahrimans **237-10**
- **262-02**

Nifelheim 101-01, 126-11

Nikodemus 94-21, 103-07
Nikolaus I.(Zar) 185-10
Nikolaus I.(Papst) 216-09
Nikotin 348-13
Nimrod 123-04
Niobe 211-05
Nirmanakaya 93-50, 109-25, 110-12, 114-05
Nirwana 93-63, 94-22, 108-09, 203-04
Nirwanaplan 116-02
Noah 100-13, 101-14, 101-15, 101-23
Nominalismus 51-08, 74-01, 74-03, 325-05
Nordlicht 351-02
Normannen 159-01
Nornen 101-01
Norwegen 158-07, 209-01
Nostradamus 61-01, 93-06
Notwendigkeit s.Freiheit-Notwendigkeit
Novalis 126-13, 238-10, 281-04, 322-02
Nous pathetikos 74-02
Nous poetikos 74-02
Nullpunkt, -sphäre 321-08, 321-10, 321-14, 321-15
Numeri (4.Mose) **20,11-12** 155-04
Numeri 21,8-9 103-07
Numeri 25 139-14
Nutation 201-06
Nux vomica (Brechnuß) 312-22

Obelisk 152-09
Oberlin J.F. 126-12
Oberschlesien 338-03
objektiv-subjektiv 76-01, 206-07, 291-15, 320-01, 320-08, 326-02
Obst 312-11, 327-02, 327-09, 327-12
Obstipation s. Verstopfung
Ockham W.v. 74-03
Odilie Heilige 292-10
Ödipus 112-15, 139-10, 158-04, 273-07
Odysseus 99-23
Oetinger F.Chr. 175-12
Öffentliche Meinung 141-10
Ofterdingen Heinrich von 238-06
Ohnmacht 237-08, 275-06
Ohr
- und Sprache **93-49**
- Entwicklung **95-08, 107-04, 134-04**
- Vererbung d. musik. Begabung **100-03**
- inneres O. **115-02, 300-07, 348-03**
- Sphärenharmonie **145-07**
- u.Kehlkopf **157-17, 320-08**
- inneres Nachsprechen **218-13, 320-08, 348-08**
- u.Tonerlebnis **283-05**
- Heilmittel **300-10**
- inneres O. u. mathem. Begabung **301-04**
- Kräfte d. O.bildung und zweites Phantom **312-16**
- Aufnahmeorgane für den Aufbau **314-10**
- Geschwulstprozeß **314-12**
- Luftbewegung und innerer Leier des Apoll **320-07**
Ohrenentzündung 314-10, 314-12
Ohrensausen 316-15
Okkulte Brüderschaften
(s.auch Freimaurer)
- Jakob I.v.England **169-09**
- u.1.Weltkrieg **173-01, 173-02**
- tote Seelen, engl.Sprache **174-06**
- Techniken **178-07**
- Techniken, Christus im Ätherischen **178-11**
- östliche linke **178-12**
- linke u.künft. okk. Fähigkeiten **178-14**
- Geheimnisse d.5.Kulturepoche **181-06**
- engl.Sprache **181-11**
- u.künft.okk.Fähigkeiten **181-18, 186-03**
- westl.u.Materialismus **184-09**
- u.Medien **192-07**
- u.ahriman.Elementarwesen **200-01**
- u. Anthroposophie **273-11**
Okkulte Gefangenschaft 227-13, 254-02
Okkultismus
- Buddhastufen **105-18**
- Lehrer d.O. **109-19, 130-20, 262-01**
- u.Mystik **125-01**
- als Seelenstimmung **151-02**
- eugenetischer **167-01, 171-10**
- hygienischer, materialistischer **172-04**
- eugenetischer, hygienischer, materialist. **173-08**, **178-14**, **186-03**, **186-04**
- Techniken **173-11**
- Lehrer-Schüler **197-01**
Oktav 278-02
Olaf Åsteson 127-07, 158-07, 275-05
Ölbaum 149-02
Öle (s.auch Fette, Ätherische Öle) 312-18
Ölmalerei 292-06
Olcott H.S. 52-04, 262-03
Oliphant Lawrence 240-05
Olympische Spiele der Neuzeit 130-26
Opfer 204-25
Opium 349-06
Opiumkrieg 173-14
Orakel 213-01
Orakelstätten atlantische 109-22

Orange 275-06
Oreas 273-09
Orektikon 114-15
Organe des Menschen
- Mond- u. Sonnenwirkung **82-03**
- u.Astralleib **93-51**
- Epiphyse **94-01**
- Herz **94-26**
- Epiphyse u.Lymphdrüsen**94-31**
- verschied. Evolutionsalter **96-07**
- Gehirn u.Blei **96-10**
- Milz **96-17**
- Sonnengeflecht-Diamant **97-17**
- Sexualorg. u.Kehlkopf **98-02**
- Entwickl., Verhärtung-Erweichung **101-05**
- Lunge u.Leber **102-01**
- Zusammenhänge zw. einzelnen O. **104-09**
- Herz, Augen **115-04**
- Symmetrie **115-05**
- u.Karma **120-03**
- Blut u.Milz, Leber, Galle **128-02**
- u.Wesensglieder **128-07**
- u.Metalle u.Pflanzen-O. **134-04**
- u.Tierkreis **137-02**
- Sinnes- u.Lebens-O. u. Christusopfer **149-04**
- das Schmecken d.O. **156-06**
- Kopf-Wirbelsäule-Entwickl. **156-07**
- u.Hellsehen **157-12**
- Gestalt **201-01**
- des Kopfes u.d.unteren Menschen, Gedächtnis **201-10**
- Wandl.zur nächsten Inkarnation **201-13, 201-14, 205-08**
- Gehirn u.Jupiter **204-22**
- u.Elemente **205-10**
- der dreifache Mensch **208-06**
- u.Lebensstufen **208-07**
- Wechselwirkung im Schlaf **208-19**
- "Schwitzen" innerer O. **214-02**
- vorgeburtl.Leben u.Augen **214-08**
- Trinität u.Hierarchien **228-03**
- u.Träume **234-03**
- u.Quecksilber **243-03**
- Regenerationskräfte **312-03**
- zwischen Menschenbildung und Zellbildung **312-08**
- menschl. u. tier. O. **312-16**
- Sympathie - Antipathie **312-19**
- Atmungsorgane **313-06**
- Gang d. O.bildung **313-10**
- radiale u. plast. Kräfte bei O.bildung **314-07**
- Eurythmie **315-06**
- zentrale u. Umkreiskräfte **316-03**
- Erkenntnis d. inneren O. **316-07**
- Wärmekapazitäten **321-01**
- O.erkenntnis u. Imagination **322-06**
- d. Stoffwechsels **325-06**
- und Irrtum **340-06**
Origines 165-03, 204-05, 204-24
Oriphiel (s.auch Uriel, Vril) 159-09, 237-09, 237-10, 264-06
Ormus 265-02
Ormuzd s.Ahura Mazdao
Orpheus 116-01, 117-09, 124-04
Osiris
- O.-mysterien **60-04**
- Tötung durch Typhon **106-07**
- u.Apollon **106-10**
- Pharao **106-22**
- Weltenwort **144-02**
- u.Sonne **171-09**
- Isis-O.-Mythe **202-21**
- Verlust d.O. i.d.Mysterien **202-22**
- Sonnenaspekt d.Christus **211-10**
Ost-West-Gegensatz
- Tolstoj und Carnegie **57-04**
- Einfluß west.Freimaurer i.Rußland **167-01**
- die 4 Probleme d.5.Kulturepoche **171-04**
- Charakterisierung **171-13**
- u.künft.okk.Fähigkeiten **181-18, 186-03**
- u.phys.Fortpflanzung **183-02**
- 1.Weltkrieg **185-18**
- Hüter d.Schwelle **186-01**
- u.soz.Dreigliederung **200-01**
- Seelenwanderung **203-01**
- u.Sinne **206-02**
- östl.Mysterien u.westl.Zivilisation **207-02**
- Vater- u.Sohnesgott **210-02**
- Übergang 4.zur 5.Kulturepoche **210-11**
- Lockruf d.Adlers u.d.Kuh **230-03**
- **338-01, 338-02**
- und Religion **342-08**
Osten 174-05
Osten Eingehen in den ewigen - 174-05
Osterinseln 54-04
Ostern
- u.Meister Jesus **130-21**
- Kalender **133-02**
- u.Sonne **149-08**
- u.Astralleib **169-01**
- u.Sohnesgott **202-19**
- u.alte Mysterien **203-12**
- u.Atmungsrhythmus d.Erde **223-01**
- Raphael/Christus **229-05**
- u.heidnische Herbstfeste **233-17**
- Festlegung **233-20, 265-12**
Ovid 240-05
Oxalis acetosella (Sauerklee) 314-13
Oxalsäure 232-12, 314-13, 316-01, 351-14

Paderborn 121-10
Paläozoikum 300-01
Paléologue 203-09
Palladium 175-23, 208-16, 235-14, 325-05
Palmetten 286-04
Pan 129-07
Panslawismus 64-03, 65-03, 159-06
Papaver rhoeas s. Klatschmohn
Papaver somniferum s. Mohn
Papus 167-01
Paracelsus
- Salz-Merkur-Schwefel **54-10**
- P.studien Goethes u.sein Faust **63-07**
- u.alte Volksweisheit **204-06**
- Hellsichtigkeit **214-02**
- als Arzt **216-08**
- Spornritter **225-02**
- zweites Gesicht **227-06**
- Sonnen-Initiierter **228-05**
- Archäus **312-01**
- i.Zusammenhang d.seel.Entwicklung **326-08**

Paradies 122-09, 145-11, 272-05
Paraguay 167-02
Paranoia 55-04, 317-06, 318-04
Paralyse 55-04
Parasiten 154-03, 230-22
Paris (Troja) 273-07
Parfüm 98-14, 98-18, 173-03
Parlamentarismus 121-14, 185-02
Parzival
- Jüngling zu Nain **114-24**
- Hl.Gral u.Bewußtseinsseele **144-03**
- u.Amfortas **145-13**
- Jüngling zu Sais **148-08**
- u.Mondsichel **149-08**
- P.strömung u. gewandelt. Sibyllenkräfte **149-09**
- P.sage u.deutscher Volksgeist **157-15**
- Denken u.Christus **201-21**
- Suche nach d.Gral **204-08**
- P.sage u.Simplicissimus **210-12**
- saelde **218-03**
- Herzeleide **238-04**
- Inkarnationen **264-07**
- u.Artus-Runde **265-02**

Patente 329-01, 340-09
Patinir J.de 292-06
Patriarchen 102-05
Patschouli 98-18
Paulus
- Einweihung **53-11**
- Gesetz u.Gnade **93-21**
- Frühgeburt **109-24**
- Jesus u.Adam Kadmon **114-07**
- Damaskus **114-11, 211-08**
- "mit Zungen reden" **130-10**
- Jesus u.Adam Kadmon **131-04**
- u.Auferstehung Christi **142-01**
- u.Ölbaum **149-02**
- paulin.Christentum **292-09**

Paulusbriefe 109-08
Pause 278-06
Pelagianismus 74-02
Pentagramm
- die 5 Körper d.Menschen **93-14**
- Symbol d.3.Logos **94-06**
- Mehrdeutigkeit **96-09**
- Symbol am Weihnachtsbaum **96-13**
- umgekehrtes **96-25**
- Ätherleib-Strömungen **100-08**
- Ätherleib **129-04**
- als Schlüssel z.okk.Welt **265-04**

Percival von Bonlamiulk 126-03
Periode (weibliche) 312-11, 313-09, 314-09
Peristaltik 312-22, 315-04
Perpetuum mobile 321-09
Persephone 129-01
Perser (s.auch Mythologie persische, nachatlantische Zeit) 202-20, 222-07
Perseus 61-03
Perspektive 292-06
Persönlichkeit (s.auch Egoismus, Ich-Bewußtsein) 103-11
Perugino 292-01
Pestalozzi 236-04
Peter der Große Testament 173-01
Petrus 123-14, 139-08
Pferd 104-05, 104-06, 325-04
Pfingsten
- Luzifer u.Hl.Geist **93-25, 107-18**
- Hl.Geist **96-18, 202-19**
- neue menschl. Gruppenseele **98-08**
- Erleben d.Jünger **148-01**
- u.Ich d.Menschen **169-01**
- u.Himmelfahrt **214-03**
- Verbindung mit Christus **224-03**

Pfirsichblüt
- Farbe d.Ätherleibes **53-01**
- Zusammenschluß d.Regenbogens im Menschen **207-03**
- Bildfarbe **291-01, 291-02**
- Ich im Ätherischen **291-10**
- Schließen des Farbkreises **321-13**

Pflanzen, Pflanzenreich (s.auch Naturreiche, Gruppenseele)
- Astralleib u.Ich d.P. **98-10**
- Herstellung durch d.Menschen **98-12**
- P.-Ich u. 2.Elementarreich **98-13**
- Wahrnehmungsbereich d.Angeloi **98-23**

- Arbeit d.Toten **99-08**
- u.Empfindung **100-01**
- P.-Ich **108-01**
- u.Seelenleben d.Menschen **119-09**
- Entstehung p.Materie **134-02**
- Wesensglieder u.Plane **136-14**
- Wachstumsrichtungen **136-16**
- Wachstum **140-05, 323-17, 327-06, 327-07**
- als Imagination Ahrimans **145-19**
- u.Lichtäther **155-07**
- Formen d.P.reichs u. menschl. Astralleib **174-09**
- Ätherleib **202-10**
- u.Ätherleib d.Menschen **208-19**
- u.Schiefer **213-06**
- Form, Wachstum, Stoffwechsel **213-13**
- äther.Form **214-02**
- P.leben u.Astralwelt-Spiralen **216-01**
- u.Insekten **230-05**
- u.Gnome **230-13**
- u.Undinen **230-14**
- u.Sylphen **230-15**
- u.Salamander **230-16**
- als Nahrung **230-30**
- als Nahrung f.Tiere **230-31**
- 2.Schöpfung **232-05**
- u.Astralkräfte **234-01**
- P.wurzeln u.Mondwirkung **236-13**
- niedere P. u. menschl. Entwickl. **239-03**
- u.kosm.Leben d.Erde **243-01**
- maler.Darstellung **291-04**
- Grün d.P. **291-08**
- in Lemurien-Mesozoikum **300-01**
- und Mensch, Dreigliederung **312-05**
- und Kosmos, Asche, Licht und Schwere **312-07**
- Sulfur- und Sal-Prozeß **312-09**
- und Tierbildeprozeß **312-17, 312-20**
- dreigliedr. Pflanze und Heilmittel **313-07**
- Wirkung v. Menschen auf Pfl. **313-09**
- Nachwirken v. Wärme u. Licht d.Vorjahres **314-06**
- Salz-Merkur-Schwefel **314-07**
- Entvitalisierungsprozeß **314-09**
- P.wurzel und Kopf **316-06**
- Astralität **317-18**
- Sonnen- u. Planetenkräfte **318-07**
- als Heilmittel u. dreigliedr. Mensch **319-01**
- Erntezeitpunkt von Heilpfl. **319-09**
- solarische u. terrestr.Wirkungen **323-03**
- einjährige P. und Bäume **323-08**
- kosmische Einflüsse **327-01**
- Wachstum, Planeten und Mond **327-02**
- Kohlenstoff, Eiweiß **327-03**
- u.Astralisches, Obst **327-09**
- in Lemurien u.Atlantis **347-02**
- Milchsaft, Kambium **351-08**
- P.wurzeln u.Mond **353-07**
- Gerüche **354-02**
- Farben **354-03**

Pflanzen sensitive 93-76, 100-01
Pflanzen-Mineral-Reich 100-06, 204-23
Pflanzenfarben 349-02, 354-02
Pflanzenkrankheiten 327-05, 327-07, 327-08
Pflanzenparasiten 312-05
Pflaster 312-14
Pforte der Einweihung 124-14
Phänomenalismus 62-06, 78-01, 323-16, 324-06
Phantasie
- moralische **53-09, 74-03, 179-03, 322-04**
- künstler.u.Mondrhythmus **58-09**
- Kriyashakti **93-49**
- u.Erziehung **96-02**
- künstler. P. u. Imagination **115-19**
- Geister d.Abends **145-10**
- u.Luzifer **194-04**
- Übergang bei d.Griechen **198-01**
- u.Wirklichkeit **205-01**
- u.Intellekt **205-07**
- u.Wille **205-15**
- u.Angelos **208-03**
- u.Astralleib **214-02**
- künstlerische **271-03**
- u.2.Lebensjahrsiebt **276-03**
- u. Drama **281-04, 282-04**
- u.Sympathie **293-01**
- und Wachstum **293-10**
- und Mond **312-08**
- und Ätherleib **312-16**
- und Mondphasen **323-02**
- u. Sinnesleben in den Begriffen **323-07**

Phantastik 208-03
Phantom(e)
- P.-Spektren-Dämonen-Geister **96-23**
- Elementarwesen, Abschnür. von Wesensgliedern **98-09, 98-26**
- d.phys.Leibes u. Heilmittel **107-11**
- Erzeugung durch Schw.Magie **107-14**
- d.Sinneswahrnehmung **153-03**
- u.menschl.Aura **155-08**
- Formen-P.d.Menschen **174-01**
- Schwefel-P.d.Menschen **229-01**
- des Eisens **312-14**
- im physischen Leib, Entzündungen, zweites Ph. **312-16**
- Antimon - Ph. **312-21**
- Stoffgemenge nach Pflanzenvorbild **314-09**
- Ich-Phantom und Quecksilber **314-10**
- Kieselsäure **314-17**

Phantomleib
- u.christl.Einweihung **94-18**
- Christus als Auferstandener **112-22**

- =unsichtbarer phys.Kraftleib **131-04**
- d.Jesus Christus, die 3 Jahre **131-06**
- u.Medien **243-06**

Phanuel 102-07
Pharao 106-22
Pharisäer 187-01
Pherekydes von Syros 113-04, 126-02
Philemon und Baucis 272-01
Philipp der Schöne 171-05
Philon 325-05
Philosophie
(s.auch Denken, Logik)
- deutsche **121-14**
- die 12 Weltanschauungen **151-01**
- Weltanschauung u.Seelenstimmung **151-02**
- u.Vatergott **153-05**
- Entwicklungsgeschichte **161-02**
- Hegel u.Schopenhauer **202-07**

Philosophie der Freiheit (R.Steiner) 53-09, 74-03, 322-03, 322-04, 322-08, 326-09, 342-03
Phlogiston 349-04
Phönix 101-20
Phönizier 109-10
Phorkyaden 65-02, 273-09, 273-11
Phoronomie 320-01, 320-02
Phosphor
- und Kalk, als Heilmittel **312-05**
- bei Rachitis **312-07, 314-05**
- Schlafsucht, Dämmerzustände **313-02**
- und Ich **313-05**
- P.öl bei Arthritis **314-12**
- bei Tuberkulose **319-01**
- P.prozeß in Sinnesorganen **319-05**
- im Dünger **327-05**

Phosphoreszenz 320-05
Phrenologie 58-05, 108-03, 128-08, 317-03
Physik 321-04, 321-14, 326-07, 326-09
Physiognomie (s.auch Gestalt) 58-05, 101-15, 104-06, 115-04, 222-07, 232-01, 293-08
Physiokraten 340-12
Physiologie 326-09
Physischer Leib
(s.auch Wesensglieder, Gestalt)
- Essenz nach dem Tod **55-05, 109-01**
- u.Bewußtseinsseele **58-09**
- u.Astralleib im Schlaf **94-19**
- Schönheit **95-05**
- u.7.Erdschicht **96-01**
- Entwicklungsbeziehung z.Natur **97-17**
- früherer Wärmemensch **98-19**
- Kreislauf u.Nervensystem **98-20**
- nach Sonnenaustritt **98-21**
- Knochensystem, Geschlechtertrennung **99-21**
- Arche Noah **101-14**, **101-15**, **101-23**
- "erster Tod" **104-20**
- die 4 Formen in d.Atlantis **106-12**
- Formen u.Umstülpung i. Astralischen **107-04**
- Geschlechter **107-06**
- u.alter Saturn **110-07**
- u.Tierkreis **110-11, 137-02, 170-16, 201-08**
- Lockerung d.Ätherleibes **112-16**
- als Scheinbild **115-04**
- Symmetrie **115-05, 158-05, 352-05**
- Gestalt u.Geschlechter **116-09**
- "Hellschmecken" **129-03**
- u.Hoffnung **130-15**
- u.Phantomleib **131-04**, **131-06**
- Dreigliederung **137-03**
- u.Leben nach d.Tod **141-11**
- u.frühere Planetenzustände **141-12**
- hellseherisch geschaut **145-11**
- Zwölfgliedrigkeit **156-02**
- Ich-Bewußtsein u.Leben nach d. Tod **163-06**
- Notwendigkeit-Freiheit **166-02**
- Umwandl.zur nächst.Inkarnation **170-07**
- Gliederung **174-05**
- u.Ätherleib **174-09**
- Entwicklungsgeschwindigkeiten **174-14, 179-03**
- Kopf u.Rumpf **177-06, 194-03**
- äther.Strömungen d.Erde **177-09**
- Dreigliederung **183-03, 201-20, 202-05**
- Äther u.Astralisches **201-12**
- Luzifer-Jahve **201-19**
- Dreigliedrigkeit u. Planetenzustände **202-01**
- u.Erde **202-02**
- u.Moral **202-16**
- im 19.Jahrhundert **204-01**
- Dreigliederung u.Imag.-Inspir.-Intuition **204-02**
- Verbindung mit p.L. **204-14**
- u.Denken **204-18**
- Archai u.Exusiai **205-21**
- u.Ich, Denken u. Erinnern **206-07**
- Kosmos-Planeten-Erde **213-13**
- u.vorgeburtl.Leben **218-12**
- Wahrheit **220-03**
- Elektrizität **224-01**
- Ernährung **225-05, 313-02**
- u.Trinität **228-03**
- u.Karma **236-11**
- u.künft.Ätherleib **254-09**
- Dreigliederung, Beziehung zu Naturreichen **293-11**
- Geschwulstbildung **312-15**
- und Ich **312-16**
- Ernährung, Geruch **327-04**

Pietà 63-03, 148-08, 292-02

Pilze 239-03, 312-05, 313-05, 317-14, 327-08
Pinehas 139-14
Pisano Andrea 292-08
Pistis 211-03
Pistis-Sophia 93-05, 95-14, 165-04, 211-03
Pitris 93-50, 93-52, 93-70
Pitris lunarische 99-19
Pitriyana 106-21
Placebo 312-04
Planck C.Chr. 65-03
Plane
(s.auch Astralplan, Devachan, Buddhiplan, Nirwanaplan)
- Ätherarten **93-49, 93-55**
- Ich der Wesensglieder d. Menschen **100-12**
- Astralplan **101-26**
- europ.Bezeichnungen **116-02**
- Einweihungsweg **119-05**
- schlechte P. **130-11**
- Wesensglieder d. Naturreiche **136-14**
- Bewußtseinszustände **137-09**

Planeten, Planetensphären
- Abspaltung v.Merkur u.Venus **98-15**
- P.-Fixstern-Tierkreis **98-16,102-02**
- Abspaltung **98-17, 109-20**
- Bewegung **101-13, 110-09, 201-15, 300-02**
- P.wesen u. seel. Entwickl. **102-03**
- als Grenzmarken **110-04, 110-05**
- P.kräfte u.Seele **119-01**
- Rassenbildung **121-09**
- P.geist der Erde **136-02**
- u.Hierarchien **136-07, 136-10, 236-15**
- phys.u.äther.P. **136-09**
- Rassenbild., Gruppenseelen d. Tiere **136-15**
- u.Astralleib d.Pflanzen **136-16**
- innere Bewegungen d.Menschen **137-07**
- P.sphären u.Leben nach d.Tod **140-02, 179-02, 207-11**
- P.sphären u.Regionen d. Seelenwelt **141-15**
- als Spiegelungen **170-09**
- u. Lebensprozesse **170-19**
- Exusiai u.Archai **180-04**
- u.Tierkreis u.nachatl.Zeit **180-07**
- u.Sonnenlicht **201-05**
- Bewegung u.Elemente **201-08**
- Wochentage **201-11**
- P.einflüsse **204-22**
- u.vorgeburtl.Leben **207-10**
- u.Lebensstufen d.Menschen **208-07**
- u.Sprache **208-08, 209-02**
- u.Sonnenlicht **208-17**
- Fragestellungen d.alten Eingeweihten **213-03**
- u.Geistig-Seelisches d.Menschen **213-04**
- u.Wachstum **213-13**
- u.Schlaf **214-09**
- P.kräfte u.Inkarnation **218-06**
- Instinkte u.Sinnesorgane **218-07**
- Gehen-Sprechen-Denken u.Leben nach d.Tod **219-01**
- u.Geistig-Seelisches d. Menschen **228-01, 228-02**
- Hierarchien **236-15**
- P.intelligenzen **237-09**
- P.kräfte u. Metalle **273-01**
- u. Vokale **279-10**
- Wirkung auf Pflanze **312-07**
- Wirkung auf den Menschen **312-08**
- Umkreiskräfte **316-03**
- u. organ. Metallität **316-11**
- Pl.kräfte u. neungliedriger Mensch **317-16**
- Pl.kräfte im 3. Lebensjahrsiebt **318-03**
- Pl.kräfte in Pflanze u. Mensch **318-07**
- Pl.kräfte und Elemente **321-02**
- Landmassenverteilung d.Erde **321-15**
- Planetensphären nach Kepler **323-03**
- Pl.bahn **323-04, 323-13, 323-15, 323-17, 323-18**
- scheinbare Schleifenbewegung **323-11**
- Pl.bahn und Gestalt **323-12**
- Pl.sphären **323-14**
- Wirkung auf Pflanzen, Kiesel-Kalk **327-01**
- Pflanzenwachstum **327-02, 327-07**
- u.Gesundheit **348-23**
- Erdoberfläche, Rassen **354-02**

Planetensystem 98-25, 136-07, 136-10, 316-06, 320-06, 323-01, 323-08
Planetenzustände der Erde
- Erde: Reiche u.Formzustände **93-22**
- in christl.Esoterik **93-72**
- Übergang und 1.Logos **94-07**
- u.Bewußtsein **99-15, 104-18**
- u.Menschheitsstufe **104-07**
- Übergang u.Exusiai **110-05**
- im Johannes-Evangelium **112-02**
- u.Wesensglieder d. Menschen **112-03, 121-07**
- in der Genesis **122-03**
- Gedächtnis,Intelligenz u.Sinne **196-04**

Planetoide 109-20, 227-11
Plastische Kunst, Bildhauerei
- bei Michelangelo **63-03**
- Darstellung d.Ätherleibes **82-01**
- und übersinnl. Wesen **102-14**
- ahrimanischer Einfluß **147-04**
- Material **157-16**

- Laokoon **211-05**
- Lebenssinn und Archai **271-01**
- und Fläche **271-02**
- Formen **271-03**
- Erinnerung nach vorgeburtl. Leben **271-04**
- plast.Element in der Kunst **275-01**
- u. Ätherleib **275-01**
- u. Sonnenzustand **275-03**
- u. Götter der Zukunft **282-21**
- in der Gotik **292-03**
- in Mitteleuropa im ausgehenden MA **292-04**
- griechische u. italien. **292-08**
- und Musik **293-09**

Platon
- i.d.griech.Philosophie **51-01**
- Dionysos d.J. **129-09**
- die 4 Tugenden **170-06**
- Sinneswahrnehmung **181-08**
- dreifache Sonne **183-05**
- u.imaginatives Wissen **187-03**
- Idee **204-03**
- Auftrag an Aristoteles **232-10**
- Hamerling u.Hölderlin **236-07**
- Reinkarnationen **238-09**

Platoniker 240-01
Platonische Tugenden 170-06
Platonisches Jahr
- u.Fortschritt **106-11**
- Beziehung zum Menschen **175-03, 201-06**
- Umgestaltung d.Menschen **180-10**
- Umgestaltung **201-08**
- und Atemrhythmus **318-09**
- Abstand zwischen vergangener u. künftiger Eiszeit **323-06**

Pleroma 51-16, 103-02, 225-03
Pleuritis 312-08
Plinius der Ältere 96-01
Plinius der Jüngere 236-05
Plotin 74-01, 74-02
Plutarch 273-05
Pluto (gr.Gott) 129-01, 129-02
Pneuma 94-21
Pneumatologie 326-02, 326-08
Pneumonie s. Lungenentzündung
Pocken 120-13, 316-08, 348-18
Pockenimpfung 319-11
Poesie s.Dichtung
Polarische Epoche 95-08, 300-01
Polarisation 321-10
Polaritäten 116-09
Polarkoordinaten 208-13, 323-15
Polargebiete, Pole 313-03
Polen 287-01, 338-03
Pollen 230-16
Polyphem 57-10
Polyphemauge s.Zyklopenauge
Polytheismus 172-07
Pontifex 51-03, 214-01
Portugal 121-04
Potenzen, Potenzieren (homöopathisch), Homöopathisieren
- Vorgang d. Potenzierens, Umkehr der Qualitäten **312-02**
- Metalltherapie **312-04**
- Stoffe erfahren Homöopathisierungsprozeß im Menschen **312-05**
- Alchemie (Sal-Merkur-Schwefel) und Homöopathisieren **312-07**
- Empfehlungen für d.Potenzieren **312-10**
- niedrige u. hohe Potenzen **312-19**
- nied.u.hohe Pot. bei Antimon **312-21**
- Metalle in hoh. Pot. **313-04**
- Steigerung über Pflanzendünger **313-07**
- Heilprozesse im Menschen durch Homöopathisieren **313-09**

Potenzkurven 312-12
Posaunen der Apokalypse 104-01, 104-11, 104-12
Poseidon 129-02
Prädestinationslehre 74-01, 74-02, 177-05
Präexistenz 74-02, 76-03, 194-11, 203-11, 204-03, 204-04
Prakriti 142-01
Pralaya 99-21
Präzession 201-06, 201-19, 237-01
Predigt 342-02, 342-03, 342-12
Predigt von Benares 58-08, 114-04
Preis 332-02, 340-02, 340-03, 340-07, 340-08, 340-09, 340-10, 340-15
Preuß W.H. 65-03
Priesterkönig 104-03
Priesterweihe katholische 175-24
Prim 275-02, 275-06, 278-02, 278-03, 278-07
Prisma 320-03
Produktionsmittel 340-08
Proletariat 185-13
Prolog im Himmel (Faust) 272-13
Prometheus
- u. Ichgefühl **58-02**
- in Goethes Pandora **58-03**
- als Manu **93-08**
- u.Leber **96-07**
- Leber und Lunge **102-01**
- P.sage ägypt.Ursprungs **106-16**
- Leber u.Egoismus **120-09**

Propheten 61-01, 63-03, 275-11
Propheten hebräische 61-01, 114-14, 139-02, 202-24, 275-11
Prophetie 99-24, 107-14, 184-03, 220-01
Prosa 281-04, 282-05
Proserpina 273-05

Protestantismus 338-04, 342-09
Protokolle der Weisen von Zion 190-03
Prozeß und Stoff 313-01, 314-18, 319-02
Prüfung der Seele 124-14
Psychoanalyse 66-03, 73-02, 178-08, 178-09, 303-01, 312-18
Psychosomatik 128-07
Psychotherapie 115-17
Ptolemäisches Weltsystem 110-05, 323-02, 323-13, 323-14
Puls 221-01, 316-12
Punkt-Umkreis
- Mensch u.Mineral **105-03**
- Mensch u.Adam Kadmon **110-11**
- Materieverwandlung **110-13**
- Bewußtsein nach d.Tod **141-06**
- Koordinatensysteme **208-13**
- Denken u. Erinnerungen **232-01**
- und menschl. Gestalt **293-09**
- und Herz **312-09**
- Umkreiskräfte und Lebendiges **320-01**
- Gegenraum **323-15**
- Samenbildung **327-03**

Purpur 207-03, 291-01, 291-02, 291-10
Purusha 142-01
Pyramiden
- Weg der Seele **98-27**
- Verehrung d.Aufrichtekräfte **152-09**
- und Astrologie **180-03**
- Osiriskräfte **202-21**
- Abschließung des Göttlichen **286-01**
- und Empfindungsseele **286-03**
- Umschwung von der urpers. zur ägypt.Epoche **325-04**

Pyrit 317-16
Pyrrhoea alveolaris 312-20
Pythagoräer 101-13
Pythagoräisches Quadrat 93-19, 93-60
Pythagoras
- Schüler d.Nazarathos, die 3 Weisen **109-03**
- Schüler d.Pherekydes v.Syros **113-04**
- vorige Inkarnation **143-05**
- nachtodl.Wirken **183-07**
- qualitat.Zahlenerleben **204-12**
- Versmaße **282-21**

Pythia 52-05, 175-11, 318-01
Quart 275-02, 275-06, 278-02, 278-07, 283-08, 283-09
Quarz s.Kiesel
Quecksilber
- Heilmittel f. Kehlkopf, Lungensystem **134-04**
- Metallität u. Wirkung auf d. Menschen **243-03**
- Merkur und Bewußtseinsseele **262-04**
- und Merkur **312-07**
- Menschenbildeprozeß **312-08**
- und Kohlensäureprozeß **312-10**
- Blutbildung u. Lebertätigkeit **312-22**
- bei Tuberkulose als Adjuvans **313-06**
- Heilmittel b. Geschlechtskrankheiten **313-08, 314-10, 348-23**
- bei Organdeformationen **314-09**

Quercus s. Eiche
Quint 275-02, 275-06, 278-02, 278-03, 278-07, 283-08
Quintessenz 227-01
Quitte (Cydonia vulgaris) 319-02

Rachitis
- u. Gehirnsubstanz **100-02**
- u. Tuberkulose **101-05**
- u. Leichname **272-16, 293-02**
- und Phosphor als Heilmittel **312-07**
- und Phosphorprozesse **314-05**
- und Angst **350-07**
- Honigdiät **351-09**

Racine J.B. 300-06
Rad der Geburten 227-08
Radioaktivität 93-58
Raffael(o di Santi)
- Christentum u.Griechentum **62-03**
- Disputà **101-03**
- Reinkarnationen **126-13, 238-10**
- Schule von Athen **140-10**
- Sixtinische Madonna **291-09**
- und Perugino **292-01**
- Disputà, Schule v. Athen **292-02, 292-08**

Ragnarök 121-12
Raimund Ferdinand 318-05
Rajas 142-01
Rakshasas 93-04
Raphael 159-09, 229-05, 229-07, 237-09, 272-13, 316-12

Rassen
- R.der Atlantis **54-04**
- u.Rock Christi **100-17**
- u.Wesensglieder **101-21**
- Verwachsen mit d.Rasse **102-10**
- Zeiträume der Atlantis **104-18**
- R.bildung in Atlantis **105-07**, **107-21**
- u.Mondentrennung **109-22**
- u.abnorme Exusiai **121-04**
- u.Erdkräfte **121-05**
- abnorme Exusiai u.Planeten **121-09**
- zurückgeblieb.Dynameis u. Planeten **136-15**
- die 7 Grundtypen d.Ätherleibes **165-05**
- =Lebensstufen **187-04**
- Vererbung u.Inkarnation **190-07**
- Hautfarbe, Gehirn **349-03**
- Planeten u.Erdoberfläche **354-02**

Raubtier 230-31
Rauch 175-07, 218-11, 232-11, 348-13
Raum
- R.erlebnis, Gestalt d.Menschen **76-04**
- euklid.R. u. R. in der Plastik **82-01**
- Phys.Raum u.4.Dimension **95-09**
- u.Architektur **98-27**
- u.inneres Ohr **100-03**
- R.gefühl, Architektur, Malerei **102-14**
- Materie u.Herausgehen aus d.R. **110-13**
- Arbeit d.Hierarchien, Trinität **110-16**
- Zahl 12 **113-13**, **113-14**
- Lesen i.d.Akasha-Chronik **119-08**
- Hermes u.Weisheit d.R. **123-02**
- Kyriotetes u. Archangeloi **132-02**
- und Form: Materie **134-02**
- Geschwindigkeit **164-02**
- früheres R.-Gefühl **184-06**
- Exusiai u.ahrim.Archai **184-12**
- Erleben d. 3 R.-ebenen **201-01**
- abstrakter R.begriff **201-02**
- kosm.Ebene im Tierkreis **201-03**
- Äther u.Astralisches **201-07**, **201-12**
- Bewegung d.Planeten u. dreidimens. R. **201-15**
- u.Lemniskate **202-10**
- Koordinatensystem **208-13**
- abstrakter R.begriff u. Hierarchien **219-05**
- Mensch als R.wesen u. Christus / Sonne **236-17**
- R.welten u.Kristallformen **243-01**
- R.erlebnis in der Musik **278-03**
- R. und Zeit **320-05**
- in der Geometrie **320-10**
- Dimension **321-03**
- Umwandlung von Wärme in Arbeit **321-04**
- und Zeit **321-05**
- und Blitz **321-15**
- eukl.R. und Wirklichkeit **323-07**
- Cassini-Kurven **323-09**
- Dimensionen **324-02**
- unbewußtes R.erleben **326-03**

Raum, Herausgehen aus dem- (s.auch Dimension) 110-13, 321-03, 321-05, 321-09, 321-11
Realismus 51-11, 74-01, 74-02, 151-01, 183-08, 325-05
Recht, Rechtsleben (s.auch Soziale Dreigliederung) 328-02, 340-09
Rechthaberei 312-15
Rechtsprechung 328-05
Reformation 191-05, 222-05
Regenbogen
- erst nach atlant.Flut **100-13**
- Nichtwahrnehmbarkeit des Purpurs **202-09**
- Zeichen des Vatergottes **207-03**
- Elementarwesen **233-10**
- Meditation f. Schauspieler **282-18**
- zweiter R. **321-10**

Regenerationskräfte (s.auch Aufbau-Abbau) 312-03
Regenwürmer 312-03, 312-13, 327-08
Reich 93-72, 96-14
Reich Gottes 117-04
Reiche der Himmel 117-04
Reim 127-06, 281-05
Reinkarnation
(auch Inkarnationsvorgang, Herabstieg zu neuer Inkarnation)
- nicht bei Tieren **51-02, 120-02**
- u.christl.Lehre **54-01**
- Anfang u.Ende in d.Evolution **93-02**, **93-19**
- Herabstieg z.neuer Inkarnation **93-66, 94-11, 95-02**
- Ende d.R. **93-79, 196-01**
- u.Naturkatastrophen **94-09**
- im NT **94-21**
- und christl.Einweihung **97-01**
- Inkarnationsvorgang u.Idiotie **99-09**
- bei Adepten **99-10**
- Häufigkeit u.Geschlecht **99-11**
- u.Geschlechtertrennung **99-22**
- Erbsünde **107-10**
- R.gedächtnis **110-05**, **117-08**
- Schädel d.vor.Inkarnation **128-08**
- u.Anthroposophen **130-17**
- Ablehnung der R.idee **135-01**
- Erinnerung an vor.Inkarnation **135-02**
- und Glauben-Wissen **135-03**
- frühzeitige R. **140-03**
- Luzifer, Vorbereitung d.R. **140-09**
- R.-Gedächtnis **152-01**
- vorgeburtl.Leben u.Luzifer **153-02**

- Seelenwanderung **157-05, 202-12**
- und früher Tod **157-23, 157-26, 157-27**
- Vorbereitung d.Inkarnation **159-10, 161-09, 207-10, 215-01, 218-12**
- Inkarnation u.Ätherströmungen **180-09**
- Menschenstaub u.Sonnenkraft **181-13**
- Wissen von d.R. in Ost u.West **181-18**
- Wandlung von einer zur nächsten Inkarnation **183-10**
- rasche R. bei führenden Persönlichkeiten **191-05**
- frühere R.erkenntnis **196-03**
- u.ahrim.Elementarwesen **200-01**
- in Ost u.West **203-01**
- u.Unsterblichkeit **203-02**
- Belehrung vor Inkarnation **203-03**
- luz.u.ahrim.Versuchung **203-04**
- Wandl.v.Organkräften **205-08**
- Vorbereitung d.Wesensglieder **205-09**
- Inkarnation u. Mondphasen **218-04, 218-06**
- Austausch d.phys.Geistleibes **218-09**
- Verbind.d.Wesensglieder mit dem Embryo **227-12**
- u.Gabriel **229-08**
- Inkarnation u.vergeistigte Substanz **230-11**
- Herabstieg u.Ahriman **232-02**
- Vorbereitung d.Ätherleibes **233-20**
- vorige Inkarnation u. Wärmeorganismus **234-02**
- R.idee bei Lessing **235-13**
- R. in neue Verhältnisse **272-07**
- ichlose Menschen **300-12**
- Umkreiskräfte vor d.R. **313-08**
- R.vorgang **316-05**
- Seelenleben **317-01**
- Ätherleib **317-02**
- Moralität **317-03**
- u. Geisteskrankheiten **318-04**
- R.erkenntnis und Inspiration **322-06**

Reinkarnationsgedächtnis 110-05, 117-08, 135-02, 152-01, 194-07
Reizleitung 100-01
Relativitätstheorie 76-04, 164-02, 191-13, 321-01, 321-03, 326-07, 352-08
Religion, Religiösität
- Ursprung **53-06**
- Bearbeit.d.Ätherleibes **54-03**
- u.weiße Loge **54-05, 93-26**
- u.Meditation **58-05**
- u.Wahrheit **63-01**
- u. Anthroposophie **72-01**
- und Bewußtsein **93-16**
- der nachatl.Zeit **106-01**
- u.Konstitution d.Völker **137-04**
- u.Leben nach d.Tod **140-01, 141-01, 141-04, 141-15, 153-03**
- und Blut **169-04**
- des persönl.Gottes **172-05**
- frühere Kultformen **172-07**
- Religionsfreiheit **182-04**
- u.Materialismus **184-09**
- Geschicklichkeit u. Religiösität **317-08**

Rembrandt 292-05
Renaissance 51-13, 124-10, 208-04, 228-01, 292-02
Reptilien 230-09, 230-10
Resch 104-19
Resonanz 320-08
Rettich 350-09
Revolution 329-03
Riechen s. Geruch
Ringen 282-03
Rhea 273-05
Rheingold 136-13, 292-10
Rhetorik 184-19
Rheuma 226-02, 314-20, 327-10, 351-12
Rhododendron ferrugineum s.Alpenrose
Rhythmisches System
- und Erde **183-03**
- Ausstrahlungen d.Menschen **190-07**
- u.Musik-Empfinden **192-01**
- u.8.Sphäre **194-01**
- Atmung u.Platon.Jahr **201-06**
- u.Sonne-Planeten **201-20**
- ist irdisch **202-01**
- Vermittler zw. Erde u.Kosmos **202-03**
- u.Inspiration **204-02**
- und Element Luft **205-04**
- u.Versmaß **205-05**
- u.Äther-,Astralleib **205-20**
- Abbild d.phys.u.Ätherleibes **206-04**
- Lebensstufen **208-07**
- u.vorgeburtl.Leben **210-08**
- u.2.Hierarchie **216-02**
- Substanz u.Tätigkeit **227-03**
- Raphael **229-07**
- und Löwekräfte **230-01**
- u.Gesundheit **230-28**
- u.Tierwelt **293-09**
- Wahrnehmung u. Erinnerung von Gehörtem u. Gesehenem **302-01**
- und Wesensglieder **313-01, 317-06**
- Krankheiten **313-03**
- Therapie mit Elektromagneten **313-04**
- Metallstrahlung **313-08**
- Deformationen u. Heileurythmie **313-10**
- und Fühlen **314-04**
- im zweiten Lebensjahrsiebt **314-07**
- Heileurythmie **315-03, 315-06**
- Heilmittel **317-09**
- Atmung **323-05**
- Erkenntnis d.Rh.S. in der Inspiration **324-04**
- und Rechtsleben **328-02**

Rhythmus 107-12, 170-04, 180-01, 278-03, 278-04, 283-09
Riemenschneider Tilman 292-04
Riesen 62-04, 107-21, 108-05, 228-04
Rippen 156-07, 316-03
Rishis
- u.Planetenweisheit **106-03**
- sahen bis z.oberen Devachan **108-02**
- u.atlant.Orakelführer **109-02**, **110-06**
- Vishvakarman **136-16**
- u.luz.Angeloi **162-02**
- u.Luzifer **191-08**
Ritter 51-10, 51-11
Ritterorden deutscher 51-12
Ritter Wahn (J.Mosen) 124-12
Rittersche Heilmittel 312-04, 327-04
Robbia A.della 292-08
Robinia pseudacacia (Falsche Akazie) 312-03
Robinson Crusoe (D.Defoe) 159-07
Rock Christi 100-17
Roggen 225-06
Rohkost 312-11, 313-04
Rokitansky K.v. 312-01
Rom, **Römer**
- Geschichte **51-02**
- Gründung, die 7 Könige **93-18**
- die 7 Könige u. die Republik **99-23**
- röm.Imperium u.Ahriman **171-01**
- Erleben d.Seelisch-Geistigen **204-26**
- Palladium **208-16**
- Brot und Spiele **341-03**
Romanik 98-27, 292-03
Romanismus 208-04
Römerbrief 8,19 98-10
Romulus und Remus 124-02
Roncegnowasser 312-14, 314-11, 314-14
Roscellin 74-03
Rose 312-09, 313-05, 327-02
Rosenkreutz Christian
- Wiederverkörperung **57-11**
- Tempellegende **93-10**
- chym.Hochzeit **98-04**
- u.Christus-Ich **109-06**
- Skythianos **113-16**
- Einweihung, Leben, Ätherleib **130-06**
- Berufung d.Schüler **130-07**
- Mission Buddhas **130-23**
- größter Märtyrer **133-07**
- Inkarnationsgeheimnis **143-06**
- Valentin Andreä **232-08**
- Lesen im Astrallicht **233-15**
- Veröffentlichung okk.Wissens **262-02**
- Inspirator d.5.Kulturepoche **264-04**
- Hiram Abiff, Johannes-Lazarus **265-12**
Rosenkreuzer
(s.auch Mysterien, Einweihung)
- und die Meister **52-09**
- Goethe als R. **93-30**
- und Exusiai, Jahr 1250 **126-10**, **130-06**
- naturwiss.Unterricht **130-07**
- Einweihungsweg **131-01**
- Kreuzzüge, Ketzer **180-12**
- Alchemisten **232-12**
- Lehre über Hierarchien, Wesensglieder **233-09**
- Weltschöpfung **233-10**
- Ureinweihung **233-11**
- Erkenntnisopfer **233-12**
- im 19.Jahrhundert **233-13**, **233-14**, **233-15**
- u.naturwiss.Erkenntnis **233-16**
Rosenkreuzer Die geheimen Figuren der - 130-06
Rosmarin (Rosmarinus officinalis) 312-16
Roßkastanie (Aesculus hippocastanum) 312-19
Roswitha von Gandersheim 238-09
Rot 275-06, 291-02, 313-05, 327-02
Rotationsellipsoid 323-14
Rote Rübe 350-09, 353-07
Rotliegendes 316-05
Rousseau J.J. 96-03
Ruach 99-20, 122-12, 207-15, 273-09
Rückenmark, **Rückgrat**
- Innenleben **55-01**
- Schlange **93-40**
- Organ d.Ich **93-60**
- altes R.u.Gehirn **128-01**
- und Astralleib **172-02**
- Somnambulismus **174-02**
- u.Archangeloi **174-04**
- R.grat u.alter Saturn **156-07**
- u.Ätherströmungen d.Erde **177-09**
- u.vorgeburtl.Leben **207-10**
- Anschauung d.Rosenkreuzer **233-14**
- halb kosmisch, halb irdische Bildung **316-03**
Rudolf österr.Kronprinz 236-08
Ruhegebet 318-01
Ruhe in Gott 318-01
Ruhr (Krankheit) 313-05
Rumpelstilzchen 62-04
Runde
- die bisherigen R.der Erde **93-22**
- Formzustände **93-59**
- =Reich **93-72**
- und 2.Logos **94-07**
- Lebens- u.Formzustände **104-18**
Runen 228-04, 292-10, 325-02
Rußland, **Russen**, **Slawen**
- Volksgeist **64-03**
- und Mongolen **93-28**
- Kampf d. geist. R. u. Frankreich **157-04**
- Seelenwanderung **157-05**
- u.Mitteleuropa **157-07**, **159-03**, **338-02**
- Entstehung d.r.Volkes, Leben nach d.Tod **158-01**

- u. Entwickl. v. Geistselbst **158-02**
- u.westl.Brüderschaften **167-01**
- u.Ende d.phys. Fortpflanzung **177-12**
- u.Doppelgänger **178-05**
- Zarentum **180-08**
- Reinkarnationsgefühl **181-18**
- Oktoberrevolution **185-05, 186-06**
- Christus-Volk **185-10**
- u.1.Weltkrieg **185-18**
- u.Hüter d.Schwelle **186-07**
- Bolschewismus **225-04**
- Kultur **287-01**
- u.Spritualität **292-09**

Rüstungsindustrie 341-03
Rutengänger 164-01, 220-01, 225-02, 313-03

Sabunda Raimund von 233-12
Sadduzäer 187-01
Saint-Germain Graf von 93-01, 93-10, 93-14, 130-06
Saint-Hilaire G.de 204-21
Saint-Martin L.C.de 175-12
Saint Simon 325-01
Sais Jüngling zu 148-08, 264-07
Sakramentalismus, Sakramente 98-12, 104-18, 172-08, 318-07, 342-09
Salamander
- Offenbarung **98-06**
- Abschnürung v.Tieren **98-08**, **99-16, 102-12**
- Wesensglieder **102-11**
- u.Ahriman-Luzifer **211-13**
- u.Pflanzenblüte **230-16**
- Insekten **230-17**
- Insekten, Gedanken **230-21**
- bösartige **230-23**, **230-24**
- u.vergeistigte Substanz d.Vögel **230-26**

Salbei (Salvia officinalis) 314-15
Salben 312-14, 312-15, 312-21
Salix s. Weide
Salomon 93-22, 114-26, 116-06, 118-02
Salomonischer Tempel
- u.Arche Noah **93-19**, **101-23**
- Jakim-u.Boas-Säule **104-13**
- Julian Apostata **126-09**
- und Gnosis **173-09**
- u.Judentum **187-01**
- unsichtbar **286-01**

Salvarsan 314-11
Salvia officinalis s. Salbei
Salz (Kochsalz) und **Salze** 131-06, 128-13, 312-05, 312-14, 313-06, 313-08, 327-09
Salz-Merkur-Schwefel
- bei Paracelsus **54-10**
- u.3 griech. Göttergenerationen **180-05**
- bei J.Böhme **220-02**
- im Jahreslauf **229-02**, **229-04**
- Heilmittel **229-05, 312-05**
- **312-04**
- Salz- u. Sulfurprozesse im Menschen **312-07**
- Salz- u. Sulfurprozesse in Pflanze und Mensch **312-09**
- und verschied. Lebensalter **312-20**
- Gliederung d. Pflanze **314-07**

Salzprozeß (s.auch Salz-Merkur-Schwefel) 128-09
Samael 159-09, 237-09
Sambucus nigra s. Holunder
Samariterin 100-14
Sambhoakaya 114-05
Samech 104-19
Samen 313-07, 327-02, 327-03
Samothrake
- Kabiren u.Wesensglieder **205-02**
- Kabiren u.Opferwort **218-11**
- chthonische Mysterien **232-09**
- Einweihung, Kabiren **232-11**
- u.Alexanderzüge **233-05**
- Einfluß auf Aristoteles **233-21**
- Schelling **238-04**

Sampo 133-03
Samskara 114-04
Sand George 214-06, 225-01, 225-02
Sankhya 142-01
Sanskrit 121-02
Sarkophag 292-10
Sarosperiode 201-19
Sat 51-16
Satan 98-24
Sattwa 142-01
Saturn (Planet, Planetensphäre)
- S.käfte u.Leber **102-01**
- Abspaltung, S.wesen **102-03**
- Entstehung **110-07**
- Wärmesubstanz, S.ring **110-08**
- Bewegung **110-09**
- S.ring, Throne **136-18**
- Sphärenharmonie u. Weltenwort **140-04**
- und Inkarnat **170-19**
- u.Bewegung d.Planetensystems **201-15**
- Verhältnis phys.Leib/Astralleib **204-22**
- und Mond **218-06**
- u.Sinnesorgane **218-07**
- S.sphäre u.Leben nach d. Tod **227-11**
- u.Gedächtnis **228-01**
- S.wesen (Throne) **228-02**

- S.ring **230-28**
- und Tod **233-18**
- und Blei **312-07**
- S.- und Mondkräfte im Menschen **316-09**
- Abbaukräfte in der Erde **316-11**
- Einfluß auf Bäume **327-01**
- Blütenfarbe **327-02**

Saturnring 110-08, 136-18, 230-28
Saturnwesen 98-14, 98-18, 102-01
Saturnzustand der Erde
- Mensch vor S. **93-54**
- und Ohr **96-04**
- Logoi und Mensch **99-16**
- Throne/Archai und Wärme **110-02**
- Hierarchien **110-03**, **110-04**
- Wärmeeier **110-07**
- Opfer d.Throne **132-01**
- u.S.planet okkult geschaut **136-12**
- S.kräfte u.Karma **161-02**
- u.phys.Leib Geschlechter **272-10**
- Erdkräfte **273-05**
- S.kräfte u. Architektur **275-03**
- Meditation **316-06**
- und unterer Mensch **326-09**

Satyr 129-07, 225-04, 292-12
Sauerklee s. Oxalis
Sauerstoff
- Ätherisches in der Luft **107-02**
- im Blut **186-08**
- und Stickstoff in der Luft **213-08, 312-14**
- und Nahrungsstoffe **218-02**
- und Kohle der Erde **312-13**
- und Ätherleib **314-06**
- im Eiweiß **327-03**

Säuerung 327-09
Säuren 312-14, 313-08
Säulen 282-04, 286-08, 287-01
Säulen des Herkules 187-06
Saurier 54-04, 300-01
Savonarola Girolamo 107-05, 292-02
Schach 93-18
Schachtelhalm (Equisetum)
- Stengelbildung **312-05**
- bei Verdauungsschwäche **312-11**
- bei Arthritis **314-12**
- bei Nierenkrankheiten **314-18**
- Kieselsäure und Sulfate **319-02**
- und Kiesel **327-02**
- bei Pflanzenkrankheiten **327-07**

Schaffen im Geist 107-22
Schafgarbe (Achillea millefolium) 327-05
Schamanen 225-04
Schamballa 116-11
Scharlach 303-02, 314-03, 316-10, 348-01
Schatten
- =Schalen, abgelegte Astralleiber **93-69**
- und astrale Wesen **96-06**
- Wahrnehmen d.Geistigen **99-08**
- Ausstrahlungen d. Menschen **134-03**
- ahrimanische **147-01**
- luziferische **147-05**
- Beobachtungen d.Druiden **228-04**

Schatten farbige 320-06
Schauspielkunst, Mimik
- Eigenbewegungssinn, Archangeloi **271-01**
- Darstellung des Dramatischen **281-04**
- und Gebärde **282-04**
- griechische **282-05**
- Dialoggestaltung **282-08**
- Sprachgestaltung und Gebärde **282-09**
- Anweisungen für den Schauspieler **282-11**
- histor.Entwicklung **282-12**
- Stoff- und Stildramen, Bühnenbild **282-14**
- Regieanweisungen **282-15**
- Bühnengestaltung, Kostüme **282-16**
- Anweisungen f.d.Schauspieler / Regisseur **282-19**
- histor.Entwicklung, italien. S. **282-20**
- Verhältnis zu den Göttern **282-21**
- Sprach- und Atemtechnik **282-22**
- Sprechen und Gehen **282-23**

Schelling F.W. 238-04, 292-07, 314-02
Schenken, Schenkung 340-07, 340-10, 340-13
Schiefer 213-06, 213-07
Schielen 315-02, 348-17
Schiffahrt 109-10
Schilddrüse 124-06, 313-09, 314-09, 315-01, 348-04
Schiller Friedrich
- Aufklärung, Problem der Freiheit **51-17**
- Jugenddramen **51-18**
- Goethe **51-19**
- Weltanschauung **51-20**
- spätere Dramen **51-21, 51-22**
- Werke **53-15**
- Ästhetische Briefe **170-11**
- Die Räuber **210-11**
- Reinkarnation **236-16**
- Dramen **282-14, 282-20**
- Gestalten seiner Dramen **300-06**
- als Nachtmensch **323-02**

Schizophrenie 107-03, 147-02
Schlaf
- Bedeut.f.Seele u. Charakter **58-05**
- und Ich-Bewußtsein **72-03**
- Verwandtschaft v. Einschlafen u. Wollen **73-04**
- Astralleib u.phys.Leib **94-19**
- Astralleib u.Milz **96-17**
- u.3.Elementarreich **98-13**

- Gliederung d. Astralleibes **99-04**
- u. künstler. Begabungen **102-14**
- Planeteneinflüsse **119-01**
- u.Salzprozesse **128-10**
- u.Astralleib d.Erde **136-02**
- Ich-Aura **141-06**
- Luzifer **145-18, 158-06**
- Ich u.Astralleib **154-03**
- u.Volksgeister **156-05**
- und Kopf **157-14**
- u.moral.Impulse **159-04**
- Sündenfall **162-04**
- Erinnerungen **163-02**
- Ich/Astralleib und vegetat. NS **172-02**
- Verkehr mit Toten **174-11, 350-08**
- Begegnung mit Geistselbst **175-06**
- Selbstgenuß u.-verständnis **175-09**
- Ich u.phys.Leib **175-10**
- u.3.Hierarchie **184-01**
- u.Aufbaukräfte **191-11**
- Begegnung mit geist.Welt **193-02**
- Wachen-Träumen-Schlafen **202-05**
- Astralleib und Angelos **205-21**
- Ich u.Astralleib **206-05, 313-02, 313-03**
- Ich u.geist.Welt, Astralleib u. Gewissen **208-18**
- Organwechselwirkungen **208-19**
- Einschlafen u.Aufwachen **210-01**
- u.Hüter d.Schwelle **210-03**
- Dreigliederung **211-02**
- Furcht und Mitleid **211-05**
- Stickstoff d.Luft **213-08**
- Angst u.Christus **214-09**
- Ahriman **218-05, 275-01**
- Rückwärtserleben **218-10**
- im Jahreslauf **219-03**
- Astralleib **219-06**
- und Sprache **222-01**
- u.Elementarreiche **222-02**
- Verbindung mit Hierarchien **224-02**
- 2.u.3.Hierarchie **228-03**
- u.Gnome **230-18**
- u.Undinen **230-19**
- u.Sylphen **230-20**
- Karmaarbeit, Rückwärtserleben **236-18**
- u.Hierarchien **236-19**
- u.Denken-Fühlen-Wollen **293-05**
- S.störungen **312-14**
- schlechtes Einschlafen **313-04**
- Aufwachen, Sch.losigkeit **313-05, 317-03, 319-05**
- Bewegungen d. Ätherleibes **315-06**
- und Atmung **318-06**
- Prozesse im phys. Leib u. Ätherleib **318-08**
- u.Ermüdung **323-16**

Schlafbedürfnis 236-11

Schlafstörungen 312-14, 313-04, 313-05, 319-05

Schlange
- und Ich-Entwickl. **93-41**
- Symbol d.Erdstadiums **101-16**
- Erhöhung durch Moses **103-07**
- u.Mondentrennung **105-08**
- u.Drachen **106-05**
- u.Lamm bei Johannestaufe **117-06**
- u.frühere übersinnl. Erkenntnis **142-03**
- Verdauung **204-15**
- als Symbol **206-07, 279-02, 321-10**
- und Erde **230-10**

Schlehensaft 351-05

Schleich Ludwig 238-01, 312-03

Schleimdrüse s.Hypophyse

Schlemihl Peter (A.Chamisso) 99-08

Schluß(folgerung) (s.auch Logik) 108-07, 108-08, 205-13, 293-08

Schlüsselbein 278-07

Schmecken s. Geschmack, Sinnesorgane, Sinneswahrnehmung

Schmelzpunkt 321-03

Schmerz 55-02, 99-13, 107-05, 120-09, 278-02, 316-02, 318-02

Schmetterling
- Symbol d.alten Sonne **101-16**
- Entwickl.u.Erinnerung **230-02**
- Entwickl.u.Planetenkräfte **230-05**
- vergeistigt ird.Materie **230-06**
- u.menschl.Entwickl. **230-09**
- vergeistigte Substanz u. Reinkarnation **230-11**
- u.Salamander **230-17, 230-21, 230-26**
- und Astralität der Bäume **327-08**

Schmid K. 312-02

Schnecke 273-03

Schnee 232-03, 351-02

Schokolade 145-05

Scholastik, Scholastiker
- Thomas v.Aquin, Descartes **51-01**
- Ausbildung d.Denkens **51-08**
- Nominalismus u. Realismus **51-11, 323-06**
- grundleg.Fragen b.Thomas v.Aquin u. Albertus Magnus **74-01**
- u.Augustinus, Prädestinationslehre **74-02**
- Weiterwirken i.d.Philosophie **74-03**
- und Christus als Avatar **107-17**
- Jahr 1250 u.Exusiai **126-10**
- Christentum-Arabismus **204-07**
- Platoniker u.Aristoteliker **237-05**
- u.Michael **238-03**
- Begriffe **272-13**

Scholle 352-05

Schongauer Martin 292-03

Schönheit 95-05, 99-13

Schönheit-Weisheit-Stärke
- Evolution, Wirkung auf Menschen **170-05**
- u.phys.Mensch, Platon.Tugenden **170-06**
- Begegnung mit d.Hüter d. Schwelle **186-07**
- und Nerven-Sinnes-System **202-01**
- und Gliedmaßen-Stoffwechsel-System **202-02**
- Rhythm.System **202-03**
- Denken-Fühlen-Wollen **202-04, 202-18, 272-13**
- Wachen-Träumen-Schlafen **202-05**
- frühere Offenbarung **202-06**
- Denken-Wille, Licht-Stoff **202-08**
- Elementarwesen **219-04**
- phys.Leib,Äther- u.Astralleib **220-03**
- die 3 Weltenmütter **265-07**
- im okkult.Sinne **265-08**
- in der Kindesentwicklung **293-08**

Schopenhauer Arthur 95-04, 124-10, 161-12, 178-10, 202-07
Schöpfungsgeschichte biblische s.Genesis
Schottland 204-19
Schreibmaschine 303-04
Schrift, Schreiben
- ägyptische **60-04, 156-04**
- mediales Schreiben **66-03**
- Schreibrichtung **115-07**
- latein.u.deutsche **147-03**
- künft. mechan. Stenographie **152-07**
- mechan. u. künstler. Schreiben **233-16**
- Schr.lernen **282-24**

Schröer Carl Julius 238-09
Schrumpfniere 218-02
Schubert Franz 235-06
Schubert Gotthilf H. 65-03
Schulaufgaben 313-04
Schule von Athen (Raffael) 140-10, 292-02, 292-09
Schulterblätter 156-03, 262-01, 262-02
Schutzengel 350-04
Schwachsinn 99-09, 125-04, 312-15, 313-02, 317-06, 318-01, 318-04
Schwan 53-11, 93-56
Schwanenritter 214-01
Schwangerschaft 312-08, 312-19, 348-09
Schwangerschaftsunterbrechung 316-15
Schwann Th. 312-01
Schwärmerei 58-04
Schwarz 291-01
Schwatzen 159-02
Schweden 209-01, 287-01
Schwefel
- in Erzen **232-05**
- im Eiweiß **312-14, 327-03**
- Bäder **312-18**
- Heilmittel bei Schlafsucht, Dämmerzuständen **313-02**
- als Heilmittel bei Epilepsie **317-03**
- Haarfarbe **317-06**
- bei Schlaflosigkeit **319-05**
- Düngerzubereitung **327-05**

Schwein 348-15
Schweiß 312-22, 314-10, 318-05, 352-06
Schweiz 339-01
Schwere 202-10, 205-16, 231-01, 312-07, 326-07
Schwerkraft (s.auch Gravitation) 230-12, 230-18, 231-01, 277-04, 317-03, 320-06, 321-08, 327-09
Schwertfortsatz 319-07
Schwertlilie (Iris germanica) 313-07
Schwertschwingen 93-77
Schwindelanfälle 312-05
Schwingungen Zusammenklang der - (s.auch Dritte Kraft) 173-08, 184-18, 230-03
Scott-Elliot W. 99-07
Scotus Erigena 74-02, 126-03, 137-01, 204-03, 204-24, 326-08
Sechzehn Wege des Verderbens 102-10, 204-23
Seele (s.auch Astralität, Astralleib, Seelenleben, Sinneswahrnehmung) 53-01, 67-02, 120-15, 202-04, 205-01, 293-11
Seelenkalender v.R.Steiner 133-02
Seelenland 53-05
Seelenleben (s.auch Denken-Fühlen-Wollen)
- Liebe-Haß u.Urteilen **115-09**
- Langeweile **115-10**
- Gefühl,Hoffnung,Zweifel **115-11**
- ästhet.Erlebnisse **115-12**
- Vorstellen u.Erinnern **115-13**
- Äther-u.Astralleib **115-15**
- Vorstellen-Fühlen-Urteilen **115-19**
- u.Pflanzen **119-09**
- und Christus **131-01**
- Hüllenglied nach d.Tod **181-09**
- Organe als Spiegelungsapparate d.S. **205-08**
- u.Sinne **206-01**
- in der Atlantis und heute **323-08**

Seelenmensch 181-09
Seelenselbst 181-09
Segnen 194-12
Sehnerven 115-02
Sehnsucht 132-04
Sehnen 272-16
Seide 230-02
Sein 108-09
Seismos (Faust) 273-09

Sekretion s.Absonderung
Sekten 59-06
Sektion 316-08
Sekund 275-02, 275-06, 278-06, 278-07
Selbsterkenntnis 273-08
Selbstgefühl (s.auch Ich-Bewußtsein, Ich-Gefühl) 210-07
Selbstmord 94-02, 175-05, 351-01
Selbsttäuschung 120-08
Seligkeit 107-05
Seligpreisungen s.Bergpredigt
Sem 107-16
Semele 129-06, 129-08
Semiten 107-16, 115-07, 121-09, 121-10
Sentimentalität 78-01
Sephirot 93-18, 123-11, 353-09
Septim 222-04, 278-02, 278-03, 278-07
Serajewo Attentat von 157-03
Seraphim (s.auch Hierarchien) 110-04, 122-05, 136-06, 156-08
Serbien 173-02
Serum 312-04, 312-05
Sext 278-03, 278-07
Sexualhormone 348-04
Sexualität
(s.auch Geschlechter, Fortpflanzung)
- u.Asuras **93-67**
- Psychoanalyse **115-17**
- kindliche **170-04, 217-01**
- u.Volkstum **174-04**
- u.Nationalismus **180-06**
- Sexualinstinkte u. Sozialleben **182-04**
- und Hellsehen **253-01**
- sex.Askese u.okk.Entwickl. **264-01**
- S.prozeß im zweiten Lebensjahrsiebt **312-22**
- und Egoismus **313-01**
- Metallstrahlung **313-08**
Sexualorgane 98-02, 312-11, 314-13
Shakespeare W. 51-02, 59-08, 196-02, 210-11, 282-16, 282-19, 282-20, 282-23, 300-06
Shankarasharya 264-11
Shiwa 137-08
Sibyllen 63-03, 126-03, 148-09, 149-02, 149-09
Sibyllinische Bücher 93-18, 99-23
Siderit 313-04
Sieben freie Künste 204-26, 286-02
Sieben Gemeinden (Apokalypse) 104-04
Siebenjahresrhythmus 58-05, 65-06, 286-08
Sieben Sendschreiben (Apokalypse) 104-04
Siedepunkt 321-03
Siegfried 57-11, 105-10, 105-13, 139-10, 292-10
Sif 121-13
Sig 105-13
Signaturenlehre 313-05, 316-03
Silage 327-09
Silber
- Mond-Jahve **136-17**
- im Meer u.Gezeiten **171-08**
- u.Mond **232-13**
- Blutwärme, Fortpflanzung **243-04**
- u. Mond **312-07**
- u.Blei **312-08, 313-07, 319-09, 348-20**
- S.kräfte u. Kohlensäureprozeß **312-10**
- regulierende Wirkung **312-22**
- bei Hautkrankheiten **313-08**
- als Heilmittel **314-13**
- S.prozeß und Ausscheidung **319-05**
- bei schweren Geburten **348-23**
Silen 129-09
Simeon 114-03
Simplicissimus 210-12
Sinai 117-07
Singen 278-07
Sinne
- Materiestufen u.Plane **93-55**
- Gehör-Gesicht-Geschmack **96-04**
- und Einfluß d. Wesensglieder **96-05**
- und Plane **96-06**
- u.Edelsteine **96-10, 97-17**
- Sehsinn u.Verwandtenehe **97-10**
- Geruch u.Saturnwesen **98-14**
- die 12 S. **115-01, 115-02, 169-05, 293-07**
- die höheren S.u.Lotusblumen **115-03**
- S.d.Selbstwahrnehmung u. Leben nach d.Tod **150-02**
- die 12 S. u.7 Lebensprozesse **170-08**
- und Leben nach d.Tod **170-09**
- Änderung d.Gehörsinnes **170-10**
- Verlebendigung d.S. **170-11**
- u.vorige Inkarnation **170-16**
- Ich-,Sprach-,Gedanken-S. u. Ahriman-Luzifer **170-18**
- u.Bewußtwerden d. Außenwelt **180-04**
- Tag-u.Nachtsinne **183-04**
- u.Imagin.-Inspir.-Intuition **199-01**
- Gehör und Milz-Leber **201-14**
- die 3 Gruppen d.12 S. **206-01**
- die unteren u.oberen S. **206-02**
- u.Tierkreis **208-14**
- Gehör **218-13, 300-10**
- Astralleib u.Atmung **219-06**
- und Künste **271-01**
- Aufbau durch Atmung und S. **314-10, 317-07**
- soziale S. **322-07**
- u. Imagination **322-08**
Sinnesorgane
- rein physisch **57-02**
- äußerer u. innerer Äther **66-03**
- Objektivität u. Subjektivität **76-01**
- Ohr-Augen-Epiphyse **93-49**

- Ohr **96-04**
- und phys.Leib **98-11**
- in german.Mythologie **101-01**
- als kleine Gehirne **115-04**
- u.Empfindungsseele **115-06**
- u.astrale Welt **119-07**
- u.Sündenfall **134-01, 175-19**
- in absteig.Entwickl. **134-04**
- u.Luzifer **145-11**
- u.Hl.Geist **145-12**
- verschiedenes Alter **196-04**
- Sinneswahrnehmen u. freies Ätherisches **208-09**
- Planeteneinflüsse **218-07**
- Entstehung u. Kieselsäure **239-03**
- als Atmungsorgane **265-11**
- Sinnesprozeß u. tier.Prozeß **273-04**
- Metallstrahlung **313-08**
- in der Evolution am spätesten gebildet **319-03**
- Phosphor- u. Kieselprozeß **319-05**
- und Krebs **314-23**
- Golfe der Außenwelt **324-03**
- und Ernährung **327-04**
- als kleine Menschen **348-03**
- u.Kieselsäure **354-01**

Sinneswahrnehmung
- innerer u. äußerer Äther **66-03**
- u. Denken als Empfängnis **67-04**
- Objektivität u. Subjektivität, Farbenblindheit **76-01**
- u. Erinnerung **84-01**
- Wirkung auf Leib u. Seele **101-15**
- u.Elementarwesen **110-01**
- u.Empfindungsseele **115-06**
- u.Empfindung **115-09**
- u.S.organe, element.Welt **119-07**
- u.Jupiter, europ.Rasse **121-09**
- (vergeistigte) Atmung **128-06, 194-10, 211-03, 265-11, 313-06**
- Steigerung **136-01**
- u.Christusopfer **149-04**
- Phantom d.S. **153-03**
- Atomismus **154-04**
- u.Äther **155-06, 318-06**
- Ich-Bewußtsein **158-05, 206-06**
- u.Angeloi **176-06**
- Zerstörungsprozeß **181-08**
- u.Ich d. vor. Inkarnation **181-14**
- und Erinnerung **183-04**
- u.2.Hierarchie **188-06**
- u.Archai **196-04, 222-03**
- abgetötetes Ätherisches **198-04**
- u.äußere Geistwelt **199-01**
- u.Liebeentwickl. **199-02**
- u.Stoffabbau **205-17**
- u.Imagination **206-08**
- Licht u.Finsternis **208-15**
- Nachbild **214-04**
- u.3.Hierarchie **216-02**
- u.Nierenströmung **218-01**
- u.Astralleib **219-06**
- Richtung **220-01**
- u.Ernährung **222-06**
- u.Kohlenstoff **230-27**
- seel.Auszehrung **236-09**
- und Ich **243-10**
- Wahrnehmung der geistigen Wesenheiten **272-08**
- und Moral **275-06**
- Entstehung **291-12, 291-15**
- und Nachahmung **291-14**
- phys.-chem. Vorgang und Natur **293-06**
- Kombination v.S. **293-07**
- u. Bewegungen des Kosmos **293-09**
- u.Erinnerung von Gehörtem u. Gesehenem **302-01**
- Riechen - Schmecken - Sehen **312-09**
- Zuhören **315-06**
- und Licht **317-03**
- beim Kind **318-03**
- und Sonnenkräfte **318-07**
- bei Mensch und Tier **319-07**
- farbige Schatten **320-07**
- Sehen-Hören-Sprechen **320-08**
- Elektrizität-Magnetismus, Licht und Schall **320-10**
- Wärme **321-10**
- und Imagination **322-08**
- früher keine scharfe Trennung von S. und Vorstellung **323-13**
- Polarität Sonne-Erde in d.S. **323-18**
- Keim des Jupiterzustandes **326-09**
- Geruch **354-02**

Sinnett A.P. 94-17, 139-06, 145-16, 254-04, 262-03
Sintflut 100-13, 133-05, 226-01
Siphonophore 107-03
Sirenen (Faust) 273-09
Sixtinische Kapelle 63-03, 292-02
Sixtinische Madonna 292-02
Sizilien 116-13, 144-03
Skandhas 93-64
Skelett s.Knochensystem
Skeptizismus 322-07
Sklaverei 325-02, 328-01
Sklerose, Sklerotisierung (s.auch Aufbau-Abbau) 312-04, 312-08
Skorpion 106-08, 110-07
Skuld 101-01
Skythianos
- Meister d.Rosenkreuzer **109-16**
- Bodhisattva im alten Europa **113-16**
- Apollon-Orpheus **117-09**
- u.Einweihungsweg **121-09**

- Bildung d.russ.Volkes **158-01**
Slawen (s.auch Rußland) 93-78, 121-16
Slowaken 287-01
Sluter Claus 292-04
Smaragd 97-17
Smith Adam 340-09
Soda 351-03, 351-08
Söhne des Feuernebels 53-10
Söhne (Kinder) **der Witwe** 93-11, 114-24, 144-02, 264-07
Sohnesgott (s.auch Logos, Christus, Trinität)
- Führer d.Archangeloi auf alter Sonne **99-16**
- u.Rupa Devachan **100-09**
- in der Gnosis **149-01**
- erkennbar durch Glaube u.GW **153-05**
- u.Chaos **207-03**
- Aufgabe d.Ostens **210-02**
Sokrates
- griech.Philosophie **51-01, 106-04**
- u.seine Schüler **106-04**
- Silen **129-09**
- als Lehrer **139-05**
- Daimon **182-02**
- Rest d.alten Weisheit **187-03**
- Reinkarnation **238-09**
- und Satyr **282-12**
Solarplexus s.Sonnengeflecht
Solowjew Wladimir 64-03, 121-16, 185-10, 238-07
Somatrank 202-26
Somnambulismus
- gesteigerter Traumzustand **52-05**
- u.sympath.NS **55-01**
- Wahrnehm.d.Lebensäthers **93-41**
- Mondbrüller **98-14**
- Entstehung **161-11**
- Astralleib u.Rückenmark **174-02**
- u.vorgeburtl.Leben **225-07**
- Heilmittelerkenntnis **318-08**
Sonne
- und Organe **79-03**
- Licht und Leben **56-02**
- Abspaltung u. Wiedereintritt **93-19**
- Abspaltung, Tod **93-23**
- Planet-Fixstern-Tierkreis **98-16, 102-02**
- Bewegung **98-25, 101-13, 171-09, 201-08, 300-02, 323-12**
- Verbind.mit Erde **103-08**
- Abspaltung u. Erdrotation **106-08**
- Erde wird S.durch Golgatha **112-17**
- Polarität S.-Erde **116-09**
- u.Planeten **136-09, 213-03**
- und Herz **145-06**
- Apollon **149-05**
- geist.S.u.Menschenstaub **181-13**
- dreifache **183-05, 208-16**
- u.3.Lebensjahrsiebt **191-02**
- u.Planetensystem **201-05**
- Präzession **201-06**
- S.-u.Mondenströmung **201-16, 201-17**
- u.menschl.Gestalt **201-19, 204-22**
- u.Moral d.Menschen **202-17**
- negative Materie **205-03, 321-01, 323-18**
- strahlt Leben aus **207-04**
- u.Leben nach d.Tod **208-01**
- u.Lebensstufen **208-07**
- als Reflektor **208-17**
- u.Christus **211-10**
- u.Wille **213-02**
- vorgeburtl.Leben **214-08**
- S.wirkungen, Zweites Gesicht **227-06**
- S.wirkungen u.Luftsphäre, Embryonalentwickl. **229-02**
- S.sphäre nach d.Tod **231-02**
- u.Gold **232-13**
- u.Venus **232-14**
- u.Mond im Lebenslauf **233-18**
- Bewegung, Raum **236-17**
- Präzession u. Lebensalter **237-01**
- Intelligenz d.S. **237-09**
- u.Michael **243-06**
- S.strömungen und Organe **286-09**
- Ich d.S.systems **291-16**
- übersinnl.Farbe **291-20**
- u. Pflanzenbildung **312-07**
- Beseelung d. Menschen **316-11**
- S.kräfte im zweiten Lebensjahrsiebt **318-03**
- S.kräfte in der Pflanze **318-07**
- und Gase **321-02**
- Landmassenverteilung **321-15**
- Vegetation **323-02**
- Wirkung auf d.Menschen **323-03**
- Wachstum bei Pflanze und Mensch **323-17**
- Wirkung auf niedere Tiere **327-07**
- u.Fortpflanzung **347-04, 348-12**
- u.Zyanbildung **351-01**
- und Leber **351-02**
Sonne um Mitternacht 113-01, 119-02, 136-12, 236-19
Sonnenblume (Helianthus) 327-02
Sonnendämonium s.Sorat
Sonnenfinsternis 121-12, 148-02, 213-02
Sonnenflecke
- und alte Sonne **99-17**
- u.patholog.Impulse **185-04**
- u.Kometen **231-03**
- u.kosm.Intelligenz **237-10**
- Interpration **323-16**
- Sozialleben **327-01**
- u.Wetter **354-05**
Sonnengeflecht (Solarplexus)
- als Wahrnehmungsorgan **93-41**

- u.Ätherleib **93-60**
- u.Smaragd **97-17**
- u.alte Sonne **99-18**
- u.Nierensystem **137-03**
- Somnambulismus **161-11**
- Ich u.phys.Leib **174-02**
- Volksgeist **174-04**
- u.Schlaf **214-09**

Sonnenstich 243-03
Sonnenströmung der Erde 177-09
Sonnenzustand der Erde
- u.Christus, Archangeloi **99-16**
- u.Sonnengeflecht **99-18**
- Archai u.Archangeloi **110-02**
- Archangeloi u.Cherubim **110-03**
- u.Kyriotetes **110-04, 110-07**
- Kyriotetes u.Ätherleib **132-02**
- Opfer d.Throne, Entsteh.d.Bösen **132-03**
- u.hellseher.geschaute Sonne **136-12**
- u.Denken **161-02**
- u.Schiefer, Pflanzen **213-06**
- Erdkräfte **273-05**
- u. plast.Kunst **275-03**
- Meditation **316-06**

Sophia
- Jungfrau S.u.Astralleib **94-33**
- Mutter Jesu **100-11**
- in der Gnosis **149-01**
- und Isis **202-22**
- Pistis und S. **211-03**
- phys.Leib, Geschlechter **272-10**

Sophokles 300-06
Sorat 96-25, 101-12, 104-19, 184-16
Sorge 272-01, 313-03
Soziale Dreigliederung
- und GW **185-19**
- u.künft.Okkultismus **186-03**
- u.Dreiglieder.d.Menschen **188-06**
- Warenwert **188-09**
- u.Imaginationen **189-04**
- Steuern **189-07**
- vorgeburtl., jetziges u. nachtodl. Leben **189-08**
- Geld u.Kapital **189-09, 190-01**
- Kapital **189-10, 329-01**
- 5.bis 7.Kulturepoche **190-02**
- u.Denken-Fühlen-Wollen **190-05**
- Ware-Arbeit-Kapital **191-04**
- freies Geistesleben u. Ahriman **191-10**
- auf Völkerbasis **196-05**
- u. ahriman. Elementarwesen **200-01**
- u.andere Dreigliederungen **202-05**
- u.frühere Kasteneinteilung **203-03**
- Imagination-Inspiration-Intuition, Kapital-Arbeit-Ware **322-06**
- Assoziationen, Dreigliederung des Menschen **328-02**
- und Arbeit **328-03**
- Arbeit, Geld **329-02**
- Erziehung **330-03**
- Gegensätze der einzelnen Glieder **340-01**
- und Priester **342-03**

Soziales Grundgesetz 185-19, 186-02
Sozialismus
- u.Bewußtseinsseele **185-02, 186-05**
- u.Entwicklungsalter d. Menschheit **185-11**
- u.Jahve **186-01**
- Karl Marx u.Lenin **189-03**
- Ideen Fichtes **189-04**
- und Brüderlichkeit **330-03**
- Lenin **332-01**

Sozialleben
- u.Willensimpulse d. geist. Welt **179-04**
- u.Arbeit d. Angeloi/Exusiai **182-04**
- u.Lebensalter **184-04**
- Adel-Bürgertum-Proletariat **185-13**
- u.Begriffe d.GW **185-19**
- soz.Grundgesetz, Geld u.Ahriman **186-02**
- Lösung d.soz.Frage **186-03**
- u. menschl. Differenzierung **186-04**
- u.künft.Okkultismus **186-05**
- u.Anerkennung d. Geistigen **187-08**
- Existenzminimum **189-01**
- Mehrwert **189-02**
- Kapital-Arbeit-Ware **191-04, 322-06**
- u.Karma-Verständnis **191-07**
- Erfindungen u. Menschheitsfortschritt **192-04**
- Totemkultur **193-01**
- u."untere" Seelenfähigkeiten **196-04**
- Sozialinstinkte **204-18**
- Menschenbild u. soziale Forderungen **322-01**
- und Astronomie in Ägypten **323-01**
- Theorien im 19.Jahrh. **325-01**
- und Sonnenflecken **327-01**
- Entstehung von Volks- und Weltwirtschaft **340-12**

Spanien 121-14, 287-01
Sparta 351-04
Spaun J.v. 235-06
Speerwerfen 282-03
Speisung der Fünftausend 123-13, 139-04, 139-07
Speisung der Viertausend 123-13, 139-07
Spektralanalyse 53-15, 262-02, 320-04
Spektren 98-09, 316-14
Spektrum (s.auch Farben, Regenbogen) 291-10, 320-01, 320-04, 321-09, 321-12, 321-13, 323-09, 323-18
Spektrum umgekehrtes 320-04, 323-09
Spekulation 340-14
Spencer Herbert 202-07, 325-01

Spengler Oswald 214-06
Sphärenharmonie, **-musik**
- Entstehung d.Wäßrigen **98-21**
- Verhältnis d. Planetenbahnen **101-13**
- phys.Elemente u.Lyra **101-24**
- Entwicklungsstufen d. Wesensglieder **101-27**
- Posaunen d.Apokalypse **104-11**
- u.Dynameis **121-06**
- u.Sonne **123-03**
- Weltenwort **124-09**
- Magnetismus **130-11**
- u.Leben nach d.Tod **140-04, 150-02**
- u.Ohr auf d.alten Mond **145-07**
- u.Lebensäther **155-06**
- der Erde in Asien **178-05**
- u.Gedanken nach d.Tod **205-12**
- u.Sprache **209-02**
- Ohr **218-13**
- u.Musik **271-04**
- u.Musikkompositionen **283-01**

Sphinx
- Mensch auf der Venus **93-46**
- u.lemur.Mensch **93-65, 145-17**
- Rätsel d.S. **94-04**
- Mensch der Atlantis **105-01, 106-12**
- Glauben- u. Wissenszweifel **105-16**
- Mittagsfrau **106-18**
- Stier-u.Löwekräfte **129-12**
- u.Logos **152-09**
- Begegnung mit Luzifer **158-04**
- u.Inspiration **214-02**
- Symbol d.Festen **273-09**

Spielen kindliches 58-06, 301-02
Spinnentiere 219-04, 312-17
Spinnenwesen 204-23
Spinoza Baruch 51-01, 74-03, 108-06, 158-08, 325-03, 326-03
Spiritismus
- u.Materialismus **52-04, 62-06**
- Ursprung **52-07**
- mediales Schreiben **66-03**
- u.abgelegte Astralleiber **93-69**
- Oliver Lodge **175-01**
- u.geist.Indiskretionen **176-07**
- Sturz d.Geister d. Finsternis **177-11**
- Existenzbeweis für geistige Welt **178-11, 204-21**
- u.ahriman.Geister **186-07**
- Existenzbeweis, Technik **254-01**
- u.achte Sphäre **254-04**
- als Krankheit **318-08**

Spiritualismus 151-01
Spornritter 225-02
Sport 181-18, 350-01
Sprache, Sprechen
- u.Gedächtnis i.d. Atlantis **54-04**
- Arbeit d.Gruppenseele **59-01**
- mütterl.Vererbung **65-07**
- Entwickl. beim Kind **76-03**
- Kraft d.alten Sonne **97-08**
- Entstehung d. Sprach(laut)sinnes **115-07**
- S.werkzeuge u.abnorme Archangeloi **121-02**
- der Sumerer, Ursprache **126-08**
- künftige magische S. **130-13**
- Kraft d.S.werkzeuge u. Inkarnationsrückschau **140-12**
- S.kraft u.Weltenwort **150-05**
- u.Golgatha u.Vorstufen **152-08**
- ist zeichenhaft geworden **161-09**
- Angeloi, Lautverschiebung **162-01**
- Luzifer, Denken u.S. **162-02**
- Sprachsinn **170-18**
- u.Leben nach d.Tod **174-06**
- u.Ätherleib nach d.Tod **181-10**
- Wortzerlegung **183-06**
- S.vernunft u.Ahriman **184-03**
- Verhältnis zur S. **203-01**
- bei den Griechen, Logos **204-03**
- Mars **204-22**
- u.Archangelos im vorgeburtl. Leben **207-10**
- u.Kosmos **208-08**
- 4.u.5.Kulturepoche **210-12**
- der Toten **214-07**
- Erinnerung u.Liebe **218-10**
- Opferwortgewalt **218-11**
- Wortverständnis **218-13**
- u.vorgeburtl.Leben **219-01, 224-02**
- Äther-u.Astralleib **222-01**
- Wandlungen **224-05**
- S.bildung und Venus-Mars **228-01**
- S.lernen u. Metallrückstrahlung d. Erde **232-04**
- frühere Sprachgewalt **232-11**
- S.u.Atmen auf dem Jupiter **265-11**
- Ahrimanisierung **275-01**
- Ätherleib d.Kehlkopfes **277-01**
- und Gebärde **277-04**
- u. Außenwelt **277-05**
- und Musik **278-01, 278-04**
- und Eurythmie **279-08**
- zwischen Gedanke u. Gefühl **279-09**
- Impuls zum Sprechen **282-01**
- Vergleich mit S. der Tiere **282-13**
- und Gestalt **282-23**
- u.farbig Astrales **302-01**
- S.lernen und Astralleib **313-04, 313-05**
- Zeichenhaftigkeit, Eurythmie **315-03**
- S.lernen u. Moralimpulse **317-03**
- und Geistselbst **317-13**
- Kabbala **353-02**

Sprache chinesische 59-01
Sprache deutsche 159-05, 162-01, 173-07, 278-05, 279-04

Sprache englische
- - Übersetzungen aus dem Deutschen **159-05**
- - Lautverschiebung **162-01**
- - Verhältnis Gedanke-Wort **173-07**
- - als Weltsprache **174-06, 181-11**
- - und Mitteleuropa **192-05**
- - und Eurythmie **279-04**
- - seit Shakespeare **282-16**

Sprache französische 173-07, 279-04, 282-06
Sprachen indogermanische 59-01
Sprache hebräische, semitische 59-01, 122-01, 279-02
Sprache lateinische 325-02
Sprache tschechische 315-06
Sprache ungarische 279-04
Sprache russische 173-07, 279-04
Sprache Ursprache 126-08,174-07, 279-02, 282-01
Sprachgestaltung (Deklamation, Rezitation)
- u. Musikalisches i.d.Sprache **278-04**
- u. Pausen **278-06**
- Mysteriendramen Steiners, Goethes Iphigenie **281-01**
- bei Griechen und Germanen **281-02**
- zwischen Sprechen u. Singen **281-03**
- Lyrik, Dramatik, Prosadichtung **281-04**
- Lautbewußtsein, Lyrik, Epik, Dramatik **282-01**
- Gebärde, Intonation **282-04**
- Versmaße **282-05**
- in den Mysterien, Vaterunser **282-06**
- Übungen **282-07**
- und Gebärde i.d. Schauspielerausbildung **282-09**
- Chor der Antike **282-12**
- für d. Schauspieler **282-19, 282-21**
- für d. Schauspieler und Redner **339-02**

Sprachorgane s. Kehlkopf
Sprachsinn 115-07, 170-18
Springen 282-03
Spuk 143-03, 350-08
Sri Lanka 171-06
Stabreim 127-06, 161-09, 233-01, 279-02, 281-03, 281-05
Städte, Stadtkultur 51-04, 51-08, 51-11, 54-06, 93-56, 292-10, 325-02
Stahl G.E. 312-01, 326-08
Stammesseele 101-20
Star Grauer 350-03
Statistik 320-10, 341-01
Staudamm 316-04
Staunen 115-16, 143-02
Stauniere 218-02
Stauung 115-04
Stein der Weisen
- Lehre Cagliostros **93-14**
- u.Venuszustand **93-46**
- 4.Stufe d.ind.Einweihung **94-31**
- 4.Stufe d.Rosenkreuzer-Einweihung **94-32**
- Phantomleib **131-04**
- Suche nach d.S.d.W. **180-13**
- im MA **202-26**
- u.Kohlenstoff **232-13, 327-03**

Steiner Marie 126-02, 148-05
Steiner Rudolf 93-05, 110-06, 113-16, 114-16, 126-01, 148-05, 167-04, 185-09, 185-14, 233-03, 233-04, 262-01, 262-02, 264-02
Stern des Menschen 181-04, 237-01
Stern von Bethlehem 117-03
Sternbilder (s.Tierkreis) 202-20
Sterne 236-17
Steuern 189-07, 332-01
Stibium s. Antimon
Stickstoff
- am Ende d. Mondenzustandes **94-08**
- u.Astralleib **107-02**
- u.Kosmisches für d. Menschen **213-08**
- u.Organbildung **218-02**
- u. Sauerstoff in der Atemluft **312-14**
- Vergeistigungsprozeß **313-06**
- und Astralleib **314-06**
- im Eiweiß **327-03**
- Dünger **327-04, 327-06**
- Embryonalentwicklung **348-19**
- Zyanbildung im Menschen **351-01**

Stiftung 340-10
Stier 110-07, 112-08, 129-12, 205-19
Stimmbruch 93-27
Stipendium 340-10
Stirner Max 322-02
Stoff s.Materie
Stoffwechsel s. Aufbau-Abbau, Gliedmaßen-Stoffwechsel-System
Stoffwechsel-System s.Gliedmaßen-Stoffwechsel-System
Stoizismus 204-07
Stoß Veit 292-04
Stottern 282-22
Strader 238-06
Strafen 166-02
Strahlungen des Menschen 134-03, 243-05, 243-06
Straßburger Münster 292-03
Sträucher 327-08
Streik 330-01
Streit am Himmel 109-20, 110-04, 110-15
Stricken 312-19, 312-22
Strindberg August 238-01
Sturz der Geister der Finsternis
- wiederholter Kampf Michaels **177-08**
- u.Blutsbanden **177-10**
- Fortpflanzung **177-11**
- u.Archangeloi **177-12**

- u.westl.Geheimbünde **178-07**
- u.Gedanken **178-08**
- R.Wagner u.F.Nietzsche **178-10**
- u.Bürgertum **185-06**

Suarez F. 169-09
Suchtmittel 348-15
Suggestion 262-02, 312-19
Sulfur 229-01
Sumerer 126-08
Sumpfgas 312-15
Sünde 96-18, 100-05, 155-05, 171-04, 318-05, 318-08
Sünde wider den Geist 100-05
Sündenfall
- Kriyashakti **93-71**
- Vaterunser **96-14**
- Wesensglieder d.Menschen, Krankheit **106-19**
- Erbsünde **107-10**
- Baum d.Lebens **114-07, 114-19, 253-02**
- christl.Ich-Impuls **116-03**
- u.phys.Mensch **122-09**
- Erbsünde und Gnade **127-05**
- u.Phantomleib **131-04**
- Wesensglieder, Sinnesorgane, Drüsen, Denken-Fühlen-Wollen **134-01**
- u.menschl.Materie **134-02**
- u.Sinnesorgane **145-11**
- Baum d.Lebens u. Christus **155-06**
- Luzifer u.Schlaf **162-04**
- u.Auferstehung **175-18**
- u.Naturreiche **175-19**
- Kopf u.Rumpf **177-06**
- u.Christus **214-05**
- u.Rosenkreuzer-Erkenntnis **233-12**
- Vererbung, Erbsünde **235-03**
- Michael **237-07**

Sündenvergebung 155-05
Surakiel 102-07
Swastika 94-13
Swedenborg Emmanuel
- Spiritismus **52-07**
- Zweites Gesicht **57-10**
- Einfluß auf Goethe **78-02**
- imaginative Erkenntnis **175-26**
- Saturn-Initiat **225-07, 227-06, 228-05**
- vorige Inkarnation **240-04**
- sein Hellsehen **253-01**

Sylphen
- Offenbarung **98-06**
- Wesensglieder **102-11**
- Abschnürungen v.Angeloi **136-04**
- u.Mensch **211-13**
- u.Vögel **230-15, 230-20**
- bösartige **230-23**
- u.vergeist. Substanz d. Vögel **230-26**

Symbole
- Meditation v.S. **58-06, 115-18**
- Wirkung v.Freimaurer-S. **93-12, 167-01, 181-20, 265-02, 265-09**
- Pythag.Viereck **93-19**
- INRI **93-20**
- Kreuz **93-21, 98-05**
- Tau u.Kreuz **93-29**
- Schlange **93-40, 279-01, 321-10**
- der Logoi **94-06**
- Pentagramm **96-09, 129-04, 265-04**
- am Weihnachtsbaum **96-13**
- Heptagramm, umgekehrtes Pentagramm **96-25**
- Rock Christi **100-17**
- Schlange, Fische, Schmetterling, Biene **101-16**
- Zahlen **101-17**
- Merkurstab **101-25**
- Pferd **104-05**
- Jakim-u.Boas-Säule **104-13**
- Fische **105-08**
- Dreieck **121-07**
- Esel mit Füllen, Krebse **123-15**
- Taube **129-12**
- Urim-Tummim **130-04**
- Sexual-S. **177-06**
- S.Ahrimans u.Luzifers **184-08**
- d.Rosenkreuzer **233-11, 233-13**
- in alten Geheimbünden **254-06**
- Weisheit-Schönheit-Stärke **265-07**
- Imagination und S. **322-08**
- und Kultus **324-05, 342-02, 342-06**

Sympathicus 55-01, 93-41, 128-03, 128-12
Sympathie-Antipathie
- u. Urteil **58-04**
- Liebe u. Haß **62-06, 115-09**
- Verhüllung d.Geistigen im Schicksal **66-03**
- zwei Seiten des Fühlens **208-15**
- karm. Wandlungen **235-02**
- Weisheit-Schönheit-Güte **272-13**
- Gefühlsleben und vorgeburtl. und nachtodl. Leben **293-01**
- physische S. - u. A. **312-05**
- Organaufbau **312-19, 313-06**

Synapsen 194-13
Synesios 126-02
Syphilis 312-08, 312-11, 314-10, 314-11, 348-23, 352-01
Syringa vulgaris 82-03

Tabak 317-15, 348-13
Tabes 107-08
Tabor (NT) 94-22, 97-02
Tacitus 51-04, 145-08, 236-05
Tag 106-08
Tag-Nacht-Wechsel 58-09, 110-01, 136-02
Tageskräfte 145-10
Tagore R. 202-12
Takt 278-03, 278-04
Talisman 136-13
Tamas 142-01
Tanz 271-01, 350-01
Tao, Taoismus 54-05, 278-05, 279-02, 325-04
Taotl 171-03
Tarot 93-18, 96-13
Tat twam asi 109-18
Tätowieren 54-04
Tau-Zeichen 93-29, 96-13
Taube 100-16, 112-11, 129-12
Taubheit 312-16
Taufe 53-04, 103-05, 112-04, 172-08, 318-07, 342-09
Tauler Johannes 51-15, 118-03, 199-01, 264-04, 322-08
Tauschhandel 340-11
Tauthe 113-12
Taw 104-19
Technik
- Arbeit im Mineralreich **93-17**
- Marssphäre nach d.Tod **130-23**
- Architekturformen **157-09**
- Erfindungen u. phys. Organisation **170-16**
- u.Elementarwesen **172-04, 173-12, 200-02, 216-04**
- Dampfmaschine u. Elektrizität **172-06**
- Sakramentalismus **172-08**
- material.Okkultismus **173-08, 178-14**
- u. ahriman. Elementarwesen **177-03, 243-07**
- Nationalismus **180-02**
- künftige Gefahr **182-04**
- u.westl.Eingeweihte **183-02**
- Dritte Kraft **184-18**
- Geister d.Finsternis u. Archai **186-09**
- Erfindungen **192-04**
- übergeologische Schicht d. Erde **202-06**
- Ahriman **208-04**
- Umweltzerstörung **275-01**
- Magnetismus/Elektrizität und Erde **313-03**
- Zentralkräfte **320-01, 320-06**
Tee 96-11, 145-05, 312-15, 352-01
Telegraphie 93-15, 351-02
Telepathie 106-04, 227-06
Tempel 102-14, 286-01
Tempel griechischer 98-27, 286-01, 286-03
Tempel Salomons s.Salomonischer T.
Tempellegende 93-10, 265-12
Tempelschlaf 318-08, 325-04
Tempeltanz 279-10
Temperamente
- u. Erziehung **55-03, 279-12**
- Geistig-Seelisches u. Vererbung **57-05**
- u.Karma **95-04**
- u.Lymphe **98-14**
- u.Erlebnisse auf Astralplan **119-06**
- u.Archangeloi **121-02**
- u.okkult.Entwickl. **145-08**, **145-09**
- und Erinnerung **232-01**
- und Nierensystem **205-08**
- u.vorgeburtl.Leben **243-03**
- u. Schauspielkunst **282-11, 282-13**
- u.Atmung **283-03**
- u.Farben **291-24**
- im Schulalter **303-07**
- und organ. Krankheiten **312-19**
- Tendenzen **316-14**
Temperatur 321-02, 321-03
Templer 51-12, 93-20, 171-05, 180-12, 300-05
Tertiär 300-01
Tertullian 165-06, 184-14
Terz 275-02, 275-06, 278-02, 278-03, 278-07
Thales 273-09, 326-08
Theologia deutsch 51-16
Theologie 342-02
Theosophie schwäbische 175-12
Theosophische Gesellschaft 52-04, 52-09, 254-02, 262-03
Therapeuten 123-07
Theresia von Jesu 137-01, 199-01, 205-07, 313-10, 318-01, 318-02, 322-08, 324-06
Theseus 273-07
Thomas (Apostel) 130-19
Thomas von Aquino 51-01, 52-02, 74-01, 74-02, 109-09
Thor 101-02, 121-11, 121-13
Throne
(s.auch Hierarchien)
- frühere Planetenzustände d. Erde **105-04**
- u.phys.Leib d.Menschen **105-05**
- und alter Saturn **110-02**, **110-03**, **110-04**, **112-03**, **122-05**, **132-01**
- Selbstwahrnehmung **136-06**
- u.Gruppen-Iche d.Minerale, luz.Th.und Kometen **136-18**, **136-19**
Thugs 178-07
Thuja occidentalis (Lebensbaum) 312-22
Tiara 211-10

Tibet 254-07
Tiere, Tierreich
(s.auch Naturreiche, Gruppenseele)
- u. Reinkarnation **53-02**
- Lachen u. Weinen **59-02**
- Gestalt u. Tod bei T. u. Mensch **67-04**
- wirbellose **93-40**
- wirbellose u.Erde **93-41**
- Tierquälerei **93-68**
- Evolution nach Darwin **100-15**
- Bewußtsein **101-05**
- Abspaltung d.Vögel **101-06**
- Pferd u.Intelligenz **104-05**
- phys.Leib, Bildung **107-03**, **107-04**
- alte Sonne **110-03**
- u.Langeweile **115-10**
- Anschauung Descartes **120-01**
- kein Karma, keine Reinkarnation **120-02**
- Rückenmark u.Gehirn **128-01**
- Wesensglieder **136-14**
- Grundformen **136-15**
- Tierquälerei u. Bakterien **143-04**
- als Imagination Ahrimans **145-19**
- chem.Äther u. Wassergeister **155-07**
- Wahrnehmungsvermögen **159-08**
- Formen d.T.reiches und menschl. Ätherleib **174-09**
- Sonnenströmung d.Erde **177-09, 312-17**
- Darwinismus **181-06**
- u. Ich-Bewußtsein **181-12**
- u.Sinneswahrnehmung **188-01**
- und Mondenzustand **188-02**
- tier.u.menschl.Organe **203-06**
- Form-Wachstum-Stoffwechsel **213-13**
- astral.Form **214-02**
- 2 Strömungen im Tier **221-03**
- Gesang d.Vögel **223-01**
- Nahrung **230-31**
- in lemur.Zeit **232-05**
- in d.6.u.7.Kulturepoche **254-09**
- niedere, Ätherwahrnehmung **273-03**
- Verdauung **273-04**
- Sprache **282-13**
- malerische Darstellung **291-04**
- u.Mensch, Farbe d.T. **291-05**
- u.dreigliedriger Mensch **293-09**
- T.formen u. geolog. Zeitalter **300-01**
- Einteil. in 12 Gruppen **300-14**
- prophetische Eigenschaften **303-01**
- T.form u. Kehlkopf **306-01**
- und Tierkreis **312-07**
- T.prozeß und entgegengesetzter Prozeß **312-13**
- und Vorstellungsleben **317-03**
- Sinneswahrnehmung **319-07**
- Elektrizität bei nied.T. **320-09**
- Geschlechtsreife **323-08**
- und Lemniskate **323-11**
- Rückgratlinie **323-12**
- Verhältnis Mensch - T. **326-06**
- landw. T.haltung **327-02**
- Düngerwirkung **327-04**
- Säuget. und Sträucher **327-08**
- keine Dreigliederung **327-09**
- in lemur.u.atlant.Zeit **347-02**
Tier mit den 7 Hörnern
(Apokalypse) 104-17, 104-18
Tierformen
- Inkarnation in T. in lemur.-atl. Zeit **53-10**
- menschl.Leidenschaften, Götterbilder **105-08**
- Grundformen **136-15**
- u. Kalkformation der Erde **213-07**
- und Tierkreis **213-13**
- Bleigießen, Runenwerfen und Verständnis d.T. **223-01**
- Evolution **300-01**
- und Kehlkopf d. Tiere **306-01**
- u. Astralleib **317-11**
- u. Menschengestalt **322-06**
- Sonnen- u. Erdenkräfte **323-07**
Tierkreis (-bilder, -zeichen)
- i.d.persisch.Mytholog. **60-02**
- Planet-Fixstern-Tierkreis **98-16**, **102-02**
- u.menschl.Gestalt **106-08**, **106-11**, **137-02**, **170-16**, **201-08**, **316-11**
- Sonnenzustand **110-03**
- u.phys.Leib d.Menschen **110-07**, **110-11**
- Zahl 12 **113-14**
- u.Planeten bei Tierformen **136-15**
- u.Astralleib d.Menschen **156-04**
- Leben nach d.Tod **179-02**
- u.Dynameis **180-04**
- T.kräfte u.nachatlant. Zeit **180-07**
- Platon.Jahr u.Mensch **180-10**
- die drei Ebenen **201-03**
- Kraftwirkungen **201-07**
- Abhängigkeit d.Astralleibes u.d.Ich **201-09**
- u.Sonne im vorgeburtl. Leben **207-10**
- Form d.Menschen **208-05**, **208-06**
- Konsonanten **208-08, 279-10**
- Koordinatensysteme **208-13**
- Gestaltungstendenz bei Mensch u. Tier **208-14**
- Konsonanten, phys.Leib **209-02**
- u.Mond u.Tierformen **213-07**, **213-13**
- T.kräfte u.Schlaf **214-09**
- u.Tiere **300-14**
- Tiere und Heilmittel **312-07**
- Schlangen-Imagination **316-08**
- achte Sphäre nach Kepler **323-03**
- innere Bewegung **323-11**

- u. Sonne Wirkung auf niedere Tiere **327-07**
- u.Mond u.Gesundheit **353-10**
Tieropfer 175-24
Tierquälerei 93-68, 143-04, 318-05
Tierversuche 312-01
Tilia s. Linde
Tinktur 109-01
Tintagel 238-02
Titanen 102-04, 180-05, 211-11
Titurel 204-08
Tobsucht 55-04, 205-08, 317-06
Tod
(s.auch Leben nach dem Tod, Leben mit den Toten)
- Austritt der Seele **57-07, 272-16**
- Krankheit u.T. **59-05**
- bei Pflanze, Tier u. Mensch **61-04**
- bei Tier u. Mensch **67-04**
- u.Vaterprinzip **93-23**
- "erster"u."zweiter"T. **104-20**
- Knochensystem u. Golgatha **105-15**
- Sündenfall **107-18**
- Knochensystem u. Christus **112-10**
- Vaterprinzip **112-17, 112-18**
- Notwendigkeit **112-20**
- allgemeine Bedeutung **132-05**
- u.Ich-Bewußtsein **141-03, 313-02**
- als Orientierungspunkt nach d. Tod **157-13**
- Problem d. T. u. 5. Kulturepoche **171-04**
- u.ahriman.Elementarwesen **177-03**
- u.Doppelgänger **178-02**
- u.Ätherströmungen d. Erde **180-09**
- in verschied. Lebensaltern **183-09**
- u.menschl.Form, Leichnam **184-10**
- Zeit u.Ewigkeit **184-12**
- übersinnlicher Natur **184-15**
- Leichnam **191-03**
- T.begriff u.Intellekt **211-07**
- T.problem in Griechenland **233-02**
- Saturngeburt **233-18**
- Bewußtsein **272-07**
- jungfäulich Verstorbene **286-04**
- Merkurkräfte **312-13**
- Vergrößerung von Ich/Astralleib **317-08**
- Polarität phys. Leib - Ich **316-02**
Tod Alters - 157-26, 163-05, 183-09
Tod durch Unfall 63-02, 140-06, 153-07
Tod frühzeitiger/gewaltsamer
- durch Krankh. u. nächstes Leben **63-02**
- u. Anthroposophie **64-02**
- Lösung d.Astralleibes **94-02**
- u.frühzeitige Reinkarnation **140-03**
- u.materialist.Seelen **140-06**
- kurz nach der Geburt **150-03**
- u.nächste Inkarnation **153-07, 157-26**
- Kriegstod u.Volksgeist **157-11**
- u.Leben nach d.Tod **157-23**
- geistige Boten **157-27, 174-08**
- kurz nach d.Geburt, Mitternachts-Geborene **163-05**
- u.Ich-Bewußtsein nach d. Tod **163-06**
- u.Begriffe der GW **174-12**
- Begegnung mit Vaterprinzip **175-05**
- geistige Welt u.Luzifer **183-09**
- u.Ahriman **236-20**
- Wirkung auf phys.Welt, Inkarnationshilfe **254-05**
Tod zweiter 104-04, 104-20
Todesschlaf 130-05, 161-07
Todesspektrum 161-06
Tohuwabohu 122-01, 284-01
Tollkirsche (Belladonna)
- Pflanzengifte und Abbauprozesse im Menschen **221-02**
- Kraftbild im Menschen **222-06**
- Sylphen **230-23**
- "Medium" von Dämonen **243-08**
- Aufwachprozeß im Menschen **312-21**
- Kurz- und Weitsichtigkeit **314-17**
- bei drohendem Wundstarrkrampf **316-15**
- bei Epilepsie **317-03**
- bei beginnendem Grauen Star **350-03**
Tollwut 348-18
Tolstoj L. 57-04, 93-47, 169-05
Tomate 327-11
Ton
- Steigerung d. Tonerlebens **136-01**
- Intervall-Erleben in d.4.Kulturepoche **170-10**
- Rauch u.T. **175-07**
- u.Saturnwesen **218-07**
- T.wahrnehmung u. Moral **275-06**
- und Gefühl **278-02**
- fertiger T. **278-03**
- Tonhöhe **278-08**
- Luft als Medium **283-04**
- Ohr **283-05**
- Intervall-Erleben in atlant.und nachatlant. Zeit **283-06**
- Quart u.Quint **283-08**
- Quart **283-09**
- Erleben des einzelnen T. **291-07, 342-07**
- Wahrnehmung **291-12**
- als Farben **291-18**
- und Gehirnwasser **320-07**
- Luftschwingungen **320-07, 320-08**
- Gas als T.träger **321-10**
- und chemischer Äther **321-15**
- als sekundäre Qualität **326-05, 326-06**
Ton (Mineral) 327-02, 327-03
Tonart (s.auch Dur und Moll) 222-04, 283-01, 283-03, 283-06

Tonäther (Klangäther, Chemischer Äther)
- Sündenfall **114-19**
- Dynameis **121-06**
- der Sonne **123-03**
- Muskelbewegung **124-09**
- Magnetismus **130-11**
- u.Ohr **145-07**
- u.Lebensäther=Baum d. Lebens **155-06**
- u.Pflanzengrün **202-09**
- Äthergürtel d.Erde **230-08**
- u. Ahriman **272-12**
- u.Ton **283-04, 283-05**
- u.Spektrum **291-10, 321-13, 321-14**
- und Leber **312-13**
- Ätherleib **313-02**
- Flüssigkeitsorganismus d. Menschen **316-07**
- und Astralleib **317-03**
- chemische Wirkungen und Töne **321-15**

Totem 193-01
Totenkultus 174-11, 276-02
Totgeburt 95-07
Toth 60-04, 106-15
Trägheit 312-05
Trägheit (physikalisch) 323-04
Tragödie 51-21, 59-02, 107-19,126-07, 211-05, 282-15, 282-20
Traini 292-01
Transmutation 176-09, 243-07, 327-06
Trappisten 93-53
Traum, Träumen
- u.Somnambulismus **52-05**
- Entstehung **66-03**
- u.vergangene Eindrücke **67-02**
- Wesen d.T. **73-02**
- u.Imagination **115-19**
- u.Jupiter **119-01**
- Gehirn u.altes Rückenmark **128-01**
- u.Ätherleib **154-01**
- u.Äther-u.Astralleib **157-20**
- u.Ahriman-Luzifer **158-06**
- u.Meteorologisches d.Erde (Chaos) **170-02**
- von Verstorbenen **174-11**
- Wachen-T.-Schlafen **202-05**
- frühere reale T. **204-14**
- u.Gefühle **207-05**
- u.Angelos **208-03**
- u.Logik **210-03**
- Bildekräfte **211-02**
- u.Chaos **227-01, 227-02**
- u.Gnome **230-18**
- zwei Typen v.T. **234-03**
- als Relikt **273-10**
- u. Kunst **278-06**
- u. Denken-Fühlen-Wollen **293-05**
- Diagnosemittel **312-05**
- Hypertrophie d. Vorstellens **312-19**
- Tr.leben und Vorstellungsleben **323-07**

Treptikon 114-15
Treta Yuga 116-04
Trieb 293-04
Trichotomie 175-13, 194-02
Trinität
(s.auch Logoi, Sohnesgott, Vatergott, Heiliger Geist)
- u. Gottesbeweis d. Scholastik **74-02**
- Beherrschung d. unteren menschl. Wesensglieder **93-23**
- u.Karma **93-64**
- Symbole bei Hesekiel **93-70**
- die 3 Arten d.Schaffens **93-75**
- Symbole **94-06**
- Planetenzustand-Lebenszustand-Formzustand **94-07**
- die Mysterien d.T. **96-20, 97-09**
- und Plane **100-09**
- Jupiter-u.Venuszustand **104-20**
- u.Weltsystem **110-04, 136-07**
- u.Raum **110-16**
- u.Christus **110-20, 214-03**
- Seele-Geist-Natur **131-01**
- T.begriff bei Tertullian **165-06**
- Begegnung mit den Prinzipien d.T. **175-05**
- Erfahrung d.T.in nachatl.Zeit **176-03**
- u.Raum **184-06**
- Freiheit-Gleichheit-Brüderlichkeit **187-02**
- Nichterkennen d.T. **194-08**
- Höherentwicklung **224-05**
- u.phys.Leib d.Menschen **228-03**
- Saturn - Sonne - Mond **316-12**
- untere und obere Götter **318-10**

Tripper 314-15
Tritheim von Sponheim 96-03
Trochäus 279-09, 282-05, 282-21, 315-01
Troja 99-23, 208-16
Trojanischer Krieg 106-16, 233-02
Tropen 313-03
Troxler Ignaz P.V. 65-03, 66-03
Troyes Christian de 145-12
Tschechen 287-01, 315-06
Tuberkulose 99-12, 101-05, 120-04, 169-06, 312-02, 312-04, 313-03, 313-06, 319-01
Tugend 53-11, 97-03
Tugenden Platonische 60-06, 223-02
Tuisto 51-05
Tummim 130-04
Turan, Turanier 93-04, 123-01, 202-25
Türken 51-13
Turm von Babel 126-08
Turmalin 321-10
Turnen 59-07, 350-01
Tyndall J. 175-07

Typhon 106-07, 202-21, 202-22
Typhus 312-08, 312-20, 312-21, 319-01, 319-03
Tyr 101-07

Überernährung 313-02
Übermensch 207-13
Überraschung 115-16
Übersetzung anthrop.Literatur 159-05
Überzeugung 213-10, 272-02
Uhland Ludwig 281-06, 281-07
Umkreis s. Punkt-Umkreis
Umschläge 312-18
Umstülpung
- im Astralen u.phys.Form **107-04**
- innere u.äußere Organe **201-10, 201-13**
- Milz u.Gehör **201-14**
- Wille u.Gedanke nach d.Tod **207-07**
- u.Leben nach d.Tod **208-01**
- u.vorgeburtl.Leben **214-08**
- Knochen-Metamorphosen **275-10, 293-09, 323-01**
- Embryologie **312-16**
- Sonneneruptionen - Vulkanismus **323-17**
Umweltzerstörung 222-07, 275-01
Unbefleckte Empfängnis 103-13
Undinen
- Offenbarung **98-06**
- Wesensglieder **102-11**
- Abschnürungen d. Archangeloi **136-04**
- Empfindungsleben **211-13**
- Pflanzen, Fische **230-14**
- Fische, Insekten **230-19**
- bösartige **230-22**
- Nahrung d.Angeloi/Archangeloi **230-26**
Unfälle 120-09
Ungarn 287-01
Ungeduld 115-11
Unio mystica 58-04
Universalia 74-02
Universität 51-11, 316-12
Unkraut 327-07
Unsterblichkeit 67-04, 73-04, 178-14, 205-02, 313-02
Unterernährung 313-02, 313-08
Unterwelt 205-09
Uran 312-14
Uranos (gr.Gott) 93-09, 129-11
Uranus (Planet) 98-22, 102-03, 110-14, 170-04, 312-07, 316-11
Uräusschlange 106-22
Urd 101-01
Uriel (s.auch Vril, Oriphiel) 229-07
Urim 130-04
Urpflanze 230-15, 230-16
Urphänomen 273-12, 312-18, 320-01, 320-04, 322-03
Ursemiten 103-10
Urteil(en) (s.auch Logik)
- u. Sympathie-Antipathie **58-04, 208-15**
- Verbindung v.Begriffen **108-07**
- verschiedene Formen **108-08**
- und Liebe-Haß **115-09**
- und Ich **115-16**
- bei F.Brentano **115-19**
- ästhetisches **115-12**
- Eingebung u.Erfahrung **188-05**
- u.Gliedmaßen d.Menschen **205-13**
- geisteswissenschaftliches **257-01**
- u. Generationenströmunf **272-07**
- u. Sinneswahrnehmungen **293-07**
- Entwicklung des U. **293-08**
- kindl. Spiel und Urteilsvermögen **301-02**
Urtica s. Brennessel
Utnapishtim s. Xisuthros
Uterus 279-01, 313-06, 313-07, 316-08
Utopia 167-05

Vac 106-03
Vakuum 172-06
Vatergott (Vaterprinzip) (s.auch Trinität, Logoi)
- und Archai **99-16**
- u.Arupa Devachan **100-09**
- Tod **112-17, 112-18**
- u.Golgatha **131-04**
- und Denken **153-05**
- Begegnung im 5.Lebensjahrsiebt **175-05**
- u.Mondenkräfte **175-06**
- Erleben d.V.in früherer Zeit **204-25**
- u.Bewußtsein d.Menschen **207-03**
- Aufgabe d.Westens **210-02**
- u.frühere Mysterien **214-03**
- untere Götter **318-10**
Vaterland 65-07

Vaterunser
- Wirkung auch ohne Verständnis **59-04**
- Reich, Macht u.Herrlichkeit **93-72**
- u.siebengliedr.Mensch **96-14**
- Gedankenmantram **96-15**
- in alten Sprachen **97-08**
- und "Brot" **148-06**
- Sprachgestaltung **282-06**
- Reich, Kraft und Herrlichkeit **342-14**

Vaterunser umgekehrtes 148-04, 264-05
Väterweg 106-21
Vedantaphilosophie 322-03
Veden 106-03, 142-01
Vegetarismus
- u.künft.Ernährung **57-02, 93-79, 254-09**
- freie Gedankenkräfte **96-11**
- Heilkräfte **97-11**
- u.Verbindung mit Kosmos **145-01**
- u.luzifer.Ich d.Menschen **174-03**
- Ernährung d.Tiere **230-31**
- Unterschied zu gemischter Kost **312-11**
- Gesundheit-Krankheit **327-10**

Veilchen 243-08
Venedig 181-19
Venus (Planet, Planetensphäre, meist okkult = Merkur astronomisch)
- Abspaltung, V.wesen **98-15**
- V.-u.Marswesen u.Seele d. Menschen **102-03**
- Vertauschung V.-Merkur **104-04**
- u.luz.Exusiai **105-06**
- V.wesen in lemur.Zeit **110-06**
- u.Luzifer **129-05**
- Luzifers Reich **137-06**, **137-08**
- V.sphäre im Leben nach d. Tod **141-01, 141-04, 231-02**
- Rolle im Planetenssystem **201-15**
- Ätherleib, Leber **204-22**
- u.Inkarnationsvorgang **218-06**
- V./Mars u.Sprechwerkzeuge **228-01**
- u.Sonne **232-14**
- und Kupfer **312-07**
- Menschenbildeprozeß **312-08**
- tier. Fortpflanzung **327-07**
- u.Wetter **354-05**

Venus von Botticelli 169-06
Venus von Milo 116-09, 275-03
Venuswesen 98-14
Venuszustand der Erde
- Schaffen im Tierreich **99-25**
- Umgestalt.d.phys.Leibes **104-20**
- Schilderung **130-11**
- Entwickl.v.Buddhi **130-18**
- Entscheidung **140-06**
- ein Geistorgan d. Menschen **156-03**
- u.Moralentwicklung **177-02**
- Kraft und Stoff **181-21**

Verantwortung 318-03
Verbrauch (Konsum) 340-05
Verbrecher 63-06, 272-07
Verdauung (s.auch Gliedmaßen-Stoffwechsel-System)
- und oberer Mensch **96-11**
- V.system und Lunge **128-05**
- bei Tieren **192-06, 204-15, 273-04, 327-04**
- u.Astralität **201-12**
- beim Menschen **218-02**
- von Kartoffeln, Roggen **225-06**
- und Schmecken **312-09**
- Harnblasentätigkeit **312-10**
- Verstopfung **312-22, 315-02, 315-04**
- und Ausatmungsprozeß **318-06**
- und Gehirn **319-06, 319-09**
- und Irrtümer **340-06**

Verehrung 315-05
Vererbung
- u.Temperamente **57-05**
- v. Eigenschaften **60-01, 117-03**
- u. Heimat **65-07**
- bis zur 7.Generation **93-57**
- Musiktalent **100-03**
- Sündenfall, Krankheit **106-19**
- chron.Krankheiten **107-08**
- Materialismus **112-05**
- Jungfräuliche Geburt **114-25**
- u.abnorme Exusiai **121-05**
- u.vorgeburtl.Leben **140-09**
- u.Leben nach d.Tod **153-04**
- Mondenkräfte **161-02**
- Vaterprinzip **175-06**
- Sündenfall, Geister d.Finsternis **177-10**
- Ähnlichkeit **184-12**
- als übersinnl.Tatsache, Erbsünde **184-15**
- u.Inkarnationstendenz **190-07**
- Planetenkräfte **204-22**
- V.idee u.Elementarwesen **216-04**
- Mond **228-01**
- und Ahriman **232-02**
- Kinderkrankheiten **235-03**
- Jahve u.Ahriman/Luzifer **254-04**
- u.luzif.Angeloi in der Atlantis **254-07**
- bei Diabetes **312-17**
- Bluterkrankheit **312-21, 348-20**
- und Eurythmie **313-10**
- Gültigkeit **317-01, 318-03**

Verfolgungswahn 59-07, 120-11, 208-15
Vergeßlichkeit 143-01
Vergessen 107-07
Vergessenheitstrunk 210-05
Verhärtung-Erweichung 101-05
Verjüngungskuren 313-02
Verklärung Christi
- Vorbereitung von Golgatha **94-22**
- und Petrus **97-02**
- u.Elias-Moses in d. Apokalypse **104-15**
- u.neues Hellsehen **114-26**

- Wahrnehm.d.Christus auf d. Devachan **123-13**
- "auf dem Berg" **139-11**
Vernunftwelt 119-05
Verrochio 292-08
Vers, Versmaß 205-05, 233-01, 279-09, 281-02, 282-05, 282-06, 282-21
Verschlafenheit 315-02
Verstandes- und Gemütsseele
- u. Wahrheitssinn **58-03**
- Dreiglied.d.Seele **58-05**
- u. Irrtum **59-07**
- Merkurwesen **98-17, 102-03**
- unbewußtes Umwandlungsprodukt **99-03**
- Maria **100-11**
- u. Musik **102-14**
- und Ahriman **107-18**
- Geburt d.V. **112-01**
- =Kinetikon **114-15**
- u.Geschmackssinn **115-02**
- u.Strömungen im Menschen **115-04**
- und Irrtum **115-06**
- Richtung d.V. u. d. Bewußtseinsseele **115-07**
- u.Jupiter **119-01**
- luzifer.Verfehlungen **120-11**
- in der Genesis **122-12**
- Angeloi/Archangeloi u.Ahr.-Luz. **127-02**
- Gralslegende **144-03**
- und Mars **262-04**
- und griech.Tempel **286-03**
Verstopfung (Obstipation) 312-16, 312-22, 315-02, 315-04
Versuchung Jesu
- und Weg zu den unt. Göttern **123-10**
- Essäerlehre **123-12**
- christl. rosenkr. Einweihung **131-02**
- und Luzifer **137-08**
- und Ahriman **148-06**
- u.Erlebnisse vor Jordantaufe **148-07**
Verwesung 103-09
Verzauberung 110-01
Virchow R. 312-01
Vischer F.Th. 235-05
Viscum album s. Mistel
Vishnu 109-12
Vishvakarman 109-02, 136-16
Visionen
- altes astrales Bilderbewußtsein, Swedenborg **57-10**
- und Askese, Savonarola **107-05**
- bei Mystikern **205-07**
- und Hüter der Schwelle **227-05**
- und Achte Sphäre **254-04**
- echte V. und Kunst **271-02**
- Sehen der eigenen Aura **272-12**
- Teufelsgestalt **316-13**
- bei der Heiligen Theresa **318-02**
Vitalismus 312-01
Vitamin 316-02
Vitruv 286-04
Vitzliputzli 171-03
Vivisektion 93-68, 101-11
Vögel
- Zugvögel **101-06**
- Abschnürungen höh.Wesen **102-12**
- Herabstieg z. Verkörperung **112-07**
- Vogelei, Federn **205-19**
- Gesang **223-01, 282-13**
- Federn, Farben **230-01**
- Vogelei, Lockruf d. Adlers **230-02**
- u.vergeist.Substanz d. Menschen **230-04, 230-11**
- Wärmeäther u.Luft **230-06**
- Saturn- Sonnenzustand **230-09**
- u.Sylphen **230-20, 230-26**
- Verdauung **312-04**
- Heilinstinkt **312-17**
- Astralität, Nadelwald **327-08**
- Zugvögel u.Geruch **348-07**
Vogelei 205-19, 230-02, 312-21
Vogelweide Walther von der 238-01, 238-06
Vogelzug 101-06, 348-07
Vokale
- in ägypt.Schrift, Nachbildung von Planetenbewegung **60-04, 156-04, 208-08, 209-02**
- und Konsonanten **218-13, 278-05**
- Lauterlebnis **278-01**
- Astral- u. Ätherleib **282-01**
- und Lyrik **281-04**
- und Versmaß **282-05**
- Sprachgestaltungsübung **282-07**
- V.-Eurythmie **313-10, 315-02, 315-03, 315-06**
Volk 121-02
Völkerwanderung 51-04, 51-06, 64-01, 162-03, 214-01, 222-05, 325-02
Volksgeist (s.auch Archangeloi)
- Menschengruppen u.höhere Wesen **54-06**
- Inkarnationsvorgang d. Menschen **94-11**
- 5.Einweihungsgrad **94-20**
- Archangeloi **102-07**
- u.Erdenätheraura **121-02**
- Wahrnehmungsbereich **121-03**
- u.abnorme Archai **121-04**
- und Mond **136-10**
- im Wachen u.Schlafen **156-05**
- und Kriegstote **157-11**
- luz.Archangeloi u. Nationalismus **159-09**
- Atmung u.Gangliensystem **174-04**

- europ.Volksgeister **174-13**
- u.Erdoberfläche **178-05**
Volksgeist deutscher 64-01, 65-06, 157-08, 157-15
Volksgeist russischer 64-03
Volksgeister europäische 65-06, 157-15, 174-13
Volkslied 281-07
Volkswirtschaft 340-01, 340-02, 340-03, 340-04, 340-12
Volta 320-09
Voltaire 63-05, 96-03, 236-14, 240-04
Vorsehung 163-03
Vorsokratiker 51-01
Vorstellung
(s.auch Gedanken, Denken, Denken-Fühlen-Wollen)
- zwanghafte **67-027**
- u.Wahrnehmung **108-07**
- u.Urteilen **115-09**
- u.Erinnerung **115-13**
- vergess.V.d.Kindheit u. Krankheiten **115-17**
- von Symbolen **115-19**
Vril 97-19
Vulkanismus
- Erdinneres **94-09**
- alter Mond **120-10**
- Cherubim/Seraphim **180-04**
- u. ahriman. Elementarwesen **218-07**
- als "Scheidewand" **219-02**
- Tod durch Vulkanausbrüche **236-20**
- und Sonneneruptionen **323-16, 323-17**
- Astralität d.Erde u. Konstellationen **350-02**
- Tetraederstruktur d. Erde **354-06**
Vulkanzustand der Erde 148-06

Waage 106-11
Wachen Träumen Schlafen (s.auch Schlaf, Traum) 202-15
Wachstum
(s.auch Aufbau-Abbau)
- des Menschen **141-09**
- W.kraft u.Erinnerung **206-03**
- äther.Kraft **206-06**
- und Wollen **206-09**
- von Pflanze, Tier u. Mensch **213-13**
- u. Phantasie und Gedächtnis **293-10**
- W.kräfte und Seelenleben **312-03**
- ärztliche Diagnose **312-05**
- Kraftströmungen im Menschen **314-07**
- Sonnenwirkung **323-03**
- der Pflanzen **323-17, 327-01, 327-04, 327-06, 349-01**
- W.kraft d.Kindes **324-04**
Wagner Richard
- Wirkung seiner Musik **54-03, 97-15**
- Musik **65-04, 342-07**
- sein Parsifal **97-12, 243-12**
- u.5.Kulturepoche **126-06**
- und Nietzsche **178-10**
Wahnsinn 55-02, 55-04, 312-15, 350-08
Wahrheit (Erkenntnis) 58-03, 170-07
Wahrheit-Schönheit-Güte s.Schönheit-Weisheit-Stärke
Wahrnehmung (s.auch Sinneswahrnehmung) 108-07
Währung (s.auch Geld) 340-15
Wäinämöinen 133-03
Waldorfschul-Pädagogik (s.auch Erziehung) 192-02
Walküre 105-10, 107-21
Wallace Alfred R. 52-04
Walnußbaum (Juglans regia) 314-15, 353-01
Walpurgisnacht (Faust) 273-02, 273-03
Walpurgisnacht klassische (Faust) 272-07, 273-09, 273-10, 273-13
Waltharilied 101-07
Wandervogel-Bewegung 318-04
Wanen 121-11
Waräger 209-01
Ware 189-05, 191-04, 340-04, 340-08, 340-09
Wärme, Wärmeäther
(s.auch Elemente)
- und Herz **93-49, 312-10**
- W.sinn u.alter Saturn **96-04**
- u.Wesen d. Elementarreiche **98-13**
- u.Epiphyse **105-09**
- Saturnzustand **110-02, 110-08**
- Sündenfall **114-19**
- als Heilmittel **120-04**
- Opfer d.Throne **132-01**
- künstliche **173-12**
- Energie-Erhaltungssatz **201-18**
- Raum u.Zeit **201-21**
- und rote Farbe **202-09**
- und Ich **202-14**
- Wandlung nach d.Tod **207-15**
- u.Feuergeister **211-13**
- Umweltzerstörung **222-07**
- Äthergürtel d.Erde **230-08**
- sex.Askese u. okk. Entwickl. **230-30**
- u.Geist-Seel.d.Menschen **233-09**

- u.Lesen im Astrallicht **233-15**
- W.organismus und vorige Inkarnation **234-02**
- von Blut und Silber **243-04**
- u.Sehen **265-11**
- und Luzifer **272-12**
- und Musik **278-02**
- u.Spektrum **291-10**
- W.verhältnisse des Kopfes **313-01**
- W.äther und Ätherleib **313-02**
- W. im Organismus und Kopf **313-04**
- Aufnahme von W. und Äther durch das NS **318-06**
- kosmische Kälte u. W. im NS **318-09**
- W.empfindung **320-06**
- W.empfindung und Mathematik **320-10**
- W.empfindung u. W.differenzen **321-01**
- Temperatur **321-02, 321-03**
- Umwandlung in Arbeit **321-04**
- Gas Bild d.W. **321-07**
- wie negative Schwerkraft **321-08**
- W.leitung **321-11**
- Materieentstehung u. -vernichtung **321-12**
- W.leitung, W.pol des Spektrums **321-13**
- W. und W.äther **321-14**
- beim Blitz **321-15**
- künftige Wirkungen **321-18**
- Pflanzenwachstum **327-01, 327-02**

Wärmeäquivalent mechanisches 320-07
Wärmebehandlung 313-07, 327-09
Wärme-Kälte 207-09, 210-06
Wärmeorgan 98-19
Wärmetheorie mechanische 321-01, 321-14
Wärmesinn 96-04
Wärmetod 321-09, 321-14
Wärmewesen 219-04
Wartburg 238-06
Waschungen 322-07
Wasser (s.auch Elemente) 220-01, 222-07, 312-10, 327-01, 327-07
Wasserkopf 140-09, 348-09
Wasserluft 273-09
Wassermann 110-07
Wasserprobe 53-04
Wasserstoff 218-02, 312-14, 314-06, 327-03, 327-06, 351-03
Wassertaufe 103-05
Waw 104-19
Wedekind F. 236-06
Wegwarte (Cichorium) 312-11, 319-02, 327-02, 351-02
Weide (Salix) 314-15
Weihnachten
- Erinnerungsfest **54-08**
- u.W.baum **96-13**
- W.spiele **125-05**
- Hl.Nächte, Olaf Åsteson **127-07**
- u.Ätherleib **169-01**
- Begegnung mit Christus **175-06**
- u.Ostern, 33 Jahre **180-01**
- u.W.baum, Vater-u. Sohnesprinzip **202-19**
- Geburt Jesu, Hirten u. Magier **202-20**
- Hirten u.Magier **202-24**
- Festlegung **209-04**
- Atmungsrhythmus d.Erde **223-01**
- Jahreslauf **229-02**

Weihnachtsbaum 96-13, 202-19
Weihnachtsspiele 125-05, 282-12
Weihrauch (s.auch Gold-Weihrauch-Myrrhe) 93-77
Wein 93-79, 100-19, 103-05, 145-02, 312-18, 323-02
Weinen 59-02, 107-19, 282-13
Weininger Otto 170-01, 183-02, 238-08
Weinrebe 353-01
Weiß 291-01, 327-02
Weisen Die drei - aus dem Morgenland 109-03, 114-09, 117-03, 149-03, 202-24
Weisheit-Schönheit-Stärke s.Schönheit-Weisheit-Stärke
Weisheitszähne 301-03
Weitsichtigkeit 312-16, 314-17
Weizenkeim-Test 351-07
Welt der Urbilder 119-05
Weltanschauung 151-01, 151-02
Weltkrieg Erster
- u.europ.Volksseelen **157-02**
- Franz Ferdinand **157-03**
- Kampf d.geist.Rußland u. Frankreich **157-04**
- mitteleurop.Kämpfer **157-06**
- u.Züge d.Wikinger **159-01**
- Rußland u.Mitteleuropa **159-03**
- u.okk.Brüderschaften **173-01, 173-05**
- Serbien **173-02**
- Italien u.Mitteleuropa **173-04**
- Deutsches Reich seit 1871 **173-06**
- England **173-14**
- Kriegsschuld **174-16**
- geist.Klima 1914 **176-07**
- Mangel an Spiritualität **177-01**
- Haß **186-04**
- Ende d.Kali Yuga **187-08**
- Kriegsausbruch **193-02**
- u.ahrim.Wesen **194-09**
- Paleologue Memoiren **203-09**

Weltuntergang 204-25, 284-02
Weltwirtschaft 340-12, 340-13, 340-15
Wellenlänge (Licht) 320-08
Wellentheorie (Licht) 320-04
Werfel Franz 213-12
Wert (Volkswirtschaft) 340-02, 340-03

Wesensglieder des Menschen
(s.auch die einzelnen)
- Leib, Seele, Geist **53-01**
- Ausdruck d.W. im phys.Leib **57-02**
- u. Temperamente **57-05**
- Arbeit d.Ich a.d.W. **58-02**
- Arbeit d.Gruppenseele **59-01**
- Sephirot **93-18**
- 7 Bewußtseinsstufen **93-42**
- Organe d.W. **93-60**
- Inkarnationsvorgang **94-11, 99-10**
- Manas-Buddhi-Atman **94-25**
- Vaterunser **96-14**
- geistige Parasiten in d.W. **96-23**
- die 5 klugen u.törichten Jungfrauen **96-24**
- Entwicklungshöhe **98-11**
- d.siebengl.Mensch **99-03**
- Ich d.W. **100-12**
- Entwicklungsstufe **101-19**, **101-27**
- Entwickl.v.Manas u. Buddhi **102-04**
- u.nachatl.Zeit **103-12**
- Tier mit d.7.Hörnern **104-17**
- u.Opfer d.Hierarchien **105-05**
- Rhythmen d.W. **107-12**
- Geburt d. W. u. menschl. Entwickl. **112-01**
- u.Hierarchien **112-03, 236-19**
- u.Organe **128-07**
- dreifache Hekate **129-01**
- Kräfteverhältnisse u. Pentagramm **129-04**
- makro-u.mikrokosm. **130-18**
- u.Luzifer **134-01**
- u.Planetenzustände **161-01**
- Lockerung **174-02**
- dreigliedr.Mensch **175-10, 205-20, 206-04, 313-01, 318-06**
- Entwicklungsgeschwindigkeiten **179-03**
- u. phys. Organism. d. Menschen **202-14**, **202-15**
- u.Maß,Zahl,Gewicht **204-12**
- u.Planetenkräfte **204-22**
- u.Seelenleben **206-06, 207-05**
- u.Jupiterzustand **207-13**
- phys.Äußerungen **214-02**
- u.Hierarchien bei d. Rosenkreuzern **233-09**
- Beziehung zu Mittelpunkten d. Kosmos **264-03**
- u.Künste **275-02**
- und Gebärden **282-13**
- und Wille **293-04**
- Embryonalhüllen **314-21**
- Polaritäten **316-02**
- bei Heiligen und Geisteskranken **318-01**
- Heilmittel aus den Naturreichen u. W. **319-11**

Wesensglieder nach dem Tod 168-01, 174-09, 181-09, 183-07, 208-02
Wespen 348-10, 314-10, 314-16, 348-12, 351-11, 351-13
Wetter (Meteorologie)
- u. Mond **58-09**
- W.katastrophen u.alter Mond **120-10**
- Wolken, Blitz, Donner **122-05**
- Naturordnung u.W. **170-02**
- Nichtwahrnehmung d.Seraphim und Cherubim **180-04**
- Scheidewand zw. Kosm. u. Irdischem **219-02**
- meteorol.Anschauung d. Göttlichen **222-07**
- u.Amphibien **230-10**
- u.Mond **272-13**
- u.Chaos **318-09**
- M. und Astronomie **323-05**
- kosm.Beeinflussung **354-05**

Weyden Rogier van der 292-06
Whigs und Tories 204-19
Widerstandskraft 313-03, 315-05
Widerwille 115-14
Widukind 51-08
Wikinger 159-01, 209-01
Wilhelm Meister (Goethe) 53-14, 58-07, 138-04, 214-06, 225-02
Wille
(s.auch Denken-Fühlen-Wollen)
- Ätherleib, Stoffwechsel **66-03**
- u. Stoffzerstörung **82-04**
- u.Begehren, Gefühl **115-14**
- u. Denken n.d. Tod **161-12**
- W.kräfte u.Zerstörungskräfte **191-11**
- Philosophie Schopenhauers **202-07**
- hellseher.erlebt, W.leben u. Jupiter **202-08**
- u.luz.Archai **203-10**
- indiv.Gestaltung **203-14**
- u.Sozialinstinkte **204-18**
- u.Leben nach d.Tod **205-12, 207-07**
- u.Urteilen **205-13**
- 2 W.strömungen im Menschen **205-15**
- und Ich **206-06, 209-03**
- u.Wachstum **206-09**
- u.nächste Inkarnation **208-10**
- u.vorgeburtl.Leben **210-07**
- u.gewaltsamer Tod **236-20**
- in den Wesensgliedern **293-04**
- im Denken **303-06**
- und Eurythmie **315-03**
- W.defekte und Erziehung **317-01**
- vorgeburtlicher **318-03**
- und Elektrizität **320-09**
- und Mathematik **320-10, 321-05**
- Verwandtschaft mit Wärme **321-11**
- und Denken bei reinem Denken **322-08**
- und Bewegung **323-16**

- u.Zyanbildung im Menschen **351-01**
Wilson Woodrow 67-03, 176-02, 178-06, 183-02, 235-10
Wirbelsäule s.Rückgrat
Wissen 170-07
Wissenschaft (s.auch Naturwissenschaft) 157-21, 203-14, 257-02
Woche 201-11
Wochentage 93-74, 233-20, 262-04
Wohltätigkeitseinrichtungen 265-03
Wolff Chr. 52-01
Wohnung Gottes 318-01
Wotan 55-05, 105-12, 105-18, 228-04
Wotan Wili We 101-09, 121-11, 162-03
Wulfila (Ulfilas) 93-47, 204-05, 325-01
Wunder
- im Johannes-Evangelium **112-09**
- Steigerung d. Christuskraft **112-13**, **112-14**
- Heilungen im Lukas-Evangelium **114-23**
- Willensimpulse d. geist. Welt **179-04**
- bei Apollonius v.Tyana **203-13**
- neuer W.begriff **342-01**
Wundstarrkrampf 316-15
Wurmkrankheiten 353-07
Wurzel 221-02, 230-13, 230-30, 313-04, 327-09

Xisuthros (Utnapishtim) 126-01, 233-03

Yang 325-04
Yggdrasil 99-18, 101-01
Yin 325-04
Ymir 101-01, 110-11

Zachariel 159-09, 237-09
Zahl 101-17, 101-27, 125-01, 323-18
Zahlen imaginäre 321-13, 323-18
Zahl 0 110-23
Zahl 2 101-17
Zahl 3 101-17
Zahl 4 101-17, 110-23
Zahl 5 101-17, 113-14
Zahl 6 104-18, 104-18
Zahl 7
- Zahl d.Vollendung **101-17**
- Zahl d.Zeit **113-13**
- und Zahl 12 **113-14**
- u.Einweih.d.Essäer **123-08**
- Lebensprozesse u.12 Sinne **170-08**
Zahl 10 284-02
Zahl 12 113-13, 113-14, 123-08, 170-08
Zahl 40 110-23
Zahl 343 94-06, 104-18, 104-19, 184-16
Zahl 666 s. Zahl des Tieres
Zahl 777 94-06
Zahl 1000 110-23
Zahl des Tieres 96-25, 104-18, 104-18, 104-19
Zahlensystem 126-08, 204-12, 284-02
Zähne
- und Ahriman **150-01**
- erste und zweite Z. **201-04, 201-11**
- Weisheitszähne **301-03**
- Status d.Z. zur Diagnose **312-05**
- Magnesium und Fluor **312-14**
- Karies **312-18, 312-19**
- Z.bildung im ersten Lebensjahrsiebt **312-22**
- Eurythmie **315-02**
Zahnwechsel 170-04, 201-04, 210-01, 212-01, 254-05, 314-07, 315-02, 317-01, 318-03, 322-03
Zappeln, **Zappeligkeit** 315-01, 318-95
Zarathustra
- vor 8000 Jahren **60-02**
- u.Hermes und Moses **109-03**
- u.Rishis **109-14**
- -Nazarathos-Jesus **109-15**
- Meister d.Rosenkreuzer **109-16**
- u.Manu **109-27**
- u.Weg zu d.oberen Göttern **113-06**
- Bodhisattva, Mani **113-16**
- Jesusknabe d.Matthäus-Ev. **114-08**
- Flucht nach Ägypten **114-09**
- Jesusknaben d.Matthäus-u. des Lukas-Evangeliums **114-10**
- Lehre **114-13**, **114-14**
- Meister Jesus **114-16, 264-10**
- Honover **114-21**
- Mysterienführer **121-09**
- Arier u.Turanier **123-01**
- Moses u.Hermes, Nazarathos **123-02**
- Einwohnung geist.Wesen **124-02**
- Z.schüler und Chinesen **133-01**
- Lehre u.1.Christusopfer **149-04**
Zarentum 180-08
Zaruana (Zeruana) akarana 60-02, 113-11
Zauberstab 97-12
Zeeman-Effekt 320-06
Zehen 210-08, 236-18
Zehn Gebote (Dekalog)
- sinngem.Übersetzung **107-09**
- Bewußtmachen d. göttl. Ich **108-02**
- u.Moralentwickl. **114-14**
- u.Christus-Impuls **116-05**
- u.Pharisäer **117-07**
Zeichen im NT 112-09, 112-13, 112-14, 114-23
Zeichen, **Griff und Wort** 93-77, 167-01, 265-06

Zeit
- Anwendung d.Z.rechnung **106-11**
- u.Entwicklungsstufen **110-17**
- Zahl 7 **113-13**, **113-14**
- Lesen in Akasha-Chronik **119-08**
- Moses u.d.Weisheit d.Z. **123-02**
- Opfer d.Throne, Archai **132-01**
- u.Luzifer **138-02**
- a.Archangeloi, Archai **156-01**
- u.Geschwindigkeit **164-02**
- Fortschreiten d.Z. **171-12**
- Z.perspektive, Ahriman **183-08**
- u.Sonnenzustand **184-05**
- Z.erleben **184-06, 184-07**
- Z.u.Dauer **184-12**
- u.Raumesvorstellung **219-05**
- Verdichtung im Schlaf **219-06**
- und Krankheit **312-08**
- und Raum als Abstraktionen **320-05**
- Raum u.Z. **321-05**
- und Inspiration **322-06**
- 3.Keplersches Gesetz **323-03**

Zeitalter (Goldenes...) 116-04
Zeitgeist (s.auch Archai)
- Wirken d.Archai **121-02**
- Eingreifen als Volksgeist **121-04**
- Archai und Mond **136-10**
- u.führende Archangeloi **159-09**
- Archai u.Mensch **205-21**

Zellen 95-07, 98-21, 312-01, 312-08, 323-01
Zellularpathologie 312-01
Zersplitterer 94-17
Zerstörungskräfte (s.auch Aufbau-Abbau, Das Böse) 72-02, 94-19, 177-01, 177-03, 183-07, 191-11, 272-07, 327-07
Zerstörungswut kindliche 98-10
Zeus
- Typ d.Arier **105-07**
- Führer d.Sonnengeister **113-04**
- kosm.Astralität **129-02**
- u.Dionysos **129-06**
- die 3 Göttergenerat.d.Griechen **180-05**
- u.Sonne **211-10**

Zewi Schabbathai 116-07
Zinn 312-07, 312-10, 312-22, 314-12, 348-23
Zinnober 313-05
Zinsen 186-02, 332-04, 340-11
Zirbeldrüse s.Epiphyse
Ziu 101-07
Zivilisation (s.auch Technik, Naturwissenschaften, Umweltzerstörung) 317-01
Zölibat 51-10
Zorn 108-03
Zornesschalen (Apokalypse) 104-01, 104-12
Zucker 96-11, 145-04, 303-07, 312-15, 313-07
Zuckerkrankheit s. Diabetes
Zufall 120-08, 121-02, 163-03
Zugvögel 101-06, 121-01, 348-07
Zünfte 51-12
Zungen mit - reden 130-10
Zwangshandlung 66-03
Zwangsvorstellung 59-07, 205-08, 318-03, 318-06
Zweifel 115-11, 158-04, 213-10, 322-05
zweimal geboren 233-18
Zweite Schöpfung 122-10, 232-05
Zweites Gesicht 57-10, 227-05, 227-06
Zwerchfell 282-07, 315-05
Zwerge 107-21, 108-05
Zwillinge eineiige 348-16
Zwischenkieferknochen 326-06
Zyankali s.Blausäure
Zykloide 323-11
Zyklopenauge 98-19, 106-08